DER JÜDISCHE WITZ

DER JÜDISCHE WITZ

SOZIOLOGIE UND SAMMLUNG

Vollständig neu bearbeitete
und wesentlich ergänzte Ausgabe
Herausgegeben und eingeleitet von
SALCIA LANDMANN

Patmos Verlag Düsseldorf

Die Deutsche Bibliothek - CIP-Einheitsaufnahme

Der jüdische Witz : Soziologie und Sammlung /
hrsg. und eingel. von Salcia Landmann. -
Vollst. neu bearb. und wesentlich erg. Ausg. -
Düsseldorf : Patmos, 1999
ISBN 3-491-69020-X

© 1960 Walter-Verlag, 13., vollständig neu
bearbeitete und wesentlich ergänzte Auflage 1988
ppb-Ausgabe 1999, Patmos Verlag Düsseldorf
Alle Rechte, einschließlich derjenigen des auszugsweisen
Abdrucks sowie der fotomechanischen und elektronischen
Wiedergabe, vorbehalten.
Gesamtherstellung: Grafo S.A., Spanien
ISBN 3-491-69020-X

Inhalt

7 Geleitwort von Prof. Carlo Schmid
10 Vorwort zur Auflage 1988

Einleitung

13 Was ist Witz?
15 Schwarzer Humor und surrealistischer Witz
17 Die witzige Situation und Person
18 Die doppelte Herkunft der Juden
20 Der ältere jüdische Witz
24 Der jüdische Witz und das Rotwelsch
25 Der jüdische Witz in der jüngern Neuzeit
31 Selbstkritische und antisemitische Witze
35 Israelischer Militärjux
37 Die Talmudtechnik des jüdischen Witzes
39 Die Sprache des jüdischen Witzes
40 Der jüdische Witz in der Gegenwart und sein Tod
46 Die Quellen der neuen Sammlung

Die Sammlung: Der jüdische Witz

49 Talmudscharfsinn und Bibelkunde
77 Aus Gebet und Ritus
87 Rabbinische Weisheit
106 Beim Wunderrabbi
121 Aus der Kehille
138 Ketzereien
156 Alte Anekdoten, Narrenwitze, Rätsel, Flüche
172 Von Schnorrern und reichen Leuten
197 Unterwegs
214 Womit redet er?

217 No na!
221 Militärisches
240 Juden und Zarismus
246 Juden und Marxismus
262 Denn wovon lebt der Mensch?
299 Ehrlich währt am längsten
314 Vor Gericht
323 Streng koscher
336 In Caféhaus und Kneipe
343 Mitgift und Liebe
370 Unpassendes
398 Mame-Loschen
411 Klein-Moritz
423 Bildung
439 Frau Pollak von Parnegg
451 Interkonfessionelles
497 Medizin und Hygiene
524 Berühmte Juden
545 Hitlerzeit
567 Messianismus und Zionismus
572 Jüdisches aus Israel
590 Israelischer Militärjux
599 Unübertroffen
626 Philosophie und Wissenschaft
634 Soziologie
651 Der Jude und sein Witz

Anhang

657 Glossar
668 Personenverzeichnis
669 Liste der Spender

Geleitwort von Prof. Carlo Schmid

Den ersten «jüdischen» Witzen bin ich in Witzblättern begegnet – in den Jahren vor dem Ersten Weltkrieg. Da war fast in jeder Nummer von einem «Kleinen Kohn» die Rede, der sich entweder sonderbar benahm oder auf einfache Fragen dümmlich-schlaue Antworten gab. So oder so – dieser «Kleine Kohn» war keine respektable Persönlichkeit, ein Gemisch von Schlaumeier, Dummkopf, dreistem Schacherer und immer im Verdacht, sich nicht sehr regelmäßig zu waschen. Wenn von jüdischen Witzen die Rede war, war ich der Meinung, es handele sich um Witze über Juden, denn jene, die ich zu lesen oder zu hören bekommen hatte, konnten unmöglich von Juden stammen, die sich noch Selbstachtung bewahrt hatten.
Im Kriege (es war der Erste Weltkrieg) war meine Einheit eine Weile einer K.u.K.-Division zugeteilt. Gelegentlich tauchten in der Unterkunft am Sitze des Stabes Kabarett-Truppen auf, deren Conférenciers – es waren offensichtlich Juden – Witze erzählten, die sich von der Art der oben gekennzeichneten unterschieden. Sie waren alles andere als schmeichelhaft für die Menschen jüdischen Glaubens (ich hatte damals noch nichts von einem «jüdischen Volke» gehört; welcher zwanzigjährige Deutsche wußte damals etwas vom Zionismus?), und doch spürte ich darin etwas, was mich über die Situationskomik hinaus berührte: eine Melancholie eigener Prägung, etwas wie Trauer darüber, daß Anspruch und Realität sich offenbar nie decken und man, um wenigstens «im Wort» bestehen zu können, darauf angewiesen ist, Spiegelgefechte mit der Wahrheit zu führen. Dies hat mich sehr betroffen, und ich unterhielt mich eines Tages mit meinem Quartierwirt, einem recht weitgereisten jüdischen Kaufmann des kleinen wohlhynischen Ackerstädtchens, über diese Dinge. Ich habe die Antwort nie vergessen, die er mir auf meine Fragen gab: «Wir leben eben in der Zerstreuung, und da ist es schwer, ein Jude zu sein. Am ehesten geht es noch, wenn wir uns mit unserem Anspruch, das auserwählte Volk zu sein, fragwürdig finden und dies auch den Nichtjuden sagen. Wenn die dann nichts anderes können als darüber zu lachen, dann weiß unsereiner wieder, warum wir das auserwählte Volk sind. Aber Sie dürfen raten, Herr Leutnant, wozu...»
Ich habe seitdem anders auf jüdische Witze gehört als vordem und unterscheiden gelernt, ob ein jüdischer Witz von außen her in Frage stellt oder von innen her. Nur diese letzteren sind als jüdische Witze ernst zu nehmen. Man sollte sie sehr ernst nehmen. In den besten von ihnen steckt mehr als nur, was man gemeinhin als

Volksweisheit zu bezeichnen pflegt. Sicher, viele dieser Witze enthalten nicht viel anderes als Situationskomik oder Spott über menschliche Torheit und Selbsteinschätzung, wie sie der Volkswitz überall kennt. Solche finden sich auch in diesem Buch. Aber in manchen dieser jüdischen Witze steckt etwas Spezifisches, das in Dimensionen führt, vor denen die Witze anderer Völker haltmachen. Da steht das Gesetz, streng, peinlich genau in seinen Vorschriften, das ganze Leben durchdringend wie nur irgendeines. Kein Buchstabe darf weggenommen werden, wenn die Welt nicht aus den Fugen gehen soll. Aber da ist auch das Leben mit seinen Ansprüchen und Notwendigkeiten; da ist die Schwachheit des Menschen, der Leben und Gesetz ohne die Hilfe von Misericordien nicht zusammen zu leben vermöchte. Da kann nichts anderes helfen als Ironie, die sich in all den kleinen Verrätereien dem Gesetz gegenüber durchschaut und indem sie einen enormen Aufwand an Witz – das Wort hier im mittelalterlichen Sinne verstanden – für nötig hält, um Gesetz, Leben und sich selber im Wort miteinander ins reine zu bringen, die Norm recht eigentlich bestätigt.

Und da gibt es abseits vom «Gesetz» das Wissen darum, daß das Leben seine Wahrscheinlichkeiten hat, die man erkennen und für das eigene Verhalten in Regeln fassen kann und muß. Aber was hilft mir das Wissen um das Regelhafte, wenn die Natur vergißt, die konkrete Situation nach der Regel einzurichten? Ist man nicht der Hereingefallene, wenn man angesichts der allem Lebendigen innewohnenden Spontaneität das Wahrscheinliche mit dem Wirklichen gleichsetzt? Sicher: «Hunde, die bellen, beißen nicht» – aber weiß ich, ob der Hund es weiß?

Da gibt es den Mann, der sich so in der Logik eingesponnen hat, daß er vergißt, sich seiner Sinne zu bedienen. Wo ein Blick genügt hätte, um ihm zu weisen, wo ein Gegenstand liegt, richtete er ganze babylonische Türme von Syllogismen auf, die von irgendeinem apriorischen Axiom ausgehen. Gibt es eine köstlichere Ironie auf den Glauben an die Allmacht des Denkens als die Geschichte von dem Rabbi, der die Brille sucht, die er auf der Nase sitzen hat? Und auf der anderen Seite: steckt nicht in der Geschichte des Kleinen Schnorrers, der im Eisenbahnabteil den Namen seines Gegenübers «ausrechnet», bei aller Selbstironie ein mächtiger Stolz auf die Macht des Geistes, auf sicheren Wegen vom Sinnfälligsten auf das Abstrakteste, ja sogar das Einmalige kommen zu können? Doch da gibt es eben auch den Spott auf den, der glaubt, immer nur Schlauheiten kombinieren zu müssen – und der doch im Grunde exkulpiert ist, weil er weiß, daß er in einer Welt lebt, in der kaum einer einen Tatbestand schlechthin hinnimmt, so daß man einen Konkurrenten mit nichts sicherer in die Irre führen kann, als indem man ihm genau sagt, was man vorhat.

An dieses Wissen um solche Paradoxie reiht sich ein anderes: daß von einer bestimmten Größenordnung an ein Sachverhalt in sein Gegenteil umschlägt, gar nicht metaphysisch, sondern recht irdisch verstanden: daß, wenn einer einem Bankier eine

Million schuldet, dieser seinen Schuldner in der Hand hat; daß dagegen, wenn die Schuld zwanzig Millionen beträgt, der Schuldner den Bankier in der Hand hat... Daran hat mir in den zwanziger Jahren in Berlin ein großer Bankier den eigentlichen politischen Kern des Reparationsproblems deutlich gemacht, das der Versailler Vertrag geschaffen hatte.

Die Krone aber gebührt den «Witzen», die hinter und jenseits aller Gesetzhaftigkeit das Heilige aufleuchten lassen, aus denen man über Glaube und Liebe mehr erfahren kann als aus ganzen Regalen theologischer Bibliotheken. «Spricht Gott mit einem Lügner?» – sagt dieser «Witz» nicht alles über das Phänomen des Glaubens aus? Und jenes Wort über den Rabbi, von dem es heißt, er steige am Sabbat zum Himmel auf, und den man dabei überrascht hat, wie er an diesem heiligen Tage im Walde Holz für eine Witwe schlug: «Er ist noch höher gestiegen!» – sagt das nicht alles über die Überwindung des Gesetzes durch die Liebe?

Wenn ich meine Meinung über den jüdischen Witz in eine Formel zu kleiden hätte, die einigermaßen in die Nähe des Wesentlichen treffen könnte, würde ich sagen, daß er immer wieder aufzeigt, daß gerade in einer am eindringlichsten mit dem Handwerkszeug der Logik begriffenen Welt die Gleichungen, die ohne Rest aufgehen, nicht stimmen können. Der jüdische Witz ist heiter hingenommene Trauer über die Antinomien und Aporien des Daseins.

Vorwort

Zweierlei wollte ich mit meinem Buch über den jüdischen Witz: ihn noch einmal, nach der Vernichtung jener jüdischen Gruppen, die ihn erzeugt haben, für den deutschsprachigen Leser sammeln, und seinen tragischen Hintergrund aufzeigen.

Die erste Auflage erschien 1960. Sie fand beim Großteil der Leser und Rezensenten – unter ihnen Kenner der Materie vom Range des Wiener Historikers Prof. Dr. Otto Forst de Battaglia – Zustimmung. Die rasche Verbreitung des Buches (allein in deutscher Sprache über 670000 Exemplare) rief die letzten Liebhaber des jüdischen Witzes auf den Plan. Buchstäblich aus der ganzen Welt schickten sie brillant formulierte Witze, die unverändert in die neue Sammlung eingingen. Sie schickten auch längst verschollene gedruckte Sammlungen, darunter jiddische, die nie mehr aufgelegt werden können, weil es die Leser nicht mehr gibt.

In der vorliegenden Auflage ist der Witzteil auf weit mehr als das Doppelte angewachsen. Die bisherigen Witze sind zum Teil komprimiert und durch bessere Varianten ergänzt und ersetzt. Die Einleitung ist umgearbeitet und durch neue Aspekte bereichert, die ich im Zusammenhang mit meinem Buch «Die Juden als Rasse» gewonnen habe.

Ohne die spontane Mitarbeit der Hunderte von Lesern, die in einer Dankliste namentlich aufgezählt sind, wäre die neue Fassung nicht möglich gewesen.

Dr. phil. Salcia Landmann
Winkelriedstraße 1
9000 St. Gallen (Schweiz)

EINLEITUNG

Was ist Witz?

Definition und Wesensdeutung des Witzes sind oft versucht worden. Eine klare Scheidung zwischen Witz, Komik und Humor finden wir aber erst bei Henri Bergson[1] und Sigmund Freud[2]. Über Witz im engern Sinne zitiert Freud aus Shakespeares «Hamlet» den Ausspruch des Polonius: «Weil Kürze denn des Witzes Würze ist», aus Kuno Fischers Witzanalyse, daß der Witz «Verborgenes und Verstecktes» hervorhole, aus Theodor Lipps die Feststellung, daß der Witz «in wenigen Worten» aussage, aus Jean Paul: «So sehr sieget die bloße Stellung des Kriegers und der Sätze und Worte im Witz». In andern Quellen findet Freud als Merkmale des Witzes: «Sinn im Unsinn», «spielendes Urteil», «Paarung von Unähnlichem», Vorstellungskontrast, «Verblüffung und Erleuchtung».
Ins Schwarze trifft aber erst Freuds eigene Definition, die er im Zusammenhang mit seiner Traumanalyse gewann.
Traum ist nach Freud Wunschtraum, Wunscherfüllung. Das einfache Volk hat es schon immer gewußt, nicht aber die moderne Wissenschaft. Sie konnte es übersehen, weil der Traum nur einen kleinen Teil der Wünsche, nämlich die moralisch zulässigen, in direkter Form aussagt. Denn unsere moralischen Hemmungen verfolgen uns bis in den Schlaf hinein. Unerlaubtes kann daher auch der Traum nur umwegsam und versteckt darstellen. Und zwar geschieht dies mit einer Technik, die jener des Witzes gleicht, wenn sie im Traum auch roher und primitiver ist.
Solche formale Übereinstimmung ist nie ein Zufall: sie entspringt einer inhaltlichen. Tatsächlich geht es uns auch im Witz meist darum, Verbotenes auszusagen und auf diese Weise Entspannung zu gewinnen. Dies ist die Doppelfunktion des Witzes, die von Gewaltherrschern meist klar erkannt wird: einerseits ist er revolutionär, drückt Ablehnung und Mißbehagen aus. Anderseits lähmt er den revolutionären Elan, weil das Lachen lockert und entspannt. Er ist die Waffe des Wehrlosen, der zwar mault, sich aber mit seiner Lage doch halbwegs abfindet. Der Täter bedarf keines Witzes.

---

[1] Le Rire. Essai sur la signification du comique. Bd. 2 der Gesamtausgabe. Verlag Albert Skira. Genf 1945. Deutsch: Das Lachen. Jena 1914.
[2] Der Witz und seine Beziehungen zum Unbewußten. Bd. 9 der Gesamtausgabe in 12 Bdn. Internationaler psychoanalytischer Verlag. Leipzig/Wien/Zürich 1925–1934 – Fischer Bücherei 1958, Nr. 193.

Daher auch die scheinbar unlogische Schaukeltechnik vieler Diktatoren dem politischen Witz gegenüber: zeitweise bestrafen sie ihn, dann wieder drücken sie ein Auge zu und fördern ihn sogar.

Welches ist nun diese dem Witz und Traum gemeinsame Technik? Beide arbeiten mit scheinbaren Denkfehlern: Unifizierung, Verdichtung, Anspielung, Auslassung, unlogische Koppelung. Dabei kennen beide zwei Stufen. Schon allein die im strengen realen Leben unstatthafte Negierung der logischen Gesetze kann als eine Form der Entspannung genossen werden. Dann haben wir es mit Träumen und Witzen zu tun, die Freud als «harmlos» bezeichnet.

Oder aber die gelockerte Logik bildet nur die Fassade, hinter der sich ein Protest von ganz anderer Tiefe und Schärfe verbirgt. Dann spricht Freud von «tendenziösen» Witzen.

Er unterscheidet folgende Gruppen von Tendenzwitzen: obszöne (Ersatz für die in guter Gesellschaft unerlaubte Zote), aggressive (darunter die politischen), blasphemische (eine Sonderform der aggressiven: sie richten sich gegen unangefochtene Autoritäten) und skeptische, die jede Wahrheitseinsicht a priori anzweifeln.

Aber auch der komplizierteste tendenziöse Witz ist hierin dem Traum verwandt, daß er leicht rezipierbar sein muß. Sonst bleibt er wirkungslos. Aktuelle Stoffe sind daher für Witze besonders geeignet. Freud gibt als Beispiel: «Diesem Mädchen geht es wie Hauptmann Dreyfus: Die Armee glaubt nicht an seine Unschuld.» Ein blendender Witz, aber nur für den, der Bescheid weiß über den Dreyfusprozeß in Paris zur Jahrhundertwende, in welchem der unschuldige jüdische Hauptmann unter der Akklamation von Armee und Volk zur Deportation verurteilt wurde.

Freud gibt auch je ein Beispiel für harmlose und tendenziöse Koppelung von Unpassendem. Harmlos ist das «und» in den Versen von Wilhelm Busch, wo eine Mutter ihren kleinen Sohn «mit einer Gabel *und* mit Müh» aus der Brühe fischt. Voll von bösartiger Tendenz dagegen, nämlich eine bewußte Beleidigung ist das «und» in Heinrich Heines Ausspruch: «In Göttingen leben Studenten, Professoren, Philister *und* Vieh.»

Auch für die Witztechnik der «Verdichtung» zitiert Freud aus Heine ein gutes Beispiel: Heine erzählt, sein reicher Onkel habe ihn «ganz *famillionär*» empfangen.

Überhaupt ist Heines Werk aus Gründen, auf die wir noch zu sprechen kommen, eine Fundgrube für tendenziösen Witz, insbesondere für jüdische Witze.

Nicht immer präsentiert sich der Witz in nackter Form. Er kann mit komischen und humoristischen Elementen angereichert sein. Der Philosoph Bergson hat den komischen Gegenstand definiert, Freud, der Psychologe, das Erlebnis des Komischen. Komisch ist nach Bergson das Objekt, welches sich, wiewohl lebendig, verhält wie ein Automat. Also etwa der Hanswurst, der auf schlechthin alles mit dem gleichen Ausspruch oder Knüppelschlag reagiert. Diese Definition hängt mit Bergsons Metaphysik zusammen, wonach alles Leblose Zerfallsprodukt des Lebendigen ist.

Das Erlebnis des Komischen erklärt Freud aus «erspartem Vorstellungsaufwand».

Humor dagegen ergibt sich nach ihm aus «erspartem Gefühlsaufwand», im Extremfall, im sogenannten Galgenhumor, aus ersparter Todesangst. Das Musterbeispiel: Der Delinquent, der Montag früh gehenkt werden soll und mit den Worten aufwacht: «Die Woche fängt ja gut an!» Zahllose weit phantasievollere Beispiele finden sich bei Wilhelm Busch, dessen Denken und Schaffen fast ausschließlich um den Tod kreist und oft schon den «schwarzen Humor» streift. Der Held wird «plattgewalzt wie Kuchen sind», zu Schrot zermahlen und dann von Enten aufgefressen, zu Eis gefroren und hernach entweder in Stücke gesplittert oder zu Brei aufgetaut, der in einem Einmachtopf «beerdigt» wird. Und beim Anblick ihres im Rausch erfrorenen Gatten sagt die Witwe ungerührt zur Milchfrau:
«Von nun an, liebe Madame Pieter,
Bitt ich nur um ein Viertel Liter.»

Schwarzer Humor und surrealistischer Witz

Weder Freud noch Bergson haben jene Sonderform des Humors analysiert, den wir heute den «schwarzen» nennen. Das ist kein Zufall. Zwar gibt es schwarzen Humor seit über tausend Jahren. Aber erst heute tritt er so massiert auf, daß man ihn nicht mehr übersehen kann.

Gewöhnlichen Humor kann es immer und überall geben. Der schwarze jedoch ist an zwei Voraussetzungen geknüpft: Es muß zunächst der Glaube an eine sinnvoll zentral gesteuerte Welt dagewesen sein, und dieser Glaube muß sich radikal zersetzen und der nackten Verzweiflung weichen. Gewöhnlicher Humor bedeutet Leidersparnis; hinter dem schwarzen gähnt Grauen und Entsetzen. Schwarzen Humor kann es folglich in der griechisch-römischen Antike, die ein solches sinngebendes Weltzentrum nicht kannte, nie gegeben haben. Er ist an den jüdisch-christlichen Monotheismus und dessen Zerfall gebunden. Er ist die unheimlichste Form, das Problem der Theodizee – der Frage nach dem Bösen in einer gottgeschaffenen Welt – aufzuwerfen.

Ein modernes Scherzbeispiel:
Sekkant-weinerliche Kinderstimme: «I mag net immer nur im Kreis gehen!»
Schroff ordinäre Stimme des Vaters: «Ruig bist!»
«I *mag* aber net immer nur im Kreis gehen!»
«Ruig bist!»
«I *mag* aber net immer nur im Kreis gehen!»
«Wannst net ruig bist, nagl ich dir den zweiten Fuß auch noch an!»

Im neuzeitlichen jüdischen Witz spielt der schwarze Humor kaum eine Rolle. Nur in harmlosen Spuren macht er sich bemerkbar, so in einer Frau-Pollak-Anekdote: Frau Pollak läßt überall nach ihrem Gatten suchen, findet ihn zuletzt tot unterm Bett, läutet nach dem Mädchen und sagt anklagend: «*So* räumen Sie auf!»

Dennoch stammen die frühesten Beispiele des schwarzen Humors aus der jüdischen Geisteswelt. Aber nicht aus der neuzeitlichen und auch nicht aus dem Volkswitz, sondern aus dem Werk des jüdisch-pakistanischen Philosophen Chawi el Balchi im 9. Jahrhundert. Auch das ist kein Zufall. Wir kommen auf Chawi noch zurück[3].

Auch der surrealistische oder groteske Witz, der seit einigen Jahrzehnten üppig gedeiht, ist bei den Juden eher spärlich vertreten. Teils entspringt er der Freude am reinen Unfug und berührt sich hierin mit den alten vorderasiatischen Scherzrätseln, auf die wir noch zu sprechen kommen, teils gehört er stilistisch mit der modernen Kunst zusammen, die ebenfalls von einer aus den Fugen geratenen, sinnlosen Welt ausgeht. Er ist eine milde, harmlose Variante des schwarzen Humors, seine Voraussetzungen sind nicht spezifisch jüdisch, sondern allgemein modern.

Dennoch werden einige der besten Scherze dieser Art – so jener von dem glasfressenden Caféhausgast, der die Wand hinaufspaziert (S. 604) – als Judenwitze erzählt. Vielleicht sind sie wirklich jüdischer Herkunft, entsprungen der vorderasiatischen Witzphantasie und zugleich Parodie auf das der Wirklichkeit entfremdete Talmuddenken.

---

[3] Über Chawi el Balchi, vgl. S. Landmann, Die Juden als Rasse. Limes Verlag, München, 1981.

Die witzige Situation und Person

Aus dieser kurzen Analyse des Witzes läßt sich bereits auf die Situation und Person des Witzeschöpfers schließen. Für den erotischen Witz bedarf es einer Kulturhöhe, welche Verdrängungen fördert und Zoten ausschließt. Der aggressive Witz setzt einen starken inneren und äußeren Druck auch auf nichterotischem – also politischem, moralischem oder sozialem – Gebiet voraus. Und der skeptische Witz erfordert eine beachtliche Bildungshöhe, verbunden mit Bitterkeit und scharfem Denkvermögen.

Sämtliche tendenziösen Witzformen werden natürlich nur gedeihen, wenn der Druck bewußt erlebt und empfunden und abgelehnt wird. Ein Samurai oder Preuße, der die überstrengen Lebensregeln seiner Tradition bejaht, wird sie nicht im Witz verhöhnen. Ähnlich wird auch der Jude, solange er gläubig ist, nur ganz bestimmte, eng umgrenzte Bezirke witzig angreifen.

Damit der tendenziöse Witz keime, darf es ferner keine Möglichkeit geben, sich des Druckes anders als im Witz zu entledigen. Bei realer Chance zur geistigen oder politischen Revolution schlägt der Witz rasch in Pamphlet, Aufruf und schließlich Aktion um. Nur der Leidende, nicht der Täter ist witzig.

Und es muß schließlich – und hier sind wir bei einem Punkt angelangt, den auch Freud übersah – noch eine starke angeborene Witzbegabung hinzutreten. Sie ist nicht bei allen Individuen und Völkern gleich stark entwickelt; sie variiert auch bei den einzelnen Völkern von Epoche zu Epoche, von Gruppe zu Gruppe.

Wir erwähnten bereits die Witzigkeit Heinrich Heines. Sie war kein Zufall. Er war arm, politisch verfolgt und als Jude entrechtet. Drei Gründe, die schon geeignet sind, eine vorhandene Witzbegabung zu stimulieren und zu wecken. Schon allein die Situation des Juden im Exil kann hierfür völlig genügen: Ähnlich wehrlos und seines Leides klar bewußt war kaum je ein zweites Volk.

Es ist daher auch kein Zufall, daß Freud, der als erster das Wesen des Witzes voll durchschaut hat, Jude ist und daß er in seiner Abhandlung fast nur jüdische Witze analysiert.

Dennoch ist das, was wir unter «jüdischem Witz» im engeren Sinne verstehen, erst in der Neuzeit entstanden, und auch da nur bei den Juden Ost- und Mitteleuropas. Den Grund kann nur ein kurzer Blick auf die jüdische Geschichte erklären.

Die doppelte Herkunft der Juden

Dank der modernen Archäologie und Semitologie wissen wir heute, daß die frühen hohen Kulturen des Vordern Orients (also auch die jüdische), von denen wir in vieler Hinsicht bis heute zehren, alle erst entstanden, nachdem die nomadisierenden Völker der arabischen Halbinsel, die der sogenannten «beduinischen» oder «orientalischen» Rasse angehörten, hierher eingebrochen waren und sich mit den ansässigen Völkern vermischt hatten, die der sogenannten «assyroiden», «armenoiden» oder «vorderasiatischen» Rasse entstammten. Es ist nicht die Aufgabe dieses Buches, der Kulturleistung der so entstandenen Mischvölker detailliert nachzugeben. Möge der kurze Hinweis genügen, daß hier die Grundlagen für Astronomie, Kalenderkunde, Mathematik gelegt wurden, daß hier die «akustische», d.h. am Klang und nicht am Symbol oder Abbild orientierte Schrift aus wenigen Dutzend Buchstaben erfunden wurde, deren wir uns noch heute bedienen, und daß hier der jüdisch-christliche Monotheismus seinen Ausgang nahm.

Daß bedeutende neue Kulturschübe nicht der von den Rassisten der Nazizeit so hoch gewerteten Rassereinheit zu danken sind, sondern geeigneten Mischungen, hat der deutsche Psychiater und Konstitutionsforscher Ernst Kretschmer als erster klar nachgewiesen. Implizit ist diese Einsicht allerdings schon beim Biologen und Botaniker Gregor Mendel da, welcher entdeckte, daß Hybriden, d.h. Bastardpflanzen, «luxurieren», d.h. üppiger ausfallen als ihre reinrassigen Elternteile.

Eine durch Rassemischung entstandene neue Population bildet aber niemals einen neuen einheitlichen Schlag. Die beiden Ursprungsrassen und ihre Besonderheiten und Talente treten in der einen oder andern Gruppe oder Epoche in der neuen Kulturwelt verschieden stark hervor. Deutlich wird das auch an der ganzen Vergangenheit und Gegenwart der Juden.

Die Beduinen oder Orientalen – harte Realisten, nüchterne Chronisten, glasklare selbstkritische Denker, wilde und harte Kämpfer – haben die frühen Teile der Bibel, vor allem die Königsgeschichte, geprägt und später, im frühen Mittelalter, mit den Arabern zusammen in Andalusien eine Philosophie und exakte Naturwissenschaft hervorgebracht, auf der die christliche Scholastik und die italienische Renaissance in weit höherem Grade basieren, als man allgemein weiß. Witz und Legende findet man bei diesen nüchternen Denkern und Kämpfern nur sporadisch.

Desto üppiger sprießt beides bei dem andern, dem vorderasiatischen

Typus, mit dem sich die harten Beduinen in Kanaan vermischten und der bei den Juden Babels, Persiens, Mittel- und Osteuropas dominierte. Hier gibt es Trunkenheit, Weichheit, Wehmut, Demut, Milde, Leidensbereitschaft, Humor und Heiterkeit. Hier sprießt Legende und nicht nüchterne, selbstkritische Chronik. Hier wachsen keine harten Täter, sondern witzige Dulder.

Witz ist in allen Ländern mit vorwiegend vorderasiatischer Population endemisch, auch unabhängig von seiner Funktion als Waffe des Wehrlosen, die den tendenziösen Witz erzeugt. Hier sprießt auch der harmlose Witz in zahllosen Varianten. Noch heute pflegen sich in Armenien, Griechenland und der Türkei – seit langem fast rein vorderasiatisches Siedlungsgebiet – die Männer gern stundenlang mit surrealistischen, unauflösbaren Scherzrätseln dieser Art zu unterhalten:

Was ist das? Außen Wolle und innen Watte.

Die Antwort – die aber immer nur der Erfinder des Scherzrätsels selber zu geben vermag – lautet: Ein Pudel, der vor einer Apotheke sitzt, in welcher Watte verkauft wird.

Im Prinzip unterscheidet sich dieses Rätsel in nichts von jenem, das der biblische Held Simson – mit seinem trunkenen Liebesleben der «kanaanistischste» aller Richter Israels – den Philistern aufgibt:

Speise ging aus von dem Fresser,
Und Süßes ging aus von dem Starken.

Ein Rätsel, das durch keinen noch so großen Scharfsinn aufzulösen ist, sondern einzig aus den biographischen Daten Simsons. Weshalb er den Philistern, die sich die Lösung von seiner Geliebten verschafft haben, mit Recht sagt:

Hättet Ihr nicht mit meinem Rinde gepflügt,
Ihr hättet mein Rätsel nicht erraten[4].

Und sogar die Sowjetrussen anerkennen das Talent der Vorderasiaten zu Witz und witziger Scherzfrage, indem sie den neuen politischen Witz dem armenischen Radio Eriwan zuschreiben.

Es sind auch bei den Juden immer dieselben, vorwiegend vorderasiatischen Gruppen, die Witze, Rätsel und Legenden geschaffen haben. Dem vorderasiatisch-kanaanäischen Judentum entsprang die legendenumwobene Gestalt des Nazareners und der vielen von Märchen und phantastischen Anekdoten umsponnenen Talmudlehrer, über die wir – anders als über die biblischen Könige – kaum historische Tatsachen be-

---

[4] Über «Jüdische Rätsel aus Talmud und Midrasch», vgl. Georg Nador, Hegnerbücherei, Köln 1967.

sitzen. Es waren die ebenfalls «vorderasiatischen» Juden Babels, welche den Talmud, der zunächst nur Kommentar und Ergänzung zum Bibelgesetz sein wollte, mit Homiletischem und Anekdotischem so überfluteten, daß er sich stellenweise liest wie ein Unterhaltungs- und Erbauungsbuch.

Und abermals am Ostrand der jüdischen Diaspora keimt im 9. Jahrhundert bei dem bereits erwähnten Philosophen Chawi el Balchi der «schwarze Humor». Chawi, der den Chasaren entstammte, einem südrussischen Stamm, der im 8. Jahrhundert zum Judentum übergetreten war, gewinnt seinen schwarzen Humor dadurch, daß er die Taten Gottes in der Bibel mit den Moralgesetzen dieses gleichen Gottes konfrontiert.

Im Mittelalter waren es dann, vor allem in Deutschland, wieder solche vorderasiatische Juden, welche die Sagen, Märchen, Schwänke und Fabeln der Deutschen mit jenen des Talmuds zu einer reizvoll-naiven Mischung verschmolzen und ihren eigenen Rabbis Wundertaten andichteten.

Und als diese gleichen Juden im Mittelalter und in der frühen Neuzeit in die slawischen Länder flohen und sich dort mit den bereits ansässigen Juden Südrußlands (sie kamen aus Persien und Mesopotamien) mischten, schufen sie gemeinsam jenen neuzeitlichen jüdischen Witz, von dem unser Buch eine Auswahl gibt.

Der ältere jüdische Witz

Sehen wir von Chawi el Balchi ab, der ein Einzelfall war und selbst seinen aufgeklärten Zeitgenossen unheimlich blieb, so ist es klar, daß sich der jüdische Witz in seiner vollen Tiefe und Schärfe erst in der jüngeren Neuzeit entfalten konnte. Denn eine ungebrochene Religiosität engt den Witz von allen Seiten ein. Der Witz des Talmuds bewegt sich in festen Grenzen. Der Sinn des Talmuds bestand darin, einem in der Verstreuung lebenden Volk jene festen Lebensregeln zu geben, ohne die es, seines staatlichen Zentrums beraubt, zerfallen wäre. Solcher Zerfall mußte die Juden, solange sie gläubig waren, schrecken. Denn anders als der Christ erwartet der Jude die Welterlösung nicht als einzelner, sondern kollektiv, als Volk, das folglich als solches nicht untergehen darf. Notwendig war daher nicht nur der Respekt vor dem Talmudgesetz, sondern bis zu einem gewissen Grad auch die Gesetzeskenntnis. Der Schriftgelehrte wird unter solchen Umständen nicht Objekt des Spottes, sondern der höchsten Ehrfurcht. Dies um so mehr, als solche Einstellung den Juden schon im Lande Israel nicht fremd gewesen war: einen Ritteradel hatte es bei ihnen nie gegeben, die stark theokratische Einstellung des ganzen Volkes hatte schon immer dem großen Gelehrten die höchste Reverenz gesichert.

Verspottet wird daher im Talmud nicht der weise Rabbi, sondern der Narr und Ungebildete, der das Religionsgesetz nicht begreifen kann. Dem Nichtjuden mag solche Härte dem geistig Schwachen gegenüber grausam erscheinen – sie war eine Voraussetzung für das Weiterleben des Volkes.

Wichtig war, daß es im Exil immer eine gelehrte Führerschicht gab. Man verehrte sie daher nicht nur, man züchtete sie bewußt durch entsprechende Heiratspolitik: die Gelehrten verheirateten ihre Kinder untereinander, sie filtrierten auch alle Begabungen aus dem Volk heraus und nahmen sie – durch Einheirat – in ihren Kreis herein. Und dem Reichen, dem der Reichtum allein ja keinerlei Achtung einbrachte, war es eine Ehre, für seine Tochter einen gelehrten und begabten Mann zu gewinnen. Die «vermittelte» Ehe, über die dann später, in der Neuzeit, der Spott einer erotisch freiheitsdurstigen Epoche hereinbricht, wird daher im Mittelalter noch nirgends angegriffen. Allerdings galt die Vermittlung damals noch nicht, wie dann später, der Erlangung finanzieller Vorteile.

Verspottet wird im Talmud der Ketzer, der später, in der Neuzeit, die Sympathie des Witzes auf seiner Seite hat. Und außerdem gibt es schon im Talmud eine Gestalt, die jener Til Uilenspiegels zum Verwechseln ähnelt: Rabba-Bar-bar-Chana.

Zahllose Witze entstehen bei den Juden Mittel- und Osteuropas in der frühen Neuzeit. Nach wie vor sprengen sie nicht den Rahmen des Religionsgesetzes. Ja: sie wagen nicht einmal Kritik an der bösen nichtjüdischen Umwelt. Denn auch sie ist ja gottgewollt, wie letztlich alles, was geschieht.

Wird das Leid unerträglich, dann weichen die gläubigen Juden nicht in den Witz aus, sondern in die Mystik. Die harten, beduinischen sogenannten Südjuden schaffen sich im späten Mittelalter die mathematisch strukturierte Kabbala; bei den weichen Ostjuden entsteht im 18. Jahrhundert in der Ukraine die irrationale Demutsmystik des Chassidismus.
Jede jüdische Mystik sucht – wir sagten es schon – die kollektive Erlösung. Beide sonst so verschiedenen Formen der Mystik basieren auf der talmudischen Theorie des «Chewlej Maschiach», der Messiaswehen, die der Endzeit vorangehen müssen. Leid ist demnach nicht sinnlos, son-

dern der Weg zur messianischen Erlösung. Das geht so weit, daß fromme Ostjuden jedes Verhängnis – auch das der Hitlerzeit – kurzerhand als «Chewlej Maschiach» benannten.

Davon abgesehen kann man sich aber kaum größere Unterschiede denken als die zwischen Kabbala und Chassidismus. Methodisch beruht die Kabbala auf der Tatsache, daß in der hebräischen Schrift Buchstaben und Zahlen identisch sind. Der Kabbalist errechnet den Zahlenwert besonders wichtiger Bibelstellen und versucht dann, auf die verschiedensten Arten aus dem Resultat letzte Geheimnisse zu ergründen.

Mit so abenteuerlicher Gehirnakrobatik hat der Chassidismus der Ostjuden nichts zu schaffen. Die Chassidim entstammten auch nicht, wie die Kabbalisten Andalusiens und Südfrankreichs, einer gesellschaftlichen und geistigen Elite des jüdischen Volkes. Vielmehr waren sie arme kleine Leute, die Überbleibsel nach den furchtbaren Pogromen des Hetman Chmielnizki im 17. Jahrhundert in der Ukraine, durch welchen gerade die Bildungselite der Juden weitgehend vernichtet worden war – aus dem einfachen Grunde, weil sie mit der finanziellen Oberschicht zusammenfiel. Zurück blieb Elendsproletariat, unfähig, sich mit dem Talmud zu beschäftigen oder kabbalistischen Spekulationen nachzugehen. Hilflose, hungernde Menschen, die seelischen Rückhalt brauchten und bei den sogenannten Wunderrabbis, den «Zaddikim» (= Gerechte oder Heilige), suchten und auch fanden.

Diese ersten, lauteren Zaddikim waren, samt ihren wundergläubigen Anhängern, zwar selber alles andere als witzig, jedoch ein beliebtes Objekt des boshaften Witzes der gebildeten «Mitnagdim», der Gegner des Chassidismus. Der Spott wuchs noch, als die Bewegung allmählich ihre Reinheit einbüßte, der «Thron» des Zaddiks erblich wurde und manchmal einem Nachkommen zufiel, der bewußt den Aberglauben der armen Massen finanziell ausbeutete.

Und auch die kabbalistische Deutungsmethode ist natürlich immer ein beliebtes Objekt des jüdischen Witzes gewesen. Nur daß sich Witze aus diesem Bereich für einen judaistisch nicht Gebildeten sehr schwer wiedergeben lassen. Dennoch haben wir einige Beispiele in unsere Sammlung aufgenommen.

Von der verträumten Legende zum boshaften Witz ist es an sich ein weiter Weg. Dennoch gehören beide, Witz und Legende, ausschließlich dem östlichen Judentum an, bilden gleichsam die Außenpunkte, zwischen welche sich das ostjüdische Seelen- und Geistesleben spannt. Und je näher wir an die Gegenwart herankommen, desto öfter kommt es vor,

daß die naive Legende in den bitteren Witz umspringt, ohne daß die betreffende Anekdote sich formal stark veränderte. Ein Beispiel:
Ein armer Rebbe (Rabbi) gibt einem Lumpen seine letzten Kopeken. Schreit die Rebbezen (Rabbinerin): «Was gibst du unser letztes Geld einem solchen Menschen?»
Sagt der Rebbe: «Wenn Gott ihm seine Liebe beweist, indem er ihm das Leben schenkt – wie sollte dann *ich* ihn nicht lieben und ihm kein Geld geben?»
Schon in dieser Urform der Legende erweckt der Exzeß an Demut und Selbstopfer Unbehagen. Die volle und scharfe Kritik an einer solchen Haltung bricht aber erst in der Umwandlung der Legende zum modernen Witz durch. Jetzt antwortet der Rabbi:
«Soll ich wählerischer sein als Gott? Sieh dir an, wem *Er* das Geld gibt!»
Aber natürlich nimmt der alte jüdische Witz nicht nur Kabbala und Chassidismus aufs Korn. Einen breiten Raum nehmen Kultusbeamte jeder Art ein. Unzählige Witze kreisen auch um den armen Jeschiwe-Bocher, den Talmudstudenten, der zwar als künftiger Religionsgelehrter die Hochachtung des Bürgers genoß und von den Ansässigen durchgefüttert wurde. Anderseits wurde er oft lästig durch seine Frechheit und seinen unstillbaren Heißhunger. Er war ein Bürgerschreck, genau wie der vagierende Theologiestudent der nichtjüdischen Welt im Mittelalter.
Verspottet werden die berufsbedingten geistigen Deformationen des jüdischen Kutschers, Kaufmanns, Handwerkers, Schankwirts. Verspottet wird der reiche Geizkragen und zugleich auch der arme Schnorrer, der gerade in der traditionsgebundenen jüdischen Welt in der Tat sehr lästig werden kann. Denn die mosaische Gesetzgebung predigt Nächstenliebe nicht nur in allgemeiner und folglich unverbindlicher Form, sondern schreibt genau vor, was Witwen, Waisen und Arme zu bekommen haben. Es läuft auf ein strenges Sozialgesetz hinaus, macht den Bettler und Schnorrer zum Gläubiger.
Nicht die böse Umwelt der Juden als ganze, wohl aber einzelne Gestalten aus ihr verspottet schon der ältere jüdische Witz: den Gutsherrn, den Bauern, die rohe Polizei, die brutalen Militärbehörden. Und vor allem gibt es viele alte Witze mit Disputationen zwischen Rabbis und christlichen Geistlichen, wobei natürlich der Rabbi immer siegt. Solche Disputationen gab es im Mittelalter tatsächlich. Oft waren die Rabbis den Geistlichen auch wirklich an Bildung und Geistesschliff überlegen. Dennoch siegten sie nicht, denn es war ihnen untersagt, von ihrem Wissen in der Disputation Gebrauch zu machen. Und zudem standen sie

manchmal getauften ehemaligen Glaubensgenossen gegenüber, die über den gleichen Talmudschliff verfügten wie sie selber.

Dieser Geistesschliff genießt aber einstweilen noch, wie gesagt, konditionslose Bewunderung. Ein besonderer Spott trifft daher den sogenannten Maggid, den Wanderprediger.

Seine Art und Funktion ist nur aus der Besonderheit des jüdischen Kultuslebens erklärlich. Der Rabbi war nie Prediger wie der Pfarrer. Vielmehr: er wurde es erst spät, bei den sogenannten «Reformjuden», die ihre Assimilation an christliche Kultformen mit massiver judaistischer Ignoranz verbanden und daher auch die Verachtung der judaistisch hochgebildeten Orthodoxie, vor allem Osteuropas, auf sich zogen. Der Rabbi war dazu da, in schwierigen rituellen und religionsgesetzlichen und juristischen Fragen (die er nach dem Talmudrecht behandelte) zu entscheiden. Seine Vorträge waren komplizierte Gelehrtenabhandlungen für exquisite Kenner der Materie.

Für die Ungebildeten und die Frauen war der naive, volkstümliche Maggid da. Einzelne Maggidim waren berühmt und geliebt. Die meisten zeichneten sich jedoch durch Halbbildung aus und wurden daher ein beliebtes Objekt des Witzes.

Der jüdische Witz und das Rotwelsch

Seine volle Mannigfaltigkeit, Tiefe und Schärfe erreicht der Judenwitz aber erst in den letzten hundert Jahren. Blasphemisch wird er auch jetzt nur selten. Genauer: er wird es nur in einer einzigen entarteten Variante, nämlich in den jiddischen Wortbildungen des Rotwelsch, des Geheimidioms der deutschen Gauner und Vaganten. Dieses Idiom ist, was zunächst befremden muß, mit Hebraismen dicht durchstreut. Teils sind die Juden unschuldig daran. In Deutschland standen ihnen bis tief in die Neuzeit hinein ja kaum andere Berufe offen als die des Trödlers und Geldverleihers. Auf der Landstraße lernten vagierende Gauner hebräische Worte aus dem Jiddisch der ebenfalls wandernden jüdischen Hausierer.

Zeitweise aber wichen kleinere jüdische Gruppen vor der Verfolgung nicht in die mystischen Spekulationen aus, sondern in den Wald zu den Räubern. Sie bewiesen schon durch diesen Schritt, wie wenig sie vom Martyrium und überhaupt von der Religion ihrer Väter hielten. Sie waren, wenn man so will, die Existentialisten der Landstraße. Und ihr bitteres und blasphemisches Ethos schlug sich in den Wortbildungen

nieder, mit denen sie die Geheimsprache ihrer ungebildeten nichtjüdischen Gefährten bereicherten.
Ein einziges Beispiel: Die «Mesuse» ist jene kleine Kapsel mit einem kurzen Bibeltext, die an den Türpfosten jüdischer Wohnungen hängt und vom frommen Juden beim Hinaus- und Hineingehen geküßt wird. Und nun: Im Rotwelsch bedeutet Mesuse soviel wie Dirne. Die Analogie ist klar: Auch sie steht am Türpfosten und wird von jedem Passanten berührt und geküßt. Und klar ist auch die witzig-blasphemische Umdeutung des kultischen Ausdruckes.

Der jüdische Witz in der jüngern Neuzeit

Wenn aber der jüdische Witz auch nach wie vor nur selten blasphemisch ist, so wagt er doch jetzt, in der jüngern Neuzeit, eine breit und tief angelegte Kritik sowohl am eigenen Religionsgesetz wie an der gesamten Weltordnung. Nach wie vor wird der Dumme und Ungebildete verspottet. Der Spott trifft jetzt aber zugleich den weisen, hochgebildeten Rabbi, der einem einfachen Handwerker oder Schankwirt die Kenntnis des ausgeklügelten Religionsgesetzes zumutet, und vor allem trifft er das Gesetz selbst, das mit seinem scholastischen Ballast als lästig und überflüssig empfunden wird.
Nach wie vor wird der unbegabte Schüler verspottet und manchmal auch sein ungenügend gebildeter Melamed, der Elementarlehrer für Hebräisch. Aber zugleich wird jetzt über die jahrtausendealte Gewohnheit gelacht, die Knaben schon im zartesten Alter in die Schule zu schicken, ihnen die hebräische Sprache direkt aus dem Bibeltext beizubringen und sie bereits mit acht Jahren über den komplizierten Debatten des aramäisch abgefaßten Talmuds brüten zu lassen. In der Tat kann sich ja der Außenstehende kaum vorstellen, was das bedeutet, wenn eine ganze Volksgruppe – wie die der Ostjuden bis etwa zur Jahrhundertwende – eine Oberschicht besitzt, die an scholastischer Bildung qualifizierten christlichen Theologen gleicht.
Dabei darf man nicht vergessen, daß beide Sprachen der alten jüdischen Bildungswelt, das Hebräische wie auch das Aramäische, meist ohne Vokale und Satzzeichen geschrieben sind. In einem Talmudtext weiß man daher nie mit Bestimmtheit, wo ein Satz anfängt und aufhört und ob er affirmativ, negierend, fragend oder als Ausruf gemeint ist.
Außerdem besteht der Talmud, der im Laufe von tausend Jahren (fünfhundert vor bis fünfhundert nach Christus) entstand, aus Voten Hun-

derter von Gelehrten. Und diese Debatten wurden keineswegs nachträglich geordnet und in straffe Form gebracht. Bedenkt man ferner, daß sich an den Talmud noch ein gewaltiges nachtalmudisches rabbinisches Schrifttum anschließt, das in Osteuropa nicht nur von den Rabbis, sondern auch von vielen Kaufleuten von Grund auf gekannt wurde, dann begreift man den Geistesschliff, der später auch dem jüdischen Witz zugute kam. Man begreift aber auch, daß dieser gleiche Witz, der vom Talmudstudium formal so sehr profitiert, sich inhaltlich dennoch heftig von solcher Belastung distanziert.

Narrenwitze gibt es nach wie vor. Aber sie treten jetzt zahlenmäßig zurück. Aus dem Mittelalter haben die Juden die harmlosen Späße über Chelm, Cholm oder Chelmo, das jüdische Schilda, in die Neuzeit gerettet. Der Ort liegt nicht weit von der polnischen Stadt Lodz entfernt. Solche simpeln Narrenscherze werden jetzt aber nur noch von den ganz einfachen Leuten genossen.

Beliebter sind schon die Anekdoten, die um die Spaßmacher Herschl Ostropolier, Motke Chabad und Ephraim Graidinger kreisen. Herschl ist der profilierteste von ihnen. Er hat im 18. Jahrhundert als Diener eines Wunderrabbi wirklich gelebt und war ein boshafter, bettelarmer Trinker und Witzbold.

Witze, in welchen die gelehrten Rabbis den ungebildeten chassidischen Wundertäter, den Zaddik, verspotten und umgekehrt die Chassidim sich über die scholastische Übergelehrtheit des talmudisch geschulten Rabbi lustig machen, hatte es seit Aufkommen des Chassidismus gegeben. Jetzt gewinnt der Spott eine neue böse Schärfe: Der Witz verhöhnt beide Arten von religiösen Führern in einem Zug.

Die arrangierte Ehe war – wir sagten es schon – unerläßlich für das Heranzüchten einer hervorragenden Geisteselite. Jetzt wird aber der Verzicht auf Liebe doch als drückend und sinnlos empfunden. Zahllose Witze verspotten den Schadchen, den Heiratsvermittler, wobei die geistreichsten unter ihnen durchblicken lassen, daß auch der Schadchen selbst sein Metier als fragwürdig empfindet.

Doch bleibt der Witz nicht dabei stehen, der individuellen Liebe oder gar Libertinage das Wort zu reden: auch solche «westliche» Losgelassenheit und Freiheit wird verhöhnt.

Und am schärfsten verhöhnt der Witz die Vermischung der finanziellen Sphäre mit der erotischen. Das hatte es zuvor bei den Juden nicht gegeben, anders als bei den Franzosen, deren Lustspiel fast ausschließlich aus diesen Konflikten schöpft.

Verspottet wird jetzt endlich auch die boshafte und gefährliche Umwelt, in welcher die Juden sich bewegen müssen. Wobei es gerade ein Nichtjude – der aus Tschernowitz stammende Publizist Gregor von Rezzori – ist, der in einem seiner Bücher ein besonders tiefes, weil doppelgrundiges Beispiel gibt: Die Hitlerzeit ist bereits angebrochen, Rumänien ist aber noch nicht besetzt. Die Volksdeutschen, großenteils Nazis, wollen einen Judenpogrom veranstalten, die Regierung aber bietet Truppen auf zum Schutze der Juden. Da geht ein riesiger rumänischer Soldat mit erhobener Waffe auf einen kleinen Juden los. «Halt, ich bin doch kein Hakenkreuzler!» schreit der Jude. Darauf der Soldat: «Aber ich!»

Der Witz liegt nicht nur in dem scheinbar verkehrten Verhalten des Soldaten, sondern umgekehrt vor allem darin, daß der Jude naiv genug ist, zu glauben, die rumänischen Soldaten könnten sich anders benehmen als die Nazis. Schlagartig wird hier die ganze Tragik der jüdischen Exilsituation durch die zwei Worte «Aber ich» ans Licht gehoben.

Viele moderne Judenwitze verspotten negative Eigenschaften der Diasporajuden. Zum Beispiel Disziplin- und Distanzlosigkeit. Freud und Arthur Schnitzler haben beide den Zusammenhang dieser Formlosigkeit mit der Tatsache erkannt, daß die Juden vielenorts «wie aneinandergeschmiedete Galeerensklaven» leben mußten.

Beide erkannten aber auch, daß diese Distanzlosigkeit zugleich ein positives Element birgt: die demokratische Gesinnung des Alten Testaments.

Eine weitere, vermutlich erst im Exil erworbene lächerliche Eigenschaft vieler Juden ist die Hypochondrie. Vielleicht ist sie das Resultat des Umstandes, daß die Juden dauernd gefährdet sind. Da mag auch der Sinn für Gefährdung durch Krankheit – auch eingebildete – sich stärker heranbilden als bei Menschen, denen eine normale Umwelt vergönnt ist.

Eine besonders bittere Variante der Hypochondriewitze bilden jene, in welchen der Jude an allen möglichen und unmöglichen Orten Antisemitismus wittert. So etwa, wenn er als Stotterer die Stellung eines Radioansagers nicht bekommt oder wenn der Bahnhofsautomat (den er falsch behandelt hat) nicht funktionieren will.

Wie erheiternd solche Witze auch sein mögen – sie bergen doch einen tragischen Hintergrund. Denn niemand wird mit einer solchen Zerreinstellung geboren: Sie entspringt erst einer traumatisch dadurch erworbenen Neurose, daß sich der Jude ja in der Tat sehr oft mit einem – durchaus realen! – Antisemitismus konfrontiert sieht.

Ebenfalls weitgehend oder ganz exilbedingt ist die «Chuzpe» (wörtlich

Frechheit), um welche viele jüdische Witze kreisen. Der Begriff ist in einer andern Sprache kaum wiedergebbar. Er meint die Haltung derjenigen Juden, die kein Talent und keine Lust haben, die Schläge der Umwelt schweigend als Märtyrer einzustecken, und auch nicht den Mut, sich gegen eine fremde Übermacht in selbstmörderischer Form zur Wehr zu setzen. Es ist eine Kühnheit, die nichts kostet. In Israel gibt es sie nur noch als Nachklang aus der Diaspora.

Sehr hübsch und boshaft sind die Witze, in denen der weise Rabbi so ähnlich wie der Schadchen, ohne es zu wollen, die Partei des Gegners, hier des Ketzers, ergreift.

Ein Beispiel: Ein junger Jude steht als Angeklagter vor dem Rabbi: Er kann es nicht lassen, wo immer er Schweinespeck (nach Ritualgesetz verboten) sieht, hineinzubeißen und jedes Christenmädel, das ihm über den Weg läuft, zu küssen.

«Ich bin nebbich meschugge, Rabbi», klagt der Jüngling.

Darauf der übereifrige Rabbi: «Wenn du das Schweinefleisch küssen und die Mädel beißen würdest, wärst du meschugge. *So* aber bist du doch ganz in Ordnung!»

Dann sind da die Witze, in denen scheinbar nur das Nichtverstehen des Rituals oder Gebetsinns verlacht wird – in Wirklichkeit lachen sie längst über Gebet und Ritual selber.

Hier stehen wir schon inmitten der Ketzerei. Schade, daß die meisten solcher Witze nicht nur ein sehr scharfes Denkvermögen, sondern außerdem ein gerütteltes Maß judaistischer Kenntnisse voraussetzen! Wir konnten daher in unsere Sammlung nur wenige Beispiele aufnehmen.

Dasselbe gilt auch für die ketzerischen Bibelwitze. Die besten von ihnen setzen zuviel Kenntnisse voraus. Sehr leicht zugänglich sind fast nur gewisse gehaltlose Bibelscherze, welche schon bedenklich in die Nähe jener Platitüden kommen, die Effi Briest in Theodor Fontanes Roman als besonders albern ablehnt:

Wer war der älteste Kutscher?

Leid. Denn es steht geschrieben: Leid soll mir nicht widerfahren (= wieder fahren).

Täuflingswitze gab es schon ziemlich früh. Dabei kann schon die Konjunkturtaufe als solche zum Gegenstand des Spottes werden, desgleichen eine nichtjüdische Gesellschaft, die sich seit dem frühen 19. Jahrhundert «aufgeklärt» gebärdet und dennoch vom Juden als «Entréebillet» zur europäischen Kultur (der Ausdruck stammt von Heine) die Taufe fordert.

Eine besonders hübsche Variante der Täuflingswitze beschäftigt sich mit den meist unfruchtbaren Versuchen des frisch Getauften, alle jüdischen Stigmata abzustreifen und sich gewaltsam an die neue Umwelt anzugleichen. Wobei es fast unvermeidlich ist, daß der Neuling auf dem ihm fremden Parkett dauernd ausrutscht. Das gibt schon Stoff zum Lachen.

Und auch dann gibt es Stoff zum Lachen, wenn dem Täufling die Assimilation gar zu gut gelingt und er jetzt die Spielregeln der nichtjüdischen Umwelt mit der gleichen Überpräzision befolgt wie einst seine Ahnen das Talmudgesetz.

In diese Berührungswelt zwischen Jud und Christ, zwischen West und Ost gehören manche der besten neuen Judenwitze. Hier geben sich zwei Welten ein schillerndes Rendezvous. Im Hintergrund steht, ordnend und sichtend, bei einigen der schönsten dieser Witze ein teils juristisch-nüchternes, teils von den Idealen der Endzeit erfülltes Gehirn.

Schließlich geht der neue Witz noch einen Schritt weiter und wächst sich eindeutig zur Kritik und zum Zweifel an letzten religiösen Tatsachen und an der Richtigkeit der gesamten Weltordnung aus. Schopenhauers Pessimismus hat bei dem Witz Pate gestanden, in welchem ein Schneider eine Hose erst nach sieben Jahren abliefert und auf den Hinweis, Gott habe doch sogar für die ganze Welt nur sieben Tage gebraucht, antwortet: «Ja, aber sehen Sie sich an die Welt, und sehen Sie sich an *die* Hose!»

Und kein zweiter Volkswitz hat so wie der jüdische die Gefahr der Massenpsychose erkannt. Das jüdische Volk war im Laufe der Geschichte zu oft ihr Opfer, um ihre Schrecknisse nicht zu fürchten. Die Juden wußten sogar – und sagten es in Witzform aus –, daß der Massenwahn selbst jenen mit erfassen kann, der ihn zunächst bewußt erzeugt hat. Hierfür das Beispiel, in welchem ein Jude vom Fenster aus einem Passanten einredet: «Auf dem Markt tanzt ein Lachs!» – und als er dann sieht, daß alle Leute zum Markt rennen, selber gleichfalls hineilt mit den Worten: «Tommer (vielleicht) tanzt wirklich ein Lachs!»

Von den unzähligen Problemen aus dem politischen, sozialen und psychologischen Bereich, die der jüdische Witz aufgreift und treffsicher beantwortet, sei hier nur noch eines erwähnt: das der Kollektivschuld.

Zwar fordert der Talmud, daß alle Juden kollektiv für die Sünden jedes einzelnen haften sollen, und die jüdische Mystik erklärt das jüdische Leid aus den Verbrechen einzelner Juden, für die nun alle von Gott gestraft werden. Es ist aber ein Unterschied, ob ein Volk sich selber kollektiv haftbar erklärt oder ob andere es schuldig sprechen. In Deutsch-

land wurde die Frage nach dem Zweiten Weltkrieg aktuell. Schon lange vorher hat aber der jüdische Witz eine Antwort darauf erteilt: Klein-Erna darf nicht mehr mit Klein-David spielen, weil ihre Eltern gesagt haben, die Juden hätten Christus umgebracht.
Darauf David: «Das waren wir ganz bestimmt nicht! Das müssen Kohns von nebenan gewesen sein!»
Dann gibt es noch eine Anzahl jüdischer Witze, die um berühmte Persönlichkeiten kreisen. Es gibt eine Anzahl Juden, deren Werke oder Aussprüche von brillanten Witzen dicht durchsät sind. Heinrich Heine gehört hierher, auch der Wiener Humorist Moritz Saphir. In Berlin waren der Impressionist Max Liebermann und der Bankier Carl Fürstenberg berühmt für ihren scharfen, trockenen Witz.
Dann gibt es zwei jüdische Damen, die durch ihren ungewollten Humor Berühmtheit erlangt haben. Die eine ist Friederike Kempner, der «Schlesische Schwan», deren durchaus ernst gemeinte Verse voll sind von Zweideutigem und Anrüchigem, ohne daß sie es je bemerkt hätte. Als Beispiel ein Zitat aus ihrem Vierzeiler auf den Astronomen Johannes Kepler:

> Ein ganzes Blatt der Weltgeschichte:
> Du hast es *vollgemacht!*

Was Friederike trotz ihrer unbewußten Komik überzeitliche Bedeutung sichert, ist ein spezifisch jüdisches Element: Ihr Werk steht im Dienste einer humanen Mission. Sie hat sich gegen Einzelhaft eingesetzt, gegen soziales Unrecht und sogar gegen die Gefahr, daß Menschen lebendig begraben werden könnten. Unser Buch enthält dennoch keine Beispiele aus dem Werk Friederikes, denn man müßte es als Ganzes abdrucken.
Die zweite ist Frau Pollak von Parnegg, Gattin eines getauften und geadelten Wiener Industriellen, deren Talent, den gesamten Bildungsstoff des Abendlandes in einen Scherzartikel zu verwandeln, einzigartig war. Natürlich stammt nur ein kleiner Teil der überlieferten Aussprüche von ihr selbst: die Wiener haben unzählige Frau-Pollak-Witze dazuerfunden. Man sagt, die Söhne hätten ihr jeweils zum Geburtstag alle ihr zugeschriebenen Aussprüche unter dem Titel «Ausflüsse aus dem Muttermund» überreicht. – Beim Einmarsch Hitlers stürzte sie sich aus dem Fenster.
Viele Anekdoten knüpfen sich auch an berühmte Rabbis – chassidische und antichassidische. Witzig sind natürlich nur die der Antichassiden. Die Anekdoten, welche um chassidische Zaddikim kreisen, sind eher Legenden. Einige wenige Beispiele findet der Leser dennoch in unserer Sammlung.

Die meisten übrigen an berühmte Persönlichkeiten geknüpften Aussprüche sind eher Wanderanekdoten: sie werden bald dieser, bald jener Person zugesprochen. Dennoch haben wir eine Auswahl von ihnen in unser Buch aufgenommen.

Schließlich sind noch die Aufsitzer zu erwähnen. Jedoch: sie mögen typisch sein für das Witzeschaffen des Vorderasiaten im allgemeinen (oft bilden sie einen Bestandteil der surrealistischen Rätselfragen), für den jüdischen Witz sind sie untypisch, weil frei von Tendenz. Man findet nur wenige Beispiele. Darunter immerhin ein so schlagkräftiges wie das von dem eingeladenen Schnorrer, der sich die Schläfenlocken mit Gulaschsauce salbt und sich bei der empörten Hausfrau mit den Worten entschuldigt: «Ich dachte, es sei Spinat!» Das besonders Erheiternde an diesem Aufsitzer ist aber, daß er gar nicht als solcher geboren wurde! Ursprünglich nahm der Witz die Manierenlosigkeit bei Tisch – eine Variante der allgemeinen Formlosigkeit der Ostjuden – aufs Korn. Denn arme fromme Juden pflegten tatsächlich die Haltfestigkeit ihrer (vom Ritualgesetz vorgeschriebenen) Korkzieherlocken an den Schläfen durch Bestreichen mit Zuckerwasser zu steigern. Da konnte es einem Schnorrer schon einmal einfallen, mit der Hand in die gezuckerte Kompottsauce zu greifen. Der Witz hieß also ursprünglich: «Ich dachte, es sei Kompott!» Indes gewinnt der Witz entschieden durch seine Umwandlung in einen Aufsitzer.

Selbstkritische und antisemitische Witze

Wir stellen fest: Harmlose Witze – von der Art des eben zitierten Aufsitzers – sind bei den Juden rar. Die meisten Judenwitze sind voll von selbst- und weltkritischer Tendenz.

Diese harte Selbstkritik im Judenwitz führt immer wieder dazu, daß traditionsentfremdete Juden ihn ablehnen und als antisemitisch und «selbsterniedrigend» verschreien. Selbstkritik und Selbsterniedrigung ist aber nicht dasselbe, und solche Juden beweisen durch ihr Verhalten, daß sie von der ganzen jüdischen Geistestradition nichts begriffen haben.

Selbstkritik ist bei den Juden nicht eine späte Zerfallserscheinung, vielmehr das Merkmal des gesamten jüdischen Schrifttums. Moses und die Propheten haben ihr eigenes Volk immer sehr hart angefaßt. In der Königsgeschichte der Bibel sind alle Fehler und Verbrechen der Herrscher wie auch des Volkes rücksichtslos aufgezählt. Sooft es den Juden schlecht ging, klagten sie nicht die böse Umwelt an, sondern sahen darin die Strafe für ihre eigenen Sünden. Solche Haltung ergibt sich daraus, daß die Juden ihr Verhalten immer am göttlichen Gesetz gemessen haben. Aus dieser Haltung heraus haben sie auch als erste – und bis heute vielleicht als einzige – eine selbstkritische, fast überobjektive Geschichtsschreibung geschaffen. Soll man folglich schließen, daß alle jüdischen Witze, die sich über Juden negativ äußern, Ausdruck echten jüdischen Selbstverständnisses sind? Nein. Auch die Antisemiten und jene Juden, die die Selbstachtung aus irgendeinem Grunde eingebüßt haben, sagen dem jüdischen Volk Schlechtes nach.

Wie also soll man den echten selbstkritischen Judenwitz vom antisemitischen und verleumderischen unterscheiden?

Sehr einfach: Nur der echte Judenwitz wirft den Juden ihre wirklichen Fehler und Sünden vor und nicht erfundene.

Musterbeispiele einer unsachlichen Selbstverurteilung finden wir – meist nicht in witziger Form – bei einer Reihe von jüdischen Konjunkturtäuflingen.

Karl Marx zum Beispiel. Sein eigenes Werk ist zwar ausschließlich aus altjüdischen Ideen gespeist: aus dem beduinischen Kommunismus, der sich in Spuren sogar noch in den Landwirtschaftsgesetzen der Bibel erhalten hat (der Boden wird in bestimmten Abständen neu aufgeteilt), und aus dem prophetischen Ideal der absoluten endzeitlichen Gerechtigkeit. Er weiß es aber nicht, bildet sich ein, seine Ziele aus seinem «dialektischen Materialismus» abgeleitet zu haben, und übernimmt alle Klischeevorstellungen der Antisemiten, wonach Juden nichts kennen und nichts wollen als Wucher und Schacher.

Indes: Wucher und Schacher sind tatsächlich die negativen Seiten des Geldverleihs. Und da die Juden Mitteleuropas lange Zeit hindurch keinen anderen Beruf ausüben durften, gab es bei ihnen natürlich auch alle entsprechenden Verfehlungen. Der Witz, der dem Juden Wuchergesinnung nachweisen will, ist daher eine Mischform aus Selbstkritik und antisemitischer Verleumdung.

Als solche Mischform ist auch eine berühmte jüdische Witzfigur zu begreifen: Klein-Moritz, der Knabe, der schon früh vollkommen desillusioniert ist und nur in Kategorien des Geldwertes denkt und spricht. In Osteuropa konnte es Klein-Moritz nicht geben, weil dort die begabten Knaben alle kleine weltfremde Religionsgelehrte waren. Erst nach der Heirat begannen sie sich um den Lebensunterhalt zu kümmern. Klein-Moritz ist das Kind des deutsch-jüdischen Hausierers, der schon zu Beginn der Neuzeit seine eigene Traditionswelt eingebüßt hat und gedrückt, am Rande der Gesellschaft, ohne eigene Wertmaßstäbe sein karges Dasein fristet.

Es gibt jedoch eine Gruppe antisemitischer Witze, die eine gesonderte Beachtung verdienen: jene, die den Juden mangelnde Reinlichkeit und Furcht vor dem Wasser nachsagen. Auf den gläubigen Juden können sie überhaupt nicht zutreffen. Denn das jüdische Ritualgesetz schreibt sowohl für Männer wie für Frauen bei ganz bestimmten, häufigen Anlässen Tauchbäder in fließendem Wasser und außerdem Händewaschen vor jeder Mahlzeit vor, wobei sogar ein eigener Segensspruch rezitiert werden muß. Zu jener totalen Verschmutzung, wie sie auch in der hohen christlichen Gesellschaft etwa zur Zeit des Rokoko selbstverständlich war, konnte es also bei orthodoxen Juden gar nicht kommen. Sie war eine Begleiterscheinung der christlichen Leibfeindlichkeit oder doch Gleichgültigkeit dem Leib gegenüber. Während der spanischen Inquisition galt schon der Besitz einer Badewanne bei getauften Juden oder Moslims als ausreichender Beweis dafür, daß die Betreffenden heimlich an ihrem alten Glauben festhielten und folglich auf den Scheiterhaufen gehörten.

Tatsächlich hat es mit der Behauptung, daß der Jude schmutzig sei und stinke, eine eigene Bewandtnis: Gemeint ist hier ursprünglich nicht eine physische Unreinlichkeit, sondern der metaphysische Schmutz und Gestank des ungetauften Juden, die direkt vom Teufel kommen. Durch die faktische Reinlichkeit des frommen Juden ist der Vorwurf also nicht widerlegbar. Diese religiös-metaphysische Herkunft der antisemitischen Hygienewitze hat Prof. Georg Nador in seinem Essay «Zur Philosophie des jüdischen Witzes» (Bina Verlag, London 1975) nachgewiesen.

Trotzdem rechtfertigt sich die Aufnahme solcher Hygienewitze in einer Sammlung wie der vorliegenden. Denn nur das Rohmaterial, der Inhalt stammt von ahnungslosen Nichtjuden. Die brillante Form vieler solcher Witze verrät eindeutig, daß witzbegabte und talmudgeschulte Juden, sei es aus Übermut, sei es aus Selbsthaß, diesen zu Beginn kirchlich inspirierten antijüdischen Witz elegant überschliffen haben.

Antisemitisch durchmischt ist auch der jüdische Militärwitz Osteuropas. Er sagt dem Juden Feigheit und Disziplinlosigkeit nach.

Nun wissen wir aber aus der gesamten jüdischen Geschichte, daß sich die Juden mit wilder Tapferkeit schlugen, sooft sie glaubten, für sinnvolle Ziele zu kämpfen. Sie haben als einzige sogar gegen das allmächtige Rom immer wieder Aufstände gewagt und haben – im Jahre 73 n. Chr. in der Festung Massada – den Gruppenselbstmord dem Verlust der Freiheit vorgezogen.

Sie haben sich auch in der Neuzeit, sooft sie sich zugehörig fühlten, immer mit Bravour geschlagen. Diese vermeintliche «Zugehörigkeit» beurteilten sie allerdings verschieden, je nachdem, wieweit sie noch der eigenen Tradition verhaftet waren und von ihr her die Maßstäbe gewannen. Die traditionsentfremdeten Juden Deutschlands fühlten sich schon zur Zeit der Freiheitskriege gegen Napoleon so sehr als Deutsche, daß sie – wiewohl sie eben diesen französischen Revolutionsarmeen ihre bürgerlichen Rechte in Deutschland verdankten! – sich prozentual in höherer Zahl als Freiwillige meldeten als die deutschen Christen. Es gab auch, sowohl damals wie auch später – im Ersten Weltkrieg – in Deutschland prozentual ebenso viele jüdische wie nichtjüdische Tote.

Im Osten lagen die Dinge anders. Bei klarer Einsicht schlägt man sich nicht für ein Land, wo man unterdrückt wird. Dies konnten die leibeigenen Bauern Rußlands tun, die von den Zusammenhängen nichts begriffen – nicht aber die talmudgebildeten Juden.

Dazu kam, daß zeitenweise der Militärdienst in Rußland zwölf und sogar zwanzig Jahre dauerte und ein zerstörtes Leben bedeutete.

Aber auch außerhalb von Rußland beurteilten die talmudgebildeten Juden Osteuropas den Krieg – auch noch den Ersten Weltkrieg – anders als ihre Glaubensgenossen in Deutschland: Sie brachten dem sinnlosen Völkerschlachten kein Verständnis entgegen.

Der jüdische Militärwitz Osteuropas sagt daher, wenn auch witzig übertrieben, doch eine Wahrheit aus: daß die dortigen Juden das Morden auf Kommando, ohne Not und gegen die eigene Überzeugung, ablehnten. Diese profund humane Grundhaltung wird etwa in dem Witz deutlich, wo ein Jude, frisch im Schützengraben eingetroffen, den Kameraden hindert, zu schießen, weil dieser die Feinde im Vorfeld treffen könnte. Dabei nennt der Jude die feindlichen Soldaten nicht «Feinde»: er spricht von «Menschen», die dort herumlaufen.

Wie sehr aber die Ablehnung des Kampfes bei den Ostjuden nur situationsbedingt war, erkennt man aus der Tatsache, daß sie sich dann später, während der Russischen Revolution, von der manche von ihnen eine Welterlösung in säkularisierter Form erhofften, in der Roten Armee tapfer schlugen. Und auch der Schöpfer und geniale Stratege dieser Armee, Leo Trotzki, war Jude.

Ein Kapitel für sich bildet der israelische Militärjux, auf den wir noch zu sprechen kommen.

Weder echt im Sinn von spezifisch jüdisch noch unecht im Sinn von antisemitisch sind die vielen pointierten erotischen Zweideutigkeiten im neuern jüdischen Witz. Zum Teil stammen diese Witze aus dem Elsaß – meist daran kenntlich, daß sie zwischen Weiß und Roth oder Kahn und Levy spielen –, zum Teil aus dem Bahncoupé der Handlungsreisenden, die im Osten fast ausschließlich Juden waren. Wir sagten schon, daß es auch echte und bedeutungsvolle erotische Judenwitze gibt: solche, die sich für die Liebesehe anstelle der vermittelten einsetzen, und solche, die gegen die Vermischung von Geld- und Liebesfragen ankämpfen. Wo beides wegfällt, entbehrt der Witz zwar jeder Tiefe, kann aber dennoch formal und inhaltlich auf seine Weise vollendet sein. Er profitiert, genau wie sein tiefgründiger Bruder, von der Witzbegabung und Talmudschulung seiner Schöpfer.

Eine Abart des antisemitischen Witzes sind, wenn man so will, auch die lächerlichen Familiennamen mancher Juden Altösterreichs. Kein Mensch heißt freiwillig «Pulverbestandteil» oder «Treppengeländer» – und es gab Namen, die nicht nur komisch, sondern sogar unappetitlich waren. Die Namensbehörden der Donaumonarchie erlaubten sich solche Scherze gern mit mittellosen Juden – wer Geld hatte, konnte sich durch Bestechung zur Wehr setzen.

Auch hier ein Witzbeispiel:
Der Mann kommt vom Namensamt nach Hause.
Die Frau, neugierig: «Wie heißen wir jetzt?»
«Schweißloch.»
«Aj waj! Konntest du nichts Besseres aussuchen?»
«Was heißt ‹aussuchen› bei dieser Räuberbande von Beamten? Schon das ‹w› allein kostet mich zwanzig Gulden extra!»

Wenn nun diese Namen auch kein jüdischer, sondern ein rein antijüdischer, antisemitischer Witz sind, so läßt sich doch nicht leugnen, daß der Witz von ihnen profitiert. Zudem sind es ja tatsächlich die Namen jener Juden, in deren Umkreis der moderne jüdische Witz entstand. Darum haben wir solche Namen in unsere Witze eingebaut.

Israelischer Militärjux

Wir sagten schon, daß man den israelischen Militärjux nicht in einem Atemzug mit den Militärwitzen der Juden Osteuropas nennen kann. Dies mag zunächst befremden, da sich die beiden Witzgruppen inhaltlich und formal fast vollständig decken. Gerade das macht aber ihren profunden Unterschied aus: Der jüdische Militärwitz des Ostens ging von der Tatsache aus, daß der Krieg und auch schon der Militärdienst für den Juden Osteuropas sinnlos war. Erstens, weil die Juden in den meisten Ländern des Ostens keine vollen bürgerlichen Rechte genossen und oft sogar Gegenstand behördlich organisierter Judenmassaker waren (auf diese Weise «beschwichtigte» man die unzufriedenen Massen), und zweitens, weil die talmudisch geschulten Juden sich nicht so leicht zur hysterischen Kriegsbegeisterung und Mordstimmung hinreißen ließen und folglich geneigt waren, auch auf der Feindseite Menschen zu sehen, die Mitleid verdienten. Die Folge war bei den Juden die Aversion gegen alles Militärische, die sich in Hunderten entsprechenden Witzen niederschlug.

Anders in Israel. Hier haben die Juden unter schwersten Opfern ihr eigenes Land auf dem uralten Boden ihrer Vorfahren neu aufgebaut, und sie sind bereit, für dieses Land, wenn nötig, zu kämpfen und zu sterben. Sie haben auch schon mehrfach bewiesen, daß sie, wiewohl jahrhundertelang dem Kriegsdienst entfremdet, noch heute den wilden Todesmut der Makkabäer besitzen, seinerzeit das Land von der seleukidischen Besatzung freikämpften, oder der Anhänger Eleasars und Bar Kochbas, welche die letzten Aufstände gegen die Römer wagten.

Überträgt man nun den jüdischen Militärwitz Osteuropas unverändert auf Israel, dann ist es klar, daß er, nach Wegfall seiner sozialen und metaphysischen Basis, nackter Unsinn wird. Er verwandelte sich aus einer tiefgründigen Weisheit in einen reinen, fast surrealistischen Jux. Lachte man über den Militärwitz in Osteuropa, weil seine Aussage letztlich stimmte, so lacht man jetzt, weil sie *nicht* stimmt. Und es ist klar, daß dieser Witz sich nur so lange erhalten kann wie die Erinnerung an die Zustände im europäischen Osten. Er steht und fällt also mit den Einwanderern aus Osteuropa. Die israelische Jugend begreift ihn nicht. Bald wird ihn niemand mehr begreifen.

Zum Teil gilt das auch für den «Zivilwitz» aus Israel. Auch er lebt fast ausschließlich von der Beziehung zur Diaspora. Er zeigt den tatentfremdeten Talmudjuden, der sich in der Landwirtschaft lächerlich macht (etwa indem er, statt die Kuh zu melken, ihr einen Kübel hinstellt und «Nu, nu!» zu ihr sagt), oder er malt die Konflikte zwischen den verschiedenen Einwanderergruppen. Diese letzteren Witze haben im Grunde nichts spezifisch Jüdisches an sich: Sie unterscheiden sich sich nicht von jenen, welche die Aversion zwischen Bayern und Preußen oder, in der Schweiz, zwischen Baslern und Zürchern schildern. Noch einige Jahre, allenfalls Jahrzehnte – und diese Art Israelwitze wird es nicht mehr geben. Und es fragt sich, ob es denn überhaupt noch viele Witze in Israel geben wird. Wir kommen noch darauf zurück.

Die Talmudtechnik des jüdischen Witzes

Aus drei Gründen sind die Witze der Juden – oder doch die besten unter ihnen – tiefer, schärfer, geistvoller und reicher variiert als die aller andern europäischen und vermutlich auch außereuropäischen Völker. Zwei Gründe kennen wir bereits genau: den furchtbaren äußern und inneren Druck, dem die Juden im Exil ausgesetzt sind, und das Witztalent der vorderasiatischen Gruppe der Juden, die den jüdischen Volkswitz ja auch als einzige gezeugt hat. Die spanischen Juden haben nie, auch nicht in der bittersten Not, in einem Volkswitz ähnlicher Art Erleichterung gesucht.

Das dritte wichtige Element ist die Talmudschulung der jüdischen Männer im Osten bis in die letzten Jahrzehnte hinein. Die scharfsinnige und spitzfindige Talmuddebatte schärft den Geist ganz allgemein. Dazu kommt die Besonderheit der talmudischen Technik, von der der jüdische Witz ebenfalls mitprofitiert.

Wir sagten schon, daß es im aramäischen Talmudtext weder Vokal- noch Satzzeichen gibt. Schon die bloße Lektüre wird damit zur Interpretation. Man liest Talmudtexte daher gern halblaut, psalmodierend, wobei man die fehlende Interpunktion durch die Sprachmelodie ersetzt. Die gleiche Eigentümlichkeit finden wir manchmal im jüdischen Witz. So in der Scherzdefinition:

Was ist Konsequenz?
Heute so, *morgen* so.
Was ist Inkonsequenz?
Heute *so*, morgen *so*.

Oder, noch besser, weil hintergründiger:

Feldwebel: «Einjähriger Katz, warum soll der Soldat gerne für seinen Kaiser sterben?»

Katz: «Recht haben Sie! Warum soll er?»

Typisch für den Talmuddialog ist auch, daß er Vergleiche liebt, jedoch, bei allem Scharfsinn, das Vergleichsmotiv nie rein herausschält, sondern den gesamten Zusammenhang, dem das Motiv entnommen ist, mit hereinzerrt[5]. Diese scheinbare Unlogik hatte ursprünglich ihren guten Sinn: zunächst wurde der Talmud ja nur mündlich überliefert. Man ergriff daher im Zusammenhang mit Vergleichen gern die Gelegenheit, die betreffenden Talmudstellen zu repetieren. Dabei kann es

---

[5] Vgl. hierzu Ernst Simons Aufsatz über den jüdischen Witz. Als Privatdruck erschienen.

vorkommen, daß man ganz vergißt, in welchem Zusammenhang das Vergleichsmotiv zitiert wurde. In Witzform sieht das so aus:
Pferdehändler: «Wenn Sie jetzt losreiten, sind Sie mit diesem herrlichen Pferd schon vier Uhr früh in Preßburg.»
«Und was mache ich vier Uhr früh in Preßburg?»
Kennzeichnend für die Talmuddebatte ist auch die klärende e-contrario-Frage. Sie ist trefflich geeignet, den Wesenskern herauszuschälen, entspricht genau dem, was die moderne Philosophie unter «phänomenologischer Reduktion» begreift. Natürlich hat sich auch der Witz dieses «Rebbe, tomer verkehrt?» (Rabbi, vielleicht ist es umgekehrt?) bemächtigt. In einer bereits dem Talmud entfremdeten Form ergibt das dann die «No na»-Witze, die mit gutem Grund immer als jüdisch empfunden werden.
Charakteristisch für den Talmud ist auch, daß er rechtliche Fragen kasuistisch behandelt. Er ist ja nicht ein Gesetzbuch im strengen Sinne, besteht vielmehr aus sich widersprechenden Voten Hunderter von Gelehrten. Brauch und Übereinkunft haben dann der einen oder andern Gelehrtenmeinung Gesetzesgeltung verschafft.
In Witzform sieht das so aus:
Frisch Verwitweter vor dem Bild seiner Frau. «Da bist du, Teure! Nie sehen wir uns wieder – es sei denn im Jenseits! (Plötzlich unruhig:) Gibt es denn überhaupt ein Jenseits? (Beruhigt:) Mein Vetter Bielschofski sagt *nein*.»
Und schließlich wirkt das überscharfe Talmuddenken mit seinen abenteuerlich komplizierten, wirklichkeitsfernen Konklusionen schon für sich allein erheiternd, gleichgültig, ob es von Denkfehlern durchstreut ist oder nur durch seine Überspitztheit zu falschen Resultaten führt. Das Kapitel «Bibelkunde und Talmudscharfsinn» enthält mehrere Beispiele. Wobei man allerdings manchmal nicht recht weiß, ob man lachen oder weinen soll. So etwa, wenn ein gewöhnlicher Kutscher, der aber abends nach vollbrachter Arbeit gern im Bet-Hamidrasch, dem Lernhaus, ein wenig Talmud studiert, seinen Fahrgästen durch Analogieschlüsse und Konklusionen e minori ad maius zu beweisen sucht, daß man auch mit einem Wagen weiterfahren kann, an welchem der Reihe nach alle Räder abbrechen. Das ist komisch, es ist aber zugleich erschütternd. Denn es zeigt, mit welcher Intensität und Leidenschaft in Osteuropa auch der bescheidene Mann sich in die scholastischen, schwierigen Debatten des Talmuds im aramäischen Originaltext vertiefte. Ein ganzes Volk von Religionsgelehrten – das dürfte es in der gesamten Welt schwerlich ein zweites Mal geben.

Und ebenso komisch und erschütternd zugleich sind, aus dem gleichen Grunde, auch jene Witze, die zeigen, wie der Melamed, der Elementarlehrer für Hebräisch, die vielen Kommentare zu Bibel und Talmud verkehrt handhabt. Denn *daß* er sie überhaupt handhabt, ist, angesichts der Komplexität der Materie, schon bewundernswert genug. –
Alle diese Witze sind dem Außenstehenden, der den Talmud nie im Originaltext kennengelernt hat, schwer zugänglich. Trotzdem habe ich einige Beispiele in das Buch mit aufgenommen. Denn es ist ja zu befürchten, daß die herrlichen Originalsammlungen in jiddischer Sprache, der die Beispiele entstammen, nie mehr aufgelegt werden.

Die Sprache des jüdischen Witzes

Jede Kultur bildet eine stilistische Einheit. Wenn demnach die vorderasiatische, also östliche, Gruppe der Juden sich durch eine ungewöhnliche Witzbegabung auszeichnet, so wird sich dieses Stigma auch in der Sprache dieser gleichen Judengruppe wiederfinden.

Wir wissen bis heute nicht mit Bestimmtheit, welches die Sprache der Hebräer bei ihrem Einmarsch in Kanaan war. Sicher ist nur, daß es ein ziemlich rein semitisches Idiom gewesen sein muß, denn die orientalischen oder beduinischen Völker sind die Schöpfer der semitischen Sprachen. Alle semitischen Idiome sind hart, sehr einfach und logisch aufgebaut und eignen sich besonders gut zur Formulierung wissenschaftlicher und philosophischer Thesen.

Das Hebräische, das die Juden im Lande Israel zunächst sprachen, die Sprache der Bibel, ist – etwa im Gegensatz zum Arabischen – kein rein semitisches Idiom mehr. Es ist bereits von der Sprache der Ansässigen ein wenig angefärbt. Doch dominiert auch im Hebräischen noch das semitische Element.

Dies ändert sich aber, als die Juden sich immer mehr mit Kanaanitern mischen, immer stärker zu Vorderasiaten werden. Sie beginnen, aramäisch zu sprechen. Jesus hat aramäisch gepredigt.

Grammatikalisch und formal ist auch das Aramäische noch weitgehend «semitisch», doch ist es offenkundig von einem ganz andern Geist durchprägt. Es ist nicht hart, logisch und nüchtern, sondern weich, volkstümlich, voll von Nuancen, voll von Humor und Wehmut. Es eignet sich mit seiner Kürze und Bildhaftigkeit auch trefflich zur Formulierung von Witzen.

Gute Kenner des Aramäischen haben es schon oft als «das Jiddisch der Antike» charakterisiert. Und dies führt uns direkt zur Sprache des neuzeitlichen Witzes, eben zum Jiddischen. Jiddisch ist nicht ein Jargon, wie es so viele noch vor wenigen Jahrzehnten glaubten, sondern eine vollwertige, bezaubernde Kultursprache[6]. Sie entstand, als deutsche Juden im Spätmittelalter ostwärts flohen und sich dort mit den ansässigen Juden vermischten. Grammatikalisch und dem Wortschatz nach ist Jiddisch ein altes Deutsch, durchflochten von Hebraismen, hauptsächlich aus dem kultischen und juristischen Bereich, und von Slawismen. Dem Geiste nach ist es aber kein deutsches Idiom, sondern der vollendete Seelenausdruck der ostjüdischen Massen. Eine Sprache, voll von Talmudschliff und logischer Prägnanz einerseits, voll von Nuance, Farbe, Wehmut und Humor anderseits. Kurz: die ideale Sprache für den jüdischen Witz. Allerdings nur für jenen jüdischen Witz, der noch voll der jüdischen Traditionswelt zugehört.

Die Witze dagegen, die sich aus der Reibung der ursprünglich jiddisch sprechenden Juden mit den anderssprachigen Völkern Europas ergaben, gehören geistig und sprachlich natürlich nicht mehr voll dem jiddischen Sprachbereich an. Sie müßten in jenem eminent treffsicheren und witzigen Jargon, jener Mischung aus Jiddisch und heutigem Deutsch, erzählt werden, der sich an den verschiedenen Treffpunkten zwischen Ostjuden und (hauptsächlich) Deutschsprachigen heranbildete. Künstlich nachbilden läßt sich die Sprache nicht. Aber soweit mir die Witze von älteren Lesern aus den einstigen «Witzzentren» Europas noch in dieser sprachlichen Fassung geliefert wurden, habe ich sie unverändert in die Sammlung aufgenommen.

Bei der Übersetzung in reines Hochdeutsch verlieren alle jüdischen Witze – die jiddischen sowohl wie die aus dem Jargonbereich – viel von ihrem Reiz. Dennoch blieb mir oft, besonders bei ursprünglich rein jiddischen Witzen, nichts übrig als die Übertragung in korrektes Deutsch.

Der jüdische Witz in der Gegenwart und sein Tod

Kennen wir alle Bedingungen und Varianten des jüdischen Witzes, so kennen wir in eins damit auch die zeitliche und räumliche Stelle, den geometrischen Ort gleichsam, wo er entstehen konnte und sogar mußte.

---

[6] Über Jiddisch vgl. Jiddisch – Abenteuer einer Sprache. Salcia Landmann. Limes Verlag, München 1979.

Es ist klar, daß er seinen Höhepunkt beim ost- und mitteleuropäischen Judentum kurz nach Einbruch der Aufklärung – sie kam bei den Juden etwas später als bei der nichtjüdischen Umwelt – erreichen mußte. In Deutschland hat er etwa zur Zeit Napoleons seine Hochblüte erlebt – es fehlte ihm aber von allem Anfang an der sublime Talmudschliff der ostjüdischen Varianten, weil in Deutschland – wir erwähnten es schon – die traditionelle Talmudbildung seit dem Spätmittelalter zerfallen war.
Im Osten blieb der Judenwitz so lange lebendig, als bisher traditionsgebundene Gruppen und Individuen den Zugang zur modernen Bildungswelt suchten und fanden. Diesen ständigen Zustrom talmudisch geschulter Juden zur neuzeitlichen Geisteswelt gab es in Osteuropa bis zum Einmarsch der Hitlerarmeen und der Vernichtung der dortigen Juden. Und mit ihnen zusammen ist auch der Judenwitz in seiner sublimsten Abart gestorben. –
Es fragt sich nun, ob und wo unter den noch existierenden jüdischen Gruppen ein Witz ähnlicher Art entstehen könnte.
Da wären zunächst die Juden Sowjetrußlands. Das alte Zarenreich mit seinen fragwürdigen sozialen und politischen Zuständen, seinen Judenpogromen und Zentren jüdischer Geistesbildung war ein idealer Nährboden des jüdischen Witzes gewesen.
Die russische Revolution hatte die Witzigkeit der Juden vorübergehend fast ganz aufgehoben: Hier gab es doch endlich die Möglichkeit zur befreienden Tat! Hier gab es die Hoffnung, das Leben neu und ideal zu gestalten!
Als die Revolution vorbei war, wachte der Witz wieder auf. Nicht nur bei den Juden übrigens. Auch die nichtjüdische Literatur Rußlands ist in den zwanziger Jahren ausgesprochen witzig. Denn die Revolutionäre hatten sich von der Aufhebung der Klassenunterschiede eine totale Wandlung der menschlichen Natur und eine paradiesische Idylle versprochen. Die Enttäuschung machte sich in Witzen Luft. Katajew, Awertschenko, Soschtschenko sind Namen, an die sich diese Form der Witzigkeit knüpft.
Wahrscheinlich ist es aber kein Zufall, daß gerade ein Jude, nämlich Ilja Ehrenburg, die Diskrepanz zwischen der revolutionären Forderung und der nachrevolutionären Wirklichkeit in seinem Roman «Das abenteuerliche Leben des Lasik Roitschwantz» am witzigsten und bittersten formuliert hat, und zwar an einem armen Schneider mit talmudisch geschultem Gehirn und chassidisch entflammtem Herzen, zu dessen Vernichtung das nachrevolutionäre Rußland und das kapitalistische Ausland gleichermaßen beitragen.

Die Stalinära hat dann sowohl dem jüdischen wie dem nichtjüdischen Witz in Rußland rasch ein Ende bereitet. Anstelle der idealistischen Erwartung trat jetzt einfach die rasche Industrialisierung in einer kleinbürgerlich-bürokratischen und fanatisch-nationalistischen Atmosphäre. Wer trotzdem noch die alten Träume hegte, dem hätte die neue Wirklichkeit natürlich erst recht Anlaß zu Witzen geboten. Aber nachdem die Partei mit ihren wechselnden Parolen zur alleinseligmachenden Kirche aufgerückt war, verbot sie sich den Witz. Die witzigen Köpfe waren jetzt zum Schweigen, zur Deportation oder sogar zum Tode verurteilt.

Dazu kam, daß den Juden das Studium ihres traditionellen Schrifttums staatlich verboten wurde. Teils spielte dabei die antireligiöse Haltung des neuen Regimes eine Rolle, teils der neu aufgewachte grobe Antisemitismus, der hier von der Zarenzeit her «Tradition» war und jetzt durch die antisemitischen Pamphlete des getauften Juden Karl Marx noch zusätzliche Nahrung und Rechtfertigung erhielt. Selbst wenn die sowjetischen Juden also noch den Mut besaßen, ihren Kummer witzig zu formulieren, fehlte ihrem Witz jetzt der sublime Talmudschliff. Der jüdische Witz Sowjetrußlands konnte – wenn er überhaupt entstand – inhaltlich nach wie vor tiefer sein als der der andern Unzufriedenen. Denn die Unzufriedenheit der Juden war nicht nur aus aktuellem Unbehagen gespeist, sondern aus jahrtausendealten Messiasträumen, deren Erfüllung sie von der Revolution erhofft hatten. Formal jedoch hatte er jetzt dem Witz der andern Vorderasiaten im sowjetischen Bereich kaum mehr etwas voraus. Es ist daher kein Zufall, daß sich der neue sowjetische Witz nicht an jüdische, sondern an armenische Bürger des Staates knüpft und dem armenischen Radio Eriwan untergeschoben wird.

Das heutige Mitteleuropa? Von den kläglichen Überresten aus den Hitlermassakern ist eine neue Belebung des jüdischen Witzes nicht zu erwarten.

Frankreich? Dort lagen die Dinge von allem Anfang an anders. Die Juden erlangten die bürgerlichen Rechte durch die Französische Revolution zusammen mit allen andern bisher Rechtlosen. Die Ideale der Revolution – Gerechtigkeit und soziale Gleichheit – stehen nicht im Kontrast zur Idealwelt der biblischen Propheten, sind vielmehr die säkularisierte Form dieser gleichen Forderungen, genau wie später die der Russischen Revolution. Um sich an eine solche bürgerliche Welt anzugleichen, brauchte der Jude seine eigene Tradition nicht zu verraten. Er brauchte sich weder taufen zu lassen noch für romantisch-antihumane

Ideen zu schwärmen wie in Deutschland. Weder der antisemitische Dreyfusprozeß der Jahrhundertwende noch die nazifreundliche Vichy-Regierung sind ein Gegenbeweis: Beide entsprachen nicht den geistig-moralischen Forderungen des nachrevolutionären Frankreich. Dazu kommt, daß die Juden Frankreichs zum Teil aus Spanien und heute aus Nordafrika eingewandert und folglich südjüdischer, also «arabisierter» Herkunft sind. Wir sagten schon, daß gerade diese Gruppe der Juden nie einen Volkswitz entwickelt hat. Die andern Juden Frankreichs wieder, die aus dem Elsaß, waren zwar «östlicher» Herkunft, zeichneten sich aber nie durch besondere Talmudgelehrtheit aus. Sie waren im Durchschnitt ungebildete Viehhändler und ländliche Kaufleute. In der Tat kreist der Elsässer jüdische Witz nicht um die tiefen Probleme der jüdischen Exilexistenz, sondern nur um Geld und Sexualität.

In Deutschland hatten die Dinge anders gelegen. Die politischen und geistigen Ideale des Großteils der gebildeten Deutschen entstammten der antirationalen und antidemokratischen Romantik. Restlose Angleichung bedeutete hier für den Juden Bruch mit seiner gesamten eigenen Tradition. Ein Vorgang, der schon als solcher den Witz unmittelbar herausforderte. Und auch diese besondere Fremdwelt selber mußte, bei all ihrer Großartigkeit, mitunter den kritischen Witz der Juden provozieren. Heinrich Heine, Karl Kraus und auf weniger bedeutsamer Ebene auch Kurt Tucholski sind Beispiele für diese Abart der jüdisch-witzigen Einstellung.

Wir kommen zu England. Dort leben zum Teil sogenannte spaniolische Juden – wir sagten wiederholt, daß es bei ihnen einen Volkswitz nie gegeben hat – und zum andern Teil arme ostjüdische Emigranten, die meist dem Elendsproletariat entstammten und die traditionelle Talmudbildung kaum besaßen. Sie konnten sie auch nicht an ihre Söhne weitergeben. Zudem sind die Juden in England nicht unterdrückt. So fallen fast alle Faktoren weg, die zur vollen Blüte des jüdischen Witzes unerläßlich sind.

In Amerika liegen die Dinge zum Teil ähnlich. Spaniolische Juden gibt es hier zwar nur auf der südlichen Hälfte des Kontinents (sie kamen damals mit den ersten Konquistadoren hinüber), die jüdischen Einwanderer in den Vereinigten Staaten aber entstammen, genau wie die meisten einstigen Ostjuden in England, großteils dem Elendsproletariat. Nur ausnahmsweise, während russischer Pogrome und dann natürlich in der Hitlerzeit, wurden auch andere Schichten hinübergeschwemmt. Das Elendsproletariat der Juden besaß die traditionelle Talmudbildung nicht oder doch nur fragmentarisch. Zudem waren – wir sagten es schon – die brillantesten Köpfe durch die bewährte Heiratspolitik der Juden im Exil längst in die Oberschicht ausfiltriert. Jüdisches Proletariat ist nicht, wie jenes junger Völker, unverbrauchte Reserve, sondern verlesener Restbestand. Zu seiner vollen Reife konnte sich daher der jüdische Witz in Amerika nicht entwickeln.

Immerhin gibt es eine Anzahl äußerer Gründe, die ihm auch hier zu einer gewissen Entfaltung verhelfen: Die Ideale der bürgerlichen Deutschen waren der jüdischen Tradition zwar fremd gewesen – aber es waren doch Ideale des Geistes. Insofern waren sie den Juden mit ihrer uralten Geistestradition vertraut.

In Amerika aber sind nicht einmal die Universitäten primär auf geistige Werte ausgerichtet. Stipendien werden an die besten Fußballer und nicht an die brillantesten Köpfe vergeben. Dem Großteil der Juden ist eine solche Einstellung fremd. Obendrein gibt es hier einen massiven Antisemitismus: die «Oberschicht» des Landes schließt sich gegen Einwanderer aus dem Osten und Süden Europas und gegen alle Juden ab. Allerdings fragt es sich, ob der Zutritt zu einer so eindeutig ungeistigen Oberschicht für die Juden – selbst für die einstigen Proletarier unter ihnen – eine Verlockung bedeutet. Und vor allem gibt es ja in Amerika, trotz dem groben Antisemitismus, für die Juden gute Aufstiegsmöglichkeiten, vor allem in geistigen Berufen. Wenn es auch nicht die begabtesten Juden sind, die nach Amerika auswanderten – die allgemeine Begabungsdichte ist im jüdischen Volke doch beachtlich. Die Erreichung eines akademischen Grades dürfte auch den meisten Söhnen einstiger jüdischer Hilfsarbeiter nicht allzuviel Mühe bereiten. Der jüdische Witz Amerikas hat also wenig Grund, sich mit dem amerikanischen Antisemitismus auseinanderzusetzen.

Der jüdische Witz Amerikas ist denn auch weniger weltkritisch als selbstkritisch: Er verhöhnt den jüdischen Aufkömmling, der sich unbedingt an amerikanische Lebensformen anpassen will. Wobei ihn die diesbezüglichen Schwierigkeiten in die Psychoanalyse treiben. Offensichtlich hat der Psychoanalyt drüben die Position des einstigen Wunderrabbis eingenommen. Verhöhnt wird auch die anderseits in weinerlichen amerikanischen Schlagern verherrlichte «jiddische Mame», die mit ihrem penetranten Ehrgeiz ihre Kinder zermürbt. Auch sie suchen dann Hilfe beim Psychoanalyten, der seinerseits meist ebenfalls ostjüdischer Herkunft ist. Nicht grundlos nennt man drüben die Psychoanalyse «Jewish Science».

Der Holocaust an den Juden Europas hat allerdings bei den Juden Amerikas ein unerwartetes Phänomen gezeigt: Die aus Trotz und

Nostalgie erwachsene Neigung zur Desintegration und Rückbesinnung auf die eigene alte Tradition und Sprache. Auch ungläubige junge Juden lernen drüben jetzt hebräisch und jiddisch, studieren rabbinisches Schrifttum und erwerben auf diese Weise den Geistesschliff der einstigen ostjüdischen Orthodoxen. Hiervon profitieren die amerikanisch-jüdischen Witze natürlich auch formal. –

Daß die Juden der arabischen Länder nie einen eigentlichen Volkswitz entwickelt haben, erwähnten wir schon, wir haben auch bereits die Gründe genannt. –

Bleibt also Israel. Den israelischen Militärjux und jene Israelwitze, die um die Konflikte zwischen einzelnen Landsmannschaften kreisen, haben wir bereits analysiert. Diese Witze werden in absehbarer Zeit völlig verschwinden. Sie stehen und fallen mit der Beziehung zur Diaspora.

Es fragt sich nur: Wird ein autochthoner israelischer Witz entstehen? Ein wesentliches Element der tiefsten tendenziösen Witze der Juden fehlt hier vollkommen: die Unterdrückung und Rechtlosigkeit. Ist der Israeli angegriffen, dann kann er sich mit der Waffe in der Hand wehren. Er braucht hierfür keinen Witz.

Auch die traditionelle Talmudbildung gibt es in Israel nur noch bei orthodoxen Gruppen, die bloß durch die Hitlermassaker nach Israel geschwemmt wurden. Orthodoxe Juden waren in der Neuzeit nicht «Zionisten», sie strebten die Rückkehr nach dem Lande Israel nicht an. Sie fuhren höchstens als alte Männer hin, um bei der Klagemauer zu sterben. Sie warteten im Exil auf das Kommen des Messias, der sie am Ende aller Zeiten nach Jerusalem führen sollte. Den neuzeitlichen jüdischen Witz gab es bei ihnen nie.

Mit dem Wegfall der allgemeinen Talmudbildung fällt aber ein wichtiges formales Element des jüdischen Witzes dahin.

Bleibt als letztes die angeborene Witzbegabung der vorderasiatischen Juden, denen die ersten Einwanderer um die Jahrhundertwende – die russischen Juden – ja in der Tat entstammten. Sie entstammten übrigens auch der Bildungselite des Volkes. Inzwischen aber sind dort nicht nur zahllose Flüchtlinge von überall her eingetroffen, vor allem auch sehr viele Juden aus arabischen Ländern. Einstweilen mischen sich die beiden Gruppen nur ausnahmsweise. Das wird sich mit der Zeit aber ändern. Und die neue jüdische Mischbevölkerung wird die genuine Witzbegabung der vorderasiatischen Juden nur noch in Spuren besitzen. Heute schon ist das junge Israel witzlos wie die Bibel.

Wohin man blicken mag – die Bedingungen, welche den jüdischen Witz erzeugt und zur Hochblüte gebracht haben, findet man nirgends mehr. Ein Teil des jüdischen Volkes hat den Naziterror überlebt – nicht aber sein Witz. Er gehört heute weitgehend der jüdischen Vergangenheit an, genau wie das deutsche Volksmärchen der deutschen Vergangenheit angehört.

Wir können den jüdischen Witz nur noch sammeln, analysieren und ihn, solange uns seine Voraussetzungen noch nicht fremd geworden sind, verstehen und genießen.

Die Quellen der neuen Sammlung

Einen Teil der Witze kannte ich aus meiner Umwelt.

Sehr viele Witze habe ich von den Lesern der früheren Auflagen erhalten.

Viele Witze sind gedruckten Sammlungen entnommen. Die beiden schönsten Sammlungen in jiddischer Sprache sind:

J. CH. RAWNIZKI: Jidische Wizen. Verlag Moria. Berlin/Jerusalem/Odessa 1922.

M. A. WIESEN: Chochme un Charifess. Im Eigenverlag in Wien.

Beide Sammlungen enthalten viele Witze mit Talmudkolorit.

Ebenfalls jiddisch, jedoch in lateinischer, anstatt wie üblich in hebräischer Schrift gedruckt ist:

IMMANUEL OLSVANGER: Rosinkess un Mandlen. 1. Auflage, Basel 1920.

Olsvanger widmet seine Sammlung dem Folkloristen A. Drujanow, von dem es eine dreibändige hebräische Sammlung gibt:

A. DRUJANOW: Sefer habdicha wehachidud. 1. Auflage Omanuth-Verlag. Frankfurt/Moskau/Odessa 1922.

Im deutschen Sprachgebiet sehr bekannt wurde eine Sammlung in «Jargon» von

ALEXANDER MOSZKOWSKI: Der jüdische Witz und seine Philosophie. Mehrere aufeinanderfolgende Ausgaben in den zwanziger Jahren in Berlin.

Daneben fanden sich viele, zum Teil längst verschollene, deutsche, englische und französische Sammlungen, die weniger sorgfältig zusammengestellt sind, sowie auch ganz neue Publikationen in verschiedenen Sprachen.

Etliches wurde auch aus folgenden 3 Büchern von *Salcia Landmann* in diese Neuauflage übernommen: *Jiddisch, das Abenteuer einer Sprache* (Limes Verlag, München 1979); *Jüdische Anekdoten und Sprichwörter* (dtv Nr. 317); *Jüdische Witze, Nachlese* (dtv Nr. 1281).

DIE SAMMLUNG: DER JÜDISCHE WITZ

Talmudscharfsinn und Bibelkunde

«REBBE, was ist eigentlich Talmud?»
«Ich will es dir an einem Beispiel erklären, an einer talmudischen Kasche *(= Frage, Problem)*: Zweie fallen durch einen Kamin. Einer verschmiert sich mit Ruß, der andere bleibt sauber... welcher wird sich waschen?»
«Der Schmutzige natürlich!»
«Falsch! Der Schmutzige sieht den Reinen – also denkt er, er ist auch sauber. Der Reine aber sieht den Beschmierten und denkt, er ist auch beschmiert; also wird *er* sich waschen. – Ich will dir stellen eine zweite Kasche: Die beiden fallen noch einmal durch den Schlot – wer wird sich waschen?»
«Na, jetzt weiß ich doch schon: der Saubere.»
«Falsch. Der Saubere hat beim Waschen gemerkt, daß er sauber war; der Schmutzige dagegen hat begriffen, weshalb der Saubere sich gewaschen hat – und also wäscht sich jetzt der Richtige. – Ich stelle dir die dritte Kasche: Die beiden fallen ein drittesmal durch den Schlot. Wer wird sich waschen?»
«Von jetzt an natürlich immer der Schmutzige.»
«Wieder falsch! Hast du je erlebt, daß zwei Männer durch den gleichen Schlot fallen – und einer ist sauber und der andere ist schmutzig?! Siehst du: das ist Talmud.»

DREI Juden, A, B und C, haben Kohlen geschaufelt. Als sie fertig sind, blicken sie sich gegenseitig an, lachen und trennen sich...
C hat sich kaum von den beiden andern getrennt, da fängt er an zu klären *(ein Problem durchdenken, abklären)*: «A und B waren beide im Gesicht mit Kohle beschmiert. Wer weiß – am Ende bin ich auch schmutzig? Ich hätte die beiden fragen sollen! Aber vielleicht kann ich es auch so klären: A hat über B gelacht, und B hat über A gelacht. Daß sich demnach weder A noch B gewundert haben, warum auch ich lachte, ist klar: jeder von ihnen dachte, ich lache über den andern... Aber warum hat sich A nicht gewundert, daß B lachte, und warum hat sich B nicht gewundert, daß A lachte, da doch keiner von beiden von den eigenen

Flecken im Gesicht wußte? Es ist klar, dafür gibt es nur eine Erklärung: auch ich muß Flecken im Gesicht haben!»

ZWEI Jeschiwe-Studenten haben im Bet-Hamidrasch *(religiöses Lernhaus)* beim Licht ihrer bescheidenen Leuchter bis tief in die Nacht hinein gelernt. Jetzt wollen sie ihre Polster auf den Bänken ausbreiten, um zu schlafen – da steigen plötzlich zwei wilde Kosaken durch das ebenerdige Fenster herein, rauben Leuchter und Polster und rennen davon... Als die zwei Studenten sich vom Schreck erholt haben, beginnen sie zu klären.
Der erste: «Ich verstehe das nicht. Zu welcher Talmudrichtung gehören die zwei Kosaken? Wenn zu der, welche behauptet, die Nacht ist zum Schlafen da – wozu brauchen sie dann die Leuchter? Und wenn zu der, welche meint, nachts müsse man durchstudieren – wozu brauchen sie dann die Polster?»
«Das ist sehr einfach», entscheidet der zweite, «sie gehören eben zwei verschiedenen Richtungen an!»

DER Kutscher Reb *(Ehrentitel aller angesehenen Juden)* Schachne ist ein großer Kenner der Gemore *(Talmud)*. Einmal will er auf seinem Wagen etliche Juden nach Roswadow bringen – da plötzlich kracht ein Rad und fällt ab.
«Was wird jetzt geschehen?» fragen die besorgten Juden.
«Nichts», beruhigt Reb Schachne, «wir werden weiterfahren.»
«Womit?»
«Mit Kal-wechomer *(= logischer Schluß e minori in maius)*: Wenn ein Fahrrad, das nur zwei Räder hat, fahren kann – um wieviel mehr kann es dann ein Wagen mit drei Rädern!»
Sie fahren weiter. Das zweite Rad kracht.
«Und womit werden wir jetzt weiterfahren?» fragen die Juden.
«Sehr einfach: mit Ma-mazinu *(wörtl. was wir fanden; Analogieschluß)* aus dem Fahrrad: Kann dieses auf zwei Rädern fahren, dann kann es der Wagen auch!»
Krach! Das dritte Rad bricht. «Und womit fahren wir jetzt?»
«Mit Kal-wechomer aus dem Schlitten: Wenn jener ganz ohne Rad fahren kann – um wieviel mehr kann dann ein Wagen auf *einem* Rad fahren!»
Das Pferd gibt einen Ruck – da knickt das vierte Rad um.
«Und womit fahren wir jetzt?»
«Mit Ma-mazinu aus dem Schlitten!»

1898, NACH der Ermordung der Kaiserin Elisabeth von Österreich in Genf (Schweiz), erhielt der Raw *(städtisch angestellter Rabbiner)* von Pitscheliow den Befehl, eine Gedenkstunde abzuhalten. Er betrat am Sabbat in der Schul *(Synagoge)* die Empore und begann:
«Rabbossai *(hier nur: meine Herren)*, ihr habt sicher gehört, was geschehen ist: Unsere Kaiserin ist ermordet worden. In Schwaizarien oder Bulgarien – ich weiß nicht mehr genau, wo. Der Mörder war, wenn ich nicht irre, ein Italiener. Mit einem ausgefallenen Namen. Traurig. Ich bin sehr bekümmert. Aber was können wir in Pitscheliow dagegen tun, und noch obendrein am Schabbes, wo man doch am Schabbes keine Klage anstimmen darf?...
Aber da ich euch nicht leer ausgehen lassen will und da wir gerade von Mördern und von Schabbes sprechen, will ich euch etwas aus dem Abschnitt in der Gemore erzählen, welcher mit den Worten anfängt: hahoréjg Parósch beschabát – wer einen Floh am Sabbat ermordet...»

JESCHIWE-BOCHER *(Talmudstudent)* zu seinem Kameraden: «Ich sage dir, mit einem Talmudjuden wirst du nie fertig! Ich werde dir ein Beispiel geben:
Es gibt die Bibelstelle ‹Miriam und Ahron redeten übel von Moses wegen der Kuschitin (Äthiopierin), denn er hatte eine Kuschitin genommen›. Ist doch die Frage: Warum kommt das Wort ‹Kuschitin› im Satze zweimal vor?
Ist die Antwort: Moses hat gewußt, es wird eine Periode mit Talmudjuden kommen. Sie werden es genierlich finden, daß Moses eine Nichtjüdin und obendrein eine Schwarze geheiratet hat, und sie werden versuchen, die Kuschitin wegzuinterpretieren. Also nennt er sie nachdrücklich zweimal in ein und demselben Satze... Was aber geschieht? Gerade die Wiederholung macht die Talmudjuden stutzig. Zwei Negationen, sagen sie, ergeben in der Mathematik eine Bejahung. Also ergeben zwei Bejahungen – so folgern sie – eine Negation. Und also, schließen sie, war es doch keine Kuschitin, sondern nur eine Jüdin mit schwarzem Gesicht!»

«HACK mir diesen Klotz in drei Teile!» befiehlt Jankel seinem jüdischen Diener und fährt davon. Der Diener beginnt zu brüten: meinte der Herr drei Klepp *(Schläge)* und vier Teile, oder meinte er zwei Klepp und drei Teile? Da alles Nachdenken nicht weiterhilft, geht der Diener zum Rebbe.
Der Rebbe klärt und entscheidet: «Er meinte drei Klepp und vier Teile.

Sonst hätte er ausdrücklich gesagt: zwei. Natürlich kann man einwenden, daß er dann gemeint hätte, einen Klopp und zwei Teile. Dann hätte er aber doch besser gesagt: einen. Dann wäre klar gewesen, daß er einen Klopp und zwei Teile meint. Weniger kann ja gar nicht sein. Also ist es klar, daß er nur meinen konnte: drei Klepp und vier Teile.»

EIN Jeschiwe-Bocher grübelt in nächtlicher Einsamkeit im Bet-Hamidrasch *(Lernhaus)* über seinen Folianten. Da hört er ein fremdartiges Geräusch. Er fängt an zu klären:
«Was kann das nur sein? Wenn ein Kater – husch! Wenn böse Geister – ‹Schma Jisrael›! *(= Höre Israel: die Anfangsworte eines Gebetes, die von frommen Juden in Notsituationen spontan ausgestoßen werden.)* Wenn Diebe – Gewaalt geschrien!!»

Im Osten waren die Juden im allgemeinen ebenso arm wie die dortigen Bauern, sie lebten aber von Handel und Handwerk und nicht von schwerer Körperarbeit. – Goj = Nichtjude, Bauer, vgl. Glossar.
AN der Jeschiwe *(Talmudschule)* diskutieren die Studenten: «Jankel, ist Kindermachen eine Arbeit oder ein Vergnügen?»
«Ein Vergnügen. Sonst hätten die Juden einen Goj dafür angestellt.»

In orthodoxen Kreisen sieht man es ungern, wenn Männer und Frauen unverheiratet bleiben. Das gilt auch für Verwitwete.
DEM frommen Rebbe ist die Frau gestorben. Er hat, wie man es von ihm erwartet, bald wieder geheiratet. Ein Verwandter besucht ihn und fragt: «Nu, wie geht es mit der neuen Frau?»
Darauf der Rebbe: «Ich will dir ein Gleichnis erzählen. Es is gewesen ein Mann, er hat gehabt zwei Händ'. Hat er verloren e Hand. Hat er sich machen lassen e naie Hand. Hat er wieder gehabt zwei Händ. 's war aber doch nicht *die* Hand!»

«JOSSEL, man sagt von dir, du bist ein großer Kenner von Gemore-Loschen *(Talmudsprache = Aramäisch)*. Kannst du mir sagen, was ‹Gargeret› *(Schlund, Gurgel)* heißt?»
«Sicher. Trockene Feige.»
«Aha. Und ‹Grogeret› *(trockene Feige)*?»
«Alte Jungfer.»
«Fein. Und ‹Bogeret› *(eine Herangereifte)*?»
«Eine Art Geschöpf, halb Mann, halb Weib.»
«Interessant. Und ‹Androgynos› *(Zwitter)*?»

«Das ist der Name eines römischen Kaisers.»
«Und ‹Adrianus› *(Name eines römischen Kaisers)*?»
«Adrianus? Das weiß ich nicht.»

Nudeln heißen im Jiddischen ‹Lokschen›. Vermutlich kommt das Wort aus der Turksprache der Chasaren, eines südrussischen Stammes, der im 8. Jahrhundert zum Judentum übertrat.
«JANKEL – warum nennt man ‹Lokschen› ‹Lokschen›?»
«Das ist ganz einfach: sie sind lang wie Lokschen, weich wie Lokschen und sehen aus wie Lokschen – warum also soll man sie *nicht* nennen Lokschen?»

In den verschiedenen jiddischen Dialekten werden vor allem die Vokale verschieden ausgesprochen.
EIN polnischer und ein litauischer Jude streiten sich. Der Pole: «Man sagt nicht ‹Licht›, sondern ‹Lecht›.» *(Singular und Plural genau gleich.)*
Der Litwak: «Ich kann dir das Gegenteil beweisen. In der Tora steht geschrieben: beha'alotcha et hanerot, das heißt doch wörtlich: Du sollst anzünden die *Licht*!»

ZWEI Jeschiwe-Studenten unterhalten sich: «Wenn ein Goj *(hier im Sinn von Bauer)* einen Hering frißt, entstehen fünf Kasches *(wörtlich Probleme; hier im Sinne von Etappen)*:
Erst wässert er den Hering – und säuft das Wasser aus. Dann enthäutet er den Hering – und frißt die Haut auf. Hernach zerschneidet er den Hering in kleine Stücke – und nimmt immer drei Stücke auf einmal ins Maul. Dann gibt er einem zweiten Goj aus seiner Schnapsflasche zu trinken – und trinkt selber aus der Flasche vom zweiten Goj. Hierauf packt er den zweiten Goj an den Haaren – und der zweite Goj packt ihn auch an den Haaren...»
«Falsch. Es sind nicht fünf, sondern fünfzehn Kasches.»
«Wieso fünfzehn?»
«Wann frißt ein Goj weniger als drei Heringe auf einmal?»

«JANKEF, ich hab' dir eine Kasche *(Problem)*: Da ist ein Teich. Auf der einen Seite vom Teich steht ein Dackel und will auf die andere hinüber – er darf aber weder schwimmen noch um den Teich herum laufen. Wie kommt er hinüber?»
«Das muß man klären... Nein, ich bekomme es nicht heraus!»
«Sehr einfach: er schwimmt.»

«Aber er darf doch nicht schwimmen!»
«Nu – er schwimmt eben doch!»

AUS dem Brief eines Ehemannes an sein Weib:
«Teure Riwke, sei so gut und schick mir Deine Pantoffeln! Natürlich meine ich meine und nicht Deine Pantoffeln. Aber wenn Du liest ‹meine Pantoffeln›, dann meinst Du, ich möchte Deine Pantoffeln. Wenn ich aber schreibe: Schick mir Deine Pantoffeln, dann liest Du ‹Deine Pantoffeln› und verstehst richtig, daß ich meine: ‹meine Pantoffeln›, und schickst mir meine Pantoffeln. Schick mir also Deine Pantoffeln!»

EHEMANN, seufzend: «Du heißt Guttchen, weil du ein Böschen bist. Du könntest auch Schönchen heißen, weil du ein Mieschen bist. Du heißt aber Guttchen, und nicht Schönchen, weil du noch beeser bist, als du mies bist. Und nun geh zum Spiegel und sieh, wie mies du bist. Dann wirst du wissen, wie bees du bist.»

EIN Jude wird mit der Frau eines andern in flagranti erwischt und vor den Rabbiner zitiert. Die Tat kann er zwar nicht bestreiten – aber er bestreitet jede Schuld. «Du Lump, du Lümmel!» schreit der Rabbiner. «Rabbi», bittet der Ehebrecher, «es steht geschrieben, daß man keinen verurteilen darf, ohne ihn anzuhören.»
Der Rabbiner sieht das ein. Der Sünder beginnt: «Rabbi – darf ich mit *meiner* Frau ein Verhältnis haben?»
«Was für Stuß *(Unsinn)*! Das ist doch selbstverständlich!»
«Rabbi, darf der Mann von der Frau, mit der man mich erwischt hat, mit *seiner* Frau ein Verhältnis haben?»
«Aber das ist doch klar!»
«Darf jener mit *meiner* Frau ein Verhältnis haben?»
«Pfui, was fällt dir ein?»
«Nun, Rabbi: wenn ich sogar ein Verhältnis mit einer Frau haben darf, mit der jener kein Verhältnis haben darf – um wieviel mehr darf ich dann ein Verhältnis mit einer Frau haben, mit der sogar *er* ein Verhältnis haben darf!»

Variante mit einem Taschendieb vor Gericht:
«NUN sehen Sie ja selber, Herr Richter: wenn ich *meine* Hand sogar dort hineinstecken darf, wo der Kläger *seine* Hand nicht hineinstecken darf – um wieviel mehr darf ich meine Hand dort hineinstecken, wo sogar *er* seine Hand hineinstecken darf!»

«JOINE, warum hat ein Kutscher einen braunen, gelben, weißen oder schwarzen – niemals aber einen grünen Bart?»
Joine: «Das muß man klären!»
Nach einer Weile: «Joine, weshalb schirrt man das Pferd immer mit dem Schwanz und nie mit dem Kopf gegen den Wagen an?»
«Das muß man klären.»
Am andern Tag verkündet Joine: «Ich habe beides zusammen geklärt! Wenn der Bart des Kutschers grün wäre, und man würde das Pferd mit dem Kopf gegen den Kutscher anschirren, dann würde ja das Pferd glauben, der Bart ist aus Gras, und würde versuchen, ihn zu fressen!»

EIN Jude brütet über der Orestie: «Warum wollen die Erinnyen den Orest hargenen *(morden)*?... Nun ja: Orest hat hargetet seine Mutter Klytämnestra – also hat er unrecht, also haben die Erinnyen recht, wenn sie ihn wollen hargenen...
Die Mutter hat doch aber hargetet den Vater, den Agamemnon. Also hatte Orest recht, die Mutter zu hargenen, also haben die Erinnyen unrecht, wenn sie ihn hargenen wollen...
Der Vater hat aber hargetet die Tochter, die Iphigenie. Also hat die Mutter recht, den Vater zu hargenen, also hat Orest unrecht, die Mutter zu hargenen, also haben die Erinnyen recht, Orest hargenen zu wollen...
Nun aber stellt sich doch heraus, daß der Vater in Wirklichkeit die Iphigenie gar nicht hargetet hat. Also hat die Mutter unrecht, den Vater zu hargenen, also hat Orest recht, die Mutter zu hargenen, und also dürfen die Erinnyen den Orest doch nicht hargenen!»

«RABBI, es steht im Talmud geschrieben, ein Jude soll nicht in einer Stadt ohne Arzt wohnen. Wir haben nur einen miesen Feldscher!»
«Ihr vergesset: die Leute halten unsern Feldscher ja für einen Arzt. Folglich dürfen sie hier wohnen.»
«Ja, das ist richtig... Aber er selber? Wie darf denn er hier wohnen? Er weiß doch am besten, daß er kein Arzt ist!»
«Auch er darf. So wie die Leute sich auf ihre Meinung über ihn stützen, so darf er seinerseits sich auf die öffentliche Meinung der Leute stützen.»

AUF einem Modeplakat ist ein Herr mit Strohhut und Handschuhen abgebildet. «Schau, Elieser, da stimmt etwas nicht. Entweder es ist Winter – warum trägt er dann den Strohhut? Oder es ist Sommer – wozu braucht er dann Handschuhe?»

«Das muß man klären... Ich hab's: es ist zwar Sommer, aber er trägt Handschuhe, weil er Brennesseln abreißen will.»

IN einem podolischen Nest bleibt ein Reisender mit seinem Automobil stecken. Alle Mühe, den Wagen selber zu reparieren, ist vergeblich. Man ruft den jüdischen Dorfklempner. Dieser öffnet die Motorhaube, blickt hinein, versetzt dem Motor mit einem Hämmerchen einen einzigen Schlag – und der Wagen läuft wieder! «Macht 20 Zloty», erklärt der Klempner.
Der Reisende: «So teuer?! Wie rechnen Sie das?»
Der Klempner schreibt auf:

Gegeben a Klopp	1 Zloty
Gewußt wo	19 Zloty
Zusammen	20 Zloty

SOZIALPROBLEM gelöst:
«Ruben, das Verkehrte ist, daß nur Menschen Kredit haben, die ihn im Grunde nicht brauchen. Wer dagegen kein Geld hat, der bekommt auch keins geliehen. Es sollte umgekehrt sein.»
«Dann würden die Reichen bald selber zu Schnorrern!»
«Was schadet das? Sie bekämen ja dann sofort Kredit!»

A: «WÄCHST der Mensch von oben her oder von unten her?»
B: «Von oben. Ich habe letztlich eine Reihe Soldaten gesehen. Oben waren sie ungleich. Aber unten waren alle gleich.»
C: «Falsch. Von unten. Wenn einer wächst, dann wird ihm die Hose nicht oben zu kurz, sondern unten.»

«HAST du schon überlegt, wovon der Tee süß wird: vom Zucker oder vom Umrühren?»
«Vom Zucker natürlich.»
«So? Hast du je Tee getrunken, der nicht umgerührt war?»
«Ja – aber wozu dann den Zucker, wenn es nur auf das Umrühren ankommt!»
«Um zu wissen, wie lang.»

SCHLOJME meditiert: Das unbegreiflichste Getränk ist eine Tasse Kaffee. Zuerst einmal gibt man Kaffee hinein, damit es schwarz wird, dann gießt man Milch hinzu, damit es weiß wird. Hernach mischt man Zichorie hinein, damit es bitter wird, und gleich darauf schüttet man Zukker hinein, damit es süß wird. Man kocht es auf Feuer, damit es heiß wird, und dann bläst man hinein, damit es kalt wird...

«RABBI, wieso wird man vom Wein betrunken?»
«Das ist so: in unserm Körper sitzt auf der rechten Seite der gute Trieb, auf der linken Seite der böse Trieb. *(Der Talmud kennt, im Gegensatz zur Bibel, den Urgegensatz von Gut und Böse.)* Ist nun der Bauch voll von Wein, dann schleppert das Gute und das Böse durcheinander, und das ist Trunkenheit.»
«Rabbi, wenn es genügt, daß der Bauch voll von Flüssigkeit ist: warum kann man dann nicht Wasser statt Wein nehmen?»
«Esel, hast du je gehört, daß man von Wasser betrunken wird?»

Zweimal die Brille:
1. «wo ist nur meine Brille? Auf dem Tisch liegt sie nicht, auf der Kredenz, auf dem Buch, auf dem Bett liegt sie nicht... Woher weiß ich eigentlich, daß sie nirgends liegt? Weil ich es sehe. Wieso sehe ich es? Ohne Brille kann ich doch gar nicht sehen! Also muß ich sie auf der Nase haben – richtig, da ist sie!»

2. «wo kann nur meine Brille sein? Auf der Nase ist sie nicht, auf dem Tisch ist sie nicht... Vielleicht hat sie einer gestohlen? – Unsinn, wer eine Brille braucht, hat schon eine, wer keine hat, braucht auch keine... Vielleicht hat sie aber einer gestohlen, um sie zu verkaufen... Unsinn, wem soll er sie verkaufen? Wer eine braucht, hat schon eine, wer keine braucht, kauft auch keine... Aber es könnte sie einer genommen haben, der zwar eine Brille hat, sich aber einbildet, daß er sie nicht mehr hat... Wie kann so ein Irrtum entstehen? Nun – es kann zum Beispiel einer die Brille auf die Stirn geschoben und sie dort vergessen haben...
Aber wenn das einem andern passieren kann – kann es dann nicht auch mir passieren? – Richtig, da ist sie!»

IN einem rein jüdischen Städtchen – sonst hätte man dafür schon einen Goj gehabt! – tutet der Nachtwächter Schlojme Mitternacht. Dann zieht er sich in einen dunklen Winkel zurück, lehnt seinen Spieß in die Ecke, löscht die Lampe, stellt sie neben sich und döst mit geschlossenen Augen vor sich hin. Als er einmal blinzelt, sieht er einen Lichtschein. Er schließt wieder die Augen und klärt:
«Sollte es gewesen sein meine Lampe?

Nein, ich habe sie gelöscht.
Sollte es gewesen sein die Laterne auf dem Markt?
Nein, sie wird gelöscht um elf.
Sollte es gewesen sein der Mond?
Nein, es ist Neumond.
Sollte es gewesen sein ein Stern? (berührt den Boden mit der Hand:)
Nein, es regnet...
Feuer!!!»

DER Rabbi erzählt: «Eines Tages fand ein armer Holzhacker einen Säugling im Walde. Wie sollte er ihn ernähren? Er betete zu Gott, und da geschah ein Wunder: dem Holzhacker wuchsen Brüste, und er konnte das Kind säugen.»
«Rabbi», wendet ein Jünger ein, «die Geschichte gefällt mir nicht. Wozu so eine ausgefallene Sache wie Frauenbrüste bei einem Mann? Gott ist allmächtig. Er konnte einen Beutel Gold neben das Kind legen, dann hätte der Holzhacker einfach eine Amme gedingt.»
Der Rabbi: «Falsch, ganz falsch! Warum soll Gott ausgeben bar Geld, wenn er kann auskommen mit einem Wunder?»

Fromme Juden pflegen sich nur mit bedecktem Haupt dem religiösen Schrifttum zu widmen. An Stelle des lästigen Huts tragen sie manchmal ein Hausmützchen, im Osten «Jarmulke» genannt.
EIN Jeschiwa-Student ist über seinen Büchern sitzend im Lernhaus eingeschlafen. Als er aufwacht, ist niemand außer ihm mehr da – und auf dem Kopf hat er keine Jarmulke!
«Wo kann meine Jarmulke sein?» denkt er nach und erblickt eine Jarmulke auf dem Platze eines Kollegen. Er fängt an zu überlegen: «Ist es seine Jarmulke oder meine Jarmulke? Wenn seine – wo ist dann meine? Wenn meine – warum auf seinem Platz? Aber wie komme ich dazu, mich um seine Jarmulke zu sorgen? Sorgt er sich um meine Jarmulke? Ich nehme sie und gehe.»

USA. Freitag abend. Kohn liest am Anschlagpfosten der Synagoge die Ansage: «Sabbat morgens Predigt über die große Flut und ihre Folgen.»
Kohn zum Rabbiner: «Leider bin ich verhindert, morgen zu Ihrer Predigt zu kommen. Aber glauben Sie ja nicht, daß ich mich um meine moralischen Pflichten herumdrücken will! Ich spende 50 Dollar für die Opfer der großen Flut!»

WÄHREND der kommunistischen Wirren in Ungarn nach dem Ersten Weltkrieg wechselt ein ungarischer Jude mit seiner in Karlsbad weilenden Frau folgende Telegramme:
Die Frau: «Er sagt operieren operieren.»
Darauf der Mann: «Er sagt operieren operieren.»
Die irritierten Behörden vermuten dahinter einen Kassiber der Putschisten und laden den Juden vor.
Der Jude erklärt: «Das ist ganz einfach. Meine Frau ist in Karlsbad zur Kur und hat sich dort von einem Spezialisten untersuchen lassen. Nun telegraphiert sie: ‹Der Arzt sagt, ich soll operieren – soll ich operieren?› – Und ich antworte ihr: ‹Wenn der Arzt sagt, du sollst operieren, dann sollst du operieren.›»

EIN russischer Jude kommt in eine kleine deutsch-jüdische Gemeinde und wundert sich, wie klein das Bethaus ist.
«Da geht doch niemals die ganze Gemeinde hinein!» sagt er zum Schammes *(Synagogendiener)*.
Dieser erklärt: «Nun: würde je die ganze Gemeinde hineingehen, so würde sie natürlich niemals hineingehen. Da aber nie die ganze Gemeinde hineingeht, geht die ganze Gemeinde ohne weiteres hinein.»

«WARUM hat der Mensch nie, was er will?»
«Das ist einfach: wollte er, was er hat, dann hätte er, was er will. Da er aber nie will, was er hat, hat er nie, was er will.»

LONDON 1914. Ostjüdische Einwanderer überlegen aufgeregt, ob es wohl Krieg geben werde. Einer sagt:
«Ich habe keine Angst. Es gibt immer zwei Möglichkeiten. Entweder es gibt keinen Krieg – dann ist es gut. Oder es gibt Krieg.
Dann gibt es zwei Möglichkeiten. Entweder der Krieg bleibt auf die kontinentalen Gegner beschränkt – dann ist es gut. Oder er weitet sich aus.
Dann gibt es zwei Möglichkeiten. Entweder England wird nicht hineinverwickelt – dann ist es gut. Oder England wird hineinverwickelt.
Dann gibt es zwei Möglichkeiten. Entweder man nimmt nur Freiwillige – dann ist es gut. Oder es kommt zur Zwangsrekrutierung.
Dann gibt es zwei Möglichkeiten. Entweder ich kann mich drücken – dann ist es gut. Oder ich werde mich stellen müssen. Pfui.
Aber dann gibt es immer noch zwei Möglichkeiten. Entweder man erklärt mich für ‹untauglich› – dann ist es gut. Oder man nimmt mich.

Dann gibt es zwei Möglichkeiten. Entweder ich bleibe in England –
dann ist es gut. Oder ich muß in den Krieg ziehen. Mies.
Aber es gibt zwei Möglichkeiten. Entweder ich komme zum Roten
Kreuz – dann ist es gut. Oder ich werde schießen müssen.
Dann gibt es zwei Möglichkeiten. Entweder ich schieße auf einen Deutschen – dann ist es gut. Oder er schießt auf mich. Bitter.
Aber es gibt zwei Möglichkeiten. Entweder die Wunde ist leicht – dann
ist es gut. Oder sie ist schwer. Aj waj.
Aber es gibt zwei Möglichkeiten. Entweder ich werde gesund – dann ist
es gut. Oder ich bin tot... Nun, ein Toter braucht doch erst recht keine
Angst zu haben...
Aber wo steht es geschrieben, daß ich tot sein werde?»

DIALOG zwischen zwei Freunden: «Du Esel!»
«Wahrscheinlich bin ich wirklich ein Esel... Ist bloß die Kasche *(Problem)*: bin ich ein Esel, weil ich dein Freund bin, oder bin ich dein
Freund, weil ich ein Esel bin?»

«RABBI, ich bin ein Chammer *(Esel)*. Was kann ich dagegen tun?»
«Wenn du es selber weißt – dann bist du kein Chammer!»
«So – und warum behaupten es dann alle Leute?!»
«Wenn du es nur weißt, weil die andern Leute es sagen, dann bist du
doch ein Chammer.»

EIN auswärtiger Talmudgelehrter hat einen allzu spitzfindigen Vortrag
gehalten. Ein Bürger lädt ihn nachher zum Essen ein. – Der Gast sitzt
da und ißt seine Suppe nicht.
«Worauf wartest du?» fragt der Hausherr.
«Ich habe nur eine Gabel, keinen Löffel.»
«Du gibst doch zu», sagt der Hausherr, den Vortrag des Gastes parodierend, «daß man einen Fisch, den man mit der Gabel ißt, auch mit dem
Suppenlöffel essen kann? Warum soll man folglich mit der Gabel, die
man für Fische braucht, nicht umgekehrt auch die Suppe essen können!»

EINE Frau, die mit ihrem kleinen Laden die Familie ernährt, während
der Mann seinem Talmudstudium nachgeht, bittet ihren gelehrten
Mann, er möchte sie im Laden für eine Stunde ablösen, weil sie die Sabbatmahlzeit vorbereiten muß. Als sie zurückkommt, sieht sie: Es stehen
im Laden zwei Kosaken und räumen ungeniert die Regale aus – und

der Mann sieht schweigend zu! Sie vertreibt die Kosaken und schimpft mit ihrem Mann: «Du Batlan *(Nichtstuer),* warum hast du nicht geschrien?»
«Wozu?» fragt der Mann verwundert. «Wenn Rabbiner plötzlich stehlen würden – dann hätte man Grund zur Aufregung. Aber daß Kosaken stehlen, das ist doch ganz normal!»

EIN Baumstamm liegt quer über der Straße. Juden kommen im Fuhrwerk heran und diskutieren ergebnislos, was man tun könnte. Da kommt auf einem zweiten Fuhrwerk ein kräftiger Bauer, steigt ab, packt den Baumstamm und schiebt ihn beiseite.
Jankel zu Schlojme, verächtlich: «Kunststück, mit Gewalt!»

«WARUM gibt es eigentlich weniger Pferde als Ochsen, obwohl man doch die Ochsen schlachtet?»
«Das ist doch klar: weil man die Pferde stiehlt!»
«Aha!... aber wieso gibt es dann dort, wo man die gestohlenen Pferde hinbringt, nicht mehr Pferde als Ochsen?»
«Auch das ist klar; dort stiehlt man die Pferde ja auch!»

Im Talmud gibt es nur sehr wenige und ungenaue Satzzeichen. Man liest ihn daher mit Vorliebe halblaut, wobei man die sinngebende Satzmelodie stark hervorhebt. Dieses melodiöse Sprechen hat sich auf das Jiddisch übertragen.
EIN Jude hat einen andern Lügner und Aufschneider genannt, wird vom Beleidigten verklagt und vom Richter zur öffentlichen Entschuldigung verurteilt.
«Ich habe gesagt, er sei ein Lügner und Aufschneider», bekennt der Verurteilte und fährt in fragendem Sington fort: «Er ist kein Lügner?! – Er ist kein Aufschneider?!»
«Das ist keine Entschuldigung!» schreit der Beleidigte.
«Es ist der vorgeschriebene Text», behauptet der Verurteilte, «ich habe ihn genau nachgesprochen. Die Melodie war mir nicht vorgeschrieben. Ich bin kein Chasan *(Synagogensänger).*»

Variante:
DIE Szene spielt vor einem Rabbinatsgericht, und der Verklagte ist von Beruf Chasan *(Synagogensänger).* Auf den Einwand des Rabbi, das sei keine Entschuldigung, entgegnet er: «Der Din *(Rechtsprechen)* ist Ihre Sache, Rabbi. Aber der Nigun *(Melodie)* ist meine Sache. Ich bin Chasan.»

EIN Jude hat von einem Zigeuner ein hinkendes Pferd erstanden. Die andern Juden spotten. Der Jude erklärt: «Das Pferd hinkt nicht wirklich: es hat einen Nagel im Huf.»
«Meinst du», fragt ein anderer Jude, «ein Zigeuner läßt sich von einem Juden so leicht hereinlegen? Das Pferd hinkt sicher, der Gauner hat den Nagel bloß in den Huf geschlagen, damit du glauben sollst, das Pferd hinke nur deshalb.»
Darauf der Pferdekäufer: «Glaubst du, ein Jude läßt sich von einem Zigeuner so leicht hereinlegen? Ich habe aus Vorsicht mit falschem Geld bezahlt.»

JUDE im Bahncoupé:
«Wißt ihr, daß der berühmte Chasan Rosenstock in Odessa zwanzigtausend Rubel jährlich verdient?»
Ein zweiter: «Na, das wird ganz schön übertrieben sein!»
Ein dritter zum ersten: «Laß dich nur nicht einschüchtern! Ich weiß, daß du die Wahrheit gesagt hast. Nur daß Rosenstock nicht in Odessa lebt, sondern in Jekaterinoslaw. Und er ist nicht Chasan, sondern Holzhändler, und er *verdient* nicht jährlich zwanzigtausend Rubel, sondern er hat zwanzigtausend jährlichen *Verlust*.»

«REB Koppel ist gestorben. Gehst du zu seinem Begräbnis?»
«Warum sollte ich? Wird er zu *meinem* Begräbnis kommen?»

WIRTSCHAFTSKUNDE:

«Jossel, die Post verkauft Zehnkopekenmarken für genau zehn Kopeken. Wo bleibt da der Verdienst?»
«Das muß man klären... Ich hab's! Ein Brief für zehn Kopeken darf ein bestimmtes Höchstgewicht haben. Es sind aber viele Briefe leichter: Nun: in dieser Differenz zwischen dem erlaubten Höchstgewicht und dem Realgewicht der Briefe liegt der Reingewinn der Post!»

BEIM Eingang der Staatsbank von Petersburg steht ein Wachtsoldat. Wolf wundert sich: «Ist das nicht leichtsinnig: den ganzen Staatsschatz einem einzigen Soldaten anzuvertrauen?»
«Ach», meint Hersch, «das genügt bestimmt. Es kann ja keiner an den Schatz heran.»
«Ja – wozu steht dann der Soldat überhaupt hier?»
«Nun, das ist klar: Man hat ihm befohlen, hier zu stehen, denn solange er hier steht, kann er nicht woanders stehlen.»

SRULKE Hirschfeld steht vor Gericht. Er hat gefälschten Wein verkauft.
Srulke verteidigt sich selber: «Herr Richter, verstehen Sie etwas von
Chemie?»
Der Richter: «Nein. Ich bin Jurist.»
Srulke: «Herr Experte, verstehen Sie etwas vom Gesetz?»
Der Experte: «Nein. Ich bin Chemiker.»
Srulke: «Herr Richter – und von mir, einem armen Juden, erwarten
Sie, daß ich mich in *beidem* auskenne!»

Orthodoxe Juden studieren heilige Schriften nur mit Kopfbedeckung.
AM Sabbat kommt Nachman zu Schmul – was sieht er? Schmul sitzt
splitternackt am Tisch, hat auf dem Kopf den Hut und studiert den
Talmud.

«Schmul! Was sitzest du da ganz ohne Kleider?»
«Ach, ich dachte, bei der Hitze kommt niemand.»
«Aha. Und wozu hast du den Hut aufgesetzt?»
«Nun – ich dachte: am Ende kommt vielleicht doch jemand.»

«MOJSCHE, was soll eigentlich das ‹P› im Namen Haman?»
«Im Namen ‹Haman› ist doch gar kein ‹P› drin!»
«Wieso ist keines drin?»
«Was soll denn ein ‹P› im Namen Haman?»
«Das frage ich doch eben!»

BIBELEXEGESE. Ein Jude liest: «Tisal katal imrati» *(wörtlich: Es fließe wie
Tau meine Rede. 5. Buch Mose 32,2)*, und er übersetzt und kommentiert:
«Tisal – es soll geschwollen werden. Katal – wie ein Berg. Imrati – meine Schwiegermutter...
Ihr werdet fragen: Wieso ‹tisal› = geschwollen werden? Nun: was soll
sie denn sonst werden, wenn nicht geschwollen?
Ihr werdet sagen: Seit wann heißt ‹katal› = wie ein Berg? Nun: Wie
denn sonst, wenn nicht wie ein Berg?
Und ihr werdet einwenden: Wieso ist ‹imrati› = meine Schwiegermutter? Aber begreift doch: wenn geschwollen werden wie ein Berg – wer
dann sonst, wenn nicht meine Schwiegermutter?»

«REBBE, warum hat Gott dem Adam die Rippe im Schlaf gestohlen, um
Eva daraus zu machen?»
Der Rabbi, seufzend: «Er wollte damit zeigen, daß bei einem Diebstahl
nichts Gutes herauskommen kann!»

Moderner Midrasch (kommentierende Bibellegende).
GOTT zu Noah: «Noah, du hast zwei männliche Nilpferde hergebracht. Schaff eines weg und bring statt dessen ein weibliches!»
Noah: «Ich bin zu müde.»
«Tu es trotzdem!»
«Nein.»
«Noah – wie lange kannst du Wassertreten?»

Variante:
NOAHS Nachbar: «Was hast du da Merkwürdiges hingebaut?»
«Eine Arche.»
«Wann räumst du sie wieder von der Autostrasse weg? Ich muß zur Arbeit fahren!»
«Das darf ich dir nicht sagen.»
«Wenigstens eine kleine Andeutung?»
«Gut. Wie lange kannst du Wassertreten?»

WARUM nahm Gott Hiob alles weg und ließ ihm nur sein Weib?
Weil er ihm zuletzt alles doppelt ersetzen wollte – und zwei Weiber: das wäre kein Lohn gewesen, sondern eine Strafe!

WER war der erste Leutnant?
Josef. Er trug einen bunten Rock und dünkte sich mehr als seine Brüder.

WER war der erste Conférencier?
Josef. Er sagte an: «Jetzt kommt eine lange Dürre.»

JOSEF, der Sohn des Patriarchen Jakob, soll sehr schön gewesen sein. Dem widerspricht die Tatsache, daß er den größten Hintern der Welt hatte. Der Beweis: In der Bibel steht: «Der Pharao setzte ihn über ganz Ägypten.»

GOTT zum König Ahab: «Wenn du nicht ablässest von deinen Sünden, dann schicke ich dir eine große Dürre.»
Ahab: «Schade. Eine kleine Dicke wäre mir lieber.»

EIN Jeschiwe-Bocher klärt: «Da sagen die Leute, Gottes Macht ist unbegrenzt. Falsch! Nicht einmal Geld hat er! Als er den Juden versprochen hatte, sie würden Ägypten mit Reichtümern verlassen, konnte er ihnen keinen Groschen aus eigener Tasche geben: er mußte ihnen raten, sich Silber und Gold von den ägyptischen Nachbarn zu leihen. Nur die ägyptischen Plagen – die mußte er nirgends leihen. Die hatte er aus der eigenen Tasche.»

BEKANNTLICH weiß man nicht, wo Moses begraben liegt. Ein Jude, der viel mit der jüdischen Kultusgemeinde zu tun hat, klärt:
«Die einen sagen, Moses habe vor dem Tode selber verboten, seine Grabstätte bekanntzugeben, weil er fürchtete, es könnte dort zu heidnisch-kultischer Vergottung seiner Person kommen. Andere wieder sagen, es könne gar kein Grab dasein, weil Moses von Engeln nach seinem Tode in den Himmel getragen worden sei...
Ich aber weiß den wahren Grund. Moses wollte einfach sich und seiner Gemeinde die Blamage sparen: er wußte, daß man ihm bis heute keinen anständigen Grabstein aufgestellt hätte.»

DIE Bibel berichtet von Jitro, dem Schwiegervater von Moses, er hätte sieben Namen gehabt.
«Ich weiß den Grund», erläutert ein Jeschiwe-Student dem zweiten. «Wenn in unserer Stadt ein Jude seine Tochter verheiratet und die Mitgift ausgezahlt hat, ist er nachher pleite und nimmt einen andern Namen an. Jitro hatte sieben Töchter!»

In Berlin gab es zwei bekannte Warenhäuser: Gerson und Israel.
DIE kleine Ruth kommt aus dem Religionsunterricht heim und berichtet: «Der Lehrer hat heute so schön von Gerson erzählt.»
Die Tante wundert sich: «Kind: von Gerson?!»
«Es kann auch von Israel gewesen sein», gibt Ruthchen zu.

DER Melamed übersetzt Dovidl aus der Bibel: «Watamot – ist gestorben. Sara – Sara. Also wer ist gestorben, Dovidl?»
Dovidl: «Watamot ist gestorben.»
Der Melamed: «Dummkopf, du verstehst mich nicht. ‹Watamot› heißt deutsch – ist gestorben, Sara – Sara. Also wer ist gestorben?»
Dovidl: «Deutsch ist gestorben.»
Der Melamed: «Idiot, Rindvieh! Watamot – ist gestorben, Sara – Sara. Watamot Sara – Sara ist gestorben. Also wer ist gestorben?»
Dovidl, schluchzend: «Rebbe, ich kenn' mich nicht mehr aus. Das ist ja die reinste Seuche! Watamot ist gestorben, Deutsch ist gestorben, und nun ist Sara auch noch gestorben.»

LEHRER: «Moritz, zähl mir die zwölf kleinen Propheten auf.»
Moritzchen schnurrt herunter: «Ruben, Simon, Levi, Issachar, Sebulun, Josef, Benjamin, Naftali, Gad, Ascher...»
Lehrer: «Halt, halt! Ephraim, kannst du mir sagen, womit Moritz die zwölf kleinen Propheten verwechselt hat?»
Ephraim, Sohn eines Rechtsanwalts, nach kurzem Nachdenken:
«Mit den Rechtsanwälten am Berliner Landgericht I.»

KOHN in Kairo: «Ganz schön, die alten Denkmäler hier in der Gegend. Aber scheußliches Klima. Viel zu heiß! Kein Wunder, daß die Juden damals von hier wegwollten.»

WARUM zog Moses mit den Juden durchs Rote Meer und durch die Wüste?
Weil er sich schämte, mit der Mischpoche *(Sippe)* durch die Städte zu gehen.

WARUM haben die Juden eine so lange Nase?
Weil sie von Moses vierzig Jahre lang in der Wüste an ihr herumgeführt wurden.

MANCHE erklären die lange Nase der Juden anders. Bekanntlich hat Moses den Juden den Genuß von Schweinefleisch verboten. Sie gehorchten nicht und bekamen die Trichinose. Da liefen sie zu Moses und jammerten: «Hilf uns! Wir werden es nicht wieder tun!» Moses hatte Erbarmen: er befreite sie von den *Trichi*nen, zum Andenken und zur Strafe ließ er ihnen die *Nose*.

Pfingsten, «Schawuot», gilt den Juden als der Zeitpunkt, an dem sie am Berg Sinai die Zehn Gebote empfingen. An diesem Tage wird nach einem alten Brauch kein Fleisch genossen. – Der nachfolgende Witz geht davon aus, daß die Zehn Gebote eine schwere Last sind.
«VERSTEHST du, weshalb man an Schawuot kein Fleisch ißt?»
«Sicher! Seinerzeit sind alle Rindviecher an Schawuot zum Berg Sinai gerannt, um die Tora in Empfang zu nehmen. Inzwischen hatte das restliche Volk Israel eben deshalb kein Fleisch, und seit damals hat sich der Brauch erhalten.»

DER Prophet Moses stotterte bekanntlich. Das hatte für das Volk Israel üble Folgen bis auf den heutigen Tag. Als Gott ihn nämlich fragte, wel-

ches Land er haben möchte, wollte er antworten: «Californien.» Er begann: «Ca-Ca-Ca...»
Der liebe Gott, verwundert: «Kanaan? Dieses jämmerliche kahle kleine Gebiet? Aber wenn du unbedingt willst, Moses, kannst du es natürlich haben!»

«EIN Glück», meint Joël, «daß Moses eine schwere Zunge hatte: er hätte sonst noch viel mehr Gebote erfunden!»

«MORITZL, habt ihr im Religionsunterricht die Zehn Gebote schon gehabt?»
«Nein, Onkel, nur die zehn Plagen.»

«SCHLOJME, mir ist etwas aufgefallen. Es steht geschrieben: ‹Am siebten Tage sollst du ruhen, du und dein Sohn und deine Tochter, dein Knecht und deine Magd, dein Vieh und der Fremde...› Bloß von der Frau steht keine Silbe!»
«Warum verstehst du nicht? Von der Frau weiß doch ein jeder, daß sie auch am Sabbat keine Ruhe gibt.»

EIN armer Jeschiwe-Bocher *(Talmudstudent)* ist zum Sabbatmahl bei einem reichen Bürger eingeladen. Der ausgehungerte Jüngling schenkt sich ein über das andere Mal von dem guten Schnaps ein und tunkt das Gläschen jeweils mit einem Stück Eierzopf im Nu aus. Dem Hausherrn tut das Herz weh beim Anblick seines hinschwindenden Schnapses. Den Gast direkt tadeln – das geht nicht gut. Da fällt ihm eine passende Bemerkung ein:
«Ihr seid doch ein gelehrter Student. Vielleicht könnt Ihr mir erklären, wozu Moses das Rote Meer zu spalten brauchte? Es hätte doch einfach jeder Jude ein Stück Eierzopf hineintauchen können – das Meer wäre im Nu trocken gewesen!»
Der Bocher: «Nein, das ging nicht! Es war ja damals Pessach *(jüdische Ostern, während welcher kein gesäuertes Brot genossen werden darf)*, und da durfte man keinen Eierzopf essen!»

Auf der Sedertafel, dem festlich gedeckten Tisch der beiden ersten Pessachabende, sind nach altem Brauch in einer Schüssel bestimmte Symbole der ägyptischen Knechtschaft angeordnet.
DIE Familie sitzt um die Sedertafel. Der kleine Sohn betrachtet auf der Schüssel das kleingehackte, graugelbe Früchtegemisch, welches den

Ziegellehm repräsentiert, mit dem die Juden sich in der ägyptischen Sklaverei abplagen mußten; er schaut auch auf die bitterliche Petersilie, Symbol des damaligen bitteren Leides... dann fragt er nachdenklich: «Papa, es steht doch geschrieben, die Juden hätten aus Ägypten gewaltige Reichtümer mitgenommen. Warum legen wir auf die Pessachschüssel nur Erinnerungen an Dreck und Bitterkeit und nicht auch ein Sinnbild für jenes Glück?»
«Weil», seufzt der Vater, «von jenem Reichtum nichts geblieben ist – den Dreck und die Bitterkeit jedoch haben wir bis heute.»

FAITEL klärt *(überlegt)*: «Die Juden waren ein großes Volk und gaben für das Goldene Kalb ihr ganzes Gold her. Wieso kam da nur ein Kälbchen heraus und nicht ein gewaltiger Stier?»
«Sehr einfach», erklärt Schmul, «die Juden brachten das Gold nicht selber zu Aaron, es wurde von Kollektoren eingesammelt. Da ist es doch eher ein Wunder, daß überhaupt noch ein Kalb dabei herauskam und nicht nur ein Floh.»

WARUM haben die Juden ein Goldenes Kalb gemacht?
Weil sie nicht genug Gold hatten, einen Ochsen zu machen.

JOINE klärt: «Als Jakob und Esau sich wiedersahen, weinten sie beide... Warum eigentlich? Daß Jakob weinte, kann man verstehen. Er hatte Esau große Herden als Versöhnungsgabe geschickt, da tat es ihm leid um das viele Vieh. Aber warum weinte Esau?... Ich hab's! Jakob überbrachte die Herden nicht persönlich, sondern durch Sendboten. Die werden von dem Vieh so viel für sich abgezweigt haben, daß für den armen Esau fast nichts übrigblieb. Darum weinte auch er...»

«DIE Leute nennen Salomon einen weisen Mann, weil er die Mutter eines Kindes ausfindig gemacht hat. Auch ein Kunststück! Den Vater des Kindes hätte er ausfindig machen sollen: das wäre die wahre Weisheit gewesen!»

SCHMUL hat sich besoffen und öffentlich randaliert. Der Rabbi schilt ihn aus.
Darauf Schmul: «Aber Rabbi! Wo doch sogar der weise Salomon gerne Schnaps trank!»
«Wie kommst du darauf?!»
«Nu – wäre er sonst weise gewesen?»

SCHMUL stolpert. Jankel grinst schadenfreudig.
Schmul: «Pfui, hast du nicht in der Bibel gelesen, daß man sich nicht einmal über den Sturz des Feindes freuen darf?»
Jankel: «Das stimmt. Doch über den Sturz des Freundes steht kein Wort drin!»

«RABBI, warum ist nach der Bibel untersagt, einen frisch verheirateten Mann für den Kriegsdienst einzuziehen?»
«Weil der Arme den Krieg schon zu Hause hat.»

WAS ist der Unterschied zwischen den Juden in Babylon und einem Weinhändler?
Die Juden in Babylon saßen beim Wasser und weinten. Die Weinhändler sitzen beim Wein und wässern.

WAS ist der Unterschied zwischen der biblischen Jaël und einer heutigen Milchfrau?
Jaël gab Milch statt Wasser; die heutigen Milchfrauen geben Wasser statt Milch.

Der Religionsunterricht für Knaben begann im Osten schon im zarten Alter.
IN einem Städtchen des Ostens führt ein Jude einen kleinen Jungen an der Hand. Ein zweiter fragt: «Wos is dos für e Jüngel?»
«Dos is e Wunderkind.»
«Wieso e Wunderkind?»
«Nu, dos Jüngele ist schon volle drei Jahre alt, und es hat noch kein Blatt Gemore *(Talmud)* gelernt!»

DER Melamed *(Kleinkinderlehrer für Hebräisch)* liest mit dem Schüler in der Bibel, Manna habe geschmeckt wie «Zapichit mit Dwasch». «Dwasch» heißt Honig, die Bedeutung von «Zapichit» ist unbekannt. Der arme Melamed weiß aber nicht, daß er seine Unkenntnis mit allen Gelehrten teilt.
Der Schüler: «Rebbe, was ist Zapichit?»
Der Melamed: «Verstehst du: als die Juden in der Wüste waren, hatten sie nichts zu essen. Und da bescherte ihnen der Herr das Manna, und es schmeckte wie Zapichit mit Dwasch.»
Schüler: «Ja, Rebbe. Aber was ist Zapichit?»
Melamed: «Warum verstehst du nicht? Die Söhne Jakobs waren nach Ägypten gezogen. Anfangs ging es ihnen gut. Dann aber bedrückte sie

der Pharao, und darum führte Moses sie in die Wüste, und dort gab ihnen Gott Manna, und das schmeckte wie Zapichit mit Dwasch.»
Schüler: «Ich weiß aber nicht, was das ist, Zapichit!»
Melamed: «Uh, hast du einen schweren Kopf! Also paß auf: Nach dem Turmbau von Babel verstreuten sich die Menschen. Abraham kam nach Ur, und von dort zog seine Sippe nach Kanaan. Und als es eine Hungersnot gab, kauften die Söhne Jakobs Getreide in Ägypten. Dort wurden sie von ihrem Bruder erkannt, und er brachte die ganze Familie nach Ägypten. Aber dann kam ein böser Pharao, der die Juden bedrückte, da zogen sie in die Wüste, und dort bescherte ihnen Gott Manna, und es schmeckte wie Zapichit mit Dwasch.»
Schüler, weinerlich: «Rebbe, aber was ist Zapichit?»
Melamed, erschöpft: «Noch nicht verstanden? Jetzt werde ich es ganz genau erklären: Gott schuf die Welt in sechs Tagen, und Adam und Eva waren die ersten Menschen, und sie lebten im Paradies, bis sie sündigten, da wurden sie vertrieben. Und ihre Nachkommen sündigten wieder, da wurden sie ertränkt, und nur Noah durfte sich retten. Aber sie hörten nicht auf zu sündigen und bauten den Turm von Babel. Da wurden sie nach allen Richtungen verstreut zur Strafe. Abraham wurde in Ur geboren, er zog nach Kanaan, und von dort kamen die Söhne seines Enkels Jakob nach Ägypten, wo ihr Bruder ein hoher Herr war. Da ging es den Juden anfangs gut, dann aber kam ein Pharao, der sie bedrückte, sie zogen in die Wüste, und dort speiste Gott sie mit Manna, und es schmeckte wie Zapichit mit Dwasch.»
Schüler, schluchzend: «Rebbe, was ist Zapichit?»
Melamed, im höchsten Zorn: «Du Lump, du mißratener, was willst du denn? Soll ich dir sagen können, was *vor* der Erschaffung der Welt gewesen ist?»

DER Melamed muß auf den Dachboden. Er befiehlt den Kindern, den Bibeltext inzwischen allein zu studieren und ihn zu fragen, wenn sie nicht weiterkommen.
Nach einer Weile ruft ein Junge zum Estrich hinauf: «Rebbe, was heißt ‹mi-maala›?»
«Höher!» *(genauer: von oben)* ruft der Melamed zurück.
«Höher» ist aber im Jiddischen auch gleichbedeutend mit «lauter», weshalb der Junge die Antwort mißversteht und seine Frage brüllend wiederholt.
«Höher!» wiederholt der Melamed ungeduldig.
Der Junge kräht die Frage zum drittenmal aus Leibeskräften. Jetzt

reißt dem Melamed die Geduld, und er schreit zurück: «A Ruach in dein Taten arajn!» *(Etwa: Der Teufel hole deinen Vater!)*
Als der Melamed herunterkommt, übersetzt der Junge: «Mimaala – a Ruach in dein Taten arajn!»
Der Melamed haut dem Jungen eine Ohrfeige und schreit: «Du Flegel, wie sprichst du zu deinem Lehrer!»
«Verzeiht, Rebbe», schluchzt der Junge, «a Ruach in *Euren* Taten arajn!»

Von einem Bar-Mizwa, einem jüdischen Konfirmanden, erwartet man einen Bibelvortrag mit Exegese. Man unterscheidet bei solchen Vorträgen drei Elemente: den Passuk = Bibelstelle, die Kasche = Frage, den Teruz = Problemlösung, Antwort.
DER Melamed hat dem unbegabten Bar-Mizwanten mühsam einige solche Passagen eingetrichtert:
«Erstens. Es ist finster und glitschig, und der Malach *(Engel; hier Racheengel)* jagt *(verfolgt).* Ist doch die Kasche: Warum fällt er nicht? Ist der Teruz: Er ist doch ein Malach! Zweitens. Josef wurde von seinen Brüdern in Ägypten nicht wiedererkannt. Ist doch die Kasche: Wieso erkannten sie ihn nicht? Ist der Teruz: Vorher war er ohne Bart, jetzt war er mit Bart. Drittens. Noah hatte drei Söhne. Ist doch die Kasche: Wie hat der Tate *(Vater)* geheißen? Ist der Teruz: Er hat geheißen Noah...»
Der große Tag ist da. Der Kandidat steht vor der Gemeinde und verkündet: «Steht da ein Passuk: Es ist finster und glitschig, und der Malach jagt. Ist doch die Kasche: Wie hat der Tate geheißen? Ist der Teruz: Vorher war er ohne Bart, und jetzt war er mit Bart.»

DAS Söhnchen des jüdischen Gutspächters wird von einem privaten Talmudlehrer in Mischna *(vgl. Glossar)* unterrichtet. Beim Kapitel «Ein Ochs stieß eine Kuh» fragt der Junge: «Rebbe, war die Kuh rot, braun oder fleckig?»
Da gibt der Vater, der es gehört hat, dem Jungen eine Ohrfeige und schreit: «Da hast du die Antwort auf deine blöde Frage! Hundertmal hab' ich dir gesagt: Bei der Kuh gilt die Farbe einen Dreck! Wichtig ist nur ihr Alter, ihre Gesundheit und wieviel Milch sie gibt!»

DER kleine Sohn eines ungebildeten Grobians soll in der Synagoge ein Segensgebet aufsagen. Der Melamed, der ihm den Segen mit Mühe beigebracht hat, zweifelt, ob es klappen wird. Tatsächlich gerät der Junge in Verwirrung und blickt hilfesuchend zu seinem Vater hinüber.

«Was schaust du auf deinen Vater?» schreit der Melamed aufgeregt, «an ihm ist bestimmt kein Segen dran!»

DER Melamed soll dem Sohn des Dorfjuden einige elementare Kenntnisse beibringen, aber der Junge hat einen harten Kopf. Indes ist es unerläßlich, daß der Junge wenigstens den Sabbatsegen auf hebräisch erlernt. Der Lehrer verfällt auf eine dem Dorfmilieu angemessene Methode:
«Schau, Dovidl, du wirst dir die fünf Worte am besten merken, wenn du dir vorstellst, daß es Namen von Nachbarn sind: Jom – das ist der Bauer Matwej dort drüben. Haschischi – das ist Iwan. Wajechulu – das ist Maxim. Haschamaim – das ist Piotr. Wehaarez – das ist der Kaplan.»
Dovidl findet die Methode großartig. Am andern Morgen schießt er flüssig los: «Jom wajechulu...»
Der Melamed: «Schafskopf, du hast ‹haschischi› ausgelassen!»
«Nein, Rebbe», erklärt Dovidl, «Haschischi ist gestern krepiert.»
(Deutsche Bedeutung des Segens: Der sechste Tag – und Himmel und Erden waren vollendet.)

AWREMELE geht in den Cheder, lernt aber schwer. Es gelingt dem Melamed nicht einmal, ihm die hebräischen Namen für die beim jüdischen Gottesdienst so wichtigen Himmelsrichtungen beizubringen. Der Lehrer repetiert geduldig mit ihm: «Wenn du so wie jetzt dastehst, ist vor dir ‹Zafon›, Norden. Und was ist rechts von dir? ‹Misrach›, Osten. Wiederhole das!»
«Misrach.»
«Gut. Und weißt du noch, was hinter dir ist?»
Awremele, weinend: «Hinter mir sitzt Lejbele, der mich mit einer Stecknadel in den Hintern piekst!»

EIN Dorfjude hat für seinen kleinen Sohn einen Melamed engagiert. Einmal stellt er mit Grauen fest, daß der Lehrer dem Jungen das Totengebet einstudiert. Entsetzt ruft er aus:
«Was tut Ihr da? Ich lebe doch und bin gesund!»
«Macht Euch keine Sorge», beruhigt der Melamed, «bis Euer Sohn das Gebet kann, könnt Ihr hundert Jahre alt werden.»

WARUM engagiert man einen Melamed immer nur für ein halbes Jahr? Das ist einfach. Nimmt er seine Aufgabe ernst – dann hat er sich bereits in einem halben Jahr an den Kindern die Schwindsucht angeärgert, und man muß ihn ersetzen. Oder aber er bleibt gesund – dann ist es ein Zeichen, daß er seine Aufgabe nicht ernst nimmt, und man muß ihn erst recht ersetzen.

Nach Amerika ausgewanderte Ostjuden, denen es anfangs oft schlecht ging, versuchten, ihren Söhnen die im Osten üblichen Schrifttumskenntnisse auch drüben durch einen Melamed beibringen zu lassen. Gewöhnlich scheiterte das Unternehmen an dem veränderten Milieu.

VON den Melamdim *(Plural von Melamed)* in Amerika pflegte man daher zu sagen: Zuerst versteckt sich vor ihnen der Schüler. Dann, wenn es ans Zahlen geht, versteckt sich vor ihnen der Vater. Und zuletzt, wenn der Vater hören will, was der Sohn gelernt hat, versteckt sich der Melamed selber.

Bibelinterpretation.
Das biblische Hebräisch benützt die Zukunftsform auch als Vergangenheit. Nochal, wir haben gegessen, kann daher auch heißen: wir werden essen. – Wenn der Messias kommt, wird der Riesenfisch Leviathan gegessen werden.

DER Rebbe studiert mit seinen Schülern die Bibelstelle: Sacharnu et hadaga ascher nochal be-Mizraim chinam = Wir gedenken der Fische, die wir in Ägypten unentgeltlich gegessen haben.

«Rebbe», fragt der Schüler, «warum heißt es nicht achalnu = wir aßen, sondern nochal = wir werden essen?»

«Warum verstehst du nicht? Es bezieht sich eben auf die Zukunft! Gemeint ist mit dem Fisch der Leviathan!»

«Aha!... Aber warum steht dann Mizraim = Ägypten und chinam = unentgeltlich *(kann auch vergeblich heißen)*?»

«Eben! Da siehst du ja selber! ‹Mizraim›, Ägypten, steht hier ‹chinam›, vergeblich, das heißt für die Katz!»

«Nein, ich versteh' doch nicht, Rebbe! Warum hat man dann nicht beides, Mizraim und chinam, einfach weggelassen!»

«Du Lump!» schreit der Rebbe außer sich. «Das solltest du wissen: eine Tora *(hier: Bibelexemplar)*, in welcher nur *ein Wort* weggelassen ist, ist doch passul *(entweiht, ungültig)*!»

IN der Mischna *(vgl. Glossar)* über Pessach steht im Zusammenhang mit dem Ritual der Sedertafel *(vgl. Glossar)*: ba-chaseret u-wa-tamcha (mit Lattich und mit Mohrrübe oder Meerrettich).

«Rebbe», fragt das Jüngel den Melamed, «was ist tamcha?»

«Geduld!» sagt der Melamed, «warte, bis wir zu Raschi kommen, da wirst du es erfahren.» *(Raschi: beliebtester Bibelkommentator.)*
Sie studieren gemeinsam Raschis Kommentar zu der Mischnastelle. Bei Raschi steht: «In der Gemara *(vgl. Glossar)* steht der Kommentar.»
«Rabbi», bittet der Junge, «sagt mir doch, was in der Gemara drin steht über tamcha!»
«Warum so eilig?» tadelt der Melamed. «Brennt der Teich? Wir werden zur Gemara kommen, dann wirst du schon alles erfahren...»
Sie kommen endlich zur Gemarastelle über das Osterritual. Und da steht: «tamcha = soviel wie tamchata.»
«Rabbi, und was heißt tamchata?» fragt das Jüngel.
«Greif nicht nach der Nachspeise vor dem Brotsegen!» rügt der Melamed. «Es gibt auch einen Raschi-Kommentar zu dieser Gemarastelle, der für solche Burschen wie dich vorgesorgt hat!»
Sie schlagen im Raschi nach, und tatsächlich, da steht: «tamchata» = Mohrrübe b'laas *(b'laas = «in der fremden Sprache». Bei Raschi, der im 11. Jahrhundert in Frankreich und in Deutschland gelebt hat, finden sich einzelne französische und deutsche Begriffe, jeweils mit dem Hinweis «b'laas». Das Wort «Mohrrübe» gibt es im Jiddischen nicht.)*
«Rabbi», fragt das Jüngel, «was ist ‹Mohrrübe›?»
«Du erwartest, ich soll Französisch können? Bist du verrückt geworden? Bin ich ein Franzose?!»

Die Kenntnisse eines armen Melamed reichen nicht immer weit.
EIN Schüler will wissen: «Was heißt ‹Janschuf› *(Eule)*?»
Melamed: «‹Janschuf› – das ist – ein meschuggener Fisch.»
Schüler, verwundert: «Ja, aber warum steht er dann mitten zwischen den Vögeln?»
Melamed: «Du hörst ja: wenn er doch meschugge ist!»

DER Melamed studiert mit dem Jüngel das Kapitel Noah. Sie kommen zu der Stelle: «Zej min ha-tejwa» = geht aus dem Kasten *(= Arche)* hinaus!
Der Rabbi hilft ein wenig nach und psalmodiert: «Zej = geh hinaus, min = aus, ha-tejwa = dem Ka...? Nu? Was heißt tejwa? A Ka...?»
«A Kartschme *(Wirtshaus)*, Rebbe.»
«Unsinn! Tejwa, a Ka...?»
«A Kapeletsch *(Hut)*.»
Der Rabbi, wild: «Geh in der Erd erajn *(beliebter jüdischer Fluch)*!»
Der Jüngel beginnt mit dem Körper zu schaukeln und zu psalmodie-

ren: «Zej min ha-tejwa = Geh in der Erd erajn!, ata = du, we-ischtecha = und dein Weib, u-wanecha = und deine Söhne, un'schej banecha = und die Weiber deiner Söhne, itcha = mit dir zusammen!»

Im traditionsgebundenen Osten wurden die jungen Leute sehr früh verheiratet. Junggesellen oder gar alte Mädchen gab es kaum. Sie wurden als Abnormitäten betrachtet und verachtet.
DER Melamed, ein Junggeselle, übersetzt dem Jüngel aus der Bibel vor: «Wekawartani = und du wirst mich begraben... Nu, sprich nach!»
Jüngel: «Wekawartani = und ich werde Euch begraben.»
Melamed: «Unsinn! Nicht ich – Euch, sondern du – mich!»
«Wekawartani», wiederholt Jüngel, «und ich werde Euch begraben.»
«Esel!» schreit der Melamed außer sich vor Wut, «wie oft soll ich es dir wiederholen! Nicht ich – Euch, sondern du – mich!»
Darauf der Schüler, sehr ruhig: «Ich verstehe Euch wirklich nicht, Rebbe! Nicht genug, daß ich Euch mit ‹Sie› anrede, obwohl Ihr ein Junggeselle seid, schreit Ihr mich noch an!»

DER Melamed liest mit Moischele in der Bibel. Moischele hat vergessen, was das hebräische Wort «Ischa» *(Weib)* bedeutet. Der Melamed will nachhelfen: «Ischa – ein W...»
«Eine Wanze.»
«Unsinn. Ischa – ein W...»
«Eine Wurst.»
«Blödsinn! Es ist etwas, das *ich* habe und das dein *Vater* hat – und überhaupt, *jeder* erwachsene Jude hat es.»
Moischele erleuchtet: «Ein Bruch.»

Die Kinder pflegten den Lehrer als «Rebbe» anzureden.
DER Melamed: «Was heißt machla *(Krankheit)*? ... Nu? ... machla, e Kr...»
«E Krepl!» *(Kräpfchen, beliebte ostjüdische Speise.)*
«Nicht Krepl, sondern e Kr...»
«E Kretschme.» *(Wirtshaus.)*
«Nicht Krepl und nicht Kretschme, sondern eine Sache, die niemand haben will. Und wenn er sie hat, will er sie schnell los sein.»
«Machla – e Rebbe!» sagt der Junge erleuchtet.

Gründliche Hebräischkenntnisse hatten im Osten nur die Männer. Die Frauen lasen die Bibel nur in einer jiddischen Übersetzung.

IN Gitels alter, verschmutzter jiddischer Bibel haben sich zwei Blätter zusammengeklebt. Gitel liest, von der Geschichte Adams und Evas zu der von der Arche Noah überspringend, andächtig: «Und Adam erkannte sein Weib Eva... und er hat sie ausgeklibben *(ausgeklebt)* innen und außen mit Pech.»

GITEL liest, wie Josef von den Brüdern in ein Loch gestoßen wird. Sie weint bitterlich: «Du arme, mutterlose Waise, oj, wie schlecht ist die Welt!»
Als sie aber im Jahr darauf dieselbe Stelle liest, schreit sie zornig: «Du Trottel! Du verdienst kein Erbarmen! Jetzt hast du doch schon gewußt, wie deine Brüder sind – und da fängst du zum zweitenmal mit ihnen an!»

GITEL liest: «‹Augen haben sie – und sehen nicht. Ohren haben sie – und hören nicht› *(das bezieht sich auf die heidnischen Götzen)* ... oj, was für miese Krüppel!»

Im Osten waren die Handwerker wegen ihrer geringen religiösen Bildung verachtet.
DIE jüdische Schusterinnung hat ein Festmahl veranstaltet. Es soll gemütlich zugehen, und solche, die die «kleinen Otiot» *(die kleinen Buchstaben, in denen die aramäischen Bibelkommentare geschrieben sind)* lesen können, dürfen nicht kommen und die Feststimmung stören. Ein kräftiger Schuster hält daher bei der Tür Wache...
Ein fremder Jude will hinein.
«Halt!» ruft der Türwächter streng, «seid Ihr am Ende ein Lamdan *(wörtl. Lerner = Schriftgelehrter)*?»
Der fremde Jude, verwundert: «Ich? Ich erinnere mich schwach, als Kind im Cheder *(Kleinkinderschule für Hebräisch)* etwas gelesen zu haben von einem, der einen andern mit Linsen vollstopfte – aber ich weiß nicht mehr, ob der Korach den Kaleb oder der Balak den Bileam.»
Der Schuster, streng: «Lamdan – hinaus!»

REB Sajnwl, der Melamed, bekommt einen Brief vom Sohn.
«Was schreibt denn unser Iziale?» fragt das Weib.
«Ach, ach, ach... seine Schwiegermutter, Friede ihrer Seele, ist nebich gestorben. Das Weib hat ein Bein gebrochen. Das Kind ist krank, und die Geschäfte liegen auch darnieder... Dafür aber ist der Brief in einem Hebräisch geschrieben! Hörst du, Pessje? Ein Vergnügen zu lesen!...»

Aus Gebet und Ritus

EIN Jude betet: «Lieber Gott, du erbarmst dich doch über ganz fremde Leut' – warum nicht über mich?»

EIN Jude liest beim Gebet: «Ata bachartanu mikol ha-amim – ‹Du hast uns auserwählt aus allen Völkern›... Herr des Himmels, was hast du ausgerechnet von uns gewollt?»

Am letzten Tage des Laubhüttenfestes wird um Regen gebetet.
DER Vorbeter hat kaum das Gebet zu Ende gesprochen – da beginnt es vom Himmel zu gießen.
«Siehst du», sagt der Vorbeter stolz zu einem Bekannten, «mein Gebet um Regen ist in der Sekunde erhört worden!»
«Auch ein Wunder», brummt der Bekannte, «wegen deinesgleichen kam sogar die Sintflut.»

ZU einem Bäcker, der beim Gottesdienst mit gewaltigem Stimmaufwand betet, sagt der Nebenmann:
«Glaub mir, mit kleineren Schreien, dafür aber größeren Brotlaiben würdest du beim lieben Gott mehr ausrichten.»

Variante:
«MIT Gewalt wirst du hier auch nichts ausrichten!»

ITZIG jammert in der Synagoge laut: «Nur zehn Schilling schenk mir, großer Gott, daß ich kaufen kann meinen Kindern ein Brot, nur zehn Schilling schenk mir!»
Da greift neben Itzig ein reicher Jude in seine Tasche: «Da hast du zehn Schilling – aber bitte, lenk ihn mir nicht ab!»

DER jüdische Kutscher des Rabbiners schmiert die Wagenräder und schnurrt dabei sein Gebet herunter. Ein Pole, der zufällig dabeisteht, sagt angewidert zum Rabbi: «Sogar beim Beten schmiert euresgleichen die Räder!»

«Es ist umgekehrt», erklärt der Rabbi, «sogar beim Wagenschmieren beten wir.»

KALMAN erblickt am Jom-Kippur, dem Versöhnungstag, seinen Konkurrenten und Feind im Betsaal. Weich und versöhnlich gestimmt durch die Sühnegebete, geht er auf den Mann zu, streckt ihm die Hand hin und sagt gefühlvoll: «Ich wünsche dir alles, was du mir wünschest!»
«Fängst du schon wieder an!» erwidert jener bitter.

An bestimmten jüdischen Feiertagen wird beim Gottesdienst ein Widderhorn geblasen, der sogenannte Schofar. Es ist gar nicht so leicht, dem Schofar Töne zu entlokken. Vor den Feiertagen wird daher fleißig geübt.
DIE Juden blasen nach Leibeskräften – der Schofar bleibt stumm. Was nun?
«Man muß Tehillim beten», meint ein Jude.
«Nein, man muß Essig in den Schofar hineingießen», meint ein weiterer Jude.
Der Rabbi: «Nehmt zur Sicherheit Tehillim *mit* Essig.»

Die jüdische Gebetsordnung verlangt, daß an gewöhnlichen Wochentagen die Männer – und nur die Männer! – beim Morgengebet die sogenannten Tefillin (= Gebetsriemen; vgl. Glossar) anlegen.
EIN zwitterhaft veranlagter Jude unterzog sich einer Operation und verließ das Spital als Frau. Nach etlichen Wochen wollte der Arzt wissen, ob der Operierte noch manchmal Bedürfnisse empfinde wie ein Mann.
Der ehemalige Zwitter gesteht: «Ja, vor allem morgens beim Erwachen. Da habe ich immer noch das Gefühl und das Bedürfnis, ich sollte Tefillin legen.»

Am Sabbat dürfen Juden weder Feuer anzünden noch löschen. In manchen Dörfern des Ostens gab es daher den «Lichtgoj», der am späten Freitagabend von Haus zu Haus ging und überall das Licht ausmachte.
EINMAL verspätet sich der Lichtgoj. Die Familie traut sich nicht ins Bett, solange brennende Kerzen herumstehen.
Da hat der Vater eine Idee. Er ruft das Töchterchen her, schiebt es ganz nahe an die Kerze heran und sagt: «Rebekka, du bist doch schon ein kluges großes Mädchen. Weißt du, wie unser Osterfest heißt? Sag es mir ganz laut und deutlich!»
«Pessach!» sagt Rebekka stolz – und das Licht ist aus!

ZWEI Jeschiwe-Studenten klären: «Ein frommer Jude darf nicht ohne Kopfbedeckung herumlaufen. Gut. Aber in der Tora *(Pentateuch)* steht doch kein Wort davon!»
«Das ist wahr, Schmerel, wörtlich drinstehen tut es nicht. Aber die Tora ist voll von Hinweisen. Da steht zum Beispiel: ‹Jakob kam von Beerschewa und ging nach Haran...› Glaubst du im Ernst, daß ein frommer Jude wie Jakob eine solch lange Strecke ohne Kopfbedeckung marschiert ist?»

Beschneidung – jüdisches Grundgebot.
NEW YORK. In einer Herrentoilette verrichten zwei ältere Juden nebeneinander ihre Notdurft, wobei der eine das Hosenbein des andern durchnäßt und sich erschrocken entschuldigt.
Dieser strahlt ihn an: «Aus Przemysl?»
«Ja – woher wissen Sie?»
«Nu – der dortige Mohejl *(Beschneider)* schnitt immer so schief.»

TOBIAS Blaustein, der letzte «Lippische Oberjude» *(Vorsitzender der jüdischen Kultusgemeinde),* war recht klein gewachsen. Nachforschungen ergaben folgenden Befund:
«Zu stark beschnitten, nicht richtig begossen.»

«ICH bin zu einer Beschneidung eingeladen. Was zieht man da an? Einen Frack?»
«Ich weiß nicht. Aber mir scheint, ein *Cut-away* wäre stilvoller.»

Am Sabbat soll man nicht nur keine Geschäfte machen, man soll sich auch nicht über Geld unterhalten.
ZWEI Juden treffen sich am Schabbes in der Synagoge. Sagt der erste: «Nicht am Schabbes geschmust – was kost' Ihnen der Anzug?»
«Nicht am Schabbes geschmust!» sagt der zweite, «100 Mark.»

Das jüdische Ritualgesetz regelt das Alltagsleben auf Schritt und Tritt.
«WAS muß der fromme Jude tun, bevor er Tee trinkt?»
«Den Mund öffnen.»

DIE Mutter: «Dem Kind geht es heute schlechter. Da kann man nur noch auf Gott vertrauen.»
Der Vater: «Einfach auf Gott vertrauen?! Was für ein Leichtsinn! Sag Tehillim!»

EINE Frau kommt verzweifelt zum Rabbi gelaufen. Ihr Kind hat unstillbare Diarrhöe.
«Sag Tehillim!» (= *Psalmen; sie werden in Notlagen als Gebet gesprochen*) empfiehlt der Rabbiner.
Die Jüdin befolgt den Rat, und das Kind wird gesund. Aber nach einigen Tagen ist sie wieder beim Rabbi. Diesmal leidet das Kind an den genau entgegengesetzten Symptomen.
«Sag Tehillim», meint der Rabbi wieder.
«Aber Rabbi», ruft die Jüdin entsetzt, «Tehillim stopft doch!»

Auch traditionsentfremdete Juden pflegen wenigstens am Jom-Kippur die Synagoge zu betreten. Der Gottesdienst am Jom-Kippur beginnt mit dem Gebet «Kol nidrej» (= alle Gelübde), das nach einer schönen alten Melodie gesungen wird.
MAN fragt einen Juden, warum er so selten die Synagoge betrete. Er meint: «Weil es langweilig ist! Sooft ich hinkomme, singt man dieselbe Melodie: Kol nidrej...»

In Notlagen pflegen die Juden Psalmen zu rezitieren. Ist die Situation besonders schwer, dann tut man es nicht nur selbst, sondern durch eine ganze Zehnergemeinde.
JOSSELS Frau liegt seit vollen zwei Tagen in Wehen. Verzweifelt eilt Jossel zur Synagoge und bietet gegen ein gutes Trinkgeld zehn Juden zum Psalmenbeten auf.
Als er heimkommt, ist die Frau mit einem gesunden Knaben niedergekommen. Der Jude ist ganz glücklich.
«Maseltow *(Viel Glück)*!» gratuliert die Hebamme, «die Psalmen haben geholfen!»
Es vergeht keine halbe Stunde – da kommt die Frau mit einem zweiten Jungen nieder.
Die Hebamme, entzückt: «Die Psalmen wirken Wunder!»
Nach einer weiteren halben Stunde ist ein dritter Junge da...
Jossel rennt zur Synagoge so schnell er kann und schreit, ganz außer Atem: «Sofort aufhören mit Psalmenbeten!»

ZWEI Juden lernen sich im Sommer auf einer Messe kennen. Der eine bittet: «Ihr müßt mir in die Hand versprechen, daß Ihr mich besuchen werdet, wenn Ihr in mein Städtel kommt!»
Mitten im Winter kommt der andere tatsächlich durch jenes Nest. Er würde zwar lieber weiterreisen – aber Handschlag ist Handschlag. Also klettert er seufzend aus dem Waggon. Es ist nicht einfach, den Mann zu

finden, er wohnt weit draußen, und mittlerweile ist es Nacht, fallender Schnee verdeckt die Sicht.

Endlich steht der Wanderer vor dem Hause, klopft an die Fensterläden und ruft: «Ich bin es, Eure Sommerbekanntschaft. Ich habe Euch meine Hand darauf gegeben, daß ich Euch bei der ersten Durchreise aufsuchen werde.»

Da öffnet sich ein Fensterspalt, eine Hand schiebt sich heraus, und aus dem Haus erklärt eine Stimme: «Da habt Ihr Euren Handschlag zurück, ich löse Euch von ihm.»

Wenn die Juden Brot genießen, sprechen sie vorher einen Danksegen an Gott, «der das Brot aus der Erde hervorbringt» (hamozi lechem min haarez). Das Wort für «hervorbringt» kann auch «herauszieht» heißen, und das Wort für «Erde» «Land».
ALS die Deutschen im Ersten Weltkrieg die Ukraine besetzt hielten und alles Getreide beschlagnahmten, behaupteten die dortigen Juden, beim Anblick eines jeden Deutschen spreche der ukrainische Bauer den hebräischen Brotsegen «hamozi lechem min haarez»: «welcher das Brot aus dem Lande wegbringt».

Die Juden dürfen am Sabbat außerhalb der Grenzen ihres Besitzes nichts bei sich tragen. Da diese Vorschrift das Leben sehr erschwert, pflegten die Juden früher am Sabbat die ganze Ortschaft provisorisch zu umzäunen. Innerhalb dieses «Eruw», wie man den künstlich zur Einheit geschmiedeten Bezirk nannte, war nunmehr alles erlaubt, was man sonst nur im eigenen Hause am Sabbat tun durfte.
EINES Tages begab sich ein frommer Jude im Auftrag der Kultusgemeinde zum Grundbuchamt von Offenbach, um dort über den fiktiven Kauf der ganzen Stadt Offenbach zwecks Errichtung eines Eruw zu verhandeln. Der Jude bot als Preis zwanzig Mark an. Der Beamte hielt es für einen dummen Witz. Aber allmählich wurde ihm klar, daß es dem Juden Ernst war. Und als er sich überzeugt hatte, daß der Handel bestimmt keine juristischen oder praktischen Folgen haben würde, nahm er die zwanzig Mark und sagte freudig: «Geben Sie mir noch fünfzig Mark, und ich verkauf' Ihnen noch ganz Frankfurt dazu!»

EIN hübsches Fräulein rettet sich nach einem Schiffbruch auf eine einsame Ozeaninsel, wo seit Jahren ein Jude ein Robinson-Crusoe-Dasein führt. Sie bejammert ihr Schicksal, der Jude tröstet sie: «Sehen Sie, Fräulein, hier ist es schön, ruhig, der weite Blick aufs Meer, das milde Klima, die herrlichen Früchte und Gesellschaft haben Sie ja auch bei mir – das ist doch allerhand, was ich Ihnen zu bieten habe!»

Das Fräulein, schalkhaft: «Na, na, ich habe schließlich auch etwas mitgebracht, was Sie seit Jahren sicher schmerzlich vermissen!»
Der Jude, plötzlich lebhaft: «Was, Sie haben Mazzes *(Osterbrot)?*»

An Purim, der jüdischen Fasnacht, pflegt man Schnaps zu trinken.
EIN Jude hat so ausgiebig gefeiert, daß er steif vor Besoffenheit auf der Straße umfällt. Nachts findet ihn die Polizeistreife, und da er kein Lebenszeichen von sich gibt, wird er in die Leichenhalle gebracht...
Nach ein paar Stunden wacht er auf, sieht, wo er ist, und meditiert: «Leb' ich – warum bin ich dann hier? Bin ich tot – warum mach' ich dann Pipi?»

Die Ostrichtung, in welcher Jerusalem liegt, ist für die Juden geheiligt. Der Ostwand entlang befinden sich daher in der Synagoge die Ehrenplätze, wo respektierte und gebildete Bürger sitzen.
EINEM primitiven, reichen Juden ist es gelungen, durch Bestechung des Schammes *(Synagogendiener)* dennoch einen Platz an der Ostwand neben dem Rabbi zu bekommen.
Der Rabbi wundert sich über den neuen Nachbarn. Dieser seinerseits möchte gern mit dem Rabbi ins Gespräch kommen. Eben liest man die Psalmenstelle «Adam ubehema toschia Adonai»: Menschen und Vieh errettest du, Herr!
«Rabbi», fragt der Jude, «warum steht das Vieh neben dem Menschen?»
Darauf der Rabbi mit einem Blick auf seinen Nachbarn: «Weiß ich denn, was der Schammes sich gedacht hat?»

EIN Kutscher setzt sich auf einen Platz an der Ostwand. Der Schammes macht den Rabbi flüsternd auf den Fauxpas des einfachen Mannes aufmerksam.
Darauf der Rabbi, nach einem kurzen Blick auf die Ehrenbürger: «Es ist ganz in Ordnung: Er steht dort zwischen lauter Pferden.» *(Pferd im Jiddischen soviel wie Esel.)*

JANKEF hat ein Pferd gekauft. Auf dem Heimweg vom Pferdemarkt bricht ein Sturm los, das Pferd scheut. Da gelobt er: «Lieber Gott, wenn das gut abläuft, will ich das Pferd verkaufen und das Geld für fromme Zwecke spenden.»
Der Sturm legt sich... Jankef steht wieder auf dem Markt. Er hält das Pferd am Halfter und hat im Arm ein Huhn.

«Wollt Ihr das Pferd verkaufen?» fragt ein Bauer.
«Jawohl», sagt Jankef, «aber nur zusammen mit dem Huhn.»
«Und was soll beides zusammen kosten?»
«Das Huhn fünfzig Rubel und das Pferd fünfzig Kopeken.»

EINE Jüdin auf einer schwankenden Brücke. «Wenn ich gut hinüberkomme», gelobt sie, «will ich fünf Gulden in die Armenkasse spenden.»
Wie sie schon bald drüben ist, überlegt sie: «Fünf Gulden ist zu viel. Ich werde einen Gulden – ach was, ich werde nichts geben!»
In diesem Augenblick beginnt die Brücke zu schwanken.
«Ich habe doch nur Spaß gemacht!» schreit sie angstvoll – «und schon rüttelt er!»

RITUELLE Badekur:
An den «Slichottagen» (Bußtage vor den allerhöchsten Feiertagen im Herbst) gehen die Juden vor Morgengrauen zum Gebet. «Simchat Tora» ist ein großes Freudenfest. «Tischa Beaw» ist ein Trauer- und Fasttag wegen der Zerstörung des Tempels. Am «Rosch-Haschana», dem jüdischen Neujahrstag, pflegen Juden zu einem fließenden Gewässer zu gehen, um ihre Sünden symbolisch ins Wasser zu werfen.
Jankl, in Karlsbad zur Kur, schreibt nach Hause:
«Wir stehen hier jeden Morgen so früh auf wie an den Slichottagen, ziehen uns schön an wie zu Simchat Tora, fasten wie am Tischa Beaw und eilen dann zum Wasser wie am Rosch-Haschana.»

BEI einem jüdischen Dorfwirt trifft ein frommer Jude spät am Abend ein. Das Gespräch dehnt sich bis tief in die Nacht hinein, um Mitternacht unterbricht der Gast die Unterhaltung und spricht mit ernster Miene das übliche mitternächtliche Trauergebet wegen der Zerstörung des Tempels.
Der Dorfjude fragt interessiert: «Was macht Ihr da?»
«Wißt Ihr es wirklich nicht?» fragt der Gast verwundert. «Das ist das Trauergebet, der Tempel ist doch zerstört worden.»
Nach dem Gebet setzen sich beide wieder an den Tisch, beginnen zu trinken, werden fidel, und gegen Morgen sind sie bereits so weit, daß sie miteinander singen und tanzen...
Da kommt ein neuer Gast herein, sieht die beiden ausgelassenen Juden und fragt verwundert: «Was treibt ihr da?»
«Wißt Ihr es nicht?» fragt der Dorfjude lustig. «Der Tempel ist zerstört worden!»

ZWEI Juden sitzen im Rettungsboot – weit und breit kein Schiff, kein Land.
«Lieber Gott», betet der eine, «wenn wir heil davonkommen, ofpere ich die Hälfte meines Vermögens für gute Zwecke.»
Sie rudern weiter. Es wird Nacht – immer noch keine Hilfe. «Herr», betet der Jude wieder, «wenn Du uns rettest, opfere ich zwei Drittel meines Vermögens.»
Am andern Morgen ist die Lage noch genauso trostlos.
«Herr», verspricht der fromme Jude, «wenn wir durch Deine Hilfe aus dem Schlemassel herauskommen...»
«Halt», schreit da der zweite, «hör auf mit de Angebote! Land in Sicht!»

IM Schaufenster liegt eine Uhr. Ein Kunde betritt das Geschäft und fragt den Ladenbesitzer, einen bärtigen Juden, nach dem Preis.
«Ich verkauf' keine Uhren», erklärt der Jude.
«Ja, aber im Schaufenster ist doch eine Uhr!»
«Gewiß. Das ist so: ich bin Beschneider *(die Beschneidung ist ein jüdisches Grundgebot)* der Kultusgemeinde. Was, glaubt der Herr, soll ich denn ins Schaufenster hängen?»

ZU einem Rabbiner, der den Doktortitel trägt, kommt ein Jude mit einer geschächteten Gans, um zu fragen, ob sie koscher ist.
«Rebbe, wollt Ihr die Güte haben, die Gans zu untersuchen?»
«Gern. Aber warum sagt Ihr immer ‹Rebbe› zu mir und nicht ‹Herr Doktor›?»
«Was soll mir der Doktor bei einer toten Gans?»

Es ist üblich, für die Ehre, bestimmte Toraabschnitte vorlesen zu dürfen, einen Betrag zu stiften. Manche Abschnitte stehen besonders hoch im Preis. Da Juden an Feiertagen kein Geld berühren dürfen, müssen die Beträge nachher an einem gewöhnlichen Wochentag einkassiert werden.
DER stadtbekannte Pferdedieb bietet für das Vorlesen eines solchen Ehrenabschnittes eine hohe Summe. Die Gemeinde ist peinlich berührt, aber sie braucht das Geld. Seufzend willigen die Ehrenbürger ein...
Als der Schammes das Geld holen kommt, sagt der Dieb: «Geld habe ich nicht. Dagegen Zeit. Ich bin bereit, den Gegenwert im Gefängnis abzusitzen.»

KOHN hat die ‹Haftara› *(Schlußabschnitt)* vortragen dürfen, aber seinen Neder *(gelobter Betrag)* nicht gezahlt. Der Schammes sieht ihn zufällig

am Bahnhof, läuft ihm nach und schlägt Krach. Der Bahnvorstand tritt hinzu und fragt: «Was ist hier los?»
Der Schammes, aufgeregt: «Er hat die Haftara bekommen und nicht bezahlt!»
Der Bahnvorstand, streng: «Also entweder zahlen Sie sofort, oder Sie geben ihm seine Haftara zurück!»

«HERR», betet ein Jude, «laß mich zehntausend Rubel in der Lotterie gewinnen, ich schwöre, ich will den Zehnten davon an die Armen verteilen... Und wenn du mir nicht glaubst, kannst du den Zehnten selber vorher abziehen und verteilen und mich zehn Prozent weniger gewinnen lassen.»

Das jüdische Osterfest, Pessach, wird zur Erinnerung an den Auszug aus Ägypten gefeiert. An den ersten beiden Festabenden wird die Festlegende, die Haggada, vorgelesen, und zwar zu Hause, an der festlich gedeckten Sedertafel (vgl. Glossar). In der Haggada kommt auch die Aufzählung der zehn ägyptischen Plagen vor, wobei ein alter Brauch fordert, beim Nennen einer jeden Plage den Finger leicht ins Weinglas zu tauchen und einen Weintropfen auf die Seite zu spritzen.

DIE Frau eines Dorfjuden muß rasch in der Küche nach dem Rechten sehen, als ihr Mann gerde zu der interessanten Stelle mit den zehn Plagen gelangt ist. Sie sagt enttäuscht: «Ach, nun werde ich den Finger nicht eintauchen können!»
«Ich mache es für dich mit!» verspricht der Mann freundlich, und er liest, weinspritzend:
«Blut für mich, Blut für meine Frau, Frösche für mich, Frösche für meine Frau, Ungeziefer für mich, Ungeziefer für meine Frau, Aussatz für mich, Aussatz für meine Frau...»

DER jungverheiratete Dorfjude kennt sich im Ritual für die «Sedertafel» nicht aus und gibt seinem Weib den Auftrag, beim jüdischen Dorfschmied ins Fenster hineinzublicken und zu berichten, wie jener es macht.
Das Weib schleicht sich ans Fenster – und was sieht sie? Der Dorfschmied prügelt sein Weib mit der Kohlenschaufel!
Sie kommt nach Hause und schweigt beklommen. Der Mann fragt – sie will nicht reden. Schließlich wird er wütend und beginnt die Frau mit der Kohlenschaufel zu prügeln.
Da sagt sie weinend: «Wenn du es doch weißt – wozu schickst du mich dann zum Dorfschmied?»

«SCHAU diesen Jeschiwe-Bocher *(Talmudstudent)* an, wie arm und verhungert er aussieht!»
«Arm nennst du ihn? Und dabei schläft er Nacht für Nacht auf einem Lager von mindestens tausend Rubel Wert!»
«Das ist ausgeschlossen!»
«Es ist Tatsache! Er legt sich jede Nacht im Bethaus mit seiner lumpigen Decke an die Misrachwand *(Ostwand; vgl. Glossar)*, wo jeder Platz dreihundert Rubel kostet!»

LANGE vor Tagesanbruch ist der alte Rabbi am Sabbatmorgen aufgewacht. Er würde gerne Talmud studieren – aber er hat kein Licht. Und am Sabbat ist es verboten, etwas anzuzünden – ja, man darf den Auftrag zu einer solchen Arbeit nicht einmal einem Nichtjuden erteilen!
Da stapft ein Bauer am Haus vorbei.
«He, Iwan!» schreit der Rabbi, «ich möchte dir gern einen Schnaps anbieten. Aber ich kann im Dunkeln die Flasche nicht finden!»
Wenn es um Schnaps geht, wird auch der dümmste Bauer plötzlich klug. Iwan kommt herein, sucht die Streichhölzer und zündet ein Licht an. Der Rabbi gibt ihm ein Gläschen Schnaps.
«Gott segne Euch!» sagt Iwan gerührt, trinkt, wischt sich den Mund ab, löscht artig und sparsam das Licht und geht.

Ein Gebet soll man nicht unterbrechen. –
ZUM reichen Chaim Jomtow kommen zwei Gemeindemitglieder. Da er ahnt, daß sie Geld von ihm wollen, hört er überhaupt nicht mehr auf zu beten. Schließlich sagt einer der Herren höflich:
«Reb Jomtow, wir möchten von Ihnen Geld für eine Unterstützung. Bedenkt doch, daß man für eine Mizwa *(religiöses Gebot; Wohltätigkeit ist ein ausdrückliches religiöses Gebot)* das Gebet jederzeit unterbrechen darf!»
Jomtow: «Ich darf unterbrechen? Gut: ich gebe nichts.»

DER alte Lewy liegt im Sterben. Fromme Juden kommen und rezitieren nach alten Brauch die Sterbegebete. Da sie den Text auswendig können, babbeln sie ihn blitzschnell herunter.
Da hebt Lewy mühsam seinen Kopf und sagt streng: «Jagen laß ich mich nicht! Fangt noch einmal von vorne an!»

Rabbinische Weisheit

Am Sabbat ist jede Arbeit untersagt. Doch hebt Not und vor allem Lebensgefahr jedes Ritualgebot auf.
RABBI Salomon Krüger, der berühmte Maggid *(Prediger)* von Brody, zu einem Rabbinatsanwärter: «Was würdest du tun, wenn am Sabbat einer blutet?»
«Das muß ich im Schulchan-Aruch *(vgl. Glossar)* nachsehen.»
«Falsch. Inzwischen ist der Mann verblutet.»

ALS Rabbi Naftali Ropschizer noch ein kleiner Junge war, sagte zu ihm ein reicher Chassid: «Du bekommst von mir einen Gulden, wenn du mir sagst, wo Gott wohnt.»
Darauf Naftali: «Ihr bekommt von mir zwei Gulden, wenn Ihr mir sagt, wo er nicht wohnt.»

Nach jüdischem Glauben schreibt Gott an Rosch-Haschana, dem Neujahrstag, über jeden das Urteil, und zehn Tage später, am Jom-Kippur, besiegelt er es. Indes darf man an jüdischen Feiertagen weder schreiben noch siegeln.
RABBI Jizchak von Berditschew meinte daher: «Wenn das Urteil über mich positiv ausfallen wird, werde ich schweigen. Sonst aber werde ich darauf hinweisen, daß man am Rosch-Haschana nicht schreiben und am Jom-Kippur nicht siegeln darf.»

EIN armer Mann wollte zum Rabbi und mußte zwei Stunden warten, weil bereits ein Reicher dort war.
Endlich wurde er empfangen. Der Rabbi gab ihm etwas Geld und verabschiedete sich.
Der Bettler, gekränkt:
«Mit einem Reichen redet Ihr zwei Stunden – und mich schickt Ihr nach zwei Minuten fort?»
Darauf der Rabbi:
«Bei Euch, lieber Mann, wußte ich nach zwei Minuten, daß Ihr ein Bettler seid; um von jenem dasselbe zu erfahren, habe ich zwei Stunden gebraucht.»

DER Rabbi erklärt: «Es gibt keinen sündenfreien Menschen. Und doch ist ein Unterschied zwischen einem Zaddik *(Gerechten, Heiligen)* und einem Sünder: Solange der Zaddik lebt, weiß er, daß er sündigt. Und solange der Sünder sündigt, weiß er, daß er lebt.»

RABBI Jizchak von Lublin, der «Seher», sagte einmal: «Ich halte mehr von einem Bösewicht, der weiß, daß er ein Bösewicht ist, als von einem Frommen, der weiß, daß er ein Frommer ist.»

DER Gemeindevorstand von Brest-Litowsk wollte den Schammes, den Synagogendiener, absetzen und bat den Rabbi, Josef Ber Soloweiczyk, dem Diener die Kündigung mitzuteilen.
Da sprach der Rabbi: «Ich werde es nicht tun. Ich will Euch dafür ein Gleichnis erzählen: Wißt Ihr, warum Gott *selber* Abraham befahl, seinen Sohn Isaak zu opfern, warum er ihm den Befehl nicht durch einen Engel ausrichten ließ? Nun: Gott hat tatsächlich versucht, einen Engel zu beauftragen. Der aber sprach: ‹Willst du einen Menschen schlachten, dann bemühe dich selbst!›»

Wenn sich ein Stück Vieh beim Schächten als nicht koscher erweist, kann dem Schächter empfindlicher Schaden daraus erwachsen.
EIN armer Schächter war sich nicht klar, ob das von ihm geschächtete Rind koscher war. Er fragte bekümmert den Rabbi, und dieser entschied, ohne zu zögern: «Es ist koscher.»
Ein Kollege des Rabbi, der gerade dabei war, wandte ein: «Du weißt doch genau, das RMA *(Abkürzung für Rabbi Moses Isserles, 1520–1572)* anders entschieden hat!»
Der Rabbi: «Ich weiß, aber ich will vor dem himmlischen Gericht lieber den RMA als Gegner haben als den armen Schächter.»

EINE scherzhafte Version lautet: «Ich will lieber den RMA als Gegner haben als einen beleidigten Ochsen.»

DER Chesam Sofer sagte zu jemand, der sehr bescheiden tat: «Mach dich nicht so klein! Du bist gar nicht so groß!»

Der Rabbi des Ostens war nicht in erster Linie Prediger und Vollzieher kultischer Bräuche, sondern Schiedsrichter in rituellen und juristischen Fragen nach talmudischem Recht.
EINE Frau kommt zum Rabbi. Sie möchte sich scheiden lassen. Der

Mann arbeitet nicht. Sie geht selber verdienen – der Mann nimmt ihr das Geld weg und prügelt sie obendrein.
Der Rabbi schlägt in seinen Folianten nach und erklärt: «Ich kann dir nicht zur Scheidung verhelfen. Dein Mann benimmt sich korrekt. Denn es steht geschrieben, der Mann muß seiner Frau geben, was er verdient – und das tut er: er verdient Prügel –, und die gibt er dir!»

EINE junge Frau kommt weinend zum Rabbi. Sie wohnt mit ihrem Mann bei ihrem Vater – beide prügeln sie!
Der Rabbi zitiert den Vater zu sich.
«Dein Schwiegersohn», sagt er, «ist ein stadtbekannter Grobian. Aber du bist doch ein ordentlicher Mensch – wie kommst du dazu, deine arme Tochter zu schlagen?»
Der Mann: «Ich tue es doch nur, um meinen Schwiegersohn zu strafen: haut er meine Tochter – hau' ich ihm seine Frau!»

ZWEI Jeschiwe-Studenten debattieren, ob man beim Gemore-*(Talmud-)* Lernen wohl rauchen darf. Sie gehen zum Rebbe.
«Rebbe», fragt der eine, «darf man beim Gemore-Lernen rauchen?»
«Nein», entscheidet der Rebbe entrüstet.
«Du hast falsch gefragt», wirft ihm der zweite vor. Er tritt an den Rebbe heran und sagt: «Rebbe-Leben, darf man beim Rauchen Gemore lernen?»
«Aber ja!» entscheidet der Rebbe begeistert.

EIN Jude klagt dem Rabbi, er halte es zu Hause vor lauter Mäusen nicht aus. Der Rabbi verlangt einen Tag Bedenkzeit. Dann rät er: «Leg den Mäusen ein Stück Afikomen *(ein Stück Mazze, welches beim Ostermahl als letztes, als Nachspeise genossen wird und nach welchem nichts mehr gegessen werden darf)* vor die Mäuselöcher. Die Mäuse werden das Afikomen aufessen, und dann werden sie nichts anderes mehr genießen dürfen, und du wirst Ruhe haben.»
Der Jude ist nicht überzeugt und wendet ein: «Rabbi, die Mäuse kennen doch unser Ritualgesetz nicht!»
«O doch», versichert der Rabbi, «sie haben meinen ganzen Schulchan-Aruch *(Ritualgesetzbuch)* aufgefressen!»

«RABBI, ich wohne mit meiner Familie so eng!» klagt ein Jude.
Der Rabbi klärt und sagt: «Hast du Hühner und eine Ziege? Ja? Dann nimm beide mit in die Stube herein!»

«Rabbi! Gewalt geschrien! Wir können uns doch so schon kaum im Raum umdrehn!»

Der Rabbi läßt sich aber nicht erweichen...

Nach ein paar Tagen kommt der Jude wieder zum Rabbi und fleht: «Rabbi, laßt mich die Tiere wieder in den Stall setzen!»

Der Rabbi erlaubt es. Kurze Zeit später fragt er den Juden: «Nun, wie ist es jetzt mit dem Platz?»

«Rabbi», sagt der Jude glücklich, «uns ist, als säßen wir in einem geräumigen Palast!»

EIN armer Jude wollte vom Rabbi wissen, ob man den Segen beim Sedermahl *(Festmahl an den jüdischen Ostern)* statt über Wein über Milch sprechen dürfe.

«Nein», entschied der Rabbi und gab ihm drei Gulden.

Ein Zuhörer: «Er hat doch gar nicht um Geld gebeten!»

Der Rabbi: «Wenn er statt Wein Milch nehmen will, so bedeutet das, daß er sich nicht nur keinen Wein, sondern auch kein Stückchen Fleisch *(nach dem Ritualgesetz darf Milch und Fleisch bei der gleichen Mahlzeit nicht genossen werden)* zu dem Festmahl leisten kann. Wenn er aber so bettelarm ist, muß man ihm helfen.»

ZUM Rabbi von Dolina kam eine arme Jüdin: sie wollte sich von ihrem Mann scheiden lassen. Der Rabbi gab ihr aber zehn Gulden, schickte sie heim und erklärte einem Zuhörer, der das nicht begriff: «Hast du denn nicht gesehen, wie mager und abgehärmt sie aussieht? Wahrscheinlich hungern ihre Kinder, und das stimmt sie bitter. Laß ihre Kinder sich am Sabbat satt essen – und du wirst sehen, wie gut ihr Mann ihr wieder gefällt.»

DER talmudgelehrte Sohn eines armen Bäckers saß bei einer Gruppe Gelehrter aus feiner Familie. Sie prahlten alle mit den weisen Aussprüchen ihrer gebildeten Väter.

«Und was hat Euer Vater gesagt?» fragte einer von ihnen den Bäckerssohn ironisch.

Dieser erklärte: «Mein Vater pflegte zu sagen, man dürfe nur frische Ware verkaufen. Ich werde euch daher etwas erzählen, was ich nicht ererbt, sondern selber heute herausgebracht habe.»

DIE Sozialisten in Minsk baten Rabbi Elieser Rabinowitz, sie bei ihrer Arbeit zu unterstützen.

Der Rabbi sagte: «Ich will gern helfen, eure Idee zu verwirklichen. Wir werden uns die Arbeit teilen. Ihr werdet die Reichen überreden, daß sie geben, und ich die Armen, daß sie nehmen.»

VOR dem Rabbiner stehen ein Getreidehändler und ein Schiffskapitän. Der Kapitän hatte Getreide für den Händler zu transportieren, das feucht ankam. Der Händler behauptet, das Schiff sei nicht dicht gewesen, der Kapitän dagegen, das Getreide sei schon vorher feucht gewesen.
Der Rabbi klärt und sagt: «So in die Luft hinein kann ich nicht entscheiden. Bringt mir das Schiff her!»

ZWEI Juden prozessieren wegen einer Ladung Oliven, die nicht in Ordnung sein soll. Der Rabbi meint, er müsse sich durch Augenschein überzeugen. Die zwei Juden mieten ein Fuhrwerk und bringen die Ladung zum Rabbi. Dieser nimmt eine Olive heraus, betrachtet sie lange und erklärt: «Ich soll so leben und gesund sein, wie ich keine Ahnung habe, was eine Olive überhaupt ist!»

Variante:
ES geht um einen Sack Dörrfrüchte. Der Rabbi ißt sie alle auf und erklärt dann: «Wie soll ich wissen, ob sie richtig schmecken? Ich bin Rabbiner und nicht Fachmann für Dörrobst!»

EIN Jude kommt zum Rabbi. Er möchte ein risikoloses Geschäft anfangen. Der Rabbi klärt und rät: «Handle mit Mehl und Brettern. Das kann nicht schiefgehen. Die Lebenden brauchen immer Brot, die Toten Holz für Särge.»
Nach einem Jahr ist der Jude bankrott. «Rabbi», erklärt er, «Ihr habt gesagt, die Lebenden und die Toten werden meine Ware immer brauchen – aber in meinem Städtel leben die Leute nicht, und sie sterben nicht – sie agonisieren.»

JOSSEL klagt beim Rabbi über einen betrügerischen Lieferanten.
Der Rabbi: «Du hast recht.»
Bald danach kommt der beschuldigte Lieferant und klagt über Jossel.
Der Rabbi: «Du hast recht.»
Als der Lieferant weggegangen ist, sagt die Frau des Rabbi: «Es können doch niemals beide recht haben!»
Darauf der Rabbi: «Du hast auch recht.»

«RABBI, welches Geschäft wird mich immer ernähren?»
«Werde Bäcker! Dann hast du immer Brot!»
«Und wenn mir das Geld für das Mehl ausgeht?»
«Dann bist du ja kein Bäcker mehr!»

KANONISCHES Eherecht:
«Rabbi – mög *(darf)* einer heiraten die Schwester seiner Witwe?»
Rabbi: «Mögen – mag er schon mögen. Aber können – wird er nicht können».

«RABBI! Was tun? Mein Mann ist von der Leiter gestürzt, hat beide Beine gebrochen und kann nicht verdienen!»
«Das muß man klären. Komm morgen wieder.»
Am andern Tage. Der Rabbi streng: «Was hat ein Jude auf einer Leiter zu suchen!»

DER Rebbe sitzt und klärt. Da kommt eine Jüdin hereingestürzt und schreit: «Gewalt, Rebbe, mein Mann will sich von mir scheiden lassen!»
Der Rebbe sucht in einem Folianten, im zweiten Folianten, im dritten Folianten – endlich hat er, was er gesucht hat: die Brille.
Er setzt sie auf, schaut die Jüdin an und erklärt: «Recht hat er.»

EIN ehemaliger Schuster hat viel geerbt. Da er aber von Geschäften zuwenig versteht, verliert er sein Geld wieder. Er fragt den Rabbi um Rat.
«Du mußt Teschuwe *(Teschuwa = Rückkehr, Umkehr, Reue)* tun!» befiehlt der Rabbi.
Der Schuster wundert sich. Was hat er denn so Besonderes gesündigt? Aber dem Rabbi muß man gehorchen. Also betet und fastet er einen Monat lang viel. Inzwischen gehen seine Geschäfte immer schlechter.
Er klagt dem Rabbi, die Teschuwe habe nichts geholfen.
Der Rabbi: «Wie hast du denn Teschuwe getan?»
Der Schuster erklärt es ihm.
Der Rabbi: «Ja, dann verstehe ich, daß es nichts geholfen hat! Ich meinte: Du warst einmal Schuster, kehr also zu deinem Beruf zurück *(Teschuwa = Umkehr)* und sei wieder Schuster!»

DEM Rabbi wird mitgeteilt, daß ein braver Mann in seiner Gemeinde jung gestorben ist.
«Was hat ihm gefehlt?» fragt der Rabbi.
«Er ist verhungert.»

«Kein Jude kann Hungers sterben! Wäre er zu mir gekommen, so hätte ich ihn unterstützen lassen!»
«Rabbi, er hat sich geschämt!»
«Also ist er an seinem Stolz gestorben und nicht am Hunger! Am Hunger stirbt kein Jude!»

Die rituellen Speisegebote der Juden sind sehr streng. Im Osten entschied in Zweifelsfällen der Rabbi.

ZUM Rabbi kommt eine bekümmerte Jüdin. Ihr Bub hat seine Mütze in das Fleischgericht für Sabbat fallen lassen. Ist die Speise noch koscher? *(Als nicht erlaubt oder «trefe» gelten unter anderm Mischungen aus Fleisch- und Milchprodukten.)*
Der Rabbi meint, das hänge davon ab, was an der Mütze alles geklebt haben könnte.
Die Frau denkt nach: «Dreck wird dran gewesen sein.»
«Dreck – koscher», entscheidet der Rabbi.
«Vielleicht Ungeziefer.»
«Das kann man herausfischen und wegtun. Koscher.»
«Nun – einen Parech *(Kopfkrätze)* hat das arme Kind, da kann schon etwas davon an der Mütze geklebt haben.»
«Parech – koscher.»
«Das Kind ißt manchmal Butterbrot. Es kann mit dem verschmierten Finger die Mütze angefaßt haben.»
«Butter!» ruft der Rabbi entsetzt. «Trefe!»

ZUM Rabbi kommt ein armer Jude mit einem geschlachteten Huhn: «Rabbi, ist das Huhn koscher? Es hat keine Galle!»
Der Rabbi untersucht die Eingeweide – tatsächlich, die Galle fehlt. Der Rabbi betastet die Stelle, wo die Galle sitzen sollte, und leckt an seinem Finger, um festzustellen, ob wenigstens der Geschmack der Galle merkbar ist. Er spürt aber nichts.
«Probiert selber», fordert er den Juden auf, «ist es bitter?»
Der Jude seufzt schwer: «Und ob es bitter ist, Rabbi! Mein Sohn ist krank, der Arzt befiehlt Hühnerbrühe, ich habe mein Kopfkissen verkauft, um das Huhn zu kaufen – und nun darf er es nicht essen. Sagt selber: Ist es nicht bitter?»
Darauf der Rabbi, sehr still: «Wenn es bitter ist, ist es koscher!»

EIN Jude beim Rabbi: «Rabbi, darf man eine Henne schlachten, welche Mutter von Küken ist?»

Der Rabbi entscheidet: «Man darf.»
«Aber darf man es auch tun, wenn man weiß, daß dann die Küken zugrunde gehen werden?»
Daran hat der Rabbi nicht gedacht. Er bittet um Bedenkzeit und sagt: «Vielleicht verhilft mir Gott zu einer Lösung.»
Er blättert die ganze Nacht im Talmud – und findet nichts.
Am andern Tag kommt der Jude wieder und meldet: «Rabbi, der Fuchs hat nachts die Henne samt Küken aufgefressen!»
Der Rabbi, erleichtert: «Gott hat wirklich geholfen!»

«RABBI, was soll ich tun? Ich habe einen Hahn und eine Henne. Schlachte ich den Hahn, dann kränkt sich die Henne. Schlachte ich die Henne, dann kränkt sich der Hahn.»
Der Rabbi klärt lange und entscheidet: «Du sollst den Hahn schlachten!»
«Aber Rabbi, dann kränkt sich doch die Henne!»
«Nu – soll sie sich kränken!»

Die Winterpelze der Marder sind kostbar, die Sommerpelze fast wertlos.
ZUM Rabbi kommt ein Jude mit der Klage, sein Lieferant habe ihm Sommerpelze statt der vertraglich zugesagten Winterpelze geliefert.
Der Rabbi klärt und entscheidet: «Es bleibt ja nicht ewig Sommer. Laß die Pelze bis Winter liegen – dann hast du Winterpelze!»

EIN Jude kommt als Kläger zum Rabbi. Sein Lieferant hat ihm lauter zerrissene und daher wertlose Fuchsfelle geschickt.
Rabbi zum Angeklagten: «Was hast du dazu zu sagen?»
«Was kann ich dafür?» sagt dieser bitter, «es sind doch nicht Rabbiner, welche die Füchse fangen, sondern Hunde!»

EIN angesehener Bürger stellt sich der Gemeinde gratis als Kantor zur Verfügung. Er singt aber abscheulich, und die Gemeinde beklagt sich darüber beim Rabbi. Dieser entscheidet:
«Laßt ihn singen! Gerade weil er es nicht kann! Es steht ja geschrieben: Selig sind, die geben, obwohl sie nicht können!»

DER verwitwete Rabbi will wiederheiraten. Der Sohn wirft ihm vor: «Dein Kollege in Lublin ist auch Witwer. Er hat aber erklärt, daß er von jetzt an nur noch mit der Tora *(Pentateuch; auch: gesamtes religiöses Schrifttum)* verheiratet sein will.»

Der Rabbi: «Nu also – wenn jener mit der Tora verheiratet ist – was willst du dann von mir? Es heißt doch ausdrücklich: ‹Nach dem Weibe deines Nächsten soll dich nicht gelüsten.›»

IM Dampfbad glaubt einer, den Rücken seines Freundes vor sich zu sehen, und versetzt dem vermeintlichen Freund einen Klaps auf den Hintern. Der dreht sich um – es ist der Rabbi!
«Verzeiht», bittet der Schläger erbleichend, «ich wußte nicht, daß Ihr der Rabbi seid!»
Darauf der Rabbi: «Das macht nichts! Dort, wo Ihr mich geschlagen habt, bin ich nicht Rabbi!»

Im Osten war es Sitte, dem Namen gebildeter und respektierter Juden die Silbe «Reb» (= Rabbi) voranzusetzen, auch wenn die Betreffenden keine Rabbinatsprüfung abgelegt hatten.
DER ungebildete reiche Gedalie kränkt sich, daß man ihn nicht mit «Reb» anredet, und bittet den Rabbi, ihn doch in einen «Reb Gedalie» zu verwandeln.
Der Rabbi sucht eine freundliche Ausrede und kommt auf die Idee, dem Juden zu erzählen, im Jenseits würden alle gottesfürchtigen Juden an langen Tafeln Stücke vom Fische Leviathan zu essen bekommen. Dabei würden die Gelehrten in der Reihenfolge ihrer Gelehrtheit an einem besondern Tisch sitzen. Wenn nun er, Gedalie, ein «Reb» wird, dann muß er zuunterst am Tisch sitzen, und es wird für ihn nur ein kläglicher Fischrest abfallen...
Gedalie, traurig: «Rabbi, läßt sich nichts dagegen tun? Ich würde dafür tausend Rubel der Gemeinde spenden!»
Darauf der Rabbi: «Für tausend Rubel bin ich bereit, noch zehn weitere Ignoranten wie dich zu ‹Rebs› zu befördern. Die bekommen dann im Jenseits einen eigenen Tisch, und bei denen wirst du der größte sein und obenan sitzen!»

«REBBE, meine Kinder sind alle schwach begabt!»
Der Rebbe klärt und rät: «Rühr deine Frau nicht mehr an!»
Nach einem Jahr: «Rebbe, Euer Rat war schlecht! Meine Frau hat mit dem Hausarzt ein Verhältnis angefangen!»
Der Rebbe: «Siehst du! Bald wirst du begabte Kinder haben!»

EIN Jude will vom Rabbi der Nachbarstadt einen Rat. Dieser fragt: «Warum gehst du nicht zu eurem eigenen Rabbiner?»

«Bei dem war ich schon», gibt der Jude zu, «aber ich habe mir gedacht, zwei Ochsen ziehen den Karren besser aus dem Dreck als einer.»

EIN moralischer Bürger: «Rabbi, Ihr müßt Eure Jeschiwa-Studenten besser in Zucht halten. Ich habe gesehen, wie sie mit Mädchen in den Feldern herumspazieren.»
Rabbiner: «Na und? Das tun doch andere Burschen auch!»
Der Bürger: «Aber Rabbi! Andere Burschen studieren doch nicht die heiligen Schriften!»
Rabbiner: «Also mit andern Worten: Ihr werft meinen Studenten vor, daß sie die Tora studieren?!»

Das naturgesetzliche Ritualverbot:
I. DIE Rabbinerin klagt über ihren kleinen Sohn: er hat von der Bratgans heimlich einen Schlegel ausgerissen und aufgegessen.
Der Rabbiner aber meint: «Am Ende tust du ihm Unrecht? Wir werden gleich heraushaben, ob er es wirklich getan hat.»
Er reicht dem Jungen ein Glas Milch und befiehlt: «Trink!»
Dieser trinkt die Milch aus.
«Siehst du», triumphiert der Rabbi, «er ist unschuldig! Hätte er den Gansschlegel gegessen, so hätte er jetzt die Milch nicht trinken können!» *(Der Genuß von Fleisch und Milch oder deren Produkten ist kurz nacheinander verboten. Für den naiven Rabbi hat das Ritualgesetz die Beweiskraft eines Naturgesetzes.)*

2. «RABBI, Ihr Sohn fährt am Schabbes im Landauer!» *(Am Sabbat darf der fromme Jude keinerlei Fahrzeuge benützen.)*
Rabbi: «Das ist ausgeschlossen! Am Sabbat fährt kein Jude im Landauer!»

3. DER Rabbi geht am Sabbat am Geschäft eines Juden vorbei – es ist offen! *(Am Sabbat ist Handel treiben verboten.)*
Darauf der Rabbi: «So ein Rindvieh! Wozu hält er das Geschäft offen? Er kann ja heute ohnehin nichts verkaufen!»

4. *Für das Nachfolgende muß man wissen, daß fromme Juden an gewöhnlichen Wochentagen die Tefillin (Gebetsrieme; vgl. Glossar) beim Morgengebet anlegen und erst nachher frühstücken.*
EPHRAIM Pergament hat herausbekommen, daß die Juden in der Tat ein auserwähltes Volk sind: «Die Gojim *(Nichtjuden)* sind stolz darauf,

daß sie Elektrizität und Telegraph erfunden haben. Auch ein Kunststück! Du brauchst nur einen Draht durchzuschneiden – und aus ist es mit der Erfindung! Dagegen schaut euch eine Erfindung an wie den ‹Tischa-Beaw› *(strengster Fasttag; bei Juden beginnen alle Feiertage am Vorabend und enden am Abend des Tages selber)*. Sogar ein Apikojres *(Abtrünniger; vgl. Glossar)* kann am Tischa Beaw das Fasten nicht brechen, weil an Tischa Beaw die Tefillin nicht am Morgen, sondern erst nach dem Minchagebet *(Nachmittagsgebet)* gelegt werden. Und vorher *kann* man doch nicht essen!»

EIN galizischer Rabbi, Oberhaupt einer berühmten Jeschiwa *(Talmudhochschule)*, hat sich selber auf die Reise gemacht, um Geld für seine Schule zu sammeln. Er kommt in Wien zum Baron Rothschild. Es ist gerade Chamischa-Assar, das Fest der Obstbäume, das im Januar gefeiert wird. Der Baron lädt den Rabbi zum Obstessen ein. Es werden Kirschen serviert. Der Rabbi ißt die Kirschen gleichgültig und schweigend. Rothschild fragt: «Herr Rabbiner, finden Sie gar nichts dabei, daß wir jetzt Kirschen essen?»
«Wieso?» fragt der Rabbi. «Ich habe solche doch schon zu Schawout *(Pfingsten)* gegessen.»

Variante:
«MOISCHE, was bist du betroppezt?»
«Mei Sohn ist geworden ein Apikojres *(Abtrünniger, Freidenker)*. Seit fünf Tagen hat er keine Tefillin gelegt!»
«Gott der Gerechte! Er wird sterben! Wie lange kann denn ein Mensch das Fasten aushalten!»

AUS einem Hesped *(Trauerrede)*: «Der selige Herr Kohn war einzig in seiner Art. Leider, leider sterben nicht alle Tage solche Leute!»

IN einer armen Gemeinde kommt ein Dieb zum Rabbi und bittet um seinen Segen.
Der Rabbi, erregt: «Du Lump, soll ich dir am Ende Erfolg in deinem ‹Beruf› wünschen?»
«Rabbi, ich zahle für Euren Segen fünfzig Rubel!»
Einen solchen Betrag ausschlagen – das ist bitter. Der Rabbi klärt, dann hebt er segnend die Hände:
«Wenn Gott es jemandem beschieden hat, bestohlen zu werden, dann nur durch dich!»

Variante:

BERUFSDIEB zum Rabbi: «Gebt mir Euren Segen! Meine Geschäfte gehen so schlecht, daß meine Kinder nichts zu essen haben!»
Der Rabbi segnet den Dieb und fügt hinzu: «Möge mein Segen nicht schon im Korridor wirksam werden, wo meine teuren Anzüge und Mäntel hängen!»

EINE Bäuerin hat im Haus einer Jüdin ihren Beutel verloren und bezichtigt die Jüdin der Fundunterschlagung. Der Rebbe entscheidet spontan:
«Die Jüdin ist unschuldig, da aber das Geld in ihrem Haus verlorenging, soll sie der Bäuerin die Hälfte ersetzen.»
Dann flüstert er der Jüdin auf jiddisch zu: «Zahl nicht mit den gefundenen Geldscheinen!»
«So klug bin ich auch!» antwortet die Jüdin.
Darauf der Rabbi: «Du zahlst das Ganze!»

ZUM Rebben kommt ein Geschäftsmann: «Rebbe, was soll ich tun? Alle Leute sagen, ich bin pleite. Dabei habe ich doch mehr als 100000 Kronen bar!»
Der Rebbe klärt lange und entscheidet:
«Wenn alle Leute sagen, du bist pleite, dann bist du über kurz oder lang pleite.»

«RABBI, alle Leute halten mich für reich – ich bin aber ruiniert!»
«Wie kommst du auf die Idee? Du lebst doch wie ein Fürst!»
«Ich ersehe es leider aus meinen Geschäftsbüchern.»
Der Rabbi, weise: «Nu – verbrenn die Geschäftsbücher!»

BEI litauischen Juden war es üblich, frisch gewaschene Herrenhemden mit der Innenseite nach außen aufzubewahren, weil man das Hemd beim Anziehen umstülpte. Der zerstreute Rabbi trägt aber dieser Sitte nicht Rechnung, weshalb die Rebbezen *(Rabbinerin)* ihm schließlich das Hemd mit der richtigen Seite nach außen nach dem Bad hinlegt. Gerade an diesem Tag stülpt der Rabbi aber das Hemd beim Anziehen um...
«Schlemihl!» schreit die Rebbezen, «ich hatte das Hemd doch bereits umgedreht!»
Darauf der Rabbi, tiefsinnig: «Ein Wunder! Du hast es umgedreht, und ich habe es umgedreht – und es ist nach wie vor *nicht* umgedreht!»

EIN reicher primitiver Jude bringt sein Söhnchen zum Rabbi, damit dieser es im religiösen Wissen examiniere. Der Bub kann nichts, der Vater merkt es nicht und fragt stolz: «Nu, Rebbe?»
Der Rabbi, seufzend: «Ich wünschte, mein Sohn geriete mir so nach, wie der Eure Euch nachgerät!»

KOHN beklagt sich beim Rabbi: «Rebbeleben, ich hab' ein Geschäft, ich plag' mich, ich müh' mich – das Geschäft geht nicht. Ich bin nicht dumm, ich erfind' immer was Neues – es hilft nichts. Und gegenüber der Grün, der ist nicht fleißiger und nicht gescheiter – und sein Geschäft geht!»
Der Rebbe klärt lange und sagt: «Weißt du, Kohn, das hat einen ganz natürlichen Grund. Grün kümmert sich nur um sein eigenes Geschäft. Dafür reichen ihm Sechel und Koach *(Verstand und Kraft)*, und darum geht es ihm gut. Du aber kümmerst dich um zwei Geschäfte, um deines und um seines. Und dafür hast du weder Sechel noch Koach genug.»

RABBI: «Reb Itzik, Ihr müßt nicht verzweifeln! Der Herr, unser Gott, der die ganze Welt aus dem Nichts geschaffen hat, kann auch Euch helfen!»
Itzik, niedergeschlagen: «Rebbe, das war damals! Aber heute, bei die schlechte Zeiten, mecht' er's auch nicht fertig bringen!»

«RABBI, zwei Sorgen führen mich zu Euch. Ich bin Rendar beim Grafen Potocki – und nun will er meinen Pachtvertrag nicht erneuern. Er läßt mich immer hinauswerfen... Und meine Frau, die arme, ist kinderlos, obwohl sie täglich um einen Sohn betet...»
«Ihr stellt es eben verkehrt an. Das nächste Mal bleibe du zu Hause, um zu beten, und schicke dein Weib zum Grafen.»
Drei Monate später ist der glückliche Rendar wieder beim Rabbi und meldet: «Rabbi, Euer Rat ist unfehlbar! Der Graf hat meinen Vertrag sofort erneuert, und mein Gebet um ein Kind ist erhört worden: mein Weib ist schwanger!»

ZUM Rabbi kommt ein armer kinderreicher Jude mit der Frage: «Gibt es ein religiös erlaubtes und vollkommen sicheres Mittel gegen Empfängnis?»
Der Rabbi: «Es gibt. Limonade trinken.»
Der arme Jude: «Vorher oder nachher?»
Der Rabbi: «Anstatt.»

ZUM Rebbe kommt ein Jude und fragt: «Ist es erlaubt, am Jom-Kippur mit einer Frau Verkehr zu haben?»
Der Rebbe klärt und entscheidet: «Du darfst. Aber nur mit der eigenen Frau: ein Vergnügen soll's nicht sein.»

EINE Frau kommt zum Rabbi: «Ich will mich unbedingt scheiden lassen: Mein Mann will nämlich, ich soll ein Kind haben.»
«Aber, Frau Selmanowitsch, das ist doch ein ganz normaler Wunsch Ihres Gatten!»
«Ich will nicht und will nicht.»
«Da sind Sie aber im Unrecht. In einer normalen Ehe soll man ein Kind haben. Warum wollen Sie denn nicht?»
«Weil: ich habe schon zehn.»

KAISER Franz Joseph besichtigt ein Zuchthaus. Er fragt einen Gefangenen leutselig, wie lange er Strafe habe.
«Lebenslänglich, Majestät!»
«Wissen S' was, Herr Zuchthausdirektor? Ich schenk' dem Mann die Hälfte!»
Tableau! Niemand weiß Rat, wie dieser kaiserlichen Anordnung gefolgt werden könnte. Schließlich findet ein weiser Rabbi die Lösung: «Soll er sitzen einen Tag und frei sein einen Tag!»

DER Rabbi redet einem reichen Geizhals zu, eine luxuriöse Küche zu führen.
«Rabbi», fragt ein Dabeistehender, «was liegt Euch daran, was jener Geizkragen ißt?»
Darauf der Rabbi: «Nur, wenn er selber mehr als nur trockenes Brot essen wird, wird er endlich verstehen, daß der Arme wenigstens trockenes Brot braucht!»

Nach biblischem Gesetz gilt die Frau während der Monatsregel als «unrein». Sie darf mit ihrem Manne erst wieder Umgang pflegen, wenn sie die Mikwe, das rituelle Tauchbad aufgesucht hat.
IN der Mikwe streiten sich die Rebbezen *(Rabbinerin)* und die jüdische Dorfchonte *(Chonte = Hure)*, wer zuerst baden soll. Da keine nachgibt, wird der Rebbe geholt. Er entscheidet, daß die Chonte zuerst baden soll. Die Rebbezen ist empört.
Der Rebbe: «Das werd' ich dir gleich erklären: auf die Chonte wartet das ganze Dorf, auf dich warte nicht einmal ich.»

«REBBE, die Toire *(Tora = Pentateuch)* hat e Loch!»
«Red keinen Stuß *(Dummheit)*!»
«Schaut selber, Rebbe: Es steht geschrieben ‹Du sollst nicht begehren deines Nächsten Weib› – warum steht nirgends: ‹Du sollst nicht begehren deiner Nächsten Mann?›»
«Nu – soll sie begehren, wenn er nicht darf!»

«Parnosse»: aram. Parnassa kommt vom lat. «Pensio» und bedeutet Einkommen, Lebensunterhalt.
EINE Jüdin kommt weinend zum Rebben: «Rebbe, helft! Mein Mann ist verrückt geworden! Er sitzt den ganzen Tag über dem Talmud und lernt *(studiert)*.»
«Das ist nicht verrückt! Das tue ich doch auch!»
«Ja, Rebbe, Ihr tut es für die Parnosse. Er aber meint es ernst!»

EIN Buckliger kommt zum Rebben und klagt: «Rebbe, jeden Schabbes predigt Ihr, wie vollkommen Gott alles erschaffen hat. Seht mich an!»
Der Rebbe sieht ihn von allen Seiten an und sagt: «Nu, seid Ihr für einen Buckligen nicht vollkommen geraten?»

Bis zum Beginn der Aufklärung bestand das Schrifttum der Ostjuden hauptsächlich in hebräisch geschriebenen Kommentaren zur Bibel und zum bereits vorhandenen nachbiblischen religiösen Schrifttum, das seinerseits auch schon zum guten Teil nur aus Kommentaren zur Bibel und zum Talmud besteht. Für Druck und Absatz solcher Manuskripte, die immer große Gelehrsamkeit voraussetzten, war es wichtig, die Empfehlung eines berühmten Rabbiners vorlegen zu können.
RABBI zum Verfasser, der ihm sein Werk zur Begutachtung vorgelegt hat: «Da hast du es zurück. Paß auf der Straße gut auf, daß du es nicht verlierst!»
Der Verfasser, glücklich: «So kostbar findet Ihr mein Werk?»
Rabbi: «Das nicht. Aber ein Kosak könnte es finden und am Ende behaupten, es sei von ihm.»

Variante:
RABBI: «Wenn Ihr nachts im Finstern umhergeht, vergeßt nie, Euer Werk bei Euch zu tragen.»
Autor, verwundert: «Warum denn, Rabbi?»
Rabbi: «Weil geschrieben steht, daß böse Geister nachts gerne die Gelehrten behelligen. Wenn Ihr dieses Buch bei Euch habt, dann seid Ihr gegen die bösen Geister geschützt.»

RABBI zu einem Kommentator der «Kinot» *(Klagelieder)*:
«Auf Eure Interpretation der ‹Klagelieder› kann ich nur meinerseits mit Klageliedern antworten.»

«RABBI, habt Ihr mein Buch über Jeremias gelesen?»
«Jawohl. Schade, daß Jeremias tot ist. Was für schöne Lamentationen hätte er über Euer Buch geschrieben!»

EIN Autor hatte seinen Kommentar zum Deuteronomium mit dem Titel «Die Hände Mose» überschrieben. Er legte einem bekannten Rabbiner sein Werk vor, und dieser meinte:
«Ihr hättet Euer Buch besser ‹Antlitz Mose› betitelt...»
«So erhaben scheinen Euch meine Gedankengänge?»
«...vom Antlitz Mose steht nämlich geschrieben, niemand habe seinen Anblick aushalten können.»

DER Rabbi schreibt seine Empfehlung für ein Manuskript, das ihm vorgelegt wurde, ganz oben auf den Papierbogen. Die Unterschrift jedoch setzt er ganz zuunterst auf den Bogen hin.
Dazwischen liegt eine unbeschriebene Fläche.
Verfasser: «Rabbi, was bedeutet das?»
Rabbi: «Ich bin ein gesetzestreuer Mann. Und es steht geschrieben: ‹Von der Lüge sollst du dich fernhalten.›»

RABBI zum Autor: «Ein Jammer, daß Ihr nicht zur Zeit des großen Maimonides *(13. Jahrhundert)* gelebt habt!»
«Ihr findet mein Werk wirklich dem seinen ebenbürtig?»
«Unsinn! Aber dann hättet Ihr *ihn* belästigt und nicht mich!»

«Gaon», etwa «Exzellenz», war in der frühesten nachtalmudischen Periode der Titel der führenden Religionsgelehrten. In der Neuzeit war «Gaon» nur noch die ehrende, aber unverbindliche Benennung besonders geehrter Rabbis.
EIN obskurer Autor hat einen Kommentar zu «Raschi» *(berühmtester mittelalterlicher Bibelexeget)* verfaßt. Er möchte für sein Buch gern die Empfehlung eines berühmten Rabbi haben und legt Empfehlungen von unbedeutenden Rabbinern vor, die ihn als «Gaon» bezeichnen. Darauf der Rabbi:
«Meine Kollegen hatten recht, Euch ‹Gaon› zu nennen.»
«Rabbi, Ihr macht mich überglücklich!»
«Laßt mich ausreden! Ich will damit sagen: Auch die früheren Gaonim

(Plural von Gaon) kannten den Raschi nicht, genau wie Ihr *(weil sie nämlich vor ihm lebten).*»

RABBI: «Aus Eurem Buch habe ich etwas für mich sehr Wertvolles erfahren.»
«Das ist für mich ein großes Kompliment, Rabbi!»
«Ja – ich wußte nicht, daß es in Kowno eine Druckerei gibt.»

Frommen Juden ist es untersagt, Bibeln fallen zu lassen, nachlässig zu behandeln oder zu vernichten. Unbrauchbar gewordene Exemplare werden in Nebenräumen der Synagoge archiviert.
RABBI: «Eine großartige Idee habt Ihr bei Eurem neuen Bibelkommentar gehabt!»
Schriftsteller: «Ihr macht mich glücklich, Rabbi!»
Rabbi: «Ja. Es war genial, den Kommentar an den Rand einer Bibel zu schreiben. So kann ihn niemand zerreißen oder Euch an den Kopf werfen.»

RABBI zum Autor: «Warum habt Ihr ausgerechnet über Salomon geschrieben und nicht über Hiob?»
Autor, geschmeichelt: «Haltet Ihr mich für den geeigneten Interpreten des philosophischen Gehaltes vom Buche Hiob?»
Rabbi: «Nein, aber König Salomon war ein verwöhnter Mann. Wer weiß, ob er Euren Kommentar aushält. Dagegen Hiob – der ist schon Kummer gewohnt!»

RABBI: «Dein Werk ist ein absolutes Wunder!»
«Rabbi, ich danke Euch!»
«Bis jetzt habe ich nur erlebt, daß man aus Lumpen Papier macht. Du hast aus Papier Lumpen gemacht!»

EIN Autor legt dem Rabbi sein Werk vor und fragt, wer im Städtchen als Käufer in Frage komme. Der Rabbi überlegt lange und sagte: «Nathan Steinberg.»
Der Autor geht hin und findet einen wilden Grobian, der ihn böse anschreit:
«Ist der Rabbi verrückt geworden? Er weiß doch, daß ich überhaupt nicht Hebräisch lesen kann!»
Der Autor kommt zum Rabbi zurück und bittet um Erklärung.
«Nun ja», sagt der Rabbi verlegen, «was Ihr da schreibt, stammt ja

nicht von Euch, und Steinberg ist der einzige in unserer Stadt, der gestohlene Ware kauft.»

Es gab im Osten den traditionellen Rabbi, von dem man großes Wissen und dauerndes Studieren erwartete. Man nannte ihn lobend «Lamdan» (= Lerner). Daneben gab es den chassidischen Rabbi, der weniger durch Kenntnisse als durch demütige Frömmigkeit exzellierte.

EIN junger Mann aus Kowno bewirbt sich um eine Rabbinatsstelle in Deutschland, und die deutsche Gemeinde verlangt Referenzen vom Kownoer Rabbi.

«Er ist einzigartig», antwortet der Rabbi von Kowno. «Er ist wie ein Chassid und ein Lamdan zugleich.»

Der junge Mann bekommt die Stelle – er ist eine Niete.

«Wie konntet Ihr ihn nur empfehlen?» wirft die deutsche Gemeinde dem Kownoer Rabbi vor.

«Ich habe euch die Wahrheit gesagt», antwortet der Rabbi. «Der junge Mann lernt nicht – genau wie ein Chassid. Und er ist nicht fromm – genau wie ein Lamdan!»

EINE deutsche Gemeinde erkundigt sich bei einem polnischen Rabbiner nach der Eignung eines jungen Rabbinatskandidaten aus dessen Stadt und bekommt die Antwort: «Er ist wie Moses, Ibn-Gabirol *(spanisch-jüdischer Philosoph des Mittelalters)* und Herzl *(zionistischer Führer aus gänzlich assimilierten Kreisen)* zugleich.»

Der junge Mann bekommt die Stelle und erweist sich als total unbrauchbar.

Auf die Vorwürfe der Gemeinde antwortet der Rabbiner: «Habt ihr mich denn um die genaue Erklärung meiner Empfehlung gefragt? Ich meinte: Er stottert wie Moses, er kann kein Deutsch wie Ibn-Gabirol, und er kann kein Hebräisch wie Herzl.»

«BERL, weißt du den Unterschied zwischen einem altmodischen Rebben und einem neumodischen Reformrabbiner?»

«Nu, sag schon!»

«Der alte Rebbe raucht Pfeife, der neumodische Zigaretten: zur Pfeife gehört nämlich ein Kopf, zur Zigarette nur ein Mundstück.»

EIN reicher Grobian besucht den Rabbi. Der Rabbi dankt höflich für die Ehre des Besuches.

«Es ist nicht der Rede wert», sagt der Grobian, «ich wollte den polni-

schen Gutsherrn hier in der Nähe besuchen, da lag Euer Haus am Wege, und ich trat eben ein.»
Beim Abschied begleitete der Rabbi den Kerl bis vors Haus.
«Zuviel Ehre», sagt der Grobian.
«Es ist nicht der Rede wert», gibt der Rabbiner zurück, «ich kam nur mit herunter, weil ich ohnehin auf ein gewisses Örtchen in den Hof hinaus muß.»

SCHLOJME möchte den Rabbi sprechen.
Der Diener: «Der Rabbi badt sich!»
Schlojme kommt am Abend, am nächsten und übernächsten Tag – immer dieselbe Auskunft. Da reißt Schlojme die Geduld: «Sooft ich komm, badt sich der Rabbi. Wie ist das möglich?»
Diener: «No, einfach: der Rabbi ist in Badgastein.»

EIN streng orthodoxer Rabbi in Rußland mußte eine Grabrede auf einem assimilierten Juden halten, der sich im Laufe seines Lebens aus einem «Gedaliah» *(nur bei Juden gebräuchlicher Name)* in einen «Grischa» *(Koseform von Grigorij; nur bei Christen gebräuchlicher Name)* verwandelt hatte. Das assimilierte Milieu irritierte den Rabbi, und er sprach schlecht.
«Ihr dürft mir deswegen nicht böse sein», bat er die enttäuschten Trauergäste. «Ich bin an Grischas nicht gewöhnt. Aber, so Gott will, werden noch viele von ihnen sterben, und dann werde ich es allmählich schon besser machen.»

GOTTES Allgegenwart. «Rebbeleben, Ihr sagt, Gottes Auge sieht überall hinein – auch in meinen Keller?»
«Auch in deinen Keller.»
«Oj, Rebbe, schon verloren! Ich hab' gar keinen Keller.»

DER Rabbi und das Geld.
Itzik meditiert: «Wenn ich in meiner Familie eine Beschneidung feiere – schicke ich zur Feier dem Rabbi Geld. Wenn der Rabbi in seinem Hause eine Beschneidung feiert – schicke ich ihm zur Feier Geld. Wenn ich eine Tochter zur Chupe *(Traubaldachin)* führe – schicke ich dem Rabbi zur Feier Geld. Wenn der Rabbi eine Tochter zur Chupe führt – schikke ich ihm Geld... Wenn ich zur Erholung in ein Bad reisen muß, schicke ich vorher dem Rabbi zum Abschied als Geschenk Geld. Wenn der Rabbi ins Bad fahren will, schicke ich ihm zum Abschied Geld...»

Beim Wunderrabbi

Im Osten gab es neben dem hochgelehrten Rabbiner, der täglich viele Stunden mit dem Studium des religiösen Schrifttums verbrachte, den chassidischen «Wunderrabbi», den sogenannten Zaddik (Gerechter, Heiliger), mit seiner mystisch gefärbten Frömmigkeit, um den sich Anhänger scharten. Über diese Wunderrabbis erzählten die Chassidim rührende Legenden, die Gegner der Bewegung böse Witze.

VON einem chassidischen Wunderrabbi ging die Sage, daß er jeden Morgen vor dem Frühgebet zum Himmel emporsteige. Ein Mitnaged, ein Gegner des Chassidismus, lachte darüber und legte sich auf die Lauer, um selber festzustellen, was der Rabbi vor Morgengrauen wirklich trieb.

Da sah er: der Rabbi verließ, als ukrainischer Holzknecht verkleidet, sein Haus und ging zum Wald. Der Mitnaged folgte von weitem. Er sah den Rabbi ein Bäumchen umhauen und in Stücke hacken. Dann lud sich der Rabbi das Holz auf den Rücken und schleppte es zu einer armen, kranken, einsamen Jüdin. Der Mitnaged blickte durch das Fensterchen; drin kniete der Rabbi am Boden und heizte ein...

Als die Leute nachher den Mitnaged fragten, was es mit des Rabbis täglicher Himmelfahrt auf sich habe, sagte er still: «Es stimmt. Er steigt noch höher als zum Himmel.»

GROSSE Dürre und daraus erwachsene Knappheit. Der orthodoxe Rabbiner befiehlt der Gemeinde Fasten; der chassidische ordnet umgekehrt ein Eßgelage an, trotz der Knappheit.

«Das muß sein», erklärt er, «damit die da oben merken, daß wir wirklich zu essen brauchen. Wenn wir fasten, denken sie am Ende, wir könnten auch ohne Essen leben.»

DER Wunderrabbi hat zu einem religiösen Text eine neue schöne Melodie erfunden. Die Chassidim singen die neue Weise und tanzen dazu. Da tritt einer aus dem Kreis der Tanzenden und beginnt, Knoten ins Taschentuch zu schlingen.

Ein zweiter fragt: «Was treibst du da?»

«Ich notiere mir die Melodie.»

DER Stadtverrückte nannte sich den Zwillingsbruder des Wunderrabbis! «Mir rennen alle Normalen nach und ihm alle Verrückten; beide zusammen haben wir die ganze Welt hinter uns.»

EINE Frau klagt dem Rebben, sie gebäre nur Töchter.
Sagt der Rebbe: «Sei ruhig, Weib! Übers Jahr wirst du gebären deinem Mann einen Sohn!»
Nachts kommt der Engel des Herrn zu ihm: «Du hast gewährt eine Gnade, die nur *Er* gewähren kann. Er wird der Frau dein Versprechen erfüllen, dich aber vom Paradies ausschließen.»
Am nächsten Morgen rüstet der Rebbe ein großes Fest. Der Engel wundert sich. Darauf der Rebbe: «Soll ich nicht feiern ein Fest? Bis gestern tat ich Gutes um des Paradieses willen. Nun kann ich tun Gutes um des Guten willen.»

Die ersten chassidischen Rabbis waren bescheidene und arme Männer aus dem Volke, ihre Nachfolger aber hielten regelrecht Hof, und es war schwer, bei ihnen vorgelassen zu werden, wenn man nicht ihren Türstehern und Sekretären Trinkgelder zusteckte.
EIN Chassid klagte dem Rabbi den Mißstand.
Der Rabbi: «Ich weiß, aber ich kann nichts dagegen tun.»
«Rabbi, Ihr könnt doch das Gesindel fortjagen und durch anständige Menschen ersetzen.»
«Soll ich also zulassen, daß anständige Menschen zu Gesindel werden?» fragte der Rabbi.

EIN verarmter Kleinhändler kommt zum Zaddik *(Wunderrabbi)* um Hilfe. Der reicht ihm eine Kopeke und erklärt: «Sie wird dir Glück bringen!»
Der Jude geht traurig und skeptisch hinaus. Im Vorraum umringen ihn die Chassidim, er erzählt ihnen die Geschichte, und sofort beginnen die Reichen unter ihnen, Angebote auf das Amulett zu machen. Schließlich bekommt es der Höchstbietende für 200 Rubel. Und der Jude ist, wie der Zaddik es prophezeit hat, durch die Münze saniert.

RABBI Jizchak von Berditschew verurteilte niemanden und suchte jede Sünde durch mildernde Gründe zu erklären. Einmal trat ihm ein Apikojres *(Ketzer, Freidenker)* am Sabbat rauchend entgegen *(Feueranzünden und folglich Rauchen ist verboten).*
Der Rabbi, mild: «Du hast vergessen, daß heute Sabbat ist?»

«Nein, Rabbi, ich weiß es genau.»
«Hast du vergessen, daß man am Sabbat nicht rauchen darf?»
«Nein, Rabbi, auch das weiß ich genau.»
«Vielleicht hat dir der Arzt befohlen, täglich zu rauchen.»
«Aber keine Spur! Ich rauche zum Vergnügen.»
«Großer Gott!» rief der Rabbi Jizchak aus. «Siehst du, was für heilige Menschen die Söhne Israels sind: Selbst dieser Mann, der öffentlich den Sabbat verletzt, bringt es nicht über sich, gegen das Toragesetz zu verstoßen, welches da sagt: ‹Du sollst nicht lügen.›»

VON diesem gleichen Rabbi Jizchak von Berditschew, der an den Menschen nur das Gute sah, erzählt man:
Einmal wurden viele Juden verhaftet, weil man in ihren Läden geschmuggelte Waren gefunden hatte. Da sagte der Rabbi: «Was für ein gottesfürchtiges Volk sind doch die Juden! Eine ganze zaristische Armee mit Waffen und Hunden bewacht die Grenzen – und dennoch sind alle Läden voll von geschmuggelter Ware!
Wenn aber die Bibel befiehlt, ‹An Pessach sollt ihr kein ungesäuertes Brot essen!›, dann genügt das göttliche Verbot, und bei keinem Juden wird man an diesen Tagen Brot finden!»

GIBT ein armer Rebbe seine letzten Kopeken einem besonders unverschämten Schnorrer. Schreit sein Weib: «Was gibst du dein letztes Geld einem solchen Menschen?»
Darauf der Rebbe: «Nu – soll ich wählerischer sein als Gott? Siehst du nicht, wem *Er* gibt das Geld?»

EIN Chassid erzählt: «Die meisten Wundertaten der Rabbis kennt man nur vom Hörensagen. Ich aber kann euch eine Geschichte erzählen, die ich selber miterlebt habe:
Eines Tages sah unser Rabbi im Haustor gegenüber einen Juden Schweinespeck kauen. Er hob zornig den Arm und dekretierte: ‹Das Haus soll über dem Sünder zusammenbrechen!› Dann aber besann er sich und rief: ‹Halt! Um der Gerechten willen, die vielleicht auch in dem Hause wohnen, möge das Haus stehen bleiben!› – Und was sagt ihr dazu: Das Haus blieb stehen!»

CHASSID: «Rabbi! Rettet! Meine Frau stirbt!»
Der Rabbi geht ins Nebenzimmer, kommt heraus und sagt: «Sie ist gerettet! Ich habe dem Todesengel das Schwert entrissen!»

Der Chassid dankt überschwenglich und eilt heim – er kommt zurück und meldet: «Mein Weib ist tot!»
Der Rabbi, empört: «Diese Bestie von Todesengel! Mit *bloßen* Händen hat er sie erwürgt!»

IM alten Rußland:
«Rabbi, helft mir, man will meinen einzigen Sohn zum Militär wegnehmen. Ich habe kein Geld, ihn loszukaufen.»
«Gut, ich werde Gott bitten, daß er dem Zaren verbieten soll, einzige Söhne armer Juden zu rekrutieren!»
Zwei Wochen später ist der Jude wieder da und sagt vorwurfsvoll: «Rabbi, man hat meinen Sohn dennoch genommen!»
Der Rabbi seufzt: «Bin ich da schuld? Ich habe das Verbot bei den himmlischen Heerscharen durchgesetzt – aber was kann man tun, wenn der Zar ihnen nicht gehorcht?»

EIN Chassid erzählt: «Unser Rabbi kam an einen Fluß – weit und breit kein Boot, keine Brücke! Da nahm der Rabbi sein Taschentuch, legte es aufs Wasser, stellte sich darauf und fuhr so hinüber.»
«Unsinn, wie ist das möglich?»
«Du siehst doch!»

EIN Chassid erzählt: «Mein Rabbi fiel ins tiefe Wasser. Schwimmen kann er nicht. Aber zum Glück hatte er zwei Heringe in der Tasche. Die nahm er heraus, sie wurden lebendig, er hielt sich an ihnen fest, und sie zogen ihn ans Ufer!»
Ein Zuhörer: «Das glaube ich nicht.»
Chassid: «Aber ihr seht doch selber: der Rabbi lebt noch!»

CHASSID: «Wie kannst du es wagen, über einen Rabbi zu lachen, mit dem Gott jeden Freitagabend selber spricht?»
Mitnaged *(Gegner des Chassidismus)*: «Woher weißt du das?»
«Er hat es mir selber erzählt.»
«Vielleicht hat er gelogen?»
«Was fällt dir ein! Wird Gott mit einem Lügner sprechen?»

CHASSID: «Unser Rebbe fastet von Sabbat zu Sabbat.»
«Lüge! Ich habe ihn selber an einem Wochentag essen sehen.»
«Das tut er nur aus Bescheidenheit, damit niemand merkt, daß er fastet.»

CHASSID: «Unser Rabbi betet Tag und Nacht. Er schläft überhaupt nur eine Stunde.»
Mitnaged: «Wie hält er das auf die Dauer aus?»
Chassid: «Er schläft eben in dieser einen Stunde mehr als andere in der ganzen Nacht!»

DER Chassid erzählt: «Wir saßen bei unserem Rabbi. Plötzlich breitete er die Arme aus und rief mit abwesender Stimme: ‹Ich sehe etwas! Ich sehe, es brennt in Berditschew!›»
Die Zuhörer: «Und hat es wirklich in Berditschew gebrannt?»
Chassid: «Es hat an jenem Tage, wie sich später herausstellte, überhaupt nirgends gebrannt – aber was sagt ihr zu diesem ‹Guck›?» *(Guck – im Sinne von visionärem Blick.)*

DIE Bachurim *(Jünger)* überbieten sich gegenseitig mit Erzählungen von den Wundertaten ihres Rebbe.
«Eines Freitagnachmittags», erzählt der eine, «hatte ich zu Hause nichts zu essen. Ich versuchte, für den Sabbat wenigstens einen Fisch zu fangen – umsonst! Da ging ich verzweifelt zum Rebbe, und er versprach mir Erfolg. Ich kehrte zum Fluß zurück – und was soll ich euch sagen? Ich fischte einen Fisch, zehn Fische, hundert Fische...»
«Das ist noch gar nichts», meint ein Zuhörer. «Einmal wollte ich mekadesch sein die Lewone *(= den Segen über den Neumond sprechen)* – es war aber wolkig und keine Lewone zu sehen. Dank der Intervention des Rebben jedoch kam eine Lewone, zehn Lewones, hundert Lewones...»
«Du bist meschugge! Es gibt doch nicht mehr als eine Lewone!»
«Wenn du werst nachlassen von deine Fische, wer' ich nachlassen von meine Lewones.»

Variante:
CHASSID: «Einmal kamen zu unserm Rabbi unerwartet viele Gäste. Es waren aber nur zwei kleine Fische da. Da klatschte der Rabbi in die Hände, und als seine Frau die Fische aus dem Bratrohr holte, waren es nicht mehr zwei, sondern drei, vier, fünf... kurz, es waren zwölf Fische!»
Mitnaged: «Ja, ich weiß, daß Rabbis Wunder vollbringen können. Ich habe auch einmal so etwas erlebt. Einmal habe ich mit einem Rabbi Karten gespielt. Ich hatte vier Königinnen und dachte schon, ich hätte gewonnen – ich verspielte aber dennoch, denn der Rabbi hatte fünf Könige.»

Chassid: «Was für Stuß *(Unsinn)*! Ein Kartenspiel kann doch nicht mehr als vier Könige haben!»
Mitnaged: «Laß du nach von den Fischen, dann lass' ich nach bei den Königen.»

EIN Mitnaged erzählt: «Ich war einmal Zeuge einer Wundertat. Ein Mann kam auf Krücken zum Rabbi und bat um Gesundung. Der Rabbi versenkte sich ins Gebet, dann rief er:
‹Der Mann soll die rechte Krücke hinwerfen... Und jetzt soll er die linke Krücke auch hinwerfen...!›»
Die Chassidim, aufgeregt: «Nu, und was geschah?»
Der Mitnaged: «Hingefallen ist der Mann!»

EIN Chassid erzählt: Ein Jude mit einer stummen Tochter bat unseren Wunderrabbi, er solle sie reden machen.
«Wie heißt das Mädchen?» fragt der Rabbi.
«Broche-Lea.»
Der Wunderrabbi nimmt ein Glas Wasser, reicht es der Stummen an die Lippen und schreit mit lauter Stimme:
«Broche-Lea, ich erteile dir den Befehl, sprich den Segensspruch ‹sch'hakol›!»
Das Mädchen schweigt.
«Broche-Lea, ich erteile dir den Befehl, du sollst sofort und auf der Stelle den Segensspruch ‹sch'hakol› sprechen!»
Das Mädchen schweigt.
Da wird der Rabbi böse: «Da du dich versteifst und mir nicht folgst, wirst du stumm bleiben bis zu deinem Tode!...»
W'chach haja – und so ist es tatsächlich gewesen. Die Widerspenstige ist stumm gestorben.

MITNAGED: «Die meisten Wundertaten von Rabbis weiß man nur vom Hörensagen. Ich aber will euch erzählen, was ich selber erlebt habe. Eine Mutter brachte ihr totes Kind zum Rabbi und bat: ‹Rabbi! Macht mein Kind lebendig!›
Der Rabbi sagte: ‹Weine nicht, ich werde helfen.› Und er ging auf das Kind zu und sprach: ‹Das Kind soll aufstehen!›»
Die Chassidim, aufgeregt: «Und ist das Kind aufgestanden?»
Der Mitnaged: «Ach wo! Es ist tot liegengeblieben!»
Ein Chassid: «Das ist doch kein Wunder!»
Mitnaged: «Wunder ist es keines, aber dabei bin ich gewesen.»

CHASSID: «Rabbi, bald ist es Pessach *(jüdische Ostern)*, und ich habe kein Geld für Mazze *(Osterbrote aus ungesäuertem Teig)*.»
«Mach dir keine Sorge», sagt der Rabbi, «du wirst ganz bestimmt zu Pessach Mazze haben!»
Der Jude geht getröstet nach Hause. Der Pessachtermin rückt immer näher – von Mazze oder Geld für Mazze weit und breit keine Spur! Da verkauft der Unglückliche seinen letzten entbehrlichen Hausrat und kauft dafür Mazze.
Als er davon dem Rabbi berichtet, sagt dieser zufrieden: «Siehst du, ich habe dir ja gesagt, du wirst Mazze haben!»

GROSSE Trockenheit. Die Leute sind schon ganz verzweifelt. Sie kommen zum Rabbi gelaufen, er soll um Regen beten. Der Rabbi betet – und in der Tat, es beginnt zu regnen...
Aber nun hört der Regen nicht mehr auf. Die Leute verzweifeln wieder. Der Rabbi soll um Trockenheit beten!
Der Rabbi betet – umsonst!
Der Diener des Rabbi erklärt den Enttäuschten: «Der Rabbi ist noch sehr jung. Regen machen – das kann er schon. Aber Regen stoppen – das hat er noch nicht gelernt.»

Variante:
NACH drei Wochen kommt ein Telegramm vom Wunderrabbi an die Bittsteller: Wos is stop drahtet ob weiter regnen soll.

Der Schwiegersohn und Nachfolger des Baal Schem, des Begründers des Chassidismus, war Rabbi Bär von Meseritsch.
EINMAL schaut ein Mitnaged ins Fenster des Rabbi Bär und sieht: der Rabbi sitzt am Tisch und singt, und die Chassidim tanzen um ihn herum.
«Schau», sagt der Mitnaged verwundert, «sonst singen die Zigeuner und der Bär tanzt. Hier ist es genau umgekehrt!»

CHASSID zum Mitnaged: «Wenn du eine stumme Frau hättest, und sie begänne dank dem Rebben plötzlich zu reden – würdest du dann an Wunder glauben?»
Mitnaged: «Nein. Aber wenn meine Frau plötzlich verstummen würde – dann ja!»

«RABBI, kann man mit Toten sprechen?»
«Man kann. Nur: Sie antworten nicht.»

CHASSID: «Ich will euch ein Wunder von meinem Rabbi erzählen. Wir waren auf einer offenen Bauernfuhre unterwegs, da begann es zu gießen. Die Leute jammerten, aber der Rabbi breitete die Arme aus – und was soll ich euch sagen? Es regnete links vom Wagen, es regnete rechts vom Wagen – und in der Mitte, wo der Wagen fuhr, blieb alles trocken!»

Der Mitnaged: «Das ist noch gar nichts gegen das Wunder, das ich mit einem Rabbi erlebt habe. Wir saßen miteinander im Zug, und die Strecke war durch Schneewehen versperrt. Es war schon spät am Freitagnachmittag. Endlich fuhr der Zug wieder. Inzwischen aber begann es zu dämmern *(der Sabbat beginnt am Freitagabend, und am Sabbat darf man nicht fahren)*, die Juden im Zug fingen an zu jammern...

Da breitete der Rabbi die Arme aus, murmelte ein Gebet – und was soll ich euch erzählen? Links war Schabbes, und rechts war Schabbes – und in der Mitte fuhr der Zug!» *(Diese absurde Gleichsetzung von Raum und Zeit wird merkwürdigerweise auch von Kennern chassidischer Literatur so mißverstanden, als ob ein gläubiger Chassid – und also nicht ein spottender Gegner – die Geschichte berichte.)*

EIN Wunderrabbi hatte den Besuchern den ganzen Tag über Rat erteilt und die Zukunft prophezeit und Geld dafür bekommen. Der Diener des Rabbi sah bewundernd zu.

Der Rabbi, stolz: «Könntest du auch, was ich kann?»

«Zum Teil schon», meinte der Diener zögernd. «Den Leuten raten und alles mögliche prophezeien, das ist keine Kunst, das könnte ich auch... Aber mit ernstem Gesicht Geld dafür einkassieren – ich glaube, das brächte ich nicht fertig.»

EIN Mitnaged erzählt: «Manchmal vollbringen eure Rabbis abenteuerliche Wunder. Eines habe ich selber miterlebt. Da kam ein Rabbi mit seinem Diener und verlangte ein Zimmer im Gasthaus. Es war aber kein Platz. Zuvor war ein betrunkener Gutsbesitzer gekommen und hatte die letzten zwei Zimmer belegt.

‹Du wirst den Gutsbesitzer wegjagen!› befahl der Rabbi dem Wirt. Der aber traute sich nicht. Da ging der Rabbi selber zu dem Gutsherrn. Der wollte ihn hauen, hatte schon die Hand gehoben – da flüsterte der Rabbi eine Formel, und der Gutsherr konnte den Arm nicht mehr senken! Er fing an zu weinen, der Rabbi verzieh ihm, und ihr könnt euch denken, daß der Gutsherr dem Rabbi jetzt gern ein Zimmer abgab.

Nachher, beim Essen, rief der Rabbi plötzlich: ‹Helft, Leute, am Wald-

rand sitzt ein Jude, er würgt an einem Knochen.› Die Leute rannten hin
– und tatsächlich, da saß ein Jude und würgte und würgte...
Na, ihr könnt euch vorstellen, wie üppig die Spenden für den Rabbi
flossen! –
Und am Tag darauf geschah noch ein Wunder: die Polizei kam und
nahm sie alle fest: den Rabbi, den Diener, den würgenden Juden und
den betrunkenen Gutsherrn. Sie hatten zusammen unter einer Decke
gesteckt.»

IN den armen Städtchen des Ostens mit ihren strohbedeckten Häuschen
waren Brände im Sommer fast an der Tagesordnung. Meschulem aus
Pitscheljow fährt daher zum Wunderrabbi von Kislowitz: Er soll ihm
ein sicheres Schutzmittel gegen Brand geben. Der Rabbi übergibt Meschulem zwei Amulette, eines von seinem Großvater, der auch schon
Wunderrabbi war, und eines von ihm selber.
Meschulem fährt glücklich nach Hause. Aber wenige Tage später hat
der Goj *(Bauer)*, der bei ihm Holz hackt, aus Nachlässigkeit ein Zündholz in einen Strohhaufen geworfen. Haus und Scheune stehen in Flammen. Meschulems Weib heult herzzerreißend.
«Weine nicht!» tröstet Meschulem. «Du siehst doch, es ist ein wahres
Wunder! Wenn Gott will, dann schießt – wie man zu sagen pflegt – sogar ein Besen: Wenn Gott es beschließt, dann ist eine Maus gewaltiger
als zwei Löwen, dann vermag das Zündholz eines besoffenen Gojs mehr
als zwei heilige Kameen *(Talismane)*!»

DER Lubliner Raw, der Gaon *(ein Ehrentitel)* Reb Dobrisch Aschkenasi,
war bekannt als Gegner jeden Aberglaubens wie Kameen, Talismane
oder magische Formeln.
Einmal bedrängten ihn Verwandte eines Schwerkranken so lange, bis
er sich doch bereit erklärte, eine Kamee zu liefern: Er schrieb auf einen
Zettel P – J – L – D.
Seine um ihn versammelten Schüler zerbrachen sich den Kopf über den
Sinn der Buchstaben. Er erklärte lächelnd: «Es ist das Akronym von
‹Pessi Jaamin Lechol Dawar› – der Tor glaubt alles!»

*Manche chassidischen Wunderrabbis bedienten sich bei ihren Wundertaten auch
kabbalistischer Techniken. Eine davon beruht darauf, daß die Buchstaben im Hebräischen mit den Zahlen identisch sind. Aus dem Zahlenwert eines Wortes gewinnt der Kabbalist mystische Schlüsse oder Zauberformeln.*
EIN Chassid, ein reicher Holzhändler, kommt zu seinem Wunderrabbi:

«Rabbi, ich muß große Quantitäten Holz liefern, kann sie aber nur bei Schnee transportieren – und Ihr seht! Es hört in diesem Spätherbst nicht auf zu regnen!»

Der Rabbi denkt nach und erklärt: «Ihr müßt 333 Rubel spenden, das ist der Zahlenwert des hebräischen Wortes Scheleg *(Schnee)*.»

Der Chassid bringt dem Rabbi die verlangte Summe und legt sogar noch 10 Rubel als Geschenk für die Rebbezen *(Frau des Rabbi)* bei.

Nach einer Weile kommt er wieder und klagt: «Rabbi, Ihr habt mir doch für 333 Rubel Schnee versprochen – und wie Ihr seht, es regnet immer noch!»

«Da seid Ihr selber schuld», erklärt der Rabbi, «Ihr habt statt 333 Rubel 343 Rubel gebracht – und 343 ist der Zahlenwert von Geschem *(Regen)*!»

«REBBE, helft mir! Ich habe zwei schwere Fehler. Erstens spüre ich keinen Geschmack auf der Zunge, und zweitens kann ich keine Wahrheit sagen.»

Der Rebbe geht hinaus, klaubt im Hof Ziegendreck auf, wälzt die Kugeln in gestoßenem Zucker und befiehlt dem Juden: «Kostet! Die Pille wird Euch helfen.»

Der Jude kostet und schreit:

«Rebbe! Gewalt! Das ist doch Tinnef *(Dreck)*!»

«Siehst du», sagt der Rebbe zufrieden. «Es hat schon geholfen: Du hast mit einem Male Geschmack auf der Zunge, und du hast die Wahrheit gesagt! Es ist tatsächlich Tinnef!»

EIN Schipnowitzer Chassid erzählt: «Einmal war unser Rabbi mit seinen Jüngern auf der Straße unterwegs. Es begann zu regnen. Der Rabbi, tief in Gedanken versunken, ging weiter. Die Jünger hinter ihm her. Keiner wagte, ihn zu stören. Der Regen wurde immer heftiger und heftiger. Da zupfte einer der Jünger den Rabbi schüchtern am Ärmel. Der Rabbi merkte es nicht einmal und ging weiter. Es war jetzt ein Platzregen. Wieder zupfte einer der Chassidim den Rabbi. Der Rabbi ging weiter...»

«Nu! Und was war das Ende?»

«Das fragt Ihr?! Oj, sind sie durchweicht worden!»

«DIE wahren Wunderrabbis», meinte ein sehr gelehrter Rabbiner im Osten, «gibt es nur im Westen: das Wunder besteht darin, daß man solche Leute zu Rabbinern wählt.»

CHASSID zu einem Besucher aus Westeuropa: «Kennst du schon das neueste Wunder unseres Rabbi?»
Der Besucher: «Ach, weißt du, wir haben einen Reformrabbiner. Für euch ist es ein Wunder, wenn Gott die Forderungen eures Rabbi erfüllt. Für uns wäre es ein weit größeres Wunder, wenn unser Rabbi die Forderungen Gottes erfüllen würde.»

EIN Jude erzählt: «Vom Wunderrabbi in unserm Städtchen wurde erzählt, daß er in Verzückung gerate, sobald er allein sei. Ich wollte mich davon überzeugen, und darum versteckte ich mich unter dem Bett in seiner Kammer. Da kam der Rabbi herein, und wirklich, es war wunderbar: Als der Rabbi hereintrat, war sein Gesicht durchschimmernd hell. Auf dem Tisch stand eine Glasflasche, die war ganz voll und rot... Nach einer Stunde war die Flasche durchschimmernd hell, und der Rabbi war voll und rot.»

EINEM armen Juden ist sein Pferd gestohlen worden. Er geht zum Rabbi um Rat und Hilfe. Der Rabbi ist nicht zu Hause. Um als erster beim Rabbi vorsprechen zu können, versteckt sich der Jude unter dem Bett des Rabbi. Der Rabbi kommt heim, geht tatsächlich zuerst ins Schlafzimmer und sagt zu seiner Frau:
«Surele, ich bin ein Rabbi, und ich sehe wirklich die ganze Welt...»
In dem Moment kriecht der arme Jude unter dem Bett hervor und bittet: «Rabbi, wenn Ihr die ganze Welt seht: vielleicht seht Ihr auch mein Pferdchen?...»

«UNSER Rabbi kann aber wirklich Wunder vollbringen!»
«Glaub' ich nicht!»
«Doch! Ich kenne selber einen Jungen, der als Wasserkopf zum Rabbi kam – und als er wegging, war er ganz normal.»
«An dieses Wunder glaube ich auch: daß der Junge zum Rabbi ging, war ein Zeichen seiner Idiotie, und durch sein Weggehen bewies er, daß er wieder ganz normal war.»

«RABBI, helft! In meinem Hühnerstall ist eine Seuche ausgebrochen.»
Der Rabbi klärt und gibt eine Ejze *(Rat)*.
Der Jude eilt glücklich nach Hause. Zwei Tage später ist er wieder da: «Rabbi, die Hühner sterben weiter!»
Der Rabbi klärt wieder und gibt ihm dann eine neue Ejze. Aber bald meldet der Jude: «Rabbi! Eure Mittel haben nicht geholfen!»

Darauf der Rabbi: «Ich – Ejzes hab' ich noch. Aber hast du noch Hühner?»

IN einer Provinzstadt steigt im ersten Hotel am Platze ein Mann ab und wird vom Besitzer persönlich begrüßt. Der gutgekleidete Fremde füllt seinen Meldezettel aus. Unter «Beruf» findet der Hotelbesitzer zu seiner Überraschung die Bezeichnung «Tsitser». Nun möchte er sich keine Blöße geben und versucht, im Gespräch von dem Fremden Näheres über diesen ihm nicht bekannten Beruf zu erfahren:
«Es ist mir eine Ehre, daß Sie bei mir abgestiegen sind. In Ihrem Beruf kommen Sie ja weit herum?»
«Ja, ich reise viel.»
«Es ist aber ein interessanter Beruf!»
«Sehr interessant!»
«Aber auch ein Beruf, der seinen Mann nährt!»
«Ja, gewiß, ich verdiene gut.»
Kurzum, es gelingt dem Hotelier nicht, von dem Fremden eine Aussage über seinen Beruf zu bekommen. Schließlich faßt er sich ein Herz:
«Entschuldigen Sie, mein Herr, ich weiß, es ist eine Bildungslücke, aber – bei mir ist noch nie ein Tsitser abgestiegen.»
«Sie wissen nicht, was ein Tsitser ist?»
«Nein.»
«Ganz einfach: ich bin der Begleiter von einem Wunderrabbi, und jedesmal, wenn der Rebbe ein Wunder tut, stehe ich daneben und mach' ts, ts, ts, ts.»

CHASSID: «Unser alter Rabbi ist ein so heiliger Mann, daß ihn jede Nacht sechs Engel zur Rebbezen hineintragen – und einer trägt ihn wieder hinaus...»
«Wenn einer genügt, ihn hinauszutragen, warum dann sechs, um ihn zur Rebbezen zu bringen?»
«Will er denn?»

(Unter den Anhängern der verschiedenen Rabbis herrscht der Wunsch, sich gegenseitig zu übertrumpfen.)
DREI chassidische Juden, Anhänger dreier verschiedener Rabbis, sitzen in der Bahn.
Erster Chassid: «Letzthin gab Toscanini bei uns ein Konzert. Kurz vor Beginn trat einer auf ihn zu und flüsterte ihm ins Ohr: ‹Stellen Sie sich die Ehre vor, der Rebbe wird kommen!› Da senkte Toscanini den be-

reits erhobenen Taktstock und sagte: ‹Solange der Rebbe nicht da ist, kann ich nicht anfangen›...»
Zweiter Chassid: «Das ist noch nichts. Unser Rebbe war in London, als gerade die Königin gekrönt werden sollte. Alles war schon versammelt. Links stand der Erzbischof mit der Krone in der Hand, rechts der englische Adel – der Erzbischof krönte und krönte nicht! Als man ihn schließlich fragte: ‹Nu – was ist?›, sagte er: ‹Ich warte, bis der Rebbe kommt. Solange der Rebbe nicht da ist, kann ich nicht krönen›...»
Der dritte Chassid: «Das ist ja alles gar nichts! Letzthin war unser Rebbe in Rom. Er promenierte mit dem Papst zusammen über den Petersplatz. Da kam König Victor Emmanuel aus der Peterskirche heraus, verneigte sich tief vor unserm Rebben und flüsterte seinem Adjutanten zu: ‹Sog amol, wer is der Galach *(Pfarrer),* wos geht neben dem Rebben?›...»

DER Wunderrabbi sitzt untätig, den Blick ins Weite gerichtet. Die Bachurim *(Jünger)* fragen sich: «Was ist los?»
Einer flüstert den andern zu: «Sch, der Rebbe klärt!»
Man fragt den Rebbe respektvoll, was er klärt.
Darauf der Rebbe, sehr feierlich: «Ich habe soeben geklärt: As *(jiddisch: als, wenn)* men möcht nehmen alle Bäum, was sennen *(sind)* in der Welt, und machen daraus einen einzigen Baum; und as men möcht nehmen alle Wasser, was sennen in der Welt, und machen ein einziges Wasser; und as men möcht nehmen alle Äxte, was sennen in der Welt, und machen daraus eine einzige Axt; und as men möcht schlagen den Baum, was ist gemacht aus alle Bäum, mit der Axt, was ist gemacht aus alle Äxt, so daß er fallt erein in das Wasser, was ist gemacht aus alle Wasser – oi, gibt das a Platsch!»

EIN Chassid, dick wie ein Faß, bittet den Wunderrabbi um einen Rat, wie er abmagern könnte. «Geh nach Marienbad!» sagt der Rabbi.
Nach vier Wochen steht der Chassid wieder vor dem Wunderrabbi: «Rebbe, Ihr habt doch gesagt, Marienbad wird mir helfen. Und nun schaut mich an! Ich bin noch dicker geworden!»

«Nu – hast du denn meinen Rat befolgt? Ich hab' gesagt: *Geh* nach Marienbad! Bist du etwa gegangen? Du hast dich in den Zug gesetzt und bist *gefahren!*»

DER Wunderrabbi mußte verreisen, in seiner Abwesenheit führt sein Schammes seine Geschäfte. Kommt ein Mann und bittet, man möge für

seine Frau beten, sie liegt in den Wehen und kann nicht gebären. Der Schammes betet, die Geburt verläuft tadellos.
Als der Rabbi heimkommt, erzählt ihm der Schammes stolz von seinem Erfolg. Der Rabbi lobt ihn und will wissen: «Welches Gebet hast du denn rezitiert?» Der Schammes zeigt dem Rabbi die Stelle im Gebetbuch.
Der Rabbi, entsetzt: «Um Gottes Willen! Das ist doch das Totengebet! Wie kamst du auf den unglückseligen Gedanken?»
«Aber Rabbi», kontert der Schammes gekränkt, «hier steht doch ausdrücklich daneben: ‹Bei diesem Gebet gehen die Kinder hinaus›!»

BEIM Wunderrabbi klagt eine Jüdin über ihre dauernde Migräne. Dabei schüttet sie ihm ihr Herz aus. Sie redet und redet und redet – plötzlich stockt sie und ruft aus: «Rabbi! Ihr seid ein wahrer Wundertäter! Meine Migräne ist verschwunden!»
«Nein, Jüdin», stöhnt der Rabbi, «sie ist nicht verschwunden: *Ich* habe sie jetzt!»

DER achtzigjährige Schmerel hat sich ein junges Weib genommen – o Wunder, sie bekommt ein Kind! Er begibt sich zum Rebben: «Rebbe, wie ist das nur möglich?»
Der Rebbe: «Ich will es dir erklären: In Afrika spaziert einer mit dem Sonnenschirm durch die Wüste – da kommt ein Löwe! Rasch gefaßt, legt der Mann mit dem geschlossenen Schirm auf den Löwen an und sagt: ‹Puff!› – und siehe da, der Löwe fällt tot zu Boden.»
«Wie ist das möglich?»
«Hinter dem Spaziergänger stand ein Schütze mit Gewehr, und er hatte gleichzeitig geschossen!»

EIN Wunderrabbi ist nach New York ausgewandert. Als der Koreanische Krieg ausbricht, kommt eine verzweifelte Jüdin zum Rebben gelaufen: «Rebbe, helft! Man nimmt meinen einzigen Sohn nach Korea!»
«Weine nicht, er fährt noch nicht!» beruhigt der Rebbe.
Die Jüdin geht nach Hause. Aber da findet sie einen Brief ihres Jungen vor: «In zwei Wochen schiffen wir uns nach Korea ein.» Wieder läuft sie weinend zum Rebben.
«Weine nicht», sagt der Rebbe, «er fährt noch nicht!»
Die Jüdin geht wieder beruhigt nach Hause. Dort findet sie ein Telegramm vor mit dem Namen des Schiffes und dem genauen Datum. Wieder rennt sie zum Rebben.

«Sei ruhig, er fährt noch nicht!» versichert der Rebbe. Und er verspricht, an dem betreffenden Tage mit ihr zum Hafen zu gehen. Da steht schon das Schiff, die Soldaten kommen anmarschiert – der Sohn ist unter ihnen. Die Soldaten marschieren über den Landungssteg zum Schiff. Die Jüdin fällt in Ohnmacht. Der Rebbe weckt sie mit Mühe auf und tröstet: «Regt Euch nicht auf, er fährt noch nicht!»
Nun wird die Landungsbrücke hochgezogen, das Horn bläst, und das Schiff sticht in See.
«*Jetzt* fährt er!» sagt der Rebbe.

IN Frankreich wird ein neues Überschallflugzeug gebaut. Aber beim Erreichen der Höchstgeschwindigkeit reißen immer wieder an derselben Stelle die Tragflächen. Keine Verstärkung der Stelle und keine Verbesserung des Materials hilft dagegen.
Schließlich wendet man sich an einen Wunderrabbi aus Galizien, der unter den Emigranten in Paris lebt: Er rät: «Man muß die bewußte Stelle perforieren lassen!»
Unter großen Bedenken befolgen die Ingenieure den Rat – aber tatsächlich, die perforierten Tragflächen überwinden mühelos die Schallmauer. Die Ingenieure kommen zum Rabbi gelaufen: «Wie sind Sie nur auf die Idee verfallen?»
Darauf der Rabbi: «Nu – sehr einfach: haben Sie je schon erlebt, daß das Toilettenpapier dort reißt, wo es perforiert ist?»

EIN Chassid kommt in ein galizisches Städtchen. Nachdem er die Geschäfte erledigt und das Abendgebet gesprochen hat, will er die Nacht mit «fröhlichen» Mädchen verbringen. Er weiß aber nicht, wo sich das «Haus» befindet. Und fragen – wie paßt das zu einem feinen Juden mit Bart und Pejess?
Er denkt nach, dann fragt er einen vorbeigehenden Juden:
«Sagt nur, Vetter, wo wohnt der Rabbi – er soll leben?»
Der Jude deutet auf das Haus der Wunderrabbi.
«Oh weh! Oh weh!» wundert sich der Chassid. «Der Rabbi wohnt neben dem Bordell?!»
Der Jude antwortet voller Zorn:
«Bist du denn verrückt geworden?!... Der Rabbi wohnt doch gleich hier, und das öffentliche Haus, schau, das ist dort drüben!»

Aus der Kehille
(Kehille = Kultusgemeinde)

Neben dem hochgebildeten Rabbiner, der im Osten nicht predigte, sondern Vorträge von scholastischem Scharfsinn hielt, gab es den meist ziemlich ungebildeten Maggid, den Wanderprediger, für die Frauen und einfachen Leute.

EIN Zuhörer schluchzt während der Predigt herzzerreißend. Der Prediger tritt nach Beendigung der Rede an ihn heran: «Hat meine Predigt Euch so stark beeindruckt?»
«Ach nein», schluchzt der Mann, «aber ich habe einen Sohn, und der versteift sich darauf, Maggid *(Prediger)* zu werden. Ach – und an Euch sehe ich nun deutlich, was aus ihm werden und was sein Ende sein wird.»

MAGGID zum schluchzenden Zuhörer: «Fandet Ihr meine Predigt so rührend?»
Zuhörer: «Nicht die Predigt. Aber Ihr habt mich an etwas Trauriges erinnert. Vorgestern ist mir eine Ziege gestorben, und wenn die Arme mit dem Kopf wackelte, dann zitterte ihr Bärtchen genau wie das Eure.»

NACH der Predigt tritt der Maggid an einen Zuhörer heran und wirft ihm vor: «Ihr habt so laut geschnarcht, daß ich Euch kaum zu überschreien vermochte. Konntet Ihr nicht, um wach zu bleiben, ein wenig Schnupftabak nehmen?»
Der Zuhörer: «Hättet Ihr lieber ein wenig Schnupftabak in Eure Predigt getan!»

MAGGID zum Schammes: «Da schnarcht einer! Weckt ihn doch auf!»
Schammes: «Das wäre nicht fair! Ihr habt ihn eingeschläfert, also weckt ihn auch auf!»

EIN Zuhörer, vorwurfsvoll zum Maggid: «Die ganze Nacht konnte ich nach Eurer Predigt nicht schlafen!»
«Solchen Eindruck habe ich auf Euch gemacht?»
«Ach wo! Aber ich bin bei der Predigt eingeschlafen. Und wenn ich am Tage schlafe, liege ich die ganze Nacht wach.»

DER Maggid predigt so langweilig, daß alle Zuhörer hinausschleichen. Zuletzt ist nur noch der Schammes da. Er geht auf den Prediger zu und flüstert respektvoll: «Rabbi, ich gehe jetzt auch. Hier habt Ihr den Schlüssel zur Synagoge. Wenn Ihr fertig seid, dann schließt doch, bitte, hinter Euch ab und legt den Schlüssel in den Briefkasten.»

RABBI zu den schlafenden Zuhörern: «Balbatim *(Herrschaften)*, red' ich umsonst?»
Alle wachen auf: «Wo, wo gibt es *Rettich umsonst*?»

AUS einer Predigt: «Das Vieh ist weit frömmer als Ihr! Die Ziege hat nicht die Bibel gelesen – und dennoch rasiert sie sich nicht ihren Bart! *(Das Scheren der Gesichtshaare mit dem Rasiermesser ist auf Grund einer Bibelstelle untersagt.)* Und der Hahn kennt nicht den Schulchan Aruch *(ein Kompendium der Ritualgesetze)*, und dennoch kämmt er sich nicht am Schabbes!» *(Arbeit ist am Sabbat verboten, bei sehr strenger Auslegung sogar das Kämmen.)*

AUS einer Predigt: «Es gibt Pferde, die auf den leisesten Anruf hin den Wagen ziehen: das sind großartige Pferde. Es gibt Pferde, die muß man erst ein paarmal schlagen, bis sie ziehen: das sind auch noch ganz gute Pferde. Aber es gibt Pferde, bei denen hilft kein Zurufen und Schlagen – ihr werdet zugeben: das sind doch überhaupt keine Pferde mehr!
So ist es auch mit euch. Manche von euch stehen beim leisesten Weckruf frühmorgens zum Gebet auf: das sind großartige Pferde *(Jiddisch Pferd = Rindvieh oder Esel)*. Es gibt Juden, die müssen erst vom Schammes oder von der Frau wachgerüttelt werden, bis sie aufstehen und zur Synagoge gehen – das sind auch noch ganz ordentliche Pferde. Aber dann gibt es welche, die sind durch nichts in der Welt in die Synagoge hineinzubringen – gebt zu: das sind überhaupt keine Pferde mehr!»

AUS einer andern Predigt: «Es war einmal ein großer Sünder. Als er starb, wollte man ihn begraben – aber die Erde spuckte ihn aus! Da beschloß man, ihn zu verbrennen – aber das Feuer wollte nichts von ihm wissen. Schließlich warf man ihn den Hunden vor – sie wollten ihn nicht anrühren!
Gebt acht, auf daß es euch nicht ergehe wie jenem! Seid fromm, dann werdet ihr in der Erde liegen *(im Jiddischen gleichbedeutend mit: in großer Armut leben)*, das Feuer wird euch verzehren, und die Hunde werden euch auffressen.»

DER Maggid hat eine feurige Strafpredigt gegen alle jene gehalten, die am heiligen Sabbat den Laden offen halten und Geschäfte machen.
Nach der Predigt kommt Schneurson, der ärgste Sabbatsünder der Gemeinde, auf den Maggid zu und schenkt ihm einen beachtlichen Betrag.
Der Maggid, tief gerührt, hält daraufhin in der nächsten Woche eine zweite Rede, in welcher er über Sabbatvergehen sehr mild und versöhnlich urteilt. Ohne Zweifel wird ihm Schneurson – so denkt er – jetzt noch weit mehr schenken.
Indes schenkt ihm der Sünder keine Kopeke.
Nach langem Zögern faßt sich der Maggid ein Herz, geht zu Schneurson und fragt ihn, was das bedeute?
Darauf dieser: «Wieso begreift Ihr das nicht? Mit Euren Drohungen habt Ihr meine ganze Konkurrenz so eingeschüchtert, daß außer mir keiner mehr wagte, das Geschäft am Sabbat zu öffnen. Jetzt, nach Eurer zweiten Predigt, werden alle ihre Läden wieder aufmachen.»

DER Rabbi wirft der Gemeinde vor, daß sie am Sabbat die Läden offenhält, und schließt bitter: «Ich weiß genau, daß ihr *nach (zeitlich gemeint!)* meinen Worten handeln werdet!»

DER Rebbe predigt herzzerreißend über Zdoke *(Wohltun)*. Am andern Tag kommen zwei angesehene Bürger zu ihm. Er glaubt, sie wollen für Arme spenden. Aber die beiden winken ab: «Rebbe, Eure Drosche *(Predigt)* hat uns so gerührt, daß wir beschlossen haben, schnorren zu gehen!»

DER berühmte Maggid *(Prediger)* von Wilna kam in eine Stadt, um dort am Sabbat zu predigen – da erfuhr er zu seiner Verwunderung, daß bereits ein anderer Maggid eingetroffen war, der sich für den «Wilnaer Maggid» ausgab. Der echte Maggid sagte zunächst kein Wort. Am Sabbat mischte er sich unter die Zuhörer. Zu Beginn sagte der falsche Maggid kluge Dinge, die er dem echten Maggid abgelauscht hatte. Dann aber gab er eigene Einfälle zum besten: Sie hatten weder Kopf noch Fuß.
Da sprang der echte Maggid aufs Podium, gab sich zu erkennen und sprach: «Leute, ihr werdet euch vielleicht wundern, daß ich ihn nicht gleich zu Beginn unterbrochen habe. Aber ich empfand so ähnlich wie der Gastgeber in der Geschichte, die ich euch erzählen werde:
Ein Schnorrer ist zur Hochzeit eingeladen. Da er ausgehungert ist und

hastig schlingt, wird ihm übel. Der Hausherr begleitet ihn fürsorglich in den Hof. Der Unglückliche würgt die kaum zerkauten Speisen der Reihe nach wieder heraus. Zuletzt fängt er an, Schwarzbrot und Rettich zu erbrechen. Da läßt ihn der Hausherr mit den Worten im Stich:
‹Das ist nicht von mir, dafür bin ich nicht verantwortlich.›
So auch hier: Solange der Mann meine Gedanken vorbrachte, konnte ich schweigen. Aber seine eigenen Dummheiten kann ich nicht mit meinem Namen decken.»

EIN Wanderprediger hat eine wundervolle Rede gehalten. Als er fertig ist, holt ein Zuhörer aus dem Lernhaus nebenan ein Buch, schlägt es auf und sagt zum Prediger: «Hieraus habt Ihr die Predigt Wort für Wort gestohlen!»
Der Prediger: «Wieso gestohlen? Sie steht ja noch drin!»

Die Gebete der Juden enthalten, genau wie die der Christen, viele Psalmen.
DER Raw *(städtisch angestellter Rabbiner)* hat eine Rede gehalten, die sich hochgelehrt anhörte. Aber einer hat herausgebracht, daß sie vom ersten bis zum letzten Wort aus einer Sammlung von Predigten abgeschrieben war! Großer Aufruhr im Städtchen. Man beruft die Kultusgemeinde zur Versammlung ein. Alle schimpfen auf den Raw – nur einer schweigt.
«Reb Jankel – wieso sagt Ihr kein Wort?»
«Was soll ich denn sagen? Was der Raw getan hat, ist doch nicht so schlimm. Wenn König David es durfte, warum soll der Raw es nicht auch dürfen?»
«Was heißt: König David durfte?»
«Nu – lest nur nach! Er hat die schönsten Gebete gemaust und in seine Psalmen hineingeschmuggelt!»

IN einer kleinen armen Gemeinde, die den Rabbiner nur sehr mäßig besolden konnte, war es üblich, daß die Gemeindemitglieder jede einzelne Leistung des Rabbiners extra bezahlten.
Ein Bürger bestellt beim Rabbiner eine Trauerrede auf seinen verstorbenen Vater. Der Rabbiner offeriert ihm:
«Ich habe eine besonders schöne Rede, die kostet achtzig Gulden. Ich habe eine zweite, auch noch ganz schöne Rede, die kostet fünfzig Gulden. Dann habe ich noch eine für zwanzig Gulden – aber offen gestanden: die kann ich Ihnen selber nicht empfehlen!»

Am Sabbat dürfen fromme Juden kein Geld bei sich tragen.
AM Erew Schabbes *(Vorabend zum Sabbat)* kommt ein reisender Jude zum Rabbi eines kleinen polnischen Ortes und bittet, ihm über Schabbes sein Geld aufzuheben. Der Rabbi will das Geld nur in Gegenwart von zwei Ehrenbürgern übernehmen.
Am Sonntag will der Jude sein Geld zurückhaben. Da behauptet der Rabbi, nie welches erhalten zu haben! Der Jude, konsterniert, läßt die beiden Zeugen herkommen. Als die beiden hören, daß der Rabbi von dem Geld nichts zu wissen behauptet, beteuern sie, sie hätten den fremden Juden überhaupt nie gesehen...
Der Jude ist ganz verzweifelt. Als aber die beiden Zeugen weggegangen sind, holt der Rabbi das Geld hervor, übergibt es dem Juden und erklärt: «Ich wollte Ihnen nur zeigen, in was für einer Kehille *(Gemeinde)* ich Rabbi bin.»

Variante:
EIN reicher Jude kommt am Freitagabend mit einem ärmlichen durchreisenden Kaufmann im Bethaus ins Gespräch, lädt ihn über Sabbat zu sich ein, und da sich beide gut verstehen, hält er ihn volle acht Tage bei sich als Gast zurück. Schließlich beharrt der Kaufmann auf der Abreise – da präsentiert ihm sein Gastgeber eine Rechnung von zwanzig Rubel! Der arme Kaufmann ist außer sich: das ist weit mehr, als er in einem Hotel hätte zahlen müssen! Und er blieb ja nur, weil er so zudringlich eingeladen wurde!
Sie gehen beide zum Rabbi. Der Rabbi überlegt: Was geht ihn der Durchreisende an? Dagegen der andere, der ist Gemeindemitglied und reich. Warum soll er ihn verärgern? Und also verurteilt er den Fremden zur Zahlung...
Der Fremde zahlt und verläßt den Raum, das Herz voll von Bitterkeit. Da kommt ihm sein Gastfreund nachgelaufen und gibt ihm das Geld zurück. «Ich wollte», erklärt er dem Erstaunten, «Euch nur zeigen, was für eine Sorte von Rabbiner wir in unserer Gemeinde haben.»

Orthodoxe Rabbis erwarten, daß Sie von den Gemeindemitgliedern in rituellen Schailes (Fragen) konsultiert werden.
DER orthodoxe Rabbi ist in eine religiös gleichgültige Gemeinde geraten. An einem jüdischen Wohltätigkeitsfest fragt ein Jude den Rabbi: «Darf ich Ihre Gattin zum Tanz auffordern?»
Darauf der Rabbi, erfreut: «Endlich! Nach zwanzig Jahren die erste Schaile!»

Variante:

DER Rabbi hat seine Stelle aufgekündigt. Die ganze Stadt kommt zu ihm gelaufen und fragt, weshalb er fortgehen will. Er antwortet: «Weil dies die erste Frage ist, die in dieser Stadt je an mich gestellt wurde.»

EIN Rabbi hat dauernd Zank mit seiner Gemeinde. Dennoch wechselt er nicht die Stellung. Seine Freunde wundern sich. «Ach», meint er resigniert, «ein neues Purgatorium ist nur eine aufgefrischte Qual!»

DER Rabbi von Soroko hat seine Stellung aufgekündigt. Als er fortzieht, geben ihm sämtliche Juden des Städtchens das Geleit. Da dreht sich der Rabbi noch einmal um und sagt wehmütig: «Was für eine schöne Stadt!»
«Rabbi, bisher habt Ihr auf Soroko dauernd geschimpft. Und jetzt, da Ihr fortgeht, gefällt Euch die Stadt plötzlich?»
«Nun ja, jetzt, wo keiner von Euch in der Stadt drin ist!»

DER Rabbiner fordert Gehaltserhöhung.
«Wie kann ein frommer und geistiger Mann nur so geldgierig sein», wirft ihm der Gemeindevorsteher vor.
Darauf der Rabbiner: «Nach Eurer Meinung sind also weltliche Genüsse ausschließlich für atheistische Idioten da.»

EIN Rabbiner war zugleich Kaufmann und dauernd auf Geschäftsreisen unterwegs. Ein Bekannter im Zug fragt:
«Ist deine Gemeinde noch nie auf die Idee gekommen, dich hinauszuwerfen, weil du dein Amt so vernachlässigst?»
«O doch», gibt der Rabbiner zu, «sie hat es schon wiederholt versucht. Aber es kommt nicht dazu. Denn sooft eine Delegation von Ehrenbürgern zu mir nach Hause kommt, um mir die Kündigung zu überbringen, bin ich irgendwo unterwegs.»

EINE Gemeinde wollte ihren Rabbiner loswerden – er ging aber nicht und erklärte: «Nach dem Din-Tora *(Torarecht)* habe ich nicht das Recht, von hier wegzuziehen. Denn die Meinung der Majorität entscheidet, und sämtliche Gemeinden der Welt mit Ausnahme meiner eigenen wünschen, daß ich lieber hierbleiben soll.»

RABBI Eisel von Slonim wäre gern Rabbiner in Wilna geworden – die Wilnaer beriefen ihn aber nicht. Darauf Eisel: «Warum nennt man mich Rabbiner von Slonim und nicht Rabbiner von Wilna? Es stimmt zwar: die in Wilna wollen mich nicht – aber ich meinerseits will doch wenigstens nach Wilna. Dagegen die hier in Slonim will ich sowenig wie sie mich!»

Zwischen den orthodoxen, traditionsgebundenen und den «Reform»-Rabbinern gibt es manchmal starke Spannungen.
ALS der reformerische Rabbiner Holdheim in Deutschland starb, wollten seine Anhänger ihn auf einem Ehrenplatz zwischen besonders frommen früheren Rabbinern begraben.
Die Anhänger des orthodoxen Rabbiners protestierten.
«Nur keinen Streit!» beschwichtigte dieser, «sollen sie ihn begraben, wo sie wollen – wenn sie ihn nur begraben!»

UM die freie Grabstätte neben dem frisch verstorbenen Rabbiner entbrannte in einer ostjüdischen Gemeinde zwischen zwei reichen Juden ein heftiger Streit. Alle Ehrenbürger versuchten zu schlichten – vergeblich.
Schließlich brachte man den Streitfall vor den neuen Rabbiner. Der entschied: «Das Grab gehört jenem von den beiden, der als erster stirbt.»
Der Streit erlosch auf der Stelle.

DER Rabbi sitzt in der Bahn einem Viehhändler gegenüber. «Ich habe mit Behemes *(Rindvieh)* zu tun», seufzt der Händler, «und es geht mir leider sehr schlecht.»
«Ich habe auch mit Behemes *(Rindvieh im Sinne von blödem Pack)* zu tun», meint der Rabbiner, «aber mir geht es dabei, Gott sei Dank, sehr gut.»

ZUM Viehmarkt in der Stadt fuhren etliche Rabbiner, um den Dorfjuden gegen Honorar Fragen zu beantworten.
In der Nähe wohnte auch ein chassidischer Wunderrabbi. Ein Jünger fragte ihn: «Ihr fahrt nicht zum Viehmarkt?»
Der Rabbi: «Wozu? Die Behemes *(Rindviecher)* kommen ja zu mir.»

«WIEVIEL Gehalt bekommst du?» fragt ein Freund den Rabbiner einer sehr kleinen Gemeinde.
«Drei Gulden in der Woche», antwortet der Rabbiner und kommentiert, «das heißt, drei Gulden in *der* Woche, in der ich *überhaupt* etwas bekomme.»

DIE Gemeinde will einen neuen Chasan *(Synagogenvorsänger)* engagieren. Der Rebbe examiniert den Kandidaten und zählt die Bedingungen auf: «Punkt eins: Sie dürfen nicht trinken. Punkt zwei: Sie dürfen nicht Karten spielen. Punkt drei: Sie dürfen nicht den Frauen nachlaufen...»
Darauf der Kandidat, indem er sich erhebt, um hinauszugehen: «Ich hab' nur einen Punkt: punkt *(jiddisch: punkt = genau)* umgekehrt!»

DER Kantor will ausgerechnet drei Tage vor den hohen Feiertagen die Gemeinde verlassen. Die Leute sind außer sich. Sie schicken daher eine Delegation von drei Mann zu dem Kantor: er möchte doch über die Feiertage bleiben!
«Ja wenn es nur zehn solche wie euch in der Gemeinde gäbe», sagt der Kantor, «dann würde ich schon bleiben.»
«Aber zehn wie wir werden sich doch in der Gemeinde bestimmt finden?» meinen die Delegierten aufmunternd.
«Ach nein», sagt der Kantor traurig, «es sind mindestens fünfhundert solche da – und seht ihr, das halte ich einfach nicht aus.»

DER Kantor der Gemeinde will für die Mitgift seiner Tochter drei Jahresgehälter Vorschuß haben. Die Gemeinde findet das Geschäft riskant. Vielleicht stirbt der Kantor vorher?
«Laßt es drauf ankommen», bittet der Kantor. «Vielleicht habt *ihr* Glück und ich lebe dann noch. Und sollte ich vorher sterben – nun, dann habe halt *ich* das Glück gehabt.»

DIE Gemeinde hat dem Chasan *(Synagogenvorsänger)* gekündigt. Dieser verlangt als Entschädigung dreihundert Rubel. Die Gemeinde findet die Summe horrend und fragt den Rabbiner, ob man wirklich so viel bezahlen müsse.
Der Rabbiner: «Was fragt ihr mich? Der Chasan muß selber am besten wissen, wieviel es wert ist, ihn loszuwerden.»

DIE jüdische Kultusgemeinde in New York (Rothschild, Warburg, Luria!) verschreibt sich für die Feiertage den berühmten Vorsänger der Synagoge in Inowrazlaw, Mojsche Halbgewachs, und bietet ihm sechstausend Dollar.
Am Tage vor seinem Auftreten kommt Mojsche zum Rebbe und bittet um dreitausend Vorschuß.
«Mojsche! Morgen wirst du sechstausend haben! Bist du so knapp mit dem Gelde? Oder sind wir dir etwa nicht gut?»

«Rebbe! Gut seid ihr schon. Aber gebt zu: *So (nämlich mit viel Geld in der Tasche) singt es sich besser!*»

EIN miserabler Chasan hat für die hohen Feiertage in einer abgelegenen kleinen Gemeinde ein Engagement bekommen – er kehrt mit zweihundertfünfzig Rubel in der Tasche zurück! Die talentierten Kollegen, die in der Stadt geblieben sind und viel weniger verdient haben, wundern sich:
«Wie ist das möglich? Du singst doch wie eine kranke Krähe!»
«Fünfzig», erklärt der Chasan stolz, «habe ich vertragsgemäß für das Singen erhalten. Und zweihundert als Schmerzensgeld für die Prügel, die mir die Juden dort für mein Singen gaben.»

Die Juden müssen sehr komplizierte Gebote befolgen und sollen nicht nach deren Sinn fragen.
IN der Synagoge muß der Vorbeter so deutlich singen, daß die Gläubigen, die kein eigenes Gebetbuch besitzen, alles mitsprechen und so ihre Pflicht erfüllen können.
Der Chasan *(Vorsänger)* ist aber schon alt und hat ein schlechtsitzendes Gebiß. Sagt einer zu seinem Nachbarn: «Verstehen kann man das schon nicht. Glauben muß man!»

MAN sucht einen neuen Chasan. Der Bewerber hat viele gute Eigenschaften – nur eine Stimme hat er nicht. Meint der weise Rabbi: «A Kantor, so steht geschrieben, muß sein verheiratet, kennen den Talmud, haben a guten Ruf und sein gottesfürchtig, soll auch haben a gute Stimme. Hat er die vier ersten Eigenschaften. Stimm hat er nicht – aber wer findet schon en vollkommenen Menschen als Chasen!»

IN einer kleinen Gemeinde war der Posten des Chasan vakant. Zwei Kandidaten melden sich – aber beide haben einen großen Fehler: der eine trinkt gern, der andere hat die Frauen zu lieb. Der Rabbi wird um Rat gefragt. Er klärt lange, dann entscheidet er: «Nehmt den Schürzenjäger.»
«Rabbi», wendet ein Ehrenbürger indigniert ein, «trinken – das ist nur ein Fehler. Aber was der andere tut – das ist doch eine regelrechte Sünde!»
«Das schon», gibt der Rabbi zu, «aber der Trinker wird mit zunehmendem Alter immer mehr trinken. Dagegen der mit den Frauen – der wird eines Tages bestimmt aufhören.»

DER Rabbi will den Schochet *(Schächter; oft zugleich Religionslehrer)* entlassen, weil man ihm Übles nachsagt.
«Rabbi», sagt der Schochet vorwurfsvoll, «wieso könnt Ihr solchem Gerede Glauben schenken? Die Leute tratschen doch auch über Eure Tochter!»
Der Rabbi: «Nu, habe ich sie als Schochet angestellt?»

ITZIG betet. Da kommt Kohn an ihn heran und flüstert ihm ins Ohr: «Herr Itzig! Pessach steht vor der Tür. Haben Sie sich schon eingedeckt mit Mazzes *(Osterbrot; vgl. Glossar)*?»
«Geben Sie mir Ruhe! Sie sehen, ich bete!»
«Herr Itzig, ich hätte für Sie Mazzes von allerbester Qualität!»
«Ruhe sollen Sie mir geben!»
«Aber Herr Itzig, solche Mazzes bekommen Sie kein zweites Mal zu diesem Preis!»
Itzig, außer sich vor Wut: «Ich sch... auf Ihre Mazzes!»
Zufällig hört das der Schammes und stürzt zum Rebbe: «Rebbe, stellen Sie sich vor, der Itzig sch... auf Mazzes!»
Der Rebbe, verwundert: «Komisch, mich stopfen sie!»

ITZIG zu Schlesinger, seinem Prokuristen: «Ich gehe jetzt in die Synagoge und will dort unter keinen Umständen gestört werden!»
Kaum ist Itzig draußen, kommt ein Anruf aus der Börse: Skoda-Aktien sind auf vierhundertzehn gestiegen. Schlesinger wird unruhig.

Eine Viertelstunde später: Skoda-Aktien stehen auf vierhundertdreißig! Schlesinger hält es kaum noch aus.
Beim dritten Anruf: Skoda-Aktien vierhundertfünfzig, stürzt er zur Synagoge, Itzig zu verständigen.
Darauf Itzig in tadelndem Ton: «Schlesinger, Sie haben drei schwere Fehler gemacht. Erstens haben Sie mich gestört in meiner Andacht. Zweitens haben Sie meine Glaubensbrüder gestört in ihrer Andacht. Und drittens notieren Skoda-Aktien *hier* bereits vierhundertfünfundachtzig.»

Im Jiddischen heißt «ausmachen» soviel wie «wegwischen».
SCHMUL hat an die weißgekalkte Synagogenwand geschrieben: «Mendel Parech ist ein Chammer *(Esel)*.»
Mendel klagt ihn beim Rabbiner ein. Dieser befiehlt Schmul, die Aufschrift wegzuwischen und am Sabbat in der Synagoge öffentlich zu erklären, daß er auf Rabbinatsgeheiß die Wand hat säubern müssen...

Schmul steht auf dem Katheder und verkündet: «Rabbotai *(hier nur im Sinne von: meine Herren!)*, es ist *ausgemacht*, daß Mendel Parech ein Chammer ist.»

IN Berlin gab es viele Juden, die nur zu den allerhöchsten Feiertagen eine Synagoge betraten. Natürlich herrschte dann gewaltiger Platzmangel, und die jüdischen Gemeinden mußten für diese wenigen Tage zusätzliche Räume mieten. Einmal fand eine Predigt in einem Lokal statt, das sonst der Berliner Halbwelt für ihre Tanzvergnügungen diente. Der Rabbiner, der hiervon keine Ahnung hatte, mahnte eindringlich: «Es genügt nicht, daß ihr nur heute hierherkommt! Das ganze Jahr über müßt ihr herkommen.»

RABBI Hirsch Lewin nannte Berlin eine Stadt «mole jira» = voll von Gottesfurcht: «Denn jeder, der fromm hinkommt, verläßt die Stadt als Ketzer, läßt also seine Gottesfurcht dort.»

NACH einer alten Sitte soll nur ein Ben-Tora, ein Tora-Gelehrter, beim Gebet den Talit *(Gebetsmantel)* über den Kopf ziehen, nicht ein Am-Haarez *(ein religiös Ungebildeter)*.
Als ein Am-Haarez beim Gebet in der Synagoge den Talit über den Kopf zieht, tritt ein Mitbetender an ihn heran und sagt respektvoll: «Sie sind doch ein Ben-Tora. Wieso wissen Sie da nicht, daß ein Am-Haarez das nicht tun darf?»

ABGEORDNETE der «Chewra Kadischa», des Beerdigungsvereins, bitten einen bemittelten Juden um einen Beitrag zum Reparieren des eingestürzten Friedhofszaunes. Darauf der Reiche: «Schade um jeden Pfennig. Wozu am Friedhof ein Zaun? Die Toten können nicht hinaus, und die Lebenden wollen nicht hinein.»

EIN reicher Bürger übergibt dem Rabbiner hundert Rubel für Gemeindezwecke.
Schon am Tage darauf kommt eine Delegation der «Chewra Kadischa» zum Rabbiner und bittet um die hundert Rubel für die Reparatur des Friedhofszaunes, denn dieser sei beschädigt, Hunde und Schweine könnten den Friedhof verwüsten.
«Schon recht», sagt der Rabbiner. «Nur eines möchte ich wissen: Wie haben die Hunde und Schweine bloß so schnell von den hundert Rubel erfahren?»

Wenn ein Jude stirbt, ist es in naiven Kreisen Sitte, daß man ihm schriftliche Bittaufträge ins Grab mitgibt, die er im Jenseits zu überbringen hat.
WÄHREND einer großen Dürre stirbt der Schammes. Man gibt ihm Regengebete mit ins Grab.
Da betet der Stadtverrückte: «Herr der Welt, beeil dich, dem Schammes unsere Bitte zu erfüllen, sonst schicken wir dir ohne Erbarmen den ganzen Gemeindevorstand auf den Hals!»

Variante:
ALS weinende Jüdinnen einem aufgebahrten Kinde solche Aufträge übergeben, wirft ihnen ein energischer Jude vor:
«Wie könnt ihr euch nur auf ein kleines Kind verlassen! Wichtige Aufträge erledigt man am besten selber!»

In einfachen jüdischen Kreisen war es bei Todesfällen üblich, bezahlte Klageweiber zu engagieren, genau wie in der Antike.
REB Steckelmanns Vater ist gestorben, und Steckelmann schickt das Dienstmädchen zum beliebtesten Klageweib des Städtchens. Es kommt mit dem Bescheid: «Die Frau sagt, heute kann sie unmöglich weinen: Ihr eigener Mann ist nämlich letzte Nacht gestorben.»

In manchen Gegenden durfte ein Toter nicht begraben werden, bevor jemand etwas Gutes über ihn gesagt hatte.
AN einem solchen Ort stirbt ein übler Denunziant. Niemand weiß ihm etwas Gutes nachzusagen, und so liegt seine Leiche schon den dritten Tag da. Da meint ein Bürger: «Ich weiß etwas Gutes von ihm: er hat Söhne hinterlassen – gemessen an denen war er das reinste Gold!»

Varianten:
1. EIN Jude tritt an den Sarg des Toten heran und sagt gerührt: «Mohnnüdelach *(Mohnnüdelchen)* hat er so gern gegessen!»

2. DER Verstorbene hat nie eine Synagoge betreten. Daran erinnert sich jetzt ein Bürger, und er formuliert: «Etwas Gutes weiß ich doch von ihm. Er hat in seinem ganzen Leben nie den Gottesdienst durch Geschwätz gestört.» *(Weil er nämlich nie dabei war.)*

3. EIN jüdischer Bösewicht ist verurteilt und gehenkt worden. Niemand weiß von ihm etwas Gutes. Da gehen zwei Juden zum Galgen, und einer sagt zum zweiten: «Schön hängt er!»

EIN reicher, roher Kerl ist gestorben. Zeit seines Lebens hat er alle religiösen Gebote mißachtet. Aber siehe da – in der Trauerrede lobt ihn der Rabbiner, er habe am Sabbat nie geraucht oder geschrieben *(beides am Sabbat verboten)*.
«Rebbe», sagt ein Trauergast vorwurfsvoll, «wie könnt Ihr Euch nur dem Honorar zuliebe so erniedrigen und lügen!»
«Ich habe die reine Wahrheit gesprochen», versichert der Rabbiner, «der Mann war Analphabet und Nichtraucher.»

EIN reicher, primitiver Jude ist gestorben. Die Familie möchte ihm gern einen Grabplatz neben dem verehrten früheren Rabbi der Gemeinde kaufen, aber ein Teil der Gemeinde protestiert, es kommt zum Riesenkrach auf dem Friedhof, und schließlich werden zwei Gruben gleichzeitig ausgehoben... Ein alter Jude hört schweigend zu und meint dann zu seinem Freund: «Nu frag' ich dich: Lohnt es zu sterben?»

EIN fremder Jude kommt in eine sehr kleine jüdische Gemeinde, wo man soeben mit dem Bau einer Synagoge und eines Friedhofs begonnen hat. Der Jude wundert sich: «Beides zugleich könnt ihr nicht brauchen. Solange ihr lebt – wozu der Friedhof? Und stirbt einer von euch, dann habt ihr keine zehn Männer mehr für den Gemeindegottesdienst – wozu dann die Synagoge?»
Darauf ein Einheimischer: «Wir brauchen beides. Die Schul – für uns. Den Friedhof – für fremde Gäste.»

Im Osten war es üblich, daß die Synagogendiener bei Beerdigungen klappernde Büchsen für wohltätige Zwecke vor sich hertrugen.
EIN reicher Geizhals ist gestorben, sein Sohn sitzt tränenlos da. Als man aber den Sarg des Vaters aufhebt und das Geklapper der Büchsen ertönt, beginnt der Jüngling heftig zu schluchzen.
«Was ist auf einmal los?» fragen die Leute.
Der Sohn: «Erst als die Büchsen klapperten und Papa nicht aufsprang und davonlief, begriff ich, daß er wirklich tot ist!»

EINE Jüdin liest auf dem Grabstein «Hier liegt Jossel Kohn. Kantor. Ein frommer Mann. Ein tugendhafter Mann» und schreit: «Weh mir! Drei Juden unter *einem* Stein!»

EIN Jude will die Kultussteuern nicht bezahlen.
Die Abgesandten der Gemeinde: «Sie sind auch auf uns angewiesen,

nicht nur wir auf Sie. Wenn Sie aus der Gemeinde austreten, wird sich nach Ihrem Tode niemand finden, der Sie begräbt.»
Der Jude, ungerührt: «Ich verlass' mich aufs Stinken.»

Bescheidenheit gilt bei frommen Juden als eine hervorragende Tugend. Zahlreiche Witze parodieren die paradoxe Tatsache, daß fromme Juden mit ihrer Bescheidenheit prahlen.

AM Vorabend des Jom Kippur rezitiert der Rabbi im Bethaus: «Vater im Himmel, vergib mir meine Sünden! Ich bin doch ein Sünder, unwürdig, ein *Nichts*!»
Dann erhebt sich der Chasen und singt denselben Text. Nach ihm tut es der Gemeindevorsteher und zuletzt der Schammes.
Vorsteher, indigniert zum Rabbi: «Schauen Sie sich an, wer es heutzutage bereits wagt, sich ein ‹Nichts› zu nennen!»

IN einem kleinen Städtchen lebte ein Talmudgelehrter, ein Weiser, ein reicher, ein freundlicher Mann, tugendhaft und bescheiden. Er wurde krank und immer schwächer. Die bedeutenden Männer der Stadt umstanden sein Bett und lobten ihn: «E feiner Mann, e gescheiter Mann, e Wohltäter, und gut – en Engel!»
Er nimmt noch einmal alle Kraft zusammen und haucht, kaum hörbar: «Nu – und meine Bescheidenheit! Ihr sollt meine Bescheidenheit nicht vergessen!»

1939. JÜDISCHE Emigranten haben in Aix-les-Bains eine kleine Gemeinde gebildet, finden aber einstweilen, ein eigener Friedhof würde sich zu teuer stellen. Darauf der alte Birnbaum, erbittert: «Ich will lieber sterben als zwischen Christen begraben sein!»

EIN fremder Jude kommt zu einer Beerdigung nach Lemberg und fragt am Bahnhof einen Glaubensgenossen: «Wie lange brauche ich zum jüdischen Friedhof?»
Darauf dieser: «Mit Gottes Hilfe hundertzwanzig Johr!»

Levaje: Beerdigung.
DER Rabbi spricht bewegt am offenen Grab: «Wir nehmen jetzt Abschied von Lew Kerschenbaum...»
In diesem Augenblick treffen zwei Freunde von Kerschenbaum bei der Trauergemeinde ein und hören die Fortsetzung: «... einem ehrlichen Geschäftsmann, einem treuen Ehemann, einem guten Vater...»

Flüstert der eine dem andern zu: «Laß uns hejlachen *(weggehen)*, mer sennen auf der falschen Levaje!»

GRÜNBLATT haßt seinen Konkurrenten Eierweiß auf den Tod. Tag und Nacht schimpft er auf ihn.
«Nu», beschwichtigt ihn sein Freund, «wenn er aber sterben sollte, dann wirst du ja doch zu seiner Levaje gehen.»
Darauf Grünblatt, bitter: «Das erlebt er nie!»

DER Schammes kommt zum Rabbi: «Rabbi, das Pärchen, das Ihr heute früh getraut habt, sitzt mit allen Gästen immer noch in der Synagoge. Die Leute trinken und schreien herum. Wie soll ich sie endlich wegkriegen!»
«Schrei: Feuer! Dann werden sie alle hinausstürzen.»
«Das habe ich getan. Es macht ihnen keinen Eindruck.»
«Dann bleibt noch ein letzter Ausweg: Nimm eine Sammelbüchse und mach bei ihnen eine Kollekte.»

Für den Gemeindegottesdienst braucht es mindestens zehn Männer.
ES fehlt noch ein Mann, und die alte Hausbesorgerin der Schul *(Synagoge)* geht hinaus und spricht einen jüdisch aussehenden Passanten an: «Kommen Sie mit mir! Sie sind der zehnte!»
Der schaut sie an:
«Und nicht, wenn ich der erste wär!»

Jiddisch «Wie haißt!» = deutsch etwa: «Was soll das heißen?»
AN einem hohen Feiertag will ein blonder, blauäugiger Hüne in die Synagoge hinein. Der Tempeldiener vertritt ihm den Weg und sagt: «Raus!»
Der Hühne: «Wie haißt?!»
Der Schammes: «Rein!»

Da die jüdischen Kultusgemeinden in der Diaspora keine staatlichen Zuschüsse erhalten, verkaufen manche von ihnen vor den hohen Feiertagen Eintrittskarten für die Synagoge.
DER Gottesdienst hat bereits begonnen – da kommt ein Jude hastig herbeigestürzt und will hinein. Der Schammes hält ihn fest: «Halt! Wo ist Eure Eintrittskarte?»
Der Jude: «Lassen Sie mich in Ruh! Ich muß nur meinem Schwager, der da drin betet, rasch etwas Geschäftliches mitteilen!»

Der Schammes mit schlauem Zwinkern: «Ganew *(Dieb, Gauner)*, du willst dawenen *(beten)*!»

WUSSTEN Sie schon, wie die Zehn Gebote an die Juden gekommen sind? Das war so: In der uralten Zeit kam ein Engel aus dem Himmel und landete bei den Deutschen: «Liebe Leute, Jungfrauen und Ritter! Ich komme zu euch mit Zehn Geboten, die der große Gott euch allen schickt. Das erste Gebot lautet ‹Du sollst nicht töten›, das zweite...»
«Waaaas! Zu uns kommst du mit einem Gebot, nicht zu töten?! Zu uns, den kriegerischen Rittern!? Hinaus mit dir! Verschwinde!»
Der Engel fliegt weiter und landet bei den Russen: «Ihr Brüderchen, ich habe für euch die Zehn Gebote mitgebracht, die euch Gott schickt. Sie lauten: ‹Du sollst nicht töten›, ‹Du sollst dich nicht betrinken›, ‹Du sollst...›»
«Waaaas! Zu uns kommst du mit solchem Quatsch: ‹Du sollst dich nicht betrinken›?! Hinaus mit dir!»
Enttäuscht fliegt der Engel weiter und landet bei den Rumänen: «Gott schickt mich zu euch mit den Zehn Geboten. Ich will sie euch vorlesen: ‹Du sollst nicht töten›, ‹Du sollst dich nicht betrinken›, ‹Du sollst nicht stehlen›, ‹Du sollst...›»
«Was?! Hör mal, Kleiner, wem sagst du da, daß er nicht stehlen soll? Einem Rumänen? Ha, ha, ha! Geh 'raus! Fort mit dir! Verschwinde!!»
Traurig fliegt der arme Engel weiter und landet bei den Juden: «Hört zu, Leute! Ich bringe euch Zehn Gebote, die der große Gott den Menschen schickt. ‹Du sollst nicht töten›, ‹Du sollst nicht stehlen›, ‹Du...›»
«Laß das, laß das! Sag uns zuerst einmal, was die Sache kosten soll!»
«Das kostet doch nichts! Gar nichts! Es ist umsonst!»
«Umsooonst? Dann gib sie her!»

GALIZISCHES Städtl. Dank seinem Reichtum hat der reiche, primitive Itsche Mejer Littmann erreicht, Präsident der jüdischen Gemeinde zu werden. Einmal kommt ihn sein Neffe besuchen, und da er die genaue Adresse nicht kennt, fragt er einen Passanten: «Wohnt hier Itsche Mejer, der Gemeindepräsident?»
Der Passant speit aus und schreit zornig: «Itsche Mejer? Dieser Bandit, dieser Räuber! Er hat alle amerikanischen Spenden gestohlen!»
Der Neffe eilt hinweg und fragt einen Krämer, der auf der Schwelle seines Ladens döst. Dieser reibt sich die Augen aus und antwortet wütend: «Itsche Mejer? Der Teufel hole diesen Blutsauger! Er reißt uns das letzte Hemd vom Leibe für Gemeindesteuern!»

Endlich macht der Neffe den Onkel ausfindig. Nach dem Mittagessen fragt er ihn: «Vetter, Ihr seid hier Gemeindepräsident? Was zahlt man Euch dafür?»
«Zahlen?» fragte der reiche Littmann befremdet, «natürlich nichts. Das ist doch gemeinnützige Arbeit?»
«Was also habt Ihr davon?»
«Was heißt, was ich davon habe? Dankbarkeit und Ehre...»

DER reiche, rohe Bruchband ist Vorsteher der Chewra Kadischa, des Beerdigungsvereins, geworden. Als einmal ein paar Herren, verärgert über seine Anordnung, sich bei ihm beschweren, weist er sie stolz mit den Worten ab: «Ich allein habe das Recht, hier zu disponieren! Ich kann begraben lassen, wann ich will, wo ich will, wie ich will und wen ich will!»

NEW YORK. Da der reiche Lipschitz die Religionsschule großzügig unterstützt, wählt man ihn zu ihrem Präsidenten. Einmal im Jahr wohnt er dem Unterricht bei, wobei er je Klasse nur die Antworten eines einzigen Schülers anhört und dann weitereilt.
Der Lehrer: «Wollen Sie nicht mehrere Schüler je Klasse anhören?»
Lipschitz: «Wozu? Wenn ich in meinem Heringgeschäft ein Faß öffne und einen einzigen Hering koste, und er ist gut, dann weiß ich: alle andern sind auch gut.»

DER Rabbiner sitzt im Theater. Eines Defektes wegen geht die Courtine nicht hoch, sie bleibt auf halber Höhe stecken, und man sieht nur die Beine der Schauspieler.
«Genau wie meine Kille *(Gemeinde)*!» seufzt der Rabbi, «eine Menge Füß' und kein einziger Kopf!»

Rauchen ist am Sabbat verboten.
KALTER Wintertag. Nach dem Schabbes-Gottesdienst begleitet der reiche Kornblum den Rabbi nach Hause und pfeift dabei einen Schlager. Der Rabbi, streng: «Am Schabbes pfeift man nicht!»
Kornblum verstummt erschrocken und zieht statt dessen eine Zigarette hervor. Der Rabbi, vorwurfsvoll: «Am Schabbes raucht man nicht!»
Sie kommen über eine vereiste Stelle, der Rabbi plumpst auf seinen Allerwertesten, und dabei entfährt ihm ein kleiner Wind. Kornblum, tadelnd: «Rebbe, auf Kaltes bläst man nicht!»

Ketzereien

JANKEL und Sami waren verreist und haben es sich gutgehen lassen. Nach ihrer Rückkehr haben sie Gewissensbisse und gehen zum Rabbi. Er sagt zu Jankel: «Du hast am Schabbes geraucht, du darfst einen ganzen Monat nicht rauchen.»
Zu Sami sagt er: «Du hast mit einer Schikse *(despektierlicher Ausdruck für Christenmädel)* geschlafen, also mußt du dich jetzt einen ganzen Monat von deiner Frau fernhalten.»
Nach einer Woche flüstert Samis Frau nachts im Bett ihrem Mann zu: «Du – Jankel raucht schon!»

Juden dürfen ihre hebräischen Gebete nicht durch profanes Gespräch unterbrechen. In Notfällen verständigen sie sich durch stumme Zeichen. Nur zwecks Erfüllung eines andern religiösen Gebotes ist Unterbrechung erlaubt.

SPÄT abend kommt ein Jude ins Hotel. Es ist nur noch ein einziges Bett frei in einem Zimmer, das bereits ein anderer Jude bewohnt. Der Neuankömmling geht in das Zimmer. Dort steht ein Jude mitten im Gebet.
«Darf ich das zweite Bett haben?» fragt der Eintretende.

Der andere nickt und betet weiter. Der zweite fragt:
«Macht es etwas, wenn ich erst spät nachts heimkomme?»
Der Betende macht mit dem Kopf ein Zeichen: Nein!
Der neue Gast fragt weiter: «Haben Sie etwas dagegen, wenn ich mir ein Mädel mitbringe?»
Der Betende macht mit den Fingern ein Zeichen: Zwei!

IN einem Warschauer hebräischen Buchladen verlangt ein westlich gekleideter Jude ein Gebetbuch mit Bildern... Der Händler, verwundert:
«Ihr meint sicher eine Hagada, eine Osterlegende mit Bildern?»
«Nein.»
«Oder ein Buch Esther mit Bildern?»
«Nein.»
«Was für Bilder in einem Gebetbuch soll man Euch denn vorlegen?»
«Ich will», antwortet der Kunde, «daß beim Sündenregister auf Bildern dargestellt sein soll, wie man sündigt...»

Wenn man einen heiligen Gegenstand fallen läßt, muß man zur Sühne fasten. Läßt ein Kind den Gegenstand fallen, das noch nicht Bar-Mizwa (vgl. Glossar) und also noch nicht für religiöse Verfehlungen verantwortlich und strafbar ist, dann fastet sein Vater.

SCHMUL ist ein großer Apikojres *(Ketzer, Freigeist)*. Aber an Simchat Tora, dem Tag der Torafreude, geht er doch mit seinem Jungen in die Schul *(Synagoge)*, weil es da in der Schul gar so lustig zugeht und er dem Kind die Freude nicht verderben will. An Simchat Tora werden die heiligen Torarollen *(vgl. Glossar)* von den Männern und Knaben rund um die Empore getragen. Auch der kleine Jankel, Schmuls Junge, bekommt eine Torarolle anvertraut. Die Rolle ist aber schwer, und der Junge schwankt.

Schmul ist mit einem Sprung neben ihm und haut ihm eine schreckliche Ohrfeige: «Du Schlemihl!» schreit er außer sich, «du wirst noch die Torarolle fallen lassen.»

«Was regt Ihr Euch so auf?» fragt ein anderer Jude. «Ihr sagt doch, daß Ihr an die Tora gar nicht glaubt!»

«Wer redet hier von Glauben?» schreit Schmul aufgeregt. «Aber geht *Ihr* vierzig Tage fasten!»

Am Sabbat darf man kein Feuer anzünden und folglich auch nicht rauchen.

AN einem trüben Sabbatnachmittag kommt Fleckseif rauchend zu Zitron und sieht ihn an der Petrollampe hantieren.

Fleckseif, empört: «Am Schabbes?! Könnt Ihr nicht durch Euer Mädchen die Lampe anzünden lassen?»

Zitron: «Ihr habt eine Zigarette im Mund – und wagt es, mir wegen der Lampe Vorwürfe zu machen!»

Fleckseif: «Was für ein blöder Vergleich! Die Lampe könnt Ihr doch ohne weiteres durch das Mädchen anzünden lassen – dagegen möchte ich gern wissen, wie Euer Mädchen für mich meine Zigarette rauchen soll.»

DER «aufgeklärte» Kohn kommt am Sabbat mit der Zigarre im Mund zufällig in die Nähe des Pulverturms.

Der Wachtsoldat, streng: «Sie dürfen nicht rauchen!»

Kohn: «Pah, über solche Vorurteile bin ich längst hinaus!»

LAJB hat den Verstand verloren und sitzt im Sanatorium. Die ganze Woche über war er still und fügsam – am Sabbat erklärt er plötzlich, an diesem heiligen Tage nur koscher essen zu wollen. Er wird mit einem

Wärter zusammen in ein teures koscheres Restaurant geschickt, wo er gewaltige Portionen von den leckeren Festspeisen vertilgt. Zurückgekehrt, zündet er sich eine gute Zigarre an.
Der Anstaltsarzt, zufällig Jude: «Erst wollt Ihr unbedingt nur koscher essen – und dann raucht Ihr am Schabbes!»
Lajb, ungerührt: «Wozu bin ich meschugge?»

DER Schammes erblickt am Sabbat durch das Fenster des Lernhauses drei rauchende Jeschiwa-Studenten.
Sie werden vor den Rabbi zitiert, und dieser fragt entrüstet den ersten: «Was ist dir bloß eingefallen?»
«Verzeiht, Rabbi», sagt der Bocher *(Jüngling)* verlegen, «ich hatte ganz vergessen, daß heute Schabbes ist.»
«Ich», entschuldigt sich der zweite, «hatte vergessen, daß man am Schabbes nicht rauchen darf.»
Der dritte schweigt.
«Und du?» fragt der Rabbi streng.
«Ich», sagt der dritte, «hatte vergessen, die Vorhänge am Fenster vorher zuzuziehen.»

EIN Astronaut landet auf dem Mond. Er will sich eine Zigarre anstecken. Da kommt ein kleiner grüner Mann und brummt etwas. Der Astronaut versteht nicht.
Er versucht nochmals, sich die Zigarre anzuzünden, und der kleine Mann gestikuliert wild.
Beim dritten Versuch glückt ihm das Anstecken, aber der kleine Mann schreit: «Schabbes!! Schabbes!!»

ZWEI treffen sich am Sonnabend auf der Kurpromenade in Karlsbad.
«Cohn, ich hab' gehört, du bist geworden e Najer?» *(Najer = Neuerer, Aufgeklärter, Ungläubiger.)*
«Ja.»
«Sag: Glaubst du noch an Gott?»
«Nu, laß uns reden von was anderem.»
Die beiden begegnen einander wieder am Sonntag.
«Cohn, es hat mir keine Ruh' gelassen die ganze Nacht: Glaubst du noch an Gott?»
«Nein!»
«Nu, das hättest du nebbich schon antworten können gestern.»
«Bist du meschugge!? Am Schabbes?!»

Am Sabbat ist Rauchen verboten. Tischa-Beaw ist ein Fasttag, an welchem Rauchen erlaubt ist. Am Jom-Kippur, dem strengsten Fasttag, ist auch das Rauchen verboten.

«SIMCHE, weißt du den Unterschied zwischen dem Schabbes, dem Tischa-Beaw und dem Jom-Kippur? – Ganz einfach: am Schabbes ißt man in der Stub und raucht im Klosett, am Tischa-Beaw raucht man in der Stub und ißt im Klosett, und am Jom-Kippur ißt *und* raucht man im Klosett.»

ZWEI Juden diskutieren: Gibt es Gott oder nicht? Sie entscheiden: Es gibt ihn nicht. Dabei haben sie sich heiser geredet, und der eine setzt ein Glas Wasser an die Lippen. Der zweite entsetzt: «Du hast vergessen, die Broche *(Segen; fromme Juden nehmen nichts in den Mund, ohne zuvor den entsprechenden Segen zu sprechen)* zu sagen!»
Der erste wundert sich: «Was heißt ‹Broche›? Wir haben doch soeben entschieden, daß Gott gar nicht existiert!»
Der zweite, aufgeregt: «Wie hängt das zusammen? Ob es Gott gibt oder nicht – Wasser ohne Broche trinkt nur der Goj!» *(Goj hier im allgemeinen Sinne von Nichtjude.)*

«RABBI, welche Buße werdet Ihr mir dafür auferlegen, daß ich kürzlich vor dem Essen die Hände nicht gewaschen habe?» *(Das Händewaschen vor dem Essen ist rituelles Gebot.)*
Rabbi: «Ja – warum habt Ihr sie denn nicht gewaschen?»
«Ich habe mich geniert. Es war ein christliches Lokal.»
«Wie kommt Ihr in ein nichtkoscheres Restaurant?»
«Es war Jom-Kippur *(strengster Fasttag)*, und da waren alle jüdischen Restaurants geschlossen.»

AM Jom-Kippur stürzt ein Jude im Bethaus heulend zu Boden: «Weh mir, ich verdurste und sterbe. Fragt schnell den Rabbi, ob er mir einen Schluck Wasser erlaubt.»
Nun hebt bei den Juden Lebensgefahr jedes rituelle Gebot auf, folglich erlaubt der Rabbi dem heulenden Juden zu trinken.
Hierauf der Jude: «Ich danke Euch. Ich dachte wirklich, ich würde sterben. Rabbi, ich schwöre Euch, ich werde nie wieder am Jom-Kippur einen Salzhering frühstücken!»

NAFTALI ist beim Rabbi denunziert worden: Er hat am Tischa-Beaw *(Fasttag wegen der Zerstörung des Tempels)* gegessen.

Rabbi: «Schämt Ihr Euch nicht?»
Naftali: «Rabbi – wenn einer gefährlich erkrankt ist – dann darf er doch essen?»
Rabbi: «Ja, natürlich! Seid Ihr denn gefährlich krank?»
Naftali: «Aber essen darf man also? Was schadet es Euch also, wenn ein Jude, der Euch nichts zuleide getan hat, Gott sei Dank gesund ist?!»

MAN hat gesehen, wie Karfunkel am Tischa-Beaw eine Mahlzeit verzehrt. Der Rabbiner macht ihm Vorwürfe.
«Rabbi, ich habe das Fasten nur gebrochen, weil ich einer armen jüdischen Tochter zu einer Mitgift verhelfen wollte. Als ich nämlich zum Gebet ging, hörte ich einen Juden sagen: ‹So viele Tausender wünsche ich jeder armen jüdischen Tochter, als heute in unserer Stadt Juden das Fasten brechen werden!› Ja – und da habe ich mir gedacht, warum soll ein armes Mädchen nicht noch einen Tausender mehr haben?»

TISCHA-BEAW, Alter Jude: «Pfui, du issest heute?! Schau mich an: Ich bin alt und krank, und dennoch faste ich!»
Junger Jude: «Und doch kommen wir alle zwei nicht ins Paradies. Ich nicht, weil ich nicht faste. Und du nicht, weil es gar kein Paradies gibt.»

EIN Kranker kommt am Tischa-Beaw zum Rebben, um zu fragen, ob er nicht wegen seiner Krankheit essen darf. *(Krankheit und überhaupt jede Notlage hebt das Ritualgesetz auf.)*
Der Rebbe, mit vollen Backen kauend: «Was für e Frag! Man muß fasten, am Tischa-Beaw!
«Aber Rebbe, Ihr eßt doch selbst!»
«War ich so meschugge, zu fragen e Rebben?»

Zum Zeichen der Trauer pflegen fromme Juden am Tischa-Beaw auf Strümpfen oder barfuß zu gehen.
IN der oberen Etage eines Hauses lebt eine lärmige Familie, die in schweren Schuhen herumtrampelt und den Mieter im Parterre empfindlich stört. Erbittert schreibt dieser an den Einwohner im ersten Stock: «Sie werden es noch dahin bringen, daß Tischa-Beaw für mich ein Freudentag wird.»

Gedalja war ein jüdischer Statthalter, dessen Ermordung den Auftakt zur Zerstörung des Tempels von Jerusalem gab. Seinem Andenken gilt ein Fasttag im jüdischen Kalender: Zom Gedalia.

«MOJSCHE! Heute ist Zom Gedalia! Und du issest?!»
«Ich esse», sagt Mojsche, «aus vier Gründen. Erstens: Wäre Gedalia nicht vor der Zerstörung des Tempels ermordet worden, so wäre er heute dennoch schon lange tot. Zweitens: Wenn man *mich* erschlagen hätte, würde Gedalia auch nicht fasten. Drittens: Einfach, weil ich hungrig bin. Und viertens: Ist denn Gedalia wichtiger als der Jom-Kippur *(strengster Fast- und Bußtag der Juden)*? Und da faste ich doch auch nicht!»

EIN Jude hat Schweinefleisch gegessen. Es hagelt Vorwürfe.
Hierauf der Sünder: «Was schreit ihr so? Gestern habe ich mit eigenen Augen gesehen, wie der katholische Priester ein Stück von einem koscheren Schabbeskugel *(fette, süße Speise, die am Freitagabend in den schwachgeheizten Ofen geschoben und am Sabbat warm verzehrt wird)* gegessen hat. Wenn er unsere Speisen essen darf – wieso darf ich dann nicht auch seine Speisen essen?»

Die «koschere» Küche trennt sowohl Speisen wie auch Eß- und Kochgeräte streng in solche, die mit Milch und Milchprodukten, und solche, die mit Fleisch in Berührung kommen dürfen.
EIN jüdischer Bursche wird dabei überrascht, wie er sich ein Kalbsschnitzel in Butter brät. Man bringt ihn zum Rabbi, und dieser putzt ihn gründlich herunter.
Plötzlich fragt der Bursche: «Rabbi, was bin ich?»
«Was du bist?» schreit der Rabbi, «ein Ketzer, ein Lump!»
«Nein, nicht das will ich wissen», unterbricht der Bursche, «sondern: Bin ich nun ‹milchig› oder ‹fleischig›?»

EIN Jude ißt im Restaurant ein Schweineschnitzel. Ein frommer Bekannter sieht es und fragt streng:
«Weißt du, was diese Sünde dich kosten wird?»
«Ja, ich weiß es», erwidert der Ketzer, «sie wird mich genau einen Gulden und zehn Kreuzer kosten.»

EIN Jude kommt in ein Delikatessengeschäft und fragt: «Wieviel kostet der Schinken?» *(Der Genuß von Schweinefleisch ist nach mosaischem Gesetz verboten.)* Draußen zieht ein Gewitter auf, und im gleichen Augenblick gibt es einen mächtigen Donnerschlag. Der Jude erhebt beschwichtigend seine Augen zum Himmel und sagt: «Na, fragen wird man doch noch dürfen!»

EIN Jeschiwe-Bocher ist beim Gabbai *(Synagogenvorstand)* für eine ganze Woche zum Mittagessen eingeladen. Am ersten Tag wäscht sich der Bocher, dem Ritus gemäß, vor dem Essen die Hände und spricht die Broche *(Segen)*. Es gibt dicke Erbsen und sonst nichts.
Am zweiten Tag wiederholt sich das Menü. Der Bocher würgt die Erbsen hinunter.
Als es aber am dritten Tag wieder schon im Gang draußen nach dicken Erbsen riecht, setzt sich der Bocher ohne Händewaschen und Broche an den Tisch.
«Hören Sie, junger Mann», tadelt der Gabbai, «Sie wollen werden ein Rebbe: Wieso sagen Sie keine Broche?»
Bocher: «Es steht geschrieben in der Tora: Du sollst sagen die Broche über das, was wachst aus der Erd', und über das, was wachst von a Boim *(Baum)*. Aber über eppes, was wachst mir erous ous dem Hals, brouch men nischt zu sagen die Broche.»

DER Vater beklagt sich beim Rabbi über den eigenen Sohn: «Wo er ein Stück Schweinefleisch erwischt, beißt er hinein, und wo er eine Schikse *(christliches Mädchen aus einfachem Stande)* sieht, küßt er sie!»
Der Sohn wird vor den Rabbi zitiert und rechtfertigt sich: «Rabbi, ich kann nichts dafür, ich bin nebbich meschugge.»
Darauf der Rabbi: «Unsinn! Wenn Ihr das Mädel beißen und das Schweinefleisch küssen würdet, dann wäret Ihr meschugge. So aber seid Ihr ganz in Ordnung!»

EIN ungläubiger Jude betet in der Synagoge und weint.
«Was heult Ihr, da Ihr doch gar nicht an Gott glaubt?» fragt ihn einer.
«Es gibt zwei Möglichkeiten», entgegnet der weinende Atheist, «entweder bin ich im Unrecht und es gibt Gott dennoch – dann hat man schon allen Grund, vor ihm zu klagen und zu weinen. Oder aber ich habe recht und es gibt ihn nicht – dann hat man erst recht Grund, darüber zu weinen.»

Zu einem Gemeindegottesdienst gehören mindestens zehn Juden.
NEUN Juden sind beisammen, sie möchten mit dem Minchagebet *(Nachmittagsgebet)* anfangen – es meldet sich kein zehnter. Sie setzen sich vor die Synagogentür, um irgendeinen jüdischen Passanten abzufangen. Richtig, da kommt einer. Zwar ein «Apikojres», ein Freidenker – aber Jude bleibt Jude!
«Es geht nicht», meint der «Aphikojres» bedauernd. «Ich muß ein Ge-

schäft abschließen, und erfahrungsgemäß habe ich dabei immer Glück, wenn ich *nicht* vorher Mincha bete.»
«Und was passiert, wenn Ihr vorher Mincha betet?»
«Woher soll ich das wissen? Ich habe es vorsichtshalber noch nie versucht.»

DER Zug hält an einer kleinen ungarischen Station. Auf dem Bahnsteig bietet eine Bäuerin leckere Salami an.
«Schade, daß die Würste trefe *(nicht den rituellen ‹Koscher›-Vorschriften entsprechend)* sind!» bedauert einer der jüdischen Fahrgäste.
«Unsinn», sagt ein anderer, «ich werde Ihnen gleich beweisen, daß die Würste koscher sind!» Er winkt die Bäuerin heran und fragt sie streng: «Haben Sie trefene Würste?»
Die Bäuerin, die das Wort noch nie gehört hat, verwundert: «Nein!»
Der Jude dreht sich triumphierend um: «Da seht ihr!»

Nach mosaischem Gesetz ist der Genuß von Schweinefleisch verboten. Der Genuß von Rotwein ist an sich erlaubt. Verboten war er in der Antike nur in Gesellschaft von Heiden, weil man vermeiden wollte, daß Juden das Trankopfer an die Götter mitmachten. Sehr fromme Juden trinken aber noch heute Wein nur in jüdischer Umgebung.
EIN Jude und ein Offizier sitzen im Bahncoupé. Der Offizier frühstückt und bietet dem Juden artig ein Schinkenbrötchen an. Der Jude lehnt bedauernd ab. Der Offizier ißt die Brötchen alle allein auf und bietet hierauf dem Juden Rotwein an. Der Jude lehnt wiederum ab.
Offizier: «Haben Sie weder Hunger noch Durst?»
Jude: «Doch, aber wir haben so strenge Speisegesetze.»
Offizier: «Darf man diese auf keinen Fall übertreten?»
Jude: «Ja, schon. Bei Lebensgefahr zum Beispiel.»
Der Offizier zieht den Revolver und droht scherzhaft: «Sie trinken, oder ich schieße!»
Der Jude trinkt. Der Offizier: «Sind Sie mir sehr böse?»
Jude: «Ja, natürlich. Warum haben Sie den Revolver nicht schon beim Schinken hervorgezogen?»

EIN jüdischer Anarchist war im alten Rußland zum Tode verurteilt worden. Der Rabbiner trat zu ihm und sagte:
«Ich komme, Ihnen das Wort Gottes zu verkünden.»
«Wozu brauche ich da *Sie?*» fragte der Delinquent, «in einer halben Stunde rede ich mit Ihrem Herrn Chef persönlich.»

Fromme Juden tragen einen Bart.
VON einem Jerusalemer Juden, der sich nach außen hin sehr orthodox gebärdete, sagte der Dichter Bialik: «Er hat einen langen Bart. Aber unter seinem Bart ist er glattrasiert.»

EINE Jüdin spaziert am Sabbat auf dem Bahnsteig, sieht am Fenster des Zuges einen rauchenden Juden und schreit: «Weh mir, mich trifft der Schlag, ich sterbe! Da sitzt ein Jude am Schabbes in der Bahn und raucht!»
Der rauchende Jude: «Es wird Sie gleich noch neunmal der Schlag treffen, und Sie werden zehnfach sterben: Im Coupé sitzen nämlich noch neun weitere Juden und rauchen.»

AM Sabbat steht ein Jude im Eingang seines Geschäftes.
«Kommen Sie herein», ruft er einem Passanten zu. «Ich verkaufe Ihnen diese schöne Hose zum halben Preis!»
Der Passant, zufällig ein frommer Jude, vorwurfsvoll:
«Am Schabbes wollt Ihr ein Geschäft machen?»
Hierauf der Händler: «Ich will ihm die Hose zu halbem Preis verkaufen, und das nennt er ein ‹Geschäft›!»

EIN Fremder erklärt, er sei ein «Ger» (= *Proselyt; vom christlichen zum jüdischen Glauben übergetreten*). Daß jemand freiwillig das schwere jüdische Schicksal auf sich nehmen will, ist sehr beeindruckend, und da der Ger sehr arm zu sein scheint, fließen von allen Seiten Spenden. Da stellt sich heraus, daß der Mann in Wirklichkeit gebürtiger Jude ist! Alle sind sehr erzürnt. Hierauf der «Ger»: «Warum regt ihr euch so auf? Was schadet es euch, daß mein Vater auch ein Jude war?»

«Simchat-Tora», wörtlich «Tora-Freude», ist ein Fest, an dem die jüdischen Männer in der Synagoge ausgelassen tanzen.
AN einem solchen Simchat-Tora-Fest wundern sich die Juden in einem Städtchen des alten Zarenreiches in der Synagoge, daß der bekannteste Freidenker des Ortes begeistert herumtanzt.
«Ich tanze», sagt er lustig, «vor Freude, daß Gott die Tora *uns* übergeben hat und nicht der russischen Polizei: Sie hätte uns, Gott behüte, erbarmungslos gezwungen, alle Gebote zu halten!»

Juden dürfen an Feiertagen weder reiten noch fahren.
AN Simchat Tora, einem jüdischen Freudenfest, schwankt ein Jude be-

trunken über die Dorfstraße. Da nimmt ihn ein Stier auf die Hörner und galoppiert mit ihm davon.
«Helft, Juden!» schreit der Jude entsetzt, «ein Unglück! Ich reite an einem Feiertag!»

DER «wahre Zaddik».
Zaddik, wörtl. Gerechter, Heiliger, ist zugleich die feste Bezeichnung für den chassidischen Wunderrabbi.
Vom Zaddik Lejb Jizchok von Berditschew *(frühes 19. Jahrhundert)*, der berühmt war für seine leidenschaftlichen Auseinandersetzungen mit Gott, erzählt man sich, daß er sich einmal weigerte, am Rosch-Haschana den Schofar zu blasen, bis Gott sich dazu entschließen würde, seinem auserwählten, so bitter gequälten Volk endlich ebenso viel Gnade zu erweisen wie den andern Völkern. Er schrie: «Mag Bauer Iwan den Schofar blasen, denn ihn – und nicht uns – behandelst du wie deinen Sohn!»
«Das ist aber» – meinte ein frommer Ostjude, nachdem er in Berlin eine ‹liberale› Reformgemeinde kennengelernt hatte – «noch gar nichts. Der dortige Rabbi läßt den Schofar seit jeher von einem christlichen Berufsmusikanten blasen, als Mohejl *(Beschneider)* hat er eine katholische Kinderärztin angestellt und als Chasen (Kantor) einen Lutheraner.
Das ist erst der wahre Zaddik!»

An der jüdischen Fasnacht, «Purim», werden Leckereien gegessen. Das Fest gilt der Erinnerung an die Errettung der Juden vor den Vernichtungsanschlägen des persischen Ministers Haman. Der Tag zuvor jedoch, «Taanit Ester», ist ein Fasttag, weil auch die Königin Ester fastete, bevor sie vom persischen König Gnade für die Juden erbat.
«JANKEL, heute ist ‹Taanit Ester›, warum fastest du nicht?»
«Weil ich zum Schluß gekommen bin, daß Haman im Recht war und nicht der Jude Mordechai *(der Vormund Esters)*, der durch sein respektloses Verhalten gegen Haman alle Juden gefährdet hat.»
Am Tage darauf: «Jankel, wenn Haman im Recht war, wieso issest du jetzt Nougat und Hamantaschen und trinkst Schnaps?»
«Weil ich das Problem überschlafen und zum Schluß gekommen bin, daß dennoch Mordechai im Recht war und nicht Haman.»

DER mißratene Sohn:
«Papa, wenn du mir kein Geld mehr gibst, dann schwöre ich dir: ich werde etwas tun, was noch kein Christ und kein Jude bis heute je getan haben!»

Der alte Herr bekommt einen tödlichen Schreck und rückt mit einem beachtlichen Scheck heraus. Dann sagt er zärtlich:
«Benno, sag mir: was hättest du getan?»
«Ich hätte am Schabbes Tefillin angelegt.» *(Tefillin, Gebetsriemen, werden nur an Wochentagen angelegt.)*

Variante:
«ICH hätte gegessen Schinken mit Mazzes *(ungesäuertes Osterbrot).*»

DREI Freidenker wetten, wer von ihnen am besten lügen kann.
Der erste: «Ich! Hört zu: Der Messias wird kommen.»
«Nein, ich», sagt der zweite, «die Toten werden auferstehen.»
«Still», warnt der dritte, «Gott hört euch beide!»
Darauf die ersten beiden: «Er hat gewonnen!»

EIN Dorfjude hat genug von dem vielen Beten und Beachten der rituellen Vorschriften. Eines Tages beschließt er: Ich werde ein Apikojres *(Freidenker)*! Bloß: Er hat noch nie einen Apikojres gesehen. Wie fängt man es an, einer zu werden?
Da hört er: in der Nachbarstadt ist ein ganz berühmter Apikojres. Nun – den wird er aufsuchen und sich mit ihm beraten... Er kommt in das Haus des Apikojres. Aber siehe da: an den Türpfosten hängen, wie bei allen frommen Juden, Mesuses *(Kapseln mit einem Ausschnitt aus dem Deuteronomium drin)*. Er betritt die Wohnung – siehe da: das Weib des Apikojres trägt, genau wie seine Frau zu Hause, die Perücke *(vgl. Glossar)*! Er fragt höflich nach dem Verbleiben des Apikojres. Die Frau sagt: «Er sitzt und lernt noch im Bet-Hamidrasch!» *(Lernhaus, ausschließlich für religiöse Stoffe.)* Der Dorfjude setzt sich verwirrt in eine Ecke und wartet auf die Heimkehr des Hausherrn. Dann trägt er ihm sein Anliegen vor.
«Gut», sagt der Apikojres, «das läßt sich schon machen. Ich werde dir Apikorssut *(Freidenkerei)* beibringen. Laß uns anfangen. Du kennst doch den T'nach *(Bibel)* genau?»
«Nun – einigermaßen.»
«Und die Mischna *(früheste nachbiblische Lehren)*?»
«Ein wenig.»
«Und die Gemara *(Talmud; er baut auf die Mischna auf)*?»
«Wie sollte ich, bei uns auf dem Dorf? Von der Gemara habe ich kaum eine Ahnung.»
Meint der Apikojres: «Wenn es so ist, dann bist du kein Apikojres, sondern einfach ein Am-Haarez *(Ignorant)*!»

Variante:

MOTKE Schneider in Pitscheliow hört, daß in Schipnowitz ein großer «Apikojres» *(Ketzer, Freidenker)* lebe. Er möchte auch gern ein Apikojres werden, und also sündigt er, soviel er nur kann. Aber kein Mensch nennt ihn Apikojres, sondern die Leute schelten ihn: Lajdak *(Taugenichts)*, Jungatsch *(grober Bursch)*, blöde Behejme *(Rindvieh)* und Parech *(wörtl. Kopfkrätze; etwa: Auswurf)*.

Da beschließt er, nach Schipnowitz zu fahren, um zu hören, wie jener es anstellt, ein echter Apikojres zu sein. Er begegnet verschiedenen Schipnowitzer Juden auf der Straße, alle berichten lobend, daß der berühmte Apikojres genau nach dem Schulchan-Aruch *(Kompendium des Ritualgesetzes)* lebe. Tief nachdenklich begibt sich Motke Schneider zum Apikojres und fragt:

«Man sagt mir, daß Ihr streng nach dem Schulchan-Aruch lebt – und dennoch gibt man Euch den Titel eines Apikojres. Und seht Ihr: mich will niemand Apikojres nennen, obwohl ich doch alles tue, was man nicht darf.»

«Wer sagt Euch denn», fragt dieser, «daß man nicht darf?»

«Wenn man darf – warum tut Ihr es nicht?»

«Eben deshalb. Wozu, wenn man doch darf?»

«IHR seid ein reicher Mann. Wollt Ihr mir nicht einen kleinen Zuschuß geben für meine Wallfahrt nach Palästina?»

«Gern. Aber unter einer Bedingung. (Er holt aus dem Schrank eine Bibel und reicht sie dem Besucher:) Wenn Ihr dort hinkommt, seid so gut und legt das da zurück an den Sinai!»

Gewisse rituelle und kultische Pflichten – etwa das Aufsagen der Totengebete oder Psalmen – kann man einer Zweitperson auftragen. In den jüdischen Gemeinden des Ostens standen hierfür die Batlanim – fromme arme Müßiggänger – gegen ein Trinkgeld jederzeit zur Verfügung. Natürlich kann man sich nicht etwa vom Fasten auf diese Weise dispensieren. Das geht schon deshalb nicht, weil die jüdischen Fasttage im Kalender genau festgelegt sind, so daß der Batlan an diesem gleichen Tag ja ohnehin fasten muß. Im jüdischen Witz kommt es dennoch vor.

KOMMERZIENRAT Bamberger läßt kurz vor Jom Kippur, dem strengsten Fasttag, den Batlan Simche zu sich kommen, auf den er seit Jahren seine sämtlichen rituellen Pflichten abwälzt, und sagt: «Da habt Ihr 5 Kronen, genau wie im Vorjahr, damit Ihr wieder für mich fasten sollt.»

«Für 5 Kronen kann ich dieses Jahr nicht mehr fasten», sagt Simche, «dieses Jahr kostet es 10 Kronen.»

«Was ist auf einmal los?» fragt Bamberger verwundert.
«Nu», erklärt Simche, «die Lebensmittel sind doch aufs Doppelte gestiegen.»

SIMCHE hat von drei Kunden «Fastengeld» für den Jom Kippur einkassiert und auch tatsächlich den ganzen Tag über brav gebetet und gefastet.
Einer der drei Kunden lädt ihn am Abend nach dem Fasttag zum üblichen Festmahl ein. Simche haut tüchtig rein.
Der Gastgeber schaut verwundert zu, wie geschwind Simche die leckeren Speisen herunterschlingt, und sagt anerkennend: «Ihr fastet für drei, Simche, aber Ihr freßt für sechs.»

Nach dem Tode naher Anverwandter muß man sieben Tage lang «Schiwe sitzen», d. h. zum Zeichen der Trauer auf dem Boden oder einem niedern Schemel kauern, und außerdem das ganze Trauerjahr hindurch täglich in der Synagoge den «Kaddisch» rezitieren.

DEM reichen Tarnopoler ist der Vater gestorben. Da er weder Zeit noch Lust hat, täglich in der Synagoge den Kaddisch aufzusagen, engagiert er als Stellvertreter gegen ein Trinkgeld einen Batlan. Dieser erinnert ihn daran: «Sie müssen aber auch die erste Woche hindurch Schiwe sitzen!»
Tarnopoler, unmutig: «Ich kann doch mein Geschäft nicht eine ganze Woche lang zumachen! Also sitzen Sie für mich auch Schiwe!»
«Gut, wenn Sie anständig bezahlen!»
«Abgemacht. Aber Sie müssen auch wirklich sitzen! Ich werde das kontrollieren, indem ich täglich zu Ihnen komme, um Ihnen zu kondolieren!»

Es ist üblich, am Neujahrsfest irgendeine Frucht zu genießen, die man in dem betreffenden Jahre noch nicht gegessen hat, und dabei einen bestimmten Danksegen zu sprechen, in welchem die Worte vorkommen: «sch'hechianu l'sman hase» = «... daß Du uns bis zu diesem Zeitpunkt hast leben lassen...» Freunde pflegen sich daher am Neujahrstag passende Primeurs zu schenken und die Gabe kurzerhand «sch'hechianu» zu nennen.

AM Neujahrstag flüstert ein orthodoxer Jude, der auf den neuen liberalen Rabbiner schlecht zu sprechen ist, seinem Nebenmann in der Synagoge triumphierend zu: «Weißt du, was ich unserm Rabbiner als ‹sch'hechianu› ins Haus geschickt habe? Ein gebratenes Ferkel.» *(Der Genuß von Schweinefleisch ist verboten.)*

Darauf der Nachbar: «Falsch! Für unsern Rabbiner ist das längst kein ‹sch'hechianu› mehr!»

EIN orthodoxer Rabbi geht an einem Tempel der «aufgeklärten» Reformjuden vorbei. Über dem Portal sind zwei Löwen ausgemeißelt, welche die Gesetzestafeln halten.
Der Rabbi zu seinem Begleiter, mit einem Blick auf die Löwen: «Sie sind die einzigen hier, die die Zehn Gebote halten.»

VON einem Reformrabbiner aus Posen, der mangelhafte judaistische Kenntnisse mit einem starken jiddischen Akzent verband, sagte ein Kollege: «Das einzige, was er vom Judentum noch hat, ist sein Deutsch.»

EIN orthodoxer Jude überrascht den sehr liberalen Rabbiner der Gemeinde, wie er am Bahnhof ein Schinkenbrot ißt.
Der Rabbiner ist verlegen: «Sie wundern sich wohl, daß ich Schinken esse?»
Der Jude: «Nein, durchaus nicht. Ich wundere mich nur, daß sie bei uns Rabbiner sind.»

EIN Jude kommt in die Nachbargemeinde zum Reformrabbi: «Rabbi, ich hab' einen Zwist mit Gott!»
«Warum geht Ihr nicht zu Eurem eigenen Rabbi?»
«Der ist gottesfürchtig und wird nicht objektiv urteilen.»

«SCHLOIME, weißt du den Unterschied zwischen einem Wunderrabbi und einem aufgeklärten Reformrabbiner?»
«Nicht genau.»
«Das ist so: Zum Wunderrabbi kommt eine Frau, er verspricht ihr, sie wird gebären – und sie gebiert *nicht*. Der aufgeklärte Rabbiner hingegen geht seinerseits zu einer Frau, er verspricht ihr, sie wird *nicht* gebären – und sie gebiert!»

DER Rabbiner von Chicago ist leidenschaftlicher Golfspieler. Die ganze Woche war dicker Nebel – am Schabbes scheint die Sonne. Der Rabbiner steht am frühen Morgen auf dem menschenleeren Golfplatz, die Sportleidenschaft siegt über die Frömmigkeit, er nimmt den Schläger in die Hand...
Sein Vater schaut vom Himmel herab und sagt zum lieben Gott:

«Siehst du, was mein Sohn, der Rebbe, da unten macht – heute, am Schabbes!?»
Der liebe Gott antwortet: «Ich werde ihn bestrafen!»
Der Rabbiner unten legt den Ball zurecht, holt mächtig aus und schlägt... 250 Meter und genau ins Loch!
Sein Vater sagt erbittert: «Das nennst du Strafe?»
Der liebe Gott lächelt: «Wem soll er's erzählen?»

Am Sabbat darf man Geld nicht anrühren und nicht einmal bei sich tragen. – Die Inflationsrate in Israel betrug zeitweise über 100 Prozent.
JERUSALEM. Einem orthodoxen Rabbi, der nach dem Sabbat-Gottesdienst mit einem Schüler zusammen heimwärts schreitet, fällt eine 100-Schekel-Note aus der Tasche.
Der Schüler, entsetzt: «Rabbi! Wie könnt Ihr am Schabbes Geld bei Euch tragen!»
Der Rabbi, indem er ungerührt die Note wieder einsteckt: «Das nennst du Geld?!»

Der Sabbat beginnt Freitagabend und ist zu Ende, wenn am Samstagabend die Sterne sichtbar werden.
EIN armer frommer Jude sieht am Schabbes in New York einen Zehndollarschein auf der Straße. Er setzt den Fuß darauf und will bis Sabbatende so stehenbleiben. Um ihn brandet der Verkehr, der Bobby befiehlt ihm, weiterzugehen. Als der Jude sich taub stellt, schlägt ihn der Bobby mit dem Gummiknüppel auf den Kopf, daß ihm vor den Augen flimmert.
«Ich sehe die Sterne!» ruft der Jude erfreut, hebt den Schein auf und verschwindet in der Menge.

ZWEI Juden schreiten auf der Landstraße dahin. Fragt der eine den andern: «Wenn du am Schabbes einen Beutel mit tausend Gulden fändest – würdest du ihn aufheben?»
«Waj geschrien!» erwidert der andere, «heut' ist doch gar kein Schabbes – und wo liegt hier ein Beutel?»

Am Sabbat darf man keinerlei Gegenstände bei sich tragen.
EIN frommer Jude geht am Sabbat über die Straße – da plötzlich sieht er es am Boden aufblitzen: es ist eine goldene Uhr! Soll er sie aufheben? Am Schabbes darf er sie ja nicht bei sich tragen! – Soll er sie liegenlassen? Aber das wäre doch ein Jammer...

Plötzlich hat er die Erleuchtung. Er beugt sich über die Uhr, stellt fest, daß sie noch tickt, und sagt streng zu ihr: «Wenn du gehst – dann gehst du mit!»

DER Dieb.
Am Jom Kippur, dem strengsten Buß- und Fasttag der Juden, wird in einer Dorfsynagoge einem fremden Juden die goldene Uhr gestohlen! Alle sind entrüstet und beschließen, sich Mann für Mann genau durchsuchen zu lassen.
Nur ein junger frommer Talmudist weigert sich.
«Es ist doch nur eine Formalität!» bitten die Mitbürger.
Der junge Mann sperrt sich weiter.
«Ihr lenkt ja den Verdacht auf Euch!» warnen die Juden.
Umsonst! Der junge Mann setzt sich, als man die Durchsuchung schließlich mit Gewalt vornimmt, mit allen Kräften zur Wehr... Und in der Tat! In seiner Tasche hat er ein kleines Bündelchen! Die Juden knoten es auf – was ist drin? Eine Scheibe Brot!

«ICH glaub' überhaupt an gar nix! Ich geh' in kein' Tempel, ich tu', was ich will, ich arbeit' am Schabbes... Nur am Jom Kippur, da fast' ich natürlich...»
«Ich denk', du glaubst an keinen Gott?»
«Nu ja, ich könnt' mich ja schließlich irren.»

«WIE ertragen Sie den Jom Kippur, Herr Katz?»
«Sehr gut.»
«Kein Kopfweh? Keine Übelkeit? Kein Schwindelgefühl?»
«Nein.»
«Wie ist das möglich?»
«Ich faste nicht.»

«NU, Jossl, hast du am Jom Kippur wirklich den ganzen Tag nicht gegessen?»
«Bin ich e Vieh, daß ich soll den ganzen Tag essen?»

Mazzes: ungesäuertes Osterbrot.
«DIE Mazzes, die Sie mir geliefert haben, sind die reinsten Briketts!»
«Wenn die Juden sie in der Wüste gehabt hätten, wären sie hochzufrieden gewesen.»
«Das glaube ich auch. Damals waren die Mazzes noch frisch.»

AM Jom Kippur, an dem die Juden in ganztägigem Gebet und Fasten für alle Sünden des vergangenen Jahres um Verzeihung flehen, kommt Gedalie Hopser gedankenverloren in die «Schul» *(Synagoge)* herein. Die Durchsicht seiner Geschäftsbücher hat einen unabklärlichen Fehlbetrag ergeben. Aber dann nimmt er sich zusammen und beginnt zu beten. Bei der Stelle, wo die einzelnen Sünden aufgezählt sind, schlägt er sich an die Stirn und murmelt erleichtert: «Es stimmt schon!»

DREI fromme Juden rühmen sich ihrer Mizwot *(Guttaten)*.
«Letzten Winter», erzählt der eine, «sehe ich eines Tages eine Frau, die soeben im Fluß untersinkt. Ich fürchte mich vor dem kalten Wasser. Na – ich pfeife auf das Wasser, springe hinein und rette die Frau!»
Der zweite erzählt: «Das Haus meiner Nachbarn steht in Flammen. Ich fürchte mich vor dem Feuer. Na – ich pfeife auf das Feuer, springe hinein und rette die Nachbarn!»
Der dritte erzählt: «Ich erhalte plötzlich ein Telegramm, daß mein Vermögen in Paris in höchster Gefahr ist, ich soll sofort hinkommen. Und dabei ist es Schabbes *(am Sabbat ist die Benützung von Fahrzeugen verboten)*! Na – ich pfeife auf den Schabbes, springe in den Zug und rette mein Vermögen.»

KOHN hat sich einen neuen Maserati gekauft: elfenbeinweiß, rote Polsterung, zweihundertvierzig Kilometer. Sara bittet ihn inständig, den Rebbe die Broche *(Segen)* über den Wagen sprechen zu lassen. Kohn geht zu einem orthodoxen, altmodischen Rebbe: «Rebbe, ich hab' mir gekauft einen tollen Maserati. Ich bitte dich, sprich über ihn eine Broche!»
«Maserati: was ist das?»
«Ein modernes Auto mit acht Zylindern.»
«Bist du meschugge? Wozu braucht ein Auto acht Kopfbedeckungen? Mit so einem Teufelszeug will ich nichts zu tun haben!»
Kohn berichtet Sara von seinem Mißerfolg. Sara schickt ihn zu einem jungen, «aufgeklärten» Reformrabbiner.
«Herr Rabbiner, ich hab' gekauft einen Maserati...»
«Was Sie nicht sagen! Am Ende das neue Modell: elfenbeinweiß, mit roten Polstern, zweihundertvierzig Kilometer? Ja? Darf ich einmal mitfahren?»
«Gewiß, Herr Rabbiner, aber vorher wollen Sie sprechen über den Wagen eine Broche.»
«Broche – was ist das?»

Am Sabbat ist Rauchen verboten, Genuß von Schweinefleisch ist nach mosaischem Gesetz verboten. Jom Kippur = strengster Buß- und Fasttag. Rosch-Haschana, Neujahr, wird mit Gebet gefeiert.

DREI amerikanische Reformrabbiner prahlen, in wessen Gemeinde es am liberalsten zugeht. Der erste: «Bei mir in der Gemeinde stellt man beim Sabbatgottesdienst Aschenbecher auf.»

Der zweite: «Das ist noch gar nichts. Bei mir werden am Jom Kippur Schinkensandwich in der Synagoge serviert.»

«Nicht schlecht», gibt der dritte zu, «aber wir sind noch besser. Wir hängen an Rosch-Haschana und Jom Kippur an der Synagoge ein Schild heraus mit der Aufschrift: ‹Über die Feiertage geschlossen›.»

USA-REFORMRABBI: «In unserer Gemeinde sind wir so liberal, daß wir unsern Mitgliedern den Glauben an einen ‹Jahwe›, wie die Bibel ihn schildert, nicht aufzwingen. Wir adressieren unsere Gebete einfach ‹to whom it concerns›.»

Milchspeisen darf man erst frühestens sechs Stunden nach einer Fleischmahlzeit genießen.

ISRAEL. Der fromme Rabbi von Sichron-Jaakow ist mit seinen Talmudstudenten zusammen zu einem Festmahl nach Chedera eingeladen. Es gibt gehackte Leber, gefüllte Ente und Marktorte. Gleich nach der Mahlzeit fahren der Rabbi und seine Schüler nach Sichron-Jaakow zurück – die Autobusfahrt dauert eine knappe halbe Stunde.

Kaum angekommen, geht der Rabbi in eine Molkerei und bestellt Milch, Sauerrahm und Quarkspeisen.

«Rabbi!» ruft ein Schüler entsetzt aus, «Ihr habt doch soeben Fleisch gegessen!»

Der Rabbi, ungerührt: «Sag mal, Jossel, wie lange würdest du zu Fuß von Chedera bis Sichron-Jaakow brauchen?»

«Nu – so acht Stunden.»

«Und du, Jankel?»

«Ich bin kräftiger, ich schaffe es in sieben Stunden.»

«Und du, Schmelkele?»

«Ich bin langbeinig, vielleicht käme ich schon nach sechseinhalb Stunden an.»

Der Rabbi, befriedigt: «Seht Ihr! Ihr seid alle drei jung und kräftig, und trotzdem hätte es keiner in weniger als sechs Stunden geschafft. Was kann dem Allmächtigen – gelobt sei er! – daran liegen, daß ich im Autobus reise statt zu Fuß?»

Alte Anekdoten, Narrenwitze, Rätsel, Flüche

AUS dem Midrasch: Kaiser Hadrian fährt durch die Straßen Roms. Ein Jude schreit: «Es lebe der Caesar!»
Der Kaiser fühlt sich durch den Juden unangenehm behelligt und läßt ihm sofort den Kopf abhacken. Ein zweiter Jude hat es gesehen, und als der Kaiser vorbeifährt, schweigt er bescheiden. Der Kaiser ist beleidigt und läßt ihm den Kopf abhacken. Der Kanzler macht den Kaiser auf die Inkonsequenz aufmerksam. Darauf dieser: «Willst du mich lehren, wie man Feinde behandelt?»

DER Spiegel. Zur Zeit, als es auf den Jahrmärkten die ersten kleinen Handspiegel zu kaufen gab, kam ein Dorfjude an einen solchen Markt und blickte zum erstenmal in den Spiegel. Er erbebte:
«Wie ist das möglich? Das Bild meines verstorbenen Vaters! Und obendrein so beweglich, als wäre er noch am Leben!»
Der Jude kaufte den Spiegel, verbarg ihn sorgfältig in dem Säckchen, in welchem er seine Tefillin *(Gebetsriemen)* aufzubewahren pflegte, und sooft er das Totengebet für seinen Vater sprach, zog er das bewegte Vaterbild heimlich hervor und blickte es an...
Einmal beobachtete ihn seine Frau dabei, und als der Mann nicht zu Hause war, zog sie den Gegenstand hervor.
Sie blickte hinein und erstarrte: «Weh mir! Es ist das bewegte Zauberbild einer andern Frau, die er in der Stadt kennengelernt hat!»
Weinend beklagte sie sich bei ihrem Vater über ihren Mann.
Der Vater, ein Patriarch mit Silberbart, griff nach dem Spiegel, um sich selber zu überzeugen.
«Mein Kind!» rief er aus. «Was redest du da? Ich sehe in dem Glase den Messias!»

EIN Gutsherr befahl seinem jüdischen Faktotum bei Todesdrohung, einem Hund das Sprechen beizubringen. Der Jude brachte den Hund nach Hause. Als er seiner Frau von dem Auftrag erzählte, sagte sie weinend: «Eher wirst du zu bellen anfangen als der Hund zu reden.»
«Hab keine Angst», erwiderte der Jude, «ich hab' mir zehn Jahre Frist

ausbedungen. Das ist viel Zeit. Inzwischen kann der Hund sterben, der Gutsherr kann sterben, oder vielleicht hilft Gott, und ich sterbe selber. Und schließlich: wenn es unserm Melamed gelungen ist, unserm unbegabten Knaben das hebräische Alphabet beizubringen, kann man vielleicht auch einen Hund das Sprechen lehren.»

EIN Gutsherr forderte den griechisch-orthodoxen Priester und den Rabbi seines Dorfes zum Disput auf. Wer zuerst eine Frage nicht beantworten konnte, den sollte es den Kopf kosten. Der Rabbi hatte Angst. Da meldete sich statt seiner der fast analphabetische jüdische Kutscher! Er wollte aber als erster fragen. Der Priester hatte angesichts eines so unfähigen Gegners nichts dagegen.
Der Kutscher: «Was heißt ‹ejneni jodea›?» *(hebr. «Ich weiß nicht»)*.
Der Priester, ein guter Hebraist, antwortete ohne zu zögern: «Ich weiß nicht» – und es kostete ihn den Kopf.
Die Juden bewunderten den genialen Einfall des Kutschers.
«Wie bist du bloß darauf verfallen?» wollten sie wissen.
«Das kam so», erklärte der Kutscher, «vor Jahren fragte ich unsern Rabbi, was ‹ejneni jodea› heißt, und er sagte: ‹Ich weiß nicht.› Da dachte ich: Wenn der Rabbi es nicht weiß, wird der Priester es erst recht nicht wissen.»

DAS jungverheiratete Paar reist auf dem Fuhrwerk.
«Wie schön wird das sein», schwärmt die Frau, «wenn wir einen kleinen Sohn haben werden. Wir wollen ihn Mojsche nennen. Und wir nehmen ihn mit auf die Landpartie, und dann darf er ein wenig auf den Bock hinaufsitzen.»
«Nein, das geht nicht», protestierte der Ehemann, «der Bock ist für kleine Kinder zu gefährlich.»
«Unsinn», sagt die Frau, «was kann schon passieren? Laß doch dem Kind die Freude!»
«Das Kind kann verunglücken», ruft der Mann aufgeregt.
Die Frau ist anderer Meinung. Sie streiten immer wilder, plötzlich springt der Mann vom Wagen und schreit zornig:
«Mojschele, sofort herunter vom Bock!»

EINE ärmliche Jüdin gibt ihrem talmudgelehrten Manne den Auftrag, auf dem Viehmarkt eine Ziege zu besorgen, und sagt zu ihm: «Ich weiß, daß du nichts von Ziegen verstehst. Aber ich werde dir alle Merkmale einer guten Milchziege genau aufzählen.»

Sie schreibt ihm also vor, die Ziege müsse ein gesundes, junges Gebiß haben, ein glänzendes Fell, ein volles, schönes Euter; und zuletzt fügt sie noch hinzu: «Wenn nicht alle Merkmale genau stimmen, ist es auch kein Unglück!»
Der Mann zieht los und bringt den Kauf stolz nach Hause.
Die Frau, entsetzt: «Das ist doch ein Ziegenbock!»
Der Mann: «Du hast doch gesagt, wenn *ein* Merkmal fehlt, ist es kein Unglück, und bis auf das Euter stimmte alles genau.»

KURZ darauf bricht eine Ziegenseuche aus, der Bock stirbt.
«Wie traurig», seufzt der Mann, «beim Melken warst du ein Bock, und beim Sterben bist du plötzlich eine Ziege.»

«ICH habe Hunger», klagt der halbwüchsige Sohn.
«Leider haben wir kein Stück Brot im Hause», seufzt der Vater. «Aber für dich gibt es einen Ausweg. Unsere Nachbarn haben genug zu essen. Natürlich kannst du sie nicht anbetteln. Aber du kannst die Bitte in einen Scherz einkleiden. Du gehst zu ihnen hinüber und rufst ihnen zu: ‹Trefft, was ich bin?› Sie werden natürlich sagen, du seiest ein Esel oder ein Kamel, denn du giltst leider als Dummkopf. Dann sagst du: ‹Nein, ich bin hungrig!› Sie werden lachen und dir zu essen geben...»
Der Sohn geht zum Nachbarn und fragt: «Trefft, was ich bin?»
«Ein Rindvieh», sagt dieser.
«Nein», antwortet der Junge lustig, «ich möchte essen!»

Cholm oder Chelmo, deutsch Chelm, das ostjüdische Schilda, liegt östlich von Lodz.
DER Gipfelpunkt.
Erste Prämisse: Den Chelmer Bürgern sagt man die gleiche Dummheit nach wie in Deutschland jenen von Schilda.
Zweite Prämisse: Der Chasan *(Synagogenvorsänger)* gilt als genauso dumm wie jeder Tenor.
Dritte Prämisse: Daß Truthähne sehr dumm sind, weiß jeder.
Konklusion. Was ist demnach der Gipfelpunkt der Dummheit? Der Truthahn des Chasans von Chelm.

ZWEI Chelmer, Berl und Schmerl, kaufen in der Kreisstadt zusammen einen Krug Schnaps und beschließen, ihn nur gegen Kassa zu verkaufen.
Unterwegs hat Schmerl Durst: «Ich möchte einen Schnaps. Aber natürlich zahle ich bar – da hast du einen Kreuzer!»

Berl ist einverstanden. Nach einer Weile hat er ebenfalls Durst. Er zahlt einen Kreuzer und trinkt.
Es ist ein heißer Tag, beide haben Durst, der Kreuzer geht hin und her – am Abend, in Chelm, ist der Krug leer!
«Wie war das Geschäft?» fragt ein Passant.
«Großartig», versichern die beiden. «Alles an *einem* Tag ausverkauft – und nur gegen Kassa!»

IN Chelm. Die Mutter schickt Tanchum Zündhölzer kaufen. Er bringt sie – kein einziges brennt!
Tanchum, verwundert: «Das ist mir unbegreiflich! Ich habe sie doch alle einzeln ausprobiert!»

EIN Chelmer schreibt einen Brief in sehr großen Buchstaben.
«Was bedeutet das?» fragt ein Besucher neugierig.
«Ich schreibe an einen tauben Onkel», erklärt der Chelmer.

CHELMERIN: «Die Eier sind so teuer! Die Hühner legen zu wenig. Eine Zeitlang gab es gar keine mehr, jetzt gibt es wieder welche, aber zu vier Kopeken statt wie vorher zu zwei.»
Der Mann: «Wie klug die Hühner sind! Solange die Eier nur zwei Kopeken kosten, wollen sie keine legen, und kaum kosten die Eier das Doppelte – da fangen sie wieder an zu legen!»

WENN der Chelmer Schammes *(Synagogendiener)* in der Morgendämmerung von Haus zu Haus ging, um die Leute zum Gebet zu wecken, zertrampelte er den schönen, unberührten Schnee. Das tat den Chelmern leid, und darum engagierten sie vier Lastträger, die den Schammes von Haus zu Haus tragen sollten.

DER Schammes von Chelm war alt und zu schwach, im Morgengrauen an alle Türen zu klopfen, um die Leute zum Gebet zu wecken. Den Chelmern tat der Mann leid, und sie beschlossen daher, alle Haustüren auszuhängen und zum Schammes zu bringen, damit er an die nebeneinandergestellten Türen an seiner Hauswand klopfen konnte.

IN Chelm bricht nachts ein Brand aus, und alle Juden eilen herbei, um zu löschen. Einer von ihnen ruft begeistert aus:
«Was für ein Glück, daß es gerade hier brennt! Wie hätte man sonst sehen können, wohin man das Wasser schütten soll?»

MAN fand im Flusse bei Chelm eine bereits entstellte Wasserleiche. Eine Frau, deren Mann seit Wochen verschwunden ist, meldet sich beim Rabbi mit der Vermutung, dies könnte ihr Mann sein. Sie verlangt eine Bescheinigung, daß sie nun Witwe ist. Der Rabbi hat Bedenken: «Woher soll man wissen, ob diese zersetzte Leiche Euer Mann ist? Vielleicht wißt Ihr ein sicheres Kennzeichen?»
Die Frau, nach langem Nachdenken: «Er war ein Stotterer.»
Der Rabbi klärt und entscheidet: «Nein, das genügt nicht. Es gibt viele Stotterer.»

Bei manchen religiösen Handlungen steht man ostwärts, gegen Jerusalem.
IN Chelm soll ein Paar getraut werden – aber o Schreck! Es schaut westwärts! Einige kräftige Chelmer drehen den Traubaldachin nach allen Seiten – es hilft nichts. Ein Warschauer ist zufällig dabei, er faßt Braut und Bräutigam an den Schultern und dreht beide gegen Osten...
Die Chelmer: «Soviel Klugheit und Chuzpe *(Kühnheit)* kann es nur in Warschau geben!»

DER Herr zum Chelmer Diener: «Schafskopf, du hast mir einen braunen und einen schwarzen Schuh hereingebracht!»
Der Diener: «Ja, aber das andere Paar sieht genauso aus.»

IN einer Chelmer Küche steht ein Hund mitten auf dem Tisch und leckt aus der Rahmschüssel. Der Diener sitzt daneben und rührt sich nicht. Die Hausfrau kommt herein und fragt zornig: «Warum hast du den Hund nicht vertrieben?»
Der Diener: «Er hat mir gestern die Hose zerrissen, seither bin ich auf ihn böse und rede nicht mehr mit ihm.»

DER Herr gibt dem Chelmer Diener den Auftrag, ihn um fünf Uhr zu wecken. Der Diener rüttelt ihn um drei Uhr wach:
«Ich wollte Euch nur sagen, Ihr sollt Euch mit dem Schlafen beeilen, in zwei Stunden müßt Ihr schon aufstehen.»

Variante:
«ICH wollte Euch nur beruhigen: Ihr habt noch volle zwei Stunden Zeit zum Schlafen!»

CHELMER Diener: «Ihr wolltet einen Liter Wein. Der ging nicht ganz hinein in die Flasche. Ich habe den Rest in den hohlen Flaschenboden

füllen lassen!» – Und dabei hält er dem Herrn die unverkorkte, nach unten gedrehte Flasche hin.
Der Herr: «Chammer *(Esel)*, und wo ist der übrige Wein?»
Der Diener: «Hier oben!» – und er dreht die Flasche wieder um.

CHELM. Fajwl kommt in die Badeanstalt, da gibt ihm der Badediener ein Rätsel auf: «Sag mir, mein Obergescheiter, wer ist das? 's ist nicht mein Bruder, und 's ist nicht meine Schwester, und 's ist ein Kind meiner Eltern?»
Fajwl grübelt und grübelt und sagt zuletzt: «Ich weiß nicht.»
Lacht der Badediener: «Das bin ich!»
Das Rätsel gefällt Fajwl sehr, und daheim fragt er sein Weib: «Sag mir, Sara, wer ist das? 's ist nicht mein Bruder, 's ist nicht meine Schwester, und 's ist ein Kind meiner Eltern?»
Sara schweigt. Fajwl erstickt schier vor Lachen: «Haha! Das ist doch der Diener aus der Badanstalt!...»

EIN Chelmer mit dichtem Bart liest im Talmud, daß Dickbärtige dumm seien. Er ärgert sich, aber schließlich läßt sich gegen den Bart etwas tun. Zwar: Rasieren ist nach Bibelgesetz verboten, aber Auslichten mit Hilfe von Feuer ist nirgends untersagt. Also zündet er den Bart an...
Als er von den Brandwunden genesen ist, läßt er sich den Talmud bringen und schreibt neben die Stelle über die Dummheit der Dickbärtigen: «Erprobt und bestätigt gefunden.»

EIN Chelmer liest: «Gott schützt die Dummen.»
Sagen nicht alle Leute, er sei ein Esel? Das kann er jetzt sofort überprüfen. Und er springt aus dem Fenster. Er liegt mit gebrochenen Beinen am Boden und stöhnt: «Ich habe gewußt, daß ich nicht dumm bin. Aber daß ich *so* klug bin, habe ich doch nicht gewußt!»

IN Chelm. «Ich will Geldverleiher werden.»
«Schön. Leiht mir fünfhundert Rubel.»
«Gut. Ihr gebt mir dafür vierundzwanzig Prozent Zins.»
«Was für ein Unsinn! Von einem verläßlichen Leiher verlangt man höchstens zehn Prozent.»
«Also gut. Dann gebt mir zehn Prozent. Ich will nämlich, daß Ihr ein verläßlicher Leiher seid.»

IN ganz Chelm sind die Streichhölzer ausgegangen. Am Abend ist das

Städtchen in Finsternis getaucht. Darum wandert ein Chelmer zur Kreisstadt, um Streichhölzer einzukaufen.
Am nächsten Abend ist er zurück – ohne Streichhölzer!
«Merkwürdig», sagt er, «als ich in der Kreisstadt ankam, war es heller Tag, wozu hätte ich da Streichhölzer kaufen sollen – aber hier in Chelm ist es ja finstere Nacht!»

DIALOG auf der Chelmer Post:
«Wann geht die Post nach Pinczew?»
«Alle Tage.»
«Mittwoch auch?»

IN Chelm. – «Jankel, wohin so eilig?»
«Meine Schwiegermutter abholen. Sie kommt am Mittwoch.»
«Aber heute ist doch Dienstag!»
«Ich weiß, aber Mittwoch habe ich keine Zeit!»

JANKL, der Chelmer, hat im koscheren Restaurant das ganze Menü aufgegessen – er ist nach wie vor hungrig. Er bestellt das Menü ein zweites und sogar ein drittes Mal – er hat immer noch Hunger.
Auf dem Tisch stehen Salzbrezeln, er ißt eine davon – und jetzt ist er plötzlich satt. Da sagt er: «Wenn ich das geahnt hätte, hätte ich gleich zu Beginn nur eine Brezel bestellt!»

DER Chelmer Melamed hat auswärts eine Stellung bekommen. Obwohl es nicht sehr weit entfernt ist, kommt er nur einmal im Jahr, zu den hohen Festtagen, nach Hause.
«Warum kommst du nicht jede Woche?» fragt einer.
«Das kann ich mir nicht leisten. Ich komme nur einmal im Jahr – und jedesmal bekommt meine Frau hernach ein Kind. Nun stellt euch vor, wie es wäre, wenn ich jede Woche käme?!»

CHELM. Die Eltern haben ihren Sohn zur Ausbildung in die nahe Kreisstadt geschickt. Die städtische Atmosphäre färbt auf ihn ab – und eines Tages schreibt er an seine Eltern statt in hebräischen in lateinischen Buchstaben. *(Jiddisch wird in hebräischen Lettern geschrieben.)*
Die Eltern können die Schrift nicht lesen und beschließen, auf der Straße irgendeinen Fremden um Hilfe zu bitten.
Sie gehen vors Haus und fangen einen dicken, großen Passanten ab.
«Könnt Ihr das lesen?»

«Ich kann.»
«Wollt Ihr so gut sein, es uns vorzulesen?»
«Bitte sehr!»
Der Passant, mit grober Brüllstimme: «Lieber Vater, schick mir ein paar Gulden, denn meine Hosen sind zerrissen, und ich muß mir neue kaufen!»
Der Vater, entrüstet: «Nie hätte ich gedacht, daß unser Junge so ein roher Schreihals ist! Ich schicke keinen Heller!»
Die Mutter beschwichtigt: «Unser Sohn war doch immer so bescheiden. Vielleicht lautet der Brief ganz anders.»
Das leuchtet dem Vater ein. Sie halten einen zweiten Passanten an, einen kleinen, schmächtigen, schüchternen Menschen. Auch er kennt lateinische Buchstaben und ist bereit, den Text vorzulesen. Mit flehender Piepstimme trägt er den Briefinhalt vor.
Der Vater, tief gerührt: «Der arme, schüchterne Junge! Wie bescheiden er sich ausdrückt! Ich geh' sofort das Geld aufgeben!»

CHESKIEL aus Chelm kommt nach Berlin. Er sucht nach einem Klosett, geht in ein Café, der Kellner zeigt ihm die Tür, Cheskiel geht hinein: ringsum Spiegel, Glas, Marmor, Porzellan – so etwas hat er noch nie gesehen. Er denkt, man will ihn zum Narren halten, und geht weiter.
Schließlich hat er eine Idee: Er kauft eine Tüte Obst, ißt es auf, erledigt sein Bedürfnis in einem dunklen Toreingang in den Papiersack und schaut sich um, wohin er ihn wegwerfen kann.
Da tritt ein Polizist auf ihn zu und fragt: «Was tragen Sie da?»
«Äpfel.»
«Wo haben Sie die gekauft?»
Der Chelmer deutet aufs Geratewohl auf einen Lebensmittelladen gleich gegenüber. Der Polizist, freundlich warnend: «Sie müssen aufpassen, in dem Laden wiegt man immer falsch. Wieviel haben Sie gekauft?»
«Zwei Pfund.»
«Kommen Sie, wir werden sehen, wie man Sie beschwindelt hat.»
Der Chelmer hat keine Wahl, er muß mitgehen. Der Obsthändler bestreitet, diesem Mann etwas verkauft zu haben. Der Polizist beharrt auf der Gewichtskontrolle – siehe da, die Tüte wiegt kaum ein Pfund! Großer Krach. Der Händler protestiert wütend gegen die Unterstellung, mit dem Kauf etwas zu tun zu haben; Cheskiel versucht vergeblich, sich heimlich zu verdrücken. Schließlich schaut der Polizist in die Tüte hinein, und voller Zorn nimmt er den Chelmer mit zur Wache, wo er wegen groben Unfugs 20 Mark Strafe zahlen muß...

Heimgekehrt nach Chelm, wird Cheskiel befragt, wie es ihm in Berlin gefallen habe.
«Eine schöne Stadt», bestätigt er seufzend, «aber kackst du weniger als zwei Pfund, dann zahlst du 20 Mark Strafe.»

CHELM. Der arme Schammes *(Synagogendiener)* kommt zum Rabbi und klagt: «Rebbe, ich hab' kein Geld für Mazzes *(ungesäuertes Osterbrot)*, und Pessach *(Ostern)* steht vor der Tür!»
Der Rabbi klärt lange und rät dann: «Verkauf deine Silberleuchter und kauf für das Geld Mazzes!»
Der Schammes: «Aber Rebbe, wo soll ich auf einmal Silberleuchter hernehmen!»
Der Rabbi, streng: «Misch die Dinge nicht durcheinander! Das ist eine andere Frage, die fällt nicht in meine Kompetenz!»

EIN Schriftsteller hatte ein Weib aus Chelm.
Einmal ließ er auf dem Tisch die frisch beschriebenen Bogen liegen und ging zu einer Sitzung weg. Als er zurückkam, gewahrte er gleich sein Unglück. Auf dem Schreibtisch fand er eine außergewöhnliche Ordnung. Da fragte er seine Gattin:
«Meine Teure, was für Papier hast du ins Feuer geworfen?»
«Was heißt das?» antwortet das Weibchen. «Hältst du mich für so närrisch, daß ich reines Papier ruinieren sollte?! Natürlich habe ich nur das beschriebene verbrannt!»

EINMAL in einer klaren Sommernacht rief ein Chelmer Obergescheiter aus: «Juden! Seht nur, wie der Mond scheint und wie hell es heute auf der Gasse ist! Wollen wir es vielleicht so machen, daß es für immer so bleiben soll?»
Fragt man ihn: «Wie macht man das?»
«Ich weiß hierzu einen Rat», sagte der Obergescheite. «Da steht doch auf dem Markt ein Fäßlein Wasser. Wenn ihr hineinschaut, seht ihr darin den Mond. Aber er kann von dort hinaus! Laßt uns also einen Deckel auf das Fäßlein legen, und wenn die finsteren Nächte kommen, werden wir den Mond herausholen, und er wird scheinen.»
Taten also die Juden, wie der kluge Chelmer sie geheißen hatte. Und als die finsteren Nächte kamen, nahm man den Deckel ab und schaute in das Fäßlein hinein – aber da war kein Mond!
Begannen die Chelmer zu schreien: «Jemand hat den Mond gestohlen!» Und sie liefen auseinander, um den Dieb zu packen...

EINMAL gelüstete es einen Chelmer, Warschau zu sehen. Er stand ganz früh auf, nahm einen Stock und eine Tasche mit Reiseproviant und begann zu Fuß nach Warschau zu gehen.

Den halben Weg hatte er schon hinter sich, da befiel ihn die Lust zu schlafen. Er legte sich mit den Füßen gegen Warschau und mit dem Kopf gegen Chelm hin, damit er beim Aufstehen dies als Zeichen haben sollte: wohin die Füße ausgestreckt lagen, dort war Warschau.

Da kam ein Spaßvogel vorbei und sah, wie einer mitten auf dem Wege ausgestreckt dalag. Er begriff sofort, daß dies ein Chelmer war. Er faßte ihn bei den Füßen und drehte ihn in die umgekehrte Richtung...

Der Chelmer fuhr aus dem Schlafe, wischte sich die Augen aus, warf einen Blick, um festzustellen, in welcher Richtung seine Füße lagen – und dorthin ging er weiter.

Vor Einbruch der Nacht erreichte er die Stadtmauern.

«Genau wie Chelm!» sagte er zu sich.

Er kommt in die Stadt hinein – alles bekannte Gäßlein.

«Genau wie Chelm!» wundert er sich immerzu.

Er geht noch weiter, sieht Häuser mit Kneipen.

«Akkurat wie in Chelm!»

Er ist schon in seinem eigenen Gäßlein neben seinem eigenen Häuschen: «Genau wie in Chelm!»

Plötzlich öffnet sich die Tür, sein Weib tritt heraus und kommt ihm entgegen. «Gewalt, Juden!» schreit er mit ganz fremder Stimme. «In Warschau gibt es auch eine Slate?!...»

CHELM. «Jankel, warum heiratest du nicht?»

Jankel, tieftraurig: «Was hat das für einen Zweck? In unserer Familie ist Kinderlosigkeit erblich!»

«Kinderlosigkeit erblich!? Dein Vater war kinderlos?»

«Was heißt Vater? Ich hab' doch einen Stiefvater gehabt!»

FEIWUSCH aus Chelm ist nach Paris gefahren. Lange lauscht er verwundert, wie die Franzosen sprechen, dann stellt er erleichtert fest: «Es stimmt nicht, daß wir Chelmer Narren sind. Es war zum Beispiel überaus klug von uns, nicht in Paris zur Welt zu kommen. Es hätte uns jeder hier ausgelacht, weil wir nicht Französisch können!»

Hersch Ostropolier, ein volkstümlicher und ziemlich boshafter Witzbold, hat im 18. Jahrhundert als Diener eines Wunderrabbi wirklich gelebt. Er war ein Trinker und zeit seines Lebens bitter arm.

NACH einem alten Glauben öffnet sich in der Nacht vom Tischa-Beaw der Himmel, und alle Wünsche gehen dann in Erfüllung.
Tischa-Beaw sitzt Herschl mit andern Juden zusammen vor der Schul, und jeder nennt seinen Wunsch. Herschl sagt verträumt: «Ich wollte, ich wäre ein König. Mein Reich wird überfallen, mein Palast verbrannt – ich fliehe im bloßen Hemd...»
Der Rebbe hat zugehört und fragt verwundert: «Seltsame Geschichte! Was wünschest du dir eigentlich?»
Darauf Herschl, seufzend: «Das Hemd, Rebbe!»

Variante:
HERSCHL: «Und ich möchte der einzige Schnorrer von Berditschew sein.»
Die andern, entsetzt: «Wer wünscht sich Elend!»
Darauf Herschl: «Wieso Elend? Wißt ihr, wieviel die Wohltätigkeitskasse von Berditschew pro Jahr ausgibt? Zehntausend Rubel! Das alles wäre dann mein!»

HERSCH Ostropolier hatte seinen letzten Hausrat vertrunken und schlief auf einer nackten Bank. Die Leute rieten ihm:
«Trink weniger und kauf dir ein Kissen mit Federn!»
«Puh», sagte Hersch, «ich habe einmal auf einer einzigen Feder geschlafen. Am Morgen war ich ganz zerschlagen. Und nun soll ich auf einem ganzen Kissen voll Federn schlafen!»

Hersch Ostroplier pflegte sich oft ratsuchenden Fremden gegenüber in Abwesenheit des Rabbi für diesen auszugeben.
EINES Tages meldete sich ein junger Mann beim Rabbi und fragte, ob seine Sünde nun abgebüßt sei. Er habe befehlsgemäß drei Tage lang Stroh gekaut. Der verwunderte Rabbi vermutete einen Streich von Hersch und befragte ihn.
«Ja, Rabbi», gab Hersch zu, «die Buße habe ich ihm in Eurer Abwesenheit aufgegeben. Er hat erzählt, er habe sich nachts in der Zimmertür geirrt, und als er ins Bett wollte, zeigte sich, daß bereits ein hübsches Mädchen drin war. Er sei weggerannt, fühle sich aber dennoch sündig und wolle büßen... Nun: wenn einer vor einem hübschen Mädchen im Bett davonläuft, dann ist er ein Rindvieh und soll Stroh kauen.»

HERSCHLS Weib ernährte die Familie mit einem kleinen Kramladen. Einmal unterschrieb Herschl einen Wechsel für Ware und löste ihn natürlich nicht ein.

Der Kaufmann kam gelaufen: «Herschl! Warum hast du den Wechsel nicht eingelöst?»
«Ich zahle nicht.»
«Aber Herschl! Du hast doch den Wechsel selbst unterschrieben!»
«Na und? Mein Wort ist heiliger als meine Unterschrift. Wenn ich sage, ich zahle nicht, dann zahle ich nicht.»

ZUM Wunderrabbi, bei dem Herschl Ostropolier dient, kommt einmal eine Frau und klagt, der Mann sei ihr weggelaufen. Der Rabbi tröstet sie: der Mann werde wiederkommen. Da mischt sich Herschl ein: «Er wird nicht wiederkommen!»
Als die Frau fort ist, schilt der Rabbi den Hersch aus. Darauf dieser: «Rabbi, Ihr habt aus Euren Folianten geschlossen, der Mann werde wiederkommen. Ich aber habe die Frau angeschaut, und darum weiß ich: er ist für immer gegangen!»

EINE arme Frau hat eine schwere Geburt. Ihre Mutter kommt um Rat zum Rabbi – beim Hinausgehen rät ihr Herschl zusätzlich, der Kreißenden einen Kreuzer auf den Nabel zu legen. Und siehe – Herschls Rat hat Erfolg. «Wie kamst du darauf?» fragt ihn der Rabbi.
«Sehr einfach», erklärt Herschl, «ich wußte: wenn ein armer Teufel einen Kreuzer spürt, dann kommt er sofort gelaufen.»

HERSCHL ist unterwegs. Am Freitagabend will ihn keiner der Ansässigen über Sabbat einladen.
Da geht Herschl ins Haus eines reichen Juweliers und fragt: «Was würden Sie für einen eigroßen Diamanten zahlen? Aber vielleicht ist Ihnen lieber, wenn ich Ihren Konkurrenten frage?»
Erschrocken lädt der Juwelier Herschl für den Sabbat ein. Denn handeln darf man am heiligen Tage nicht, und wenn er ihn fortläßt, fängt ihn am Ende die Konkurrenz ab.
Herschl wird bewirtet wie ein Fürst. Als der Sabbat vorbei ist, sagt der Juwelier: «Nun, zeigt mir Euren Diamanten!»
«Was für einen Diamanten?» fragt Herschl erstaunt. «Ich handle mit alten Kleidern. Ich wollte den Preis nur wissen für den Fall, daß ich einen solchen Diamanten in einer alten Hose finde.»

HERSCHL saß lange bei seinem Onkel als lästiger Gast. Beim Abschied sagte der erleichterte Onkel wohlerzogen: «Komm wieder zu einem Fest!»

Herschl geht – und ist nach einer Stunde wieder da.

«Was soll das heißen?» fragt der Onkel.

Darauf Herschl: «Ihr habt doch gesagt, ich soll zu einem Fest wiederkommen. Und ich war sicher: wenn ich wegfahre, ist es für Euch ein Fest!»

HERSCHL hat seine Uhr versetzt. Mitten in der Nacht trommelt er den Verleiher wach und ruft: «Wie spät ist es?»

«Seid Ihr verrückt, mich deshalb zu wecken?!»

«Ich traue nur meiner eigenen Uhr, und die liegt bei Euch!»

EIN Dieb hat sich in Hersch Ostropoliers Hütte verirrt, sucht und sucht – und kann nichts finden. Schließlich bleibt er stehen, um zu überlegen, wo er noch nachsuchen könnte, und nimmt dabei nachdenklich eine Prise Tabak.

Hersch, der bisher stillschweigend unter seinen Lumpen in der Ecke gelegen und dem Dieb zugeschaut hat, schleicht sich sorgfältig heran und versucht, ebenfalls eine Prise Tabak zu erhaschen. Der Dieb erschrickt.

«Hab keine Angst!» beruhigt Hersch, «ich will dir helfen suchen. Und wenn wir nichts finden – dann erzähl es nicht weiter! Es braucht niemand zu wissen, wie arm ich bin.»

AUF dem Markt von Berditschew. Altmöbelhändler: «Reb Hersch! Kauft diesen Schrank! Ich gebe ihn halb umsonst!»

Hersch: «Wozu?»

«Um Eure Kleider hineinzuhängen.»

Herschl, entrüstet: «Und ich? Soll ich inzwischen nackt herumlaufen?»

«HERSCHL», sagt ein Bekannter, «wie kommt es, daß du so jung aussiehst?»

Herschl: «Weil mir mein böses Weib die Hälfte meine Jahre nimmt.»

DER Kultusvorsteher von Wilna hatte eine unpopuläre Maßnahme getroffen. Die Juden beschimpften ihn, worauf er ihnen mit der Aufforderung des Götz von Berlichingen antwortete.

In Wilna lebte damals der berühmte jüdische Spaßmacher Motke Chabad. Mitten in der Nacht klopfte Motke so lange an den Fensterladen des Gemeindepräsidenten, bis dieser aus dem Schlaf aufschrak und ans Fenster trat. Darauf Motke Chabad, sich ehrfurchtsvoll verneigend: «Mich schickt der Kahal *(jüdische Gemeinde)*: Ich soll fragen, ob Ihre

Aufforderung nur an die Juden von Wilna im engern Sinne ergeht oder ob die Vorstadt Sinpischok sich auch dazuzurechnen hat.»

MOTKE Chabad, der Spaßmacher und Pechvogel, drohte einmal: «Wenn die Gemeinde mir nichts gibt, werde ich Hutmacher.»
«Na und?»
«Bei meinem Pech werden dann alle Kinder ohne Kopf zur Welt kommen!»

«REBBE, was soll ich tun? Die Gassenjungen rennen hinter mir her und schreien mir nach ‹Ober-chochem› *(Obergescheiter)*!»
«Nimm Steine, schmeiß sie ihnen an den Kopf!»
«Und im Dampfbad? Da gibt es doch keine Steine!»
«Nimm den Schöpfeimer!»
«Und im Bejt-Hamidrasch *(Lehrhaus)*?»
«Nimm einen Leuchter!»
«Rebbe, wenn ich einen solchen Ministerkopp hätte, überall zu wissen, was ich nehmen soll, dann wäre ich doch klüger als ein Rebbe und brauchte nicht Euren Rat!»

ZWEI jüdische Viehhändler im Elsaß treiben eine Kuh zum Markt, die ihnen gemeinsam gehört. Unterwegs will Berl einen Spaß machen und sagt zu seinem Compagnon:
«Schlomo, siehst du diesen Frosch? Wenn du ihn lebendig aufißt, gehört die ganze Kuh dir!»
Das ist ein verlockendes Geschäft, und Schlomo würgt den Frosch herunter. Es wird ihm sterbensübel, er hat eine Wut auf Berl und sagt:
«Hier ist noch ein Frosch, Berl, wenn du den aufißt, gehört die halbe Kuh wieder dir!»
Berl hat den dummen Handel längst bereut, er würgt den Frosch herunter... Sie gehen schweigend weiter. Dann sagt Berl: «Schlomo, wozu haben wir eigentlich die Frösch gefressen?»

ZUCKERKANDL ist zerstreut. Als er im Hotel übernachten muß, legt er daher eine Liste seiner Sachen an und schreibt zuunterst scherzhaft:
«Ich selber liege im Bett.»
Am andern Morgen findet er alles. Zuletzt schaut er ins Bett – da ist er nicht! Er beginnt zu klären: «Es kann mich jemand gestohlen haben... Vielleicht bin ich aber nur unters Bett gefallen?»
Er kriecht unters Bett und stellt erfreut fest: «Richtig! Da bin ich!»

WIE unterscheidet man eine Gans von einem Gänserich?
Ganz einfach. Man hält dem Tier ein Stück Brot hin. Schnappt *er* nach dem Brot, so ist es ein Gänserich. Schnappt *sie* nach dem Brot, so ist es eine Gans.

WAS ist das: es spaziert auf dem Dach, kräht wie ein Hahn – und ist doch kein Hahn?
Ein Verrückter.

WAS ist das: nachts schläft man damit, und tags ißt man damit?
Das ist erstens ein Löffel und zweitens ein Kissen.

WAS ist das: es fliegt über das Dach und hat Flossen?
Ein meschuggener Fisch.

ES steht geschrieben, daß sechzig Helden König Salomons Bett bewachten? Hätten zwei nicht genügt?
Nein. Denn es waren jüdische Helden.

Flüche:
«DU sollst sein wie a Lomp *(Lampe)*: hängen bei Tag und brennen bei Nacht.»

SCHNORRERFLUCH: «Möge sich jede Kopeke in Ihrer Tasche in eine Bombe verwandeln und Ihren geizigen Leib so in Fetzen reißen, daß nicht einmal der Messias am Ende aller Zeiten ihn zusammenklauben kann!»

«WACHSEN sollst du wie a Zibele *(Zwiebel)*: mit die Füß erouf und mit dem Kopp in die Erd erein.»

«MÖGE Gott alle Ihre Gebete erhören und Sie mit Ihrem ärgsten Feind verwechseln!»

«MÖGE der Vater Ihres Gatten dreimal heiraten, so daß Sie drei Schwiegermütter haben!»

«MÖGEN Sie in die Abortgrube der Kaserne gerade in dem Augenblick hineinfallen, wenn ein Regiment Ukrainer Pflaumenmus mit 12 Faß Bier vertilgt hat!»

«ICH wünsche Ihnen alles, was Sie mir wünschen, und alles, was Sie bedauern werden, mir *nicht* gewünscht zu haben, nachdem ich Ihnen alles gewünscht habe, was ich Ihnen wünsche!»

«MÖGEN Ihre Söhne Ihnen nachgeraten!»

«DEN ganzen Kopf sollen Se haben voller Läus' und so e korz Ärmche, daß Se sich net kratze könne!»

Bei der Festzeremonie des Laubhüttenfestes, das eine Woche dauert, wird ein Palmwedel (Lulaw) geschüttelt.
«MÖGEN Sie sich in einen Lulaw verwandeln, so daß man Sie sieben Tage im Jahr schütteln und dann wegwerfen kann!»

«ALLE Zähne sollen dir herausfallen! Nur einer soll dir bleiben: für Zahnweh.»

CHAIM niest. Schmul: «Zerspring!»
Chaim: «Mein Toches *(der Allerwerteste)* spring dir ins Gesicht!»

«GOTT soll dir helfen, du sollst werden a Millionär und haben en eigenen Strand: Sand in den Nieren und Wasser in die Füß!»

«HUNDERT Jahr sollst du werden! Aber sofort!»

«DU sollst haben ein großes Haus. Mit hundert Zimmern. Und in jedem Zimmer sollen stehen hundert Betten. Und Kedoches *(Wechselfieber)* soll dich warfn aus einem Bett ins andere und aus einem Zimmer ins andere immerfort!»

Aufgrund einer bestimmten Bibelstelle dürfen Juden den Bart nicht rasieren, sondern höchstens scheren oder chemisch entfernen.
WELCHES ist die rascheste erlaubte Art, den Bart zu entfernen?
Ihn mit Benzin einreiben und anzünden – dann geht alles weg!

Von Schnorrern und reichen Leuten

Es war im Osten üblich, daß bemittelte Hausherren armen Talmudstudenten für bestimmte Wochentage ein Mittagessen zusagten. Diese Kostgängerei war weder für den Gastgeber noch für den «Jeschiwe-Bocher» (Talmudstudent) ein Vergnügen.
EIN Jeschiwe-Bocher kommt zu spät zum Mittagessen. Der Hausherr wirft ihm vor: «Wir haben alle auf Sie warten müssen!»
«Ich habe Schlag zwölf die Jeschiwe *(Talmudhochschule)* verlassen», verteidigt sich der Bocher.
Hausherr, streng: «Das nächste Mal soll der Schlag Sie *hier* treffen!»

Variante:
«SIE kommen um eins und fressen für zwölf. Mir wäre lieber, Sie kämen um zwölf und äßen für einen.»

REICHER Kaufmann zu impertinentem Jeschiwe-Bocher: «Wenn du kannst, so komm morgen zu mir zum Mittagessen.»
Der Bocher kommt pünktlich und läutet an der Hausglocke, wartet und läutet wieder. Es rührt sich nichts. Schließlich läutet er Sturm. Endlich öffnet sich ein Fenster, und der Kaufmann schaut heraus: «Was machst du für Krach – was ist los?»
«Ihr habt doch gesagt, wenn ich kann, soll ich zum Essen kommen!»
«No – kannste?»

DER Bocher ist bei einer Familie zum Mittagessen eingeladen. Es gibt Topfenknödel, und er vertilgt unvorstellbare Quantitäten. Schließlich kann der Hausherr nicht mehr an sich halten: «Sagen Sie, Bocher, haben Sie immer einen so gesegneten Appetit?»
Darauf der Bocher mit vollem Munde: «Was wäre erst, wenn ich sie gern essen tät!»

BEIM Rabbiner wird ein Jeschiwe-Bocher als Mittagsgast erwartet. Gerade an diesem Tage hat die Rebbezen eine herrliche Gansleber gebraten. Man kennt den Bocher und seinen Appetit. Wie verhindert man es, daß er den Großteil der Leber wegißt?

Der Rabbi weiß Rat: «Weißt du was, du gibst ihm so viel Suppe, Kartoffeln und Bohnen, bis er restlos satt ist. Erst dann bringst du die Leber herein.»
Gesagt, getan. Als schließlich der Bocher so vollgegessen ist, daß er vor den angebotenen Schüsseln zurückschaudert, gibt der Rabbi seiner Frau den vereinbarten Wink. Sie bringt die Leber herein. Ihrer Sache sicher bietet sie dem Bocher davon an. Aber siehe – er schneidet sich eine riesige Portion herunter.
Der Rabbi ist paff: «Bocher, du hast doch gesagt, du kannst keinen Bissen mehr herunterbringen – und jetzt schlingst du wie ein hungriger Wolf?!»
«Rebbeleben», erwidert der Bocher, «wenn am hohen Feiertag der Tempel so voll ist, daß keine Nadel mehr zu Boden fallen kann, da kommen Sie daher – und auf einmal tut sich auf eine Gasse... So geht es mir mit der Leber.»

Variante:
DER Bocher nimmt sich beide Keulen vom Huhn.
Der Rebbe: «Keule habe ich auch sehr gern!»
Der Bocher: «Aber so wie ich – keiner!»

Arme Jeschiwe-Studenten pflegten an jedem Tag bei einem andern Bürger der Stadt verköstigt zu werden. War die Wochenliste unvollständig – und das kam oft genug vor –, so mußte der Student eben fasten.
«ICH möchte», träumt der Jeschiwe-Bocher vor sich hin, «sieben Häuser besitzen. Ich würde jedes Haus an einen andern reichen Bürger verkaufen – mit der Bedingung, daß ich dafür einen Tag pro Woche bei ihm essen könnte. Dann müßte ich nie mehr hungern.»

EIN wandernder Bocher kommt spät in der Nacht an die Türe des armen Dorfrabbiners.
Der Rabbi sagt: «Siehst du, ich bin selber arm und außerdem jung verheiratet. Aber die Schrift schreibt vor, daß man den Hilfesuchenden nicht abweisen darf. Tritt ein, wir haben uns noch etwas Essen für morgen aufgespart, davon darfst du die Hälfte verzehren. Außerdem kann ich die Nacht im Bett meiner Frau schlafen und du kannst meines nehmen.»
Als sie alle drei schlafen, klopft es ans Fenster: der Rabbi wird zu einem Kranken gerufen...
Der junge Bocher bleibt mit der jungverheirateten Frau allein. Die Luft

ist mit Elektrizität geladen. Keiner kann schlafen. Plötzlich setzt sich der Bocher im Bett hoch und bittet:
«Darf ich?»
«Du darfst», antwortet die Frau leise, «aber mach schnell, bevor mein Mann zurückkommt!»
Da springt der Bocher aus dem Bett, rennt zur Schüssel und ißt den Rest blitzschnell auf.

DER gefräßige Jeschiwe-Bocher hat sich als Dauergast einquartiert und ist auf keine Weise loszuwerden. Schließlich besprechen Mann und Frau, bei Tisch einen Zank anzufangen, dann wird der Jüngling für eine der beiden Parteien eintreten, und die andere Partei wird ihn hinauswerfen...
Mann und Frau streiten schon seit einer Viertelstunde. Der Bocher frißt ihnen inzwischen die ganze Mahlzeit weg.
«Entscheidet, wer recht hat», fordert ihn der Ehemann auf.
Bocher: «Für die sechs Wochen, die ich noch bleibe, werd' ich mich doch nicht mit einem von euch verzanken.»

Variante:
ES gibt zum Mittagessen Mohnnudeln, und das Ehepaar streitet planmäßig, ob die Nudeln mißraten sind oder nicht.
Der Bocher, bescheiden: «Muhmeleben, in Mohnnüdelech bin ich nicht ganz kompetent!»

ENDLICH sind die sechs Wochen herum, und das Ehepaar kann kaum den Anbruch des Tages erwarten. Noch vor Morgengrauen wecken die beiden den Bocher.
«Steht auf», sagt die Frau, «der Hahn hat schon gekräht.»
«Was», sagt der Bocher schlaftrunken, «es ist noch da ein Hahn? Ich bleib' noch ein paar Tage.»

«WENN morgen der Jeschiwe-Bocher zum Mittagessen kommt, dann nötige ihn, daß er ißt.»
«Warum? Ist er so schüchtern?»
«Nein, aber wenn du ihn nicht nötigst, daß er ißt, dann frißt er.»

EIN Schnorrer bittet in einer fremden Stadt in der Synagoge einen jüngeren Mann, ihn zum Abendbrot einzuladen. Dieser sagt zögernd:
«Wir sind selbst sehr arm und haben kaum zu essen.»

Der Schnorrer überredet ihn mit dem Hinweis, er habe einen Magen «wie e klein Kind». Dann aber frißt er massiv.
«Ihr habt doch gesagt, Ihr habt e Magen wie e klein Kind!» erinnert ihn der verärgerte Hausherr.
Schnorrer: «Na ja, wie groß is e klein Kind? Etwa so? (Handbewegung) Und sehn Sie, genau so groß is mein Magen.»

SCHLOJME, der arme kleine Kultusbeamte, ist beim reichen Gemeindevorstand zum Mittagessen eingeladen. Es werden zwei knusprig gebratene, herrlich duftende Gänse aufgetragen. Dem armen Schlojme treten bei der Erinnerung an seine zahlreichen hungrigen Kinder zu Hause, die nicht einmal genug Brot haben, schier die Tränen in die Augen.
«Nu, Schlojme», sagt der Gastgeber gutmütig, «Ihr dürft anschneiden!» Und er schiebt dem Gast eine Gans zu.
Schlojme zögert. Dann fragt er: «Ist es Euch gleich, wo ich die Gans anschneide?»
«Aber natürlich», versichert der Gastgeber.
«Dann», sagt Schlojme strahlend, indem er die Gans zur Seite stellt, «schneid ich sie am liebsten bei mir zu Hause an.»

DER «aufgeklärte» Hausherr gewährt dem armen Jeschiwe-Bocher jeden Freitagabend Freitisch, gibt ihm aber wenig und schlecht zu essen, obwohl er an der gleichen Tafel sitzt wie die üppig speisende Familie. Man hat den Bocher vorsorglich ganz unten am Tisch plaziert, von wo aus er nicht so leicht in die Schüsseln greifen kann. Obendrein hänselt der Hausherr den armen Burschen dauernd, indem er den Bibelinhalt verspottet.
Zur guten alten Sitte gehört es, zwischen den einzelnen Gängen des Festmahls erbauliche Gespräche zu führen. Eines Tages sagt der «aufgeklärte» Hausherr: «Wie konnte Josua während der Schlacht bei Gilead die Sonne zum Stillstehen bringen? Sie steht ja ohnehin still! Es ist die Erde, die sich dreht!»
Da ertönt vom untern Tischende der energische Protest: «Nischt Emmes *(Wahrheit)*!»
«Wie könnt Ihr wagen, mir zu widersprechen!» ruft der Hausherr indigniert aus.
«Es kann nicht stimmen», meint der Bocher wehmütig, «wenn die Erde möcht sich wirklich drehen, dann möcht sich auch der Tisch hier drehen, und dann möchten die guten Sachen, die Ihr eßt, auch einmal vor mir stehen!»

Zur jüdischen Religionsgelehrtheit gehört auch die Kenntnis der Speisegesetze, die auch die Schächtkontrolle und genaue Untersuchung des Fleisches vor seiner Freigabe zum Genuß umfaßt. Der Rabbi muß also auch einige Kenntnisse in der Anatomie des Schlachtviehs haben.

DER arme Talmudstudent darf im Haus des Rabbi leben, wofür er als Gegenleistung allerlei kleine Dienste als Faktotum zu erledigen hat. Die Rebbezen *(Rabbinerin)* hat aber den armen Burschen all die Jahre hindurch sehr geizig verköstigt.

Endlich glaubt der Student, ausreichendes Talmudwissen für ein Rabbinat erworben zu haben. Die Approbation zum Rabbiner setzt nun die Prüfung bei einem Rabbi voraus. Und der Rabbi, bei dem der Bursche die ganzen Jahre gelebt hat, ist bereit, ihn zu examinieren.

Er geht mit dem Studenten auf den Schlachthof, führt ihn vor einen geschächteten Ochsen und befiehlt: «Zeig mir genau, wo die Brust des Tieres ist!»

Der Student deutet auf die Fußknöchel des Rindes.

Der Rabbi, verwundert: «Wie kommst du auf so etwas?»

«Nu, Rabbi», erklärt der Bocher, «das hab ich immer von Eurer Frau bekommen, wenn es bei Euch Rindsbrust gab.»

DER Gabbe *(Synagogenvorstand)* hat vergessen, dem armen Talmudstudenten für das festliche Sabbatmahl einen Freitisch zuzuweisen. Da ergreift der Student selbst die Initiative, geht auf den reichen, geizigen Patrontasch zu und bittet: «Laden Sie mich zum Sabbatmahl ein! Dann will ich Ihnen etwas sagen, was Ihnen lieber sein wird als hundert Gulden!»

Patrontasch zögert. Doch das Angebot ist gar zu verlockend. Er lädt den Studenten ein.

Als das Festmahl zu Ende ist, drängt er neugierig: «Nu?»

«Zweihundert Gulden!» sagt der Bocher, «ich garantiere, die sind Ihnen lieber als hundert Gulden.»

DER arme Verwandte stochert mißmutig an dem mageren Huhn herum, das man ihm vorgesetzt hat.

Der Hausherr: «Sara, nötige doch den Benno, daß er ißt.»

Benno: «Hätten Sie lieber das Hühnchen genötigt, daß es ißt!»

DER reichste Mann des Städtchens feiert die Hochzeit seiner Tochter. Der arme Schammes hofft auf die Einladung – sie kommt aber nicht. Er fastet absichtlich den ganzen Tag über, um beim Festmahl Appetit zu

haben. Als jedoch die Nacht einbricht, gibt er die Hoffnung auf, sättigt sich mit Brot und Rettich und legt sich schlafen...
Da klopft es an den Fensterladen. Der Schammes steht schnell auf, eilt in den Hof, wo er sich absichtlich zum Erbrechen zwingt, und läuft dann ganz glücklich zur Türe...
Draußen steht der Nachbar und sagt: «Es ist so ein schöner Neumond heute: wollt Ihr mit mir herauskommen und den Neumondsegen sprechen?»

SAMUEL kommt zur Mittagszeit zu Mojsche. Diesem bleibt nichts übrig, als ihn zu Tische zu laden.
Samuel: «Ich habe schon gegessen daheim, aber nu, e wenig knuspern kann ich schon noch!»... Und frißt für drei.
Beim Abschied meint Mojsche: «Wenn du wieder mal kommst, dann knusperst daheim und ißt bei uns!»

Milchhaltige Speisen darf man nicht kurz nach Fleischgerichten genießen.
EIN Schnorrer war bei einer jüdischen Familie eingeladen. Es gab Fleischbrühe. Da er aber hungrig blieb, klopfte er bei einer anderen jüdischen Familie an. Dort gab es Milchkaffee.
Das Unglück wollte, daß der Hausherr, bei dem er zuerst war, hereinschaute. Er sah den Schnorrer beim Milchkaffee und rief empört: «Schämen Sie sich nicht, Milchiges nach Fleischigem zu essen?»
«Gnädiger Herr», entschuldigte sich der Schnorrer. «In Ihrer Suppe war genau so wenig Fleisch wie in diesem Kaffee Milch.»

BERL und Schmerl haben sich, jeder von seiner Stadt aus, auf Schnorrtournee begeben. Zufällig treffen sie gleichzeitig beim Rebbe von Berditschew ein. Die Rebezzen *(Frau des Rabbiners)* reicht jedem einen Löffel und setzt beide an eine gemeinsame Schüssel Suppe, in welcher Stücke Fleisch und Gemüse herumschwimmen. Berl sieht mit Neid, daß auf der Seite von Schmerl die schönsten Fleischbrocken sind. Da beginnt er zu erzählen: «Bitter war mein Schicksal! Es war mir nicht in die Wiege gesungen, Bettler zu werden. Ich war ein reicher angesehener Mann. Aber meine Feinde haben sich gegen mich verschworen, und wie sehr ich mich gedreht und gewendet habe (und dabei dreht er sacht die Schüssel um 180 Grad herum) – es hat mir nichts geholfen!»
«Nebbich!» sagt Schmerl mitleidig. «Aber warum hast du nicht (und dabei dreht er die Schüssel blitzschnell zurück) energisch Berufung eingelegt?»

Es war im Osten Sitte, daß die ansässigen jüdischen Bürger durchreisende arme Leute, denen sie am Freitagabend (der Sabbat und die meisten Festtage beginnen bei den Juden am Vorabend) beim Gebet in der «Schul» begegneten, zu der festlichen Mahlzeit einluden.

EIN Jude lädt einen Schnorrer ein. Als sie zusammen die Synagoge verlassen, heftet sich ein schweigender Jüngling an ihre Fersen, betritt mit ihnen zusammen das Haus, setzt sich an die Festtafel und ißt. Der Hausherr schweigt verwundert. Nach dem Essen fragt er den Gast, ob er den Jüngling vielleicht kenne?
Der Schnorrer: «Aber natürlich! Das ist mein Schwiegersohn. Er ist bei mir auf Köst.» *(Vertraglich zugesicherte Zeit des Unterhalts des jungverheirateten Paars durch den Vater der Braut.)*

DER Schnorrer kommt von seiner Tour nach Hause und erzählt seiner Frau: «Es war großartig! Alle haben sich um mich gestritten! Wo immer ich vor Sabbat eingetroffen bin, hat in der Schul *(Bethaus)* nach dem Gottesdienst ein Hausherr zum zweiten gesagt: Er soll zu dir gehen! Und der hat wieder gesagt: Nein, er soll zu dir gehen! Und dann sind noch viele andere hinzugekommen, und jeder hat geschrien, ich soll zum zweiten gehen. Sie haben gar nicht aufgehört, sich um mich zu streiten.»

«WIE geht es dir, Levy?»
«Gott sei Dank! Wenn man nur gesund ist!»
«Oj, bist du, nebbich, ein armer Teufel!»

SAMI, du siehst do betroppezt aus! Was hast du?»
«Nichts.»
«Wenn du nichts hast – was bist du dann so betrübt?»
«Eben weil ich nichts habe.»

ITZIK aus Meseritz sitzt seit Wochen beim reichen Vetter in Posen. Dieser möchte ihn indirekt zur Abreise ermuntern und klagt:
«Wie teuer das Fleisch ist! Ich kann es kaum noch für uns alle bezahlen!»
Itzik: «Und wenn man bedenkt, wie billig es in Meseritz ist! Das Kilo nur zwei Mark!»
Der Vetter, glücklich: «Nu – warum fährste nicht schnell wieder nach Meseritz?»
Itzik, wehmütig: «Aber wer in ganz Meseritz hat denn zwei Mark?»

IM «freien» Polen zwischen den beiden Weltkriegen ging es den Juden besonders schlecht.
Jankel: «Ganz unrecht haben die Antisemiten nicht, wenn sie uns internationale Beziehungen vorwerfen. Man nehme mich als Beispiel:
Meinen kleinen Laden – den hab' ich dank einer Anleihe vom ‹American Joint› *(jüdische Hilfsorganisation)*.
Mein monatliches Einkommen – das schickt mir mein Sohn aus Argentinien.
Meine Steuern – die zahlt mein Onkel in Canada.
Meine Kohlenrechnung – die begleicht das polnisch-jüdische Unterstützungskomitee in London.
Geld für Kartoffeln – schickt mein Vetter aus Paris.
Und die Schuhe – die bekomme ich von der ‹Helping Hand› in Johannisburg.»

EIN fremder Jude läßt sich in einem guten Hotel eine üppige Mahlzeit servieren und sagt dann zum Wirt:
«Bezahlen kann ich nicht. Ich muß erst das Geld in der Stadt zusammenschnorren.»
Der Wirt wird zornig: «Sie werden auf diese Weise niemals genug Geld zusammenkriegen, um eine Rechnung in meinem Haus zu bezahlen, Sie unverschämter Kerl!»
«Sie zweifeln an meinen Fähigkeiten?» fragt der Schnorrer beleidigt, «also bitte, wenn Sie sich besser darauf verstehen als ich, dann gehen *Sie,* und schnorren Sie selber.»

DER reichste Mann des Städtchens ist ein Analphabet und läßt sich die Briefe gratis von dem armen Melamed schreiben.
«Du blöder Kerl», sagt der Freund zum Melamed, «wenn er nichts zahlt – wozu schreibst du dann?»
«Und wenn ich nicht schreiben werde – wird er dann nach deiner Meinung mehr bezahlen?» fragt der Melamed.

EIN Schnorrer, der zum reichen Leibowitz in Posen kommt, sieht so abgehärmt und verhungert aus, daß dieser ihn ungewöhnlich großzügig beschenkt.
«Haißt e Großmut!» ruft der Schnorrer tief gerührt aus, «ich wer' Sie empfehlen meiner ganzen Mischpoche *(Sippe)* und an alle Schnorrer von mein Mokum *(Ort)*!»

EIN armer Jude wird von wohlhabenden Leuten zum Schabbes eingeladen. Bei Tisch gibt es ein festliches Essen, dazu Brot und Berches *(Eierzopf. Am Sabbat pflegt jeder Jude, der es sich leisten kann, den üblichen Brotsegen über «Berches» zu sprechen)*.
Der Fremde bedient sich reichlich, wobei er ausschließlich zu den Berches greift, was der sparsamen Hausfrau sehr mißfällt. Ostentativ schiebt sie ihm das Brot unter die Nase. Er dankt und nimmt wieder Berches.
Die Hausfrau: «Nehmen Sie doch ein wenig Brot!»
Fremder: «Nein, danke, ich bevorzuge Berches.»
Hausfrau: «Aber Berches sind viel teurer.»
Fremder: «Sie sind aber auch mehr wert.»

«DIE Welt ist ungerecht. Warum sollen immer nur die Reichen Rahm und die Armen die abgerahmte Sauermilch essen! Ich schlage vor, ab heute soll es umgekehrt sein!»
«Und wie willst du das erreichen?»
«Sehr einfach: wir werden die Benennung auswechseln!»

EIN Schnorrer bekam von einem Kaufmann allmonatlich einen festen Betrag. Als er wieder einmal anklopft, fragt der Kaufmann verwundert: «Sollten Sie wirklich nicht gehört haben, daß ich bankrott bin und mich mit meinen Gläubigern vergleichen mußte?»
«Natürlich weiß ich es.»
«Was wollen Sie also noch.»
«10 Kreuzer pro Gulden, wie alle andern.»

«STELL dir nur vor: der reiche Mandelblüth verdient im Jahr hunderttausend Rubel!»
Der Melamed: «Na – und was ist da dabei? Wenn ich tausend Semester arbeite, verdiene ich auch soviel.»

SCHNORRER: «Mit einer einmaligen Gabe ist mir wenig geholfen. Geben Sie mir einen Posten in Ihrem Betrieb.»
«Aber Sie haben doch keine entsprechende Vorbildung!»
«Wozu Vorbildung? Sehen Sie – ich habe doch ein jüdisches feines Köppchen. Es kommt sicher vor, daß Sie manchmal Rat brauchen. Geben Sie mir die Rolle dieses Ratgebers.»
«Gut. Geben Sie mir gleich zur Probe den ersten Rat: Wie werde ich Sie los?»

BANKIER zum abgekrachten Händler, der ihn anschnorrt: «Ich mußte gestern meinen christlichen Buchhalter entlassen. Ich gebe Ihnen seine Stelle. Sie bekommen im Monat 200 Francs mehr.»
«Wissen Sie was – ich verschaffe Ihnen einen neuen christlichen Buchhalter zum alten Preis. Und mir zahlen Sie jeden Monat die Differenz.»

EIN Schnorrer aus Podolien kommt zum erstenmal nach Berlin. Am Bahnhof sieht er eine Türe, durch welche dauernd eilige Herren hinein- und herausstürzen. Er versucht, die Aufschrift zu entziffern. Das Wort ist ihm unbekannt...
Ein eleganter, dicker Jude kommt zur Türe heraus. Der Schnorrer denkt: da drin muß ein reges Geschäft sein. Vielleicht hat der Herr gerade gut verdient und ist gut aufgelegt?
Und er schnorrt ihn an. Der Herr gibt ihm eine Mark.
Der Schnorrer, enttäuscht: «Eine Mark geben Sie mir? Wo ich doch mit Ihrem Herrn Vater auf du und du gestanden bin!»
«Wie!? Sie haben meinen Vater gekannt?»
«Aber natürlich! Wer hätte den alten Klosett nicht gekannt!»

SAUERTEIG kommt zum reichen Silberfeld: «Möchtet Ihr mir nicht leihen 20 Gulden für zwei Tage? Ich kann machen damit ein gutes Geschäft.»
«Und wieviel wirste verdienen bei deinem guten Geschäft?»
«Zehn Gulden.»
«Weißte was, Sauerteig? Ich wer' dir schenken 10 Gulden, dann haben wir beide bei dem Geschäft verdient 10 Gulden.»

EIN Schnorrer zu seinem Kollegen: «Mein Schwiegersohn ist ein gemeiner Kerl! Als Mitgift hat er von mir ganz Litauen und Lettland *(als Schnorr-Region)* bekommen – nun will mir der Lump noch ganz Posen abknöpfen!»

SALME Bruchband ist der Gipfelpunkt der Elastizität: Jedes Jahr schnorrt (= *schnurrt*) er von Posen bis Berlin, und dann schnorrt er wieder zurück.

SCHNORRER zu seinem Kollegen: «Nun habe ich ganz vergessen, zu Goldbaum hineinzugehen! Der gibt mir immer einen Gulden.»
«Ach, gehn wir! Schenk ihm schon den Gulden!»
«Warum soll ich ihm was schenken? Schenkt er *mir* was?!»

BITTSTELLER: «Bitte, Herr Kommerzienrat, leihen Sie mir Ihr Ohr doch nur für fünf Minuten!»
Der Kommerzienrat, eilig und zerstreut: «Gut, aber nur gegen unbedingte Sicherheit und sechs Prozent Zinsen!»

BUDAPEST in den zwanziger Jahren. Viele Juden sind hoffnungslos verarmt. –
«Hast du schon gehört, Schmiehl, alle Schnorrer sollen nach neuestem Erlaß von der Straße verschwinden.»
Schmiehl, verwundert: «Wie? Ganz Budapest wandert aus?!»

EIN Schnorrer bekommt jeden Monat bei einem reichen Mitbürger einen Gulden. Als er wieder einmal kommt, sagt die Köchin: «Stört ihn nicht, er feiert gerade die Hochzeit seiner Tochter.»
Schnorrer, empört: «Ich soll ohne meinen Gulden weggehen? Auf *meine* Kosten will er die Tochter verheiraten?!»

Variante:
DER Hausherr ist in den Kurort verreist.
Schnorrer, bitter: «Für *mein* Geld fährt er ins Bad?!»

SCHNORRER: «In Anbetracht Ihres Wohlstandes und meiner Misere bitte ich Sie, jede Anwandlung von Geiz zu unterdrücken und…»
Hausherr: «So redet man nicht mit mir, wenn man Geld von mir haben will!»
Schnorrer: «Wollen Sie mich schnorren lehren?»

Das Schawuossfest (Pfingsten) dauert zwei Tage, das Sukkossfest (Laubhüttenfest) volle acht Tage.
DER Schnorrer Schapse kommt am Vorabend des Schawuossfestes in eine kleine Posener Gemeinde und wird vom Gabbe *(Synagogenvorstand)* als Festgast einem besonders gutmütigen Bürger zugewiesen, der ihn nicht nur üppig bewirtet, sondern ihm zuletzt sogar noch zwei Mark Reisegeld zusteckt.
Schapse ist entzückt. Er richtet es so ein, daß er am Vorabend des Sukkossfestes wieder in die gleiche Stadt kommt und wieder dem gleichen Hausherrn zugewiesen wird. Nach Ablauf der acht Tage will ihm der Hausherr wieder zwei Mark geben.
Schapse, empört: «Soviel habt Ihr mir doch für zwei Tage gegeben! Für acht Tage kommt mir das Vierfache!»

BERLIN. Ein Bankhaus. Der Beamte, das Schalterfenster hochreißend:
«Sie wünschen?»
Der Schnorrer, sehr freundlich: «Alles Gute!»

EINEM anständigen Manne geht es schlecht. Die Frau sagt: «Alle unsere
Freunde bieten uns ihre Hilfe an. Warum machst du nicht Gebrauch
davon?»
Der Mann: «Die geben nur, solange man nichts nimmt.»

«BITTE geben Sie mir eine Unterstützung. Ich habe einen Bronchial-
katarrh, ich möchte nach Ostende fahren.»
«Müssen Sie als Schnorrer ausgerechnet einen der luxuriösesten Bade-
orte der Welt aufsuchen?»
«Für meine Gesundheit ist mir nichts zu teuer.»

EINE bemittelte Witwe hatte sich in einen Schnorrer verliebt und wollte
ihn heiraten. Der Mann sträubte sich. «Ihr werdet mir», meinte er,
«schon beim ersten Streit vorwerfen, daß ich einmal Schnorrer war.
Wollt Ihr mich heiraten, dann kommt zuvor mit mir auf eine Betteltournee!»
Die Witwe war einverstanden. Die ganze Woche bettelten sie, Freitag
näherten sie sich wieder der Heimatstadt.
«Bald fängt der Schabbes an. Bald können wir aufhören und heimwärts
gehen», sagte der Schnorrer erleichtert.
«Halt!» sagte die Witwe eifrig, «in diesen drei Häusern war ich noch
nicht, die kann ich noch schnell aufsuchen.»

DER jiddisch schreibende Humorist Schalom Alechem hat «Freiheit»
folgendermaßen definiert:
«Wenn einer nichts hat – steht es ihm frei, zu verhungern.
Wenn einer keine Stellung hat – steht es ihm frei, mit dem Kopf gegen
die Wand zu hauen.
Wenn einer ein Bein bricht – steht es ihm frei, auf Krücken zu gehen.
Wenn einer nichts zu essen hat – steht es ihm frei, zu betteln.
Und wenn einer tot ist – steht es ihm frei, sich begraben zu lassen.»

«GEBT mir doch wenigstens einen Groschen!»
«Einem gesunden Kerl wie dir gebe ich kein Almosen.»
«Soll ich mir Eurer paar Kupfermünzen wegen Arme und Beine bre-
chen und ein Krüppel werden?»

«MEINEM Vetter Munisch geht es wirklich schlecht. Wenn er nicht die Gewohnheit hätte, zwei Tage wöchentlich zu fasten, so wäre er bestimmt schon längst verhungert.»

DER Schnorrer hat vom Hausherrn keinen Pfennig erhalten. Beim Abschied wünscht er feierlich: «Möge es Euch ergehen wie den Erzvätern Abraham, Isaak und Jakob!»
Hausherr: «Wieso segnet Ihr mich?»
Schnorrer: «Wieso segnen? Ich habe gewünscht, daß Ihr herumirrt wie Abraham, blind werdet wie Isaak und hinkt wie Jakob.»

EIN Schnorrer kommt zu einem hartnäckigen Geizhals, der nichts geben will. Schließlich verabschiedet sich der Schnorrer resigniert mit den Worten: «Ich gehe. Mag statt meiner der zu Ihnen kommen, der mich zu Ihnen geschickt hat.»
«Halt», schreit der Hausherr zornig, «wer hat es wagen können, Sie zu mir zu schicken?»
«Wer? Natürlich der Dalles.» *(Dalles = Armut.)*

SCHNORRER zum reichen Verwandten: «Meine arme ledige Tochter bekommt schon graue Haare. Helfen Sie mir! Geben Sie mir ein paar hundert Gulden für ihre Mitgift!»
«Nein, so reich bin ich nicht. Aber ich gebe Ihnen jeden Monat zehn Gulden. Ich will Ihnen das zuhalten, solange ich lebe.»
«Ach, bei Ihrem Glück sterben Sie schon morgen!»

SCHNORRER: «Sie haben mir versprochen, mir jeden Monat ein paar Gulden für die Mitgift meiner Tochter zu geben.»
Der Hausherr: «Ihre Tochter ist doch kürzlich gestorben!»
Schnorrer: «Nu – sind Sie ihr Erbe oder ich?»

HAUSHERR zum Schnorrer: «Ich schenke Ihnen diese alte Hose. Schauen Sie nur selber – sie ist noch fast neu.»
«Gott soll Sie dafür segnen! Nun erfüllen Sie mir nur noch eine einzige Bitte: Kaufen Sie mir die Hose ab! Schauen Sie – sie ist noch fast neu.»

EIN Schnorrer hat von einem Bankier etwas Geld bekommen. Als der Bankier mittags ein feudales Restaurant betritt, sieht er den Schnorrer dort Lachs mit Mayonnaise essen.
Er tritt auf den Schnorrer zu und sagt zornig: «Das geht zu weit! Erst

schnorren Sie mich an – und dann sitzen Sie hier und essen Lachs mit Mayonnaise?!»
Der Schnorrer: «Ja, was wollen Sie von mir? Hab' ich kein Geld, dann *kann* ich keinen Lachs mit Mayonnaise essen; habe ich Geld, dann *darf* ich keinen Lachs mit Mayonnaise essen – wann also *soll* ich Lachs mit Mayonnaise essen?»

WAS ist am schwersten zu tragen?
Ein leerer Beutel.

DER eingeladene Bettler legt eine kindliche Freude am Silbergeschirr des Hausherrn an den Tag.
Dieser wundert sich: «Was freut dich so? Es gehört ja nicht dir.»
«Was ist der Unterschied? Wir haben doch an dem Anblick beide dasselbe Vergnügen.»
«Nun ja, aber ich kann das Geschirr wegsperren oder sogar vergraben – das kannst du nicht.»
«Aber dann haben wir alle beide keine Freude mehr daran.»
«Ja – aber ich kann es auch versetzen oder verkaufen!»
«Wenn Sie es versetzen oder verkaufen müssen, dann habe nur ich Freude darüber und nicht Sie.»

«BITTE, helfen Sie mir! Ich war bei einer Wanderkapelle, nun hat sie sich aufgelöst, und ich sitze ohne einen Heller hier in der fremden Stadt. Ich bin ein notorischer Pechvogel.»
Hausherr, mißtrauisch: «Welches Instrument spielen Sie?»
Der Schnorrer denkt lange nach und erklärt dann: «Oboe.»
Der Hausherr öffnet den Schrank, zieht eine Oboe hervor und sagt: «Spielen Sie mir etwas vor!»
Der Schnorrer: «Da sehen Sie nun selber, daß ich Ihnen die Wahrheit gesagt habe und daß ich wirklich ein Pechvogel bin: müssen Sie ausgerechnet eine Oboe besitzen!»

JUDE aus Galizien zu einem Wiener Grossisten: «Ich möcht' bei Ihnen einen Posten Seidenstrümpfe kaufen.»
Grossist: «Wir legen Ihnen gleich die Muster vor... Aber waren Sie nicht gestern bei mir, um mich anzuschnorren?»
Der Jude: «Na und? Bei uns in Galizien gehen wir zuerst schnorren, dann machen wir Geschäfte. Bei Ihnen in Wien macht man zuerst Geschäfte, dann geht man schnorren.»

EIN armer Wanderer betritt das Haus des Rabbis. Die Rebbezen *(Rabbinerin)* setzt ihm einen Topf voll Kuttelfleck vor, bittet aber, er möchte nur die Hälfte aufessen.
Der Arme ist jedoch so hungrig, daß er fast das Ganze auslöffelt. Das Defizit deckt er durch kleine Stücke von einer alten Lederhose, die er im Felleisen hat.
Es kommt ein zweiter Wanderbursch, die Rebbezen stellt ihm den Topf hin. Der Wanderer findet die Speise nicht übel. Doch plötzlich ruft er aus: «Der Teufel soll sie holen, die Rebbezen: was hat sie angenäht Knöpp an die Kuttelfleck?!»

POLIZIST in Wien hält zwei arme galizische Juden an und fragt streng den einen: «Wo wohnen Sie?»
Der Jude: «Wo kann ein armer Jude auf der Durchreise in Wien schon wohnen!»
Polizist zum zweiten: «Und Sie?»
Der zweite Jude: «Ich bin sein Nachbar.»

«SEIT es mir besser geht, ist mein Haus dauernd überschwemmt von Gästen. Ich halt' es schon nicht mehr aus!»
«Da gibt es ein Mittel: pumpe die Bemittelten an, und den Mittellosen gib ein kleines Darlehen – du siehst beide nie wieder.»

EIN Bettler kommt zu einem reichen Kaufmann. Dieser heißt ihn warten. Es vergeht eine Stunde, eine zweite Stunde – der Kaufmann brütet immer noch über seinen Geschäftsbüchern. Schließlich will der Bettler weggehen.
«Habt Geduld», bittet da der «Reiche», «gleich werde ich wissen, ob ich Euch eine Unterstützung geben kann oder ob ich mit Euch zusammen betteln gehen muß.»

DER arme Verwandte hat sich als Dauerbesuch einquartiert.
«Sehnt Ihr Euch nicht nach Eurer Frau?» fragt die Hausfrau.
Der Verwandte: «Wie lieb von Euch, daran zu denken! Ich werde ihr sofort schreiben, sie soll auch herkommen.»

NACH einem großen Brand werden Spenden verteilt. Jaiteles meldet sich ebenfalls beim Bürgermeister.
«Bei Euch hat es doch gar nicht gebrannt», sagt dieser.
Darauf Jaiteles: «Und wer zahlt mir meinen Schrecken?»

EIN Schnorrer kommt zu Goldstein: «Helfen Sie einem armen Juden! Mein Haus mit allem darin ist mir verbrannt!»
Sagt Goldstein: «Habt Ihr nicht eine Bestätigung von Eurem Rabbi, daß dem so ist?»
«Gehabt, gehabt», jammert der Jude, «ist leider mit verbrannt.»

EIN armer Rabbi begab sich auf Betteltournee. Kurz darauf tat es auch der Vorbeter der gleichen Gemeinde. Zufällig geriet er in ein Haus, wo schon der Rabbi geschnorrt hatte.
«Euer Rabbiner war kürzlich auch da», sagte der Hausherr, «wie soll man das verstehen?»
«Was ist da zu verstehen?» meinte der Vorbeter, «hätte unser Gemeindevorsteher Schuhe, so wäre er auch schon da.»

DER Rabbiner einer sehr armen Gemeinde war an Schwindsucht erkrankt. Der Arzt empfahl Spaziergänge und frische Milch. Das Gehalt reichte aber kaum für trockenes Brot.
Da trat der Gemeindevorstand zusammen, um zu beraten. Nach der Sitzung kam eine Delegation zum Rabbiner und berichtete: «Zum Spazierengehen reicht es bereits – mit dem Milchtrinken müßt Ihr noch etwas warten.»

NACHTS um ein Uhr klopft es an den Fensterladen. Der Hausherr öffnet erschrocken. Draußen steht ein Schnorrer.
«Ihr bettelt mitten in der Nacht?» schreit der Hausherr.
Der Schnorrer: «Beruhigt Euch! Ich bettle auch am Tag.»

HAUSHERR: «Meine Kasse ist im Augenblick leer. Kommt morgen noch einmal!»
Schnorrer: «Nein. Ich habe durch Kreditgewähren schon zu viel Verluste gehabt!»

Den Armen Gutes zu tun ist eine Mizwa, das heißt ein religiöses Gebot.
EINE jüdische Gemeinde ist jedoch so wohlhabend geworden, daß eines Tages niemand mehr da ist, dem man Gutes tun könnte. Man verschreibt sich daher einen Schnorrer aus Kasrilewka. Dieser wird mit der Zeit so anmaßend, daß man ihn zur Bescheidenheit mahnt.
Da sagt er drohend:
«Ich fahre sofort nach Kasrilewka zurück! Dann könnt ihr zusehen, an wem ihr eure Mizwes erfüllen könnt.»

EIN Schnorrer schwärmt seiner Frau von dem herrlichen Kuchen vor, den er in einem reichen Haus bekommen hat.
«Verlang das Rezept», meint die Frau, «dann werde ich auch so einen Kuchen backen.»
Der Schnorrer fragt die Köchin aus und berichtet:
«Man nimmt zehn Eier.»
«Das kann ich mir nicht leisten. Ich nehme zwei Eier.»
«Gut. Und ein Pfund Butter.»
«Wo soll ich Butter hernehmen?»
«Also ohne Butter. Und ein viertel Pfund Rosinen.»
«Muß das sein? Rosinen sind sehr teuer.»
«Nein, es muß nicht sein. Und ein Pfund weißes Mehl.»
«Ich bin froh, wenn wir schwarzes im Haus haben!»
«Meinetwegen schwarzes. Und dann bäckt man den Kuchen in einer runde Form im Backrohr.»
«Backrohr haben wir nicht. Backform auch nicht. Ich werden den Kuchen in der heißen Asche backen...»
Der Kuchen ist fertig, und die Frau kostet.
«Puh», meint sie, «und so etwas schmeckt den Reichen?!»

DER reiche Schemaria hat Angst vor dem Sterben. «Ihr braucht den Tod nicht zu fürchten», sagt ihm ein durchwandernder Bettler, «für einen reichen Mann wie Euch gibt es ein gutes Mittel: Kommt zu uns nach Masepewka! Dort ist noch nie ein reicher Mann gestorben.»

ZWEI Schnorrer sind bei einem reichen Mann eingeladen. Sie bewundern den prächtigen Hausrat, essen von den herrlichen Speisen. Beim Weggehen sagt der eine Schnorrer zum zweiten: «Weißt du, Jankef, es lohnt, das letzte Hemd zu verkaufen, um ein reicher Mann zu werden!»

WARUM verneigen sich gelehrte Männer vor dem Geld, nicht aber reiche Männer vor armen Gelehrten?
Weil die Gelehrten und Weisen den Wert des Geldes kennen, die Reichen aber kennen den Wert der Bildung nicht.

CHAIM, der Schuster, pflegte zu erzählen:
«Meine Mutter wollte einen Schneider aus mir machen, aber mein Vater gab mich zu einem Schuster in die Lehre. Und das war ein Glück! Seit dreißig Jahren arbeite ich schon, und noch nie hat jemand bei mir einen Rock bestellt! Als Schneider wäre ich glatt verhungert!»

BEJNISCH Silberkrop, ein reicher Emporkömmling, hatte den Ruf eines großen Wohltäters. Einmal im Monat pflegte er selber Almosen auszuteilen, fünfzig Groschen für jeden Bettler.
Einmal trifft es sich aber, daß ein armer Gelehrter zu ihm kommt, da reicht ihm Reb Bejnisch zwanzig Groschen.
Natürlich ist der «feine» Jude beleidigt und fragt:
«Ich verstehe das nicht! Einem Bettler gebt Ihr fünfzig Groschen und einem Talmudgelehrten zwanzig?!»
«Was ist da nicht zu verstehen? Selber ein Bettler zu werden, davor bin ich niemals sicher. Aber ein Talmudgelehrter zu werden, davor bin ich auf ewig sicher...»

«AARON, du bist doch ein feiner und gebildeter Mann. Wieso erniedrigst du dich so vor jedem reichen Grobian?»
Aron: «Das ist schon seit Adams Zeiten so: will man eine Kuh melken, so muß man sich vor ihr bücken.»

WAS unterscheidet einen Armen von einem Reichen?
Nur der Arme glaubt, daß man für Geld alles haben könne.

EIN Schnorrer fragt verträumt den zweiten: «Hast du dir schon je vorgestellt, wie das wäre, wenn du statt deiner Kellerecke einen ganzen Königspalast besitzen würdest?»
«Um Gottes willen!» wehrt der zweite entsetzt ab. «Wo sollte ich dann für all die Türen die vielen Mesusot hernehmen?!» *(Pergamenthülsen, die einen Abschnitt aus dem Deuteronomium bergen. Fromme Juden bringen sie an jeder Türe ihrer Wohnung an.)*

EIN Kaufmann zum Schnorrer: «Ich kann Ihnen von nun an die regelmäßige Unterstützung nicht mehr gewähren. Ich habe unglücklich spekuliert und bin nun selber der reinste Bettler.»
Schnorrer: «Nu, wenn Sie gute Adressen brauchen sollten, da können Sie sich an mich wenden.»

EIN armer Jude wußte nicht, wo Geld hernehmen für den Schabbes *(Sabbat)*. Da verfiel er auf die Idee, zur Chewra Kadischa *(Begräbnisverein)* zu gehen und sich einen Vorschuß für die Totenkleider seiner «soeben verstorbenen Frau» geben zu lassen. Er bekam 20 Kronen, die er zu Hause seiner Frau aushändigte, und sie ging für Schabbes einkaufen. Während sie am Herd stand und Kreplech *(eine Art Ravioli)* kochte, ka-

men die Herren von der Chewra Kadischa, um die Tote einzukleiden und wegzutragen – da erblickten sie die lebendige Frau am Herd und warfen entsetzt dem Mann seine gemeine Lüge vor.
Der Mann sagte ungerührt: «Das Mess *(Leiche)* is doch amol euer. Was stört es euch, daß sie mir inzwischen Kreplech kocht?»

Variante:
DER Mann sagt: «Nu – nehmt sie euch!»

HAUSHERR: «Nehmt doch Zucker zum Tee!»
Schnorrer: «Danke, ich nehme immer nur von meinem eigenen!»
Als der Schnorrer fertig getrunken hat, ergreift er die Zuckerbüchse auf dem Tisch und schüttet sie in sein Säcklein aus.
Hausherr: «Erst prahlt Ihr, Ihr wollt nur Euren eigenen Zucker nehmen – und dann leert Ihr die ganze Büchse in Eure Tasche?»
Schnorrer: «Wo sollte ich sonst eigenen Zucker hernehmen?»

JEDE jüdische Gemeinde des Ostens besaß einen «Hekdejsch», ein Zwischending zwischen Armenhaus und Spittel, wo jeder durchreisende Jude unentgeltlich übernachten konnte.
Drei Schnorrer treffen im Hekdejsch zusammen. Einer packt ein kleines Säcklein aus seinem Bündel heraus und sagt: «Hier habe ich Zuckerstücklein drin. Sooft ich in ein reiches Haus komme, wo man mir mehr als ein Stück Zucker pro Glas Tee gibt, spare ich ein Stücklein und nehme es mit. Ich habe schon Zucker für vier Glas beisammen!»
«Gestern», berichtet der zweite, «war ich in einem so reichen Hause, daß ich drei Stück Zucker pro Glas nehmen durfte.»
Der erste, nachdenklich: «Wenn schon ein gewöhnlicher jüdischer Balaboss *(Hausherr)* das kann – wie ist das erst bei Rothschild!»
«Rothschild?» sagt der dritte. «Rothschild nimmt nicht Zucker zum Tee, sondern umgekehrt, er nimmt einen ganzen Zuckerhut und schabt oben eine kleine Höhlung hinein. Und in diese Höhlung gießt er den heißen Tee und schlürft ihn aus!»

Variante:
ERSTER Jude, verträumt: «Ich möcht' so reich sein wie der Schönfeld – jeden Tag könnt' ich ein neues Hemd anziehn!»
Der zweite: «Wenn der Schönfeld das schon kann – was macht dann erst der Rothschild?»
Der erste: «Der Rothschild? Zieht an, zieht aus, zieht an, zieht aus.»

«WARUM ich ächze? Weil meine Schuhe zu eng sind.»
«Warum tragt Ihr sie?»
«Absichtlich. Seht: mein Weib ist krank, meine Gläubiger hetzen mich, meine Töchter sind ledig... wenn ich nun heimkomme und die Schuhe abstreife, dann weiß ich endlich, was Glück ist!»

«WENN du auf der Straße zehntausend Rubel fändest – würdest du sie behalten oder abliefern?»
«Das kommt darauf an. Wenn der reiche Rothschild das Geld verloren hätte, würde ich es behalten. Wenn es aber dem armen Schammes gehören würde, der täglich dreimal mit Weib und Kindern Hungers stirbt, dann würde ich es bestimmt zurückgeben!»

BLOCH, sterbend: «10000 Gulden dem Altersasyl, 20000 Gulden dem Waisenhaus...»
Ein Anwesender, flüsternd: «Schau, wie großzügig der alte Geizkragen auf einmal ist.»
«Unsinn», meint ein zweiter. «Schenkt er denn sein Geld? Er schenkt das seiner Erben!»

EIN Dorfjude läuft ganz abgerissen in der Kreisstadt herum. Ein Bekannter wirft ihm vor: «Wieso schämt Ihr Euch nicht?»
Der Dorfjude: «Warum? Hier kennt mich ja keiner!»
Die beiden treffen sich wieder im Dorf – der Dorfjude trägt die gleichen Fetzen wie in der Kreisstadt! Der andere wundert sich.
Der Dorfjude: «Na und? Hier kennt mich ja jeder!»

«WIE kann man nur so abgerissen herumlaufen!»
«Ach, jeder weiß ja, daß ich noch einen zweiten Anzug habe.»
«Warum ziehst du ihn dann nicht an?»
«Weil er noch viel abgerissener ist als dieser.»

EIN Schnorrer kommt zu Rothschild. Dieser gibt ihm fünf Gulden. Der Schnorrer, gerührt: «Möge Gott Euch helfen, das Hundertfache zu verdienen!»

EIN angesehener jüdischer Familienvater, der für reich gehalten wurde, hatte in Wirklichkeit sein ganzes Geld verloren. Der Rabbi und der Rosch-hakahal, d.h. der Gemeindepräsident, unternahmen es daher, miteinander bei allen reichen Gemeindemitgliedern Spenden für den

Unglücklichen zu sammeln, ohne seinen Namen zu nennen. Sie kamen auch zu einem Fabrikanten.

«Ich biete euch 50 Rubel, wenn ihr mir verratet, um wen es sich handelt», sagte der Fabrikant.

Die beiden blieben hart.

«Ich biete 100... 200... 500 Rubel!»

Mit 500 Rubel wäre dem Unglücklichen geholfen gewesen, dennoch schwiegen der Rabbi und der Rosch-hakahal.

Da sagte der Fabrikant: «Offen gestanden – ich habe gar keine 500 Rubel. Ich wollte nur eure Verschwiegenheit prüfen. Nun ich sie kenne, bitte ich euch: schnorrt für mich mit!»

«ICH möchte ausschauen wie Sie und Rothschilds Vermögen dazu haben!»

«Schmeichler!»

«Unsinn! Ich meine: Wenn ich Rothschilds Vermögen hätt', wär es mir gleich, wenn ich tät ausschauen wie Sie!»

EIN Schnorrer kommt in das Palais Rothschild. Der Portier hört sich seine Bitte an, schreibt etwas auf einen Zettel und schickt den Schnorrer mit dem Zettel zum Kassier. Dieser schaut den Zettel an, notiert ebenfalls etwas darauf und schickt den Mann zum zweiten Sekretär. Dieser macht ebenfalls eine Notiz auf den Zettel und verweist den Schnorrer an den ersten Sekretär. Von hier gelangt er zum Generalsekretär. Dieser wirft einen Blick auf den Zettel – und wirft den Schnorrer hinaus...

Draußen begegnet der Schnorrer einem Kollegen, welcher fragt: «Nu, wie war's? Hast du viel bekommen?»

Der erste Schnorrer, begeistert: «Nein, gar nichts, man hat mich sogar hinausgeworfen – aber eine Ordnung herrscht bei denen!»

SCHNORRER, vertieft in den Anblick von Rothschilds grandiosem Grabstein: «Die Leute leben!»

AM Leichenbegräbnis Baron Rothschilds geht ein abgerissener Jude bitterlich weinend mit. Der Nebenmann flüstert ihm verwundert zu: «Bist du denn mit ihm verwandt?»

«Nein», schluchzt der Jude, «darum weine ich eben.»

DER arme Melamed *(Kleinkinderlehrer für Hebräisch)* zu seiner Frau: «Wäre ich Rothschild, so wäre ich noch reicher als er.»

Die Frau: «Wieso denn?»
Melamed: «Ich würde doch außerdem noch Melamed bleiben!»

BEIM Emigranten Itzig, schlecht und recht in einem Londoner Hotel untergebracht, läutet das Telefon.
«Entschuldigen Sie», sagt eine höfliche Stimme, «bin ich richtig verbunden mit Baron Rothschild?»
Darauf Itzig: «Joi, *wie* falsch sind Sie verbunden!»

EIN Schnorrer war bei Rothschild.
«Wieviel hast du bekommen?» will sein Kollege wissen.
«Einen Gulden.»
«So wenig?»
«Ja, weißt du, es geht ihm schlecht. Ich habe selber gesehen, wie seine zwei Töchter im Salon auf einem einzigen Klavier zusammen gespielt haben!»

ARMER Dorfschneider: «Wenn ich Rothschild wäre – Ehrenwort, für weniger als zwei Gulden würde ich nie wieder eine Joppe nähen!»

EIN armer Jude beharrt darauf, nur mit Rothschild persönlich zu sprechen. Schließlich wird er vorgelassen.
«Ich bitte Sie um eine Unterstützung», sagt er.
«Nun hören Sie aber», sagt Rothschild ärgerlich, «deswegen mußten Sie mich persönlich behelligen?»
«Herr Baron», gibt der Jude zurück, «Sie mögen vom Bankgeschäft mehr verstehen als ich. Aber wie man am besten schnorrt, das weiß ich besser als Sie.»

«WENN du Rothschild wärst – was würdest du mit seinem Reichtum machen?»
«Das ist doch keine Frage. Die Frage ist, was würde Rothschild mit meinem Dalles *(Armut)* machen.»

BEIM Anblick des kleinen Baron Rothschild, der vom Kammerdiener in die Kutsche gehoben wird, seufzt ein Schnorrer: «So klein – und schon ein Rothschild!»

ARMER Verwandter zu Rothschild: «Ich weiß Ihnen ein Geschäft, bei dem Sie mühelos eine halbe Million verdienen.»

Rothschild: «Das läßt sich hören!»
Der Verwandte: «Ich habe gehört, daß Sie Ihrer Tochter eine Million Mitgift geben. Ich bin bereit, sie für die Hälfte zu nehmen!»

ROTHSCHILD zu seinem Kassierer: «Herr Silbermann, das geht nicht, daß Sie erst zehn Uhr vormittags kommen. Schauen Sie mich an: ich bin der Chef und komme dennoch immer pünktlich um acht.»
Der Kassierer: «Herr Baron, für Sie ist es ja ganz schön, bereits um acht Uhr früh zu erfahren, daß Sie Baron Rothschild sind – aber für mich ist es um zehn Uhr immer noch früh genug, mir klarzuwerden, daß ich nur Ihr Kassierer bin.»

EIN armer Jude fragt einen reichen: «Wie wird man reich?»
«Nun», erklärt der Reiche, «Ihr müßt damit anfangen, daß Ihr zwanzig Jahre lang ein hartgesottener Geizhals seid.»
«Und dann?» fragt der Arme neugierig.
«Dann?» entgegnet der Reiche, «dann bleibt Ihr es schon für den Rest Eures Lebens.»

DER reichste Jude des Städtchens ist hart und geizig. Der Rabbi redet ihm ins Gewissen, er müsse Mitleid haben. Der reiche Mann verspricht, sich zu bessern... In einer eisigen Winternacht klopft ein Bettler an die Fensterläden und klagt, er sei am Erfrieren und Verhungern.
«Nebbich, nebbich», klagt der Reiche mit.
Die Frau mahnt: «So laß ihn doch schon endlich herein.»
Der Reiche: «Blöde Gans, der Rabbi hat mir befohlen, Mitleid zu fühlen. Lass' ich den Mann herein, so geht es ihm gut, und wozu braucht er dann noch mein Mitleid?»

EINEM Schnorrer ist es mit viel Mühe gelungen, bis zum Kommerzienrat vorzudringen und ihm sein Elend zu schildern. Der Kommerzienrat, tief beeindruckt, klingelt nach dem Diener und befiehlt: «Jean, schmeißen Sie den Herrn hinaus, er zerreißt mir das Herz.»

«ES geht mir wirklich schlecht. Helfen Sie mir!»
«Das ist ausgeschlossen. Ich habe bereits einen ganz armen Bruder, der auf meine Unterstützung angewiesen ist.»
«Aber ich weiß doch, daß Sie Ihrem Bruder nichts geben.»
«Wenn Sie das wissen – wie konnten Sie dann annehmen, daß ich einem Fremden etwas geben werde!»

«BITTE helfen Sie mir! Ich bin in Ihrem Städtchen geboren!»
«Das kann nicht wahr sein.»
«Wieso kann das nicht wahr sein?»
«Weil Sie dann wüßten, daß ich nichts gebe.»

«IHR Sohn hat uns tausend Rubel für die neue Synagoge gespendet – und Sie wollen uns nur hundert Rubel geben?»
«Mein Sohn kann sich das leisten. Er hat einen sparsamen Vater. Ich aber habe nur einen leichtsinnigen Sohn.»

SCHNORRER: «Herr Kommerzienrat, ich hab' schon gekannt Ihren seligen Vater, Ihre selige Tante Anna, Ihren seligen Großvater...»
«Sagen Se mer kurz, wieviel Se wollen, aber klettern Se mer nicht auf meinem Stammbaum herum!»

Für die Ehre, in der Synagoge zu einer liturgischen Aufgabe «aufgerufen» zu werden, pflegt man einen Betrag zu «schnodern» (geloben). Durchreisende pflegt man durch solchen «Aufruf» zu ehren.
DER reiche Pariser Rothschild fuhr einmal nach Rußland. Als der Freitagabend herannahte (*der Sabbat beginnt am Vorabend, und am Sabbat darf man nicht fahren*), stoppte der fromme Baron mit der Notleine den Zug in der Nähe eines Drecknestes, in dem er mit Recht eine jüdische Gemeinde vermutete. Er ging in die Schul, es war Zeit, mit dem Maariwgebet (*Abendgebet*) anzufangen – die Gemeinde saß da und wartete.
«Was ist los?» wollte Rothschild wissen.
«Wir können nicht anfangen», erklärte ihm der Schammes, «der Gwir (*reicher Mann*) des Städtchens ist noch nicht da...»
Endlich, nach einer halben Stunde, geruht er zu kommen, und das Gebet kann anfangen.
Am andern Morgen wiederholt sich dasselbe: man wartet wieder eine volle halbe Stunde auf den Gwir.
In Rothschild kocht es. Und als man ihn zur Tora aufruft, sagt er: «Ich schnodere das ganze Vermögen des Gwirs. Aber ich verlange nach Paris eine exakte, vom Rabbi beglaubigte Abrechnung!»
Das Städtchen ist aufgescheucht. Man ernennt eine Kommission, man kontrolliert die Geschäftsbücher des Gwirs – und was kommt heraus? Ein Defizit...

ARMER Hausierer: «Rabbi, gibt es ein Mittel, bissige Hunde zu beschwichtigen?»

Rabbi: «Es gibt. Der Midrasch *(vgl. Glossar)* empfiehlt, wenn man von Hunden überfallen wird, soll man sich auf die Erde setzen.»
Zwei Wochen später steht der Hausierer wieder vor dem Rabbi – zerbissen und mit zerfetzten Kleidern.
«Rabbi, der Midrasch hat unrecht.»
Der Rabbi: «Der Midrasch hat immer recht. Aber vermutlich haben die Hunde von der Midrasch-Stelle nie etwas gehört.»

Variante:
DER Rabbi empfiehlt dem Hausierer ein Gebet, dieser prahlt damit, und als er von Hunden gebissen wird, lachen ihn die Leute aus.
Darauf der Hausierer: «Das Gebet ist schon wirksam, aber die Hunde haben es mich nicht zu Ende sprechen lassen!»

EIN geiziger Jude kommt ans Himmelstor.
«Ich habe dem Bettler Mojsche zwei Kopeken gegeben!» beteuert er.
Man läßt Mojsche kommen. «Ist es wahr, Mojsche?» Mojsche bestätigt es.
«Ich habe auch dem Bettler Schloime zwei Kopeken gegeben», sagt der Geizige. Auch dieser Bettler bestätigt es.
Noch ein dritter Bettler hat ebenfalls zwei Kopeken erhalten, auch er bestätigt es.
Da sagt der liebe Gott: «Gebt ihm die sechs Kopeken zurück und schickt ihn in die Hölle!»

SCHWARZBART ist ein armer Schneider mit einem Dutzend Kinderchen. Einmal steigt er aufs Dach und findet dort ein elendes Geschöpf sitzen: alt, mager, nackt. Er fragt: «Was tust du hier?»
«Ich gehöre hierher, ich bin der Dalles *(Armut)*!» sagt jener.
Der Schneider hat Mitleid mit ihm. Er nimmt Maß und näht ihm einen Anzug. Als er fertig ist, steigt er wieder aufs Dach – der Anzug ist zu klein: der Dalles ist inzwischen gewachsen!

Unterwegs

EIBENSCHÜTZ ist im Fuhrwerk nachts in einem verkommenen Nest gelandet. Er legt sich in der Wirtsstube hin, den Kutscher Eisik läßt er im Wagen, damit er auf die Pferde aufpasse. Dennoch ist er nicht ruhig. Gegen Mitternacht tritt er ans Fenster und fragt: «Eisik, bis du wach?»
«Ich bin wach», bestätigt Eisik.
«Was tust du?»
«Ich kläre.»
«Was klärst du?»
«Ich kläre: wenn man für ein neues Haus eine Grube aushebt – wohin verschwindet die ausgeworfene Erde?»
«Schön, kläre weiter.»
Eine Stunde später. Eibenschütz, wieder unruhig: «Schläfst du, Eisik?»
«Ich bin wach. Ich kläre.»
«Was klärst du?»
«Ich kläre: wenn der Rauch aus dem Schornstein aufsteigt – wohin verschwindet er?»
«Schön, kläre weiter.»
Wieder vergeht eine Stunde, es tagt schon bald. Da fragt Eibenschütz zum drittenmal: «Eisik, schläfst du?»
«Ich bin wach. Ich kläre.»
«Was klärst du?»
«Ich kläre: ich habe die ganze Nacht gewacht und achtgegeben – und die Pferde, wohin sind die verschwunden?»

Die jüdische Mystik kennt den Gedanken der Seelenwanderung.
ZWEI arme Juden haben einem schlafenden Bauern das Pferd ausgespannt und im Wald versteckt. Aber der Bauer wird ja aufwachen, mit den andern Bauern zusammen die Gegend absuchen, die Diebe finden, fürchterlich verprügeln und ihnen das Pferd wieder abnehmen. Sagt der Joine zum Schmul: «Ich weiß einen Ausweg!» – und er stellt sich vor den Wagen und legt sich das Zaumzeug des Pferdes um. Sein Kamerad soll inzwischen mit dem Pferd zum nächsten Pferdemarkt reiten...
Als der Bauer aufwacht, wundert er sich, anstelle des Pferdes einen Ju-

den im Kaftan zu sehen. Der Jude beginnt sofort zu weinen und erklärt: «Bei uns Juden ist es so, daß Gott uns zur Strafe für die Sünden in Tiere verwandelt. Ich habe gesündigt und wurde zum Pferd; ich habe bereut, jetzt bin ich wieder ein Mensch. Aber ach, du hast mich gekauft, ich werde jetzt auch als Mensch deinen Wagen schleppen müssen!»
Der Bauer weint vor Mitleid. «Was fällt dir ein», sagt er, «hat Gott dir verziehen, so will auch ich dir verzeihen und dich laufenlassen. Da hast du einen Gulden, geh nach Hause.»
Nun aber braucht der Bauer ein neues Pferd, also geht auch er zum Pferdemarkt – was sieht er? Sein Pferdchen steht da! Er tritt an das Pferdchen heran, stupst es und flüstert ihm schelmisch zu: «Ha, du Racker! Hast wieder gesündigt!»

EIN Kutscher schlägt erbarmungslos auf sein kümmerliches Pferdchen ein. Ein anderer Jude kann das nicht mit ansehen, und auf den Gedanken der Seelenwanderung anspielend, sagt er zum Kutscher: «Weißt du nicht, daß in diesem Pferd die Seele eines büßenden Juden drinstecken kann?»
«Na und!» meint der Kutscher ungerührt, «wenn der Jude übernommen hat, ein Pferd zu sein, dann soll er ziehen!»

DER Roßhändler hat einem unerfahrenen Kunden ein hinkendes Pferd angedreht. Der Kunde merkt es, nachdem er schon bezahlt hat, jammert, die Leute auf dem Roßmarkt mischen sich ein und zwingen den Betrüger, den Handel rückgängig zu machen.
«So ist die Welt», klagt der Roßhändler. «Über das eine kranke Bein des Pferdes schreien sie alle. Hat ein einziger erwähnt, daß das Pferd auch drei gesunde Beine hat?»

DER Kutscher fuhr den Rabbi übers Land und klagte über die Ungerechtigkeit der Welt: ihm, dem Rabbi, wurden überall Ehren und Geschenke angeboten. Ihn, den armen Kutscher, achtete man weniger als einen Hund.
Der Rabbi tröstete den Kutscher, solche Ehren seien durch jahrelange schwere Studien erkauft. «Du würdest», meinte er, «meine Rolle keine Stunde lang spielen können oder wollen.»
Der Kutscher schlug dem Rabbi vor, sie möchten zur Probe die Kleider tauschen. Der Rabbi war einverstanden.
Sie zogen also mit vertauschten Gewändern in der nächsten Stadt ein. Der Kutscher-Rabbi wurde umschwärmt, der Rabbi-Kutscher saß un-

beachtet in der Ecke. Da sagte ein würdiger Jude zum vermeintlichen Rabbi: «Hier ist eine Talmudstelle, über die wir uns streiten. Ihr werdet sie uns erklären können.»
Der Kutscher, herablassend: «So etwas bereitet euch Schwierigkeiten? In unserer Stadt ist der einfachste Mann einer solchen Frage gewachsen. Ich will es euch beweisen. He, Kutscher, komm her, und erkläre den Herren diese Stelle!»

DER Rabbi hat ein Fuhrwerk gemietet. Am Fuße eines Hügels bittet der Kutscher: «Rabbi, das Pferd ist alt, wollet doch absteigen und mir helfen, den Wagen zu schieben.»
Der Rabbi hilft, so gut er kann. Dann will er wieder aufsitzen. «Nein, Rabbi», bittet der Kutscher, «die Bremsen sind schlecht. Helft mir lieber, den Wagen ein wenig zurückzuhalten, damit er nicht ins Rutschen gerät!»
Der Rabbi hilft abermals... Als sie bald darauf am Ziel anlangen, zahlt der Rabbi den vereinbarten Preis und sagt:
«Weshalb ich dich für die Fahrt engagiert habe, ist klar: ich wollte hierher fahren. Weshalb du den Auftrag angenommen hast, ist auch klar: Es ist dein Broterwerb... Aber was in aller Welt soll das Pferd in dem allem?»

Variante:
DER Kutscher bittet seine Fahrgäste: «Es geht hier so steil aufwärts, habt Mitleid mit den Pferden, steigt ein wenig ab!»
Als es dann abwärts geht, warnt der Kutscher: «Der Wagen wird ins Schleudern geraten. Geht lieber zu Fuß!»
Dann kommt eine topfebene Landstraße, und die Gäste wollen wieder in den Wagen klettern. Der Kutscher wehrt ab: «Aber seid doch nicht kindisch! Hier ist es so wundervoll flach und angenehm für einen gesunden Spaziergang!»
Ein Fahrgast: «Werden wir denn nie im Wagen sitzen?»
Kutscher: «Aber doch! Sooft das Pferd grasen geht!»

DER Weg ist steil. Der Rabbi ist aus Mitleid mit dem Pferd vom Wagen geklettert.
«Rabbi», sagt der Kutscher, «mein Pferd ist verpflichtet, Euch auch bergauf zu ziehen!»
Der Rabbi: «Ich weiß, daß ich vor Gericht gegen dein Pferd gewinnen würde. Aber ich prozessiere nicht mit einem Pferd.»

Die Aufteilung des jüdischen Volkes in Priester (Kohanim), kultische Hilfsbeamte (Leviten) und gewöhnliches Volk (Israel) ist erblich. Sie hat heute wenig Bedeutung, abgesehen davon, daß Männer aus der Priesterkaste z. B. keine geschiedenen Frauen heiraten dürfen.

KUTSCHER zum Rabbi: «Rabbi, darf ich als Kohen dennoch eine geschiedene Frau nehmen?»
Rabbi: «Nein, ein Kohen darf keine Geschiedene heiraten!»
Kutscher: «Aber Rabbi! Wer spricht denn von Heiraten? Ich will doch die Geschiedene nur auf meinen Wagen nehmen!»

DER Rabbi fährt im Fuhrwerk bergauf. Er sieht Straßenarbeiter beim Pflastern und fragt den Kutscher, wozu das gut sein soll.
«Auf der gepflasterten Straße wird man viel besser bergauf fahren können», erklärt der Kutscher...
Als sie aber auf der Rückseite des Berges hinunterfahren, sind da wiederum Arbeiter, welche pflastern.
«Daß man den Hinaufweg pflastern will», sagt der Rabbi weise, «das sehe ich ein. Wozu aber hier, wo es abwärts geht?»

EIN Kutscher fand heraus: «Mein Pferd ist in eins ein Chassid *(Frommer)*, ein Zaddik *(Gerechter)* und ein Anaw *(Demütiger)*: Es schaut kein Weib an, fastet von Sabbat zu Sabbat und drängt sich nicht vor, sondern ist immer das letzte.»

KUTSCHER zu den eiligen Fahrgästen: «Wozu soll ich die armen Tiere antreiben? Glaubt mir, ich kenne meine Pferde! Wenn sie wollen, rennen sie wie die Teufel!»
«Und warum kommen wir nicht vom Fleck?»
«Was soll ich machen? Sie haben ihr Lebtag noch nie gewollt!»

EIN armer Kutscher hat sein Pferdchen ans Fasten gewöhnt. Erst bekam es nur einmal am Tag zu fressen, dann nur jeden zweiten, zuletzt nur jeden dritten Tag. Schliesslich ging es ein.
«Ach», klagt der Kutscher, «nun war es schon so schön ans Fasten gewöhnt – da legt es sich hin und stirbt!»

WÄHREND der reisende Jude im Wirtshaus ausruht, haben ihm Diebe die Pferde ausgespannt. Tränenerstickt sagt er: «Nun muß ich tun, was mein armer Vater in der gleichen Lage tat!»
Die Diebe hören es und erschrecken. Sie wollten stehlen, aber nicht ei-

nen Juden in den Selbstmord treiben. Sie bringen die Pferde unauffällig zurück und fragen: «Was tat Euer Vater damals?»
Der Jude: «Was sollte er schon tun? Er ging zu Fuß weiter.»

EIN Jude hatte den Kutscher auf Montag bestellt. Der Kutscher kam nicht, und der Jude verfehlte den Jahrmarkt. Am Montag darauf steht der Kutscher vor der Tür!
«Jetzt kommst du? Acht Tage zu spät?» fragt der Jude bitter.
«Das war so», erklärte der Kutscher, «am Dienstag kam mir in den Sinn, daß ich es am Montag vergessen hatte und am Mittwoch keine Zeit hatte. Am Donnerstag fand ich, daß die Reise so kurz vor Schabbes keinen Sinn mehr hat. Am Sonntag kam ich nicht, weil Ihr mich auf Montag bestellt hattet – und jetzt ist es Montag, und da bin ich. Was wollt Ihr also?»

JUDEN fahren auf den Jahrmarkt. Der Wagen ist so voll, daß keine Stecknadel mehr hineingeht. Zuletzt krabbelt noch eine dicke Jüdin hinauf und spürt unter ihrer Fußsohle einen Fuß.
Fragt sie: «Auf wessen Fuß stehe ich?»
Ruft Jankl, der Lehrer: «Wenn es ein Fuß in einem blauen Socken ist, dann ist es mein Fuß...»

DER Kutscher erlaubt einem armen Hausierer in den leeren Wagen zu steigen. Der Hausierer setzt sich hinein, seinen Packen jedoch behält er auf der Schulter.
«Legt doch den Sack ab!» ermuntert der Kutscher.
«Ach», wehrt der Hausierer bescheiden ab, «es reicht, daß Euer Pferd *mich* schleppen muß.»

«DER Teufel soll meinen Gaul holen!» klagt der Kutscher erbittert, «blind ist er wie Simson der Held – aber das einzige Loch auf der Straße hat er doch entdeckt und sich das Bein gebrochen!»

«HÖRT: Es war im tiefsten Winter. Ich mußte in ein fernes Dorf reisen. Mein Kutscher war betrunken und verfehlte den Weg. Es wurde Nacht – wir waren immer noch mitten im Wald. Da plötzlich – Wölfe! Der Kutscher trieb die Pferde an. Aber was half das? Zwei Wölfe warfen sich auf das vorderste Pferd, in demselben Moment spürte ich den Atem einer dritten Bestie in meinem Nacken... Aber was tut Gott? Die ganze Geschichte ist nicht wahr!»

«ALS wir gestern in der Kutsche durch den Wald mußten, sind uns mindestens hundert Wölfe nachgejagt.»
«Wirklich hundert Wölfe?»
«Na – und wenn es nur fünfzig oder meinetwegen nur zwanzig waren – genügt Ihnen das nicht?»
«Waren es denn zwanzig?»
«Ich verstehe Sie nicht. Kommt es auf die Zahl an? Ist nicht schon ein einziger Wolf sehr unheimlich?»
«Ja – und war da wirklich ein Wolf?»
«Nu – was soll denn sonst im Gebüsch so gebrummt haben?»

«WIE ich letzten Winter im Fuhrwerk durch die Karpaten gereist bin, haben mich neunundneunzig Wölfe verfolgt.»
«Warum ausgerechnet neunundneunzig?»
«Ich wollte eigentlich sagen: hundert, aber dann hättet Ihr natürlich behauptet, es sei eine Übertreibung.»

EIN Jude wandert auf der Landstraße. Ein Bauernwagen kommt ihm entgegen. Der Jude fragt den Bauern: «Wie weit ist es von hier bis zum Dorf Szatymazi?»
«Eine halbe Stunde.»
«Darf ich mitfahren?»
«Bitte.» Sie fahren eine halbe Stunde. Der Jude wird unruhig:
«Wie weit ist es denn jetzt noch bis Szatymazi?»
«Eine gute Stunde, oder so.»
«Was?! Voriges Mal sagten Sie, eine halbe Stunde, und eine halbe Stunde fahren wir doch bereits!»
«Wir fahren in die entgegengesetzte Richtung.»

AM Wiener Nordbahnhof. Itzig am Billettschalter zögert und murmelt: «Soll ich fahren auf Krakau bloß oder bis auf Przemysl?»
Der Beamte, ungeduldig: «Also, wird's bald?»
Darauf Itzig: «Sie, wer'n Se nicht unhöflich! Es gibt auch noch andere Bahnhöf' in Wien!»

SCHMUL nähert sich dem Bahnschalter: «Wollen Sie haben die Güte, mir zu sagen, was kostet die Fahrt nach Tarnopol!»
«Zwanzig Kronen.»
«Zwanzig Kronen! Gewalt geschrien! Einem armen Jüd werden Euer Gnaden nachlassen fünfzig Perzent.»

«Ich sage: Zwanzig Kronen!!»
«Nu – wozu das Geschrei? Sagen wir: achtzehn Kronen.»
«Gehen Sie zum Teufel!»
«Scha – nicht so aufgeblasen! Sehen Sie, dort auf der andern Seite von den Geleisen, dort steht noch ein Beamter! Werde ich gehen und verlangen seine Offerte.»
Schmul marschiert auf die lebensgefährlichen Geleise zu. Der Schalterbeamte winkt ihm aufgeregt, er möge sofort zurückkehren. Schmul, stolz abwinkend: «Zu spät, Euer Gnaden! Jetzt ist mit mir kein Geschäft mehr zu machen!»

Varianten:
1. KOHN am Bahnschalter: «Die Karte ist zu teuer! Lassen Sie mir doch etwas vom Fahrpreis nach!»
Der Schalterbeamte wird zornig. Kohn versucht noch einmal, etwas abzuhandeln. Inzwischen ist der Zug abgefahren.
Kohn, triumphierend: «Sehen Sie! Das haben Sie jetzt davon!»

2. INZWISCHEN ist der Zug eingefahren, stehengeblieben, und er beginnt bereits wieder abzufahren, wobei die Lokomotive pfeift.
Der Jude, streng zur Lokomotive: «Sie können pfeifen, soviel Sie wollen – mehr als 10 gebe ich nicht!»

AM Billettschalter von Klagenfurt:
Woroschiner: «Will ach *(= will ich)* Eisenach.»
Beamter, irritiert: «Wollen Sie Villach oder Eisenach?»
Woroschiner: «Will ach Villach, will ach Villach, will ach Eisenach, will ach Eisenach. Eisenach will ach.»

Variante:
«VON hier will ach nach Toblach, von Toblach will ach nach Villach, von Villach will ach nach Laibach, und in Laibach bleib ach.»

KRAKOWER: «Bitte eine Fahrkarte nach Hamburg!»
Schalterbeamter: «Über Uelzen oder über Stendal?»
Krakower: «Über Pessach *(jüdische Ostern)*.»

SCHALTERBEAMTER: «Wohin?»
Jaiteles: «Afzu *(= auf zu)* Posen.»
Beamter, brüllend: ««Afzu» Posen haben wir nicht, nur *nach* Posen!»

Jaiteles: «Nu, wozu das Geschrei? Geben Sie mir eben ‹nach› Posen. Werd' ich halt das Stückele zu Fuß zurücklaufen.»

GEPÄCKTRÄGER: «Darf ich Ihren Koffer tragen?»
Mandellaub: «Wieso? Trag' ich ihn nicht richtig?»

AM Bahnhof Lemberg fragt eine alte Jüdin einen Juden: «Wann fährt der letzte Zug nach Tarnopol?»
Darauf der Jude: «Das, Muhme, werdet Ihr nicht erleben!»

EINEM Juden fährt der Zug vor der Nase davon. Der Jude, verächtlich: «Kunststück!»

Varianten:
1. DER Jude zum Zug: «Was rennst du? Ich wollte ohnehin nicht mitfahren!»

2. DER Jude, bitter: «Nichts wie Antisemitismus!»

EIN Herr rennt mit Windeseile durch den Südbahnhof Wien, beladen mit zwei schweren Koffern. Es ist 11.59, und um 12.00 fährt sein Zug ab. Er stößt auf einen bärtigen Juden und fragt hastig: «Bitte, auf welchem Bahnsteig geht der Zug nach Krakau ab?»
Der Jude, gemächlich den Bart kraulend: «Wollense verreisen?»

EIN Jude steht auf dem Bahnsteig und jammert: «Um eine halbe Minute habe ich den Zug verfehlt!»
Ein zweiter Jude: «Und da jammern Sie herum, als ob Sie ihn um eine halbe Stunde verfehlt hätten?!»

FALSCH eingestiegen.
Kohn zu seinem Gegenüber: «Wo fahren Sie hin?»
«Von Warschau nach Kowno.»
«Was doch die Technik heute vermag! Sie fahren von Warschau nach Kowno, ich von Kowno nach Warschau – und beide sitzen wir im gleichen Zug, nur in umgekehrter Richtung!»

«REISE mit Gott, mein lieber Sohn! Und wenn du ankommst, frankiere ein leeres Couvert und wirf es ein. Wenn ich es erhalte, werde ich wissen, daß alles in Ordnung ist.»

«Tate, ich werde lieber ein unfrankiertes Couvert einwerfen! Wenn du es bekommst, verweigerst du die Annahme und weißt auch, daß ich gut angekommen bin!»

JOMTOFSON stürzt während eines Zugaufenthalts mit seinen Freunden ans Bahnhofsbüfett und ruft: «Sind Sie vorbereitet auf Diners?»
Der Büfettier, erschrocken: «Nein, auf *die* Nees *(Nasen)* bin ich nicht vorbereitet!»

DER Zug schüttert und rast. Die Passagiere werden unruhig. Eine Jüdin jammert besonders laut.
«Was schreit Ihr so?» fragen die Fahrgäste. «Es kann Euch ja nicht mehr passieren als uns – und von uns schreit keiner.»
Die Jüdin: «Ihr habt gut reden! Ich habe Eier bei mir!»

Mittellose Juden fuhren im Osten oft ohne Billett. Gewöhnlich gaben sie statt dessen dem Schaffner ein Trinkgeld. Waren sie aber ganz arm, dann mußte auch der Schaffner hintergangen werden.
DER Schaffner nähert sich – die Juden haben aber eine Wache aufgestellt und kriechen rechtzeitig unter die Bänke. Der Schaffner kommt herein, sieht unter einer Bank einen riesenhaften Stiefel herausragen, packt fest zu, zieht einen großmächtigen ukrainischen Bauern hervor und schreit: «Die Fahrkarte!» Der Bauer zeigt die Fahrkarte.
Der Schaffner: «Ja – wozu hast du dich verkrochen?»
Der Bauer: «Weil der kluge Itzig Berenfeld unter die Bank kroch. Ich habe zwar nicht verstanden, wozu, aber ich habe mir gesagt, wenn der kluge Itzig kriecht, dann weiß er, warum, und dann ist es am besten, ich krieche auch.»

DEM Schaffner kommt der Waggon verdächtig leer vor. Er blickt unter die Bänke – und tatsächlich, da liegen zwei Juden!
«Haben Sie Mitleid», fleht der eine, «meine einzige Tochter feiert Hochzeit in Lemberg, ich habe kein Geld für die Fahrkarte!»
Der Schaffner kratzt sich am Kopf, er spürt Erbarmen.
«Und Sie?» fragt er den zweiten.
«Ich bin sein Schwager», erklärt dieser, «er hat mich zur Hochzeit eingeladen.»

STRECKE Lemberg–Tschernowitz. Schmul hat keine Fahrkarte. Der Schaffner hat ihn erwischt und auf der nächsten Haltestelle mit Tritten

ad posteriora aus dem Zug befördert. Schmul wartet auf den nächsten Zug, aber er wird wieder erwischt und auf der nächsten Station in der genau gleichen Weise hinausgeworfen. Er sitzt am Boden und stöhnt. Juden sammeln sich rund um ihn herum an. «Wie weit wollt Ihr eigentlich fahren?» fragt einer.
«As *(wenn)* mein Toches *(der Allerwerteste)* es aushält – bis Tschernowitz.»

MORDECHAI erzählt: «... Und dann kam der Schaffner und schaute mich an, als hätte ich keine Fahrkarte.»
«Und was hast du getan?»
«Nun, ich habe ihn angeschaut, als *hätte* ich eine Fahrkarte.»

SCHAFFNER: «Sie sitzen ja mit einem Billett zweiter Klasse in der ersten Klasse?»
Der Jude, beleidigt: «Soll ich vielleicht mit einem Billett zweiter Klasse in der dritten Klasse sitzen?»

«SIE haben eine Karte für den Bummelzug, und Sie sitzen im Expreß. Sie müssen nachzahlen!»
«Nein. Wozu? Fahren Sie langsamer, ich habe Zeit.»

EIN galizischer Millionär, Seide Grifl, fährt auf die Hochzeit seines Enkels nach Berlin. Es begleiten ihn zum Zug Verwandte, Freunde und Beamte. Ein Freund ruft ihm zu: «Eines ist mir nicht ganz klar: Ich verstehe, warum du dir ein Billett dritter Klasse gekauft hast: du willst unterwegs mit Juden zusammen sein. Aber nach Berlin ist es doch eine weite Strecke. Was also fährst du mit dem gewöhnlichen Zug und nicht mit dem Schnellzug?»
«Was ist da so schwer zu verstehen?» antwortet Seide. «Es kostet weniger, und man darf länger fahren!»

SCHAFFNER: «He, Sie dürfen im Waggon nicht ausspucken! Es steht ausdrücklich auf diesem Schild geschrieben!»
«Da steht doch auch, man soll Tobler-Kakao trinken – na und? Muß ich ihn deswegen trinken?»

Goj (Nichtjude) kann auch heißen: Jude ohne religiöse Bildung. Parech (Kopfkrätze) kann auch heißen: Auswurf, letztes Individuum.
IN der polnischen Eisenbahn sitzt ein Jude mit Kaftan und Pejes *(Schlä-*

fenlocken). Drei westlich gekleidete junge Juden steigen zu und spotten über den Kaftanjuden. Dieser schweigt.
Es ist Winter, die Strecke ist von Schnee verweht, der Zug hat starke Verspätung. Speisewagen gibt es nicht. Der Kaftanjude packt seinen leckeren koscheren Proviant aus. Den drei hungrigen jungen Leuten gehen die Augen über.
«Eßt ruhig mit», sagt der Kaftanjude. «Ich werde euch nachher beweisen, daß ihr das Beste und Schönste der Welt seid, obwohl ihr über mich gelacht habt!»
Sie essen sich alle satt. Dann beginnt der alte Jude: «Ich will es euch an drei Beispielen beweisen. Das erste Beispiel:
Es ist Zeit zum Maarivgebet *(Abendgebet),* aber im Bethaus fehlt zur Zehnzahl der Gemeinde noch ein Jude. Man setzt sich vor die Synagoge, man späht umher: Vielleicht kommt doch noch einer? Da sieht man von ferne eine Gestalt. Ist es ein Goj, ein Jude? Er kommt näher – siehe da! Es ist ein Jude, man kann endlich beten!... Sagt selber: Kann es etwas Schöneres geben als einen Juden?...
Das zweite Beispiel: Es ist Freitagnacht, die Familie möchte ins Bett, aber der Lichtgoj *(der die Kerzen löschen soll, was am Sabbat verboten ist)* kommt und kommt nicht, und über Nacht brennende Kerzen stehenlassen – das ist zu gefährlich. Endlich hört man es draußen poltern, und Iwan kommt! Er wird löschen, und man kann endlich ins Bett!... Sagt selber: Kann es etwas Schöneres geben als einen Goj?...
Die dritte Geschichte. Eine jüdische Mutter hat einen einzigen Sohn, und er soll ins Militär. Sie läuft mit ihm zum Arzt – aber der junge Mann ist gesund wie ein Baum. Die Mutter ist ganz verzweifelt. Da entdeckt der mitleidige Arzt an dem Jüngling einen Anflug von Glatze und sagt: Wissen Sie was, ich werde schreiben, die kahlen Stellen kämen von einem Parech, und man wird den Jungen freistellen... Sagt selbst: Kann es etwas Schöneres geben als einen Parech?...
Und nun zu euch: Ihr seid Juden und Gojim und Parechs zugleich: Kann es also etwas Schöneres geben als euch?!»

IN der Bahn sitzen zwei Juden. Fragt der eine: «Ma schmejchem – Was ist Euer Name? Woher kommt der Herr Jude gefahren?»
Antwortet jener: «Heißen tue ich Jizchak Komornik, in der Stadt ruft man mich Reb Izikl. Ich wohne in einer eigenen Wohnung in Stanislau, stamme aber selber aus Thorn. Ich handle mit Gerste und Hefe. Ich habe zwei Töchter. Die ältere hat vor einem Jahr geheiratet; die jüngere ist verlobt – möge es zum Glück sein! Neue Geschäfte suche ich nicht,

Karten spiele ich nicht, und ich hasse Politik. Für den Fall, daß Ihr raucht – da sind Zündhölzchen. Dort auf dem Gestell liegt mein Hut – Ihr könnt ihn anprobieren... Wenn Ihr noch eine Frage habt, dann fragt schnell, weil ich noch ein Schläfchen machen will!»

IM Expreßzug Dijon–Marseille sitzen in einem Coupé bereits drei Herren. Ein jüdischer Commis voyageur tritt herein und schlägt sogleich vor: «Meine Herren, wir wollen die Strecke bis Marseille in vier Teile aufteilen. Jeder von uns kann dann für ein Viertel der Strecke eine ganze Bank für sich allein haben zum Schlafen. Sind Sie einverstanden, daß ich als erster bis Lyon schlafe?»
Die Herren sind einverstanden, der Commis legt sich hin.
In Lyon wacht er auf und nimmt seinen Koffer herunter, um auszusteigen. Die andern drei Herrn sind empört: «Warum haben Sie uns nicht gesagt, daß Sie bloß bis Lyon fahren?»
«Meine Herren – Sie haben mich nicht gefragt.»

IM Zug von Krakau nach Rzeszow unterhält sich ein junger polnischer Offizier, sichtlich aus der jüdischen Intelligenzschicht stammend, mit einem alten Kaftanjuden. Wie sie sich einem kleinen Ort nähern, erklärt der alte Jude mit tränenerstickter Stimme: «Sehen Sie, Herr Leutnant, an diesem Ort, da ist mein armer Vater – er ruhe in Frieden – elend zugrunde gegangen...» Der Offizier springt auf und salutiert ehrerbietig, bis der Ort passiert ist. «... und hier», fährt der alte Jude fort, wie das nächste Dorf in Sicht kommt, «hat er sich wieder etabliert.»

IM Zuge nach Galizien. Ein Jude und ein Offizier sitzen in einem Abteil. Bei einem Zwischenhalt steigt ein höherer Offizier zu. Der erste springt auf und schmettert: «Von Rosenberg.» Der zweite salutiert und sagt: «Von Hohenfels.» Worauf der Jude aufsteht, sich verbeugt und erklärt: «Von Lemberg.»

IN einem Zugabteil erster Klasse sitzt ein Jude einem schlafenden Offizier gegenüber. Plötzlich wird ihm schlecht, und er erbricht sich auf die Uniform des Offiziers. Er erschrickt tödlich, dann aber faßt er sich, beginnt, den Offizier eifrig abzuwischen, weckt ihn auf und fragt teilnahmsvoll: «Ist Ihnen schon besser?»

ZUGABTEIL. Ein Hauptmann und ein Jude sitzen einander gegenüber. Der Jude nimmt aus der Rocktasche ein Zigarrenetui, holt eine Zigarre

heraus, steckt das Etui ein, schneidet die Zigarrenspitze ab, steckt sich die Zigarre in den Mund und nimmt eine Streichholzschachtel heraus. Als das Streichholz aufflammt, springt der Hauptmann hoch, reißt dem Juden die Zigarre aus dem Mund und wirft sie in hohem Bogen aus dem Fenster.
Der Jude. «Was erlauben Sie sich?»
Hauptmann: «Hier wird nicht geraucht!»
Jude: «Aber ich habe ja gar nicht geraucht!»
Hauptmann. «Hier werden auch keine Vorbereitungen getroffen!»
Kurz darauf nimmt der Hauptmann eine Zeitung hervor und faltet sie auseinander. Eben will er anfangen zu lesen, da reißt ihm der Jude die Zeitung aus der Hand und wirft sie ebenfalls aus dem Zug.
Der Hauptmann: «Was erlauben Sie sich?»
Der Jude: «Hier wird nicht gesch... en!»
Hauptmann: «Aber ich habe doch gar nicht gesch... en!»
Jude: «Hier werden auch keine Vorbereitungen getroffen!»

«HABT ihr schon», fragt Mendel Blauseif, «von dem schrecklichen Bahnunglück zwischen Lemberg und Krakau gehört? Es war Freitag nachmittag, die Strecke war von Schneestürmen verweht, der Zug mußte immer wieder halten, das Personal immer wieder die Schienen freischaufeln. Hernach fuhr der Zug besonders schnell, um die Verspätung aufzuholen, er raste, raste... und raste mitten in den Schabbes hinein!»
(Fahren ist den Juden am Sabbat untersagt.)

EIN Jude beginnt im Bahncoupé plötzlich laut zu lamentieren.
«Juden, ich habe meine Brieftasche nicht mehr!»
Alle Fahrgäste eilen mitleidig herbei und helfen suchen. Sie finden nichts. Schließlich sagt ein erschöpfter Fahrgast: «Habt Ihr auch in den Manteltaschen gut nachgesucht?»
Der Jude, erschrocken: «Was redet Ihr da? Wenn die Brieftasche auch im Mantel nicht ist – dann bin ich doch verloren!»

EIN Goj und ein Jude sitzen im Bahnabteil. Plötzlich wird der Jude grün im Gesicht und windet sich vor Schmerzen. «Bauchweh hab' ich!» klagt er. «Mir is mies!»
Meint der andere: «Gehn Sie bis ans Ende vom Waggon, dort ist eine Türe mit einer Aufschrift WC. Da gehen Sie hinein.»
Der Jude geht, aber nach einer Minute ist er wieder da und windet sich weiter. «Auf der Tür hat gestanden ‹besetzt›», klagt er.

«Macht nichts», sagt der Goj, «am andern Ende vom Waggon ist auch so eine Türe!»
Der Jude geht und kommt verzweifelt zurück. «Dort hat auch gestanden ‹besetzt›!»
Sagt der Goj: «Na, da kann man nichts machen. Ich dreh' mich um, Sie breiten eine Zeitung auf den Boden, und nachher werfen Sie sie aus dem Fenster.»
Gesagt, getan. Nach kurzer Zeit breitet sich im Abteil ein furchtbarer Gestank aus. Dem Goj wird schlecht, er zündet sich nervös eine Zigarette an. In diesem Augenblick hört er hinter sich die vorwurfsvolle Stimme des Juden: «Na hörnse! Mer sind in einem Nichtraucherabteil!»

IM Bahnabteil sitzen ein Jude und ein Pole einander gegenüber. Im Gepäcknetz über dem Polen liegt ein schwerer Koffer, der sich bedenklich nach vorne neigt.
«Nehmt sofort den Koffer über meinem Kopf weg!» sagt der Pole zornig zum Juden. «Sonst werfe ich ihn aus dem Fenster hinaus!»
Der Jude rührt sich nicht. «Tralala!» singt er vergnügt.
Der Pole wiederholt die Drohung.
«Tralala!» macht der Jude.
Als auch die dritte Warnung nicht hilft, ergreift der Pole den Koffer und schleudert ihn zornig aus dem Fenster.
Der Jude: «Tralala! Das war doch gar nicht mein Koffer!»

KOHN und Grün sitzen in der Eisenbahn. Auf dem Gepäcknetz über dem Kopf von Kohn liegt eine riesige Kiste. Der Schaffner kommt und sagt zu Kohn: «Die Kiste kann nicht als Handgepäck mitgehen. Sie müssen sie aufgeben.» Kohn erklärt entschieden, daß er die Kiste nicht aufgibt. Streit, Lärm – aber Kohn bleibt hart. Der Kontrolleur kommt. Vergebens. Schließlich holt man auf einer Station die Bahnpolizei.
Der Polizist brüllt: «Werden sie die Kiste sofort aufgeben?»
Kohn: «Nein.»
Wütend der Polizist: «Warum denn nicht?»
Kohns Antwort: «Weil sie gar nicht mir gehört.» Allgemeine Bestürzung.
«Also, wem gehört sie denn?»
«Meinem Freund, dem Grün da.»
Polizist, Schaffner und Kontrolleur brüllen nun gemeinsam Grün an: «Sie, Sie, Sie! Warum geben Sie die Kiste nicht auf?»
Darauf Grün: «Es hat mir ja keiner ein Wort gesagt!»

BAHNGESPRÄCH.
«Wohin fahren Sie?»
«Nach Wien. Meine Schwiegermutter ist dort gestorben.»
Der andere, anerkennend: «Wien is a Stadt!»

«WILLKOMMEN in Leipzig! Warum kommst du ohne deine Frau?»
«Es ist eine alte Regel, man soll nichts mitschleppen, was man unterwegs bekommen kann!»

NEUER Commis voyageur erzählt im Zug traurig: «Ein schweres Metier! Ich gebe mir solche Mühe, bin so freundlich – und doch gibt es Kunden, die mich beleidigen!»
Der andere. «Was für ein Pech! Mir ist das, gottlob, noch nie passiert. Man hat mich schon hinausgepufft, mir die Türe vor der Nase zugeschlagen, mich die Treppe hinuntergeworfen – aber beleidigt? Zum Glück nie!»

IM Bahncoupé unterhält sich Graf Esterházy mit seinem Visavis. Schließlich stellt er sich vor: «Ich bin Graf Esterházy.»
Der andere Herr: «Sehr erfreut. Ich bin der Große Gott.»
Graf Esterházy, beleidigt: «Sie! Sie spielen sich mit mir!»
Der andere: «Aber nein! Ich bin Reisender. Und wo ich hinkomm', schrein die Leute: ‹Großer Gott, sind sie schon wieder da!›»

IM überfüllten Gasthaus wird einem Juden ein Zimmer angewiesen, wo bereits ein Offizier schläft. Er solle sehr leise sein, bittet der Wirt, der Offizier ist von Manövern ermüdet...
Der Jude kleidet sich im Dunkeln aus; kleidet sich dann, da er zum Frühzug will, auch im Dunkeln wieder an und geht.
Auf der Straße salutieren ihm alle Soldaten. Was hat das nur zu bedeuten? Als er am Bahnhof in einen Spiegel blickt, geht ihm ein Licht auf: er trägt die Uniform eines Leutnants!
«Der Teufel soll den Wirt holen!» ruft er empört aus. «Er hat statt meiner den Leutnant geweckt!»

NÄCHTLICHER Brand im Hotel. Der Gastwirt rüttelt alle Gäste aus dem Schlaf, damit sie sich hinausretten sollen.
Kahn, unsanft aufgeschreckt, wirft einen Blick auf seine Uhr und sagt streng: «Gut, ich gehe hinaus. Aber es ist erst halb ein Uhr nachts. Für die Übernachtung zahle ich nur die Hälfte!»

ITZIG ist todmüde im Hotel angekommen und sofort eingeschlafen. Da, um zwei Uhr nachts, klopft es an die Tür. Itzig fährt erschrocken hoch.
«Was ist los?» ruft er.
«Ich wollte nur melden», antwortet der Wirt, «daß Ihre Koffer von der Bahn gebracht worden sind.»
«Lassen Sie mich in Ruh mit den Koffern! Das hat Zeit bis morgen! Lassen Sie mich schlafen!» schreit Itzig.
Nach einer Weile wird er aufs neue geweckt.
«Was ist schon wieder los?» stöhnt er.
«Wir wollten Ihnen nur mitteilen», ruft der Wirt hinein, «daß es ein Irrtum war: es waren gar nicht Ihre Koffer.»

DAS Hotel ist überfüllt. Der Portier verweist Itzig auf ein Zimmer, in welchem schon ein zweiter Gast schläft. Itzig zum Fremden:
«Darf ich das zweite Bett in Ihrem Zimmer haben?»
Der Fremde: «Sie dürfen. Aber ich mache Sie aufmerksam, daß ich furchtbar schnarche.»
Itzig: «Das macht nichts. Ich bin Nachtwandler...»
Der Fremde, am andern Morgen: «Sie haben ja die ganze Nacht still gelegen!»
Itzig: «Ich bin gar kein Nachtwandler. Aber ich wußte, wenn ich es Ihnen sage, dann werden Sie die ganze Nacht wach bleiben, um auf mich achtzugeben und folglich nicht schnarchen.»

MEYER kommt seekrank in New York an. Als er hinausschwankt, taucht gerade ein Taucher in voller Ausrüstung herauf.
Meyer: «Wenn ich gewußt hätte, daß man kann zu Fuß hinüber!»

DER Ozeanriese hat einen Defekt und wird in einer halben Stunde sinken. Das Unglück ist unabwendbar.
An Bord befindet sich ein Zauberer. Der Kapitän läßt ihn kommen, erklärt ihm die Lage und sagt: «Machen können wir nichts dagegen. Aber vielleicht können Sie wenigstens eine Panik verhindern?»
Der Zauberer verspricht, sein Bestes zu tun. Er betritt den Saal und meldet: «Meine Herrschaften, in einer halben Stunde lass' ich das Schiff hochgehen.» Er macht immer weiter seine Kunststücke und meldet von Zeit zu Zeit: «Noch zehn Minuten... Noch fünf Minuten!» Genau zur angegebenen Zeit fliegt das Schiff mit einer ungeheuren Detonation in die Luft...
Ein Jude mit Bart und Kaftan hat ein Brett erwischt und treibt auf den

Wogen. Da sieht er auf dem Wellenberg gegenüber den Zauberer auf einem zweiten Brett einhertreiben und ruft ihm erbittert zu: «Du meschuggener Zauberer – etwas Besseres it dir nicht eingefallen?»

MITTEN auf dem Ozean fällt ein Kind über Bord. Der verzweifelte Vater verspricht jenem, der sein Kind rettet, zehntausend Dollar. Während noch alles erstarrt an der Reling steht, ist Sali Bleimschein schon in den Fluten verschwunden, taucht auf mit dem Jungen im Arm, ergreift einen der Rettungsringe, die man ihm zuwirft, und wird an Bord gezogen. Der glückliche Vater stürzt auf ihn zu, bedankt sich überschwenglich und bittet ihn, in seine Kabine zu kommen, damit er ihm den Scheck ausstellen kann.
Sali: «Von Geschäften reden wir später. Zuerst möchte ich wissen, wer mich getreten hat in den Hintern, so daß ich gestürzt bin über Bord.»

«HERR Wasserfleck, waren Sie schon auf dem Ozean?»
«Nein, wissen Sie, da ist man allzusehr in Gottes Hand.»

DAS Schiff sinkt. Ein Jude schreit und weint. Ein zweiter tritt an ihn heran und sagt: «Was schreist du? Ist es *dein* Schiff?»

DER alte Schmul schläft mit einem Fremden zusammen in einer Kabine. Nachts beginnt Schmul zu jammern:
«Oi, hob ech a Dorscht! Oi, hob ech a Dorscht!»
Das nimmt kein Ende, schließlich zieht sich der Fremde fluchend an und holt in der Kantine eine Flasche Selterswasser für Schmul. Eine Zeitlang ist es nun still. Dann beginnt Schmul zu skandieren:
«Oi, hob ech gehobt a Dorscht!»

DAS Schiff beginnt zu sinken. Alle Passagiere beten. Auch Isidor Goldberger erhebt in der Not seine Stimme. Ein Jude, der ihn kennt, schüttelt ihn entsetzt an der Schulter und flüstert ihm zu:
«Sei sofort still! Wenn Gott erfährt, daß du auf dem Schiff bist, dann sind wir auf der Stelle alle verloren!»

Womit redet er?

«STELL dir vor, Jankel hat sich beide Hände abgefroren!»
«Du lieber Himmel, womit redet er jetzt?!»

WINTER in Polen. Zwei Juden stapfen stumm durch den Schnee, die Hände tief in den Taschen vergraben.
«Was ist? Warum redste nix? Biste krank?»
«Nu – soll ich mer verfriere die Händ?»

PERLMUTTER kommt von einer mehrtätigen Reise heim. Die Familie begrüßt ihn stürmisch und bittet: «Nu, erzähl!»
Perlmutter: «Wie kann ich reden, wenn Ihr mir die Hände festhaltet?»

«MOISCHE, was ist das: Pantomime?
«Sehr einfach: Die Leute reden, bloß – sie sagen nichts.»

«DU glaubst, ich schweig – ich red nur nichts!»

HAUSIERER, der die Treppe mit einem Fußtritt hinunterbefördert wird: «Wos a temperamentvoller Mensch! Er redt sogar mit die Füß!»

AUF einer kleinen Bahnstation spazieren zwei jüdische Herren lebhaft gestikulierend auf und ab. Da tritt der Bahnbeamte an sie heran und bittet: «Meine Herren, unterhalten Sie sich bitte hinter der Bedürfnisanstalt weiter, sonst glaubt der Führer des Schnellzuges, Sie machen Notsignale und bremst, statt durchzufahren.»

SCHMUEL sieht zum erstenmal ein Telefon. Das Postfräulein erklärt ihm: «Mit der linken Hand heben Sie das Hörrohr ab, und mit der rechten drehen Sie die Kurbel.»
Schmuel: «Sehr schön – und womit rede ich dann?»

AUFSCHRIFT in den Telefonzellen in Tel Aviv:
Zuerst werfen Sie die Münze ein.

Dann heben Sie mit der Linken den Hörer ab.
Darauf sprechen Sie mit der *Rechten.*

BIBLIOTHEK in New York. In der Ecke für jiddische Bücher steht nicht
«Quiet please», sondern «Schah!»

NUCHIM, vorwurfsvoll: «Du fragst nicht, wie es mit geht?»
«Nu, wie geht's dir?»
«Oj, frag nicht!»

FINKELSTEIN, aus einem galizischen Städtchen frisch in Wien eingetroffen, beobachtet auf der Wiener Opernkreuzung staunend den Verkehrsschutzmann, der ununterbrochen die Arme nach verschiedenen Richtungen streckt und schwenkt. Nach einer halben Stunde wird Finkelstein jedoch unruhig, geht auf den Schutzmann zu und sagt: «Verzeihen Sie, Herr Inspektor, den letzten Satz habe ich aber nicht verstanden. Wollen Sie ihn bitte wiederholen!»

Variante:
«SIE stehen hier doch ganz allein, Herr Schutzmann, mit wem reden Sie eigentlich?»

IM Ersten Weltkrieg: Schmul kommt auf Urlaub nach Hause. Die Freunde, neugierig: «Wie war's im Schützengraben?»
«Schrecklich! Kaum redt mer e Wort, hat mer en Schuß durch de Hand!»

«ACH, wie schön, dich zu treffen! Wie geht es?» – «....bä...»
«Und der Frau?» – «...äh...»
«Und was machen die lieben Kinderchen?» – «...hm...»
«Und die Geschäfte?» – «...puh...»
«Na, ich muß jetzt weiter. Aber es tut gut, sich ein wenig auszusprechen!»

EIN Schiff ist nicht weit von der Küste gesunken. Fast alle Passagiere ertrinken, aber ausgerechnet zwei Juden, beide Nichtschwimmer, können sich an Land retten. «Wie ist das möglich?» fragen alle verwundert.
«Als das Schiff sank», erklären die zwei Juden, «waren wir gerade mitten in einem Gespräch, und dann haben wir einfach immerzu weitergeredet, bis wir am Ufer waren.»

«WAS trägst du den Ring mit dem Brillanten nach einwärts?»
«Dumme Frage! Wie red ich mit die Leut? So – oder *(entsprechende Handbewegung)* so?»

IM Autobus von Tel Aviv hängt eine Verbotstafel: «Es ist strengstens untersagt, zu reden mit dem Chauffeur. Der Mann braucht seine Hände zum Chauffieren!»

IM Strandbad: «Frau Blau, Ihr Herr Gemahl auch hier?»
«Nein, Herr Grün, mein Mann ist verreist.»
«Frau Blau, könnten wir da nicht mitsammen dinieren?»
«Darüber läßt sich reden, Herr Grün.»
«Und wie wäre es mit einem netten Tête-à-tête nachher?»
«Auch darüber läßt sich reden, Herr Grün. Aber gehen wir lieber ins Wasser: die Leute brauchen nicht zu *sehen,* wovon wir reden!»

AN der Börse. Der kleine Moritz: «Papa, warum fuchteln jene beiden Herren so wild mit den Händen?»
Der Vater: «Weißt du, sie zählen immerzu ihre Finger, ob der andere ihnen noch keinen gestohlen hat.»

WIRTSCHAFTSKRISE. Grün und Blau wandern schweigend durch die Straßen. Grün seufzt tief. Darauf Blau: «Noch ein Wort von den Geschäften – und ich zerhau dir die Fresse!»

CHAIM Fensterglas vor einer sechsarmigen Buddhastatue: «Sechs Arme! Muß der reden können!»

SCHMUL geht schnorren bei Baron Rothschild. Als er vor dem mächtigen Manne steht, macht er sich in die Hosen. Um den Stinker loszuwerden, gibt ihm der Baron schnell einen Geldschein. Unten trifft Schmul einen andern Schnorrer, zeigt ihm den Schein und sagt stolz: «Reden können muß man mit solchene Leut!»

EIN Jude aufgeregt zum zweiten: «Du, waaßt du?»
«Ich waaß, ich waaß!»
«Nix waaßt du!»

«WAS schreit er so: *ich* schrei so! *Er* schreit so! Schreit *er* so: *ich* schrei so!»

No na!

ZWEI Juden im eifrigen Gespräch. Plötzlich fällt einer von ihnen in einen offenen Kanalschacht. Der andere merkt es nicht, geht redend weiter, merkt es dann doch, geht zurück und findet seinen Genossen im Kanal stecken: «Bist du da hinuntergefallen?»
«No na – wohnen werd' ich da!»

«ICH mach jetzt eine Hormonkur.»
«Das ist doch für die Katz!»
«No na – für meine Alte werd' ich es machen!» *(«Katz» = Liebchen.)*

SCHMUL, im Spital, soll einen Einlauf bekommen und brüllt auf.
«Ist er vielleicht zu heiß?»
«No na, zu süß wird er sein!»

SCHMUL stürzt auf den Bahnhof, sieht aber nur noch die Schlußlichter des abfahrenden Zuges. Teilnahmsvoll erkundigt sich der Bahnvorstand: «Haben Sie den Zug versäumt?»
Schmul: «No na, verscheucht hab ich ihn!»

SCHMUL ist von der Straßenbahn abgesprungen und unsanft auf dem Toches *(Gesäß)* gelandet.
«Sind Sie niedergefallen?» fragt ein mitleidiger Passant.
Schmul: «No na, so steig ich immer aus!»

IM Standpark spielt ein herziges blondes Kind. Ein Erwachsener fragt teilnahmsvoll: «Wie heißest du, Kleiner?»
«Moritz Pollatschek.»
Der Erwachsene plötzlich höhnisch: «Aber wenn du sehr brav bist, dann sagt die Mame sicher ‹Mojschele› zu dir?»
«No na – Pollatschek wird sie sagen!»

IN der Drogerie.
«Ich möchte für zehn Pfennig Abführpillen.»

«Soll ich sie Ihnen einschlagen?»
«No na! Nach Hause rollen werd' ich sie!»

BEIM Altkleiderhändler: «In dem Pelz, den Sie mir gestern verkauft haben, waren aber Läuse drin!»
«No na – für den Preis werd' ich Paradiesvögel hineintun!»

FREMDER im Hotel: «Sind Wanzen in dem Bett?»
Wirt: «No na! In der Blumenvase werden sie sein!»

«SIE, Wirt! In meinem Bett sind Wanzen!»
«No na! Greta Garbo wird im Bett sein, für den Preis!»

SCHMUL ist bei Onkel Itzig zu Besuch. Plötzlich schreit er entsetzt: «Onkel, da an der Wand ist eine Wanze!»
Onkel Itzig: «No na, deinetwegen werd' ich einen Rembrandt an der Wand haben!»

ITZIK hat bei seinem Vetter Schmul übernachtet. Am Morgen klagt er: «Pfui, ich hab gar nicht schlafen können! Bei dir tanzen überall Flöhe herum!»
«No na – wegen dir werd' ich das Opernballett bestellen!»

GESPRÄCH auf der seinerzeit nicht sehr gut renommierten Friedrichstraße in Berlin. Hure schreit einem Kaftanjuden nach: «Jud!»
Der Jude: «No na! A Chonte *(Dirne)* werd' ich sein!»

MANDELBAUM kann kein Französisch. In Nizza will er einen Fiaker mieten, findet im Reiseführer einen passenden Satz und sagt zum bärtigen Kutscher phonetisch getreu: «Es tu libre, cocher?» *(Eßt du lieber koscher.)*
Der «Südfranzose», beleidigt: «No na – trefe *(rituell unerlaubt)* werd' ich lieber essen!»

GAST: «A Kalbsbrust.»
Kellner: «Mit Salat?»
Gast: «No na, mit Büstenhalter!»

IM koscheren Restaurant.
Ein Gast: «Kellner, der Salat glänzt ja vor Öl!»
Der bärtige Kellner: «No na – vor Talmudgelehrsamkeit!»

GRÜN und Blau sind in der Sommerfrische in einem bayrischen Bergdorf. Einmal entsteht eine fürchterliche Wirtshausrauferei. Grün, zufällig im Wirtshaus, rauft aus Leibeskräften mit, bekommt einen Messerstich, taumelt hinaus und blutet.
Kommt Herr Blau daher: «Gott über die Welt, Herr Grün, hat mer Sie vielleicht gestochen?»
Grün: «No na, unwohl werd' ich sein!»

BEIM Kartenspiel: «Mojsche, du schaust mir in die Karten!»
«No na, hasardieren werd' ich!»

EIN frommer Bürger in Sadagura übernimmt freiwillig die Rolle des Vorbeters. Er singt fürchterlich. Aber niemand getraut sich, es ihm zu sagen. Schließlich übernimmt es der alte Herschkowitz. Er geht zu ihm mit einem Paar zerrissener Schuhe und bittet: «Mach mir darauf ein Paar neue Sohlen!»
Sagt der Vorbeter: «Bin ich ein Schuster?»
Darauf Herschkowitz: «No na – a Chasen!»

ZWEI Reisende im Abteil. Der Zug setzt sich in Bewegung.
«Mir scheint, wir fahren schon.»
«No na! Die Fassaden wird man an uns vorbeitragen!»

SCHLOIME kauft Stacheldraht.
«Brauchen Sie ihn für einen Zaun?»
«No na, a Netzleiberl werd' ich mir daraus stricken!»

BLAU sitzt im Bahncoupé einer Dame gegenüber. Da entfährt ihm peinlicherweise ein bestimmter Laut.
«Gott, wie roh!» ruft die Dame entsetzt.
«No na, kochen werd' ich ihn für Sie!» sagt Blau.

«KELLNER! A Hasenbraten will ich. Aber ich will mir nicht zerbrechen die Zähn. Können Sie mir versichern, daß der Hase nicht geschossen worden ist mit Schrot?»
«No na – die Pulsadern wird er sich aufgeschnitten haben!»

KOHN in der Drogerie: «Ich möchte Rattengift.»
«Soll ich es Ihnen einpacken?»
«No na – hertreiben werd' ich die Ratten!»

EIN erfolgreicher Emigrant springt in London in ein Taxi und ruft dem Fahrer zu: «Waterloo!»
Fahrer: «Station?»
Fahrgast: «No na, battlefield!»

KALMAN geht im Winter am See entlang und sieht plötzlich seinen Freund Ginzberger in einem Loch im Eis strampeln.
«Ginzberger, bist du eingebrochen?»
«No na! Der Winter wird mich beim Baden überrascht haben!»

SAMI kommt daher, beladen mit ganzen Körben, Taschen und Netzen voll von Klosettpapier. Moritz erblickt ihn:
«Großer Gott! Sami, hast du das ganze Klosettpapier gekauft?»
«No na! Aus der Putzerei werd' ich's geholt haben!»

ČSSR. Kadrovnik = politischer Leiter der Personalabteilung, welcher die Angestellten begutachtet und schriftliche Gutachten über sie sammelt.
PRAG. Kohn ist am Friedhof, kann aber die Gräber seiner Eltern nicht finden. Er erblickt einen bärtigen Juden und fragt ihn: «Sind Sie hier Schammes?»
Der schaut ihn an und erwidert: «No na – der Kadrovnik!»

Militärisches

IM zaristischen Rußland stehen zwei Juden am Bahnhof, wo Soldaten verladen werden. Einer der beiden erklärt: «Siehst du die Soldaten mit den schmalen Hosen? Das ist gewöhnliche Infanterie. Sie wird von Petersburg nach Warschau transportiert. Und siehst du jene dort mit den Pluderhosen? Das sind Kosaken, die werden jetzt von Warschau nach Petersburg fahren.»
Der Freund: «Was für unsinnige Spesen! Man könnte doch einfach die Hosen auswechseln! Ein Transport von Uniformen statt von Soldaten wäre weit billiger!»
Der «Fachmann»: «Unsinn! Glaubst du, daß der Zar jedem Soldaten zwei Paar Hosen stiftet? Sollen sie also in Unterhosen warten, bis der Tausch vollzogen ist?»

Im zaristischen Rußland dauerte der Militärdienst viele Jahre und bedeutete für Juden ein zerstörtes Leben. Unordnung und Bestechlichkeit der Behörden erleichterten indes das Entschlüpfen.
ELKISCH hat große Sorgen: «Ich weiß nicht, was ich tun soll. Allmählich muß ich mich entschließen, meinen kleinen Sohn in die amtlichen Geburtslisten einzutragen. Und nun: Trage ich ihn älter ein, als er ist, und es gelingt ihm, Gott behüte, nicht, sich vom Militärdienst loszukaufen, dann muß er am Ende dienen, wenn er noch viel zu zart und zu schwach ist dafür. Melde ich ihn wiederum jünger an, als er ist – dann nehmen sie ihn womöglich zu den Soldaten, wenn er bereits Weib und Kinder hat!»
«Vielleicht meldest du ihn einfach genauso alt an, wie er ist?»
«Eine großartige Idee! Das wäre mir nicht eingefallen!»

MAN erwartet eine Rekrutierungskommission im Dorf, und die jüdischen Burschen verstecken sich. Der alte Dorfjude versteckt sich ebenfalls.
Ein Bursche wundert sich: «Was fürchtest du? Dich wird man ja nicht nehmen.»
Alter Jude: «Und Generale brauchen sie keine?»

Zeitweise konnte man im zaristischen Rußland vom Militärdienst befreit werden, wenn man beim Zeitpunkt der Rekrutierung bereits verheiratet war. Da bei Juden sogar kleine Knaben zwangsrekrutiert wurden, verheirateten manche jüdischen Eltern ihre Bübchen schon im zarten Alter, wenn auch natürlich nur formal.

DER kleine Moische wälzt sich im bloßen Hemdchen im Straßendreck. Ein Bekannter kommt vorbei und fragt streng: «Wieso bist du nicht im Cheder?» *(Kleinkinderschule für Hebräisch.)*
«Was heißt ‹Cheder›! Ich bin doch ein verheirateter Mann!»
«Aha! Und wieso schämst du dich nicht, als verheirateter Mann ohne Hosen herumzulaufen?»
«Ich kann nichts dafür. Mein kleiner Bruder heiratet heute und braucht die Hosen für seine Hochzeit.»

DER Zar fragt einen Soldaten: «Wenn dein Offizier dir befiehlt, mich zu erschießen, wirst du es tun?»
Iwan: «Jawohl, Väterchen.»
Zar: «Mich, den Zaren, wirst du erschießen?»
Iwan, nach kurzem Nachdenken: «Befehl ist Befehl!»
Der Zar fragt noch weitere Soldaten, alle berufen sich auf die Gehorsamspflicht. Schließlich stößt er auf einen jüdischen Soldaten. Dieser, ohne zu zögern: «Nein, Majestät!»
Zar, erfreut: «Und warum nicht!»
Der jüdische Soldat, verdrießlich: «Weil man in dieser Unordnung wieder vergessen hat, uns die Munition zuzuteilen.»

Variante:
JÜDISCHER Soldat, die Trommelschlegel hochhebend: «Womit denn? Ich bin doch Tambour!»

NIKOLAI I. fragt einen Soldaten: «Warum dienst du?»
Pjotr: «Weil ich den Zaren liebe.»
Nikolai zum zweiten Soldaten: «Und du?»
Iwan: «Weil ich das Vaterland liebe.»
Nikolai zum dritten Soldaten: «Und du?»
Mojsche, verdrießlich: «Weil mich irgendein Mistfink bei den Militärbehörden denunziert hat!»

EIN jüdischer Soldat hat sich in der zaristischen Armee ausgezeichnet. Nun darf er zur Belohnung frei wählen zwischen dem Georgskreuz oder hundert Rubeln.

Der Jude: «Wieviel ist das Georgskreuz wert?»
Offizier: «Das ist eine sinnlose Frage. Das Kreuz ist höchstens einen Rubel wert. Es handelt sich hier um die Ehre.»
Jude: «Ja, das verstehe ich. Also geben Sie mir... neunundneunzig Rubel und das Kreuz.»

1915. IM Warschauer Tram sitzt ein jüdisches Paar. Ein deutscher Soldat steigt ein, den Arm in der Binde. Mitleidig greift die Frau in ihr abgegriffenes Geldtäschchen, reicht ihm fünfzig Kopeken und sagt: «Herr Soldat, kaufen Sie sich Zigarren!»
Ein zweiter verwundeter deutscher Soldat steigt zu.
«Seid Ihr dasselbe wie jener dort?» fragt die Jüdin.
«Nein», sagt er, «jener ist Musketier, ich bin Gefreiter.»
«So, so», sagt die Jüdin und reicht ihm einen ganzen Rubel, «hier, nehmen Sie! Für Zigarren!»
«Nun hör aber auf», sagt ihr Mann ärgerlich. «Wenn jetzt noch ein General zusteigt, bin ich pleite!»

WÄHREND des Ersten Weltkrieges unterhielten sich zwei Juden in der Ukraine über Militärflugzeuge. Der eine meinte nachdenklich:
«Wie kann man vom Boden her überhaupt sehen, ob es russische oder deutsche Flugzeuge sind?»
«Sehr einfach«, meinte der zweite, «wenn das Flugzeug wirklich fliegt, dann gehört es den Deutschen.»

EIN Jude im zaristischen Rußland erklärt dem Militärarzt: «Ich bin schwindsüchtig.»
Arzt: «Na und? General Borossilow ist auch schwindsüchtig. Drückt er sich deswegen?»
Der Jude: «Auf einem Auge sehe ich nichts.»
Arzt: «General Iwanow ist auch einäugig. Er dient aber doch.»
Der Jude: «Und schwachsinnig bin ich auch.»
Arzt: «Das täte Ihnen so passen, deswegen vom Militär befreit zu werden! Der Zar tut doch auch seinen Dienst!»

Variante:
DER Stabsarzt hat verschiedene kranke Juden mit Hinweis auf berühmte russische Generale mit den gleichen Gebrechen als «tauglich» erklärt. Gedalje Geliebter tritt vor und verkündet triumphierend:
«Und wenn Se zerspringen, Herr Stabsarzt! Ich bin meschugge!»

EIN in Rußland gefangener deutscher Soldat zum jüdischen Wachtsoldaten: «Unser Kaiser Wilhelm ist großartig! Jede Woche geht er einmal an die Front.»
«Unser Nikolai ist noch weit großartiger», meint der Jude, «der braucht sich gar nicht erst vom Fleck zu rühren, die Front geht ihm jede Woche ein Stück entgegen.»

EIN jüdischer schwächlicher Soldat der zaristischen Armee bringt an der galizischen Front von seinen Patrouillengängen täglich neun Gefangene mit. Niemand kann das begreifen.
Schließlich erklärt er es: «Ich schleiche mich jeweils nahe an den österreichischen Schützengraben heran und flüstere: ‹Ich brauche einen Minian für eine Jahrzeit.› *(Minian: Mindestzahl der zehn Männer für einen Gemeindegottesdienst. Jahrzeit: jährlicher Gedenktag für verstorbene Verwandte.)* Und sooft ich das sage, klettern neun jüdische Männer aus dem Graben zu mir heraus.»

Variante:
KURZ vor der Erstürmung von Grodek (1915) kommt der ungarische Jude Hárvy *(= Hirsch)* von der Patrouille zurück, sechs russisch-jüdische Soldaten bringt er als Überläufer mit.
«Wie hast du das gemacht?» fragt der Kompaniekommandant.
«Hab' ich ihnen zugerufen: ‹Wir kochen hier koscher!›»

WÄHREND des Ersten Weltkrieges gab es in Wien viele jüdische Flüchtlinge aus Galizien, das von zaristischem Militär und Kosakenhorden besetzt war. – Stehen zwei Juden vor einer Auslage in der Mariahilferstraße, wo Bilder von Hindenburg und dem österreichischen Generalstabschef Hötzendorf nebeneinander hängen mit der Aufschrift: «Unsere Heerführer». – Fragt Mojsche den Jankl: «Sog mir, wos hejßt epes ‹unsere Heerführer›?»
«Wos verstehst du nischt, Mojsche», antwortet Jankl, «sej hobn uns *hergefirt* kejn *(= nach)* Wien.»

DER Zar inspiziert ein Regiment und befragt einzelne Soldaten, wie sie zufrieden sind. Die meisten haben nicht zu klagen. Aber ein junger Jude faßt sich das Herz und sagt: «Majestät, ich bin unglücklich in Rußland. Ich darf nicht wohnen, ja nicht einmal übernachten, wo ich will. Ich darf keine höheren Schulen besuchen. Es gibt Pogrome. Meine Familie stirbt vor Hunger...»

Der Zar seufzt: «Glaubst du, lieber Jankel, es geht mit besser als dir? Meine Minister betrügen und bestehlen mich. Man wirft Bomben auf mich. Ich bin sehr unglücklich...»
«Wissen Sie was, Majestät», schlägt Jankel vor, «wandern wir zusammen nach Amerika aus!»

In Ländern, wo die Juden keine vollen bürgerlichen Rechte genossen, empfanden sie Abscheu vor dem Militärdienst.
DER kleine David will nicht zur Schule. Der Vater zerrt den brüllenden Buben gewaltsam durch die Straßen zum Schulhaus. Auf dem Wege begegnen sie einer Gruppe von Soldaten, die mit klingendem Spiel durch die Stadt ziehen, geführt von einem reitenden Offizier in Paradeuniform mit gezogenem Säbel.
Der Vater mit dem Finger auf den Offizier deutend:
«Wenn du nicht wirst zur Schule gehen, wird das dein Soff *(Ende)* sein!»

DIE Predigt eines Rebben im Ersten Weltkriege: «Wir leben, nebbich *(Ausdruck des Mitleids)*, in einer großen Zeit!»

IN Bad Ischl wurde dem Kaiser Franz-Joseph ein Rabbiner vorgestellt.
Der Kaiser fragte leutselig: «Haben Sie Söhne?»
Rabbiner: «Gott sei dank, ja, Majestät.»
Kaiser: «Haben Ihre Söhne gedient?»
Rabbiner: «Gott sei Dank, nein, Majestät.»

SCHMUL soll zur Assentierung gehen: ob Mojsche ihm nicht einen Rat geben könne, damit er ‹untauglich› geschrieben werde? Mojsche rät ihm, sich alle Zähne ziehen zu lassen.
Einige Tage später sieht er sich einem erbosten Schmul gegenüber:
«Einen schönen Rat hast du mir gegeben!»
«Wieso denn? Bist du nicht ‹untauglich›?»
«Das schon, aber wegen die Plattfüß'!»

NERVÖSER Jude bei der Musterung: «Herr Doktor, versetzen Sie mich nicht zur Artillerie! Ich kann das Schießen nicht hören!»
«Haben Sie keine Angst, die schießen so laut, das werden Sie schon hören können!»

MOJSCHE steht vor dem Assentierungsarzt. Er behauptet, er sei krank.
«Was fehlt Ihnen!» fragt der Arzt.

«Ich bin schwer herzkrank. Ich kann keine Treppen steigen!»
«Schadt nichts», beruhigt der Arzt. «Sie kommen zur Infanterie. Die kämpft im Parterre.»

IM altösterreichischen Ostgalizien waren die Militärärzte oft Juden. Nicht grundlos verdächtigte man sie der Bestechlichkeit ihren Glaubensgenossen zuliebe. Um dem vorzubeugen, wurde jedem assentierenden Arzt ein Sanitäts-Unteroffizier beigeordnet, der Tag und Nacht mit ihm zusammen war.
Da kam bei den jüdischen Rekruten der Dreh auf, sich einen zusammengerollten Tausender in den Mastdarm zu stecken und zu erklären: «Ich leide an Hämorrhoiden.»
Der Arzt befahl jeweils: «Bücken Sie sich!» – zog unauffällig den Tausender heraus und erklärte: «Hämorrhoiden. Untauglich.» Es kam bei den dortigen Juden eine regelrechte Hämorrhoiden-«Epidemie» auf.
Ein armer jüdischer Bocher *(Jüngling)* brachte aber für diesen Zweck nur einen Hunderter auf, worauf der Arzt erklärte: «Tauglich!»
«Herr Doktor», flehte der Rekrut, «ich habe doch Hämorrhoiden!»
«Ja», bestätigte der Arzt, «aber zu wenig!»

IM Ersten Weltkrieg gelingt es zwei Juden, sich vom Frontdienst zu drücken. Beide dienen in der Etappe. Da sie aber gesunde Männer sind, ist ihre Position mit einem gewissen Risiko verbunden. Einmal treffen sie sich beim Heimaturlaub und fragen einander aus.
Schmul: «Ich habe einen Posten in der Etappe in Südtirol.»
Itzig: «Ich mache Büroarbeiten im Kriegsministerium.»
Schmul: «Und was macht dein Freund Mojsche?»
Itzig: «Der hat es sich leichtgemacht, der Feigling! Der sitzt im Schützengraben an der Piave-Front!»

ZUR Zeit des Ersten Weltkrieges mußten sich alle erwachsenen Männer einer Militärkommission stellen.
Beklagt sich ein galizischer Jude:
«Habt ihr schon gehört? Der neue Doktor ist ein Antisemit, der seinesgleichen sucht! Er nimmt keine Bestechung an und befreit nur solche, die einen organischen Herzfehler haben... Aber ein solches Glück trifft auf tausend Juden nur einen!»

FELDWEBEL: «Wozu hat der Soldat sein Gewehr?»
Rekrut Lemberger: «Zum Schießen, Gott behüte.»

MOSCHKO steht vor seinem Dorfladen, als Bauer Iwan mit einer Fuhre Holz vorbeifährt.
Moschko: «Iwan, ich kaufe dein Holz und zahle dir dasselbe, was du in der Stadt dafür bekommen kannst.»
Der Bauer: «Moschko, das ist nicht für dich. Aus diesem Holz wird man Gewehrkolben machen.»
«Was? Gewehrkolben?! Sara, weich zurück und nimm die Kinder weg!»

GEWEHRÜBUNGEN. Feldwebel: «Nicht so zaghaft, Kohn! Sie präsentieren ein Gewehr, nicht einen Wechsel!»

SCHIESSÜBUNG. Feldwebel: «Kohn, wie lange wollen Sie noch warten, bis Sie abdrücken? Ein Gewehr ist kein Wechsel. Hier gibt es keine drei Monate Ziel!»

GEREIZTER Feldwebel zum Einjährigen Kohn, aus dem sich kein disziplinierter Soldat machen läßt: «Wissen Sie was, Kohn, kaufen Sie sich eine Kanone, und machen Sie sich selbständig!»

MANÖVER. Infanterist Aschkenasy schaut zu, wie eine Kanone schußfertig gemacht wird.
«Wieviel Pulver braucht die Kanone pro Schuß?» fragt er den Kanonier.
«Fünf Pfund.»
«Fünf Pfund?! Wollt nicht gewesen besser, das zu verkaufen als auszuschießen?»

VOR dem Ersten Weltkrieg. Der Korporal versucht den Rekruten beizubringen, in welcher Form man bei verschiedenen Gelegenheiten die Honneurs zu machen hat: «Wenn zum Beispiel die Hofequipage vorbeifährt, müßt ihr Front machen und stramm ‹Habt acht› stehen... Wir wollen das jetzt einmal ausprobieren. Stellt euch vor, ich bin die Hofequipage.»
Zweimal galoppiert der Unteroffizier an der Truppe vorbei, alle nehmen Haltung an, nur Steinkrug bleibt gelassen stehen.
«Steinkrug», schreit der Korporal zornig, «warum machen Sie nicht Front? Ich bin doch die Hofequipage!»
«Nu, Herr Korporal», sagt Steinkrug gemütlich, «es sitzt ja keiner drin.»

DER Wachtposten vor der Staatsbank ist zufällig Jude und Börsianer. Der Anblick der Bank verleitet ihn zu entsprechenden Träumereien, und seine Haltung wird schlaff. Da kommt ein Offizier und schreit: «Einjähriger, wie stehen Sie?»
Einjähriger, aufschreckend: «Hundert bezahlt und Geld.»

DIE Soldaten üben im Kasernenhof und marschieren gegen eine Mauer. Knapp vor der Mauer kommandiert der Feldwebel:
«Halt!»
Darauf der Soldat Fischl: «Wos meinen Sie, Herr Feldwebel, ich wär' in die Mauer hineingegangen?»

DER Feldwebel erklärt den Rekruten:
«Ich zähle bis drei, und dann rennen Sie los! Eins... zwei... He, Sie da! Ich habe doch noch gar nicht drei gesagt!»
Rosenblum: «Ach, Herr Feldwebel, das sind ja alles Esel; ich aber habe gewußt, daß Sie gleich ‹drei› sagen werden!»

FELDWEBEL: «Jeder Soldat ist seinem unmittelbaren Vorgesetzten Achtung schuldig... Rekrut Abeles, was hab' ich gesagt?»
«Daß die unbemittelten Vorgesetzten dem Soldaten etwas schuldig sind, Herr Feldwebel.»

DER Feldwebel stellt bei der Kanone einen jüdischen Wachtposten auf. Bei seinem Kontrollgang bemerkt der Feldwebel, daß der Wachtposten verschwunden ist. Er sucht ihn, findet ihn schlafend in der Kaserne und brüllt ihn an.
Der Jude: «Ich habe bestimmt nicht leichtsinnig gehandelt. Ich habe versucht, die Kanone beiseite zu rücken, und dabei festgestellt: einer allein kann das nicht. Also, habe ich mir gesagt, kann einer allein die Kanone auch nicht klauen. Kommen aber mehrere, dann kann ich allein ohnehin nichts gegen sie ausrichten. Folglich konnte ich ruhig schlafen gehen.»

EIN deutscher Jude kommt zu seinem Vetter nach Polen und erzählt ihm, wie er bei Metz mitgekämpft hat und wie sich zuletzt die hunderttausend Franzosen nach hartnäckiger Belagerung alle übergeben haben.
Der Hausherr, verwundert: «Alle hunderttausend Mann? Woran haben sie sich denn alle den Magen verdorben?»

FELDWEBEL: «Der Kaiser pflegt zu sagen: ‹Ich habe keine Zeit, müde zu sein.› – Kohn, wie pflegt der Kaiser zu sagen?»
«Er pflegt zu sagen: Hab keine Zeit. Bin müd.»

Die Tefillin (Gebetsriemen mit Kapsel) sind immer schwarz.
JOSEF Nachtlicht, königlich-preußischer Grenadier, verrichtet in der Kaserne sein Morgengebet. Der Hauptmann überrascht ihn gerade, wie er die Tefillin anlegt.
Der Hauptmann: «Was haben Sie denn da?»
«Gebetsriemen. Unsere Religion schreibt es so vor.»
«Brav, brav, mein Sohn! Immer fromm sein! Aber ab heute, wie es sich für einen Grenadier gehört, nur mit weißem Lederzeug antreten!»

Variante:
Die Gebetsriemen werden um den Arm gewickelt.
DER Feldwebel sieht, wie ein jüdischer Soldat im Schützengraben die Tefillin anlegt, und schreit empört: «Wir kämpfen, und er mißt sich den Blutdruck!»

EINJÄHRIGER Katz: «Ich bitte um Urlaub, Herr Feldwebel.»
Feldwebel: «Grund?»
Katz: «Immatrikulation.»
Feldwebel: «Immer diese verfluchten jüdischen Feiertage!»

EIN Feldwebel der alten Schule hatte sich vor dem Ersten Weltkrieg über jüdische Einjährige schwer geärgert. Als er einmal gefragt wurde, wen er für den bedeutendsten König halte, antwortete er, ohne sich lange zu besinnen:
«Herodes, denn er ließ alle jüdischen Einjährigen umbringen.»

IM Ersten Weltkrieg in Galizien. Am Morgen, Punkt 4 Uhr, springt der Zugführer aus dem Graben und brüllt: «Auf, Leute, vorwärts!»
Nichts rührt sich. Er wiederholt, forte: «Vorwäärts!»
Alles bleibt still. Fortissimo: «Vorwäääärts! Sprung auf!»
Da ertönt es bewundernd hinter ihm: «Welch schöööne Stimme!»

IM Schützengraben. Zwei jüdische Soldaten stehen nebeneinander. Eine Mine explodiert, beide werden mit Erde und Steinbrocken überschüttet. Als sie sich mühsam erheben, fragt Moische: «Sag, Schloime, ist Blut gelb? Dann bin ich verwundet.»

IN der Instruktionsstunde wird der Einjährige Bär gefragt: «Was machen Sie, wenn es heißt: ‹Freiwillige vor!›?»
Darauf Bär: «Ich trete beiseite, damit die Freiwilligen vor können.»

STELLUNGSBAU. Kohn hat sein Schützenloch schon zwei Meter tief gegraben. Der General erscheint und sagt: «Kohn, warum so tief? Du wirst den Feind nicht sehen!»
Kohn: «Bin ich neugierig?»

1914. JÜDISCHER Soldat in Rußland, schreibt an seine Eltern über das Rote Kreuz: «Liebe Eltern! Ich bin Gott sei Dank in Gefangenschaft, ich hab' mich übergeben. Mein Bruder Samuel liegt im Lazarett. Ihr sollt so gesund sein, wie er es ist.»

DAS war 1917. Hoher Besuch im Verwundetenlazarett. Kaiserin Zita tritt ans erste Bett heran: «Wie ist Ihr Name? Wo wurden Sie verwundet? Ihre Konfession?»
Auf die Antwort «katholisch» legt die Kaiserin fünf Zigaretten auf das Nachtkastl.
Sie tritt an ein zweites Bett heran. Der Mann ist protestantisch. Die Kaiserin legt vier Zigaretten hin.
Da winkt eine schwer bandagierte Gestalt aus dem nächsten Bett und ruft: «Mir kimmen *(kommen)* drei!»

IM Ersten Weltkrieg an der galizischen Front. Ein hochgestellter Herr besucht ein Lazarett, wo er sich auch mit einigen schwer verwundeten Juden unterhalten hat. «Ich hab' den Eindruck», sagt er zu seinem Begleiter, «die Juden sind doch ganz tüchtige Soldaten!»
«Ja», bestätigt dieser, «man kriegt sie nur sehr schwer.»

DER deutsche Kaiser besucht ein Lazarett. Es ist kurz vor Ende des Krieges. Er unterhält sich mit einigen Patienten über die Chancen, den Krieg zu gewinnen.
Ein Katholik meint: «Wir werden den Krieg mit Gottes Hilfe und kraft unserer Gebete bestimmt gewinnen.»
Ein Protestant: «Dank der Tapferkeit unserer Soldaten und der Fähigkeit unserer Generale werden wir siegen.»
Ein Jude: «Majestät, ich bin überzeugt, daß wir gewinnen werden. Aber wenn Sie mir folgen, überschreiben Sie die Mark Brandenburg für alle Fälle auf den Namen Ihrer Frau.»

DER General geht ein Spital inspizieren und fragt einen kranken Soldaten: «Was fehlt Ihnen?»
«Melde gehorsamst, ich habe Furunkel.»
«Was für Behandlung macht man Ihnen?»
«Melde gehorsamst, werde mit Jodtinktur gepinselt.»
«Und das hilft?»
«Melde gehorsamst, ja.»
«Haben Sie irgendeinen Wunsch?»
«Melde gehorsamst, nein.»
Der General fragt einen zweiten. Es stellt sich heraus, er hat Hämorrhoiden. Auch er wird mit Jod gepinselt. Es hilft, und er hat keine Wünsche.
Der General kommt zum nächsten, es ist Soldat Feuerstein: «Was fehlt Ihnen?»
«Melde gehorsamst, ich habe geschwollene Mandeln. Ich werde mit Jodtinktur gepinselt. Ja, es hilft.»
«Haben Sie irgendeinen Wunsch?»
«Melde gehorsamst, ja: könnte ich nicht *zuerst* gepinselt werden?»

AN der Front in der Donaumonarchie. Ein jüdischer Soldat stürzt heulend ins Feldlazarett: «A Schrap... a Schrap...»
Arzt: «Eine Schrapnellwunde! Schnell operieren!»
Der jüdische Soldat: «Doktorleben, lassen Sie mich ausreden! A Schrapmaschin *(galizisch-jiddisch: schreiben = schraben)* is mir afn Fuß gefallen!»

DIE Nachtwache im Lazarett wird gewöhnlichen Soldaten anvertraut. Am Morgen nimmt ihnen der Stabsarzt den Rapport ab.
Soldat Sebastian meldet: «Patient Müller hatte eine schlechte Nacht. Ich habe ihm Aspirin gegeben.»
Die Nacht darauf hat Katz die Wache. Am Morgen stöhnt er: «Herr Doktor – Spaß hab *ich* gehabt eine Nacht!»

IN der k.u.k. Armee gab es feudale Reiterregimenter, in denen ausnahmsweise, wenn der Papa über entsprechende Verbindungen verfügte, auch überaus reiche Juden als Einjährige dienen durften.
Der Oberst eines solchen Regiments, das schon unter Wallenstein im Sattel saß, pflegte deshalb, wenn ihm die Rekruten mit Abitur vorgestellt wurden, sobald er Namen hörte wie Fürstenberg oder Löwenstein, zu fragen: «Prinz oder Jud'?»

DIE jungen Kavalleristen sollen dem Feldwebel ihre und ihrer Pferde Namen angeben, und zwar den Pferdenamen an zweiter Stelle.
Die jungen Leute diktieren: «Von Bredow – Juno.»
«Von Itzenplitz – Brausewetter.»
Der dritte, zerstreut: «Mithridates – Kohn.»
Hierauf der Feldwebel: «Ja, das könnte Ihnen so passen!»

EIN katholischer Priester tritt an einen verwundeten Soldaten im Lazarett heran. Um festzustellen, ob er bei Bewußtsein ist, hält er ihm das Kruzifix vor und fragt: «Mein Sohn, weißt du, was das ist?»
Der Soldat, zufällig Jude, öffnet mühsam die Augen und ächzt: «Ich hab eine Kugel im Bauch – und er gibt mir Rebus auf!»

OFFIZIER: «Kohn, Sie haben ja nur *einen* Sporn an!»
Kavallerist Kohn: «Aber ich versichere Sie, Herr Rittmeister, man braucht nur einen: wenn ich das Pferd in die linke Flanke stoße, läuft es rechts ebenfalls los.»

EIN Offizier fällt von seinem sehr lebhaften Pferd. Ein Jude meint verächtlich: «Das wäre mir niemals passiert!»
Offizier, respektvoll: «Sind Sie ein so guter Reiter?»
Jude: «Ach wo! Aber ich wäre niemals auf ein solches Pferd gestiegen.»

KASERNENHOF. Feldwebel: «Kohn, wie stehen Sie da?»
«Nu – so wie ich gewachsen bin.»
«Ihnen fehlt ja ein Knopf am Rock!»
«Nu – was soll ich dazu tun?»
«Annähen, Sie Schwein!»
«Der Rock gehört ja nicht mir!»
«Kerl, im Dienst gehört er Ihnen!»
«Wenn er mir gehört – was geht es Sie dann an, ob der Knopf dran ist oder nicht?»

DER Feldwebel notiert die Personalien der neuen Rekruten.
«Augen», murmelt er, wirft einen Blick auf den Burschen, der vor ihm steht, und schreibt: «blau». «Nase», murmelt er, blickt hin und schreibt: «gerade». «Konfession?» fragt er hierauf.
Der junge Mann antwortet: «Mosaisch.»
Der Feldwebel streicht bei «Nase» das Wort «gerade» und ersetzt es durch «krumm».

Rekrut: «Aber, Herr Feldwebel, meine Nase ist gerade!»
Feldwebel: «Wenn Sie mosaisch sind, haben Sie eine krumme Nase, sonst kriege ich Rüffel vom Hauptmann.»

IM Ersten, relativ noch harmlosen Weltkrieg läuft Kohn aus der Gefechtslinie rückwärts. Er läuft und läuft, sieht und hört gar nichts. Auf einmal brüllt ihn ein Offizier an: «Halt!»
Kohn bleibt stehen und beginnt stotternd zu melden: «Herr Oberleutnant, ich melde gehorsamst...»
Der Offizier brüllt noch wütender: «Sind Sie blind? Oberleutnant?! Ich bin General!»
Kohn, erstaunt: «Was! So weit bin ich zurückgelaufen?»

EIN General wird die Truppe inspizieren. Der aufgeregte Leutnant hat einen jüdischen Wachtposten aufgestellt, der ihm rechtzeitig das Kommen des Generals melden soll. Der Leutnant kommt immer wieder unruhig herausgelaufen und fragt, ob von dem General wirklich noch nichts zu sehen ist.
Schließlich kommt der General. Da tritt der Wachtposten an ihn heran und flüstert ihm vertraulich zu: «Einen schönen Skandal werden Sie abkriegen, Herr General, der Herr Leutnant hat schon dreimal nach Ihnen gefragt!»

Unterernährung und ungesunde Lebensweise hatten zur Folge, daß viele Ostjuden einen Leistenbruch hatten.
EINE Kompanie Soldaten badet im Fluß. Jankel schaut ihnen seit einer Stunde fasziniert zu.
«Was gaffst du so?» fragt Elias. «Hast du noch nie nackte Burschen gesehen?»
«Schau», sagt Jankel verwundert, «mindestens hundert Männer – und nicht einer hat einen Bruch!»

«-lech» ist die jiddische Diminutiv-Endung.
ES ist besser zu sitzen bei die jüdischen Tepplech
Als zu putzen die kaiserliche Kneplech.

DER Leutnant gibt der Truppe theoretischen Unterricht. Am andern Tag fragt er ab: «Rekrut Katz, warum soll der Soldat für Kaiser und Vaterland sein Leben willig opfern?»
Katz: «Ja, wirklich, warum soll er, Herr Leutnant.»

ES ist besser zu laufen im Wald wie die Füchs' –
Als zu tragen die kaiserliche Büx.

VOR der Schlacht tritt der Offizier an die Truppe heran und sagt feierlich: «Soldaten! Jetzt geht es Mann gegen Mann!»
Infanterist Rubin: «Zeigen Sie mir, bitte, meinen Mann! Vielleicht kann ich mich gütlich mit ihm verständigen.»

DIE Kompanie steht zum Sturmangriff bereit. Das Signal ertönt, und alles stürzt vor. Nur Levy läuft nach hinten.
Der Hauptmann greift ihn: «Da vorn steht der Feind!»
Levy: «Nu, me wird doch en Anlauf nehmen dürfen!»

IM Ersten Weltkrieg besichtigt ein Leutnant am Samstag die berühmte Synagoge eines kleinen Ortes in Galizien. Danach sagt er zum Schammes *(Synagogendiener)*: «Ich würde dir ja gerne Geld geben – aber am Schabbes darfst du es ja nicht anrühren.»
Darauf der Schammes: «Nu, Herr Laitnantleben, Gott der Gerechte, er mecht froh sein, wenn im Krieg die Lajt täten nichts Ärgeres als nehmen Geld am Schabbes!»

LAJB Halbgewachs kommt aus dem Ersten Weltkrieg nach Hause und verkündet, er werde ein Buch schreiben, das jeder kaufen müsse.
«Bist du meschugge? Wer wird dein Buch kaufen? Wie soll es denn heißen?»
«‹Vier Jahre unter den Gojim. Ihre Sitten und Gebräuche.› Wird das nicht jeder kaufen müssen?»

EIN Jude kommt frisch in den Schützengraben. Eben ist im Vorfeld eine feindliche Patrouille. Es beginnt eine wüste Schießerei. Der Jude, entsetzt: «Hört auf zu schießen! Seht ihr nicht, daß dort Menschen sind?!»

IM russischen Trommelfeuer steht der Wiener Leutnant im Graben. Er träumt von seiner fernen Braut und seufzt: «Ach Zitta!»
Soldat Mandelkern gesteht: «Ach zitta *(ich zittere)* auch!»

NAPOLEON dekoriert nach der Schlacht von Austerlitz Soldaten und sagt: «Ich möchte euch einen Wunsch erfüllen!»
Einer der Dekorierten ist Pole: «Ich möchte ein freies Polen!»
«Du sollst es bekommen», antwortet Napoleon.

Der zweite ist Deutscher. Seine Brauerei ist verbrannt.
«Sie wird dir aufgebaut werden», verspricht Napoleon.
Der dritte ist Jude. Er wünscht sich marinierte Heringe...
Die beiden andern lachen über ihn.
Der Jude: «Das freie Polen und die Brauerei – das bekommt ihr nicht.
Ich den Hering – *vielleicht* werde ich ihn bekommen.»

EIN Soldat kommt einbeinig ins Städtchen zurück. Die Weiber trösten ihn weinend.
Da kommt ein energischer alter Jude, drängt die Weiber auseinander und sagt: «Hört nicht auf die dummen Weiber! Glaubt lieber mir: Ihr seid und bleibt ein Krüppel Euer Leben lang!»

WARUM gehen die Juden nicht gern zur Kavallerie?
Da hams ka Rabbiner *(Karabiner)*.

DER General kommt zum Rebben und bittet um Ejzes, weil er fürchtet zu verlieren seinen Krieg. Sagt der: «Da gibt es zwei Möglichkeiten, Schlauheit und Wunder.»
«Und worauf würdet Ihr vertrauen?»
«Auf ein Wunder.»
«Ist es nicht besser, es zu versuchen mit Schlauheit?»
«Wenn *Ihr* würdet gewinnen den Krieg mit Schlauheit, wäre das nicht auch ein Wunder?!»

Das in den deutschen Sprachgebrauch eingegangene Wort «Rabbi» heißt wörtlich «mein Herr oder Meister» und kommt von «Raw», in galizisch-jiddischer Aussprache «Ruw».
ERSTER Weltkrieg. Galizien. Der Feldrabbiner besucht einen Schützengraben. Es ist schon spät, und er wird angerufen: «Halt, wer da?»
«Feldrabbiner.»
«Feld*ruf*?»
«Ja, so kann man auch sagen.»

EIN Offizier und ein Jude geben sich im Bahncoupé Rätsel auf. Der Offizier: «Was ist das? Das erste läuft, das zweite läuft, das Ganze ist eine Schlacht aus dem Siebenjährigen Krieg.»
Der Jude weiß es nicht, und der Offizier sagt: «Roßbach!»
Nun ist die Reihe am Juden. Er denkt lange nach und sagt dann: «Was ist das? Das erste läuft, das zweite läuft, das dritte läuft *nicht*.»

Der Offizier bekommt es nicht heraus. Der Jude: «Ganz einfach: das sind die drei Kinder meines Schwagers Elias!»

GEGENSEITIGE Vorstellung im Bahncoupé:
«Von Bredow – Leutnant der Reserve.»
«Lilienthal – dauernd untauglich.»

ZUR Kaiserzeit in Deutschland saß Herr von Breitenbach, Minister für öffentliche Arbeiten, dem auch das Eisenbahnwesen unterstand, bei einer Dienstreise mit einem jüdischen Reisenden allein im Coupé. Der Reisende war brennend interessiert, welchen Beruf sein Mitfahrer wohl ausübe. Der Minister wich allen indirekten Fragen aus.
Schließlich konnte der Reisende seine Neugier nicht mehr bezähmen und fragte geradeaus: «Ich reise für Grünblatt und Salmanowitz. Und für wen reisen Sie?»
Der Minister, abweisend: «Für Kaiser und Reich.»
«Für Kaiser und Reich? Nie von ihnen gehört. Aber dem Namen nach ist Ihre Firma auch jüdisch.»

IM Bahncoupé spürt ein Offizier plötzlich einen Floh, von dem er vermutet, daß er von dem Juden vis-à-vis kommt. Er knipst ihn mit der Bemerkung «Deserteur!» zum Juden hinüber.
Der Jude, indem er den Floh zurückknipst: «Zurück zur Armee!»

MORITZL spielt mit Kartondegen und Papierhelm. Mama stolz zu ihrem Mann: «Mir scheint, Moritzl wird Soldat werden!»
Der Mann: «Warum nicht? Napoleon soll auch ein ganz schönes Vermögen hinterlassen haben!»

DER Rekrut Levy beschwert sich beim Korporalschaftsführer, man habe ihm ein Stück Speck aus dem Spind gestohlen. Dieser läßt die Korporalschaft antreten und fragt:
«Wer von euch hat diesem Juden hier den Speck gestohlen?», dann, sich besinnend: «Aber hören Sie mal, Sie als Jude dürfen doch keinen Speck essen!»
«Ich hab ihn auch nicht zum Essen, Herr Unteroffizier. Ich brauch ihn nur, wenn ich mer hab n'Wolf gelaufen. Dann reib ich mir die Kimme damit ein.»
Da tritt der Stubengefreite vor und meldet: «Herr Unteroffizier, Musketier Meier zwei kotzt.»

Anders als die Juden Deutschlands standen die Osteuropas dem Völkerschlachten skeptisch gegenüber und waren froh, sich fernhalten zu können.
IM Ersten Weltkrieg. Ein Feldgrauer klingelt an der Himmelstür. Zu seinem Erstaunen macht ihm ein Jude auf.
«Wer bist du denn?» fragt er.
«Nu, wer soll ich sein? Moses.»
«So? Ich will zum lieben Gott.»
«Kannst du nicht.»
«Warum denn nicht?»
«Der ist Heerführer bei den Zentralmächten.»
«So? Dann zu Herrn Christus.»
«Ausgeschlossen!»
«Weshalb denn?»
«Kompanieführer, liegt im Westen im Schützengraben.»
«Dann bitte zu Petrus.»
«Der ist Landsturmmann und schiebt in Magdeburg Wache.»
«Na, und du, Moses?»
«Nu, ich bin unabkömmlich, ich bin reklamiert.»

Schreibstuben-Postgeheimnis
SIE konditionierten beide in den achtziger Jahren bei Lazarus Deidesheimer & Söhne in Wien, sie hatten sich dreißig Jahre nicht mehr gesehen, aber sie kamen endlich zusammen: Schmul Feigenwurz aus Przemysl, Kohlengroßhandlung, und Milan Katz, Spirituosen en gros und en detail, in dessen fränkischem Heimatstädtchen.
Schmul: «Wie ich seh, floriert dein Laden, und wie ich im Zug schon hörte, ist dein Sohn Heinrich Leutnant geworden! Beim Train. Da wirste aber haben müssen e schöne Schmierage zahlen, bis er ist geworden?»
Milan: «Biste meschugge! Ich, als Tate *(Vater)* eines kgl. bayerischen Leutnants und Schmierage! Für was hältst du mich? Bin ich e Galizier? Das hat mich gar nichts gekostet, da hab ich zwei Postkarten geschrieben – und schon war er Leutnant.»
Schmul: «Das ist doch unmöglich! Du hast gezahlt Schmierage. Ich kenn dich doch! Was haste gezahlt?»
«Also gut, Stuß *(Dummheiten)* beiseite, Schmul, dir kann ich's sagen. Denn erstens biste kinderlos, und zweitens biste Österreicher. Hör zu: Der Heinrich wurde Unteroffizier, und da hab ich geschrieben die erste offene Postkarte... Aber schwör, daß du es keinem andern weitererzählen wirst???»

«Ich schwöre.»
«Gut. Also da stand drauf: ‹Gratuliere zum Unteroffizier! Hast Dich sicher schwer anstrengen müssen, um diesen hohen Dienstgrad zu erreichen. Als Zeichen meines Dankes und meiner Freude sende ich an die Kantine heute 10 Flaschen Wein und 10 Flaschen Kognak für das Unteroffizierskorps. Verdopple deine Anstrengungen! Wenn Du wirst Vizewachtmeister, werd' ich meine heutige Sendung auch verdoppeln. Gruß, Vater› – Er ist Vize und Offiziersaspirant geworden! Hab ich die zweite Karte geschrieben: ‹Gratuliere zum Vizewachtmeister und Offiziersaspiranten! Hast Dich wirklich schwer angestrengt! Kiste mit 20 Flaschen Wein und 20 Flaschen Kognak an Deine neuen *Kameraden* geht heute ab. Ich halte mein Wort. Und wenn Du Deine Anstrengungen nochmals verdoppelst, werde ich nochmals die doppelte Sendung für Deine neuen *Herren* Kameraden an das Offizierskasino abrichten, und 20 Flaschen Schampus extra für die Feier. Gruß. Dein Vater› – Kurz: in drei Monaten ist er geworden Leutnant.»
Da sagt der Schmul: «Aber bluten hast doch schwer müssen, wenn ich zammrechne: 10+20+40...»
«Hör auf, Schmul! Du kannst vielleicht vom Kohlenhandel was verstehen, aber von de Usancen im Spirituosenhandel verstehste nix... Die Kantine hat schon dreimal bei mir nachbestellt, und das Offizierskasino kriegt diese Woche die zweite Sendung...»

IN der guten alten Zeit der Kavallerie war es wichtig, daß ein Pferd «vor dem Schuß» stand, d.h. nicht erschrak, sich aufbäumte und davongaloppierte. Ein hochadliger Herr hatte vom Pferdehändler Blumenthal ein schönes Reitpferd um schweres Geld erstanden, unter der Bedingung, daß es «vor dem Schuß stehe». Bei der ersten Salve aber ging der Gaul durch und warf den Reiter schmählich ab. Der Offizier verklagte den Juden.
Blumenthal: «Herr Richter, Sie tun mer unrecht. Der Herr hat von mir verlangt e schönes Pferd, das stehen soll *vor* dem Schuß. Was es *nachher* tut, davon war nicht die Rede!»

ZWEI Herren mit militärischen Orden an der Brust sitzen sich im Bahncoupé gegenüber. Der eine stellt sich vor: «Lilienblum. Ich habe Hafer geliefert.»
Der andere, streng: «Von Schachnitz. Ich habe Schlachten geliefert.»
Lilienblum, achselzuckend: «Glauben Sie, ich habe guten geliefert?»
(Jiddisch schlecht = schlacht.)

ZWEI jüdische Kriegslieferanten aus dem Ersten Weltkrieg. Schlojme beklagt sich bei seinem Konkurrenten Mojsche: «Laß dir erzählen. Ich hab angeboten der Armee einen Posten Gasmasken – nur Gott und ich wissen, daß sie sind schlecht und lassen durch das Gas! Was tut der Kriegsminister? Läßt mich umschnallen eine Maske und steckt mich zur Probe in eine Gaskabine. Ich hab schon verrichtet meine Sterbegebete – aber nix is mir geschehen! Mojsche, das war e Wunder!»
«Es war ka Wunder», sagt Mojsche, «wo ich doch hab geliefert das Gas!»

WÄHREND des Ersten Weltkrieges kommen zwei Juden im Erstklaßcoupé des Expreßzuges nach Bukarest ins Gespräch. Es erweist sich, daß beide Heereslieferanten sind: der eine liefert Kanonen, der andere Militärstoffe.
Fragt der eine den zweiten: «Was glaubst du, daß eher schießt: meine Kanonen oder deine Stoffe?»

1919. «WARUM berechnen Se mir zwei Groschen mehr für das Licht?»
«Seit dem Krieg ist alles teurer geworden.»
«Se wern mir doch nicht einreden wollen, daß se haben sich geschlagen bei Kerzenlicht!»

BEIM Festdiner des Generalfeldmarschalls erscheint der reiche Bankier Goldblatt in der Uniform eines Generalkonsuls eines fremden Landes.
Ein Gast: «Wer ist denn das?»
Der Gastgeber: «Das ist unser General-*Geld*marschall.»

1942. JÜDISCHE Arbeitskompagnie in Südungarn.
Ein jüdischer Arbeitsdienstler bittet den alten ungarischen Feldwebel, im Zivilberuf Maurer: «Erlauben Sie doch, daß der Eisik nicht schaufeln soll! Er hat Angina pectoris.»
Der Feldwebel: «Na und? Der Steinfeld hat sogar Signum Laudis *(eine Auszeichnung im Ersten Weltkrieg),* und er schaufelt doch.»

Juden und Zarismus

ZARISTISCHES Rußland. Der Bär ist aus dem Zirkus entlaufen. Die Polizei gibt bekannt, daß jeder das gefährliche Tier erschießen darf. Berl beginnt eilig, seine Koffer zu packen.
«Warum willst du weglaufen?» fragen die Leute.
Berl: «Die sind imstande, auf mich zu schießen. Geh und beweis ihnen nachher, daß du kein Bär bist!»

ZU Jossel kommt ein Polizist, um einen Rubel Kopfsteuer einzukassieren. Jossel wundert sich und fragt den Melamed, der doch ein gebildeter Mann ist: «Woher weiß der Zar meinen Namen, Rebbe?»
«Das ist einfach: er war im Vorjahr hier zu den Manövern, da hat er gehört, wie ich dich über die Straße bei deinem Namen rief, und hat sich ihn gemerkt.»
«Aha! Und wozu braucht er, der reichste Mann von Rußland, von mir einen so kleinen Betrag?»
«Er braucht ihn nicht, er freut sich nur an ihm, ähnlich wie Gott an Gebet und Opfer.»
«Aha! Und wieso lohnt es ihm, eigens deshalb einen Polizisten von Petersburg bis hierher nach Kowno zu schicken?»
«Das hat er sicher nicht getan! Der Polizist stammt wohl aus Kowno und hat in Petersburg gedient. Und bevor er heimfuhr, hat ihm der Zar den Auftrag mitgegeben.»

Die Beschaffung eines Passes war für russische Juden nicht einfach.
RABINOWITSCH reist mit falschen Papieren. An der Grenze nimmt der Beamte alle Pässe ab und fragt bei der Rückgabe: «Wie heißen Sie?»
Rabinowitsch wird es heiß und kalt: er hat vergessen, auf welchen Namen der falsche Paß lautet!
«Rabinowitsch», beteuert er, «heiße ich bestimmt nicht!»

Im alten Rußland durften die Juden nur in bestimmten Distrikten leben. Gewisse Berufsgruppen konnten aber für ganz Rußland gültige Aufenthaltsgenehmigungen erhalten.

ZWEI Juden erblicken von weitem einen Gendarmen.
«Du hast doch eine gültige Aufenthaltsgenehmigung bei dir», bittet der eine den andern, «renn davon, dann wird der Polizist dir nachlaufen, und ich kann mich inzwischen verstecken.»
Der Gebetene rennt los, der Polizist setzt ihm nach und packt ihn. Der Jude zeigt seinen gültigen Ausweis vor.
Polizist: «Warum bist du denn geflohen?»
«Ich bin nicht geflohen», beteuert der Jude, «der Doktor hat mir Bitterwasser verschrieben und befohlen, ich müsse hernach laufen.»
«Aber du hast doch gesehen, wie ich hinter dir herrenne. Warum bist du nicht stehengeblieben?»
«Ich dachte, der Doktor hätte Ihnen auch Bitterwasser verschrieben.»

EIN armer Jude wird ohne Paß in einem verbotenen Distrikt aufgegriffen. Der Polizeikommissar: «Mit welchem Recht lebst du hier ohne Aufenthaltserlaubnis?»
Der Jude, bitter: «Euer Gnaden – lebe ich denn?»

IM zaristischen Rußland spazieren zwei Juden durch die Straßen von Moskau. Um als Juden nicht kenntlich zu sein, unterhalten sie sich, so gut sie eben können, russisch. Da tritt ein dritter Jude an sie heran und rät: «Euer Russisch klingt jiddisch. Sprecht lieber Loschen kodesch *(heilige Sprache = hebräisch)*, dann wird garantiert jeder sofort merken, was für Gojim ihr seid. *(Gojim, Pl. von Goj, hat die doppelte Bedeutung von Nichtjude oder Jude ohne religiöse Bildung.)*

Jüdische Handwerker hatten auch in Distrikten, die sonst für Juden gesperrt waren, Wohnerlaubnis.
EIN Jude ohne Papiere wird aufgegriffen.
«Ich bin aber Handwerker», verteidigt er sich.
«Welches ist denn dein Handwerk?» fragt der Polizeichef.
«Ich fabriziere Rosinenwein, indem ich Rosinen mit Wasser mische», erklärt der Jude.
«Unsinn», sagt der Beamte, «das kann ich doch auch!»
«Na schön», sagt der Jude, «dann haben Sie eben auch Aufenthaltserlaubnis!»

Manche Gebete können nur von einer jüdischen Gemeinde, d.h. mindestens zehn Männern, einem sog. «Minian», gesprochen werden. Es ist vielerorts Sitte, armen Juden etwas dafür zu zahlen, daß sie sich immer für einen Minian bereithalten.

IN einer russischen Stadt, in welcher Juden nicht wohnen dürfen, wird ein alter Jude von der Polizei aufgegriffen.
«Was ist dein Beruf?» fragt der Polizeikommandant.
«Ich bin Minianmann», behauptet der Jude.
«Was ist das?» fragt der Beamte verwundert.
«Nun», erklärt der Jude, «wenn neun Männer da sind, und ich komme hinzu, dann sind es zehn Männer.»
«Unsinn!» ruft der Beamte aus, «wenn neun Männer da sind, und ich komme hinzu, dann sind es doch auch zehn!»
Der Jude erfreut: «Scholem Alejchem a Jid!» *(Übliche Grußformel zwischen Juden, die sich nicht kennen.)*

UM in Petersburg wohnen zu dürfen, trug sich der jüdische Dichter Samuel Frug als Hausdiener eines jüdischen Kaufmanns erster Gilde *(solche durften überall wohnen)* ein und erklärte: «Petersburg ist die gebildetste Stadt der Welt: Hier sind sogar die Hausdiener Poeten!»

MAN befürchtet einen Pogrom. Da Kosaken nicht nur morden, sondern auch schänden, verstecken sich die jungen jüdischen Mädchen. In das Versteck drängt sich eine alte Jüdin. Die Mädchen wundern sich: «Aber Großmutter, was habt denn Ihr zu befürchten?»
Die Alte, beleidigt: «Gibt es nicht auch alte Kosaken?»

RUSSISCHER Antisemit: «Die ausländischen Zeitungen sind alle von Juden gemacht!»
Russischer Jude: «Ohne Zweifel. Darum kommen sie auch alle beschnitten bei uns an.» *(Doppelanspielung auf Beschneidung und zaristische Zensur.)*

DER Zar reitet vorbei.
«Hurra!» krächzt eine alte kranke Jüdin, «er soll so Kraft haben zum Leben wie ich zum Schreien! Hurra!»

DER englisch-jüdische Philanthrop Sir Moses Montefiore reiste nach Petersburg, um persönlich bei Zar Nikolai I. gegen die neuen russischen Judengesetze zu protestieren. Nach vielen Unterredungen mit dem Ministerpräsidenten sah er aber ein, daß die Reise vergeblich war. Ein russischer Jude fragte ihn: «Was hat Sie die Reise gekostet?»
«Fünftausend Rubel.»
«Schade! Wären Sie zu Hause geblieben und hätten statt dessen den

Betrag zur Bestechung an unsern Ministerpräsidenten geschickt – Sie hätten mehr erreicht.»

DER Gouverneur von Grodno war notorischer Antisemit. Als er nach Petersburg avancierte, gratulierten ihm die Juden von Grodno besonders herzlich. «Ihr könnt mir nichts vormachen», sagte der Gouverneur, «ich weiß, daß ihr mich verabscheut.»
«Unsere Glückwünsche sind ehrlich!» protestierte der jüdische Abgesandte, «Exzellenz machen sich keine Vorstellung, wie froh wir sind, Exzellenz nach Petersburg loszuwerden!»

WENN man Pogrome erwartete, dann pflegten sich Gruppen junger Juden so gut wie möglich zu bewaffnen. Ein junger Jude hatte nun erfahren, daß ein jüdischer Hausherr einen Revolver besaß, und bat ihn um die Waffe. Der Hausherr meinte aber, im Pogrom müsse er die Waffe selber zur Hand haben.
Der junge Mann: «Und wenn die Polizei den Revolver bei Euch findet?»
«Haha, finden!» sagte der alte Herr triumphierend. «Er ist zwei Meter tief in der Erde vergraben.»

Es gilt bei Ostjuden – und übrigens auch bei slawischen Bauern – als glückliches Vorzeichen, wenn man jemandem begegnet, der volle Eimer trägt. Umgekehrt sind leere Eimer ein Zeichen für Unglück.
WÄHREND des Einmarsches von Napoleon in Rußland wollte ein russischer Dorfjude Wasser am Brunnen holen, kehrte aber mit leeren Eimern zurück und erklärte seiner Frau: «Die Napoleonischen Truppen marschierten gerade über die Hauptstraße, und ich wollte ihnen, den Feinden, nicht Glück bringen. Daher habe ich das Wasser wieder ausgegossen.»
«Schlojme», sagt darauf die Frau streng, «misch dich nicht in den Streit der Kaiser!»

IM zaristischen Warschau war den Juden, sofern sie als solche an ihrer Tracht *(Kaftan und Sammetmütze mit Pelzrand, genannt Strajmel)* kenntlich waren, der Zutritt zum Stadtpark verboten.
Hierzu die Warschauer Juden: «Adam war Jude, sonst hätte man ihn nicht aus dem Park Eden vertrieben. Und es stimmt nicht, daß er ein Feigenblatt trug. Er trug Kaftan und Strajmel, sonst hätte man ihn nicht als Juden erkannt.»

EIN frisch eingereister russischer Jude in Kaftan und traditioneller Pelzmütze wird in Königsberg von einem Polizisten angehalten und gefragt: «Haben Sie Ausweispapiere?»
«Ausweispapiere?» fragt der Jude verwundert, «ich bin doch zum erstenmal in meinem Leben in Deutschland. Wie kann ich da schon ausgewiesen worden sein!»

Im zaristischen Rußland war den Juden die höhere militärische Laufbahn verschlossen, und ohne Spezialerlaubnis durften sie nur in bestimmten Distrikten wohnen. – Pferd: Im Jiddischen gleichbedeutend mit Dummkopf.

DER Jude Itzig hat einem zaristischen Offizier ein Pferd verkauft und sagt: «Das Pferd heißt Sultan, Euer Gnaden.»
«Sultan? Ich werde es Itzig nennen!»
«Das wäre falsch, Euer Gnaden. Als Itzig kann Ihr Pferd nicht einmal in Petersburg übernachten. Dagegen als Sultan kann es sogar Offizier werden.»

IM Ersten Weltkrieg. Russen unterhalten sich darüber, wie man die deutschen Minister nach dem Sieg bestrafen wolle.
Einer schlug vor: «Wir werden Bethmann Hollweg auf eine einsame Insel verbannen!»
Ein zweiter meinte: «Wir werden ihn hinrichten lassen!»
Sagte ein dritter: «Unsinn! Wir geben ihm einen jüdischen Paß und lassen ihn in Rußland laufen!»
Er trug den größten Applaus davon.

RUSSISCHE Ballade:
«Wie geht es? Wir haben uns ja lange nicht mehr gesehen!»
«Nicht gut, nicht schlecht: mittel.»
«Was heißt das?»
«Der Graf hat mir die Pacht gekündigt.»
«Das ist doch schlecht!»
«Nicht so schlecht. Ich bin jetzt Bierbauer.»
«Das ist doch gut!»
«Nicht so gut. Der Brauerei gegenüber wohnt ein junger adliger Offizier – der hat mit meinem Weib ein Verhältnis angefangen.»
«Das ist doch schlecht!»
«Nicht so schlecht. Die Frau des Offiziers tröstet sich in meiner Gesellschaft – und sie ist reizend.»
«Das ist doch gut!»

«Nicht so gut. Ich liefere ihm junge Fürsten und er mir Juden, die trotz des adligen Papas nicht einmal in Petersburg werden übernachten dürfen.»
«Das gefällt mir nicht!»
«Ja eben, ich sagte dir ja schon, es geht nicht gut, es geht nicht schlecht, es geht so mittel.»

Es kam vor, daß die Grenzen des jüdischen «Wohndistriktes» in Rußland von einem Tag auf den zweiten noch weiter eingeengt wurden.
IN Biljursk bekamen die Juden den Befehl, den Distrikt zu räumen und alle Kultgegenstände dazulassen. Nun war es aber kurz vor Rosch-Haschana, dem jüdischen Neujahr, an welchem der Schofar, das Widderhorn, geblasen werden muß. Die Juden jammerten.
Der Rebbe erklärte: «Ich nehme den Schofar mit.»
«Rebbe, man wird Euch nach Sibirien deportieren!»
«Habt keine Angst!» beruhigte der Rebbe...
Beim Auszug aus Biljursk saß der Rebbe still im Wagen, neben ihm lag offen der Schofar.
«Habt Ihr Kultgegenstände bei Euch?» fragen die Grenzposten.
Der Rebbe schwieg.
«Ob Ihr Kultgegenstände mitführt?» schrie der Kosakenoffizier.
Der Rebbe schwieg wieder.
«Antwortet!» schrie der Offizier außer sich vor Zorn.
Da hob der Rebbe den Schofar an sein Ohr und fragte: «Was haben Sie gesagt? Ich bin leider taub.»

KURZ vor Ausbruch der Revolution steht ein Jude vor Gericht, weil er angeblich den Zaren einen Esel genannt hat.
«Ich habe damals vom deutschen Kaiser Wilhelm II. gesprochen!» behauptet der erschrockene Jude.
«Nein», sagt der Richter streng, «mich wirst du nicht hereinlegen. Mit einem Esel kann nur unser Nikolai gemeint sein.»

IM zaristischen Rußland fiel ein Jude, der nicht schwimmen konnte, in die Newa. Er schrie um Hilfe; in der Nähe waren zwei Polizisten – sie rührten sich nicht. Da kam dem Juden in der Not eine Idee.
«Nieder mit dem Zaren!» schrie er aus Leibeskräften.
Im Nu sprangen beide Polizisten ins Wasser und schleppten ihn heraus, um ihn ins Gefängnis zu bringen.

Juden und Marxismus

SOWJETRUSSLAND. «Was tätest du», fragt der Kommissar den Juden, «wenn die Partei dir deinen letzten Rubel abverlangen würde?»
«Ich würde ihn sofort hergeben», versichert der Jude.
«Brav. Und wenn die Partei dein letztes Hemd verlangt?»
«Ich würde schreien und es auf keinen Fall geben.»
«Wo bleibt da die Logik?»
«Rubel – hab' ich keinen. Aber ein Hemd hab' ich doch!»

«WO warst du, und was tatest du während der großen Revolution im Jahre 1917?» fragt das russische Revolutionstribunal einen Juden zum soundsovielten Male. Er erklärt es ihnen, so gut er kann, und dann will er wissen: «Und wo wart ihr alle zusammen im Jahre 1894?»
«Was gab es damals?» fragt einer der Herren neugierig.
Der Jude, seufzend: «Die große Choleraepidemie.»

«ICH lebe», meinte ein Jude, «mit der bolschewistischen Regierung genau wie mit meiner Frau: ich bin mit ihr zusammengesperrt wie in einem Gefängnis – und ich träume von einer andern.»

Die jüdischen Kaufleute waren zwar durch die russische Revolution ruiniert. Dennoch erhofften viele Juden von der Revolution wirkliche Freiheit und sympathisierten zunächst mit ihr.
UNTERHALTUNG zwischen zwei Russen kurz nach der Revolution:
«Wenn in einer Stadt hundert Bolschewiken sind – wie viele davon werden nach deiner Meinung Juden sein?»
«Na – ich schätze ungefähr sechzig.»
«Und die restlichen?»
«Die? Jüdinnen.»

EIN jüdischer Kaufmann in Rußland, durch die Revolution zum Bettler geworden, ist gestorben. Im Himmel oben wirft er seinen leeren Bettelsack Karl Marx vor die Füße und sagt: «Da haben Sie die Zinsen Ihres Kapitals!» *(«Das Kapital»: Hauptwerk von Marx.)*

LENINS Totenfeier. Gewaltiger Pomp.
Ein Jude: «Was für eine Verschwendung! Für dieses Geld könnte man die ganze Partei begraben!»

ZWEI Juden stehen vor Lenins Sarkophag und diskutieren die Nachfolge Lenins.
Der erste: «Mojsche – wen sähest du gern an der Stelle Lenins?»
Mojsche, mit einem Blick auf den Sarg: «Alle Bolschewiken!»

Anfangs bemühte sich das kommunistische Regime ehrlich, mit dem Antisemitismus aufzuräumen.
EIN Feldwebel, der schon unter dem Zaren gedient hatte, zu einem schlapp dastehenden jüdischen Rekruten: «Genosse Jude, ehemals Saujud! Gerade stehen!»

DER rituelle Streik: *Es gab in Polen eine jüdisch-sozialistische Arbeiterpartei namens «Bund». Sie war streng religionsfeindlich.*
Ein Streik war angesagt. Da meldete sich ein «bundistischer» Führer zum Wort: «Morgen können wir nicht streiken. Da ist Pessach. *(An den Pessachtagen darf man kein Brot essen, sondern nur die ungesäuerten «Mazzes».)* An Pessach können wir nicht durch die Straßen gehen und schreien: ‹Wir wollen Brot!› – Und: ‹Wir wollen Mazze!› – können wir als Bundisten erst recht nicht schreien.»

EIN ausgewanderter russischer Jude, Konstrukteur von Maschinen, wurde vom Sowjetstaat eingeladen, seine Erfindungen auszuwerten. Er antwortete: «Ich danke. Ich kann leben, ohne gehenkt zu werden.»

NACH der Revolution will ein Jude eine Kutsche mieten und fragt einen Bauern, der neben der Kutsche steht: «Bist du der Herr des Pferdes?»
Der Bauer, streng: «Es gibt keine Herren mehr! Es gibt nur noch Genossen.»
Der Jude: «Schön, und wer ist der Genosse des Pferdes?»
Darauf der Bauer, stolz: «Ich!»

«Kol nidrei» (= alle Gelübde...) sind die Anfangsworte eines Gebetes, welches am Jom-Kippur, einem strengen Buß- und Fasttag, gesprochen wird. «Kol chamira» (= alles Gesäuerte...) sind die ersten Worte einer Formel, die man spricht, während man vor Ostern (= Pessach) die letzten Brotreste wegräumt, damit sich während der acht nachfolgenden Festtage nichts Gesäuertes in der Wohnung finde.

DIE Juden in der Sowjetunion behaupten: «Sagt man ‹Kol nidrei›, dann ißt man einen Tag lang kein Brot. Sagt man ‹Kol chamira›, dann ißt man acht Tage lang kein Brot. Und sagt man ‹Kol chos› (*Kolchos = landwirtschaftliche Kommune*), dann ißt man das ganze Jahr hindurch kein Brot.»

ZU Abramowitsch kommen zwei Herren von der Partei, um ihn zur Zeichnung der Staatsanleihe aufzufordern. Abramowitsch ist begeistert: «Großartig! Ich gebe 20 000 Rubel!»
«Unsinn!» sagt einer der Herren streng, «du verdienst doch im ganzen Jahr nicht einmal die Hälfte.»
«Ja, aber weniger als 9000 gebe ich nicht!»
«Sei doch nicht albern! Wenn du 500 geben willst, ist das schon sehr viel im Verhältnis zu deinem Einkommen!»
Der zweite Herr: «Nein, es ist immer noch zuviel!»
«Nun schön», gibt Abramowitsch nach, «dann gebe ich halt 10 Rubel. Aber versucht ja nicht, mich noch weiter herabzuschrauben!»

DER russische Erziehungsminister läßt die letzten paar Moskauer Rabbiner, die es noch gibt, zu sich kommen und befiehlt: «In Amerika zirkulieren Gerüchte, daß die Juden bei uns unterdrückt sind. Ihr werdet ein gemeinsames Communiqué abfassen, in welchem ihr das Gegenteil darlegt.»
Die Rabbiner erschrecken und schreiben ein gewaltiges Loblied auf die gute Behandlung der Juden im heutigen Rußland. Der Minister ist zufrieden. «Da ihr das so schön gemacht habt», sagt er, «dürft ihr zum Lohn irgendwelche Wünsche beifügen, die eure amerikanischen Kollegen euch erfüllen mögen.»
Die Rabbiner schreiben: «Schickt uns Kerzen und Zucker!»
Lange brüten die amerikanischen Rabbiner über den Sinn dieser Nachschrift. Schließlich holen sie sich aus Brooklyn einen alten Talmudisten, damit er ihnen den Text deute. Dieser erklärt mühelos: «Zucker und Kerzen fehlen ihnen: das heißt, sie leben in Bitterkeit und Dunkelheit.»

SOWJETRUSSLAND. Von Samuel Bienenstich ist bekannt, daß er in einem sibirischen Straflager war. Mitleidvoll sagt ein Bekannter: «Sie Ärmster, wie schrecklich!»
Bienenstich schüttelt den Kopf: «Warum? So schrecklich war es auch wieder nicht. Um sieben Uhr hat man uns aufgeweckt. Frühstück ist gewesen Tee mit Kipfel. Nu also, der Tee hätt' können gewesen sein e bis-

sel heißer. Dann hat man uns per Auto geführt in eine Konservenfabrik und dort hab ich aufgeklebt die Etiketten. Um zwölf, halb eins ist gekommen das Auto und hat uns gebracht zum Mittagessen. Nach dem Essen – also mit Salz hat me gespart, sonst war's ganz gut! – ist gewesen Zeit für ein Nickerchen; bis zur Jause, wo man hat gegeben Kaffee mit Butterbrot. Dann hamma gemacht e Spielchen mit de Karten bis zum Abendessen. Gut, das Menu am Abend war nicht aus dem Kreml, aber was will der Mensch?! Nach dem Abendessen war die Ausgabe von Zigaretten für den nächsten Tag; ma hat sich unterhalten mit a bissel Fernsehen, und um zehn, halb elf ist man gegangen zu Bett.»
Birnstengl schüttelt den Kopf: «Was man da hört für Sachen. Was soll ich glauben? Der alte Eisenstab hat mir erzählt ganz andere Geschichten vom KZ!»
Bienenstich: «Kunststück – der is auch schon wieder drin!»

MOSKAU 1930. Große Wohnungsknappheit. Eine Abordnung der Wohnungskommission geht von Haus zu Haus, um festzustellen, wo man noch freien Wohnraum auftreiben könnte.
Die Herren klingeln im Parterre. Heraus tritt die Hausfrau.
«Sagen Sie, Frau Wassiljewa, wie groß ist Ihre Wohnung? Drei Zimmer? Und wieviel Personen sind Sie? Wie, nur Sie, Ihr Mann und Ihr Kind? Sie müssen sofort die Wohnung verlassen! Wir werden Ihnen eine Zweizimmerwohnung zuweisen!»
Frau Wassiljewa, empört: «Was fällt Ihnen ein! Mein Mann ist Kaderleiter in der Textilfabrik ‹Befreiung›! Ich werde mich sofort bei ihm beschweren!»
Die Herren, erschrocken: «Verzeihen Sie tausendmal die Störung, Genossin Wassiljewa! Auf Wiedersehen!»
Die Herren wandern von Stockwerk zu Stockwerk – überall ergeht es ihnen ähnlich. Zuletzt klettern Sie in den Dachstock hinauf. Sie klingeln. Heraus tritt der alte Kohn.
«Wieviel Zimmer haben Sie? Eineinhalb? Und wieviel Personen wohnen hier? Wie, nur Sie allein?! Das ist ganz unmöglich! Sie ziehen innerhalb einer Woche aus! Wir weisen Sie in eine Einzimmerwohnung ein!»
Kohn, außer sich: «Was fällt Ihnen ein! Wissen Sie denn überhaupt, wer ich bin? Ich bin Regierungsverantwortlicher! Scheren Sie sich auf der Stelle fort von hier.»
«Entschuldigen Sie tausendmal, Genosse Kohn!» bitten die Herren tief erschrocken und verlassen das Haus...

Ganz deprimiert schreiten sie dahin. Plötzlich bleibt einer von ihnen stehen und sagt nachdenklich: «Der Kohn ist Regierungsverantwortlicher? Gibt es so etwas überhaupt? Kehren wir doch noch einmal um und fragen wir ihn!»
Sie klettern wieder ins Dachgeschoß hinauf und fragen.
Kohn: «Was wollen Sie schon wieder? Wieso ich Regierungsverantwortlicher bin? Na, das ist doch klar! Wenn die jetzige Regierung gestürzt wird – wer wird dann für ihre Fehler verantwortlich gemacht? Natürlich der alte Jude Kohn!»

DIE Lehrerin in einer Schule der Sowjetunion: «Kinder, wer von euch weiß, was eine ‹Tragödie› ist?»
Iwan: «Gestern hat sich mein Schwesterchen die Nase aufgeschlagen. Da hat Mama geschrien: ‹Was für eine Tragödie!›»
«Unsinn. Das ist keine Tragödie, das ist ein Unfall.»
Matwej: «Meiner Großmutter wurden die Pantoffeln gemaust. Da hat sie geschrien: ‹Was für eine Tragödie!›»
«Das ist bloß Pech. Aber keine Tragödie.»
Alexej: «Gestern wurde eine Frau auf der Straße überfahren. Da hat ein Herr gestöhnt: ‹Ach, was für eine Tragödie!›»
«Das ist ein Unglück. Nicht eine Tragödie.»
Der kleine Moische: «Stalins Tod. Das ist eine Tragödie.»
Die Lehrerin: «Richtig! Woher weißt du das?»
Moische: «Nun – ich habe es mir ausgerechnet: ein Unfall ist es nicht, ein Pech ist es auch nicht, ein Unglück erst recht nicht – also was kann es schon sein als eine Tragödie?»

SRULKE hat Aufnahme in die Partei beantragt und hat Angst vor der Aufnahmeprüfung.
«Es wird schon gut werden!» trösten die Freunde, «wir warten vor der Tür auf dich, um gleich zu hören, wie es gegangen ist!»
Mit Herzklopfen tritt Srulke vor das Komitee.
«Was halten Sie von Gott?» fragt einer der Examinatoren streng.
Srulke winkt verächtlich ab: «Eine miese bourgeoise Erfindung, um das Volk niederzuhalten!»
«Gut, und was halten Sie von Kirchen und Synagogen?»
«Horte der Finsternis und Reaktion!» entgegnet Srulke streng, «man muß sie enteignen und in Klubhäuser umwandeln...»
Es kommen noch einige ähnliche Fragen, aber schließlich ist die Prüfung zu Ende.

Srulke tritt heraus. Die Freunde umdrängen ihn.
«Nu – wie war's?»
Srulke, strahlend: «Mit Gottes Hilfe habe ich bestanden!»

NEUE Gebiete der Statistik. Chruschtschow fühlt sich nicht wohl, solange die menschlichen Überreste Stalins in der UdSSR liegen. Er schlägt de Gaulle vor, Stalin im Dom des Invalides zu plazieren. De Gaulle lehnt höflich ab, der Dom ist für andere Helden reserviert.
Chruschtschow wendet sich an Washington. Aber auch auf dem Arlington-Friedhof will man Stalin nicht haben.
Chruschtschow schreibt an Macmillan – aber auch in Westminster Abbey ist kein Platz da für Stalin.
Schließlich fragt Chruschtschow bei Ben Gurion, dem Oberhaupt der israelischen Regierung an. Diesmal hat er Glück: Ben Gurion ist einverstanden. Er macht jedoch Chruschtschow aufmerksam, daß nach verläßlicher internationaler Statistik die Zahl der Auferstehungen im Heiligen Land realtiv die größte ist auf der Welt. So bleibt Stalin in Rußland.

EIN jüdischer Lehrer las mit den Kindern in Sowjetrußland alte russische Tierfabeln. Er deklamierte: «... und Gott schenkte dem Raben ein Stück Käse.»
Schüler, drohend: «Es gibt keinen Gott!»
Der Lehrer erschrak. Dann aber faßte er sich und sagte: «Na, und Käse? Gibt es etwa Käse? *(Es waren damals schwere Hungerjahre in Rußland.)* Du siehst doch: es ist beides nur symbolisch gemeint, Gott sowohl wie Käse.»

Beschneidung der Knaben eine Woche nach der Geburt: Jüdisches religiöses Grundgebot. – Goj: Nichtjude, Christ, Bauer.
SOWJETUNION. Jankel ist der Partei beigetreten. Nun hat er tiefe Sorgen. Sein Weib erwartet ein Kind. Er debattiert mit ihr die Probleme, die sich ergeben werden, falls es ein Knabe wird. Soll er ihn unbeschnitten lassen wie einen «gojischen Iwan»? Das ist doch ganz unmöglich! Anderseits: Wie sieht das aus – ein beschnittener Sohn eines Parteimitglieds und überzeugten Kommunisten, der nicht an Gott glaubt!
«Nun», meint Jankel schließlich resigniert, «laßt uns abwarten! Vielleicht hilft Gott...» Endlich ist das Kind da.
«Siehst du», sagt Jankel freudig zu seinem Weib, «Gott hat wirklich geholfen! Unser Kind ist ein Mädchen!»

MOSKAU. Mitten in der Nacht klingeln drei Kontrolleure an der Wohnungstür und fragen: «Lebt hier Abram Isakowitsch?»
«Nein.»
«Ihr Name?»
«Abram Isakowitsch.»
«Sagten Sie nicht, er lebe nicht hier?»
«Nu – ich frage euch: Nennt Ihr das leben?»

MOSKAU. Mojsche kommt zum Rebben: «Rebbe, ich fühle mich vom NKWD beschattet. Was soll ich bloß für Schritte unternehmen?»
Der Rebbe, ohne zu klären: «Große, Mojsche! Sehr große!»

DIE obersten Parteistellen haben wieder einmal eine Auseinandersetzung über die theoretischen Grundlagen der Revolution. Von jetzt an soll alles besser werden.
Jankel, tief nachdenklich zum Rebben: «Rebbe, was ist der Unterschied zwischen historischem und dialektischem Materialismus?»
Der Rebbe: «Kein Unterschied! Verlaß das Land!»

Wahre Episode. Mitschurin war der durch die Sowjetpropaganda groß aufgemachte Botaniker, der – teilweise recht unwissenschaftlich – frostbeständige vaterländische Obstsorten für Sibirien zu züchten versuchte.
EIN jüdischer Geologe in der Mongolei hatte sich mit einer Jakutin verheiratet. Die beiden bekamen reizende, schlitzäugige Kinder.
Ein Freund aus Moskau besuchte das Paar und fragte:
«Du hast eine Jakutin geheiratet? Warum eigentlich?»
«Ich bin Mitschurin-Schüler!»
«Das mußt du mir schon näher erklären!»
«Nu, ich züchte eine neue, frostbeständige Art von Juden.»

KOHN kommt zum Parteisekretär und bittet um Aufnahme in die kommunistische Partei. Er muß sich erst prüfen lassen:
«Kennst du Karl Marx?»
«Nein.»
«Kennst du Friedrich Engels?»
«Nein.»
Der Parteisekretär schüttelt bedenklich den Kopf.
Darauf Kohn: «Darf ich Sie auch zwei Sachen fragen? Kennen Sie Berl Levy?»
Der Parteisekretär verneint.

«Kennen Sie Lajb Halbgewachs?»
Auch ihn kennt der Sekretär nicht.
Darauf Kohn, vorwurfsvoll: «Sehen Sie? Sie kennen eben meine Bekannten nicht, und ich nicht die Ihren. Warum soll ich da nicht in die Partei können?»

Regimekritische Witze werden in der UdSSR außer den Juden gern dem Radio Eriwan (Armenien) zugeschrieben.
RADIO Eriwan erhält von einem Radiohörer die Anfrage, ob Mao Tsetung Jude sei. Nach einer Woche kommt die Antwort: «In dieser äußerst komplizierten und schwierigen Angelegenheit haben wir uns an den hervorragendsten Spezialisten, den Oberrabbiner in Odessa, gewendet. Als unser Mitarbeiter bei ihm vorsprach und ihm diese Frage vorlegte, griff sich der Oberrabbiner an den Kopf und schrie: ‹Gerade dieser eine hätte uns eben noch gefehlt!›»

SEIT Juden aus der UdSSR nach Israel ausreisen dürfen, zirkuliert dort der Witz:
«Weshalb sind die jüdischen Säuglinge hübscher als die russischen?»
«Weil sie für den Export produziert werden.»

MOSKAU. Man gibt dem Computer die Frage auf, welche Sprachen man die Kinder lehren soll.
Als Antwort kommt heraus: «Jenen, die ausreisen werden: Hebräisch. Jenen, die bleiben müssen: Chinesisch.»

IM kommunistischen Polen. Der Lehrer erzählt, wie die Welt in Jahrmillionen entstand.
In der nächsten Stunde fragt er: «Jasiek, wie ist die Welt entstanden?»
«Gott hat sie erschaffen, Herr Lehrer.»
«Unsinn! Mieczyslaw! Sag du es!»
«Gott hat sie erschaffen, Herr Lehrer.»
«Was soll das! Mojsche, sag du es ihnen!»
«Die Welt wurde tatsächlich von Gott erschaffen, Herr Lehrer.»
«Aber du weißt doch, daß es keinen Gott gibt!»
«Ja, Herr Lehrer, aber damals gab es ihn noch!»

ALS die sowjetischen Armeen 1939 in das bisher zu Polen gehörende Ostgalizien einmarschierten, lösten sie mit einem Schlag alle bisherigen sozialen und politischen Probleme der Region: Die zuvor von den Polen unterdrückten Ukrainer bekamen ihr «Wolnoj Ukraina» *(«Freiheit der Ukraine»: Zeitungstitel).* Die zuvor von Beamtenstellungen ausgeschlossenen Juden bekamen alle Staatsämter *(da ihr Besitz verstaatlicht wurde).* Und den bisher fast rein jüdischen Handel durften jetzt die Polen betreiben *(da sie auf dem Markt ihre ganze Habe veräußerten).*

IM kommunistischen Polen.
Mitten in der Nacht weckt eine Frau ihren Mann:
«Jossele, mir ist gar nicht gut...»
«Schlaf weiter», beruhigt sie der Mann, «wem ist es heutzutage schon gut?»

SOZIALISTISCHES Polen 1970. Anschließend an den Sechstagekrieg Israels 1967 hatte es eine antizionistische Kampagne im Land gegeben, bei der die meisten Juden ihre Stelle verloren.
In Warschau begegnet der Grünblatt dem Abeles auf der Straße. Abeles ist blaß und abgerissen.
«Nu – wie geht's?» fragt Grünblatt mitleidig.
Darauf Abeles: «Was willst du? Wir leben – *nebbich* – in einer großen Zeit!»

POLEN 1970. Praktisch sind zu diesem Zeitpunkt bereits alle Juden im sehr antisemitischen, kommunistischen Polen aus ihren Stellungen entlassen und direkt oder indirekt zur Auswanderung gezwungen worden.
Zwei Juden begegnen sich auf der Straße in Warschau.
Fragt der eine den andern: «Wie geht's dir?»
«Gut.»
«Wieso gut? Bist du nicht auch entlassen worden?»
«Doch.»
«Wovon lebst du dann?»
«Von Erpressung.»
«Erpressung? Ja, wen erpressest du denn?»
«Nu, sehr einfach. Den Goj *(Nichtjuden),* der mich in der Okkupationszeit vor den Nazis versteckt hat.»

WARSCHAU 1967. Man wußte in Polen, daß die Araber von den Sowjets unterstützt wurden, und freute sich daher über die ägyptische Niederlage. Grün kommt morgens die Treppe herunter. Der Portier ruft ihm jubelnd zu: «Haben Sie schon Radio gehört? Die Israelis treiben die Araber zurück!»

Am nächsten Morgen: «Herr Grün! Die Israelis haben schon fast den ganzen Sinai erobert!»
Am dritten Morgen ist der Portier plötzlich mürrisch.
«Was ist los?» fragt Grün neugierig.
Portier: «Ich habe erfahren, daß die Israelis Juden sind!»

Nach dem Zweiten Weltkrieg saßen ganz zu Beginn mehrere Juden in der polnischen Regierung. Mittlerweile hat sich das völlig geändert.
DAMALS erzählte man sich in Polen:
Was ist in Polen ein Departementsdirektor?
Das ist ein Jude, welcher traurig ist darüber, daß er noch nicht Minister ist.

«DAVID, hast du schon gehört? Man hat beschlossen, daß wir, die polnische Delegation bei der UNO, in der Krakauer Volkstracht auftreten soll.»
«Warum denn?»
«Damit man die Delegation aus Polen von der aus Israel unterscheiden kann.»

WAS ist der Unterschied zwischen dem Außenministerium im kommunistischen Polen und in Israel?
Daß es in jenem von Israel außer Juden auch Araber gibt.

1949 wurde die katholische Institution der «Caritas» in Polen verstaatlicht. Anstelle der vom Episkopat beorderten Leute kamen jetzt staatliche Funktionäre hinein, auch Juden darunter.
ITZIG kommt aus dem Caritas-Büro nach Hause: «Ich weiß nicht, was das ist, Sara. Aber ich muß dem Jesus ähnlich sehen.»
«Wieso?»
«Sooft einer in mein Büro kommt, schreit er ‹O Jesus!› und läuft wieder hinaus.»

IM kommunistischen Polen.
«Wie unterhält sich heute ein gescheiter polnischer Jude mit einem dummen?»
«Von New York aus per Telefon.»

IM Himmel will man Kunde über das kommunistische Polen. Man schickt zuerst den polnischen Volkshelden Kosciuszko. Keine Nach-

richt. Endlich erfährt man auf Umwegen, daß er von der Bezpiega *(Staatspolizei)* eingesperrt wurde. Darauf schickt man Adam Mickiewicz, der auch von den Kommunisten als größter Dichter Polens gefeiert wird. Auch er wird eingesperrt. Zuletzt wählt man einen Nichtpolen von Format: Moses, den Führer des findigsten Volkes...
Nach zwei Wochen trifft im Himmel die Depesche ein:
«Ich bin jetzt Kommissar
Es geht mir wunderbar. Euer Mieczyslaw»
(Nur bei christlichen Polen gebräuchlicher Name.)

Variante:
DAS Ganze spielt in Rußland, Gott hat zuerst Erzengel Gabriel, dann Erzengel Michael geschickt. Beide werden nach Sibirien deportiert, Feuer und Schwert werden beschlagnahmt.
Da schickt Gott den Patriarchen Jakob. Binnen kurzem kommt die Nachricht: «Gabriel und Michael freigelassen, Feuer und Schwert zurückerstattet. Kommissar Jakowlew»

JUGOSLAWIEN. Tito, empört über die vielen Witze über sein Regime, läßt den Urheber ausforschen. Es ist Herr Kohn aus Zagreb.
Er wird vor Tito gebracht, der ihn anfährt: «Wie kannst du nur solche Witze machen, wo doch unter meiner gerechten Herrschaft Jugoslawien ein freies und glückliches Land ist!»
Darauf Kohn: «Herr Präsident, *der* Witz ist nicht von mir!»

Nach dem Sechstagekrieg zwischen Israel und den arabischen Ländern im Jahre 1967 haben die meisten Oststaaten Israel als «Aggressor» bezeichnet.
SEITHER fangen die jüdischen Witze in Budapest nicht mehr an: «Zwei Juden treffen sich...», sondern «zwei Aggressoren treffen sich...»

PARTEIPOLITISCHER Kursus in Budapest. Der Vorsitzende fordert zur Diskussion auf. Niemand will Fragen stellen. Schließlich meldet sich Schapiro: «Dreierlei möchte ich wissen: Erstens. Wo geht unser Getreide hin? Zweitens. Wo geht das Fleisch unserer Rinderherden hin? Drittens. Wo geht das Holz unserer Wälder hin?»
«Ich notiere mir die Fragen und beantworte sie das nächste Mal», verspricht der Vorsitzende...
Als er das nächste Mal wieder zur Diskussion auffordert, meldet sich Josselowitsch: «Ich habe nur eine einzige Frage, Genosse Vorsitzender: Wo ist Genosse Schapiro?»

IM kommunistischen Ungarn. Itzik kommt zu Mojsche gerannt: «Mojsche, hast du schon gehört? Die Russen sind auf den Mond geflogen!»
Mojsche, begeistert: «Was du nicht sagst?! Alle?»

SOZIALISTISCHES Rumänien. Der Besitz ausländischer Valuta ist streng verboten.
Mojsche bekommt Besuch von seinem Bruder aus Amerika, den die Misere im Lande tief beeindruckt.
«Hör mal, Mojsche, ich möchte dir helfen! Ich geb' dir ein paar hundert Dollar. Was bekommst du hier dafür?»
«Nu – ich glaub, so zehn bis zwölf Jahre.»

SOZIALISTISCHES Rumänien. Koralik hatte Besuch von seinem Bruder aus den USA, der ihm einige Silberdollar geschenkt hat. Koralik hat die kostbaren Silberstücke sorgfältig verwahrt, aber sein kleiner Sohn Pinchas hat dennoch eines davon gefunden und verschluckt. Den Arzt kann man nicht rufen, da der Besitz ausländischer Währung streng bestraft wird. Also muß man den kleinen Jungen auf dem Töpfchen sitzen lassen, bis das Dollarstück wieder zum Vorschein kommt. Der Kleine sitzt und sitzt. Koralik zu seiner Frau: «Nu?»
Sara schaut nach und seufzt: «Leider immer noch bloß unsere Valuta!»

SOZIALISTISCHES Rumänien. Die Mißstimmung zwischen Rußland und China bahnt sich gerade an, und es ist noch nicht klar, auf welche Seite Rumänien sich stellen wird.
Kohn kommt in den Laden: «Bitte ein Päckchen Tee!»
«Russischen oder chinesischen?»
«Mich wer'n Sie provozieren! Geben Sie mir Kakao!»

SOZIALISTISCHES Rumänien. Parteifunktionäre, die einen ideologischen Fehler begangen haben, oder Juden, die nach Israel auswandern wollten, verlieren ihre bisherigen Posten und werden zu sogenannter «Niederarbeit» verurteilt.
«Weißt du schon? Dr. Schmilowitz, der Augenarzt, wollte nach Israel und ist zu Niederarbeit geschickt worden.»
«Was du nicht sagst! Was ist denn aus ihm geworden?»
«E Gynäkolog.»

SOZIALISTISCHES Ungarn. In der einst berühmten Fayencefabrik wird nachlässig gearbeitet, ein hoher Prozentsatz der Ware weist erhebliche

Fabrikationsfehler auf. Am schlimmsten ist ein Posten von Töpfen mißraten, bei dem die Henkel statt außen innen angebracht sind.
Der verantwortliche Fabrikleiter ist tief bedrückt.
Kohn, der Reisende der Fabrik, tröstet ihn: «Regen Sie sich nicht auf! Ich werde die Töpfe dennoch verkaufen!»
Er fährt nach Bulgarien und telegraphiert schon bald: «Habe 1000 Töpfe verkauft. Es lebe das freie Bulgarien!»
Er fliegt nach Rumänien und telegraphiert noch am gleichen Tag: «Habe 10000 Töpfe verkauft. Es lebe das freie Rumänien!»
Nun verlangt er ein Visum für den freien Westen, um dort den Rest der Töpfe abzusetzen. Die Behörden geben ihm die nötigen Ausreisepapiere bereitwillig.
Wenige Tage später trifft aus London bei der Fabrik ein Telegramm ein: «Bin hier angekommen. Habe in Wirklichkeit überhaupt nichts verkauft. Es lebe der freie Kohn!»

SOZIALISTISCHES Rumänien. Gold und Devisen privat zu besitzen ist streng verboten und wird hart bestraft.
«Hallo, Sicherheitspolizei? Hier spricht Leibowitsch. Mein Freund Schmilowitsch hat Gold in seinem Holzschuppen versteckt!»
Wenige Minuten später stoppt ein großer Militärwagen vor der Haustür von Schmilowitsch, ein Offizier und mehrere Polizisten steigen aus und fangen sofort an, das Brennholz im Schuppen zu durchsuchen. Nichts. Da nehmen sie vom Wagen Säge und Äxte herunter und fangen an, das Brennholz in dünne Stücke zu zerschneiden.
Nach ungefähr zwei Stunden ruft Leibowitsch den Schmilowitsch an: «Hallo, Schmilowitsch? Hier ist dein bester Freund Leibowitsch. Wie geht es bei euch?»
«Danke der Nachfrage. Gut noch eine halbe Stunde, und das ganze Brennholz ist schön fertig geschnitten.»

SOZIALISTISCHES Rumänien. Mojsche bekommt Besuch von seinem Bruder aus Amerika.
«Na, wie geht es euch?»
«Der Partei sei Dank – es geht uns gut.»
«Aber ich sehe doch, daß du zusammen mit deiner Frau und deinen zwei Kindern in einem einzigen Zimmerchen lebst!»
«Der Partei sei Dank – das genügt uns.»
«Und wie steht's mit Parnusse *(Einkommen)*, verdienst du gut?»
«Der Partei sei Dank – wir leben.»

«Deine Kleider scheinen aber ziemlich alt zu sein.»
«Der Partei sei Dank – nackt gehen wir nicht herum.»
«Mojsche, hör doch endlich einmal auf mit dem ewigen ‹Der Partei sei Dank›, ‹Der Partei sei Dank!›. Was wirst du denn sagen, wenn die Partei nicht mehr existieren wird?»
«Schaaa! Dann werde ich sagen: ‹Gott sei Dank!›»

DIE rumänische KP hat im ganzen Lande Plenarsitzungen angeordnet, auf denen die Auswanderung der Juden nach Israel angeprangert werden soll.
Der Parteisekretär, streng und laut: «Liebe Genossen! Wir haben uns hier freiwillig versammelt, um die Auswanderung der Genossen Juden scharf zu verurteilen. Vor Anbruch des Sozialismus, als es unserem Lande gut ging, hat keiner von denen an so etwas gedacht. Aber jetzt natürlich, liebe Genossen...»

SOZIALISTISCHES Rumänien. Volksschulinspektion durch Vertreter des Kultusministeriums, der kommunistischen Partei etc. Der Schuldirektor stellt Fragen über den Zustand in den Schülerfamilien.
«Sag uns, Popescu, wie lebt ihr zu Hause? Fehlt euch etwas?»
«Ja, Genosse Direktor, eben sagte mein Vater, jetzt, da wir eine neue Wohnung von der Partei erhalten haben, müßten wir auch passende neue Möbel dazu haben. Aber in ein paar Jahren, sagt mein Vater, würden wir es schaffen, und dann wird uns nichts mehr fehlen.»
«Gut. Schön, Popescu, nimm Platz. Sag uns, Ionescu, wie ist es bei euch zu Hause? Fehlt euch etwas?»
«Genosse Direktor, wir haben eine neue Wohnung, und sogar neue Möbel sind bereits darin. Jetzt, sagt mein Vater, müssen wir zwei, drei Jahre nichts als Joghurt essen, um Geld für einen Wagen zu sparen. Dann wird uns nichts mehr fehlen.»
«Ist gut. Setz dich, Ionescu. Nun sag uns bitte, wie steht's bei euch zu Hause, Rabinowitsch?»
«Genosse Direktor – uns fehlt nichts mehr!»
Freudig und zufrieden nickt der Direktor der Kommission zu, dann dreht er sich wieder Rabinowitsch zu und fordert ihn auf: «Nun erzähl uns, mein lieber Rabinowitsch, damit wir es alle hören, wie deine Eltern zu einem Zustand gelangt sind, bei dem euch zu Hause gar nichts mehr fehlt!»
«Wissen Sie, Genosse Direktor, mein Vater war als Chefbuchhalter in einer großen Fabrik tätig. Neulich hat er einen Antrag auf Auswande-

rung nach Israel eingereicht, und sie haben ihn rausgeschmissen. Jetzt verkauft er Zeitungen auf der Straße, und meine Mutter wäscht Teller in einem Restaurant. Die Möbel und alles, was sonst irgendeinen Wert bei uns zu Haus hatte, haben meine Eltern schon verkauft. Wir haben auch aus der Wohnung ausziehen müssen und leben jetzt ganz provisorisch auf dem Dachboden. Gestern kam nun meine sechzehnjährige Schwester weinend nach Hause und sagte: ‹Tate, Mame, ich werd' ein Kind kriegen!› – Und da hat die Mame ganz ausdrücklich gesagt: ‹Oj, grojßer Gott, nur das hat uns noch gefehlt!›»

Die Salve des Kreuzers «Aurora» in der Bucht von Petersburg wird in den Lesebüchern kommunistischer Länder als Auftakt zur kommunistischen Oktoberrevolution geschildert.
SOZIALISTISCHES Prag. Trifft Herr Kohn Herrn Abeles. Abeles schimpft auf die allgemeinen Verhältnisse, auf Schlampereien im Handel und auf den Ämtern, auf die Bürokraten, die hohen Preise, die Steuern...
Nach einer Weile wird es Herrn Kohn zuviel, und er sagt ungeduldig: «Was erzählen Sie mir das alles, Herr Abeles, habe vielleicht *ich* von der Aurora geschossen?»

SOZIALISTISCHES Prag.
Salkowski: «Herzberg, hör zu! Du bist doch in der Partei. Ich möchte auch hinein und muß mich zur Prüfung vor der Parteikommission stellen. Kannst du mir ein bißchen was beibringen, damit ich mich nicht blamier'?»
«Gut, fangen wir an. Du weißt doch, wer den Sozialismus erfunden hat?»
«Nein.»
«Das weißt du nicht? Das war doch der Doktor Marx!»
«Ein Doktor?! Warum hat er nicht zuerst ausprobiert an Hunden?!»

«Zionismus», als positive Einstellung zum Staat Israel, wird bekanntlich in den marxistischen Staaten scharf verurteilt.
ALS aus Anlaß des «Prager Frühlings» die Russen in der Tschechoslowakei einmarschierten, definierten die Prager:
Was ist ein Zionist?
Ein Tscheche, der ein russisches Panzerauto anspuckt.

NACH dem Einmarsch der russischen «Freunde» in der Tschechoslowakei 1967 kam in Prag die Scherzfrage auf:

«Welches ist der sicherste Staat der Welt?»
«?»
«Israel. Denn er ist *nur* von Feinden umgeben.»

1969. SCHULE in einem osteuropäischen Staat.
Lehrer: «Wer kennt einen großen Feldherrn?»
Klein-Rudi: «Bitte, Kutusow.»
Lehrer: «Was weißt du von Kutusow?»
Klein-Rudi: «Kutusow hat Napoleon bis nach Moskau gelockt, dann hat er gewartet, bis es dort anfing zu frieren, und dann hat er ihn besiegt.»
Lehrer: «Gut. Wer kennt einen andern?»
Klein-Karli: «Bitte, Stalin.»
Lehrer: «Was weißt du von Stalin?»
Klein-Karli: «Stalin hat Hitler bis an die Wolga gelockt, dann hat er gewartet, bis es dort anfing zu frieren, und dann hat er ihn besiegt.»
Lehrer: «Gut. Wer kennt noch einen?»
Klein-Moritz: «Bitte, Nasser.»
Lehrer: «Was weißt du denn von ihm?»
Klein-Moritz: «Nasser hat die Israelis bis an den Suezkanal gelockt, und jetzt wartet er, bis es dort anfängt zu frieren.»

KOHN ist in die chinesische Volksrepublik ausgewandert, in die kommunistische Partei eingetreten und zu einer prominenten Stellung in der Partei aufgerückt. Als orthodoxer Jude trägt er aber nach wie vor die im Osten üblichen Schläfenlocken, die «Pejes».
Einmal kommt ein hoher chinesischer Bonze zu ihm und sagt: «Herr Kohn, wir sind mit Ihrer Arbeit sehr zufrieden. Aber es gefällt uns nicht, daß Sie als atheistischer Kommunist nach wie vor die Haartracht der gläubigen Juden tragen.»
Kohn: «Ich trage die Pejes nicht aus Frömmigkeit, sondern aus Gewohnheit und Tradition.»
Der Bonze: «Wir lehnen laut Parteidoktrin aber auch Traditionen radikal ab. Schauen Sie – wir haben doch jahrtausendelang Zöpfe getragen, und nun haben wir sie abgeschnitten.»
Kohn denkt lange nach und entscheidet dann: «Nun ja – aber die Zöpfe waren auch nicht schön!»

Denn wovon lebt der Mensch?

IWAN möchte sich besaufen und zu diesem Zweck einen Gulden beim Dorfjuden leihen. Sie machen die Bedingungen aus: Iwan will erst im Frühling zurückzahlen, und zwar das Doppelte. Inzwischen deponiert er sein Beil als Pfand.
Als Iwan weggehen will, ruft ihm der Jude nach: «Iwan, mir ist eingefallen: Im Frühling wird es dir schwerfallen, zwei Gulden aufzutreiben. Ist es nicht besser, wenn du die Hälfte jetzt anzahlst?»
Das leuchtet Iwan ein und er gibt den Gulden wieder zurück. Ein Weilchen geht er sinnend vor sich hin, dann murmelt er: «Merkwürdig: der Gulden ist weg, das Beil ist weg, einen Gulden bin ich obendrein schuldig – und der Jude hat doch recht!»

SCHLOJME, der Hausierer, schwach, mager, kränklich, schleppt sich mit seinem schweren Warenkasten auf dem Rücken mühsam auf der heißen Landstraße dahin. Da kommt der reiche, kräftige Bauer Iwan daher.
«Iwan», bittet Schlojme, «trag mir den Kasten! Ich geb' dir 20 Kreuzer dafür!» Iwan ist beleidigt. Dem Juden den Kasten tragen? Von ihm ein Trinkgeld annehmen? Stolz lehnt er ab.
Sie wandern weiter nebeneinander her. Schlojme spürt, lang wird er es nicht mehr schaffen. Da hat er eine Idee.
«Iwan», bittet er, «du bist reich. Und ich bin im Augenblick knapp mit Geld. Leih mir fünf Gulden zu einem guten Zins. Als Pfand lass' ich dir meinen Kasten mit der ganzen Ware!»
Schlojme öffnet den Kasten und breitet den Kram vor Iwan aus. Dem gehn die Augen über. Hurtig gibt er dem Juden die fünf Gulden und greift nach dem Kasten. Abermals gehen sie lange schweigend nebeneinander her. Der Abend bricht an, und das Städtchen ist schon nahe.
«Iwan», sagt plötzlich Schlojme, «ich hab' mir's überlegt. Ich verzichte auf die Anleihe. Da hast du deine fünf Gulden und fünf Kreuzer als Zinsen dazu! Und nun gib mir mein Pfand zurück!»

BEI Grinberg, Getreide en gros, sind zwei Kommis angestellt, beide mit Namen Kohn. Aber Kohn I bekommt genau das dreifache Gehalt von

Kohn II. Kohn II beklagt sich darüber beim Chef. Dieser meint: »Wir wollen sehen, was sich tun läßt.»
Eine beladene Fuhre kommt vorbei.
«Stell fest, was für Ware auf der Fuhre ist!» befiehlt Grinberg.
Kohn II rennt und meldet nach wenigen Minuten: «Gerste.»
«Stell fest, wem die Gerste gehört!» sagt Grinberg.
Kohn II rennt und kommt außer Atem zurück: «Dem Gutsherrn von Koropitza.»
«Frag, wohin die Gerste gebracht wird», befiehlt Grinberg.
Kohn II rennt wieder los und kommt halbtot zurück: «Zu Teitelbaum in Saposchin...»
Grinberg winkt Kohn I heran und sagt: «Vor einer halben Stunde ist hier ein beladener Wagen vorbeigefahren...»
Kohn I dreht sich auf dem Absatz – und fort ist er. Nach einer halben Stunde ist er zurück und referiert: «Ich bin dem Wagen nachgeritten und habe ihn nach zehn Minuten erreicht. Es sind fünfzehn Sack Gerste aus Koropitza, und Teitelbaum hatte drei Gulden für den Zentner offeriert. Ich habe einen halben Gulden mehr angeboten, und der Wagen ist bereits umgedreht und wird in einer halben Stunde dasein...»
Da sagt Grinberg zu Kohn II: «Jetzt weißt du, warum Kohn I dreimal soviel Lohn bekommt wie du.»

WARUM nennt man die Kuh mit Recht ein Rindvieh?
Man gibt ihr Wasser, und sie gibt dafür Milch; also ist es klar: Sie ist ein Rindvieh!

KUNDIN zum Milchmann: «Eure Milch ist gewässert!»
Milchmann: «Was soll man machen? Ungewässerte Milch bekommt Ihr höchstens von einem Rindvieh.»

«WAS für reizende zwei Dackel Sie da haben! Und beide so ähnlich! Ich würde sie Kastor und Pollux nennen.»
«Ich nenne sie Loeser & Wolff *(bekannte Berliner Zigarrenfirma mit unzähligen Filialen)*, weil sie an jeder Ecke ein Geschäft machen.»

ZU einem jüdischen Händler in Vögeln und Kleintieren in Lwów kommt ein Kunde: «Ich will einen schönen Vogel, aber einen Sänger!»
In einem Käfig singt ein Kanarienvogel um sein Leben, so laut und so schön. Er gefällt dem Käufer. Plötzlich aber stellt er fest: «Der hat ja nur ein Bein!»

Verkäufer, verärgert: «Nu, bittschön, sagen Se mer genau, was wollen Se haben: ä Sänger oder ä Tänzer?»

BLAU schickt den Kassierer zu einem säumigen Kunden. Nach einer halben Stunde ist der Angestellte wieder da.
Chef: «Nu – hat er bezahlt?»
«So gut wie bezahlt.»
«Was heißt ‹so gut wie bezahlt›?»
«Das ist so: Sein Sohn geht ins Gymnasium. Nachher macht er den Doktor und bekommt eine reiche Frau. Und sobald er die Mitgift hat, wird er seinem Vater Geld geben, und der wird uns geben.»

DER Chef zum Prokuristen: «Lissauer zahlt und zahlt nicht. Gehen Sie persönlich hin, und rühren Sie sich nicht vom Fleck, bevor er die Rechnung beglichen hat.» Nach zwei Stunden ist der Prokurist wieder da.
Chef verwundert: «Hat er denn bezahlt?»
Prokurist, triumphierend: «Jawohl.»
Chef: «Bar Geld?»
Prokurist: «So gut wie bar Geld: ein Wechsel.»
Chef: «Puh!»
Prokurist: «Gar nicht ‹puh›! Es ist ein Wechsel auf den Namen von Baron Rothschild.»
Chef, erstaunt: «Akzeptiert von Rothschild?!»
Prokurist: «Rothschild braucht zu akzeptieren!?»

Beim Morgengebet «legen» die Juden «Tefillin» (Gebetsriemen).
ZWEI Heereslieferanten haben einen Waggon Eier zugesagt – sie können aber das nötige Quantum nicht auftreiben. Aufgeregt eilt der eine zum andern, trifft ihn beim Morgengebet und seufzt: «Was legste Tefillin? Leg lieber Eier!»

IN Krotoschin wurde die Stelle des Schammes vakant.
Leib Geliebter bewarb sich, wurde aber abgewiesen, weil man meinte, ein Schammes sollte wenigstens lesen und schreiben können. Leib wanderte aus nach Berlin. Dort reüssierte er so, daß er im Ersten Weltkrieg schon Direktor einer Beschaffungsgesellschaft war. Er handelte mit einem Ministerialdirektor einen Vertrag aus, den dieser seufzend unterschrieb. Dann zeichnete Leib: ++++.
«Aber Herr Geliebter», meinte der Beamte, «unterzeichnen Sie doch mit Namen!»

«Ich kann wirklich nicht lesen und schreiben!»
«Gott, was hätte aus Ihnen noch werden können, wenn Sie lesen und schreiben gelernt hätten!»
«Nu, höchstens Schammes in Krotoschin.»
«Sagen Sie, Herr Geliebter, was bedeutet das vierte Kreuz?»
Geliebter, stolz: «Das heißt: Dr. phil. h. c.»

KRIEG, Ernährungsknappheit, strenge Vorschriften für Höchstpreise der Lebensmittel.
Mendel verkauft Gänse à 200 Kronen das Stück und floriert. Sein Nachbar will es nachmachen. Er annonciert; da kommt die Polizei und beschlagnahmt ihm seine Gänse.
«Mendel», fragt der Nachbar, «wieso kommt die Polizei nicht zu dir? Du verkaufst doch auch deine Gänse à 200 Kronen!»
«Was hast du denn annonciert?» fragt Mendel.
«Ich habe annonciert: Gänse à 200 Kronen zu verkaufen.»
«No – wenn du es so dumm anstellst! Ich annonciere immer: ‹Am Sonntag 200 Kronen am Kirchplatz verloren. Der ehrliche Finder erhält eine Gans.› Am nächsten Tag hat dann jeweils die halbe Stadt meine 200 Kronen gefunden.»

NACH dem Ersten Weltkrieg herrschte großer Warenmangel und folglich Kettenhandel mit allen möglichen Artikeln. Kohn hört, daß ein Posten Kerzen verlangt wird. Er erfährt, daß Levy Kerzen gekauft hat, kauft sie ihm ab und verkauft sie mit gutem Gewinn weiter. Den Posten hat er nicht einmal angeschaut. Nach einigen Wochen kommt ein Brief, er muß die Ware zurücknehmen, die Kerzen brennen nicht, sie haben keinen Docht. Kohn kommt verzweifelt zu Levy gelaufen: «Du hast mich unglücklich gemacht! Deine Kerzen brennen nicht.»
«Na und?» meint Levy ungerührt, «habe ich dir Kerzen verkauft zum Handeln oder zum Brennen?»

WIEN 1918. Blau und Grün, beide Kriegsschieber, begegnen einander auf der Mariahilferstraße. Blau trägt einen eleganten Pelz, Grün ist ganz abgemagert und abgerissen.
Grün: «Blau dir geht es doch offenbar glänzend! Wie machst du das nur!»
Blau, stolz: «Ich habe 10 Waggon Zacheln doppelt verkauft.»
Grün, verwundert: Zacheln, was ist denn das?»
Blau: «Weiß ich?»

«SIGI, was ist eigentlich eine richtige Spekulation?»
«No, schau, Eier stehen hoch im Preis, da machst du eine Hühnerfarm; es kommt eine Überschwemmung und alle Hühner versaufen. Enten hättste züchten müssen!»

DANIEL & Co., internationale Transporte, suchen einen neuen Reisenden. Es meldet sich ein Bewerber.
«Wie lange brauchen Sie für die Tour Österreich, Tschechoslowakei, Ungarn, Serbien, Türkei, Rußland?»
«Vier Monate.»
«Das ist uns zu lange.»
Ein zweiter glaubt, die Tour in zwei Monaten zu schaffen – dem Firmenchef ist es immer noch zu viel.
Schließlich meldet sich Sami. Er überlegt angestrengt und erklärt:
«Ich mach's in drei Wochen.»
«Großartig! Sie sind unser Mann!»
Tatsächlich ist er nach drei Wochen pünktlich wieder zur Stelle. «Alle Achtung», sagt der Chef. «Wo sind die Abschlüsse?»
Darauf Sami: «*Ab*schlüsse? Ich hab alle Mühe gehabt, überall zu erreichen die *An*schlüsse!»

DAS Söhnchen von Bankier Kahn verschluckt ein Goldstück. Nach drei Tagen ruft der Bankier den Arzt.
Der Arzt: «Warum haben Sie mich nicht sofort gerufen?»
Kahn, stolz: «Ich wollte nicht den Anschein erwecken, als ob ich das Goldstück so dringend brauche!»

«WIE geht's, Herr Berlinerblau?»
«Schlecht, sehr schlecht!»
«Aber gehn Sie! Wie ich habe gehört, haben Sie vor ein paar Wochen Ihre Tante beerbt!»
«Das stimmt schon!»
«Und vorige Woche ist gestorben Ihr Großonkel, der wo hat Ihnen auch ganz schön was hinterlassen!»
«Das stimmt auch!»
«Und da sagen Se noch, es geht schlecht?»
«Ja – sehn Se... diese Woche ist es wie abgeschnitten!»

«WAS für ein Glück Sie haben, Herr Kahn! Einer Ihrer Söhne ist Offizier, der zweite Bankier!»

Kahn: «Wo ist da das große Glück? Wenn sie wenigstens tauschen wollten! Der Offizier signiert den ganzen Tag Wechsel, und der Bankier beschäftigt sich nur mit Pferden!»

ZUR Zeit des Ersten Weltkrieges fragt ein österreichischer Offizier einen ältern jüdischen Landsturmmann, der aus einem kleinen galizischen Städtchen stammt:
«Was seid Ihr von Beruf?»
«Ein Jude.»
«Das ist doch kein Beruf!»
«Bei uns in Galizien schon!»

KLEIN Moritz: «Tateleben – is mei Unterschrift schön?»
Der Vater: «Du mußt wissen, Moritzche, daß e Unterschrift nicht muß sein schön, e Unterschrift muß sein gut!»

KOHN, ein kleiner Angestellter, erscheint eine Stunde zu spät im Büro mit blauen und grünen Flecken im Gesicht, hinkend, den linken Arm geschient.
«Jetzt kommen Sie daher!» rügt der Chef stirnrunzelnd.
«Herr Kommerzienrat», stammelt Kohn, «ich bin aus dem zweiten Stock zum Fenster hinausgefallen.»
Darauf der Chef: «Und Sie wollen mir weismachen, daß Sie hierfür eine geschlagene Stunde gebraucht haben!»

ANGESTELLTER Berkowitsch kommt erst um 9 Uhr ins Geschäft.
Chef, wütend: «Sie hätten pünktlich um 8 Uhr hier sein sollen!»
Berkowitsch, neugierig: «Warum? Was ist denn um 8 Uhr passiert?»

KOHN, als Chef unbeliebt, hinterläßt auf seinem Pult einen Zettel: «Bin auf dem Friedhof.»
Als er wiederkommt, steht darunter: «Die Erde werde dir leicht!»

KOMMERZIENRAT Levy feiert das fünfzigjährige Bestehen seiner Firma und sagt zu seinem Prokuristen Kohn:
«Hören Sie zu, ich möchte gern feiern das Jubiläum meiner Firma. Es soll auffallen, meine Angestellten sollen sich freuen, aber kosten darf es nichts.»
Kohn: «Herr Kommerzienrat, hängen Sie sich auf! Das fällt auf, es kostet nix, und ihre Angestellten freuen sich.»

«HERR Meyer, seit zehn Jahren bin ich Ihr Buchhalter. Ich rechne mit einer Gehaltsaufbesserung!»
«Sie sind entlassen! Einen Buchhalter, der so falsch rechnet, kann ich nicht brauchen!»

BUCHHALTER Grün kommt eines Morgens ins Geschäft und hat den Hut ganz schief aufgesetzt.
Chef: «Grün, sind sie schiker *(betrunken)*?»
Grün: «Nein. Aber heut sind 25 Jahre, daß ich bei Ihnen arbeite. Und das ist alles, was ich mir bis jetzt zur Seite legen konnte.»

GRÜNBLATT schenkt seinem Prokuristen zu Neujahr statt einer Remuneration sein Porträt mit Widmung. Der Prokurist schaut lange auf das Bild und sagt: «Das sieht Ihnen ähnlich!»

DER Chef erblickt mitten am Vormittag seinen Buchhalter beim Friseur und ruft ihm empört zu:
«In der Geschäftszeit lassen Sie sich Ihre Haare scheren!»
«Nun ja», meint der Buchhalter, «sie sind mir doch auch in der Geschäftszeit gewachsen.»

«GESTERN hatte mein Chef Jubiläum. Alle haben ihm den Hof gemacht. Ich aber habe ihm in einem Brief erklärt, daß ich ihn verabscheue, daß in Wirklichkeit alle andern ihn auch verachten und für einen Ausbeuter und Lumpen halten, daß ich in den zwanzig Jahren, die ich bei ihm arbeite, noch nicht einen anständigen Zug an ihm entdeckt habe...»
«Aber um Gottes willen! Sobald er den Brief bekommt, wirft er dich sofort hinaus!»
«Wie soll er ihn denn bekommen? Glaubst du etwa, ich bin so verrückt, einen solchen Brief abzuschicken!»

KUNDE, wutschnaubend: «Ich habe von Ihnen Ihre beste Zigarre verlangt – und was haben Sie mir da verkauft? Einen Dreck, einen Schund... Wieso sagen Sie nichts?»
Verkäufer, tieftraurig: «Was soll ich denn sagen, Sie Glückspilz? Sie haben ja nur eine einzige solche Zigarre – ich aber haben den ganzen Laden voll davon!»

LADENINHABERIN zum Passanten: «Treten Sie doch in unser Geschäft ein! Wir führen alles.»

«Führen Sie auch Taschentücher?»
«Aber ja! In Leinen, Baumwolle, Seide...»
«Dann nehmen Sie eins, und wischen Sie sich die Nase.»

«SCHAU, diesen Mann habe ich auf die Füße gestellt...»
«Ich wusste gar nicht, daß du so ein Wohltäter bist!»
«...früher, bevor er mit mir zu tun hatte, fuhr er nämlich in seiner Equipage.»

EIN Türschild:
Josef Chapper, Idealist und Händler in alte Kleider, Knochen, Lumpen und Hasenfelle, wofür ich die höchsten Preise zahle.

«WIE viele Angestellte haben Sie in Ihrem Betrieb?»
«Zwölf – oder eigentlich nur elf: einer sitzt immer auf dem Klosett.»

DER Angestellte rennt im Büro auf und ab und jammert: «Ach mein Kopf, mein Kopf! Ich verliere noch den *Verstand*!»
Chef: «Wenn Sie Kopfweh haben, gehn Sie heim! Aber hören Sie auf, herumzurennen und zu *prahlen*!»

«DER Teitelbaum, der Lump, hat Drillinge bekommen! Recht geschieht ihm! Soll er auch einmal merken, wie einem zumute ist, wenn man mehr geliefert bekommt, als man bestellt hat!»

COHN an das Eisenbahnministerium: «...so daß die Wollstoffe naß und verdorben ankamen und wir einen großen Schaden haben. Mein Compagnon meint, die Eisenbahn ist dafür haftbar, weil der Waggon nicht dicht war – Exzellenz: wie wird Ihnen?»

«IHR Konkurrent Kohn verkauft die Ware aber billiger!»
«Er kalkuliert falsch. Es wird schief ausgehen.»
«Oh – er meint aber, die Masse werde es schon machen.»
«Ja, sicher: die Konkursmasse.»

JANKEL klopft am späten Abend an Mojsches Fenster und fragt leise: «Schläfst du schon, Mojsche?»
«Nein.»
«Du könntest mir fünfzig Gulden leihen.»
«Ich schlaf', ich schlaf'!»

HERR VON P. handelt mit Jankl um ein Arbeitspferd. Er schaut das Tier genau an und sagt: «Sie müssen den Preis reduzieren, der Wallach ist ja blind auf einem Auge!»
Darauf Jankl: «Gott der Gerechte, Herr Baron! Was soll tun das Pferd? Soll es arbeiten oder lesen die Zeitung?»

HERR VON P., der Gutsherr, klagt über das schlechte Wetter.
Darauf Jankl: «Nu, wie kann man auch aufmachen sein Geschäft unter freiem Himmel?!»

FINKELSTEIN, Faktotum des Herrn Jancu von Grigorcea, kommt aus Rom zurück, wo er Devisengeschäfte abgewickelt hat.
Der Gutsherr: «Na, Finkelstein, warst du auch beim Papst?»
Finkelstein: «Gott der Gerechte – handelt der auch mit Devisen?!»

GANZ Kasrilewka ist sehr arm. Chaim: «In unserm ganzen Städtchen gibt es nur ein einziges Goldstück.»
«Unsinn! Ich habe selber einmal zwei Goldstücke gleichzeitig gesehn!»
«Das kann nicht sein! Das war eine optische Täuschung! Hervorgerufen durch die Schnelligkeit der Zirkulation!»

KASRILEWKA. Mojsche verkauft seine Kuh an Itzig, der verkauft sie ihm mit einem kleinen Aufschlag zurück, Mojsche nimmt sie ihm wieder ab...
Einmal kommt Mojsche voll Freude zu Itzig: «Ich hab die Kuh sehr gut an einen Fremden verkauft!»
Itzig, erbleichend: «Chammer *(Esel),* wovon werden wir jetzt leben?»

AUF dem Bahnsteig: «Wohin fährst du?»
«Nach Warschau, Holz einkaufen.»
«Pfui! Ich weiß doch: wenn du sagst, du fährst nach Warschau, Holz einkaufen, dann fährst du in Wirklichkeit nach Lemberg, Getreide verkaufen. Zufällig weiß ich aber, daß du wirklich nach Warschau fährst, um Holz zu kaufen. Warum lügst du also?»

Variante:
ISAAK trifft David auf dem Bahnsteig.
«Ich fahre nach Warschau», teilt David mit.
Isaak bleibt erstarrt stehen: «Oj, du Ganew *(Gauner)*! Ich weiß doch, wenn du sagst, du fährst nach Warschau, dann fährst du in Wirklich-

keit nach Lemberg!... Du *doppelter* Ganew! Zufällig weiß ich, daß du tatsächlich nach Warschau fährst!»

GRÜN kommt ins Stoffgeschäft von Blau: «Blau, ich brauch einen hübschen Sommerstoff für meine kleine Rachel. Aber du mußt mir garantieren, daß er beim Waschen nicht eingeht.»
«Nimm den da! Ich garantiere!»
Nach einer Woche wird das Kleidchen gewaschen und geht sehr stark ein. Grün führt die kleine Rachel im eingegangenen Kleidchen ins Geschäft zu Blau. Blau wirft einen Blick auf das Kind und ruft entzückt: «Ach, die liebe Kleine! Wie ist sie gewachsen!»

AUF dem Getreidemarkt von Berditschew stehen die vollen Getreidesäkke, offen, mit aufgerolltem Rand. Ein Jude tritt an einen Sack Weizen heran, greift eine Handvoll Körner heraus, beginnt sie von einer Handfläche in die andere zu rollen. Schließlich fragt der Verkäufer: «Nu, wollt Ihr kaufen.»
«Nein, ich will nicht kaufen», sagt der Jude.
«Was also steht Ihr da und rollt den Weizen durch Eure Hände?»
«Das ist so: Ich bin Makler. Vielleicht wird einmal jemand an mich herantreten und mich fragen, ob ich von Weizen etwas verstehe. Dann werde ich ihm antworten können: Ich soll leben so viele Jahre, als schon Weizen durch meine Hände gegangen ist!»

ZUM alten Salomon – Maison Salomon – kommt ein Reisender in Damenwäsche und breitet seine Kollektion aus. Man befühlt, begutachtet, bespricht Preise und Lieferungsbedingungen, schleppt weitere Musterstoffe her, packt auch den letzten BH aus.
Sagt Salomon: «Ich werde Ihnen was sagen. Meine Lager sind voll, es kauft niemand bei mir. Ich werd' bei Ihnen auch nicht kaufen.»
Der Reisende packt in stummem Grimm seine Koffer. Dann setzt er den Hut auf und beginnt, das Totengebet zu sprechen.
Schreit Salomon: «Was benschen *(wörtl. segnen = beten)* Sie Kadisch *(Totengebet)* über mich?»
Sagt jener mit Würde: «Für mich sind Sie gestorben.»

«SIE arbeiten doch mit Kohn. Was ist er für ein Kunde?»
«Kohn? Ein Jahreskunde.»
«Was verstehen Sie unter einem Jahreskunden?»
«So ein Jahr auf ihn, wie er ist ein Kunde!»

EIN Jude, rot vor Wut, läuft zum Uhrmacher hinein. «Ihr habt mich betrogen und beschwindelt! Meine Taschenuhr ist wieder kaputt, obwohl sie erst vor einem Monat bei Euch zur Reparatur war und Ihr mir garantiert habt, daß sie mir dienen wird, solange ich lebe!»
Der Uhrmacher blickt den Kunden an und antwortet ruhig: «Sch! Vetter, schreit nicht so! Was bin ich schuld, daß Ihr vor einem Monat wie eine Leiche ausgesehen habt...?»

«DU willst ein Uhrmacher sein? Einen Dreck ist deine Arbeit wert! Als ich dir die Uhr brachte, ging sie schlecht – aber sie ging. Jetzt geht sie überhaupt nicht mehr!»
Uhrmacher, erbleichend: «Gott soll mich strafen, wenn ich Sie auch nur angerührt habe!»

JANKEW kauft beim Uhrmacher Weiß eine Taschenuhr und fragt: «Geht sie auch wirklich gut?»
«Auf Ehrenwort!» versichert Weiß.
Aber schon am gleichen Abend steht die Uhr still.
Erbost kommt Jankew zu Weiß: «Schaun Sie sich an die Uhr! Erst heut früh hab' ich sie gekauft – und schon steht sie still!»
«Nu», meint Weiß ruhig, «is es e Wunder! Wenn Sie werden gehn vom frühen Morgen bis zum Abend, wer'n Sie auch e bissele ausruhn und stillstehn wollen!»

Lulaw: Palmzweig, der beim Sukkot-Ritual geschüttelt wird.
«DIE Uhr hab' ich Ihnen zum Richten gegeben. Jetzt steht sie schon wieder!»
«Sie müssen Sie ein wenig schütteln, dann geht sie wieder!»
«Hab' ich gekauft e Uhr oder e Lulaw?»

DIE Frau des Schusters: «Wie konntest du dem Fremden ein Paar Schuhe auf bloße Anzahlung mitgeben! Er wird wegbleiben!»
Der Schuhmacher: «Er wird wiederkommen! Ich habe ihm zwei linke Schuhe eingepackt!»

EIN Reisender besucht einen Kunden in einem kleinen Provinzort. Im Laden empfängt ihn eine Frau in Trauerkleidung und sagt: «Heute werden Sie keinen Auftrag erhalten, mein Mann ist nebbich gestorben.»
Darauf der Reisende: «Machen Sie sich keine Sorgen! Ich nehme den Auftrag auch von Ihnen an!»

LEJB Kaplanski steht den ganzen Tag in seinem Lädchen – kein Kunde läßt sich blicken. Acht Uhr abends will er resigniert schließen, da stürzt jemand hastig herein und verlangt einen Briefumschlag. Kaplanski fordert zwei Pfennig, der Kunde wirft aber zehn Pfennig auf den Ladentisch, will auf das Herausgeld nicht warten und stürzt wieder davon...
Zu Hause fragt die Frau: «Wie war heute das Geschäft?»
«Der Umsatz», gesteht Lejb, «war gering. Aber der Verdienst!»

DER alte Menazbach, Inhaber eines bescheidenen Ladens, liegt im Sterben. Sein Augenlicht ist bereits fast erloschen. Die Familie umsteht ehrfürchtig sein Lager. Mit letzter Kraft beginnt Menazbach noch einmal zu sprechen: «Rifke, mein Weib, bist du da?»
«Ja, Kroinele!»
«Jakob, mein Sohn, bist du da?»
«Ja, Vater.»
«Lea, meine Tochter, bist du da?»
«Ja, Vater.»
«Rahel, meine Tochter, bist du da?»
«Ja, Vater.»
Da richtet sich der Alte mit letzter Kraft zornig auf und schreit: «Und wer ist im Geschäft?»

KOPSTEIN ist in einen Prozeß verwickelt. Er muß verreisen und bittet den Anwalt, ihn telegraphisch auf dem laufenden zu halten. Der Anwalt schickt die Freudenbotschaft: «Die gerechte Sache hat gesiegt!»
Kopstein telegraphiert entsetzt zurück: «Sofort appellieren!»

BANKIER: «Ich lass' mir von niemandem eine Geringschätzung gefallen – außer von der Steuerbehörde.»

EIN Bankier ist wie einer, der bei schönem Wetter einen Schirm ausleiht, aber bei Regenwetter zurückfordert.

CHEF zum neuen Reisenden: «Sie nehmen den Frühzug, bringen sich in Neutomischl im Hotel in Ordnung, lassen sich heiße Bouillon servieren; dann gehen Sie zum alten Auerbach, fragen ihn, wie er mit dem letzten Posten Seidenstrümpfe zufrieden war, legen ihm die Muster vor, machen ihn aufmerksam, daß wir ein ganz neues Farbsortiment und dennoch sehr günstige Preise haben, nehmen die Bestellung auf, und am Nachmittag telegraphieren Sie mir den Erfolg.»

Der Jüngling reist ab, aber am Nachmittag kommt kein Telegramm. Es wird Abend, es wird Nacht – der Chef ist außer sich.
Da endlich der Telegrammbote! Hastig reißt der Chef den Umschlag auf und liest: «In ganz Neutomischl keine Bouillon aufzutreiben. Was tun?»

IN der Bahn unterhalten sich zwei Juden. «Mir geht es bitter. Ich rackere mich als Hausierer ab wie ein Lastesel – und meine Familie hungert dennoch. Von mir gilt leider wörtlich genau, daß der Mensch sein Brot im Schweiße seines Angesichtes essen soll.»
«Ich meinerseits lebe vom Schweiße der andern.»
Der Hausierer, erbittert: «Sie Kapitalist, Sie Ausbeuter!»
Der andere Jude, sehr verwundert: «Wieso Kapitalist? Ich bin Badediener in einem Schwitzbad.»

EIN kleiner Wanderzirkus gastiert in einem galizischen Städtchen. Ein armer Jude schaut beim Aufbau des Zeltes zu.
«Willst du etwas verdienen?» fragt ihn der Zirkusdirektor, «mir ist mein Löwe krepiert. Du könntest sein Fell anziehen und dem Publikum ein paar Kunststücke vormachen.» Der Jude ist mit Freuden bereit.
Am Abend tritt er, kostümiert als Löwe, stolz in die Arena. Da sieht er, wie sich ein gewaltiger Bär ihm entgegenwälzt, und schreit entsetzt: «Schma Israel!» (*«Höre, Israel!», die Anfangsworte eines Gebetes, die von Juden bei Gefahr instinktiv ausgestoßen werden.*)
Der Bär brummt vorsichtig zurück: «Adonai Elohenu, Adonai echad!» (*Die nachfolgenden Worte des gleichen Gebetes. Es ist das Bekenntnis zur Einzigkeit Gottes.*)

DER Makler: «Ich kann Ihnen zu dem Haus am Dnjestr wirklich raten. Von der schönen Aussicht auf den Fluß ganz abgesehen – bedenken Sie nur den Vorteil, so nahe am Wasser zu wohnen! Man kann im Garten die Wäsche waschen, baden, schwimmen, rudern, man kann im Winter direkt vor dem Haus eislaufen!»
Kunde, mißtrauisch: «Das ist ja alles recht und schön – aber denken Sie an die Überschwemmungen im Frühjahr!»
Der Makler, eifrig: «Ach, was können Ihnen die anhaben? Wo ist das Haus – und wo ist der Dnjestr?»

STETTINER besitzt Aktien, denen er mißtraut.
«Morgen von zwölf bis zwei Uhr ist Generalversammlung», sagt er zu

seinem Angestellten. «Fahren Sie hin und telegraphieren Sie mir um zwei Uhr sofort, wie es steht.»
Der Angestellte fährt hin. Fünf Minuten nach zwölf ist bereits sein Telegramm da: «Sofort verkaufen.»
Als der Angestellte wieder da ist, lobt der Chef: «Sie haben mich vor einem wirklichen Verlust bewahrt. Aber wie konnten Sie schon um zwölf telegraphieren, noch bevor jemand an der Börse ahnte, wie die Dinge standen?»
Der Angestellte: «Der Präsident eröffnete die Versammlung mit dem Worte ‹Leider...›, da habe ich schon alles gewußt.»

FESTE Preise:
«Was kostet diese Hose?»
«In unserm Geschäft haben wir feste Preise. Ich sage Ihnen daher nicht zwanzig, nicht achtzehn, nicht sechzehn Rubel. Aber weniger als fünfzehn Rubel nehme ich nicht.»
«Und ich sage Ihnen nicht fünf, nicht sieben und nicht neun Rubel. Aber mehr als elf Rubel gebe ich für die Hose nicht.»
Ladenchef zum Laufburschen: «Chaim, pack ein die Hose!»

Variante:
«WAS soll der Kaftan kosten?»
«12 Gulden.»
Der Kunde überlegt:
«Verlangt er 12,
meint er 10,
läßt er für 8,
zahlen will ich 4,
biet ich ihm 2.»

IN der Grenadierstraße in Berlin gab es seinerzeit viele jüdische Trödlerläden.
Einer kommt in ein solches Altkleidergeschäft, um einen Hut zu kaufen. Ihm wird von der Frau ein schon ziemlich speckiges Exemplar angeboten. Auf die Frage nach dem Preis wendet sich die Frau zu ihrem Mann, der im Hintergrund abgewandt am Pult sitzt und, ohne sich umzudrehen, sagt: «Zwanzig Mark.» Der Kunde ist empört. Fünf Mark ist er bereit zu geben. Die Frau will sich von ihm wegwenden, da kommt aus dem Hintergrund prompt die Anweisung: «Der Goj hot dem Hütel!»

BEIM jüdischen Altwarenhändler.
«Ich möcht' einen Hut!»
«Da hätt' ich Ihnen einen. Ganz billig, und noch fast neu!»
«Aber der ist mir doch viel zu groß!»
«Sehn Sie! Und ich verlange von Ihnen keinen Kreuzer mehr als für einen kleinen!»

GESPRÄCH an der Börse: «Hallo Bienstock, was treibst du?»
«Ich spekuliere in Minen!»
«Dazu gehört doch Geld!»
«Ach wo! Ich stelle mich beim Ausgang auf, und wenn einer mit fröhlicher *Miene* herauskommt, schnorre ich ihn an.»

IM Portal einer Bank, deren Aktien von zweihundert auf hundertzwanzig gesunken ist, sucht Cohn bei Platzregen Schutz.
Der Portier: «Sie dürfen sich hier nicht unterstellen!»
Cohn: «Heißt e Frechheit: bei hundertzwanzig!»

GESCHÄFTE:
«Levy, wozu sind Sie hierher zum Viehmarkt gefahren?»
Levy: «Was weiß ich. Vielleicht habe ich Glück, und es nimmt mich einer gratis auf seiner Fuhre mit nach Hause.»

NOCHMALS Geschäfte. Pferdemarkt. Wilder Trubel. Mitten drin spaziert ein Jude mit den Händen in den Taschen. Ein Pferdehändler erblickt ihn und fragt verwundert: «Reb Jankel, was macht Ihr da!»
«Ich? Ich passe auf, daß man mich nicht überfährt.»

DER Versicherungsagent: «Mein Freund, versichern Sie sich gegen Unfall! Wenn Sie eine Hand brechen, bekommen Sie von uns 5000 Kronen ausgezahlt. Wenn Sie ein Bein brechen, zahlen wir sogar 10000 Kronen... Und wenn Sie gar das Genick brechen, dann sind Sie ein gemachter Mann!»

DER reiche Jakobowitsch läßt das Fundament zu seinem neuen Haus legen. Der arme Nachbar schaut neidisch zu.
«Ihr seht», lenkt Jakobowitsch ab, indem er auf die frische Grube weist, «ich lege mein Geld in die Erde.»
«Nun», tröstet der Nachbar, «so Gott will, werdet Ihr bald zu Eurem Gelde kommen.»

«ICH lege in meinem Geschäft jeden Tag drauf.»
«Lieber Himmel, wovon lebst du denn?»
«Nun – Samstag und Sonntag habe ich ja zu.»

«ICH arbeite seit einem Jahr nur noch mit Defizit.»
«Warum machst du also das Geschäft nicht zu?»
«So – und wovon soll ich dann leben!»

EINE Kundin hat ohne Kauf das Stoffgeschäft verlassen. Der Verkäufer berichtet dem Chef niedergeschlagen: «Sie sagt, der Seidenstoff sei ihr zu teuer.»
«Du machst es eben nicht richtig», tadelt der Chef. «Du hättest zum Beispiel zu ihr sagen können: ‹Gnädige Frau, dies ist ja reine Seide, und neuerdings ist eine Seuche unter den Seidenwürmern ausgebrochen, die nächsten Sendungen werden daher viel teurer sein.›»
Der Angestellte merkt es sich. Es kommt ein Mädchen und will ein Seidenband haben. Das Band ist ihr zu teuer.
Darauf der Angestellte: «Aber wissen Sie denn nicht, daß unter den Bandwürmern eine Seuche ausgebrochen ist?»

Variante mit Filzhüten:
«WISSEN Sie denn nicht, daß unter den Filzläusen eine Seuche ausgebrochen ist?»

LADENCHEF zum neuen Lehrling: «Man läßt nie einen Kunden hinausgehen, bloß weil man nicht genau den Artikel führt, den er wünscht. Man bietet einen Ersatz an!»
Ein Kunde wünscht Klosettpapier.
«Das ist uns ausgegangen», sagt der Lehrling bedauernd. Doch die Lehre des Chefs ist bei ihm auf fruchtbaren Boden gefallen, und er fährt fort: «Wir können Ihnen aber statt dessen ein ausgezeichnetes Schmirgelpapier anbieten.»

EIN fremder Jude verkündet im Städtchen, er werde auf einem Seil zwischen dem Dach der Synagoge und dem der Kirche tanzen. Er kassiert im voraus pro Person zehn Kopeken ein.
Das Seil ist gespannt, aus dem Dachfenster der Synagoge steigt der «Seiltänzer» und erklärt: «Meine lieben Juden, noch nie habe ich auf einem Seil gestanden. Wenn ihr aber findet, daß eure zehn Kopeken mein Leben wert sind, versuche ich es...»

SARA, eine neugierige Jüdin, fragt ihre Nachbarin:
«Wovon lebt der junge Mann, der bei Euch wohnt?»
«Er schreibt – und es geht ihm sehr gut.»
«Was schreibt er? Lieder? Romane?»
«Nein, er schreibt Briefe an seinen reichen Vater.»

«EINEN großartigen Chasan haben wir in unserer Stadt! Wenn der anfängt zu singen ‹hineni ani› *(siehe, ich bin arm)*, hört man seine Löwenstimme bis auf die Straße.»
«Na, und wennschon! Ich meinerseits bin nicht Chasan, sondern Kaufmann, aber wenn ich nur ganz leise flüstern wollte ‹hineni ani›, würden es meine Gläubiger nicht nur bis zur Straße, sondern bis nach Warschau hören und voller Schreck angerannt kommen.»

DER Chef hat einen Posten von tausend Regenmänteln liegen. Er schickt seinen Reisenden in die Provinz und instruiert ihn: «Ich sollte pro Mantel fünfzehn Rubel haben. Wenn Sie aber ein großes Quantum auf einmal anbringen können, gehen Sie in Gottes Namen bis auf zwölf Rubel. Tiefer auf keinen Fall! Ich will keine Verlustgeschäfte!»
Der Reisende fährt los. Nach zwei Tagen telegraphiert er: «Kann hundert Mäntel verkaufen, aber nur zu elf Rubel.»
Der Chef telegraphiert zurück: «Einverstanden.»
Wieder kommt ein Telegramm: «Abnehmer für zweihundertfünfzig Mäntel gefunden. Will nur neun Rubel zahlen.»
Der Chef antwortet: «Einverstanden.»
Es kommt ein drittes Telegramm: «Kann sechshundert Mäntel zu sieben Rubel auf einmal loswerden.»
Der Chef telegraphiert zurück: «Akzeptiert.»...
Dann kommt tagelang keine Nachricht mehr – aber auf einmal ist ein Telegramm vom Hotelwirt einer öden Provinzstadt da, der Reisende liege dort im Sterben. Der erschrockene Chef fährt sofort zu seinem treuen Angestellten, findet ihn in den letzten Zügen und fragt tief erschüttert: «Sag mir, was kann ich noch für dich tun?»
Da flüstert der Reisende aus letzter Kraft: «Einmal im Leben möchte ich es noch erfahren: Wieviel in aller Welt haben Sie für die Regenmäntel bezahlt?»

EIN Dorfkaufmann betritt einen eleganten Stadtladen, sieht sich darin um und staunt. Der Inhaber, selbstgefällig:
«Du bewunderst wohl unser schönes Geschäft?»

«Das nicht», gesteht der Dorfjude, «aber mein Geschäft ist ein Floh dagegen, und ich weiß, wieviel Schulden ich darauf habe. Nun überschlage ich in Gedanken, wie groß Eure Schulden im Verhältnis zu Eurem Laden sein müssen.»

SAMI Grün trifft auf der Kärntnerstraße seinen alten Mathematiklehrer, und natürlich fragt ihn dieser, wie es ihm gehe.
«Ach, blendend, Herr Professor, ich bin Kaufmann.»
«Was, Kaufmann? Sie, der schlechteste Rechner der Klasse!»
«Ja, ich handle mit Holzsteigen. Einkaufen tu ich um einen Schilling und verkaufen um fünf, und von diesen vier Prozent kann ich ganz gut leben.»

DER alte Kohn, sehr aufgeregt zu seinem Sohn:
«Ich verstehe absolut nicht, wieso du pleite bist. Du hast erst voriges Jahr fünfzigtausend Gulden Mitgift bekommen. Nehmen wir an, die Einrichtung hat euch zehntausend gekostet, fünftausend wirst du Schulden von früher her gehabt haben, fünftausend habt ihr für euch verbraucht – bleiben doch immer noch dreißigtausend!»
Der junge Kohn: «Und Geschäfte habe ich keine gemacht?»

JAHRMARKT in einem armen galizischen Städtchen. Der Händler:
«Kaufen Sie den hübschen billigen Koffer!»
«Zu was braucht man das?»
«Wenn Sie verreisen, können Sie Ihre Kleider da hineintun.»
«So! Und ich? Ich soll wohl im Hemd in der Bahn sitzen!»

AUF dem Steuerbüro: «Was verdienen Sie?»
«Nichts.»
«Unsinn! Wo arbeiten Sie?»
«In Papas Büro.»
«Na also! Was sind Sie dort?»
«Ein Teil der allgemeinen Spesen.»

AUS einem Geschäftsbrief: «In Ihrem Allerwertesten vom 3. April befindet sich ein dunkler Punkt, den ich mündlich noch näher berühren möchte...»

WIRTSCHAFTSKUNDE nach Scholem Alechem *(jiddischer Schriftsteller)*.
«Es geht mir schlecht» heißt: Er verdient, ich verliere.

«Es geht mir mittel»: Beide verdienen.
«Es geht mir gut»: Ich verdiene, er verliert.

DIE Frau: «Aber Schlojme, wieso hast du jenem Herrn eine Zehnerbriefmarke zu sieben Heller verkauft?»
Schlojme: «Wieso verstehst du das nicht? Wenn ich nicht billiger bin als die Post – dann wird er doch bei der Post kaufen!»

«JANKEL, weißt du schon, es ist ein neuer Rabbinatserlaß herausgekommen, wonach die Frauen die Börse zwischen zwölf und ein Uhr mittags nicht mehr betreten dürfen.»
«Was für ein Unsinn!»
«Gar kein Unsinn! Bis dann haben nämlich bereits viele Männer sogar die Hosen verloren.»

KÖNIGSBERGER kommt zum Bankier Oppenheimer, und er will wissen, ob er Aktien von Otavi-Minen kaufen soll.
Oppenheimer: «Wenn Sie die kaufen, verdienen Sie...»
Königsberger stürzt davon, legt sein ganzes Vermögen in Otavi-Aktien an und verliert Hals und Kragen. Erbittert kommt er zu Oppenheimer gelaufen, der ihm den schlechten Rat gegeben hat.
«Sie lassen einen ja nicht ausreden!» verteidigt sich Oppenheimer, «ich wollte sagen: Wenn Sie die kaufen, verdienen Sie eine Tracht Prügel!»

NACH dem Ersten Weltkrieg fragt ein Jude einen Spekulanten um Rat, ob er vielleicht polnische Zloty kaufen soll.
«Nein, die werden fallen», warnt der Fachmann.
Der Jude kauft dennoch – und verliert.
«Soll ich rumänische Lei kaufen?» fragt er jetzt.
«Nein, sie werden auch fallen», sagt der Spekulant.
Der Jude kauft und verliert wieder.
«Was soll ich jetzt tun?» will er von dem Fachmann wissen.
«Mich am Nabel lecken», rät dieser.
«Was soll das heißen?»
«Nu – du tust doch immer das Gegenteil von dem, was ich rate – in diesem Falle wird es genau richtig herauskommen!»

DER alte Sauerteig, ein renommierter Weinhändler, liegt im Sterben. Die Söhne umstehen ihn respektvoll. Der sterbende Sauerteig erteilt mühsam seine letzten Ratschläge. Schließlich flüstert er, schon ganz kraftlos: «Übrigens, was ich euch noch verraten wollte: Wein kann man auch aus Trauben machen.»

KOPPEL zu seinem Weinlieferanten: «Weißt du den Unterschied zwischen den Juden in Babylon und dir?»
«Nu?»
«Die Juden in Babel saßen beim Wasser und weinten – und du sitzest beim Wein und wässerst.»

VERTRETER zum Gastwirt: «Kaufen Sie doch von diesem wundervollen Rotwein. Ich gebe Ihnen Rabatt und...»
«Ich brauche keinen Rotwein.»
«Wenn Sie aber einmal kosten...»
«Ich bin eingedeckt.»
«Riechen Sie doch an der Flasche!»
«Noch ein Wort, und ich werfe Sie die Treppe hinunter.»
«Aber dieser Rotwein...»
Der Wirt macht seine Drohung wahr, und der Vertreter bleibt lange unten an der Treppe liegen. Dann klettert er mühsam wieder in die Schankstube und sagt zum Wirt:
«Soweit zum Roten. Und wie ist es mit dem Weißen?»

«WIE geht dein Geschäft?»
«Schlecht. Mir können nur noch zwei Menschen helfen. E Jäger und e Schuster. Der erste mit e Vorschuß, der zweite mit e Absatz.»

KOSTERLITZ hat auf der Messe ausgestellt. Ein Freund fragt, wie er mit den Käufern zufrieden sei.
«Ach», meint Kosterlitz traurig, «lauter Marine.»
«Wieso ausgerechnet Marine?»
«Seh-Leute.»

JÜDISCHER Kaufmann schreibt an seinen Grossisten: «Bitte mir umgehend drei Stück grünen Polsterstoff, Satin, zu schicken.
Postskriptum:
Meine Frau sagt mir soeben, daß von allem noch genügend vorhanden ist. Schicken Sie mir also nichts.»

FRAU des Hosenverkäufers, der zum Markt zieht: «Reise gesund, und gebe Gott, daß du ohne Hosen zurückkehrst!»

«MIR geht es sehr schlecht. Ich weiß oft nicht, was ich essen soll.»
«Wenn es erlaubt ist, zu fragen, Herr Pischauer, von was leben Sie eigentlich?»
«Nun: Wenn ein Fackelzug, eine Prozession oder so etwas stattfindet, vermiete ich die Plätze an den Fenstern meiner Wohnung.»
«Wo wohnen Sie eigentlich?»
«In der Kleinen Mohrengasse.»
«Aber da geht doch nie ein Fackelzug vorbei!»
«Jetzt können Sie sich vorstellen, wie schlecht es mir geht.»

«WIE geht's dir?»
«Gut – wenn nicht die Dajges *(Sorgen)* wären!»
«Mach's so wie ich. Nimm dir einen Dajgesträger. Dem gibst du 5000 Gulden, und der nimmt dir ab alle Dajges.»
«Wo nehm' ich die 5000 Gulden her?»
«Das ist seine erste Dajge.»

WIRTSCHAFTSKRISE. Der Kommis hat den ganzen Tag über nichts verkauft.
Der Chef, bitter: «Sagen Sie, hab' ich e Geschäft, und Sie sind der Verkäufer – oder hab' ich e Museum, und Sie sind der Konservator?»

WIRTSCHAFTSKRISE 1931.
Kohns Geschäft ist zu, und an der Türe hängt ein Schild mit der Aufschrift: «Wegen Todesfall geschlossen.»
Grün fragt mitleidig den Kohn: «Wer ist gestorben?»
Kohn: «Die Kundschaft.»

«WIESO kosten bei Ihnen die Heringe 40 Kreuzer das Stück, Herr Kohn? Der Lefkowitsch gegenüber verkauft sie zu 20!»
«Dann kaufen Sie bei Lefkowitsch!»
«Ja – aber im Augenblick hat er keine Heringe mehr.»
«Gut: wenn ich keine mehr haben werde, dann wird bei mir das Stück auch 20 Kreuzer kosten.»

HERR Mandelkern aus der Berliner Konfektion kommt nach Westland. Er bestellt ein warmes Bad, und zwar zum Aufpreis mit Meerwasser. Nachdem er einige Stunden geruht hat, tritt er auf den Balkon und blickt fassungslos auf die inzwischen eingetretene Ebbe: «Gott der Gerechte! Hat der Mann en Umsatz!»

ES kommt die telegrafische Anfrage von einem Geschäftsfreund: «Drahtet umgehend Auskunft Ehrlich und Pollak, Häute und Felle.» Es kommt die Auskunft: «Ehrlich ist Pollak *(jiddisch polak = Pole)*, Pollak ist ehrlich. *Heute* sind die Leute gut, ob sie für alle *Fälle* gut sind, können wir nicht sagen.»

«GRÜN, ich bin in einer momentanen Verlegenheit. Kannst du mir aushelfen mit zehntausend Schilling?»
«Dir gesagt, lieber Blau, ich kann.»
«Was nimmst du Perzente?»
«Neun.»
«Neun! Bist du meschugge? Wie kannst du nehmen von einem Glaubensgenossen neun Perzente! Was soll Gott denken von dir, wenn er schaut von oben herunter?»
«Nebbich, wenn Gott schaut von oben herunter, sieht für ihn die Neun aus wie a Sechs!»

MORITZL: «Tateleben, wie heißt es besser: drei *Per*zent oder drei *Pro*zent?»
Der Vater: «Besser sind *vier* Perzent.»

«HERR Abendschein, wie gehen Ihre Geschäfte?»
«Danke. Ich kann nicht klagen... bei mir klagen die Gläubiger.»

BAHNGESPRÄCH: «Ich wette einen Gulden, ich weiß, weshalb Sie nach Wien fahren.»
«Na – weshalb?»
«Sie wollen sich mit Ihren dortigen Gläubigern ausgleichen.»
«Da haben Sie Ihren Gulden.»
«Wie – ich habe es wirklich erraten?»
«Nein. Aber Ihr Einfall ist mir einen Gulden wert.»

PINSCHEWER hat sein Geschäft auf Kredit aufgebaut. Und zwar macht er es so: Er borgt bei der Nationalbank; dann zahlt er zurück, indem er bei der Kreditbank eine entsprechend höhere Summe borgt; die Kreditbank bezahlt er wieder mit Hilfe der Nationalbank und so fort. Eines Tages aber stellt er plötzlich die Zahlungen ein. Es regnet Vorwürfe. Sagt Pinschewer: «Ich mag nicht mehr hin und her rennen! Sind denn die Banken krank? Sollen sie selber rennen und sich gegenseitig auszahlen!»

KLÄGER und Angeklagter stehen vor dem Rabbi. Der Kläger:
«Er schuldet mir funfhundert Rubel und zahlt nicht.»
Schuldner: «Diesen Monat kann ich leider nicht zahlen.»
Kläger: «Das hat er schon letzten Monat gesagt.»
Schuldner: «Na und? Habe ich etwa nicht Wort gehalten?»

KOHN macht beim Grossisten eine Bestellung und zahlt mit einem Wechsel. Als kleine Prämie schenkt ihm der Grossist ein Paar Handschuhe.
«Nur ein Paar Handschuhe?» fragt Kohn enttäuscht.
Der Grossist lacht. «Sie möchten wohl am liebsten, daß ich Ihnen Ihren ganzen Wechsel als Prämie zurückschenke?»
Kohn, erschrocken: «Nein, da sind mir die Handschuhe schon lieber!»

Jarmulka = Hauskäppchen der frommen Juden
«WARUM ziehst du die Jarmulka an, sooft du einen Scheck signierst?»
«Es ist die einzige Deckung, die ich habe!»

EIN Dorfjude hat in der Stadt Ware gegen einen Schuldschein gekauft. Als er ihn unterschrieben hat, nimmt er vom Boden ein wenig Staub auf und streut ihn auf den Schein.
«Was tut Ihr da?» fragt der Buchhalter verwundert.
«Als Knabe», sagt der Dorfjude verträumt, «habe ich gelernt: ‹Alles, was der Staub bedeckt, vergißt das Herz.›»

KAHN und Levy haben ein Geschäft abgeschlossen.
«Wollen wir jetzt den Vertrag aufsetzen?»
«Vertrag? Wozu? Wird die Ware steigen, dann wirst du sie nicht liefern. Und wird sie fallen, dann werde ich sie nicht übernehmen.»

«LESCHNITZER will mich wegen hundert Mark einklagen! Da gibt es nur eine Antwort: ‹Wegen einem lumpigen Hunderter wollen Sie mich einklagen? Dabei ist der Dreck, den Sie mir geliefert haben, keine zehn Mark wert! Schicken Sie sofort Ihren Buchhalter in mein Kontor, daß er sich die hundert Mark holen kann und hundert Pätsch' dazu!›... Das heißt: So hätt' ich ihm geschrieben, wenn ich das Geld gehabt hätte zum Bezahlen!»

«HERR Stern, ich gratuliere zum Jahreswechsel!»
Stern, aufgeregt: «Wo, wo gibt es Jahreswechsel?»

In einer kleinen schlesischen Stadt war es Sitte, daß man bankrottierenden Kaufleuten ein weißes Pferd an das Haus band und dazu trommelte.
EINES Tages erwacht Zuckerguß von dem ominösen Trommeln.
Er eilt ans Fenster und schreit: «Was fällt euch ein? Das ist doch ein Irrtum!»
Allmählich faßt er sich aber und meint: «Wenn ihr schon trommelt – dann trommelt weiter!»

MENDL klagt: «Wovon soll ich leben?»
Ein Freund rät: «Kauf Weizen! Er steigt momentan!»
«Wie kann ich Weizen kaufen ohne Geld!»
«Beleih dein Warenlager!»
«Warenlager? Das haben meine Gläubiger längst gepfändet!»
«Bitter! Dann beleih deine Möbel!»
«Was für Möbel? Ich sitze längst zwischen leeren Wänden in der gekündigten Wohnung!»
«Mensch, dann bist du ja pleite!»
«Eso ist pleite?!»
Gemeint ist, daß eine Pleite normalerweise ein gutes Geschäft ist.

«ICH habe nicht, wovon zu leben.»
«Ich habe eben an der Börse gehört, daß Hirse steigt. Verkauf Hirse, und du wirst schön daran verdienen!»
«Woher soll ich mit einemmal Hirse hernehmen?»
«Nu – wenn du keine Hirse nicht hast!»

IM Vorkriegspolen begegnen sich zwei Juden.
«Wo arbeitest du?»
«Nirgends.»
«Und was tust du?»
«Gar nichts.»
«Ist das eine gute Beschäftigung?»
«Eine sehr gute! Aber große Konkurrenz!»

OISTRACH hat die Zahlungen eingestellt und seinen Gläubigern zwanzig Prozent angeboten. Dann behauptet er, er sei krank, verschwindet in einen Kurort und kommt erst zurück, als er glaubt, die Wut der Gläubiger habe sich gelegt.
Gleich am Bahnhof trifft ihn ein Bekannter und stellt fest: «Sie sehen in der Tat wieder um achtzig Prozent besser aus!»

NEBEN dem Bankhaus Rothschild steht der arme Straßenhändler Schmiehl und bietet Äpfel feil.
Ein Bekannter kommt vorbei und bittet: «Borg mir 20 Schilling, nur bis Freitag!»
Schmiehl, bedauernd: «Ich würde es gerne tun, so wahr Gott mir helfen möge! Aber ich habe mit Rothschild eine Abmachung auf Ehrenwort: Er verkauft keine Äpfel, und ich verleihe kein Geld.»

STETTINER: «Herr Kommerzienrat, ich bring' Ihnen da meinen Vetter. Es geht ihm schlecht. Er hungert.»
Der Kommerzienrat gibt dem armen Teufel einen Betrag.
Stettiner rührt sich aber nicht vom Fleck. Der Kommerzienrat, ungeduldig: «Worauf warten Sie noch?»
Darauf Stettiner: «Auf meine Provision, Herr Kommerzienrat, ich habe Ihnen den Mann doch zugeführt.»

Variante:
DER Kommerzienrat wirft beide hinaus, ohne ihnen etwas zu geben. Zwei Minuten später steht Stettiner wieder vor ihm und mahnt: «Wo bleibt meine Courtage *(Provision aus Börsengeschäft)*?»
Kommerzienrat, verwundert: «Courtage? Wofür in aller Welt?»
Stettiner: «Nu – wenn Sie meinem Vetter etwas gegeben hätten, hätte ich meine Courtage von *ihm* bekommen. Sie haben ihm aber nichts gegeben, so haben Se gemacht e gutes Geschäft, und also kommt mir die Courtage von *Ihnen*.»

GRÜNSCHWANTZ kommt zu seinem reichen Vetter: «Leih mir hundert Kronen. Ich gebe dir mein Ehrenwort, ich will dir dafür ein Geschäft für viele Jahre vermitteln.»
«Da hast du das Geld. Und nun das Geschäft?»
Grünschwantz: «Ein Geschäft fürs ganze Leben sogar: nämlich mich um die hundert Kronen zu mahnen.»

DER Chef: «Rosenzweigs Kassierer ist mit hunderttausend Mark durchgebrannt, die Firma muß die Zahlungen einstellen. Mit wieviel sitzen wir da drin?»
Buchhalter: «Überhaupt nicht. Wir haben seit einem Jahr mit Rosenzweig nichts mehr gemacht.»
Chef: «Nachtlicht in Berlin hat falliert. Trifft es uns schlimm?»
Buchhalter: «Nein, er war uns nichts mehr schuldig.»

Chef: «Bei Benscher soll es üble Unterschlagungen gegeben haben. Wieviel verlieren wir bei ihm?»
Buchhalter: «Mit Benscher haben wir nie gearbeitet.»
Chef, beleidigt: «Zum Kuckuck, hab ich ein Geschäft oder hab ich keines?»

GOLDGELB brütet über dem Talmud und stößt dabei auf die merkwürdige Stelle: «Jeder, der ein Klosett nahe bei seinem Tisch hat *(gemeint ist ein eigenes Klosett in oder bei der Wohnung)*, ist ein reicher Mann.»
Goldgelb wundert sich. «Was ist das nur für ein merkwürdiger Reichtum!» meditiert er. «Die Töchter kann man damit nicht verheiraten... Aber immerhin, den Gläubigern damit das Maul zu stopfen – dafür ist es sehr gut.»

ROSENBAUM hat bankrottiert. Ein Freund kommt und wirft ihm vor: «Mir wirst du doch mein Geld zurückzahlen! Es war doch Gemilut chessed! *(= zinsloses Darlehen, vgl. Glossar.)* Nu – warum schweigst du? Sag doch irgendein Wort, und sei es nur: Leck mich am A...!»
«Nein. Diesen Passuk *(Passage, Schriftstelle)* sage ich nur zu jenen, die bei mir einen Wechsel einkassieren wollen.»

DER alte Sonnenschein liegt im Sterben. Mühsam flüstert er seinem Sohne zu: «Ich übergebe dir mein Geschäft. Halte dich an zwei unabdingbare Prinzipien: Ehrbarkeit und Weisheit. Ein Beispiel für Ehrbarkeit: Wenn du eine Lieferung auf einen bestimmten Termin zugesagt hast, musst du liefern, auch wenn die Welt untergeht!»
Sohn: «Und ein Beispiel für Weisheit?»
Sonnenschein: «Die Weisheit lehrt: Wer hat dich Trottel geheißen, etwas fest zu versprechen?»

DER alte Lewisohn liegt im Sterben. Mühsam diktiert er seinem Sohn die Namen aller Schuldner und die geschuldeten Beträge. Dann schweigt er erschöpft. Der Sohn: «Willst du mir jetzt nicht auch die Gläubiger diktieren?»
«Wozu?» murmelt der Alte, «die melden sich schon selber.»

Varianten:
1. «VATER, und wem schuldest *du*?»
«Was? Muß ich das auch sagen? Sollen meine Gläubiger gefälligst auch sterben und ihren Kindern selber sagen, wer ihnen schuldet.»

2. «UND jetzt schreib auf, wem *ich* Geld schulde.»
Seine Frau, in Schluchzen ausbrechend: «Weh mir! Er beginnt zu delirieren!»

TEPLITZER geht mit seinem künftigen Schwiegersohn über die belebte Börse und sagt: «Siehst du den Dicken dort mit dem Nerzkragen? Dem schulde ich fünfzigtausend. Und diese beiden Herren dort? Das sind Kompagnons, denen schulde ich zwanzigtausend. Und dort, diesen eleganten Kerl mit Monokel? Der hat bei mir siebzigtausend zugute.»
«Aber Schwiegerpapa», meint der junge Mann, «warum zeigen Sie mir nur die Leute, denen Sie etwas schulden, warum erzählen Sie mir nicht lieber, was Sie selber haben?»
«Du Schafskopf! Was ich denen schulde, das *habe* ich doch!»

SILBERSTEIN unterrichtet seine Söhne in Lebensweisheit:
«Solltet ihr je im Sinne haben, euren Finanzen durch einen Bankrott auf die Beine zu helfen, so müßt ihr vorher heiter scheinen und schweigen. Ich will es euch an einem Beispiel erklären: Wenn einer klugen Jüdin ein Huhn gestohlen wird, dann holt sie sich schweigend das Huhn der Nachbarin als Ersatz. Ist auch die Nachbarin klug, so holt sie sich bei einer weiteren Nachbarin Ersatz... zuletzt wird zwar einer Jüdin ein Huhn fehlen, aber doch nicht *ihr*. Ist sie aber dumm und lamentiert, dann schließen alle andern Jüdinnen die Tore – und dann fehlt das Huhn natürlich *ihr*.»

DIE Straßen von Amsterdam, zumal im ehemaligen Getto, sind zum Teil nur wenige Meter breit. In einer heißen Sommernacht wälzt sich Kohn ruhelos im Bett. Seine Frau fragt: «Ist dir nicht gut? Willst du eine Erfrischung?»
«Was kann das nützen?» stöhnt Kohn, «ich schulde dem Nathanson gegenüber dreihundert Gulden, morgen soll ich zahlen – und ich habe kein Geld?»
«Ist das alles?» fragt seine Frau, steht resolut auf und ruft aus dem Fenster: «Nathanson, komm mal ans Fenster! Hörst du? Mein Mann, der Kohn, kann dir morgen nicht zahlen.» Dann schließt sie das Fenster und sagt zu Kohn: «Jetzt gib eine Ruh und schlaf! Jetzt ist es der Nathanson drüben, was nicht schlafen kann!»

«WANN wirst du mir endlich deine Schulden bezahlen?»
«Woher soll ich das wissen? Bin ich ein Prophet?»

«BAR bezahlen kann ich die Ware nicht, aber ich zahle bestimmt in einem Monat... Habt doch Verständnis; ein Monat, das sind ja nur dreißig Tage!»
«Das stimmt, die dreißig Tage wären schon auszuhalten – aber die dreißig Nächte!»

ES gibt Dinge, die ich nicht verstehe: Ich wollte in der Kreisstadt Geld borgen – ich bekam es nicht, weil mich keiner dort kennt. Dann habe ich es zu Hause versucht – ich bekam es nicht, weil mich jeder hier kennt!»

AUS einem Mahnbrief:
«... Wer hat versprochen, bis Ultimo zu zahlen? Sie! Wer hat nicht Wort gehalten? Sie! Wer ist ein Lump?   Ihr Wolf Rosenhain»

JOSSEL schuldet Kahn Geld. Auf Mahnbriefe gibt Jossel keine Antwort, telefonisch ist er merkwürdigerweise nie erreichbar. Schließlich fährt Kahn selber hin.
Jossel führt ihn in sein Privatkontor, schließt sorgfältig die Türen und flüstert: «Ich möchte dir ein Geheimnis verraten. Kann ich zu dir volles Vertrauen haben?»
«Ich werde schweigen wie ein Grab! Ich schwöre es dir!»
«Gut! Also höre: Es ist aussichtslos, mich um Geld zu mahnen.»

KOWNER: «Wenn ich etwas auf Kredit herausgebe, verlange ich den doppelten Preis.»
Kutner: «Ich den halben.»
Kowner: «Esel, wo bleibt da die Logik?»
Kutner: «Auf diese Weise verliere ich weniger.»

DER Papa hat seinen herangewachsenen Sohn mit auf die Geschäftsreise genommen. Der Junge wundert sich, mit welcher Leidenschaft der Alte die Preise herunterdrückt.
«Wozu das?» fragt er, «du wirst doch ohnehin nicht zahlen!»
«Das stimmt», gibt der Alte zu, «aber die Leute tun mir leid: Ich will nicht, daß sie so viel an mir verlieren!»

CHEF zum Reisenden: «Ehrenberg soll plötzlich verrückt geworden sein. Fahren Sie einmal hin. Er schuldet uns zweitausend Gulden. Sehen Sie zu, was sich da machen läßt.»

Der Reisende kommt zurück: «Ja, er ist meschugge.»
Chef: «Und hat er bezahlt?»
Reisender: «Nein, *so* meschugge ist er noch nicht.»

BANKIER Sperber zu seinem Kassier: «Großbauer Veit ist mir vierzehnhundert Mark schuldig. Nun höre ich eben, seine Mutter ist gestorben. Fahr zu ihm hinaus und fange behutsam ein Gespräch an: ‹Leute, warum seid ihr alle in Schwarz? Ist euch jemand gestorben? – Wie, die Mutter ist gestorben? Wie traurig! Da hat sie wohl eine Menge hinterlassen? – Aha, dann hat der Bauer jetzt Geld und kann den alten Sperber bezahlen!›»
Der Kassierer merkt sich alles genau und fährt zum Bauern Veit hinaus. Wie er hinkommt, sieht er: Alle sind fröhlich und bunt gekleidet und arbeiten munter. Vorsichtig beginnt er: «Leute, wieso seid ihr nicht in Schwarz? – Wie, ihr habt keine Trauer? Ist denn die Mutter nicht gestorben? – Nein? Dann hat sie euch also auch nichts hinterlassen? Demnach hat der Bauer kein Geld? Und da kann er den alten Sperber wohl sicher nicht bezahlen?»

«ICH bin momentan sehr in der Klemme.»
«Nun, Gott wird helfen!»
«Sicher! Leihen Sie mir inzwischen fünf Rubel darauf!»

DER arme Dorfjude hat seinen nicht minder armen Verwandten in der Stadt besucht. Dabei sieht er zum erstenmal ein Bankinstitut, und er will wissen, was das ist.
«Weißt du», erklärt der Vetter, «die haben nicht eine bestimmte Ware. Hier kann man nur einfach Geld bekommen.»
Der Dorfjude wundert sich: «Also wenn wir da hineingehen, dann werden sie uns mir nichts, dir nichts Geld geben?!»
Der Vetter, seufzend: «Ja, da kannst du ganz sicher sein, sie werden mir nichts und dir nichts geben.»

EINE arme galizisch-jüdische Gemeinde bittet einen reichen Lemberger Kohlenhändler, er möchte ihr sechs Waggon Kohle spenden. Der Kohlenhändler antwortet: «Schenken kann ich euch nichts, aber ich bin bereit, euch die Kohlen zum halben Preis zu lassen!»
Die Gemeinde ist einverstanden und bestellt drei Waggons.
Als nach drei Monaten weder Zahlung noch Nachbestellung kommt, schickt der Händler eine Mahnung.

Die Gemeinde antwortet: «... und ist uns Ihre Mahnung unverständlich. Sie haben uns sechs Waggons zu halbem Preis offeriert, das entspricht drei Waggons. Diese haben wir bezogen, auf den Rest erheben wir keinen Anspruch.»

TEPLITZER zahlt trotz wiederholter Mahnungen nicht. Der Buchhalter des Gläubigers legt dem Chef den Entwurf eines scharfen Telegramms vor.
«Unsinn», meint der Chef, «das ist alles überflüssiges Gerede, ich will dir zeigen, wie man telegrafiert.» Und er schreibt auf das Formular ein einziges Wort: «Nu?»
Die telegrafische Antwort lautet: «Nu, nu!»

WANN erhält die Frau den Namen ihres Mannes?
In der Stunde der Heirat.
Und wann erhält der Mann den Name seiner Frau?
In der Stunde der Pleite.

«WIE gehen die Geschäfte.
«Danke. Sie gehen auf den Namen meiner Frau.»

«WIE gehen die Geschäfte?»
«Man prolongiert sich durch.»

«DEM alten Kupferstil möchte ich nicht begegnen. Vor einem Jahr habe ich ihn auf der Straße angetroffen und gebeten, mir zweihundert Francs zu leihen...»
«Er hat sie dir verweigert, der gemeine Kerl?»
«Nein, eben, er hat sie mir gegeben.»

DIE Kompagnons Pottasch und Gurewitsch werden von Banditen überfallen. Pottasch händigt den Räubern zitternd eine Banknote nach der andern aus.
Plötzlich dreht er sich zu seinem Kompagnon um und sagt: «Ich schulde dir einen Tausender. Da hast du ihn. Jetzt sind wir quitt.»

«ICH ersticke in Schulden.»
«Heirate reich!»
«Nein. Wenn meine Gläubiger Geld brauchen, sollen sie gefälligst selber heiraten.»

UM 1900 war in Breslau das Bankhaus Holz in Konkurs geraten. Das Verfahren mußte mangels Aktiven eingestellt werden. Der Inhaber floh ins Ausland. Da sagten die Breslauer Juden: «Holz ist durchgebrannt und hat gar keine Asche hinterlassen.»

BLOCH, mit mildem Vorwurf zu seinem Pariser Lieferanten: «Mein Konkurrent Levy hat mir erzählt, sooft Sie ihn einladen, begleiten Sie ihn mit der Kerze die Treppe hinunter. Bei mir tun Sie das nie! Dabei zahle ich bar, und Levy ist ein mieser Schuldenmacher!»
Lieferant: «Eben darum! Wenn *Sie* sich auf der Treppe den Hals brechen, ist das Ihre Sache. Wenn aber *Levy* sich den Hals bricht: wer zahlt mir dann seine Wechsel?»

DER Vater auf dem Sterbebett: «Ich hinterlasse euch ein schönes Vermögen. Ich bitte euch, mir etwas mit ins Grab zu geben. Ihr werdet meinen Wunsch ehren.»
Der Vater stirbt. Als er im Sarg liegt, tritt der älteste Sohn an ihn heran: «Ich habe Tateleben versprochen, ihm etwas mit ins Grab zu geben. Ich gebe ihm hundert Mark.»
Er legt einen Hundertmarkschein in den Sarg.
Der zweite Sohn sagt: «Ich habe versprochen, Tateleben etwas mit ins Grab zu geben. Hat mein Bruder gegeben hundert Mark, gebe ich auch hundert Mark.»
Er legt ebenfalls einen Hunderter in den Sarg.
Etwas später kommt der dritte Bruder, sieht die beiden Geldscheine und sagt: «Haben meine Brüder je hundert Mark gegeben, lass' ich mich nicht lumpen. Geb' ich auch hundert Mark. Bin ich doch sicher gut für dreihundert Mark. Nehm' ich die zweihundert Mark und geb' ich Wechsel auf Sicht auf dreihundert Mark.»

Variante:
ALS die Umstehenden murren, sagt er empört: «Was soll das heißen? Glaubt ihr etwa, daß mein Scheck nicht gedeckt ist?!»

KOHN zum jüdischen Handwerker: «Was schulde ich?»
«Nu – wie soll ich das wissen? *Ich* bekomme für meine Arbeit von Ihnen zwei Gulden. Alles andere geht mich nichts an.»

GERNGROSS geht nachdenklich über einen Bauplatz. Er ist in Konkurs geraten und möchte mit seinen Gläubigern lieber zu einem Zwangs-

vergleich kommen. Er murmelt nachdenklich: «Soll ich geben fünf Prozent oder sechs Prozent?»
Dabei gerät er in gefährliche Nähe einer Baugrube, und ein Bauarbeiter brüllt: «Geben Sie *acht*!»
Gerngroß: «Da können Sie lange warten!»

DER Kondukteur schreit ins Coupé: «Wagen*wechsel*!»
Der Leutnant, aus dem Schlaf auffahrend: «Ach, Herr Kohn, bitte, prolongieren Sie ihn nur noch ein einziges Mal!»

«KANNST du mir etwas leihen?»
«Ich habe leider nichts bei mir.»
«Und zu Hause?»
«Danke. Zu Hause geht alles gut.»

BARON Prachnitz: «Herr Kommerzienrat sehen prächtig aus! Und ich bin Ihrer werten Familie begegnet. Ihre reizenden...»
«Herr Baron, bitte kürzer! Wieviel und auf wie lange?»

«FAJGENBLUM, kennen Se borgen 500 Zloty?»
«Ja. Von wem?»

ALS nach dem Ersten Weltkrieg die Donaumonarchie auseinanderfiel, machten die jüdischen Händler in den ehemals florierenden ungarischen Grenzstädtchen alle Pleite und verglichen sich meist mit fünfzig Prozent.
In einem solchen Städtchen kommt Grünfeld ins Hutgeschäft von Kertesz und kauft eine Bibermütze für die hohen Feiertage.
«Ich gebe sie Ihnen zum Selbstkostenpreis», sagt Kertesz, «für drei Gulden.»
Grünfeld legt anderthalb Gulden auf den Tisch.
«Herr Grünfeld! Ich habe doch gesagt, daß drei Gulden bereits mein Selbstkostenpreis ist!»
«Nu – wann haben Sie mehr bezahlt als fünfzig Prozent?»

BLOCH sitzt blaß und stöhnend bereits das drittemal auf dem Karussell.
Einer, der ihm zuschaut:
«Wenn Ihnen schlecht ist, steigen Sie doch ab!»
Bloch: «Es geht nicht! Der Besitzer schuldet mir zweihundert Franc, und das ist die einzige Form, wie ich sie einkassieren kann.»

RECHTSANWALT Kohn zum Schwiegersohn, der ebenfalls Rechtsanwalt ist:
«Mitgift hat meine Rebekka keine. Aber ich übergebe dir einen Erbschaftsprozeß, bei dem es viel zu verdienen gibt!»
Vier Monate später sagt der Schwiegersohn stolz: «Papa ich hab' den Prozeß gewonnen!»
Kohn, entsetzt: «Was, du Trottel?! Von dem Prozeß hab' ich fünfzehn Jahre gelebt!»

Volkswirtschaft.
VEILCHENBLAU meditiert:
«Der Welthandel ist ein Rätsel! In Australien läßt der Farmer seine Schafe scheren. Dabei verdient er selbst, der Schäfer gleichfalls und auch jeder, der die Schafe schert.
Danach wird die Wolle verpackt: Der Makler, der Spediteur und die Schiffahrtslinie verdienen auch ganz schön daran.
Die Wolle kommt in die Spinnerei und zum Weber und Färber – sie alle drei verdienen gleichfalls reichlich.
Die Stoffballen gehen jetzt an den Grossisten und hernach zum Textilhändler, und dieser verkauft sie dem Schneider – sie alle verdienen ebenfalls ganz gut.
Zuletzt macht der Schneider für mich einen Anzug, für den ich keinen Heller zahle...
Wie viele Leute verdienen etwas an einer Sache, für die ich gar nichts zahle!»

EIN Jude aus Leeds (England) und ein Jude aus Lodz (Textilzentrum in Polen) diskutieren Webereien.
Der Mann aus Leeds: «Wir haben eine ganz moderne Maschine. Hinein kommt die Wolle, wie sie vom Schaf kommt. Heraus kommt ein fertiger Anzug.»
Der andere: «Das ist noch gar nichts. Wir in Lodz haben Maschinen: Hinein kommt die Wolle, direkt vom Schaf – heraus kommt ein Wechsel, der schon protestiert ist.»

DIE Besitzer der Warschauer Stoffgeschäfte erklärten: «Es geht nichts über unsere Branche. Wir können in Luxus leben, die Söhne studieren lassen, die Töchter gut verheiraten, die Frau viermal jährlich in den teuersten Kurort schicken – für all das reicht unser Auskommen. Bloß: Einen einzigen Wechsel zu bezahlen – dafür reicht es nicht.»

POLEN nach dem Ersten Weltkrieg.
Jossel: «Ich habe, Gott sei Dank, lauter geratene Söhne! Einer ist Arzt, der zweite Advokat, der dritte Chemiker, der vierte Künstler, der fünfte Schriftsteller...»
«Und was machen Sie selber?»
«Ich habe einen kleinen Manufakturladen. Nicht groß, aber, gottlob, er reicht, sie alle zu ernähren!»

SCHMERL kommt zu seinem Freund Berl ins Büro: «Berl, dreimal hab' ich dir geschrieben, ob du mir 100 Gulden leihen kannst. Du schuldest mir doch wenigstens eine Antwort!»
Berl: «Besser, ich schulde dir eine Antwort, als du schuldest mir 100 Gulden.»

«GESTERN spricht mich der Morgenstern an, sagt, es geht ihm schlecht, ich soll ihm 100 Mark leihen... Ich habe mir überlegt: Sag' ich ‹ja›, dann wird mir Morgenstern bis ans Lebensende ausweichen wie seinem ärgsten Feind. Sag' ich ‹nein›, dann würde Morgenstern wirklich mein Feind werden bis zu meinem Lebensende... Hab' ich den goldenen Mittelweg gewählt und zu ihm gesagt: ‹Leck mich am A...›»

«SIE schulden mir tausend Franc. Wann bekomm' ich sie endlich?»
«Das will ich Ihnen genau sagen: Ich teile meine Gläubiger in drei Kategorien: die, welchen ich zahle, obwohl es mir schwerfällt; die, welche warten können, bis ich zahlen kann; und die, welche warten können, bis sie schwarz werden...»
«Und in welcher Kategorie bin ich?»
«Im Augenblick in der ersten. Wenn Sie mir aber zusetzen, schmeiße ich Sie in die dritte, und zwar so, daß Sie nie mehr aus ihr herauskriechen werden!»

SILBERSTEIN hat von seinem Konto den letzten Betrag abgehoben. Als er die Bank verläßt, tritt er an den Wachtsoldaten beim Portal heran, tippt ihn auf die Schulter und sagt gönnerhaft:
«Herr Soldat! *Von mir aus* können Sie jetzt nach Hause gehn!»

«MEIN Vetter schuldet Ihnen seit drei Jahren seinen Anzug.»
«Ah, Sie kommen wohl, um für ihn zu bezahlen?»
«Nein, ich wollte nur fragen, ob Sie für mich zu den gleichen Konditionen arbeiten könnten.»

«WAS für ein schöner Anzug! Was hat er gekostet?»
«Was heißt ‹hat gekostet›? Er kostet noch!»

«HAST du vielleicht für zwanzig Kronen Kleingeld?»
«Ich muß mal nachzählen... ich hab'!»
«Gut, dann borg mir zehn davon!»

VOR 1914. Löwy leiht sich in Frankfurt von seinem Freund Cohn achthundert Mark und wandert nach Paris aus.
Als sie sich in Paris wiedersehen, stellt Cohn fest, daß Löwy reich geworden ist, und er meint: «Du könntest mir jetzt meine achthundert Mark zurückgeben!»
Darauf Löwy: «Du bist mein Freund, nicht wahr? Also merk dir, was ich dir sage: Niemals – hörst du? –, niemals werde ich dir die achthundert Mark zurückgeben, solange ihr uns Elsaß-Lothringen nicht zurückgebt!»

HOCHWASSER am Rhein. Hirsch, der seine Tochter ins Rheingebiet verheiratet hat, kauft sich eine Zeitung und stellt erleichtert fest: «Schau, Aaron, in Koblenz fällt das Wasser!»
Aaron: «Nu – was geht das mich an? Hab' ich gekauft?»

«ICH habe Schulden! Ich kann vor Sorgen keine Nacht schlafen!»
«Wie hältst du das aus?»
«Ich schlafe bei Tag!»

LEVY bestellt bei Kahn Ware. Kahn schreibt: «Solange Sie die alte Faktura nicht bezahlt haben, muß ich die Ordre refüsieren.»
Darauf Lewy: «Da ich nicht so lange warten kann, muß ich die Ordre anderweitig plazieren.»

ITZIG hat von Meyer Pferde gekauft und ihm Wechsel mit sehr späten Fälligkeitsterminen gegeben.
Meyer, erregt: «Die laufen aber sehr lang!»
Itzig: «Was schreist du? Ich werde froh sein, wenn deine Pferde werden laufen so lang wie meine Wechsel!»

GRÜN und Blau treffen sich auf der Straße.
Sagt der Grün: «Blau, könntest du mir 50 Mark leihen?»
«Bitte sehr!» sagt Blau freundlich und gibt Grün den Geldschein.

Zehn Tage später treffen sie sich wieder: «Blau, bin ich dir nicht 50 Mark schuldig?»
«Ja.»
«Könntest du mir noch 50 Mark dazuleihen – dann wären es 100.»
«Um dir gefällig zu sein, gern!»
Wieder zehn Tage später: «Blau, schulde ich dir nicht 100 Mark?»
«Ja.»
«Könntest du mir eventuell noch 100 Mark dazuleihen – dann wären es 200.»
«Wenn es sein muß, bitte!»
Vierzehn Tage später treffen sie sich abermals.
«Bin ich dir nicht 200 Mark schuldig?» fragt Grün.
Darauf Blau, blitzschnell: «Nein.»

«STELL dir vor: das Steueramt liquidiert!»
«Was soll das heißen?»
«Nu ja, ich hab' eine Aufforderung gekriegt, und da steht schwarz auf weiß: Letzte Mahnung.»

«WAS möchtste lieber sein, e Millionär oder e Typhuskranker?»
«Was für Stuß! Natürlich e Millionär!»
«Falsch! Überleg mal: Millionäre müssen alle sterben, Typhuskranke nur dreizehn Perzent!»

EINE sozialistische Jugendgruppe braucht Geld für ein Clublokal und hat zu diesem Zweck eine bescheidene Lotterie organisiert.
Ein Mitglied der Gruppe kommt zum Kaufmann Herschkowitz: «Kaufen Sie doch ein Los! Sie können ‹Das Kapital› von Karl Marx gewinnen!»
«Das Kapital von Marx? Wer ist schon Marx? Verlosen Sie das Kapital von Rockefeller – und ich kaufe sogar drei Lose!»

«ICH zahle die Hälfte in bar und die Hälfte in Wechseln.»
«Die Wechsel nehm' ich nicht, die sind mir zu unsicher.»
«Was heißt unsicher? Die sind sicherer als das Geld! Das Geld haben Sie schon morgen ausgegeben – dagegen meine Wechsel – die bleiben Ihnen und sogar noch Ihren Kindern und Kindeskindern!»

IN Rappaports Lädchen kommt eine Kundin: «Ich möchte Tafelsalz.»
Inhaber: «Welche Sorte darf ich Ihnen geben?»

«Gibt es denn überhaupt verschiedene Sorten?»
«Aber natürlich! Sie sehen doch auf dem Regal zwölf verschiedene Pakkungen stehen.»
«Himmel! Sie müssen aber ein ganz toller Salzfachmann sein!»
Inhaber, bitter: «Ich nicht! Aber der verdammte Kerl, der mir die Sendung angedreht hat!»

FRAU Levy kauft einen Papierfächer für einen Cent, bringt ihn am andern Tag zerrissen zurück und will den Cent wieder haben.
Ladenchef: «Was haben Sie denn mit dem Fächer gemacht?»
«Ihn vor meinem Kopf hin- und hergewedelt.»
«Ihr Risiko! So etwas können Sie mit einem Fächer für einen Dollar machen! Bei einem Fächer für einen Cent müssen Sie den Fächer stillhalten und mit dem Kopf hin- und herwackeln!»

1463. GROSSHÄNDLER Selig an das Burgfräulein Kunigunde:
«Bei Durchsicht meiner Bücher stelle ich fest, daß von 1462 noch ein Betrag von Talern 15 nicht bezahlt ist. Sollten Sie nicht schicken binnen zwei Wochen das Geld, werd' ich mir erlauben, zu berennen die Burg.»

NEW YORK. Meyer von der Anwaltsfirma Meyer & Cohn wohnt im gleichen Villenviertel wie Lifschitz. Sie treffen sich zufällig an der Stadtbahnstation.
Lifschitz fragt freundlich: «Wie beurteilen Sie die Börse?»
Darauf Meyer: «Ich kann natürlich irren, aber mir scheint, man kann auf Hausse spekulieren.»
Am anderen Tag hält Lifschitz eine Rechnung von Meyer & Cohn über 500 Dollar für fachliche Beratung in Händen.
Zwei Tage später fragt Lifschitz den Meyer: «Wie beurteilen Sie die Zukunft des Währungssystems?»
Darauf Meyer: «Ich halte es für möglich, daß wir die Goldparität aufgeben werden.»
Am andern Tag findet Lifschitz eine Rechnung von Meyer & Cohn über 800 Dollar im Briefkasten.
Wieder ein paar Tage später begegnen sich die beiden abermals bei der Station.
«Guten Morgen», sagt Lifschitz, «mir scheint, es wird regnen. Aber denken Sie daran: Ich *sage* es Ihnen, ich *frage* Sie nicht danach!»

Ehrlich währt am längsten

«SCHWIEGERPAPA, du hast dich so großartig emporgearbeitet! Wie muß ich es machen, um auch so reich zu werden?»
«Ich will dir offen sagen: Ehrlich währt es am längsten.»

Juden dürfen Speisen mit Fleisch und Milch nicht mit demselben Küchengerät berühren.
WELWEL hat beschlossen, Räuber zu werden. Er verlangt von seiner Frau ein Küchenmesser und geht in den Wald. Es kommt ein Wanderer, und Welwel will bereits auf ihn losgehen, da wirft er einen Blick auf das Messer – und erstarrt.
«Der Teufel soll meine Frau holen», klagt er, «sie hat mir ein milchiges Messer gegeben!»

SCHAPIRO hat das Betteln satt und will Räuber werden. Mit ungeladenem Revoler geht er im Wald auf einen jüdischen Hausierer los – Kosaken oder Bauern sind ihm zu gefährlich! – und schreit: «Geld oder Leben!»
«Schafskopf», sagt der überfallene Jude, «sag doch einfach, daß du Hunger hast. Hier hast du fünfzig Kopeken.»
«Fünzig Kopeken!» entrüstet sich Schapiro, «was fällt Euch ein! Bin ich ein Räuber, oder bin ich ein Bettler?»

EINEM Juden geht es schlecht. Er beschließt, Räuber zu werden, kauft ein Messer und geht in den Wald. Es kommt ein jüdischer Hausierer.
Der Räuber: «Geld oder Leben!»
Der Hausierer: «Was soll der Unsinn!»
«Gar nicht Unsinn! Ich bin Räuber! Heraus mit dem Geld!»
«So – und wovon soll meine Familie leben?»
«Ja – da haben Sie recht. Also geben Sie mir zwanzig Rubel!»
«Zwanzig Rubel?! Ich bin ein armer Hausierer!»
«Na schön. Zehn Rubel.»
«Was fällt Ihnen ein? Mein Kapital ist so klein, daß ich dann keine Ware mehr einkaufen könnte!»

«Aber Tabak haben Sie?»
«Tabak habe ich!»
«Dann geben Sie mir eine Prise!»

DER arme Hausierer Joschke zieht am Freitag nachmittag mit dem kärglichen Erlös seiner Wochenarbeit heimwärts. Im Walde überfällt ihn ein Räuber mit der Pistole: «Geld oder Leben!»
«Wovon soll ich aber weiter leben, wenn ich mein ganzes Geld abgebe!» jammert Joschke.
Der Räuber bleibt hart und fuchtelt mit der Pistole.
«Der Händler, der mir die Ware kreditiert, wird mir nicht glauben», klagt Joschke. «Schießt mir wenigstens ein paar Löcher durch den Rock und den Hut, damit der Händler sieht, daß ich wirklich überfallen wurde!»
Der Räuber hat Mitleid und schießt bereitwillig.
«Noch ein Loch hierher!» bittet Joschke. Der Räuber schießt.
«Noch zwei Löcher durch den Ärmelzipfel!» fleht Joschke.
«Ich würde euch gerne den Gefallen tun», versichert der Räuber, «aber ich habe keine Kugeln mehr.»
«Hast du keine Kugeln, hab ich kein Geld!» sagt Joschke freudig und zieht seiner Wege.

DER falsche Verdacht.
Leibischl, der Enkel des Kislowitzer Wunderrabbi, wurde allgemein der «Ssojcher», der Kaufmann, genannt, weil er als einziger aus der ganzen Rabbinerdynastie sich mit Handel ernährte.
Einmal zahlte er bei einer Bank mit einem falschen Wechsel. Man rief ihn herbei und es kam zu erregten Debatten. Da kam plötzlich einer der Bankinhaber auf die Idee: vielleicht hat Leibischl selber das Gerücht ausgestreut, der Wechsel sei falsch, damit man ihm, Leibischl, rasch einen billigen Vergleich vorschlage – und am Ende ist der Wechsel in Ordnung?
Leibischl wurde bleich. «Ihr wißt doch», sagte er, «wer ich bin und wer meine Vorfahren waren! Wie könnt ihr mich so verdächtigen! Ich schwöre, der Wechsel ist wirklich falsch!»

AUS Platzmangel hat der Wirt zwei jüdische Gäste im gleichen Zimmer untergebracht. Als die zwei Herren zum Essen hinuntergehen, bückt sich der eine und überreicht dem andern die Brieftasche, die diesem zu Boden gefallen ist. Dieser dankt überschwenglich.

Nachts aber verschwindet die Brieftasche wieder. Man sucht verzweifelt, man avisiert schließlich die Polizei, die auch den Zimmergenossen durchsucht – er erweist sich als der Dieb!
Der Bestohlene: «Erst übergebt Ihr mir die verlorene Brieftasche – und dann stehlt Ihr sie?»
Der Dieb: «Was ist da so verwunderlich? Ich bin gläubiger Jude. Fundgut zurückerstatten – das ist eine Mizwe *(religiöses Gebot)*, aber stehlen – das ist einfach mein Beruf!»

Der Ausdruck «ehrlicher Jid» kann im Jiddischen auch bedeuten: ein Jude, der sich genau an die rituelle Gesetzgebung hält.
BLAU wird um Auskunft über Grün gebeten, und er formuliert: «Er is a Ganew *(Gauner)* un a Batriger, ober an ehrlicher Jid.»

EIN kleiner Makler gibt seinem Sohn geschäftliche «Instruktionen»: «Heute ist Markttag. Geh zum reichen Reb Leibusch. An Markttagen ist in seinem Kontor viel Betrieb, und das Geld liegt herum. Wenn niemand hinschaut, dann nimm etwas davon.»
Dem Sohn gefällt das nicht.
«Aber Tate», sagt er, «es steht doch: Du sollst nicht stehlen!»
Der Vater, erregt: «Dummkopf, wer sagt denn da etwas dagegen? Was steht – laß stehn! Aber was liegt – davon nimm!»

«WAS gibt es Neues zu Hause in Krotoschin?»
«Was soll es da schon Neues geben? Nix!»
«Nu – etwas wird es doch geben?»
«E Hund hat gebellt.»
«E Hund hat gebellt? Weshalb?»
«Wie soll er nicht bellen, wenn ihn jemand tritt auf den Schwanz!»
«Es hat ihn jemand auf den Schwanz getreten? Wieso?»
«Nu – soll jemand aufpassen auf ein Hündchen, wenn es is ein solcher Menschenauflauf?»
«Ein Menschenauflauf? Warum?»
«Soll nicht sein ein Gedräng, wenn deine Frau aus dem Fenster heraushüpft?!»
«Meine Frau?! Aus dem Fenster?»
«Nu, etwa nicht? Wo die Polizei gekommen ist!»
«Die Polizei? Ajwaj! Warum?»
«Soll sie nicht kommen, wenn dein Schwiegervater Wechsel gefälscht hat?»

«Er hat Wechsel gefälscht? Das ist bei ihm nichts Neues!»
«Ich hab dir doch gesagt, es gibt nichts Neues in Krotoschin.»

Zwei Ejzes *(Ratschläge)*
MOJSCHE steht im Ruf, klügere Ejzes zu erteilen als der teuerste Advokat. Er läßt sich für seine Ejzes aber auch bezahlen.
Eine Jüdin kommt zu Mojsche:
«Ich habe kein Geld, meine Tochter zu verheiraten. Helft mir!»
«Ich werde Euch helfen. Ihr leiht Euch schöne Kleider und Schmuck und fahrt nach Wien. Dort laßt Ihr Euch beim teuersten Juwelier eine riesige Auswahl echten Schmuck vorlegen, und dann tut Ihr so, als nähmt Ihr plötzlich eine Handvoll von den Schmucksachen und rennt hinaus. Aber hütet Euch, etwas zu nehmen! Der Juwelier wird Euch nachlaufen und die Polizei herbeirufen. Man wird nichts bei Euch finden. Ihr nehmt Euch einen Advokaten und droht mit Beleidigungsklage. Dann wird Euch der Juwelier sicher Geld geben, um die unangenehme Sache los zu sein. Und Ihr habt die Mitgift für Eure Tochter.»
Die Jüdin befolgt den Rat und alles gelingt. Auf der Hochzeit der Tochter erzählt sie ihrer Freundin, daß Mojsche ihr so schön geholfen hat. Die Freundin hat auch eine heiratsfähige Tochter, und also geht sie gleichfalls zu Mojsche.
«Ich will Euch ebenfalls helfen» verspricht Mojsche. «Ihr macht es wie Eure Freundin, kleidet Euch elegant, behängt Euch mit teurem geliehenem Schmuck und geht zu demselben Juwelier in Wien, wie Eure Freundin. Aber Ihr *tut* nicht nur so, als nähmt Ihr eine Handvoll von dem Schmuck, sondern Ihr nehmt ihn *wirklich,* und dann rennt Ihr davon...»
Die Freundin befolgt den Rat. Kaum rennt sie hinaus, da wollen die Angestellten des Juweliers ihr nachrennen und sie packen. Der Chef aber sagt schadenfroh: «Halt! Den Trick kenne ich schon! Zweimal falle ich nicht herein! Soll sie nur laufen!»
So war auch der zweiten Jüdin geholfen.

IM alten Rußland wurden Strafgefangene zu Fuß und aneinandergekettet transportiert. In einem Städtchen der Ukraine entdecken die jüdischen Einwohner unter den Gefangenen auch Juden. Sie unterhalten sich mit ihnen. Die jüdischen Sträflinge haben gegen das Wohnrecht *(im zaristischen Rußland durften Juden nur in ganz bestimmten Distrikten und Städten wohnen)* oder die Militärdienstpflicht verstoßen.
«Nebbich, nebbich!» jammern die Weiber.

Da tritt noch ein baumhoher jüdischer Sträfling hinzu.
«Weshalb haben sie dich verurteilt?» fragen die Weiber.
Der Sträfling: «Ich bin, *nebbich,* ein Ganew.»

DER Arzt zum kranken Dieb, indem er ein Rezept aufschreibt:
«Sie nehmen alle zwei Stunden einen Löffel.»
Der Dieb: «Zinn oder Silber?»
Der Arzt: «Das ist egal! Der Löffel kann aus Zinn sein.»
Der Dieb: «Ach, Herr Doktor, ich habe oft in einer einzigen Minute sogar ein ganzes Dutzend aus Silber genommen – aber was kann das gegen meine Krankheit helfen?»

TULPENFELD erscheint immer zur Messezeit bei seinem Grossisten, verrichtet dort an der Ostwand *(Richtung gegen Jerusalem)* seine Gebete und stiehlt bei der Gelegenheit regelmäßig einige schöne Pariser Seidenschals, die dort aufgestapelt sind.
Diesmal hat sich der Grossist aber vorgesehen und die Ware umordnen lassen.
Tulpenfeld betet inbrünstig – plötzlich winkt er den Commis heran und sagt mit einem verächtlichen Blick auf die Schals: «Ganew! Baumwolle!!»

DER Grossist für Seidentücher hat Fleckeles einen Augenblick im Kontor allein gelassen. Dieser kann der Versuchung nicht widerstehen und steckt ein Dutzend schöner Tücher heimlich ein.
Zu Hause macht er die Faktura auf – und sieht, daß der Grossist die gemausten Tücher mitfakturiert hat!
«Der Ganew *(Gauner, hier anerkennend)*!» ruft er bewundernd aus.

DER Rabbi fährt mit seinem jüdischen Kutscher über Land. An einer menschenleeren Stelle steigt der Kutscher ab, sieht sich vorsichtig nach allen Seiten um, dann packt er ein Bund Heu von der frisch abgemähten Wiese am Wegrand...
«Man sieht es!» warnt der Rabbi.
Der Kutscher läßt das Heu fallen, steigt auf den Kutschbock und jagt mit dem Wagen wild davon.
Nach einer Weile fragt er: «Wer hat mich gesehen?»
Der Rabbi: «Gott.»
«Pfui», ruft der Jude entrüstet, «und ich dachte, es sei der Bauer!»

SCHON lange, bevor Karl Marx seine Mehrwerttheorie entwickelt hatte, nach welcher kaufmännischer Gewinn im Grunde Diebstahl ist, waren alle elsässischen Viehhändler fertige Marxisten. Denn wenn sie sich kennenlernten, fragten sie nicht: «Womit handelt Ihr?», sondern: «Womit ganwet *(gaunert, stehlt)* Ihr?»

ZU einem Rabbiner, dessen Bestechlichkeit bekannt war, kommen zweie in einer Streitsache. Der eine von ihnen zeigt dem Rabbiner heimlich eine Münze.
«Ich *sehe*», sagt der Rabbiner, «daß Sie recht haben»...
Der zweite, noch klüger als der erste, schiebt dem Rabbiner eine Münze in die Hand.
«...aber ich *fühle*», fährt der Rabbiner zum zweiten gewendet fort, «daß *Sie* recht haben.»

DEUTSCHLAND zur napoleonischen Zeit. Ein Jude ist wegen Contrebande verzeigt worden. Die Acciseoffiziere kommen in seine Wohnung, ihn zu verhaften. Sie treffen ihn im Bett an und fragen: «Wohnt hier der Jude Nuchim?»
Darauf der Jude: «Jawohl, aber er ist ausgezogen!»

«EIN Glück, daß es eine rohe Polizei gibt!» meint ein Dieb zum andern, «sonst wären alle andern auch Diebe, und wir könnten uns vor der Konkurrenz nicht retten!»

DREI Proben macht der Bauer beim Kauf eines Taschenmessers. Erst versucht er, eine Flaumfeder in der Luft zu zerschneiden. Geht es nicht, dann legt er das Messer zurück. Geht es, dann macht er die zweite Probe: Er versucht, mit der Klinge Funken aus einem Stein zu schlagen. Geht es nicht, dann legt er das Messer wieder hin. Geht es, denn macht er die dritte Probe: Er versucht, das Messer unter seiner Joppe zu verbergen. Geht es nicht, dann legt er es halt wieder zurück...

EIN Jude wird angeklagt, eine Hose gestohlen zu haben. Bei der Gerichtsverhandlung erwirkt der Verteidiger einen Freispruch. Das hohe Gericht und das Publikum verlassen den Saal, nur der Jude bleibt sitzen.
Der Verteidiger: «Sie sind freigesprochen, gehn Sie doch!»
Der Jude: «Warten wir lieber, bis alle draußen sind! Ich hab' doch die gestohlene Hose an!»

JANKEL ist verhaftet worden. Zwei schwerbewaffnete Polizisten gehen hinter ihm her durch die Straßen.
«Jankel! Was geht vor!?» ruft ihm ein Bekannter zu.
«Schau, was nachgeht», sagt Jankel, «wirst du wissen, was vorgeht.»

FREMDER Gast zum Hotelier: «Ich habe volle vierzehn Tage hier in Ihrer Stadt gesessen und in der ganzen Zeit nur einen einzigen anständigen Mann angetroffen!»
Hotelier, erstaunt und neugierig: «Einen anständigen Mann? Wer soll denn das sein?»

BAHNGESPRÄCH. «Sie sind aus Pinne? Eine schreckliche Stadt. Es gibt dort nicht *einen* anständigen Menschen!»
«Was reden Sie für Unsinn! Ich kann Ihnen im Handumdrehen ein Dutzend aufzählen!»
«Na – also los!»
«Nun, da hätten wir gleich... ich meine... oder vielleicht... Sagen Sie, muß der Mann unbedingt aus Pinne sein?»

DER Fischhändler zu einem Juden, der weggehen will, ohne etwas gekauft zu haben: «Reb Jude, so geht das nicht! Entweder Ihr zieht Euch einen längern Kaftan an – oder Ihr ganwet *(stehlt)* einen kürzeren Fisch.»

«RABBI», klagt Mandelkern, «im letzten Jahr allein habe ich Unglücksvogel zehntausend Rubel verloren. Und zweitausend davon waren zu allem hin meine eigenen!»

«WIE kommt es, daß Goldberg dich zum Compagnon genommen hat? Du hast doch keinen Kreuzer Geld!»
«Nun ja – er hat das Geld, ich die Erfahrung.»
«Bald wirst du das Geld haben – und er die Erfahrung.»

«WO warst du die letzten sechs Monate?»
«Verreist.»
«Warum hast du nicht Berufung eingelegt?»

Variante:
«HAB mir doch gleich gedacht, daß Ihr Anwalt, der Dr. Reichstein, kein Verteidiger ist für Schiebergeschäfte!»

BEI einer geschäftlichen Unterredung beteuert Schmul: «Wenn's nicht wahr ist – soll mich der Schlag treffen *auf der Stelle*!» – und springt mit einem mächtigen Satz beiseite.

«PAPA, was ist das: Ehrlichkeit?»
«Ich erkläre es dir: Wenn du zwanzig Centimes findest, lohnt es nicht, sie aufs Kommissariat zu tragen, die kannst du behalten.
Wenn du tausend Francs findest, dann trag sie aufs Kommissariat. Man wird dich dann für ehrlich halten, und der Ruf der Ehrlichkeit – das ist ein Kapital.
Wenn du aber ein ganzes Kapital auf der Straße findest, dann brauchst du keinen Ruf der Ehrlichkeit mehr.»

EINMAL bemerkte der Rabbiner von Neutra vor Beginn des Gottesdienstes, daß der Schrank mit den Torarollen abgeschlossen war. Er drehte sich zur Gemeinde um und fragte höflich: «Hat vielleicht einer der geehrten Herren Gemeindemitglieder seine Dietriche bei sich?»

IN der gleichen Gemeinde Neutra bemerkte einmal der Rabbiner während des Gottesdienstes, daß der neben ihm stehende Gabbai *(Synagogenvorstand)* plötzlich erbleichte.
«Ist dir schlecht?» flüsterte der Rabbiner ihm zu.
«Nein, aber mir kam soeben in den Sinn, daß ich vergessen habe, daheim Kasse und Haustür abzuschließen.»
Der Rabbiner warf einen kurzen zählenden Blick über die Gemeinde und sagte beruhigend: «Du brauchst keine Angst zu haben: Sie sind alle hier!»

MAN pflegte zu sagen: Durch Neutra fahren sogar die Zigeuner nur im Galopp, weil sie Angst haben, bestohlen zu werden.

VON Neutra erzählte man sich auch, daß es dort keinen jüdischen Friedhof gebe, da ohnehin alle Einwohner nicht dort, sondern in Illava (Nachbarort, bekannt durch sein Gefängnis) stürben.
Und zur Beerdigung kam man in Neutra mit einer Leiter, weil die meisten Einwohner gehenkt wurden.

IN Neutra soll sich ein neuer Rabbinatskandidat vorstellen. Gleich nach seiner Ankunft wird in der jüdischen Pension, in der er abgestiegen ist, sein Koffer aufgebrochen und teilweise geplündert.

Als er bei der Probepredigt hinter dem Rednerpult auftaucht, sieht er riesenhoch aus, obwohl er an sich klein von Wuchs ist.
«Meine lieben Juden!» beginnt er. «Ihr wundert euch sicher, daß ich plötzlich so groß erscheine? Das ist ganz einfach zu erklären: Wenn ich woanders predige, stelle ich mich bei meinen Ausführungen auf ein Bibelwort. Bei euch stelle ich mich auf meinen Koffer.»

DER Neffe aus Neutra besucht seinen Onkel in Budapest, logiert auch bei ihm. Einmal, als der Neffe von einem Ausgang nach Hause kommt, sieht er, wie der Onkel vor seinem – des Neffen – Koffer kniet und ein zweites Schloß daran befestigt.
«Aber Onkel», fragt der Neffe verwundert, «der Koffer ist doch bereits abgeschlossen, da kann ja keiner was rausnehmen!»
«Ich fürchte nicht, daß jemand wird was rausnehmen», erklärt der Onkel, «ich fürchte umgekehrt, daß jemand könnte noch etwas reinlegen...»

Odessa hat einen ähnlich schlechten Ruf wie Neutra.
ZWEI Emigranten lernen sich kennen.
Fragt der eine: «Sind Sie nicht aus Odessa?»
Der andere, beleidigt: «Sie sind selber ein Ganew *(Dieb)*!»

IN Odessa lebte ein jüdischer Taschendieb von legendärem Ruf. Redete man ihn aber – durchaus respektvoll! – mit «Ganew» *(Dieb)* an, dann war er beleidigt.
«Ihr seid doch», meinten die Leute, «auf Eure Kunst stolz! Warum wollt Ihr also nicht, daß man Euch als ‹Ganew› anredet?»
«Ach», meinte der «Meister» betrübt, «heute maßt sich jeder Stümper, der seine Hände in fremde Taschen stopft, den Titel ‹Ganew› an; da ist es keine Ehre mehr, so zu heißen.»

GRÜN und Blau kommen an der Turmuhr vorbei. Blau: «Ich bin kurzsichtig. Wie spät ist es?»
Grün blickt hinauf: «Es fehlen fünf Minuten auf drei!»
Blau: «Ganew *(Dieb)*! Schaut die Uhr nur an – und schon fehlen fünf Minuten!»

SIMON und Moritz waren zusammen im Theater. Als sie herauskommen, gibt Simon der Garderobenfrau zwanzig Pfennig, Moritz eine ganze Mark.

Simon: «Bist du verrückt geworden?»
Moritz: «Pst! Schau dir an den Pelz, den sie mir gegeben hat!»

ABELES stellt die Zahlungen mit einem Passiv von 100 000 Mark ein.
«Wollen wir einen Vergleich von einem Prozent den Gläubigern anbieten?» schlägt der Prokurist vor.
«Sie fauler Kopp!» erwidert der Chef aufgeregt, «mit *meinem* Geld wollen Sie Kavalier spielen!»

GRÜN hat Konkurs angemeldet. Blau kommt wutentbrannt angerannt: «Mich, deinen besten Freund, willst du so schädigen!?»
«Sei ruhig», sagt Grün, «du sollst an mir nichts verlieren. Ich biete zwar meinen Gläubigern dreißig Prozent, du aber sollst deine Ware zurückbekommen. Sie steht noch unangerührt da!»
«Was», schreit Blau, «meine Ware willst du mir zurückgeben? Warum willst du mich allein benachteiligen? Gib mir auch dreißig Prozent!»

SCHWARZ, verbittert zu seinem Kassierer: «Sie sind so zerstreut, daß Sie imstande wären, nach Amerika durchzubrennen und die Kasse hier zu lassen!»

«BLOCH, du bist doch jetzt ein reicher Mann! Warum fährst du nie in die Ferien?»
«Die Leute würden sagen: Aha, er sitzt schon wieder!»

EIN kleiner Handelsjude: «Ist Bankier Goldstein ein sicherer Mann?»
«Wie! Will er denn von *Euch* borgen!?»
«Nein, umgekehrt. Aber wenn er bankrottiert, muß ich zahlen und verliere meinen Kredit!»

NATHANSON an der Börse zu seinem Freund: «Gib acht! Der Bursche da hinten sieht aus, als wäre er sogar imstande, dir dein Taschentuch aus dem Mantel zu mausen.»
Der Freund: «Laß ihn! Wir haben auch klein angefangen!»

CHEF: «Zweihundert Sommerhosen sind mir liegen geblieben!»
Prokurist: «Wir schicken die Hosen in die Provinz.»
Chef: «Dort kauft sie doch jetzt auch niemand.»
Prokurist: «O doch, man muß es nur richtig anpacken. Wir senden unseren Kunden Musterpakete zu zehn Hosen und fakturieren nur acht.

Wir kalkulieren den Preis aber so, daß wir auf die Rechnung kommen. Dann werden unsere Kunden sich freuen, uns hereinzulegen, und werden die Pakete behalten.»

Der Chef findet den Einfall großartig; Pakete und Fakturen werden abgeschickt... Acht Tage später schreit der Chef den Prokuristen an: «Sie Idiot, schauen Sie bloß, was Sie uns eingebrockt haben! Keiner hat die Ware behalten, aber alle retournieren sie uns nur acht Hosen!»

CHEF zum Kassierer: «Man hat mir hinterbracht, daß du aus meiner Kasse stiehlst!»

Kassierer: «Nu? Soll ich bei *Euch* als Kassierer arbeiten und gleichzeitig bei einem *andern* aus der Kasse stehlen?»

«MEIN Kassierer, der mit meiner Tochter und Kasse durchgebrannt ist, scheint allmählich zu bereuen.»

«Wieso, hat er das Geld zurückgegeben?»

«Nein, aber die Tochter hat er bereits retourniert.»

Baron, aus unerfindlichen Gründen auf der ersten Silbe betont, ist ein bekannter jüdischer Nachname.

ZU Baron, dem ersten Direktor des Berliner Variétés Wintergarten, sagte der bekannte Geldmann Ehrlich spöttisch: «Apropos – *sind* Sie Baron, oder *heißen* Sie bloß so?»

Darauf Baron: «Ich bin ebenso Baron, wie Sie sind ehrlich.»

GESPRÄCH an der Börse: «Sie haben mich reingelegt! Sie Lump, Sie Schuft, Sie Auswurf!»

«Sie, das brauch ich mir nicht bieten zu lassen!»

«Machen Sie Gegenofferte!»

DER Chef: «...und hiermit danke ich euch allen nochmals herzlich für eure Jubiläumswünsche und schenke euch zu diesem festlichen Tage von Herzen alles, was ihr mir all die Jahre hindurch gestohlen habt.»

«MEIN Kompagnon, den ich als Bettler in meinen Betrieb aufgenommen habe, hat mich um hunderttausend Gulden betrogen, und jetzt hat er mit meinem Geld in Amerika drüben einen Betrieb aufgebaut. Der Lump, der Auswurf...»

«Sch! Von einem Mann mit hunderttausend Gulden können Sie nicht gut solche Ausdrücke gebrauchen.»

NUCHIM Quadratstein: «Sie sind doch ein kluger Mann, Herr Rechtsanwalt: Was meinen Sie dazu, wenn ich vielleicht dem Herrn Richter kurz vor Beginn des Prozesses eine schöne fette Gans mit meiner Visitenkarte ins Haus schicke?»
Anwalt: «Sind Sie verrückt? Sie würden den Prozeß wegen Bestechungsversuchs sofort verlieren!»
Der Prozeß findet statt, und Quadratstein gewinnt. Am Tag darauf kommt er zum Anwalt und verkündet strahlend: «Ich habe Ihren Rat nicht befolgt damals, ich habe dem Richter die Gans doch geschickt!»
Der Anwalt, erbleichend: «Das ist doch nicht möglich!»
«Doch», erklärt Quadratstein, «bloß: ich habe die Visitenkarte meines Prozeßgegners beigelegt.»

SALOMON Glatteis ist wegen Konkursvergehens angeklagt. Die Familie fürchtet, Glatteis könnte zu Gefängnis verurteilt werden. Zum Glück ist unter den Geschworenen ein Jude. Die Familie bietet ihm dreitausend Mark an, wenn es ihm gelingt, für Salomon bloß eine Geldstrafe zu erreichen. Und es glückt! Der Geschworene wischt sich den Schweiß ab und erklärt: «Das hat was gekostet, die Geldstrafe durchzudrücken!»
«Die Bestien wollten ihn also unbedingt einsperren?»
«Wieso einsperren? Sie wollten ihn einstimmig freisprechen.»

KIRSCHKERN macht Konkurs und stirbt.
Der Rabbiner in der Trauerrede: «Wir haben viel an ihm verloren!»
Flüstert ein Trauergast zum zweiten: «Ich hab gar nicht gewußt, daß der Rebbe auch an dem Konkurs beteiligt ist!»

GRAF Potocki hat ein herrliches Rennpferd, das ihm schon viele Preise gewonnen hat. Alle Pferdehändler möchten es ihm abkaufen, er will es aber nicht einmal für 20 000 Kronen hergeben. Dann aber erkrankt das Pferd. Graf Potocki läßt den Pferdehändler Horowitz zu sich kommen und sagt: «Sie kennen mein Rennpferd. Im Augenblick ist es krank. Sie können es für 10 000 haben. Erholt es sich, dann haben Sie ein großartiges Geschäft gemacht. Horowitz nimmt das Risiko auf sich – doch bald schon geht das Pferd ein. Horowitz fährt in die Stadt und geht ins Kaffeehaus, wo alle Pferdehändler beisammensitzen. Mit strahlender Miene ruft er ihnen zu: «Chawejrim *(Kameraden)*, ich habe dem Grafen sein Rennpferd abgekauft!»
Alle halten das für einen Witz, denn sie wissen, wie sehr der Graf an diesem einen Pferd hängt.

«Aber nein», beteuert Horowitz, «hier habe ich die Urkunde, überzeugt euch selbst!»
Das Papier geht von Hand zu Hand. – «Und was willst du mit dem Pferd machen?» –
«Verkaufen.»
Sofort fangen die Pferdehändler an, sich gegenseitig zu überbieten, der Preis ist bereits auf 25 000 hochgeklettert.
Horowitz wehrt bescheiden ab: «Chawejrim, auf diese Weise wird der Preis so hoch, daß der Erwerber an dem Pferd nichts mehr verdienen kann. Ich schlage statt dessen eine Lotterie vor: Ihr seid Zwanzig, jeder von Euch zahlt 1000 Kronen ein, der Sieger hat das Pferd für einen Pappenstiel.
Gesagt, getan. Der Sieger begibt sich mit Horowitz zusammen zum Stall des Grafen – da liegt das verendete Pferd in seiner Koje.
«Aj waj!» schreit Horowitz entsetzt, «aber du sollst an dem Geschäft nichts verlieren. Hier hast du deine 1000 Kronen zurück!»
«Aber was werden die andern dazu sagen?»
«Die andern? Wieso? Die haben doch das Pferd nicht gewonnen!»

KOHN hat einen Betrieb eröffnet, aus Kapitalmangel in sehr engen Räumlichkeiten. Bei einer behördlichen Inspektion wird er gezwungen, Feuerlöscher anzubringen. Ein Freund schaut die Feuerlöscher an und fragt: «Weißt du auch, was drin ist?» Kohn: «Wos waaß ich, wos is drin gewesen! *Jetzt* is Benzin drin!»

FESTDINER. Der reiche Herzfeld läßt ausrufen: «Meine Brieftasche mit 2000 Dollar darin ist mir abhanden gekommen. Dem ehrlichen Finder gebe ich 200 Dollar.»
Stimme aus dem Hintergrund: «Ich biete das Doppelte!»

ISIDOR Grünspan und Herschl Berkowitz beschließen, Schitfim *(Teilhaber)* zu werden und setzen einen entsprechenden Vertrag auf. Der Schlußparagraph lautet:
Sollten wir, chaß w'cholile *(Gott behüte!)*, mechulle gehen *(Pleite machen)*, dann machen mer Kippe und jeder bekommt vom Rewach *(Gewinn)* 50 Perzent.

GRÜN und Blau schnapsen miteinander. Seufzt der Grün: «Wie schön war's vor zwei Jahren, wie haben wir zu viert Bridge gespielt mit dem Kohn, der jetzt sitzt wegen Wechselfälschung! Und voriges Jahr, wie

haben wir noch Skat spielen können mit dem Itzig, der mit der Kasse durchgegangen ist nach Brasilien!»
Seufzt der Blau: «Nächstes Jahr sitz ich allein da und leg Patience!»

EIN kleinstädtischer Jude handelte vier Meter Wollstoff ein und brachte sie zu einem einheimischen Schneider, er solle ihm einen Anzug für die Feiertage nähen. Der Schneider maß die Ware und brach in Gelächter aus: «Von diesem bißchen Tuch da wollt Ihr einen Anzug haben? Ihr haltet mich offenbar für einen Zauberkünstler?»
Da ging der Jude zu einem zweiten Schneider, und dieser nähte ihm ohne jede Widerrede einen Anzug.
Am Feiertag sieht der Jude in Bethaus, daß auch des Schneiders Junge einen neuen Anzug vom selben Stoff trägt.
Wendet sich der Jude an den ersten Schneider mit der Frage: «Was soll das heißen? Ihr habt gesagt, der Stoff werde nicht ausreichen, und da sehe ich, daß jener Schneider genug hatte, sogar sein Söhnchen zu bekleiden!»
Der erste Schneider: «Stimmt! Ich aber habe Zwillinge.»

EIN polnischer Jude läßt sich in einem eleganten New Yorker Juweliergeschäft eine brillantenbesetzte Schweizer Damenuhr zeigen und fragt nach dem Preis.
«1000 Dollar.»
«Sie sind verrückt? Ich gebe 100.»
«Scheren Sie sich hinaus!»
«Sie, werden Sie nicht frech! Für eine gestohlene Uhr ist das genug!»
«Gestohlen? Was fällt Ihnen ein?»
«Nu – schauen Sie selbst! Auf der Rückseite steht ‹Geneve›!»
(*Verwechslung Genève = Genf mit jid. Geneve = Diebstahl*)

Variante:
«SCHAU! Daß man in New York Uhren genau so stiehlt wie in Warschau und Krakau, ist ja klar. Aber daß man es im Schaufenster offen anzeigt, ist unbegreiflich!»

«WAS hör' ich? Mit dem Schmilkowski, dem Lumpen, machen Sie nach wie vor Geschäfte?! Sie haben doch selber erzählt, wie er Sie einmal angeschmiert hat!»
«Wie haißt! Haben Sie 'ne Ahnung, was ich inzwischen von ihm alles gelernt hab'!»

«NATHANSON, ich hab' dich immer für'n anständigen Menschen gehalten und geglaubt, du wirst mir die 1000 Mark zurückgeben, die du bei mir geliehen hast!»
«Werd' ich auch, Herr Leibowitz! Ich sag' Ihnen: Und wenn ich nachts einbrechen und das Geld stehlen müßt' – so will ich doch als ehrlicher Mann vor Ihnen stehen und meine Schuld bezahlen!»

EPSTEIN ist inhaftiert. Der Gefängnisdirektor, ein freundlicher Mann, fragt ihn, ob er lieber Bürsten oder Pantoffeln anfertigen oder Tüten kleben will?
Epstein: «Ich möchte in diesen Artikeln *reisen*!»

EFRAIM feiert sein Geschäftsjubiläum. Der Vorsteher der Kultusgemeinde erscheint mit einer Deputation, um zu gratulieren, und betont in seiner Ansprache Efraims Unbescholtenheit.
Darauf Efraim, tief gerührt: «Es ist genau so, wie der Herr Vorsteher es sagen: Fünfzig Jahre lebe ich unter euch, und man kann mir nischt beweisen!»

BANKIER Levy sitzt wegen Unterschlagung von Klientengeldern im Gefängnis.
Ein Bekannter meint: «Wenn das der alte Levy wüßte! Er würde sich vor Kummer im Grab umdrehen!»
«Unsinn. Der war doch selber ein Oberganew!»
«Eben! Er würde den Gedanken, daß ihm selber nie ein solcher Coup gelungen ist, gar nicht aushalten!»

«ICH habe mich soeben gegen Feuer, Diebstahl und Hagel versichert.»
«Feuer und Diebstahl – das verstehe ich. Aber wie machst du Hagel!?»

«WELCH herrlichen Solitär der Anwalt dort hat!»
«Ja, weißt du, sein Freund Mandelstamm hat ihn als Testamentsvollstrecker eingesetzt, mit der Bedingung, daß er ihm einen würdigen Gedenkstein besorgt. Und dieser Solitär – das ist nun der ‹würdige Stein›.»

Vor Gericht

EIN Kosak und ein Jude stehen vor dem Richter. Der Jude behauptet, der Kosak habe ihm sein Pferd gestohlen.
«Nein, ich habe das Pferd gefunden», behauptet der Kosak.
Der Jude fängt an zu schreien: «Wie heißt: gefunden? Ich habe auf dem Pferd gesessen! Er hat mich mit Peitschenhieben und Fauststößen auf die Straße hintergeworfen!»
«Stimmt das oder nicht?» will der Richter wissen.
«Nun ja», gibt der Kosak zögernd zu, «ich habe sie beide gefunden, den Juden *und* das Pferd, aber für den Juden hatte ich keine Verwendung.»

JANKEL steht vor dem Richter. Er hat nachts vom Felde einen Sack voll Rüben gestohlen. Aber er bestreitet die Schuld: «Ich habe nicht gestohlen. Es war eine finstere, stürmische Nacht, ich wurde fast umgeworfen. Da habe ich mich am Rübenkraut festgehalten und dabei die Rüben ausgerissen.»
Der Richter: «Gut. Und wie kamen die Rüben in den Sack?»
Jankel: «Auch eine Frage!»

MANDELSTAMM hat eingebrochen. Er steht vor Gericht.
«Eines verstehe ich nicht», sagt der Richter, «in der Wohnung lagen unverschlossen Wertgegenstände umher. Wieso haben Sie nur solchen wertlosen Plunder mitgenommen?»
Der Einbrecher, bitter: «Herr Richter, ich halte es nicht mehr aus! Meine Frau hat mir schon genug zugesetzt deswegen – und jetzt fangen Sie auch noch damit an!»

AUS einer Synagoge war der «Schofar», das Widderhorn, welches am jüdischen Neujahrsfest geblasen wird, entwendet worden. Die Sache kommt vor Gericht.
«Was ist das: ein Schofar?» fragt der Richter.
«Ein Schofar ist ein Schofar», sagt der Jude.
Ob er es nicht in deutsch erklären könne?
Nein, das Wort sei nach seiner Meinung unübersetzbar.

Ja – aber so käme man ja nicht vom Fleck!
Nach langem Nachdenken bequemt sich der Jude zu der Definition:
«Ein Schofar ist eine Trompete!»
«Na, sehen Sie», sagt der Richter zufrieden, «da haben Sie es doch übersetzen gekonnt!»
«Aber Herr Richter», schränkt der Jude gleich wieder ein: «*Ist* denn ein Schofar eine Trompete?»

Die Beschneidung, ein Grundgebot des Judentums, wird nur an Knaben durchgeführt. Der Beschneider heißt «Mohejl». – Am Rosch-Haschana, dem jüdischen Neujahrsfest, wird ein Widderhorn geblasen, der «Schofar». Der Bläser heißt «Baal-Tekia».

EIN Jude ist vor Gericht geladen.
«Beruf?» fragt der Richter.
«Mohejl und Baal-Tekia.»
«Was ist das?» fragt der Richter verwundert.
Der Jude denkt nach und erklärt:
«Herrenschneider und Neujahrstrompeter.»

SIMON und Levy waren gute Freunde – bis Levy von Simon hundert Rubel lieh und nicht mehr zurückgab.
Simon klagt seinen einstigen Freund ein. Der aber schwört, er habe das Geld nie erhalten, und da kein Schuldschein vorhanden ist, verliert Simon den Prozeß. Als sie gemeinsam die Treppe hinuntersteigen, sagt Simon bitter: «Schämst du dich nicht, wegen hundert Rubel meineidig zu werden?»
Darauf Levy: «Und du? Schämst du dich nicht, wegen hundert Rubel deinen Freund zum Meineid zu zwingen?»

KOHN kommt zum Advokaten: «Schauen Sie, Herr Doktor, was schreibt mir da der Grün, der Lump? Ich soll ihm die zweitausend Gulden zurückzahlen, sonst verklagt er mich. Nie im Leben habe ich zweitausend Gulden von ihm erhalten, das kann ich beschwören!»
«Nu, dann ist die Sache doch ganz einfach... Fräulein, nehmen Sie mein Diktat auf: ‹... Und da ich ein solches Darlehen von Ihnen nie erhalten habe, sehe ich Ihrer Klage mit Ruhe entgegen...›»
«Aber Doktorleben! Falsch, ganz falsch! Wo haben Sie die Rechte studiert? Fräulein, schreiben Sie: ‹... Und nachdem ich Ihnen die zweitausend längst zurückerstattet habe, sehe ich Ihrer Klage in Ruhe entgegen...›»

«Herr Kohn! Sie haben doch eben gesagt, Sie sind bereit zu schwören, daß Sie von ihm kein Geld erhalten haben!»
«Nu – hab' ich denn erhalten?»
«Wieso schreiben Sie dann, daß Sie zurückbezahlt haben?»
«Schauen Sie, Doktorleben: Wenn ich so schreib, wie Sie sagen, dann kann er am Ende zwei Zeugen aufstellen, daß er *doch* gegeben hat... Schreib' ich aber so, wie *ich* will, dann hab' *ich* die Zeugen zu stellen.»

RICHTER: «Sie behaupten, Sie hätten die dreihundert Rubel bezahlt? Der Kläger bestreitet es. Können Sie schwören?»
Der Angeklagte: «Ich glaube, Herr Richter.»
Richter: «Nein, so können Sie nicht schwören, sondern entweder ‹Ich habe bezahlt› oder ‹Ich habe nicht bezahlt›.»
Silbergurt, beglückt: «Ja, genauso möchte ich schwören!»

NOCH nach dem Ersten Weltkrieg wurden Obst und Gemüse auf großen Plätten von Oberösterreich nach Wien gebracht und am Donaukanal festgemacht. Taglieber & Co. hat einen Kahn voll herrlicher Äpfel bezogen und macht ein Bombengeschäft. Da wird ihm dreimal hintereinander der Kahn in der Nacht losgebunden und schwimmt ein Stück stromabwärts. Taglieber hat den Ärger und die Unkosten. In der vierten Nacht legt er sich mit seinem ältesten Sohn auf die Lauer und erwischt Seligmann, seinen ärgsten Konkurrenten. Taglieber und Sohn schleppen den Übeltäter aufs Kommissariat Leopoldstadt. Der diensthabende Jurist, ein Jude, will vermitteln: «Schauen Sie, Herr Taglieber, dem Schiff ist nichts passiert, die Ware ist in Ordnung. Also der Seligmann entschuldigt sich und ersetzt Ihnen die Unkosten, und wir gehen in Frieden auseinander.» Taglieber bleibt unerbittlich.
Seufzend spannt der Jurist ein Formular in die Schreibmaschine: «Also, wenn Sie mich fragen, Herr Taglieber, ich weiß im Augenblick keinen Paragraphen, den man da anwenden könnt'.»
Taglieber klärt lange und schlägt vor: «Herr Doktor, schreiben Sie: Ich erstatte gegen Seligmann Anzeige wegen wiederholter Fruchtabtreibung.»

RECHTSANWALT G. Rona erzählt in seinen Erinnerungen aus Wien: Bezirksgericht Leopoldstadt in Wien 1936. Gegenseitige Ehrbeleidigungsklage zweier Juden. Der Richter fragt pflichtgemäß nach Namen, Geburtstag, Beruf und fährt fort:
«Und Ihr Vater?»

«Der ist tojt.»
«Nun ja, aber wir müssen doch seinen Namen erfahren.»
«Schma Jissro'ejl *(Höre Israel! Üblicher Überraschungsausruf)*! Weil jenner hot gesogt, as ich bin e chammer *(Esel)*, missen Se wissen, wie mein Tate hot gehejßen?!»

GERICHTSVERHANDLUNG in Altösterreich. Jüdischer Verteidiger in seinem Plädoyer: «Als Zeugen führt man da einen Soldaten...»
Der Zeuge unterbricht stolz: «Ich bin kein Soldat. Ich bin Offizier!»
Der Verteidiger fährt unbeirrt fort: «... führt man da einen Offizier, der kein Soldat ist...»

ALTÖSTERREICH. Der jüdische Verteidiger plädiert für den Freispruch einer Prostituierten: «Winken darf sie nicht, mit dem Schirm wackeln darf sie nicht, hin und her gehen darf sie nicht – wie sagt doch Goethe: ‹Schwer zu sein ein Mensch›!»

IN Galizien gab es die «Institution» des «Johr-Ejdeß» *(Jahreszeuge)*, der gegen ein Trinkgeld Beliebiges «bezeugte».
Im Gerichtsgebäude. «Mojsche, was machst du hier?»
«Ich bin e Zeuge.»
«In welcher Sache.»
«Weiß ich noch nicht. Eppes wird sich schon treffen!»

EIN Tismenizer Makler hat einen seiner Klienten beschwindelt und ist zu sechs Monaten Gefängnis verurteilt worden.
Da das Gefängnis sich in Stanislau befindet, nimmt er ein wenig Reiseproviant und marschiert zur Bahnstation.
Auf dem Weg begegnet ihm sein Nachbar und fragt:
«Bejnisch, wohin gehst du?»
Antwortet der Makler: «Ich geh' fahren sitzen...»

BEZIRKSRICHTER: «Sie haben den Grünblatt der Fundunterschlagung bezichtigt!»
«Aber nein! Ich hab' nur gesagt: Wenn der Grünblatt mir nicht geholfen hätt' beim Suchen, hätt' ich die Brieftasche vielleicht wiedergefunden!»

DER Advokat Moritz Haarspalter kommt zum Bezirksgericht Stanislau: «Herr Richterleben, vor zwei Jahren hab ich eingebracht a Berufung –

bis heut is nix geschehn. Jach mecht nachfragen, ob ich die Erledigung noch erleben werde.»

Darauf der Richter, erzürnt: «So seid Ihr Juden! Vor zweitausend Jahren habt Ihr Christus zum Tod verurteilt und umgebracht, und jetzt wollt Ihr unverschämte Forderungen stellen!»

Dr. Haarspalter: «Was heißt umgebracht? Seine eigene Schuld! Hätt er gemacht a Berufung beim Bezirksgericht Stanislau – *heit* lebet er noch!»

DER Amtsrichter: «Zeuge, Sie heißen?»
Der Zeuge: «Mendel Berisch Weinbaum. Kornhändler.»
«Sie sind wohl Jude?»
«Jawohl. Und ich bin stolz darauf!»
Der Amtsrichter, nach einem Blick in die Akten: «Dazu liegt keine Veranlassung vor.»

KAHN auf dem Polizeikommissariat: «Ein Lump hat sich für meinen Vertreter ausgegeben und in der Provinz hunderttausend Franc einkassiert! Das ist mehr, als alle andern Vertreter zusammen bei meinen Kunden je aufgebracht haben! Sie müssen ihn schleunigst ausfindig machen!»
«Wir werden ihn aufspüren und einsperren.»
«Unsinn! Wieso einsperren! Ich will ihn anstellen!»

RICHTER: «Haben Sie den Betrug ganz allein ausgeführt?»
«Allein. Ich arbeite immer allein. Bei Kollaboration weiß man nie, ob man es mit ehrlichen Leuten zu tun hat.»

RICHTER: «Angeklagter Rosenbaum, zufällig kenne ich mich in den jüdischen Gesetzen ein wenig aus: Sie sind ein Obersünder. Nicht nur haben Sie gestohlen, sondern Sie haben obendrein an einem Sabbat gestohlen.»
Rosenbaum: «Herr Richter – ich bin nicht orthodox.»

GRÜN steht wegen Hehlerei vor Gericht. «Wie kann ich schuldig sein?» verteidigt er sich. «Herr Richter sagen doch selber, daß ich habe bezahlt zehn Gulden für die Ware. Hätt' ich geahnt, daß sie ist gestohlen – keine drei hätt' ich gegeben!»

RICHTER: «Teitelboim! Wir haben zwei Zeugen, welche gesehen haben, wie Sie dem Kläger das Portemonnaie aus der Tasche zogen!»

«Herr Richter, ich kann Ihnen bringen hundert Zeugen, welche das *nicht* gesehen haben!»

RICHTER: «Angeklagter Grün, Sie haben zu Herrn Blau gesagt, er sei nicht einmal wert, daß ihn der Teufel hole. Sie müssen Abbitte leisten!»
Grün: «Gut, ich nehm's zurück. Ich geb' zu: Er ist es wert, daß ihn der Teufel holt!»

«ANGEKLAGTER, Sie heißen?»
«Ruben Eppelboim.»
«Sie sind?»
«Ein Schlemihl. Sonst stünde ich nicht vor Ihnen.»

«ANGEKLAGTER, wie heißen Sie?»
«Chaim Rabinowitsch.»
«Wo kommen Sie her?»
«Aus Kattowitz.»
«Was sind Sie?»
«Pleite.»

DER Richter spricht langsam vor: «Ich schwöre...»
Meyerowitz: «Ich auch!»

RICHTER: «Rosenbaum, wie alt sind Sie?»
«Wer, ich?»
«Wer denn sonst! Es ist ja sonst keiner da!»
«Fünfzig Jahre.»
«Wo sind Sie geboren?»
«Wer, ich?»
«Natürlich Sie!»
«In Rzeszów.»
«Wo haben Sie den Rock gestohlen?»
«Wer, ich?»
Der Richter, ganz wild: «Nu, wer denn sonst? Etwa ich?»
Rosenbaum: «Weiß ich?»

Einfache Ostjuden pflegen bei Angabe des Alters den freundlichen Wunsch beizufügen: «Bis hundert Jahr'!»
RICHTER: «Zeuge Mandelbelag, wie alt sind Sie?»
Zeuge: «Fünfzig – bis hundert Jahr', Euer Gnaden.»

Richter: «Das ist mir zu ungenau! Bitte exakt!»
Zeuge: «Fünfzig – bis hundert Jahr'!»
Jüdischer Assessor: «Gestatten Sie, daß ich mich einmische. Darf ich die Frage an den Zeugen richten! Zeuge Mandelbelag – bis hundert Jahr'! Wie alt seid Ihr?»
Zeuge: «Fünfzig.»

Varianten:
1. RICHTER: «Zeuge – wie alt sind Sie?»
«Vierzig – bis hundert Jahr'!»
«Also sechzig Jahre?»
«Nein. Vierzig – bis hundert Jahr'!»
Der Richter, gereizt: «Zeuge, ich verurteile Sie wegen groben Unfugs zu 20 Mark Buße. Haben Sie mich verstanden?»
Der Zeuge: «Jawohl, Herr Richter! Hundert Jahr' sollen Sie werden – aber auf die Stelle!»

2. RICHTER: «Unsinn! So kommen wir nicht weiter. Ich gebe dir jetzt als Beispiel mein eigenes genaues Alter: vierzig. Und nun sag mir, wie alt bin ich nach deiner Ausdrucksweise?»
«Vierzig bis einundvierzig Jahre, Herr Richter.»

RICHTER: «Zeuge, Ihr Namen?»
«Mojsche Leibowitz.»
«Konfession?»
«Inbegriffen, Herr Richter.»

«IHR Name?»
«Isidor Blumenfeld.»
«Religion?»
«Die gleiche!»

In der Synagoge wird die Thora (die fünf Bücher Mose) aus handgeschriebenen Pergamentrollen vorgelesen.
RICHTER: «Zeuge, Ihr Name?»
«Rabinowicz.»
«Ihr Beruf?»
«Thoraschreiber!»
«Konfession?»
«Dreimal dürfen Sie raten, Herr Richter.»

Variante:
RICHTER: «Konfession?»
Zeuge: «Ich heiße Menuchim Jontef, bin Altkleiderhändler, wohne in Inowrazlaw – werd' ich sein ein Hussit?!»

RICHTER: «Mit was handeln Sie?»
«Mit Offiziere.»
«Ich meine: Wovon leben Sie?»
«Von alte Kleider.»
«Konfession?»
«Lutherisch.»
«Beruf?»
«Handelsjude.»

RICHTER: «Zeuge Rosenbaum, Ihre Konfession?»
«Römisch-katholisch.»
Richter, nach einem schrägen Blick über den Brillenrand: «Und vorher?»
«Lutherisch.»
«Und noch vorher?»
«Noch vorher? Allerdings!»

MOSES Rosenfeld, Textilien en gros, hat sich taufen lassen und heißt jetzt Max Rosen.
Bei einem gerichtlichen Verhör fragt ihn der Richter:
«Sie heißen Moses Rosenfeld?»
«Mit Verlaub, nein, ich heiße jetzt Max Rosen.»
«Schön, und Sie sind mosaischen Glaubens?»
«Mit Verlaub, nein!» beteuert der Angeklagte: «*Die* Religion betreibe ich schon lange nicht mehr!»

RICHTER: «Zeuge, Ihr Name?»
Zeuge: «Kovacz.»
Richter, nach einem Blick auf den Zeugen: «Kovacz? Kovacz... und früher? Sicher Kohn? Und der Vorname?»
«Arpad.»
«Arpad? Vermutlich vorher Abraham... Und die Konfession?»
«Protestantisch.»
«Was Sie sagen! Und vorher?»
«Und wenn Sie zerspringen, Herr Richter! Katholisch!»

DER Richter: «Zeuge, ich muß Sie auffordern, immer nur das auszusagen, was Sie mit eigenen Augen gesehen, und nicht, was Sie von andern gehört haben. – Zuerst muß ich einige Fragen an Sie stellen. Zeuge, wann sind Sie geboren?»
«Nu, Herr Richter, auch das weiß ich nur vom Hörensagen.»

RICHTER zur ältlichen Zeugin: «Alter?»
Die Zeugin kokett: «Man gibt mir vierzig Jahre.»
Der jüdische Richter, nach einem Blick auf sie: «Nehmen Sie's! Es is a wilde Mezije *(Okkasion)*!»

«WOS sind Sie von Beruf?»
«Künstler.»
«Wos für e Künstler?»
«Regenschirmmacher.»
«Dos is doch ka Kunst!»
«So? Machen *Sie* e Regenschirm!»

«DER Gendarm hat mir gegeben e Patsch.»
«Vor Zeugen?»
«Nein, wir waren allein.»
«Nu – dann kannst es ableugnen!»

BEI der amerikanischen Armee war Pokern verboten. Die drei Armeegeistlichen – der katholische, der protestantische und der Rabbiner – haben es trotzdem getan und sollen sich vor Gericht verantworten.
Der Katholik: «Ich schwöre bei der heiligen Maria, ich habe nicht gepokert!»
Der Protestant beruft sich auf Martin Luther und schwört ebenfalls, nicht gepokert zu haben.
Da wird der Rabbiner zum Eid aufgerufen. «Wozu?» fragt er, «Herr Richter; kann ich denn mit mir allein pokern?»

Streng koscher

(Jiddisch kóscher, hebräisch kaschér heißt: den rituellen Speisevorschriften entsprechend.)

EIN jüdischer Hamburger Arzt definierte die Frömmigkeit jener Juden, die fast alle Ritualgesetze brechen, jedoch nach wie vor koscher essen, als «Freßfrömmigkeit».

EIN assimilierter Jude pflegte, wenn ihm koschere Spezialitäten vorgesetzt wurden, wehmütig zu sagen:
«Es schmeckt wie ‹zu Lebzeiten›.»

TRADITION. Der Berliner Humorist Sammy Gronemann, den man aufforderte, doch endlich einmal ‹trefe› *(nach Ritualgesetz Unerlaubtes)* zu essen, meinte: «Es paßt mir nicht, alle paar tausend Jahre meine Diät zu wechseln!»

SAMMY Gronemann erzählte: «...und man *hörte* ihm an, wie gut es ihm schmeckte!»

WAS ist der Unterschied zwischen einem jüdischen und einem nichtjüdischen Restaurant?
Im nichtjüdischen Restaurant *sieht* man die Leute essen, und man *hört* sie reden – im jüdischen Restaurant *sieht* man die Leute reden, und man *hört* sie essen.

Da man am Sabbat nicht kochen darf, wird ein Eintopfgericht, der «Tscholent», in fest verschlossenem Topf am Freitag nachmittag in den schwach geheizten Ofen geschoben und am Sabbat mittag hervorgeholt. Wer keinen eigenen Backofen hatte, ließ das Gericht beim benachbarten Bäcker gar werden.
DER Bäcker hat die Tscholenttöpfe verwechselt und dem bettelarmen Schmul den Topf des Gwir *(reicher Mann)* des Städtchens ausgehändigt. Andächtig sitzt die Familie Schmuls um das herrliche Gericht herum. Schmul bietet seiner Frau das erste Stück an. Sein Bruder: «Seit wann bist du so galant?»
Schmul: «Galant? Unsinn! Ich hab mir gesagt: Der, dem der Tscholent gehört, wird sagen: Wer ihn frißt, soll beim ersten Bissen ersticken!»

DER Jahrtag *(Todesdatum)* des Vaters ist zufällig ein Sabbat. Der Sohn spricht den Kaddisch *(Totengebet)* in der Synagoge, dann geht er ins koschere Restaurant, ißt Kugel *(fette Sabbatspeise)* und sagt zum Kellner: «Bringen Sie noch eine zweite Portion! Mein Vater, er ruhe in Frieden, hat es verdient!»

IM Ort gibt es zwei koschere Restaurants – Ascher und Milowicz. Kohn geht zu Milowicz und bestellt Gänseklein und Tscholent. Nach einer Stunde ist das Essen immer noch nicht da. Da ruft er den Kellner und sagt empört: «Wos is? Wo is der Tscholent? Bei Ascher grebezzn *(aufstoßen)* sie schon!»

IM koscheren Restaurant bestellt ein Jude nach sehr langem Studium der Speisekarte: «Herr Ober, bringen Sie mir Fleischkugel!» Nach geraumer Zeit kommt der Ober zurück und meldet: «Fleischkugel ist leider keiner mehr da!»
Da guckt der Gast tieftraurig zu ihm hoch und fragt: «War er fett?»

IN koscheren Restaurants war es üblich, ausverkaufte Gerichte auf der Speisekarte durchzustreichen. Daher die oft unwillkommene Antwort des Kellners: «Schon gestrichen!»
In Wien geht ein Jud' in ein koscheres Restaurant, und im Eingang begegnet er einem andern Gast, der das Restaurant eben verläßt und dabei kräftig rülpst.
Der neue Gast zieht die Luft sehnsüchtig durch die Nase ein und sagt verzückt: «Oh!! Scholet!»
Der andere mit schadenfrohem Lächeln: «Schon gestrichen!»

«TATE, schreibt man eigentlich Schalet, Scholet, Tschulent oder Tschalent?» *(Eine Sabbatspeise. Das Wort wird sehr verschieden ausgesprochen. Vgl. Glossar.)*
«Wie heißt: schreibt! Scholent *schreibt* man nicht. Scholent *eßt* man!»

«AN Gott glaube ich nicht, aber an die Techiat ha-Mejtim *(Auferstehung der Toten)* glaube ich!»
«Wo bleibt da die Logik?»
«Wenn ein Jude am Schabbes soviel Wein, Schnaps, Tee in sich hineingießt und dazu solche Unmengen gefüllten Fisch, Tscholent, Gans mit Graupen, Kugel, Kischke und Lekach *(alles Spezialitäten der ostjüdischen Koscherküche)* in sich hineinstopft und dennoch lebendig vom Mittags-

schlaf aufsteht – dann ist auch an der Auferstehung der Toten nicht zu zweifeln!»

SCHMUL mußte sich einer Magenoperation unterziehen. Nachher schreibt ihm der Professor eine strenge Diät auf. Schmul möchte aber auf den herrlichen, fetten Tscholent *(vgl. Glossar)* nur ungern verzichten. Der Professor bleibt jedoch unerbittlich.
Schmul geht zu einem zweiten Arzt. Der läßt sich genau beschreiben, was Tscholent ist – und er verbietet ihn ebenfalls.
Da geht Schmul zu seinem jüdischen Hausarzt und klagt ihm sein Leid. Ein Jude wird doch Verständnis haben für seinen Kummer?
«Iß Tscholent, soviel du willst!» sagt der Hausarzt. «Bloß: prallen wirst du schon im Himmel.»

«HERR Doktor, ich leide am Magen?»
«Was essen Sie?»
«Morgens Tee mit Rum, dann Hering, hernach Zuckerlekech *(Biskuit, mit sehr viel Eiern bereitet)*. Mittags, je nachdem, Tscholent, Kischke, Gefülle Milz oder Hälschen, Gans mit Grieben, Knyschy *(alles sehr fette ostjüdische Spezialitäten)*...»
«Ich will Ihnen was sagen: nicht *Sie* leiden am Magen, sondern der Magen leidet an *Ihnen*!»

GOTT sei Dank, daß Sie da sind, Herr Doktor, ich sterbe fast vor Bauchweh! Meine Frau meint, ich habe etwas Schädliches gegessen – dabei war es nichts anderes als immer am Schabbes nach der Schul *(Synagoge)* ... Zuerst zum Kiddusch *(Weinsegen)* einen Schnaps und zwei Eierküchel. Dann ein Stück gelierten gefüllten Fisch und kalten Zimmes *(gesüßtes Mischgericht)* mit Karotten und Knödeln vom Freitag abend. Kalt schmeckt er viel besser!
Dann Ptschä... Sie wissen nicht, was das ist? Eine Delikatesse! *(Suppe mit Kalbsfüßen und Knoblauch-Toastbrötchen, abgezogen mit Ei und Essig.)* Und dann? Dann natürlich die übliche Mahlzeit! Zuerst Suppe – halt, fast hätte ich vergessen: vorher eine kleine Vorspeise: Zwiebel, mit Ei und Leber gehackt, dazu Rettich. Zwei Portionen.
Dann also die Jouch *(Fleischbrühe)* mit Kreplech *(Fleischkräpfchen)*. Die Brühe habe ich aber stehnlassen. Ich mag keine leere Flüssigkeit! Wasser kann ich von der Leitung haben!
Dann der Hauptgang: Ente... Pardon! Ich habe vergessen: Vorher Tscholent *(vgl. Glossar)* aus Kartoffeln und Fleisch... Und Kugel

(Mehlspeise) natürlich! Einen mit Blätterteig und viel Fett, Zucker und Gewürzen dazwischen! Ja – das ist alles.
Außer natürlich dem Strudel als Nachspeise. Zwei Portionen wie immer. Alles wie mein ganzes Leben lang...
Halt! Warten Sie einen Augenblick! Da war doch eine Abweichung! Ich habe nachher ein Glas Tee in mich hineingegossen! Das mache ich sonst nie! Ich habe es auch gar nicht richtig genossen. Das ist es! Das liegt mir jetzt im Magen!»

Der Genuß von Schweinefleisch ist Juden verboten.
JÜDISCHER Bäcker, entrüstet: «Welcher Nudnik *(langweiliger Kerl)* hat Schweinchen unter unsere Tiercrackers gemischt?!»

EIN koscheres Restaurant. Im Schaufenster hängt ein Bild von Moses. Ein galizischer Jude tritt herein – was sieht er? Der Kellner ist glatt rasiert *(nach jüdischem Ritus verboten)*! Der Jude fragt mißtrauisch: «Ist hier wirklich koscher?»
Kellner: «Natürlich. Sehen Sie nicht das Bild von Moses im Fenster hängen?»
Der Jude: «Ja, aber wenn *Sie* im Fenster hängen und *Moses* servieren würde, hätte ich mehr Vertrauen.»

LANDGASTHAUS. «Herr Wirt! Ich sterbe vor Hunger! Bringen Sie mir eine Suppe – egal, was für eine! Mit Bohnen, mit Kohl, mit Kascha *(Buchweizen)*, mit Kartoffeln – was Sie haben!»
Der Wirt: «Chane-Dwoire! Ist noch Suppe da? Weggegossen?... Leider! Mittwoch ist die Suppe von Sabbat nicht mehr gut!»
«Schön. Also ohne Suppe. Irgendein Fleisch. Ein schönes, zartes Stück von der Rippe, von der Brust...»
«Rindfleisch? Das haben wir nur Sabbat!»
«Ich verstehe. Also dann ein Stück Geflügel – Schenkel, Flügel, Magen – was Sie wollen!»
«Huhn? Das können wir nur am Markttag, am Donnerstag, bekommen!»
«Unglücklicher Mittwoch! Also ein Stück Fisch!»
«Erstens habe ich keinen. Zweitens kommt Fisch nur am Donnerstag herein...»
«Zwei blendende Gründe! Besonders der erste! Mir scheint, ich muß mich mit einem Omelett begnügen!»
«Mit Eiern?»

«Wie wollen Sie Omelett ohne Eier machen?»
«Wo soll ich Eier hernehmen? Sie hören doch...»
«Ich weiß, ich weiß! Sie kommen Donnerstag herein!!»
«Woher wissen Sie das?»
«Schauen Sie, Herr Wirt, vom Reden werd' ich immer hungriger! Bringen Sie mir einen Hering und basta...»
«Oh, diesmal muß ich mich entschuldigen! Heute früh hatte ich noch sechs, bitte glauben Sie mir! Vor einer Stunde habe ich den letzten weggegeben! Die Leute...»
«Ich weiß, ich weiß! Sie sind alle verrückt auf Hering! Aber ich werde verrückt vor Hunger! Haben Sie Semmeln, Brot?»
«Ja. Chane-Dwoire! Ein Stück Brot für den Herrn!»
«Was heißt *ein* Stück? Bringen Sie sechs, acht Scheiben! Ich sterbe vor Hunger!»
«Hast du gehört, Chane-Dwoire? Er muß aus der Großstadt kommen! Dort sind sie Freßsäcke – Gott bewahre uns vor ihnen!»

ZWEI Juden bestellen in einem Dorfgasthaus Braten.
«Wir haben kein Fleisch im Haus», bedauert die Wirtin.
«Nun schön, ein Stück Fisch.»
«Woher sollen wir hier im Dorf frischen Fisch nehmen?»
«Also Hering.»
«Der ist mir ausgegangen.»
Die Gäste bestellen noch dies und jenes – es ist aber nichts da, und also setzen sie sich auf ihre Fuhre und fahren weiter.
Da kommt ihnen die Wirtin mit heraushängender Zunge nachgerannt und meldet:
«Wurst habe ich auch keine.»

DER Kellner im koscheren Restaurant: «Hier haben Sie die Speisekarte, Herr Fleckseif.»
Fleckseif: «Behalten Sie sich Ihre Speisekarte! Bringen Sie mir... zuerst Ihre Nudelsuppe... und dann den Schmorbraten... und zuletzt das Zwetschgenkompott.»
Kellner: «Sie wissen unser Menü auswendig, Herr Fleckseif?»
Fleckseif: «Wieso auswendig? Ich sehe doch das Tischtuch.»

KOHN ist Stammkunde in einem koscheren Restaurant. Er verlangt gegen Aufpreis für jede Mahlzeit ein frisches Tischtuch.
Drei Tage lang klappt es – dann ist alles wieder voller Flecke.

Kohn: «Kellner, wofür zahle ich meinen Aufschlag?»
«Es ist nichts zu machen», entschuldigt sich der Kellner, «die andern Gäste haben sich beschwert. Sie sagen: Entweder es ist ein koscheres Restaurant – oder es ist keins.»

ABBELES hat in der Grenadierstraße, dem armen Judenviertel von Berlin, ein koscheres Restaurant aufgemacht. Es gedeiht, und schließlich beginnt er, auch auf gute Sitten Wert zu legen.
Kommt einer und frißt wie ein Schwein.
Sagt Abbeles: «Wenn Se so essen würden beim Kempinski – was würd' der wohl sagen?»
Gast: «Nu, er würde sagen: Wenn Se fressen wollen wie e Schwein, müssen Se gehen zum Abbeles!»

Schweinefleisch ist rituell verboten.
KOHN bei Sacher: «Ober, geben Sie mir von diesem Fisch!»
«Verzeihung, mein Herr, das ist Schinken.»
«Hab ich gefragt, wie er sich ruft *(= nennt)*, der Fisch?»

IN ein elegantes Berliner Restaurant kommt ein Jude und bestellt mit schallender Stimme eine Portion Schinken.
Sagt der Kellner: «Schreit nicht! Man sieht, daß Ihr Jude seid!»

DER «Wirt:
Herr Tannenbaum, Sie machen so ein saures Gesicht. Ist Ihnen das Essen nicht recht?»
Tannenbaum: «Es gefällt mir wirklich nicht. Erstens ist es Tinnef *(Dreck)*, und zweitens ist es viel zuwenig.»

Ostjuden lieben heute noch die reich gewürzte Küche ihrer orientalischen Urheimat.
«RATE, was ich gerade gegessen habe!»
«Mach e Huch – Zwiebel!»
«Falsch geraten!»
«Mach noch e Huch – Knoblauch.»
«Dummer Mensch, Erdbeeren!»

«DAS Geheimnis meiner Jugendlichkeit: mein ganzes Leben habe ich immer viel Zwiebel und Knoblauch gegessen.»
Der andere, schnuppernd: «Auch ein Geheimnis!»

DER ausgehungerte Jeschiwe-Bocher *(Talmudstudent)* meditiert: «Knobel schmeckt gut. Schokolade schmeckt auch gut.» Lange Pause. Dann: «Wie gut muß erst Knobel mit Schokolade schmecken!»

HAUSBESITZER: «Es ist merkwürdig! Im Parterre hab' ich einen Herrn Blumenfeld sitzen, in der Belle Etage die Familie Veilchenblum, im ersten Stock die Witwe Rosenduft, zuoberst einen Herrn Wohlgeruch – und das ganze Haus riecht nur nach Knoblauch!»

«KELLNER, bitte ein Beefsteak!»
«Jawohl, mein Herr! Mit Zwiebeln?»
«No na: mit Tulpen!»

IM Restaurant. «Guten Tag, Herr Kohn. Was essen Sie da für eine miese Sache?»
«Huhn à la Marengo.»
«Wieso Marengo?»
«Nu – Marengo war eine Schlacht – und das Huhn ist auch schlacht.»
(Jiddisch: schlacht = schlecht.)

«KELLNER, was haben Sie fertig?»
«Ich hab' e schönen Kalbskopf.»
«Ich seh's!»

KARPELES hat Rindsbraten bestellt. Nun sitzt er vor seinem Teller und weint.
«Was weint Ihr?» fragt der Wirt erschrocken.
«Ich weine», sagt Karpeles, «darüber, daß für ein so winziges Fetzchen Fleisch ein ganzer großer Ochse sterben mußte!»

SCHLESINGER, alt und reich geworden, hat sich von den Geschäften zurückgezogen und wohnt jetzt in einem kleinen Landhaus bei Miami. Er sitzt gemütlich im Garten, als gerade ein Landwirt mit seiner Fuhre vorbeikommt.
Interessiert fragt er: «Was haben Sie da drin?»
«Dünger.»
«Dünger? Wozu braucht man so etwas?»
«Ich gebe ihn über die Erdbeeren.»
«Pfui! Sie müssen einmal zu uns kommen und kosten: Wir nehmen zu den Erdbeeren immer nur Sauerrahm.»

AVROM und Itzig sind zusammen nach Paris ausgewandert und sitzen, ganz ohne Sprachkenntnisse, zum erstenmal im Restaurant. Auf allen Tischen stehen kleine Dosen mit einer braungelben Salbe. Es muß etwas Kostbares drin sein, denn die Gäste nehmen nur winzige Portionen davon. Die beiden werden neugierig. *(Senf ist in Osteuropa fast unbekannt. Dort nimmt man statt dessen eine Mischung aus geschabtem Meerrettich und roten Rüben.)* Sie beschließen, die gelbe Kostbarkeit auszuprobieren. Sobald der Kellner wegschaut, wird einer von ihnen rasch einen Löffel voll in den Mund schieben. Itzig kommt als erster dran. Kaum hat er das gelbe Zeug im Mund, da schießen ihm Tränen in die Augen, und sein Gesicht wird dunkelrot.

«Was fehlt dir?» fragt Avrom verwundert.

«Ach, weißt du», erklärt Itzig ausweichend, «ich habe mich eben erinnert, daß mein Bruder voriges Jahr ertrunken ist.»

«Nebbich! Ja – und diese gelbe Sache? Ist sie gut?»

«Wunderbar!»

Also nimmt Avrom auch einen Löffel voll und fängt auch an zu weinen.

«Was weinst denn *du*?» fragt Itzig scheinheilig.

«Ich weine darüber», erklärt Avrom, «daß du im Vorjahr nicht mit deinem Bruder zusammen ertrunken bist.»

JOJNE und Schlojme haben gemeinsam einen Pot-au-feu bestellt. Jojne erzählt ausführlich, was sein Vater auf dem Sterbebett verkündet hat. Inzwischen hat Schlojme fast den ganzen Topf leergegessen. Jojne erschrickt.

«Und nun», sagt er, «wirst du deinerseits erzählen, was dein Vater auf dem Sterbebett alles gesagt hat.»

«Meiner ist nebbich schweigend gestorben», erklärt Schlojme und löffelt den Rest aus der Schüssel.

RUBEN und Nuchim haben gemeinsam einen Fisch bestellt. Nuchim teilt den Fisch und nimmt sich das größere Stück.

«Pfui», sagt Ruben, «wenn ich zwei ungleiche Teile gemacht hätte, dann hätte ich mir das kleinere Stück genommen.»

«Nu also, was willst du denn», meint Nuchim achselzuckend, «du *hast* ja das kleinere Stück.»

SAMY ist sehr fromm. Als er für ein paar Tage nach Nizza fahren will, läßt er sich von seinem Schwager alle koscheren Pensionen von Nizza aufschreiben. Er fährt – und wochenlang hört man nichts von ihm. Die

Frau, beunruhigt, schickt ihren Bruder nach Nizza, er soll Samy suchen. Der Bruder klopft alle kosheren Pensionen ab – nirgends eine Spur von Samy. Schließlich geht er von Hotel zu Hotel und findet Samy in einem fragwürdigen Absteigquartier zusammen mit einem Mädel im Bett. Er schreit: «Hier find ich dich? Und Sara ist zu Hause ganz verzweifelt!»
Samy: «Fahr nach Haus und sag Sara, sie kann ganz ruhig sein: Essen tu ich bestimmt im kosheren Hotel.»

SAMMY ist in den Hitlerjahren nach Melbourne ausgewandert und versucht sein Glück mit einem kleinen Delikateßwarenladen, haargenau dem Italiener Antonio gegenüber. Antonio, verärgert über die neu zugewachsene Konkurrenz, hängt ein Schild heraus: «Schinken nur 50 Cents pro Pfund».
Sammy pariert mit «40 Cents pro Pfund».
Antonio geht prompt auf 35 Cents herunter, Sammy offeriert Schinken zu 30 Cents.
Jetzt platzt Antonio die Geduld. Er rennt zu Sammy hinüber und klagt bitter: «Wenn du die Preise weiter so drückst, gehen wir beide pleite!»
Darauf Sammy: «Wieso ‹wir beide›? *Du* gehst pleite. Ich habe nur koschere Artikel und verkaufe keinen Schinken!»

WIRT: «Sie reden mit Ihrem gebratenen Fisch?»
«Ja, wissen Sie, vor drei Monaten ist mir ein Freund ertrunken, man hat aber seinen Leichnam nicht finden können. Ich habe den Fisch gefragt, ob er vielleicht etwas darüber weiß.»
«Hat er geantwortet?»
«Ja, aber er sagt, er kann das nicht wissen: Er ist so klein, er war damals noch nicht auf der Welt.»

Variante:
«ER hat gesagt, er weiß keine Neuigkeiten, er ist schon viel zu lange hier im Restaurant.»

«KELLNER, letzte Woche habe ich hier bei Ihnen einen ausgezeichneten frischen Fisch bekommen – und diese Woche servieren Sie mir einen stinkenden Kadaver!»
Kellner: «Da sieht man, was die Einbildung ausmachen kann: Ich schwöre Ihnen, das Stück auf Ihrem Teller stammt von dem genaugleichen Fisch, den Sie so loben!»

«HERR Lejb, was reden Sie auf Ihren gesülzten Fisch ein?»
«Ich mach' ihm Vorwürfe. Ich hab' zu ihm gesagt: Wie kann ein frischer Fisch so stinken?»

GASTWIRT, vorwurfsvoll: «Hören Sie, Sie können meinetwegen unsere Zahnstocher auf den Boden werfen, Sie können sich damit die Ohren kratzen, Sie können sich die Fingernägel putzen. Aber *zerbrechen* müssen Sie sie doch nicht!»

«KELLNER – e Zahnstocher!»
«Wir haben keine!»
«E schene Ordnung habt ihr hier!»
«Anfangs hatten wir welche – aber die verehrten Gäste haben sie nie zurückgegeben!»

«WISSEN Se, der Schmil hat gar kei Bildung! Gestern war ich mit ihm im Restaurant – und auf einmal fängt er an, sich mit e Streichholz die Ohren zu putzen!»
«Mit e Streicholz!? Wozu stehn denn auf allen Tischen die Zahnstocher?!»

GAST: «Schau'n Se, wos in der Supp' drin war! E langes Haar!»
Wirt: «Macht nix. Se kennen sich's behalten.»

«ACH, Herr Wirt, warum haben Sie die reizende blonde Köchin weggehen lassen?»
«Woher wissen Sie denn, daß sie nicht mehr da ist?»
«Ich sehe doch die schwarzen Haare in der Suppe.»

KOSCHERES Landgasthaus. «Kellner, haben Sie vielleicht etwas von Geflügel?»
«Ja. Beschissene Stiegen.»

DREI Juden sitzen im koscheren Restaurant. Sagt der eine:
«Kellner, ich will ein Glas Tee!»
Sagt der zweite: «Kellner, ich will den Tee mit Zitrone!»
Sagt der dritte: «Ich will auch Tee. Aber unbedingt in einem ganz saubern Glas!»
Nach einer Weile kommt der Kellner mit drei Glas Tee und fragt:
«Wer von Euch bekommt das saubere Glas?»

IM koscheren Restaurant: «Kellner, bringen Sie mir auf der Stelle einen andern Teelöffel! Dieser hier ist mit Eigelb verschmiert!»
«Gern, sofort! Aber was mach' ich, wenn alle andern Teelöffel auch mit Eigelb verschmiert sind?»

«KELLNER, so eine Schweinerei! Schauen Sie her: da habe ich ein Stück Lumpen aus der Suppe gefischt!»
Der Kellner: «Na und? Wollen Sie aus einer Suppe für dreißig Pfennig vielleicht Brüsseler Spitzen fischen?»

GAST zum Kellner, der das Kotelett mit der Hand auf dem Teller festhält: «Sie Schwein!»
Kellner: «Na, wollen Sie vielleicht lieber, daß es mir noch einmal vom Teller auf den Boden rutscht?»

«KELLNER! Sie haben den Daumen auf meinem Kotelett!»
Kellner, leutselig: «Sie brauchen sich nicht aufzuregen: Es ist nicht so heiß, daß ich mich verbrennen kann.»

MOJSCHE bestellt eine heiße Suppe. Der Kellner bringt sie. Mojsche schickt sie zurück und bestellt noch einmal dasselbe. Als er sie zum dritten Male zurückschickt und neu bestellt, wird der Kellner aufgeregt: «Warum schicken Sie mich immer wieder zurück?»
Mojsche: «Solange Sie den Daumen in der Suppe halten können, is sie nicht heiß genug.»

Fromme Jüdinnen pflegen nach der Heirat eine Perücke zu tragen (vgl. Glossar).
FEIWUSCH löffelt mit Genuß die Sabbatsuppe. Plötzlich fängt er an zu würgen und zu spucken.
«Pfui Teufel», schreit er, «da sind ja Haare in der Suppe!»
«Tatsächlich?» ruft die Frau erfreut aus, «das kann nur meine Sabbatperücke sein! Wie habe ich sie gesucht! Aber du siehst: In unserem Hause geht nichts verloren.»

IN Wien gab es ein billiges koscheres Restaurant «Neugröschl». Der Besitzer war eine volkstümliche Figur. –
«Röster» nennt man in Wien Kompott aus Dörrobst, im Gegensatz zu solchem aus frischen gekochten Früchten. –
Auf der Menükarte ist als Nachspeise «Kompott» angegeben. Serviert werden gekochte Dörrpflaumen.

«Kellner», protestiert ein Gast, «das ist nicht Kompott, das ist Röster.»
«Mein Herr», sagt der Kellner, «das ist Kompott!»
«Es ist Röster!» beharrt der Gast. «Bringen Sie mir Kompott!»
«Mein Herr, es ist Kompott!»
Neugröschl hört den Krach und läßt sich erklären, worum es geht. Der Gast wiederholt seine Reklamation.
Da faßt ihn Neugröschl am Kragen, wirft ihn hinaus, tritt wieder ins Lokal und verkündet laut, mit strengem Rundblick: «Es gibt noch etwelche hier in Wien, die sagen, das ist nicht Kompott, sondern Röster, aber» – drohend: «ich kenne sie alle!»

FÜR die Börsenkantine von Frankfurt wurde ein neuer Pächter gesucht. Ein jüdischer Koch namens Katzenstein bewarb sich beim Börsenpräsidenten Höchberg um die Stelle und bekam sie. Doch bald brach in der Presse ein Skandal los: Es hatte sich herausgestellt, daß Katzenstein sein Restaurant koscher betrieb!
Der aufgeregte Höchberg zitierte Katzenstein herbei und fragte:
«Ist das wahr, Herr Katzenstein, was in der Zeitung steht, daß Sie nämlich Ihre Kantine koscher betreiben?»
«Natürlich ist es wahr, Herr Präsident. Ich werde doch als frommer Jude nicht eine trefene Kantine führen!»
«Aber Herr Katzenstein! Unter den Kunden gibt es doch Christen! Was machen Sie, wenn einer Schinken bestellt?»
«Herr Höchberg, das ist kein Problem. Wenn einer der Herren Schinken verlangt, schneid' ich ihm ein Stück von der geräucherten koscheren Rindsbrust herunter. Alle Herren sind sich einig, daß sie noch nirgends einen so guten Schninken gegessen haben.»

EIN Frankfurter Geschäftsmann in der alten patriarchalischen Zeit ließ täglich allen Angestellten ein Frühstück reichen. An einem Freitag gab es Rindswurst, die der neu eingestellte Pförtner mit der Bemerkung zurückwies, daß er katholisch sei und freitags kein Fleisch essen dürfe.
Als der Lehrling, der das Frühstück verteilte, seinem Prinzipal das mitteilte, wurde er heftig angegrobst: «Was, der Kerl schickt mei' Frühstück zurück! Den schmeiß ich hinaus!»
Der Lehrling, ganz bescheiden: «Aber das ist doch nicht so schlimm. Wir haben ja auch ähnliche Vorschriften, dürfen zum Beispiel kein Schweinefleisch essen.»
Darauf der Prinzipal voller Wut: «Du Läusbub! Willst de vielleicht vergleiche unsere heiligen Gebräuche mit so 'nem Stuß *(Unsinn)*!»

DIE Eltern sind aus Polen nach New York eingewandert und lieben die Spezialitäten der ostjüdischen Küche. Der kleine Sami jedoch ist in New York geboren und will nur amerikanische Kost. Daß er nicht einmal die köstlichen, selbstbereiteten Kreplach *(Kräpfchen; eine Art Ravioli)* essen will, bricht der Mutter das Herz. Sie bringt Sami zum Psychoanalytiker.

Nach vielen Sitzungen erklärt der Analytiker: «Sie müssen einmal die Kreplach vor Samis Augen zubereiten, dann wird er schon Appetit auf sie bekommen!»

Die Mutter nimmt Sami mit in die Küche und rollt vor seinen Augen einen feinen Nudelteig aus. Sami ist sehr interessiert. Dann bereitet sie die Füllung: Sie röstet gehackte Zwiebeln in Gansfett. Sami schnuppert und leckt sich die Lippen. Sie fügt feines rohes Hackfleisch hinzu und Gewürze. Die Mischung brutzelt, Sami schlingt den Speichel. Jetzt sticht sie runde Plätzchen aus dem Teig und gibt auf jedes Plätzchen ein Häufchen von der Füllung. Sami gehen die Augen über vor Spannung. Sie klappt die Plätzchen über der Füllung zu, verklebt sie und läßt sie triumphierend in das kochende Salzwasser gleiten. Sami schaut völlig gefesselt in den Topf.

Da plötzlich quäkt er: «Oj! Pfui! Das sind ja Kreplach!»

WAS ist der Unterschied zwischen einem galizischen orthodoxen Rebben und einem amerikanischen Reformrabbiner?

Nun: Fragt man den galizischen Rebben, ob Schinken koscher ist, dann fragt er zurück: «Was ist Schinken?» Denn er kennt nur den Ausdruck «Chaser» *(Schwein)*.

Fragt man einen amerikanischen Reformrabbiner dasselbe, dann fragt er zurück: «Was heißt ‹koscher›?»

VIKTUALIENMARKT in Jerusalem. Frau Blau will ein Huhn kaufen. Sie betastet Stück für Stück die fertig gerupften Exemplare, schnuppert kritisch unter den Flügeln und Schenkeln...

«G'weret *(Madame)*», protestiert der Händler gekränkt, «sind Sie sicher, daß Sie selber einen solchen Test bestehen würden?»

Eine der Koscher-Vorschriften schreibt die Trennung von «milchigen» und «fleischigen» Speisen vor.

WELCHE Kleidung ist garantiert koscher?

Der Bikini: Er trennt das «Milchige» vom «Fleischigen» komplett.

In Caféhaus und Kneipe

BEIM Kartenspiel. Einer der Herren weiß nicht, was er ausspielen soll. Unschlüssig dreht er sich zu dem kiebitzenden Juden um, der hinter ihm steht. Der Jude deutet auf die eigene Brust. Der Herr spielt Herz aus – und verliert.
«Das habe ich von Ihren dummen Ratschlägen!» sagt er bitter zu dem Kiebitz.
Darauf dieser: «Heiße ich denn Herz? Ich heiße Caro!»

Variante:
«DU hast mich mißleitet! Warum hast du mit der Hand auf das Herz gedeutet?»
«Nun, und was macht das Herz? Pik-pik-pik...»

KARTENPARTIE. Ein aufgeregter Kiebitz kann sich schon nicht mehr zurückhalten und sagt zu Kohn, der die Partie aufgenommen hat: «Moritz will ich heißen, wenn Sie auf die Art die Partie gewinnen!»
Das macht auf Kohn Eindruck, und seine Hand bleibt in der Luft stehen: «Wie heißen Sie denn *jetzt*?»
«Isidor.»
Worauf Kohn. «Auch ein Risiko!» – und spielt ruhig seine Karte aus.

EIN Offizier spielt mit Juden im Bahncoupé Skat. Einer der Juden möchte, daß der andere Grün ausspielen soll. Um ihm einen unauffälligen Wink zu geben, fragt er scheinbar beiläufig: «Wann haben wir eigentlich Sukkot?» *(Ein Herbstfest, an welchem die Juden in grün umlaubten Hütten essen.)*
Der Offizier hat jedoch vom Turf und Caféhaus her mehr jüdische Kenntnisse, als die beiden ahnen, und sagt: «Sukkot ist am 12. Oktober, und wenn Sie jetzt Grün ausspielen, haue ich Ihnen eins hinter die Ohren.»

TEPLITZER wankt mit kreideweißem Gesicht aus dem Café.
«Was fehlt Ihnen?» fragt ein Bekannter.

«Stellen Sie sich vor», stöhnt Teplitzer, «neben mir sitzt Joschke Katz – auf einmal sinkt er tot zu Boden: der Schlag hat ihn getroffen. Wie leicht hätte er *mich* treffen können!»

ITZIG Diamant ist im Café, während des Kartenspiels, plötzlich tot zusammengebrochen. Große Verlegenheit. Wer soll der Frau die Nachricht bringen? Schließlich erklärt sich einer bereit, es ihr schonend beizubringen. Er geht hin, läutet. Sie öffnet.
«Guten Tag, Frau Diamant. Ich komme eben aus dem Stammcafé Ihres Gatten.»
«Der Lump sitzt sicher dort und spielt Karten.»
«Jawohl, er sitzt dort und spielt Karten.»
«Am Ende hat er wieder verspielt.»
«Ich glaube, er hat wirklich verspielt.»
«Er hat womöglich sehr viel verspielt.»
«Ich fürchte, er hat sehr viel verspielt.»
«Der Schlag soll ihn treffen, den Tagedieb!»
«Von Ihrem Mund in Gottes Ohr – er hat ihn schon getroffen.»

Varianten:
1. DER Abgesandte fragt: «Wohnt hier die Witwe Diamant?»
Die Frau ist außer sich: «Du frecher Kerl! Ich bin nicht Witwe! Mein Mann lebt!»
Darauf der Abgesandte: «Ihr sollt so leben, wie er lebt! Vor einer halben Stunde hat ihn der Schlag getroffen.»

2. «WOHNT hier die Witwe Diamant?»
«Nu, ich heiße Diamant, aber ich bin nicht Witwe.»
«Wolln mer wetten?»

3. «ER hat verspielt!? Der Schlag soll ihn treffen! Er kommt mir nicht mehr ins Haus!»
«Nu – wie Ihr wollt! Dann tragen wir den Leichnam eben direkt zum Friedhof!»

BEIM Kartenspiel. Kohn sagt Grand an – im nächsten Augenblick sinkt er, vom Schlag getroffen, tot zu Boden. Alles schweigt, gelähmt vor Schreck. Dann steht Levy auf, greift nach den am Boden liegenden Karten des toten Kohn und sagt: «Ich bin doch neugierig, was für einen Grand der *selige* Kohn gehabt hat.»

Am Sabbat darf man kein Geld bei sich tragen.
SCHAPIRO ist gestorben. Die Nachbarn kommen zur Witwe, um zu kondolieren.
«Ein so frommer Mann!» rühmt einer den Verstorbenen.
«Ja», seufzt die Witwe, «wahrhaft fromm! Jeden Freitag abend übergab er mir seine Geldtasche zum Wegsperren. Zwar hatte er meist schon am Nachmittag den letzten Heller beim Kartenspiel verloren. Aber das Prinzip, das Gesetz hat er sein Leben lang befolgt!»

«MEIN Schwiegersohn hat einen großen Fehler. Er kann nicht Karten spielen.»
«Das ist doch kein Fehler!»
«O doch! Er spielt nämlich trotzdem.»

DIE Frau, außer sich: «Du hast Anzug und Uhr verspielt!»
Der Mann, beschwichtigend: «Still, du weißt gar nicht, was für ein gutes Geschäft ich da gemacht habe. Was war beides zusammen wert? Höchstens achtzig Rubel. Und weißt du, wie hoch meine Spielschuld war? Zweihundert Rubel!»

BLUMENBERG hat sein Vermögen im Spielklub durchgebracht. Auf dem Totenbett, von seinen Söhnen umgeben, erteilt er letzte Ratschläge: «Schwört, nie eine Karte anzurühren! Vor allem hütet euch vor Bakkarat!»
Die Söhne: «Wir geloben es, Vater!»
Blumenberg schweigt lange: Dann. «Und übrigens: Wenn ihr schon spielt – nehmt unbedingt die Bank!»

LEVY hat mit einem Bekannten im Caféhaus Karten gespielt. Es kommt zum Krach, Levy springt zornig auf und schreit: «Wieso spiele ich mit dir? Ich verstehe nicht, wie ich mich nicht schäme, mit einem Menschen Karten zu spielen, der sich nicht schämt, mit jemandem Karten zu spielen, der mit einem Kerl, wie er einer ist, Karten spielt!»

JANKEL, berüchtigter Falschspieler, kommt aus Przemysl zum ersten Mal nach Wien und sucht natürlich sofort nach einem Café, wo man Karten spielt. Artig bittet er um die Erlaubnis, mitspielen zu dürfen. Die Herren sind einverstanden.
Kurz darauf sagt einer von ihnen: «Ich hab' vier Könige!» und greift nach den Einsätzen.

«Halt!» schreit Jankel, «erst vorzeigen!»
Die Herren sind empört. «Was denken Sie, wo wir sind?» sagt einer von ihnen streng, «bei uns hat man zu glauben, was einer sagt!»
Jankel entschuldigt sich erschrocken und spielt von jetzt an schweigend mit. Und am nächsten Tag kommt er mit 200 Gulden nach Przemysl zurück.
«Wie ist das möglich?» wundert sich seine Frau.
«Nu, Kunststück!» erklärt Jankel, «bei *die* Usancen!»

ZWEI Schachspieler im Café. «Moritz, um was spielen wir?»
«Ich würde sagen: einfach um die Ehr'.»
«Und was tu ich mit deiner Ehr', wenn ich sie gewinn?»

KOHN sitzt im Café beim Kartenspiel. Seine Frau kommt, ihn heimzuholen. Sie versucht ihn zu rühren: «Die Kinder weinen, wollen nicht ins Bett...»
Nichts hilft. Da sagt die Frau weinend: «Du hast ka Herz!»
Kohn fährt wütend herum: «Was verrätst du mei Blatt!»

BLOCH und Roth spielen im Caféhaus Karten. Bloch verspielt und sagt: «Ich hab mein Geld zu Haus vergessen, ich zahl dir morgen!»
Roth, aufgeregt: «Heißt eine Gemeinheit, ohne Geld Karten zu spielen! Womit soll ich jetzt meinen Kaffee bezahlen!?»

«LEVY, wieso hast du beim Kartenspiel immer Glück, und beim Rennen verspielst du immer?»
«So a Frag! Die Pferde kann ich doch nicht mischen!»

KOHN sitzt beim Kartenspiel im Café. Der Ober: «Herr Kohn, Ihre Frau läßt Sie ans Telefon bitten!»
Kohn: *«Läßt bitten?* Das kann nicht meine Frau sein!»

KOHN sitzt beim Kartenspiel. Auf einmal kommt Grün ganz aufgeregt und sagt zu Kohn: «Was, du Kohn spielst ruhig Karten? Und deine Frau betrügt dich inzwischen mit deinem besten Freund!»
Die Sache ist immerhin etwas unangenehm, daher sagt Kohn zu Grün: «Setz dich auf meinen Platz, bis ich zurückkomme. Ich werde nachsehen.» Nach einer Weile kommt er zurück, fordert Grün auf, er möge aufstehen, und erklärt den neugierigen Herren: «Der Grün ist ein Esel! Das war doch ein wildfremder Mensch!»

«DIESER Kaffee», stellt Kohn fest, «enthält einen Vorteil, einen Nachteil und ein Rätsel. Der Vorteil: es ist keine Zichorie drin. Der Nachteil: es ist auch kein Kaffee drin.
Das Rätsel: wovon ist er schwarz?»

HERSCHEL hat unzählige Glas Wasser und Zündhölzer im Café konsumiert. Jetzt ruft er den Kellner und befiehlt: «Ober, halten sie mir den Stuhl besetzt. Ich gehe nur schnell nach Hause, eine Schale Kaffee trinken.»

ZWEI Konkurrenten, die voreinander am liebsten ausspucken möchten, sitzen im überfüllten Café am selben Tisch und schauen geflissentlich aneinander vorbei. Da kommt der Musikant mit dem Sammelteller. Der eine gibt seinen Beitrag, der andere winkt ab, indem er auf den Konkurrenten weist und erklärt: «Wir gehören zusammen.»

AWROM kommt ins Wirtshaus, bestellt einen Schnaps nach dem zweiten und bekreuzigt sich jedesmal.
«Warum tust du das? Du bist doch Jude!» sagt einer.
«Eben darum», erklärt Awrom, «es geht mir um den guten Ruf meiner Glaubensbrüder. Es soll keiner sagen, er habe einen Juden saufen gesehen!»

DER Mann zur Frau, mitten in der Nacht: «Rifke, mir ist nicht gut! Hast du Schnaps?»
«Mitten in der Nacht muß er Schnaps haben! Ich hab keinen! Schlaf weiter!»
«Natürlich. Glaub ja nicht, ich müsse unbedingt Schnaps haben!... Rifkele, der Nachbar hat sicher welchen!»
«Bist du verrückt? Den Nachbarn wegen Schnaps wecken!»
«Scht, du weckst die Kinder! Glaubst du, ich bin so verrückt auf Schnaps? Es muß nicht sein... Rifkele! Morgen ist Jahrmarkt! Da ist die Kneipe für die Bauern sicher die ganze Nacht geöffnet. Kannst du hinrennen und mir ein Glas Schnaps verschaffen?»
«Mögen alle schlechten Träume, die ich je hatte, auf deinen Kopf fallen mit deiner Idee, ich solle im größten Frost mitten in der Nacht Schnaps für dich holen!»
«Scht! Du wirst die Kinder wecken! Glaubst du, ich bin so verrückt auf ein Glas Schnaps? Aber nein! Willst du nicht gehen – gut! Dann geh ich selber!»

«WIE machst du diesen wundervollen Kräuterschnaps?»
«Ich nehme gewöhnlichen Kornschnaps, gebe viele Kräuter hinein und lasse das Ganze acht Tage ziehen...»
«Schafskopf, das frage ich doch gerade: Wie machst du es, daß der Schnaps nicht schon vorher ausgetrunken ist?»

JOSUA kommt nach Hause und sieht, wie seine Tochter sich die Kopfhaut mit Schnaps massiert. Er ruft empört: «Was machst du da mit dem schönen Schnaps?»
«Der Arzt hat gesagt, daß das den Haarwuchs fördert.»
«Was für ein Unsinn! Wenn das wahr wäre, dann wüchse mir längst ein Bart aus dem Gaumen bis zum Boden!»

«IHR sagt immer, ich soll nicht trinken. Aber wenn doch sogar der weise Salomon getrunken hat!»
«Woher willst du wissen, daß er getrunken hat?»
«Na – wäre er sonst weise gewesen?»

JOSSEL, der Säufer, hat eine Ziege. Sie wird krank. Man will ihr zu trinken geben – sie wendet sich weg und stirbt.
Jossel will das Fell verkaufen und vertrinken. Die Frau protestiert. Darauf Jossel, entrüstet. «Die Ziege trank nicht – und starb. Willst du, daß ich nicht trinke und sterbe wie die Ziege?»

«IHR sagt, ich soll nicht saufen. Ihr habt gut reden. Ich trinke nur, um meine Sorgen zu ersäufen.»
«Und sind sie noch nicht ertrunken?»
«Nein – je mehr ich trinke, desto rascher schwimmen sie immer wieder an die Oberfläche.»

EIN Melamed verlor seine Stellung, weil er trank. Die Leute redeten ihm zu, er sollte doch aufhören zu trinken, dann würden sie ihn wieder anstellen. «Auch eine Logik!» meinte der Melamed. «Ich gebe Stunden, um trinken zu können – und nun soll ich aufhören zu trinken, um Stunden geben zu können!»

«GUTEN Morgen, Eisik, wollt Ihr ein Glas Schnaps?»
«Nein. Erstens ist heute Fasttag. Zweitens habe ich gelobt, nie mehr zu trinken. Drittens habe ich heute früh schon drei Gläschen gehabt. Und viertens – schenkt ein!»

BERL, der Trinker, meditiert: «Jeder Schankwirt ist ein Esel: Er hat Schnaps – und geht hin und verkauft ihn!»

«DU trinkst zuviel!»
«Aber nein, ich trinke immer nur ein Gläschen... und davon werde ich mit einem Schlag ein anderer Mensch, und dieser andere Mensch braucht doch auch ein Gläschen!»

DER Komponist Imber sagte zum Hotelwirt: «Weck mich, sobald ich durstig bin.»
Wirt: «Wie soll ich wissen, wann Ihr durstig seid?»
Imber: «Wann du mich wecken wirst, werde ich durstig sein.»

WARUM wurde Lot zum Säufer?
Er war durstig von seiner Frau, der Salzsäule.

GRÜN sieht auf einem Auge nicht mehr und geht zum Arzt.
«Das kommt vom Alkohol», meint der Arzt. «Wenn Sie das Trinken nicht lassen, wird auch das zweite Auge erblinden.»
«Auch eine Logik», brummt Grün, «ich habe nicht einmal zwei gesunden Augen zuliebe auf das Trinken verzichtet – da soll ich es einem einzigen Auge zuliebe tun!»

WARUM ist leider Salz so billig und Schnaps so teuer? Das kam so: Die Juden beschlossen eines Tages, eine Delegation zum Grabe Lots, des Säufers, zu entsenden, damit er sich im Himmel für billige Schnapspreise verwende. Die Delegation kannte sich aber in Kanaan nicht recht aus, und sie betete statt dessen am Grabe von Lots Frau, der Salzsäule. Sie sorgte für billige Salzpreise – und der Schnaps blieb teuer!

DER alte Wasserzug hört schlecht. Der Arzt untersucht ihn und brüllt ins Hörrohr: «Sie müssen aufhören zu saufen, sonst werden Sie vollständig taub!»
Einige Monate später ist Wasserzug vollkommen taub. Der Arzt schreit: «Ich habe Sie gewarnt! Warum haben Sie gesoffen?»
«Ach, Herr Doktor, nichts, was ich inzwischen gehört habe, war so gut wie Branntwein!»

Mitgift und Liebe

HEIRATSKANDIDAT: «Das Mädchen gefällt mir nicht. Sie schielt, sie lispelt – und diese eingefallenen Backen!»
Schadchen *(Heiratsvermittler)*: «Ja, aber bedenken Sie: auf jede Backe kommen hunderttausend Rubel!»
Heiratskandidat, begeistert: «Was, *vier*hunderttausend Rubel Mitgift?! Das ändert die Sache. Ich nehme sie!»

GOLDSTEIN bringt einen neuen Kunden mit nach Hause. Nach einer Weile kommt eine stille Frau herein, stellt Kognak und Gläser auf den Tisch und geht wieder hinaus. Der Kunde:
«Schön ist Ihr Mädchen nicht, aber vielleicht tüchtig?»
Goldstein: «Was fällt Ihnen ein? Wo werde ich ein solches Menuwel *(Scheusal)* als Dienstmädchen engagieren! Das ist doch selbstverständlich meine Frau!»

HERSCH stellt seine Frau dem David vor.
David nimmt ihn beiseite und flüstert:
«Was ist dir eingefallen, so etwas Mieses zu heiraten? Ein knochiges Gestell und ein sauertöpfiges langes Gesicht und fast keine Haare, und halb blind scheint sie auch zu sein!»
Hersch: «Du kannst ruhig laut reden: taub ist sie auch.»

BRÄUTIGAM: «Ich habe Erkundigungen über deinen Vater eingezogen. Die Auskunft hat mich dreißig Franc gekostet. Sie war nicht großartig!»
Braut: «Was kannst du für schäbige dreißig Franc schon Großartiges verlangen!»

DIE Frau, sich im Spiegel genau musternd, mit großer Genugtuung: «Dieses Ekel gönne ich ihm!»

Es ist Sitte, daß die Braut unter dem Traubaldachin weint.
DIE Mutter, sehr nervös zu ihrer bräutlichen Tochter:
«Warum fängst du nicht endlich an zu weinen?»

Die Tochter, trocken: «Warum soll *ich* weinen? Er hat mehr Grund dazu. Soll *er* weinen!»

DER junge Mehlspeis: «Ist das Mädchen, das Sie mir vorschlagen, aber auch bestimmt ehrbar?»
Schadchen, sich kratzend: «Ja, was soll ich da sagen? Legen Sie mehr Gewicht auf ‹ehr› oder auf ‹bar›?»

DER ortsansässige Schadchen hat einem durchreisenden jungen Mann ein Mädchen angetragen. Der junge Mann meint: «Die Partie gefällt mir. Bloß: ich fürchte, das Mädchen wird Einwände gegen meine Familie haben.»
Der Schadchen: «Pferdediebe?»
«Nein.»
«Ein Meschumad *(Täufling)* in der Mischpoche?»
«Nein.»
«Also was in aller Welt?»
«Ein Weib.»

IN der Frankfurter jüdischen Hautevolée gab es zeitweise feste «Mitgiftkurse». Der Inhaber eines Doktortitels konnte eine Mitgift von hunderttausend Mark erwarten.
Eine christliche Dame telefoniert an ihre jüdische Freundin: «Mein Sohn hat die Doktorprüfung bestanden!»
Darauf die jüdische Dame: «Wie, den Doktor hat er? Sind hunderttausend Mark auf der Deutschen Bank!»

«Pferd» ist als Beschimpfung jiddisch = Esel, Schwein = Geizhals
EINEM Juden wird aus der Nachbarstadt eine Partie für seine Tochter angeboten. Er erkundigt sich bei einem dortigen Freund nach dem jungen Manne. Der Freund schreibt: «Der Jüngling ist eine seltene Ss'chojre *(Ware, Handelsobjekt)*. Du gibst doch zu, in letzter Zeit sind die Pferde im Preis stark gestiegen? Der junge Mann ist ein Pferd, wie man kein zweites findet. Und die Schweine sind auch teurer geworden? Ein Schwein ist er auch. Und obendrein ist er noch ein Mann. Nun rechne dir aus, was so ein Bräutigam wert ist!»

«PAPA, ich habe mich mit Fräulein Löwenschwanz verlobt. Sie ist reizend. Aber sie hat kein Geld.»
Papa: «Nun, in Gottes Namen. Wieviel hat sie denn?»

Der Sohn: «Papa, du hörst doch: sie hat gar nichts!»
Papa, hitzig: «Das geht aber zu weit! Kein Geld – schön, kein Geld. Aber *gar* kein Geld!»

DEM reichen Moritz Blitzableiter wird eine Partie vorgeschlagen. Das Mädchen sagt ihm soweit zu, aber er will nicht die Katz im Sack kaufen. Er beharrt darauf, die Braut unbekleidet zu sehen. Allgemeines Entsetzen. Indes ist er als Partie gar zu verlockend, und so willigt die Familie schließlich ein, daß das Mädchen sich in ihrem Zimmer ausziehen und der junge Blitzableiter durchs Schlüsselloch hineinsehen darf.
Er steht sehr lange vor dem Schlüsselloch und entscheidet: «Ich nehme sie nicht. Die Nase gefällt mir nicht.»

DER alte Nachtlicht geht tief besorgt umher.
«Eine böse Geschichte», sagt er zu einem Bekannten, «ich habe meine Tochter verlobt und zehntausend Mark Mitgift versprochen – morgen ist Hochzeit, und es fehlt mir von der Mitgift die Hälfte.»
«Na und? Man gibt ja ohnehin immer nur die Hälfte!»
«*Die* Hälfte fehlt mir eben.»

ROJTFLECK, aufgeregt zu seinem Sohn: «Man heiratet nicht ein Mädchen aus bettelarmem Hause!»
«Aber Papa, ich liebe das Mädchen!»
«Habe ich etwas gegen die Liebe? Aber wozu verliebst du dich ausgerechnet in ein armes Mädchen?»

ES ist bei den Juden Sitte, daß Braut und Bräutigam von ihren Eltern zur «Chupe», dem Traubaldachin, geführt werden. Ein jiddisches Sprichwort behauptet: «Zur Chupe wird man geführt, zur Scheidung rennt man selber.»

«SAG mal, Menasse, warum sind am Totenbett nur zwei Säulen – und an der Chupe *(Traubaldachin)* vier?»
«Weil auf dem Totenbett nur einer begraben wird und unter der Chupe zwei.»

SCHADCHEN: «Ich weiß für Sie eine großartige Partie.»
Junger Mann: «Ich will nicht.»
«Sie wissen ja noch gar nicht, wie sie ist. Eine Schönheit!»
«Ich suche keine Schönheit.»

«Ah – Sie wollen gute Familie? Kann ich auch bieten.»
«Nein.»
«Ich verstehe. Sie sind mehr fürs Reelle. Sie suchen eine ordentliche Mitgift. Also ich weiß Ihnen ein Mädchen mit...»
«Geben Sie Ruh'! Ich will nur aus Liebe heiraten!»
«Scht, ruhig! Liebe? Habe ich auch auf Lager!»

ASCHER beim Schadchen *(Heiratsvermittler)*: «Das Fräulein Levin, das Sie mir vorgestellt haben, gefällt mir nicht schlecht! Aber blond sollt' sie sein!»
«Nu, bitt' scheen! E Fräulein Levin in Blond hab' ich auch auf Lager!»

IN jüdischen Kaufmannskreisen war es praktisch kaum möglich, Töchter ganz ohne Mitgift an den Mann zu bringen. Die Elsässer Juden kannten daher folgende Steigerungsreihe:
Positiv: Bat *(hebräisch Tochter)*
Komparativ: Banot *(Töchter)*
Superlativ: Ba-avanot *(in Schulden)*.

«HERR Kohn, wie geht es Ihren Töchtern?»
«Danke für die Nachfrage: zweie sind schon ausverkauft, auf eine habe ich Bestellung, und die jüngste ist noch am Lager.»

MENASSE hat in ein respektables Unternehmen eingeheiratet.
«Herr Menasse», fragt ein Freund, «haben Sie eigentlich aus Liebe oder aus Vernunft geheiratet?»
«Nu: das Geschäft aus Liebe, die Frau aus Vernunft.»

HEIRATSKANDIDAT zum Schadchen: «Sie haben mir gesagt, der Vater des Mädchens ist nicht mehr am Leben... und nun höre ich, daß er im Zuchthaus sitzt!»
Schadchen: «Nu – ich frage Sie: Ist das ein Leben?»

DAS Mädchen: «Ach, Jossel, ich liebe dich so! Was schadet es denn, daß wir beide arm sind? Mir dir zusammen begnüge ich mich gern mit Brot und Wasser.»
Jossel: «Gut: sorge du für Brot; ich sorge für Wasser.»

DIE Tochter des reichsten Juden von Neustadt hat sich verlobt. Der Heiratsvermittler des Städtchens trifft den Vater des Mädchens und

sagt mit leisem Vorwurf: «Und an Euren alten Schadchen habt Ihr nicht gedacht?»
«Ihr braucht nicht gekränkt zu sein», tröstet der Vater, «diese Partie ist durch Amor selber vermittelt worden.»
«Amor?» sagt der Schadchen eifersüchtig, «Amor? Habe nie von ihm gehört. Es muß einer aus Bromberg sein.»

KÜNFTIGER Schwiegervater zum Schadchen: «Der junge Mann gefällt mir. Aber eine Bedingung muß er mir erfüllen: er darf am Schabbes nicht arbeiten.»
Schadchen: «Keine Angst! Sie können von ihm spielend leicht erreichen, daß er auch die Woche über nicht arbeitet.»

«DIE Riwka Goldstein aus Rzeszow müssen Sie heiraten! Die ist hübsch und reich!»
«Aber gehn Sie! Die hat doch schon ganz Rzeszow gehabt!»
«Nu – wie groß ist ganz Rzeszow?»

«DAS Mädchen ist eine glänzende Partie! Jung, schön, reich – nur ein kleiner Augenfehler...»
«Kleiner Augenfehler?! Sie schielt so, daß ihr beim Weinen die Tränen kreuzweise über den Rücken fließen!»

VATER: «Folg mir, heirate die Tochter des reichen Katz!»
«Papa, ich kann nur mit Fräulein Kohn glücklich sein!»
«Und wenn du schon bist glücklich – was hast du davon?»

VATER zum verliebten Sohn:
«Was heißt ‹Liebe auf den ersten Blick›! Das ist, als ob me kauft e Papier ohne Kurszettel!»

JANKL will heiraten. Der Schadchen führt ihn zu einem Mädchen. Auf dem Heimweg erklärt Jankl: «Sie gefällt mir nicht. Sie hat einen unechten Busen, falsche Haare, falsche Zähne, einen Buckel...»
«Ja», bestätigt der Schadchen, «aber der ist echt!»

DER reiche Goldfeld hat eine mißgestaltete Tochter. Eines Tages meldet sich bei ihm der Schadchen: «Ich habe Euch für Eure Tochter eine prächtige Partie.»
Goldfeld: «Der junge Mann mißfällt mir.»

«Ihr wißt doch noch nichts von ihm!»
«Mir genügt, daß er meine Tochter heiraten will.»

DER reiche Lubliner zum Bewerber seiner Tochter:
«Man wird Ihnen Geschichten von mir erzählen. Besser, ich sage Ihnen selber gleich alles. Also: Ich habe zweimal wegen Wechselfälschung gesessen; und weshalb ich seinerzeit von Odessa nach Lemberg floh, möchte ich Ihnen so detailliert nicht darlegen... Aber dafür gebe ich meiner Tochter hunderttausend Gulden mit... Und nun erzählen Sie ein bißchen von sich, ich weiß ja rein gar nichts über Sie.»
Der Bewerber: «Ich? Ich heirate eine Tochter von Ihnen. Da wissen Sie doch eigentlich schon alles über mich!»

DIE Eltern der Braut und der Bräutigam schreien seit einer Stunde miteinander herum, sie können sich über die Mitgift nicht einigen, die Partie droht auseinanderzufallen.
Da wirft sich die liebende Braut zwischen die streitenden Parteien und sagt zu ihrem Vater: «Hol ihn der Teufel! Gibt ihm schon die zweihundert Rubel!»

DER junge Assessor hat sich um das Töchterchen des Kommerzienrates beworben: «Lieber Schwiegerpapa, mein Einkommen reicht einstweilen kaum für mich selber. Werden Sie Ihr Fräulein Tochter standesgemäß ernähren können?»
«Was heißt ernähren?! Ersticken soll se im eigenen Fett!»

DER Schadchen hat den vorgesehenen Bräutigam in die Familie des jungen Mädchens eingeführt und flüstert ihm zu:
«Sehen Sie doch bloß das viele schwere Silber!»
Bräutigam, mißtrauisch: «Am Ende ist es gepumpt!?»
Schadchen, entrüstet: «Unsinn! Wer pumpt denn denen!»

«HAST du nichts gehört, ob sich unser Freund Isaak gestern mit Recha Goldstein verlobt hat?»
«Er hat sich noch nicht verlobt mit ihr, aber lang dauert's nimmer – sie sind nur noch 500 Kronen auseinander.»

«MAME, der junge reiche Fleckeles, mit dem ich gestern auf dem Ball so viel getanzt habe, will, daß wir uns heute nachmittag beim alten Lindenbaum am Marktplatz treffen sollen.»

«Unsinn! Wenn ihr euch doch schon kennt – wozu braucht ihr dann irgendeinen alten Herrn Lindenbaum hineinzumischen und ihm Provision zu zahlen?»

DER junge Mann ist als Prahlhans bekannt. Als er mit dem Schadchen zusammen zur Familie der vorgeschlagenen Braut marschiert, belehrt ihn dieser: «Aufschneiden macht einen schlechten Eindruck. Sobald ich merke, daß Sie ins Prahlen hineingeraten, trete ich Sie auf den Fuß.»
Am Anfang geht das Gespräch normal voran. Auf einmal erklärt der junge Mann: «Mein reicher Onkel hat in seinem Palais einen Saal, der ist hundert Meter lang...» Der Schadchen tritt ihm kräftig auf die Zehen. «...und einen halben Meter breit», beendet der junge Mann bescheiden.

DER junge Mann geht mit dem Heiratsvermittler zur Familie der Künftigen. Der Schadchen rät: «Sprechen Sie zuerst ein wenig von Familienangelegenheiten, dann von Liebe, zuletzt von Philosophie.»
Der junge Mann merkt es sich, und bei Tisch fragt er das Mädchen: «Fräulein, haben Sie einen Bruder?»
«Nein», sagt sie. Damit ist die Familienfrage erledigt.
Nun kommt die Liebe: «Fräulein, lieben Sie Nudeln?»
«Ja», sagt das Fräulein. Damit ist die Liebe erledigt.
Jetzt kommt das Schwierigste, die Philosophie: «Fräulein, was meinen Sie: Wenn Sie einen Bruder hätten – würde er wohl Nudeln lieben?»

DER Heiratskandidat ist mit dem Schadchen zusammen in der Familie des proponierten Mädchens zum Essen eingeladen. Der junge Mann frißt hemmungslos. Der Schadchen gibt ihm verzweifelte Püffe und zischt: «Das macht einen schlechten Eindruck!»
«Ist mir egal», murmelt der Bräutigam mit vollem Mund, «ich nehm' nicht die Braut, ich nehm' nur Fisch.»

SCHADCHEN zum Kandidaten: «Ihr seid ein notorischer Esel. Aber Salomon hat gesagt: ‹Sogar ein Dummkopf, der schweigt, wird für weise gehalten.› Also müßt Ihr bei der Braut eisern schweigen...»
Der junge Mann schweigt während der ganzen Visite.
Sagt ein Onkel: «Ein tiefsinniger Mensch!»
Der zweite Onkel sagt: «Eine verträumte Seele!»
Der dritte Onkel vermutet: «Einfach ein Tröttel!»
Da sagt der Schadchen zum Kandidaten: «Gehn wir! Schade, hier

auch nur eine Minute zu verlieren... Nun ja – wo steht geschrieben, daß Salomon immer recht behalten muß?»

«AM Ende hast du mich nur meines Geldes wegen geheiratet?!»
«Was fällt dir ein! Ich tat es meiner Gläubiger wegen!»

«IST es wahr, daß du mich nur genommen hast, weil ich so viel Geld hatte?»
«Verleumdung! Ich habe dich genommen, weil *ich* so wenig hatte!»

«KROJANKER soll seiner Tochter Gitel mitgeben fünfhundert Gulden Mitgift!»
«Laß dir einreden! *Du* sollst soviel haben, und *ich* soll soviel haben, und unsere Kinder und Kindeskinder sollen soviel haben, als was er gibt *weniger* als fünfhundert!»

«ICH habe Ihnen eine glänzende Partie. Nur einen Fehler hat das Mädchen: sie schielt ein wenig.»
«Das macht mir nichts aus.»
«Und hinken tut sie auch ein bißchen.»
«Was schadet das?»
«Ja – Jungfer soll sie auch nicht mehr sein.»
«Das ist mir doch ganz egal.»
«Wieso ist Ihnen alles egal?»
«Wie soll es mir nicht egal sein! Ich nehm' sie ja nicht!»

DER alte Horowitz ist gestorben. Die Söhne sitzen beisammen, besprechen alles, was zu erledigen ist, und dabei kommt einem von ihnen noch ein Traktandum in den Sinn: «Übrigens», meint er, «Mama ist auch kein Kind mehr!» *(Gemeint ist, daß man daran denken muß, eine passende Partie für sie zu finden.)*

DIE Braut: «Tateleben! Ich glaub, der Ruben nimmt mich nur wegen dem Geld!»
«Hab keine Angst. Gott wird ihn strafen! Von mir kriegt er keins!»

«EIN Mädchen», meint der junge Blumenberg verträumt, «muß so schön sein, daß man sie sofort auch ohne Mitgift heiraten würde, und zugleich so reich, daß man sie ohne weiteres auch ohne Schönheit heiraten würde.»

SCHADCHEN: «Sie sollten heiraten, Herr Chapper.»
«Wozu soll ich mir diese Schererei aufladen?»
«Wieso Schererei? Sie wissen ja gar nicht, was eine Ehe bedeutet. Also stellen Sie sich vor: Gleich am Morgen weckt die Frau Sie mit einem Kuß, bringt Ihnen das Frühstück ans Bett, lächelt so lieb, winkt Ihnen nach, wenn Sie ins Geschäft gehen... Mittags finden Sie bereits Ihre Lieblingsspeisen vor, und die Frau paßt nachher auf, daß niemand Sie beim Mittagsschläfchen stört. Abends stellt sie Ihnen die Pantoffeln hin, schiebt Ihnen den weichsten Sessel zurecht. Und dann erzählt sie, was sie am Tage erlebt hat, und sie redet so süß, sie redet... und redet... und redet... der Schlag soll sie treffen, sie hört nicht auf zu reden!»

SCHADCHEN: «Herr Doktor, Sie sollten heiraten!»
«Nein, es ist mir zu riskant. Wenn ich eine Jungfrau nehme – die ist ein unbeschriebenes Blatt; wer weiß, was für ein Biest in ihr steckt? Und eine Geschiedene? Mit der hat es doch schon einer nicht ausgehalten... Oder gar eine Witwe! Wer weiß, vielleicht hat sie den Armen unter die Erde gebracht!
Aber wissen Sie was: Eine verheiratete Frau, die ihrem Manne gefällt – so eine könnten Sie mir vermitteln!»

«WARUM willst du den Kohn nicht als Prokuristen?»
«Weil er mit meiner Frau verlobt war und sie sitzenließ – ich kann keinen Angestellten brauchen, der klüger ist als ich!»

«DER junge Mann, den Sie mir für meine Tochter vorstellen, gefällt mir nicht. Er ist schief gewachsen.»
«Der große Moses Mendelssohn war auch schief.»
«Und er ist arm wie eine Kirchenmaus.»
«Mose Ibn Esra *(spanisch-jüdischer Bibelexeget, Philosoph und Dichter im Mittelalter)* war auch sehr arm.»
«Wie können Sie den Burschen mit Mose Ibn Esra vergleichen. Was seine Torakenntnisse *(Tora = Pentateuch; allgemein jüdisch-religiöses Schrifttum)* angeht – da ist er doch ein totaler Ignorant!»
«Nu – ist Baron Rothschild etwa ein Torakenner?»

SCHADCHEN: «Ein reiches Mädchen wollen Sie? Ich habe Ihnen sogar eines, das außerdem noch eine Schönheit und aus gutem Hause ist! Sie hat nur einen einzigen winzigen Fehler: sie ist ein ganz klein wenig schwanger.»

Variante:
«MAN sagt – aber es braucht nicht zu stimmen –, daß sie schwer gebiert.»

HEIRATSKANDIDAT: «Sie, das geht zu weit! Das Mädchen, das Sie mir offerieren, hat ja ein Kind!»
Schadchen: «Na und? Haben Sie eine Ahnung, was eine Geburt für Umtriebe, Unkosten und Aufregungen verursacht! Und sehen Sie: Hier haben Sie doch eine fertige Sache!»

Varianten:
1. JUNGER Ehemann, aufgeregt zum Schadchen, der ihm die Partie vermittelt hat: «Das ist ja unerhört! Soeben erfahre ich, daß meine Frau bereits vor der Hochzeit ein Kind hatte!»
Schadchen: «Nu und? So *(Handbewegung)* klein ist das Kindchen gewesen, und schon nach drei Tagen ist es gestorben!»

2. «ICH wüßte Ihnen ein hübsches und sehr reiches Mädchen – aber da ist ein dunkler Punkt in ihrer Vergangenheit.»
«Und lebt dieser ‹dunkle Punkt› noch?»

DIE Mame zur Nachbarin: «Und von der ganzen Chassene *(Hochzeit)* von mein Töchterl wird nichts werden – bloß wegen a Tischtuch!»
«Wie ist das möglich?!»
«Nu ja – er hat gesagt, das Milieu gefällt ihm nicht!» *(Milieu kann auch heißen: gestickte Mittelpartie vom Tischtuch.)*

SCHADCHEN: «Herr Veilchenstock, nehmen Sie das Mädel! Sie kriegt 20000 Gulden Mitgift – vorausgesetzt, daß der Vater nicht inzwischen Pleite geht.»
«Und wenn er Pleite geht?»
«Dann kriegt sie natürlich entsprechend mehr.»

FEUERBRAND hat eine heiratsfähige Tochter. Der Schadchen meldet sich: «Nu, Feuerbrand, höchste Zeit, daß wir für Eure Rosa e feinen Chossen *(Bräutigam)* suchen! Was könnt Ihr geben Mitgift?»
«Mitgift – keine», erklärt Feuerbrand, «aber wenn der junge Mann tüchtig ist und mir gefällt, kann er einheiraten in mein Geschäft.»
«Und was ist das für e Geschäft?»
«Rohleder und Lederwaren.»

Der Schadchen blättert lange in seinem Notizbuch und sagt dann bedauernd: «Schade... Schade... Ich hätt' da einen passenden jungen Mann. Aber er will nur einheiraten in Gänsefedern und Bettwaren.»

DER alte Sternlicht zu seinem Schwiegersohn: «Das ist e schöne Geschichte! Erst jetzt, nach der Hochzeit, erfahr' ich, daß de keinen Pfennig Geld hast und willst leben von der Mitgift meiner Tochter! Als anständiger Mensch hättste mir das vorher sagen müssen!»
«Aber, Herr Sternlicht, das hab' ich doch getan! Ich hab' Ihnen ja gesagt, ich kann ohne Ihre Tochter nicht leben!»

DER junge Hirsch zum reichen Blumental: «Herr Blumental, haben Sie Erbarmen und geben Sie mir Ihre Tochter! Wenn ich sie nicht bekomme, lege ich mich hin und sterbe.»
«Was reden Sie da? Ich habe doch gar keine Tochter!»
«Was? So ein Lump, der Kohn! Er hat es mir gesagt!»

«SIE sind doch ein reizender junger Mann – und da gehen Sie hin und heiraten so ein scheußliches, altes Mädchen!»
«Wer Banknoten braucht, schaut nicht auf ihr Editionsjahr.»

«ICH weiß Ihnen eine Partie: hunderttausend Rubel!»
«Haben Sie ein Photo?»
«Seit wann brauchen hunderttausend Rubel ein Photo!»

DEM jungen Mann ist eine Partie aus einer andern Stadt vorgeschlagen worden. Er will hinfahren. Der Vater instruiert ihn: «Ist es wirklich eine feine Familie, dann kannst du dich mit fünftausend Rubel Mitgift begnügen. Hat der Vater aber keinen besonderen Ruf, dann geh bis aufs Doppelte hinauf.»
Der junge Mann fährt ab. Am andern Tag telegrafiert er: «Tate *(jiddisch: Vater)* gehenkt: Wieviel soll ich fordern?»

«EINS gefällt mir an Frau Bloch! Daß sie nicht *meine* Frau ist!»

«ROSALIE, ich hab' den jungen Weißfeld heute zu Tisch geladen.»
«Wie konntest du nur! Das Mädchen ist weggelaufen, die Kinder sind krank, und deine Mutter will herkommen!»
«Eben drum! Der Idiot will heiraten! Soll er sehen, was Familienleben heißt!»

«PAPA, ich kann den Krojanker nicht heiraten!»
«Was! Glaubst du, daß man Eva viel gefragt hat, ob sie Adam heiraten will?!»

KÜNFTIGER Schwiegervater: «Ich gebe Ihnen meine Tochter! Die Mitgift deponiere ich auf der Bank.»
Bräutigam, deprimiert: «Mir wäre lieber, Sie würden mir die Mitgift geben und die Tochter auf der Bank deponieren.»

LEVY hat die Tochter des reichen Kohn geheiratet.
Er klagt an der Börse: «Die Mitgift hat mir der alte Kohn gutgeschrieben – aber mit seiner Tochter hat er mich belastet!»

OBSTHÄNDLER Perlmutt verlobt seine Tochter.
Künftiger Schwiegersohn: «Wieviel geben Sie Mitgift?»
«5000.»
«Meinetwegen. Aber in bar!»
«Bitte sehr! Die Hälfte in Geld und die andere Hälfte in Äpfeln.»

«HERR Kohn, aus Ihrer Bewerbung um meine Tochter Rosl kann auf keinen Fall was werden! Ich hab' erfahren, daß es mit Ihrem Geschäft faul steht und daß Sie auch keinen Kredit haben!»
«Mit dem Geschäft mögen Sie recht haben, Herr Weinbaum, aber Kredit hab' ich, soviel ich will! Seit ich herumerzählt hab', daß ich will heiraten die Tochter vom reichen Kohn, wollen mir alle Geld geben, mehr als ich brauch'!»

JUNGER Ehemann, außer sich zum Schadchen: «Sie Lump, Sie haben gesagt, die Braut hinkt und hat ein schlechtes Renommee, und der Vater hat gesessen, aber dafür hat sie zweitausend Rubel. Sie hat aber nur zweihundert!»
«Scht, was schreien Sie so mit mir! Mit den Rubeln – da haben Sie recht. Aber alles andere war die reine Wahrheit!»

EIN Kutscher wird der Familie seiner künftigen Braut präsentiert. Er schweigt beharrlich – bis das Gespräch auf Pferde kommt. Nun redet er lebhaft.
Sagt der künftige Schwiegervater: «Solange man von Menschen spricht, schweigt er wie ein Pferd – aber sobald man von Pferden redet, spricht er wie ein Mensch.»

«WIRKLICH, ich rate dir gut: heirate sie! Sie ist schwerreich! Ich weiß, sie ist nicht schön. Aber was hast du von der Schönheit der Frau? Morgens, wenn du weggehst, schläft sie noch. Abends, wenn du von der Geschäftsreise zurückkehrst, ist es schon dunkel, und sie ist bereits im Bett. Was liegt dir also daran, wie sie aussieht, während du unterwegs bist und sie zu Hause sitzt!»
Der junge Mann, niedergeschlagen: «Ja – aber am Schabbes nachmittag?»

Variante:
BEIM Schadchen: «Na hören Sie mal! Die hat ja einen Klumpfuß!»
«Moment mal! Sie sahen sie hinken. War es, als sie dasaß?»
«Natürlich nicht!»
«War es beim Essen?»
«Unsinn.»
«War es beim Trinken, Lesen, Stricken?»
«Aber nein!»
«Aha! Sie sahen sie wahrscheinlich gerade gehen!»
«Jawohl!»
«Sehen Sie! Nur wenn sie geht, hinkt sie! Und dafür wollen Sie auf alles andere verzichten!»

«DU willst nur aus Liebe heiraten? Also paß auf: Ich weiß ein Mädchen mit großer Mitgift, einzige Tochter ihrer Eltern, erbt deren Fabriken... und mit einem reichen Onkel, dessen einzige Erbin sie ist. Willst du mir weismachen, daß du dich in ein solches Mädchen nicht sofort verlieben wirst?»

«WAS wäre dir lieber: sechs Töchter oder sechs Millionen?»
«Blöde Frage! Natürlich sechs Millionen!»
«Falsch! Wenn du sechs Millionen hast, willst du noch mehr. Wenn du aber sechs Töchter hast, dann hast du genug!»

BLOCH zum Bewerber seiner Tochter: «Ich werde doch meine Tochter einem Jüngling mit ungesicherter Zukunft nicht geben!»
«Wenn Sie mir Ihre Tochter geben, ist meine Zukunft gesichert!»

ISIDOR zum Schadchen: «Wie alt ist die Dame?»
«Dreißig. Hat sie Eindruck auf Sie gemacht?»
«Ja. Einen weit älteren!»

«GLAUB mir, nicht deines Geldes wegen heirate ich dich! Je weniger Geld, desto glücklicher und freier der Mensch!»
«Wie glücklich werden wir, Sami! Papa hat bankrottiert!»

DER Schadchen des Städtchens kommt zum reichen Kohn: «Ihre Tochter heiratet, wie ich höre. Wollen Sie mir nicht eine kleine Provision auszahlen?»
«Sie haben doch mit der Partie nichts zu tun gehabt!»
«Eben darum! Wo ich die Finger dazwischen habe, ist noch nie etwas aus einem Schidduch *(Heirat, Partie)* geworden.»

MAN fragt eine Hühnerhändlerin: «Ist Ihre Tochter schon verlobt?»
«Nein», sagt sie. «Leider ist es bei ihr wie bei meinen Hühnern: Man tappt hin und tappt her – aber kaufen tut man nicht...»

«GUTEN Tag, Grün, darf ich dir meine Braut vorstellen?»
Grün zieht ihn beiseite und flüstert: «Du, die ist ja schwanger!»
Bräutigam: «Was geht mich das an? Es ist nicht von mir!»

KOHN trifft seinen Freund Grün in Venedig.
«Was machst du da?» fragt er neugierig.
«Ich bin auf der Hochzeitsreise.»
«Gratuliere! Und wo ist deine Frau?»
«Na hörst du! Jemand muß doch im Geschäft bleiben!»

DER blinde Goldbaum will heiraten. Da er die Braut nicht sehen kann, darf er sie abtasten. Für ihn gilt das üppige orientalische Schönheitsideal. Als er sich immer weiter vorwärts tastet, ruft er plötzlich begeistert aus: «Ist das alles noch Rosalie?»

TELEGRAMM des jungen Süßkind an seine Eltern:
«Habe mich soeben mit Milli Marks verlobt.»
Antworttelegramm: «Mit *wieviel* Mille Marks?»

Variante:
KOHN junior telegrafiert aus New York an seinen Papa: «Bitte Einwilligung zur Verlobung. 800000.»
Kohn senior telegrafiert zurück: «Mark oder Dollar?»
Junior: «Dollar.»
Senior: «Segen.»

JANKEL kommt zum Schadchen. «Ich brauch' eine Frau. Schön soll sie sein, reich, gescheit, tüchtig und eine gute Geschäftsfrau.»
Schadchen: «Wenn ich so etwas hätte, mach' ich fünf Partien daraus.»

JOSSELE, klein, arm und mies, möchte doch auch gern heiraten und geht zum Schadchen. «Aber das Mädel muß jung und schön sein und auch Geld haben.»
Schadchen, mitleidig: «Schau, Jossele, wenn so ein Mädel möcht' einen nehmen wie dich, müßt' es wohl meschugge sein.»
Jossele, bereitwillig: «Meschugge darf sie sein!»

JANKEL zum Schadchen: «Reich braucht sie nicht zu sein, das bin ich selber. Gescheit auch nicht, das bin ich selber. Tüchtig braucht sie nicht zu sein, das bin ich selber. Aber anständig muß sie sein!»

EIN reicher, aufgekommener Jude suchte für seine Tochter einen passenden Bräutigam. Er ließ den Schadchen zu sich kommen und befahl: «Der junge Mann muß zugleich fromm und geschäftsklug sein.»
Der Schadchen brachte einen Kandidaten. Der Schwiegerpapa in spe begann ihn zu examinieren: «Wenn du am Schabbes einen Beutel mit Geld fändest – was würdest du tun?»
Der junge Mann denkt eine Weile nach, dann sagt er mit einem Seufzer: «Da unser Gesetz am Schabbes das Berühren und Tragen von Geld verbietet, würde ich den Beutel liegenlassen.»
«Das ist kein passender Schwiegersohn für mich», erklärt der reiche Jude, «er ist nicht geschäftstüchtig.»
Der Schadchen bringt einen zweiten Kandidaten. Er bekommt die gleiche Frage vorgesetzt und antwortet flink: «Es ist zwar verboten – aber ich würde das Geld nicht liegenlassen!»
«Der junge Mann ist nicht fromm», sagt der Jude streng.
Der Schadchen bringt einen dritten Kandidaten. Als er die Prüfungsfrage hört, lächelt er: «Was sollen wir uns den Kopf zerbrechen? Erst finden, dann wollen wir sehen!»
«Dies ist der richtige junge Mann!» sagt der alte Jude erfreut.

HEIRATSKANDIDAT zum Schadchen: «Wie können Sie mir dieses Menuwel *(Ekel)* vorschlagen? Ich gebe zu, Geld hat sie. Aber eine solche Häßlichkeit ist noch nicht dagewesen! Und obendrein hat das Mädchen nur noch eine halbe Nase!»
Schadchen: «Nu – alles, was bei ihr fehlt, ist doch ein Glück.»

Das hebräische Wort meziá, jiddisch mezíje, heißt wörtl. Fund, wird aber jiddisch nur im Sinne von «glänzende Okkasion» gebraucht.
EIN vermögender ungarisch-jüdischer Gutsbesitzer hat eine reizende Tochter. Sie wird auch eine große Mitgift erhalten. Aber da sie Bettnässerin ist, findet sich dennoch lange kein passender Bräutigam. Endlich bringt der Schadchen *(Heiratsvermittler)* einen betamten bocher *(charmanten Jüngling)* – und die Hochzeit kommt tatsächlich zustande...
Von der Hochzeitsreise bekommt die Mama einen Brief ihres Töchterchen: «Liebste Mame, es chappen sich *(wörtl. es packen sich, gemeint: man erwischt...)* keine Mezijes: der junge Mann sch... ins Bett.»

ZWEI Herren spielen im Café Schach. Ein dritter schaut seit vielen Stunden zu.
Die beiden haben eine Meinungsverschiedenheit und rufen den dritten als Schiedsrichter an – da zeigt sich, daß er keine Ahnung hat vom Schachspiel!
Die beiden: «Wie könnt Ihr dann stundenlang dasitzen und zuschauen?!»
Der dritte, traurig: «Ihr kennt nicht mein Weib!»

«DU hast geheiratet? Wie lebst du mit deiner Frau?»
«Großartig. Bloß – wir streiten uns über die Agrarfrage.»
«Über die Agrarfrage?!»
«Ja. Sie sagt, *ich* soll in der Erde liegen. Und ich sage, *sie* soll in der Erde liegen.» *(«Lieg in der Erd!» ist ein jüdischer Fluch.)*

KOHN verlangt im Geschäft ein Hemd Größe zweiundvierzig und ein Pyjama Größe siebenunddreißig.
Der Verkäufer: «Sie können doch für das Pyjama nicht eine kleinere Größe brauchen als für das Hemd!»
Kohn: «Ham Sie eine Ahnung, wie klein ich zu Hause bin!»

«SAMI, morgen wollen wir das fünfundzwanzigjährige Jubiläum unserer Ehe ganz groß feiern!»
«Nein, warte noch fünf Jahre! Dann feiern wir den dreißigjährigen Krieg.»

EIN alter Jude will sich scheiden lassen. Der Rabbi wundert sich: «Nach fünfzigjähriger Ehe?!»
Darauf der Ehemann: «Rebbe, sie hat mir schon mißfallen, als ich sie

unter der Chuppe *(Traubaldachin)* zum erstenmal sah. *(In frommen Kreisen kam es früher oft vor, daß das Paar sich erst bei der Hochzeit kennenlernte.)* Als ich es meinem Vater sagte, meinte er, man dürfe die Braut nicht kränken, ich könnte mich später scheiden lassen. Als ich mich dann aber scheiden lassen wollte, stellte sich heraus, daß die Frau ein Kind erwartete. Und jedes Jahr kam ein neues Kind. Und als schließlich keine Kinder mehr kamen, mußte man die Töchter verheiraten, da hätte eine Scheidung der Eltern einen zu schlechten Eindruck gemacht...
Gestern habe ich nun meine jüngste Tochter verheiratet, und nun will ich mich scheiden lassen. Gebt selber zu, Rebbe: Wenn nicht jetzt – wann dann?!»

DER Anwalt: «Sie wollen sich scheiden lassen? Bedenken Sie doch, Ihre Frau hat Ihnen sechs Kinder geschenkt!»
Schwob, stolz: «Ich lass' mir nichts schenken!»

«ICH will mich scheiden lassen, Rebbe!»
«Die Gründe?»
«Viele! Vor allem: Ich bin verheiratet!»

RABBI: «Die Scheidung kostet fünfzig Rubel.»
Der scheidungslustige Jude, entsetzt: «So teuer?»
Rabbi, seufzend: «Wieso ist das teuer? Scheiden Sie mich von meiner Frau – und ich zahle Ihnen das Zehnfache.»

LEVY beim Rabbi: «Rabbi, ich will mich scheiden lassen. Meine Frau ist eine kalte Natur und liebt mich nicht.»
Der Rabbi schickt nach Frau Levy und befiehlt ihr, in seiner Gegenwart Herrn Levy zu küssen. Langer, glühender Kuß.
Rabbi: «Diese Frau ist doch feurig und liebevoll!»
Levy: «Ja, schon. Aber dies ist Madame Nathan Levy, und ich bin Isidor Levy.»

JOSSEL Kohn ist mit seiner Frau beim Blumenkorso in Nizza. Sie sitzen in der Kutsche und schauen zu, wie die junge Welt sich mit Rosen bewirft. Da flüstert Kohn verträumt zu seiner Frau: «Ich wollt', du wärst eine Rose...»
«Du bist ja heut so galant, Jossel», erwidert sie errötend.
«... was meinst du», fährt Kohn fort, «was ich dir dann geben würde für a Worf heraus!»

DER arme Hausierer Schlojme kommt Freitag abend von seiner Wochentournee ohne einen Heller nach Hause – er hat, nebbich, nichts verdient.
Seine Frau verwünscht und verflucht ihn. Dann zündet sie die Sabbatkerzen an und spricht über ihnen die übliche Benediktion.
Schlojme, mit traurigem Vorwurf: «Die Lichter segnest du, aber mich, deinen Mann, verfluchst du?»
Die Frau: «Wenn du brennen wirst wie ein Licht, dann werde ich dich auch segnen...»

Variante:
DIE Mesuse *(vgl. Glossar)* hängt am Türpfosten, und beim Betreten und Verlassen des Hauses wird sie von frommen Juden geküßt.
Gattin: «Jedesmal wenn du nach Hause kommst, küssest du die Mesuse. Mich küssest du nie!»
Gatte: «Wenn du am Türpfosten hängen möchtest, möcht' ich dich auch küssen!»

DIE erbitterte Frau zum ewig Talmud studierenden Gatten: «Du schaust mich gar nicht an. Du interessierst dich nur für deine Bücher. Ich wollt', ich wär' ein Buch.»
«Ich auch», seufzt der Mann, «ein Jahrbuch!» *(Kalender mit literarischen Ergänzungen, der bei Jahresende weggeworfen wird.)*

JOJNE ist abends ausgegangen. Als er sehr lange nicht heimkommt, schließt die Gattin die Haustür und legt sich schlafen. Zwei Uhr morgens klopft es am Fensterladen.
«Ich lass' dich nicht 'rein!» erklärt die Frau.
«Ich habe Wein und Gänsebraten mitgebracht!» flüstert Jojne.
Im Nu ist die Frau aufgestanden und hat aufgeschlossen. Jojne steht vor ihr, betrunken und mit leeren Händen.
Die Frau: «Wo hast du Gans und Wein?»
«Im Magen», antwortet Jojne.

EIN kinderreicher Witwer hatte eine kinderreiche Witwe geheiratet. Gemeinsam hatten sie abermals mehrere Kinder.
Dem heimkommenden Mann schallt ein Höllenkrach entgegen.
«Was ist los?» fragt er erschrocken seine Frau.
«Das Übliche», beruhigt sie ihn, «meine Kinder und deine Kinder prügeln unsere Kinder.»

«EIN wunderschönes Kostüm trägt Ihre Frau Gemahlin!»
«Kostim? *(Im Jiddischen wird «ü» als «i» ausgesprochen.)* Wieso kost'-*ihm*? Es kost' leider *mich*!»

«HERR Kohn, Ihre Frau ist immer so elegant gekleidet – und Sie laufen so schäbig herum!»
«Meine Frau kleidet sich nach dem Pariser Journal – und ich kleide mich nach dem Journal meines Geschäftes.»

DIE alte Sara Herschkowitz kommt zum berühmten Kunstmaler um ein Porträt: «Ich möcht' schon ein wenig jünger aussehen.»
«Nu, das wird nicht leicht sein.»
«Dann möcht' ich haben e schönen Ring am Finger, e großen Brillanten mit lauter Rubinen drum rum.»
«Es wird Mühe machen und Geld kosten!»
«Ist nicht wichtig. Ich möcht' haben auch e Kollier mit die gleichen Steine, nur ein weniges größer.»
«Es wird viel Mühe machen und noch mehr kosten!»
«Macht nix. Aber ich möcht' auch haben gemalt e Diadem, vielleicht nicht so groß wie das von der Kaiserin Elisabeth.»
«Aber das wird alles so viel kosten, jung, Ring, Kollier, Diadem, daß Se sich könnten kaufen fast die ganzen Juwelen und haben Freude daran!»
«Macht nix. Sehn Se, ich bin e alte Frau. Ich werd' sterben. Mein Mann wird wieder heiraten. Wird der Schlemihl nehmen eine zu Zwanzig. Möcht' ich hören, was se ihm sagen wird, weil er ihr nicht gibt den Schmuck!»

KOHN will seinen Neffen verheiraten, geht zum Schadchen – und findet in dessen Kartothek das Bild seiner eigenen Frau!
Wutschnaubend rennt er nach Hause. Darauf die Frau: «Beruhige dich! Das ist doch noch von damals, als du so schwer krank warst!»

TAXIERUNG. Sara auf der Hochzeitsreise:
«Sag, Itzik, wen hast du lieber, mich oder deine Mame?»
«A jedes fufzig Perzent.»

EIN Jude läuft über den Marktplatz. Sein Freund ruft ihm zu: «Wohin rennst du?»
«Zum Doktor – meine Frau gefallt ma nicht!»
«Wart, ich renn mit dir – meine gefallt ma auch nicht!»

KOHN, vierzig Jahre alt, heiratet ein Mädchen von zwanzig. Man hält ihm den Unterschied vor.
Sagt Kohn: «Schaut mich an mein Weib, fühlt sie sich zehn Jahre älter, schau' ich an mein Weib, fühl' ich mich zehn Jahr jünger. Nu, was tut Gott? Sind wir beide dreißig!»

EINEM verwitweten Rabbi schlug man vor, er solle wieder heiraten. Er meinte: «Eine alte Frau gefällt mir nicht... Und wenn ich sehe, wie schlecht *mir* eine alte gefällt, kann ich mir vorstellen, wie schlecht *ich* einer jungen gefallen werde.»

«SIEGFRIED, ich muß Vorhänge ans Fenster der Schlafstube machen. Gegenüber ist ein junger Offizier eingezogen. Der kann mich beim Waschen sehen!»
«Warte ab, Rebekka, bis er einmal herübergesehen hat. Vielleicht läßt *er* sich dann Vorhänge ans Fenster machen.»

«ITZIG, warum hast du so eine häßliche Frau genommen?»
«Weißt du: innerlich ist sie schön!»
«Nu – laß sie wenden!»

DER junge Gatte nach der Hochzeit: «Daß du nicht zweitausend Rubel Mitgift hast, wie dein Vater versprochen hat, sondern nur tausend, das verzeih' ich dir: Wo sollst du schließlich den Rest hernehmen, ohne zu stehlen? Daß du dreißig Jahre alt bist und nicht fünfundzwanzig, wie du behauptet hast, verzeih' ich dir auch: Kein Mensch sucht sich seinen Geburtstag selber aus...
Aber eines mußt du mir versprechen: Kein Jahr mehr älter zu werden!»

KOHN fährt mit seiner Frau mit ungenügenden Ausweispapieren über die Grenze.
Der Paßbeamte: «Können Sie beweisen, daß sie Ihre Frau ist?»
Kohn, seufzend: «Tausend Schilling für Sie, wenn Sie können beweisen, daß sie es *nicht* ist!»

Bei Juden ist es Sitte, Frischverheirateten oder Schwerkranken etwas von der eigenen Lebenszeit zu schenken. Da das Geschenk real gemeint ist, schenkt man nur wenige Stunden oder Minuten.
BEI einer Hochzeit steht plötzlich ein Gast auf und ruft laut: «Ich schenke der Braut zehn Jahre Leben!»

Alles schweigt. Dann fragt einer mit beklommener Stimme: «Du verschenkst zehn Jahre deines Lebens?»
Der Gast: «Unsinn! Natürlich vom Leben meiner Frau!»

EIN altes Mädchen offeriert zehn Jahre ihres Lebens, und als man sie fragt, ob sie lebensmüde sei, sagt sie: «Wieso denn? Ich möchte nur wieder zehn Jahre jünger werden!»

ITZIK träumt, er ist im Paradies. Ein Engel zeigt ihm alles. Itzik wundert sich über die vielen Öllämpchen.
«Das sind die Lebenslichter der Menschen», erklärt der Engel.
«Ist meines auch dabei?» will Itzik wissen.
«Hier», sagt der Engel, «und das daneben ist das deiner Frau.»
Itzik sieht: Sein eigenes Lämpchen ist noch recht voll, aber das seiner Frau fast leer. Das tut ihm leid, und er fragt: «Kann man nicht ein bißchen nachfüllen?»
«Ja», sagt der Engel, «aber nur aus dem eigenen Lämpchen!»
Sein eigenes Leben verkürzen möchte Itzik doch auch nicht. Da hat er eine gute Idee: Er wird in das Lämpchen seiner Frau hineinpinkeln, damit es etwas voller wird...
In diesem Augenblick weckt ihn seine Frau und schreit entsetzt: «Itzik! Seit wann nässest du ins Bett?!»
«Still!» murmelt Itzik, noch im Halbschlaf, «ich verlängere dein Leben!»

EINE alte Jüdin: «Da klagen die Leute, die Welt sei sittenlos geworden. Genau umgekehrt! Früher pflegten die Burschen mich auf der Straße zu belästigen – jetzt gehen sie manierlich und respektvoll an mir vorbei.»

«SCHLOJME, komm schnell ans Fenster! Da tanzt ein Bär!»
Schlojme, traurig: «Laß ihn tanzen. Er mag tanzen. Er hat kein Weib!»

IM zoologischen Garten.
«Tate, da sitzt e Papagei. Kann er auch lachen?»
«Und ob er lachen kann, Moritz! Hat kei Frau, kei Mischpoche *(Sippe)*, kei Sorge! Sitzt im Käfig und is frei!»

STRAND von Deauville. Esther, rund und schwammig, wälzt sich ins Wasser. Dann dreht sie sich kokett um und flötet:

«Siegmund, hast du gesehen, wie die Welle mich geküßt hat?»
«Jawohl», bestätigt Siegmund, «und ich hab' auch gesehen, wie sie sich gleich darauf gebrochen hat.»

DER englische Staatsmann Disraeli pflegte zu sagen: «Jedes Mädchen sollte heiraten – aber kein einziger Mann!»

«NAFTALI, da stell' ich dir vor meine Frau.»
«Chaim, tu mir den Gefallen: stell sie wieder weg!»

«KENNEN Sie schon meine Frau?»
«Ich habe noch nicht das Vergnügen gehabt.»
«San S' froh!»

«KENNEN Sie meine Frau?»
«Ich hatte bereits das Vergnügen!»
«Wenn's a Vergnügen war, war's nicht meine Frau!»

«JANKEL, ich brauch' e neu Kleid!»
«Das ist schon das dritte in diesem Monat. Du ruinierst mich!»
«Und du? Du bringst mich um mit deinem Geiz. Wenn ich tot bin, dann wirste sehen, daß eine Levaje *(Beerdigung)* kostet mehr als e Kleid!»
«Du kannst nicht rechnen, Riwke: E Levaje ist nur einmal und e Kleid alle paar Wochen!»

KOHN kommt aus Paris zurück und erzählt seiner Frau, wie er dort vor der Oper gestanden und schöne Frauen gesehen hat, eine schöner als die andere. Seine Frau ist indigniert:
«An mich hast du dabei kein einziges Mal gedacht?»
«O doch. Es hat mich auch zwanzig Franc gekostet.»
«Wieso gekostet?»
«Nu, ich hab' an dich gedacht, und da hab' ich ausgespuckt, und da mußte ich zwanzig Franc Buße dafür zahlen.»

GRÜNS feiern silberne Hochzeit. Beim Nachtisch werden schöne Reden gehalten. Der sarkastische Freund fragt die Hausfrau: «Ich weiß, daß Sie eine beneidenswert glückliche Ehe führen. Aber sagen Sie: Haben Sie sich in den ganzen Jahren nie von ihm scheiden lassen wollen?»
Frau Grün: «Scheiden – nein. Aber umbringen – ja.»

KOHN feiert silberne Hochzeit. Großer Klimbim und Tumult. Aber endlich sind die Gäste weg. Kohn sitzt traurig an der unabgeräumten Festtafel. Da sagt seine Frau, die silberne Braut, zu ihm: «Aber Moritz, jetzt ist doch der ganze Lärm überstanden. Was biste so betropetzt?»
«Ich will dir die Wahrheit sagen, Sara: Nach fünf Jahren Ehe konnte ich dich nicht mehr aushalten und wollte dich erschlagen. Ich bin zu meinem Anwalt gegangen und habe ihn gefragt, was ich dabei riskiere. Er sagte: Zwanzig Jahre... Und siehst du: heute, heute wär' ich frei!»

GEWALTIGE Sommerhitze. Jojne rennt, bepackt mit zwei riesigen Zuckermelonen, durch die Straße.
Ein Freund: «Was für herrliche Melonen!»
«Für meine Frau», erklärt Jojne.
«Wie galant! Und gleich zwei Stück auf einmal?»
«Ja – sie hat gesagt, für *eine* Melone gäbe sie ein halbes Leben.»

JOSSEL läßt kurz vor seinem Tode den Schadchen, der ihm seinerzeit die Frau vermittelt hat, zu sich bitten. Man fragt: «Wozu braucht ein Sterbender den Schadchen?»
«Es steht geschrieben», murmelt Jossel kraftlos, «vor dem Tode müsse man sich mit allen Feinden aussöhnen.»

SCHWERKRANKE Frau zum Ehemann: «Isidor, du sollst nicht lange ohne Frau bleiben. Heirate bald nach meinem Ableben!»
Isidor, streng: «Kümmere dich nicht darum! Du erledige nur Deines! Um mich werde ich mich schon selbst kümmern!»

DIE Frau eines amerikanischen Juden ist gestorben. Die Beerdigung war schon festgesetzt – da verschiebt er sie um einen vollen Tag. Es regnet Vorwürfe.
«Was wollt ihr?» verteidigt er sich. «Es ist mir etwas Geschäftliches dazwischengekommen, und ihr wißt doch selber: Business before pleasure!» *(Geschäft kommt vor dem Vergnügen!)*

WINTER im podolischen Dorf. Da bei solchem Frost ohnehin keine Kunden kommen, hat das alte jüdische Ehepaar schon am frühen Nachmittag den Laden geschlossen und, um Licht und Heizung zu sparen, sich ins Bett gelegt. Man plaudert miteinander.
Ehemann: «Das ist kein Leben in so einem Dorf! Weißt du, Sara, man sollte an so etwas Trauriges überhaupt nicht denken – aber wenn, chass

w'cholile *(Gott behüte!)*, doch einer von uns sterben sollte, ziehe ich sofort in die Stadt.»

SCHLOJME weint am Grabe seiner Gitel: «Gute Gitel, ach, ein einziges Mal möcht' ich dich noch sehen!» Da rührt sich ein Maulwurf im Hügel. Schlojme setzt schnell den Fuß darauf. «Wirst doch noch Lozelach *(Späße)* verstehen, Gitel?»

BENNO weint herzzerreißend am Sarge seiner Frau.
«Glaubst du denn nicht an ein Wiedersehen im Himmel?» versucht ein Freund zu trösten.
«Ja», schluchzt Benno, «darum weine ich doch.»

IM gleichen Haus wohnen zwei Familien Kohn.
Als Frau Kohn im oberen Stock stirbt, läuten die Leichenbestatter irrtümlich im Parterre:
«Herr Kohn, wir kommen Ihre Frau holen!»
Kohn, freudig: «Sara, mach dich fertig!»

KOHN erblickt seinen Freund Grün, wie dieser tieftraurig in einem Leichenzug dicht neben dem Sarg herschreitet. Er schleicht sich zu ihm und fragt mitleidig: «Wer ist dir gestorben? Vielleicht die Schwiegermutter?»
«Nein, meine Frau», antwortet Grün.
«Auch gut», meint Freund Kohn.

«WORAN ist Ihre Frau gestorben?»
«Sie hat zu rasch gelebt. Als ich sie heiratete, war sie fünf Jahre jünger als ich – und nach ihrem Tod hab ich erfahren, daß sie ist zehn Jahre älter als ich!»

SARA liegt im Sterben. Sie hat noch eine einzige Bitte an ihren Gatten: «Sag mir, hast du mich je betrogen? Ich möchte es vor meinem Tode wissen.»
«Ach Sara», seufzt er, «wie kannst du mich nur so verdächtigen und so etwas fragen?! Und dann: wennde nu nich stirbst?»

WURMSER auf dem Sterbebett: «Leah! Schwör mir, daß du nach meinem Tod keinen Mann mehr anschaust!»
Lea, schluchzend: «Gut – aber wenn du nun gesund wirst?»

DIE Frau: «Jetzt quälst du mich und verbitterst mir das Leben, aber wenn ich eines Tages tot sein werde, wirst du mich mit den Fingernägeln aus der Erde herauskratzen wollen!»
Der Mann: «Nu, Halwaj *(etwa: wollte Gott!)* kratzet ich schon!»

«RUBEN, du hast mich nie geliebt. Wenn ich jetzt sterbe – ich schwör', in zwei Monaten bist du wieder verheiratet!»
«Schwör nicht, Riwke, ich glaub' dir auch so!»

MENASSE liegt im Sterben. Sagt er zu seiner Frau: «Saraleben, ich mach' mir Sorge um das Geschäft, wenn ich werde tot sein. Schau, der Verkäufer Leopold ist ein tüchtiger Mann. Heirate ihn –»
Unterbricht ihn Sara heulend: «Mach der keine Sorgen, der Leopold und ich sind schon verlobt.»

«IN drei Sachen», sagt der alte Cohn, «kann man einer Frau immer Glauben schenken. Erstens: Wenn sie zu Mittag nichts ißt und behauptet, sie sei nicht hungrig, dann kann man ihr glauben, daß sie sich vorher in der Küche satt gegessen hat. Zweitens: Wenn sie in der Aufregung zu ihrem Kinde sagt ‹du Mamser› *(Bankert)*, dann kann man es ihr glauben; sie weiß es am besten. Drittens: Wenn sie stirbt, kann man ihr glauben, daß sie krank war.»

DIE Frau: «Mojsche, ich hab Angst! Der Hund vom Nachbar hat mich gebissen! Am Ende ist er toll!?»
«Sara, ich hab auch Angst! Wer bei dir anbeißt, ist sicher toll!»

«ICH hab' für meine Frau einen Rassehund bekommen.»
«Du bist zu beneiden! So einen Tausch möchte ich auch machen!»

«PAPA, den Elkan, den Lumpen, den werd ich einklagen: er hat mich Mamser *(Bankert)* genannt!»
«Wozu willst du ihn einklagen? Bring ihn einfach her, er soll deine Mama anschauen – er wird so etwas nie wieder sagen!»

«EINE großartige Frau hat mir Gott beschert! Eine herrliche Frau! Gott möge ihr hundertneunzehn Jahre Leben schenken!» *(Juden pflegen sich hundertzwanzig Jahre zu wünschen.)*
«Warum nicht hundertzwanzig Jahre?»
«*Ein* Jahr möchte ich doch auch leben!»

«SALOMON der Weise hat behauptet, alle Frauen der Welt seien schlecht. Das ist Unsinn. Es gibt überhaupt nur eine einzige schlechte Frau – aber jeder behauptet, *er* habe sie.»

DER Mädchenhandel nimmt zu. – Ein kräftiger Kerl bringt zum jüdischen Altwarenhändler zwei miese Weiber angeschleppt und fragt: «Was bieten Sie für meine Frau und meine Schwiegermutter?»
«Nicht einen Piaster!»
«Gemacht!»

GEFLÜSTERTES Bahngespräch:
«Jossel – ist die Dame neben dir deine Frau?»
«Jawohl.»
«Was machst du dich lächerlich und schleppst dieses Menuwel *(Scheusal)* mit auf die Geschäftsreise? Hast du vielleicht Angst, in deiner Abwesenheit könnte man sie verführen?»
«Unsinn! Aber ich konnte und konnte mich nicht entschließen, sie zum Abschied zu küssen.»

MANN zur Frau: «Setz dich neben mich!»
Frau: «Bist du so verliebt, Itzik?»
Mann: «Nein, aber ich kann dir nicht ins Ponem *(Gesicht)* kucken!»

«DER Tod der Ehefrau ist wie ein Pfeffergulasch: die Augen tränen – und das Herz hüpft vor Freude.»

SCHWIEGERMUTTER: «Ist es wahr, daß du deine Frau betrügst?»
«Hör mal, Mama, mit meiner Frau bin ich sicher sehr intim – aber *das* erzähl ich nicht einmal ihr!»

«HERR Grinbaum, ich möchte den Mantel, den meine Frau gestern bei Ihnen gekauft hat, umtauschen. Er gefällt mir nicht.»
«Wie können Sie so etwas sagen! Es war unser schönstes Modell! Tauschen Sie lieber die Frau um!»

NEW YORK.
Ein jüdisches Ehepaar sitzt im Kino. Vor ihnen sitzt ein Pärchen, das dauernd flüstert: «Yes, dear. No, dear!»
Die Frau, wehmütig: «‹Dear› hast du schon lange nicht mehr zu mir gesagt!»

Der Mann, bitte sehr: «A misse meschune auf *dir*!» *(Verwünschung; misse meschune = absonderlicher Tod.)*

HERR und Frau Blau wollen silberne Hochzeit feiern. Blau: «Weißt du, Rahel, wir wollen alles genauso machen wie an unserm Hochzeitstag. In der Früh gehn wir ins Stadtwäldchen.»
«Und dann?» fragt die Frau interessiert.
«Dann gehn wir zum Neiger *(feines koscheres Restaurant in Budapest).*»
«Und dann?»
«Dann steigen wir auf den Schwabenberg und bewundern das Panorama.»
«Und dann?»
«Dann gehn wir ins Caféhaus, wo die Zigeuner spielen.»
«Und dann?»
«Dann gehn wir schön nach Hause.»
«Und dann?» fragt die Frau aufs höchste gespannt.
«Und dann werden mir die Füße weh tun.»

SARA, in Schmuck und Balltoilette, dreht sich kokett vor dem Spiegel: «Du mußt doch zugeben, Isidor, hübsch bin ich noch immer, nicht?»
Isidor: «Recht hast du. Hübsch bist du noch immer nicht.»

DER alte Mendelssohn fühlt sein Ende nahen und sagt zu seiner Frau Rebekka: «Du weißt doch, wie es mit mer steht. Tu mer den Gefallen, zieh der an dein grienseidens Kleid, mach der rote Fingernägel, setz der auf deine Brillanten.»
«Aber Mendelssohn! Biste verrückt geworden? Was soll ich mer jetzt anziehen ein grienseidenes Kleid, und was soll ich jetzt mit de Brillanten?»
«Rebekka, tu mer den Gefallen!»
Rebekka geht hinaus und rauscht nach einer halben Stunde wieder herein im grünseidenen Kleid, mit roten Fingernägeln und Brillanten an beiden Händen.
Daraufhin Mendelssohn: «Rebekka, du bist e hibsche Frau, du bist e schene Frau. Wenn der Herrgott jetzt kommt, mich zu holen – vielleicht nimmt er lieber dich!»

Unpassendes

EINE junge jüdische Tochter wird schwanger. Die entsetzten Eltern wollen den Namen des Schuldigen wissen – das Mädchen bezichtigt den alten frommen Rabbiner!
Dieser erfährt es und zitiert das Mädchen herbei.
«Nie im Leben habe ich dich auch nur gesehen», sagt er zu ihr, «wie kannst du mich so verleumden!»
«Und doch ist es wahr, Rabbi», beharrt das Mädchen, «vor etlichen Monaten war meine Tante bei Euch, weil sie kinderlos ist. Ihr habt ihr Jordanwasser in einem Fläschchen gegeben und gesagt, wenn sie es trinkt, wird es helfen. Und von diesem Fläschchen habe ich aus Neugier genippt...»
«Aber Kind», belehrt der erleichterte Rabbiner, «weißt du nicht, daß da auch noch ein Mann dabeisein muß?»
«Ja – fehlt es etwa an Männern in unserer Stadt?» fragt das Mädchen verwundert zurück.

EIN Jude ist mit der Frau eines andern erwischt worden, zufällig während der Sukkottage, an denen fromme Juden ihre Mahlzeiten nur in Laubhütten *(Sukkot)* einnehmen.
Der Rabbi: «Schäm dich! Wenn du schon unbedingt sündigen wolltest, dann konntest du ja zum Beispiel deine Mahlzeiten außerhalb der Sukka (Laubhütte) verzehren – aber ein Verhältnis mit einer verheirateten Frau?»

Rituell erlaubte Speisen nennt man «koscher», die unerlaubten heißen «trefe». In Zweifelsfällen muß der Rabbi entscheiden.
EINE Frau: «Rabbi, ich fürchte, ich werde einen großen Schaden haben. Unser Mädchen ist in den vollen Milchkessel gefallen. Ist die Milch noch koscher?»
Der Rabbi: «Die Milch – trefe. Das Mädchen – koscher.»

Am jährlich wiederkehrenden Todestag naher Verwandten, vor allem der Eltern, sprechen fromme Juden bestimmte Gebete. An manchen Orten war es Sitte, daß der meist sehr kümmerlich besoldete Synagogendiener, der Schammes, sich die Daten notierte und die Bürger gegen ein Trinkgeld an den «Jahrtag» erinnerte.

VON einem reichen primitiven Juden bekam der Schammes für die Mahnung an den Jahrtag des Vaters ein überraschend hohes Trinkgeld. Da es dem Schammes sehr schlecht ging, überlegte er, so ein reicher und vielbeschäftigter Mann würde sich das Datum sicher nicht so genau gemerkt haben – und nach etlichen Monaten meldete der dem reichen Manne wiederum den Jahrtag des Vaters. Der Mann verzog keine Miene und gab dem Schammes abermals ein gutes Trinkgeld.

«Wenn er so zerstreut ist», dachte der Schammes, «will ich ihm auch den Jahrtag für seine Mutter verdoppeln.»

Als er aber zu dem «zerstreuten» Manne kam, um ihm den zweiten Jahrtag der Mutter zu melden, sprang dieser außer sich vor Wut auf und schrie: «Du Lump, du Lümmel! Was den Vater angeht – einer, zwei oder mehr – ich gebe zu, das kann man nicht so genau wissen. Aber mehr als eine Mutter!?»

Die Juden pflegen am Rosch-Haschana, dem jüdischen Neujahrstag, ein Gebet am Ufer eines Gewässers zu sprechen und dabei symbolisch alle Sünden des vergangenen Jahres ins Wasser zu werfen.

AN einem Neujahrstag marschiert ein junger Jude mit einem blonden Bauernmädchen zusammen zum Dorfteich.

«Was hat das Mädel hierbei zu suchen?» fragen die andern Juden.

«Es gibt da», bekennt der junge Mann, «eine Sünde, an der wir alle beide gleichen Anteil haben.»

ES war zur Zeit des «Ius primae noctis» *(das Recht des Feudalherrn, den Töchtern seiner Hörigen und Leibeigenen als erster, noch vor dem Bräutigam, beizuwohnen).* Der Gutsherr hatte einen schrecklichen Einfall, die Tochter seines jüdischen Pächters anzufordern. Die verzweifelten Eltern begleiten das Mädchen selber zum Schloß. Das Mädchen geht heulend hinein – nach einer Minute ist sie schon wieder draußen und heult noch ärger. Die Eltern sind erschrocken: «Was ist los?»

«Er will mich nicht», plärrt das Mädchen, «er sagt, ich stinke.»

«Nicht du bist es», erklärt der beglückte Vater, «die schlecht gerochen hat. Das waren deine Schutzengel!»

POGROM im zaristischen Rußland. Eine Horde Kosaken hat im Estrichwinkel eine Mutter mit zwei Töchtern aufgestöbert. Die Kosaken brüllen vor Freude.

«Nehmt uns!» rufen die Töchter, «aber verschont unsere alte Mutter, habt Rachmones *(Erbarmen)* mit ihr!»
«Was heißt Rachmones?» protestiert die alte Dame mit Würde, «Krieg ist Krieg!»

DER Tag im besetzten Städtchen ist ungewöhnlich ruhig verlaufen. Eine nicht mehr junge Jüdin kommt zum Ortskommandanten und fragt bedauernd: «Panie *(poln.: Herr)* Lajtnant, geschendt wert hajte nicht?»

ALS die Deutschen im Ersten Weltkrieg in die Ukraine kamen, wurden sie dort ihrer technischen Tüchtigkeit wegen sehr bewundert.
Eines Tages kam ein Jude zum Rabbi und klagte, die Deutschen hätten seine Tochter geschwängert. Indes schon zwei Monate nach dem Einmarsch der feindlichen Armee kam das Mädchen nieder.
«Wie konntet Ihr nur die Deutschen beschuldigen?» warf der Rabbiner dem Juden vor.
Der Jude: «Rabbi, Ihr ahnt nicht, was die Deutschen mit ihrer Technik zuwege bringen!»

RABBI: «Man sagt, daß Ihr Schweinefleisch eßt. Das ist genau, als würdet Ihr Ehebruch begehen!»
Der Sünder: «Unsinn! Ich habe beides ausprobiert: Das ist doch gar kein Vergleich!»

FROMME Juden unterhalten sich über den Tod. Einer sagt:
«Wenn ich sterbe, möchte ich mein Grab neben dem des Gaon *(Titel eines großen Gelehrten auf religiösem Gebiet)* von Wilna haben. Aber leider wird mir das kaum vergönnt sein.»
«Mir», sagt ein zweiter alter Jude, «würde es schon genügen, neben unserm seligen Rabbiner zu liegen.»
«Und ich», meint ein junger Bursche verträumt, «möchte neben der Tochter von Reb Rosenblum liegen.»
«Die ist doch nicht tot?!» rufen die alten Juden entsetzt.
«Und ich?» entrüstet sich der Bursche, «bin ich eine Newele *(Aas, Leichnam)*?»

EIN Dieb hat zwei Jahre im Gefängnis gesessen. Als er herauskommt, hat seine Frau soeben ein Kind bekommen. Der Säugling stirbt, und der Dieb sitzt «Schiwe», das heißt, er setzt sich, wie es bei Juden üblich ist beim Tode naher Verwandter, auf einen niedrigen Schemel.

Freunde kondolieren. Sagt der Dieb: «Ich habe schon oft gesessen, aber so unschuldig wie jetzt – noch nie!»

Variante:
«HÖR ZU, Esther, ich hab' ein volles Jahr im Zuchthaus gesessen – und jetzt find' ich dich mit einem neugeborenen Kind!»
«Nu – genügt es denn hierfür nicht, daß *ich* daheim war?»

DER Jeschiwe-Bocher macht der jungen Frau des Rabbiners ungeziemende Anträge. Sie ist empört. Der Bocher, rasch resignierend: «Nu – wenn Ihr nicht wollt!»
Die Rabbinerin: «Von nicht Wollen ist keine Rede; bloß: Wie kommt Ihr zu der Chuzpe?» *(Anmaßung.)*

LEVY brütet über einem hebräischen Folianten.
«Der Weise», liest er, «sündigt siebenmal am Tag.»
Levy, zweifelnd: «Der Weise prahlt ganz schön!»

Variante:
TRIEBWASSER war geschäftlich unterwegs. Bei der Rückkehr hört er, seine Frau habe ihn inzwischen betrogen. Wütend stürzt er nach Hause und schreit sein Weib an:
«Wer war es? Dieser Idiot Bernstein vielleicht?»
«Nein.»
«Oder der Lump Lefkowitsch?»
«Nein.»
Triebwasser, außer sich vor Zorn: «Was ist los? Ist dir keiner meiner Freunde gut genug?»

VON den Reisenden auf dem Fuhrwerk ist einer Melamed.
«Wie viele Kinder habt Ihr?» fragt ihn ein Fahrgast.
Der Melamed bezieht die Frage irrtümlich auf seine Schülerzahl und erklärt stolz: «Siebenunddreißig.»
Der Fahrgast: «Ha-ha!»
Da schreit der Melamed, welcher meint, der andere bezweifle, daß man so viele Schüler gleichzeitig gewissenhaft unterrichten könne: «Sie Lackel, ich habe natürlich Helfer!»

Koschere Restaurants haben einen «Maschgiach» (Aufseher), der die rituelle Zubereitung der Speisen kontrolliert.

DER junge Linkerhand kommt zum erstenmal in die Hauptstadt, er findet zwar ein koscheres Restaurant, hat aber zu dem mondänen Betrieb kein rechtes Vertrauen. – «Fräulein», flüstert er daher dem servierenden Mädchen zu, «stehen Sie unter Aufsicht?»

RELIGIONSLEHRER: «Gerda, wiederhole uns nun, was ich euch letzte Stunde von Moses erzählt habe.»
«Moses war der Sohn einer ägyptischen Prinzessin.»
«Aber Gerda, du hast nicht aufgepaßt! Die Prinzessin hat ihn doch bloß in einem Körbchen am Nil gefunden!»
«Sagt *sie*!»

MUTTER: «Stell dir vor, unsere Ethel ist schwanger!»
Vater: «Ausgeschlossen!»
Mutter: «Wieso ausgeschlossen? Es hat ja wochenlang bei uns der Jeschiwe-Bocher *(Talmudstudent)* geschlafen.»
Vater: «Aber der hatte doch sein eigenes Bett!»
Mutter: «Er wird herausgestiegen sein aus seinem Bett und hinübergestiegen in ihres.»
Vater: «Da war doch noch ein Wandschirm dazwischen!»
Mutter: «Er wird weggeschoben haben den Wandschirm.»
Vater, nachdenklich: «Außer das!»

DIE Eltern haben den jungen frommen Jeschiwe-Bocher verlobt. Ein Freund trifft ihn: «Ich habe gehört, du bist verlobt! Es kommt dir ein Maseltow *(Glückwunsch)*!»
«Ach, laß mich in Ruh, mir kommt kein Maseltow», stöhnt der Bocher. «Ich habe schlaflose Nächte. Ich soll heiraten – und ich habe keine Ahnung, was man da macht!»
«Bist du aber dumm!» sagt der Freund. «Schau auf das Dach hinauf! Da stehen zwei Tauben, die sich gerade lieben. Und dort auf dem andern Dach! Da lieben sich zwei Katzen! Das ist doch keine Kunst! Das wirst du doch auch noch können!»
Zwei Monate später treffen sich die beiden wieder: «Ich habe gehört, du hast geheiratet? Es kommt dir ein Maseltow!»
«Ach», stöhnt der Bocher. «Laß mich in Ruh! Mir kommt kein Maseltow! Die Frau ist vom Dach gefallen!»

EINE Jüdin weint: Ihre Tochter hat fünf Monate nach der Hochzeit ein Kind bekommen! «So zur Unzeit!» schreit die Mutter.

«Beruhigt Euch», sagt eine Nachbarin. «Sie hat ganz zur richtigen Zeit geboren. Nur die Hochzeit war zur Unzeit!»

Variante:
EINE Nachbarin tröstet: «Beruhigt Euch! Ein zweites Mal kann ihr das nicht passieren!»

EIN frommer Jeschiwe-Bocher hat geheiratet. Nach fünf Monaten bekommt seine Frau ein Kind. Der junge Mann ist tief deprimiert. Die Frau tröstet ihn:
«Siebenmonatskinder sind doch keine solche Seltenheit!»
«Ja», sagt der Bocher, «aber hier waren es fünf Monate.»
«Nun ja», erklärt die Frau, «Siebenmonatskinder kommen immer um zwei Monate zu früh auf die Welt.»

EIN Ehepaar will sich scheiden lassen, alles soll gerecht geteilt werden – aber es sind fünf Kinder da.
Der Rebbe klärt und entscheidet: «Bleibt noch ein Jahr zusammen! Dann habt ihr sechs, und jeder bekommt drei!»
Der Mann: «Und wenn sie nun Zwillinge bekommt?»
Die Frau: «Schaut mir den Zwillingsmacher an! Ich hätte die fünf auch nicht, wenn ich auf ihn gewartet hätte!»

DER Moisescu und Frau fallen im Wald unter die Räuber, und die Frau wird vergewaltigt.
Der Moisescu geht zum Rabbi: «Ich lass' mich scheiden.»
Der Rabbi versucht zu besänftigen: «Das hat doch gegeben Gott.»
Darauf Moisescu. «Daß wir sind gefallen unter die Räuber, hat gegeben Gott. Daß se sich haben gesterzt auf die Sara, hat gegeben Gott. Aber das hat nicht gegeben Gott, daß sie hat gewackelt mitm Toches *(Allerwertester)*!»

EINE alte jüdische Prostituierte kommt zum Rebben: Sie will Teschuwe *(Umkehr, Reue)* tun.
«Arbeite in einem Krankenhaus!» schlägt der Rebbe vor.
«Ich kann nicht, ich bin zu schwach.»
Der Rebbe schlägt dies und jenes vor – sie ist zu allem zu schwach.
Schließlich fragt er: «Was willst du also tun?»
Darauf antwortet sie: «Weitermachen wie bis jetzt, gratis, mit alte Jiden!»

ALTES Rußland. Ein Jude und eine Jüdin lernen sich in der Bahn kennen. Beide wollen für einen Tag nach Moskau. Aber die Fahrt ist lang und ermüdend, und sie beschließen, auf einem Provinzbahnhof auszusteigen und zu übernachten. Der Mensch ist schwach – in der Nacht kommt zwischen den beiden Unstatthaftes vor, und am Morgen haben beide Gewissensbisse.
«Mach dir keine Sorgen», beruhigt der Mann. «In Moskau gehe ich zum Rabbi und bitte ihn, mir eine Buße aufzuerlegen.»
Am übernächsten Tage treffen sich die beiden wieder auf dem Bahnhof in Moskau. «Warst du beim Rabbi?» fragt die Frau.
«Ich war beim Rabbi.»
«Hat er dir eine Teschuwe *(Reue, Buße)* auferlegt?»
«Ja. Er hat befohlen, ich müsse für das Bet-Hamidrasch *(Bet- und Lernhaus)* ein Kilo Wachslichter spenden.»
«Hast du es getan.»
«Ich habe sogar zwei Kilo gespendet.»
«Warum *zwei* Kilo?»
«Nu – und wo bleibt die Rückfahrt?!»

JANKEL beschwert sich beim Rebbe:
«Mei Sara liegt mir nicht so, wie ich will.»
Der Rebbe läßt sich Sara kommen und sagt: «Jankel sagt mir, du liegst ihm nicht so, wie er will, was heißt das?»
Sara: «Nein, das wer ich nie tun!»
Rebbe: «A jüdisch Frau hat so zu liegen, wie der Mann es will.»
Sara: «Das kann er nicht verlangen.»
Rebbe: «Wie *(galizisch-jiddisch ist «wie» auch = «wo»)* will er denn, daß du liegst?»
Sara: «Drei Meter unter der Erd.»

SCHLESINGER hat Schmul mit seiner Tochter in flagranti ertappt. Wütend packt er ihn am Rockaufschlag und schüttelt ihn: «Sie Ganew, Sie haben verführt meine Tochter, das werden Sie mir büßen... Sagen Sie, was hat gekostet der Stoff von Ihrem Rock?»

DREI Juden unterhalten sich:
«Ich bin schon sechzig Jahre alt, aber meinen ehelichen Pflichten kann ich noch zwei-, dreimal in der Woche nachkommen!», und er klopft rasch mit einem «toi-toi» auf den Tisch.
«Ich bin fünfundsechzig», sagt der zweite, «aber etwa einmal in der Wo-

che kann ich das Vergnügen auch noch haben!», und er klopft ebenfalls schnell auf den Tisch.
Der dritte, siebzig Jahre alt, seufzt und sagt: «*Klopfen* kann ich auch.»

Variante:
«BEI mir geht es noch zweimal im Jahr: Einmal im Winter und einmal im Sommer.»
«Und wie war es diesen Sommer?»
«Nu – hatten wir denn überhaupt einen!»

DOCH sein Kind!
Sterbende Gattin: «Ich kann das Geheimnis nicht mit ins Grab nehmen. Ich gestehe: Der Isaak ist nicht von dir.»
«Unsinn! Von wem soll er denn sein?»
«Von unserm Prokuristen Hirschfeld!»
«Ich glaube kein Wort davon! Ein so schöner Mensch wie Hirschfeld und ein Menuwel *(Ekel)* wie du?»
«Ich habe ihm zweitausend Franc gegeben.»
«Wie ist das möglich? Woher hast du das Geld genommen?»
«Aus deiner Kasse.»
«Na also: doch mein Kind!»

DER alte Kohn macht seinem Sohn Vorwürfe. Der junge Mann bummelt, kommt nie vor Morgengrauen heim.
«Ich will mich ausleben», verteidigt sich der Jüngling.
«Nu», meint der alte Kohn voll Verständnis, «warum nicht? Aber leb dich aus wie ich, am Tage im Geschäft. Nachts geh schlafen wie alle anständigen Leute!»

MOSES Steinpilz nimmt auf der Geschäftsreise eine leichte Person mit ins Hotelzimmer. Da klopft es: ein Telegramm. Steinpilz erbricht den Umschlag, wirft einen flüchtigen Blick auf den Inhalt, sieht, daß ihm darin der plötzliche Tod seiner Frau gemeldet wird, steckt das Telegramm schnell weg und sagt: «Spaß, werd' ich morgen früh einen Schreck haben und weinen!»

Die Tefillin, die Gebetsriemen für das Morgengebet, pflegt man in einem hübschen Samtbeutel aufzubewahren.
«WOHIN gehst du?» fragt Isidor seinen Freund, der fünf Uhr nachmittags, seinen Tefillinbeutel schwingend, daherkommt.

«Ins Bordell.»
«Nachmittags um fünf, mit Tefillin?!»
«Weißt du, vielleicht bin ich morgen früh noch dort!»

DIE Portiersfrau der Villa Krotoschin erwartet ein Kind und fragt, ob sie den seit Jahrzehnten unbenützten Kinderwagen auf dem Estrich haben dürfte.
«Ich weiß nicht», ziert sich Frau Krotoschin, «ich könnte selber noch einmal in die Lage kommen, ihn zu brauchen.»
In diesem Augenblick kommt der Gatte zufällig vorbei, hört das Gespräch und kommentiert kurz: «Von mir aus – nicht.»

KAHN hat seinen Freund Levy eingeladen. Frau Kahn, die mit Levy zärtlich liiert ist, versucht, ihm unter dem Tisch mit dem Fuß Signale zu geben – aber Levy reagiert nicht!
Plötzlich dreht sich Kahn zornrot zu seiner Frau um. «Rosalie, hör auf, mich zu treten! In Gegenwart eines Glaubensgenossen esse ich, wie es mir paßt!»

DER Rebbe predigt: «Eine Frau muß sparsam, sittsam und verschwiegen sein. Dann ist sie die Rechte.»
Meint Schwarz: «Die hab ich! Sie ist so sparsam, daß sie sechs Wochen die Handtücher hängen läßt, so *sittsam,* daß sie den ganzen Tag auf dem Sofa *sitzt,* und so verschwiegen, daß sie mir bis heute nicht gesagt hat, von wem sie unsern Dovidl hat.»

KOSAKEN brechen in Chaims Wohnung ein, rauben alle Juwelen, zerren ihn aus dem Bett, zeichnen auf den Boden einen Kreidekreis, stellen Chaim hinein und drohen: «Wenn du den Kreis verläßt, erschießen wir dich!» Und dann vergewaltigen sie Sara.
Als sie fort sind, sagt Sara: «Feigling! Du hast nicht gewagt, für mich etwas zu tun!»
Chaim, vergnügt: «Wieso Feigling! Die ganze Zeit bin ich mit einem Fuß außerhalb vom Kreis gestanden!»

EIN galizischer Rebbe war ausgegangen. Als er zurückkommt, sieht er in dem tiefen, frischen Schnee vor seinem Hause mit Urin geschrieben «baruch haba». *(Begrüßungsformel: Gesegnet sei, der da kommt!)* Er fragt die Rebbezen, wer das geschrieben hat.
Sagt sie: «Der Schammes *(Synagogendiener).*»

Rebbe: «Aber der kann doch gar nicht schreiben!»
Rebbezen: «Ich habe ihm den Griffel geführt.»

VETTER Jossel kommt zur Beschneidungsfeier nach Krotoschin. «Wem gleicht das Kind?» fragt der stolze Vater.
Jossel: «Wie soll ich das wissen? Ich bin erst seit einer halben Stunde in Krotoschin!»

EIN Jude wird von einer Chonte *(Dirne)* angesprochen. Er geht mit ihr aufs Zimmer im ersten Stock. Im Stiegenhaus niest sie. Sagt er: «Nor gesund sollst du mir sein!»

JANKEL geht mit seinem Sohn im Walde spazieren. Sie sehen ein Liebespaar. «Oj waj!» schreit Jankel. «Das Gehenem *(= Hölle)*!»
«Tate», fragt der Sohn, «und wie sieht das Gan Eden *(Paradies)* aus?»

LEVY, Herrenwäsche en gros, schreibt an eine Sängerin:
«... Ihr seelenvoller Vortrag vom 30. vorigen Monats klingt mir noch immer im Ohr, und meine Gefühle von Ultimo Juli sind für Sie unverändert geblieben.»

LANDSBERGER ertappt seine Frau in flagranti mit seinem Prokuristen und ruft ihm mit königlicher Würde zu: «Ab Ultimo hat dieses Verhältnis aufzuhören!» Aber einige Wochen später erwischt er die beiden aufs neue. Es kommt zur Keilerei, und der kräftige Prokurist schleudert den Chef unter den Tisch. Da ächzt der Chef kraftlos vom Boden empor: «Die Prokura ist ab heute erloschen.»

DER Chef erwischt den Buchhalter mit seiner Frau. Er verläßt den Raum schweigend. Acht Tage später ist Gehaltsauszahlung.
Chef zum Buchhalter:
«Ich habe Ihnen zehn Franc abgezogen – Sie wissen, wofür!»

PRINZIPAL zum Kassierer: «Hören Sie, letzte Woche finde ich Sie bei meiner Frau im Bett. Das hat mir schon nicht gefallen. Heute fehlen hundert Zloty in der Kasse. Wenn jetzt noch das Geringste vorkommt, sind Sie entlassen!»

DER Chef findet in seinem Privatkontor seine Frau mit seinem Prokuristen in einer höchst prekären Situation. Voll Zorn ruft er aus: «Veilchenstein! Sie waren Lehrling bei mir und haben sich aus der Portokasse genommen. Sie waren Lagerist bei mir und haben sich von der Ware genommen. Und jetzt sind Sie Prokurist, und ich finde Sie in meinem Kontor mit meiner Frau – und hör doch auf, wenn ich mit dir red'!»

SCHLESINGER fährt zu seinem Freund Grinberg in eine galizische Stadt. Auf dem Weg vom Bahnhof in die Stadt grüßt Grinberg eine Dame und flüstert Schlesinger ins Ohr:
«Die können Sie um zwei Gulden haben.»
Sie begegnen einem halben Dutzend anderer Damen, die Grinberg zwischen drei und fünf Gulden taxiert.
Fragt Schlesinger: «Ja, sagen Sie, Grinberg, gibt es in dieser Stadt keine anständigen Frauen.»
«Ja», sagt Grinberg, «aber viel teurer!»

FERNVERKEHR:
Plaut und Nelken sitzen in der Operette.
«Reizend ist die kleine Gérard», meint Plaut verträumt, «ich möcht' wieder einmal mit ihr was vorhaben.»
Nelken: «Hast du denn schon einmal mit ihr was gehabt?»
Plaut: «Nein, aber *gemocht* hab' ich schon ein paarmal.»

BERLINERBLAU erwischt seine Gattin mit seinem Freund.
«Ruchlose!» schreit er. «Ich weiß alles!»
Die Gattin: «Aufschneider! Wann zum Beispiel hat Saul die Philister geschlagen?»

HIRSCHFELD kommt während der Geschäftszeit unerwartet nach Hause geeilt. Er rennt an seiner tödlich verlegenen Gattin vorbei ins Schlafzimmer, reißt die Schranktüre auf – und sieht sich seinem Kompagnon Blau gegenüber!
«Was in aller Welt machst du hier?» fragt er verdattert.
Blau: «Du wirst lachen, ich warte auf die Trambahn.»

«HALLO, Zuckerkand, du gehst ins Geschäft: Weißt du wirklich nicht, daß deine Frau um diese Stunde regelmäßig einen jungen Offizier empfängt?»
Zuckerkand rennt sofort heim, poltert in die Wohnung, vorbei an seiner erschrockenen Frau, sucht in allen Zimmern herum und schreit fortwährend: «Hier ist er nicht... hier ist er auch nicht!» Schließlich reißt

er einen Kleiderschrank auf – da steht der Offizier drin und hebt die Pistole! Sofort wirft Zuckerkand die Kastentüre wieder zu, schließt sie ab und schreit: «Hier ist er auch nicht!»

Variante:
LEVY überrascht seine Frau in flagranti mit einem Offizier. Der Offizier erhebt sich, verbeugt sich und erklärt: «Ich stehe Ihnen zur Verfügung. Ich bin morgen zu Hause.»
«Ich auch», versichert Levy eifrig, «ich auch!»

BLAU kommt unerwartet mitten am Tage von der Geschäftsreise heim, geht ins Schlafzimmer und findet Sara nackt im Bett.
«???»
«Mojscheleben, mer is so heiß! Ich hab' Fieber, ich bin krank!»
Er will den Mantel aufhängen, öffnet den Schrank – drinnen steht, auch splitternackt, der Katz von gegenüber!
Sagt der Blau ungehalten: «Na, wissense, Herr Katz! Nicht genug, daß meine Frau krank ist, Se sind noch imstand und schrecken mer die Kinder!»

GRÜNBLATT kommt unerwartet nach Hause und erwischt seine Frau in flagranti mit einem fremden Herrn.
«Was geschieht hier?» fragt er empört.
«Sehn Sie!» sagt die Frau zu dem Herrn, «ich hab' Ihnen ja gesagt, daß er dumm ist!»

BLAU kommt unerwartet nach Hause, findet seine Frau im tiefsten Negligé im Schlafzimmer, und ~~unter~~ neben dem Bett sieht er ein Paar braune Herrenschuhe.
«Ich trage keine braunen Schuhe», sagt er streng. «Wem gehören sie?»
Die Frau, verlegen: «Ich weiß nicht!»
Blau, drohend: «Von wem sind die Schuhe? ... Ich frage dich zum dritten und letzten Mal. Von wem sind die Schuhe!»
Da ertönt plötzlich eine Stimme unter der hochgewölbten Bettdecke hervor: «Damit endlich a Ruh ist – sie sind von Bally!» *(bekannte Schuhfabrik)*.

EHEPAAR Blau ist nach New York ausgewandert und bewohnt im 13. Stockwerk eines Hotels ein kleines Zimmer. Freund Grün ist ebenfalls hierher ausgewandert, und sooft Blau verreist ist, besucht er Frau

Blau. Einmal, mitten in der schönsten Unterhaltung, rasselt es im Schlüsselloch.
«Das kann nur Blau sein», schließt Frau Blau entsetzt, «schnell, spring aus dem Fenster!»
«Bist du verrückt!» protestiert Grün, «ich soll springen aus dem 13. Stockwerk?!»
Frau Blau, streng: «Spring! Jetzt ist ka Zeit für Aberglauben!»

DOKTOR Kinsey, der bekannte Verfasser verschiedener Bücher über das Liebesleben in den USA, macht durch seine Assistenten Erhebungen über außereheliche Geburten. Bei der Auswertung des Materials fällt auf, daß fünf Mädchen in Brooklyn, Bronx, Hoboken, Newark und Richmond unabhängig voneinander einen gewissen Itzig Mandelstamm aus Jersey City als Vater ihres neugeborenen Kindes angeben. Die Assistenten begeben sich neugierig auf die Suche nach dem Casanova – sie finden einen alten Juden mit schlohweißem Bart!
«Sagen sie bloß: wie machen Sie das?»
«Ich hab' ein Fahrrad.»

GOLDWEINS Frau soll beerdigt werden. Die Trauerversammlung ist vollzählig, nur Goldwein fehlt. Man sucht ihn im ganzen Haus. Schließlich findet man ihn in der Mansarde des Mädchens...
«Aber Goldwein! Wie konntest du nur!»
Goldwein rauft sich das Haar und schreit: «Weiß ich, was ich tu in meinem Schmerz?»

«WIE geht es, Kohn?»
«Danke für die Frage. Es geht noch. Monatlich ein-, zweimal.»
«Aber, aber! Ich habe es doch nicht so gemeint! Ich frage: Wie geht es zu Hause?»
«Ja, zu Hause...? Zu Hause geht es überhaupt nicht mehr.»

«SIE fahren doch oft geschäftlich nach Paris. Was pflegt so eine Reise Sie zu kosten?»
«Das kommt darauf an. Wenn meine Frau mitkommt – tausend Goldfranken. Wenn ich allein fahre – viertausend.»

ZOBEL prahlt, wie schön seine Frau sei.
Ein Freund: «Weißt du wirklich nicht, daß deine Frau dich mit vier Liebhabern betrügt?»

«Na und? Ich bin lieber beteiligt mit zwanzig Prozent an einer guten Sache als mit hundert an einer miesen.»

SALOMON wird in der Wohnung der schönen Sara tot aufgefunden. Es kommt zum polizeilichen Verhör, und Sara erzählt sehr genau: «Vor vier Tagen kommt er zu mir und bittet, mich über das Haar streicheln zu dürfen, er will mir fünfzig Gulden dafür geben. Ich habe es ihm erlaubt. Den Tag darauf ist er wieder da und will eine Locke – er will hundert Gulden dafür bezahlen. Ich habe ihm die Locke gegeben. Gestern kommt er wieder und will einen Kuß – für fünfhundert Gulden. Ich war einverstanden. Und heute ist er schon wieder da und sagt: ‹Saraleben, ich kann ohne dich nicht mehr leben. Sei mein, für tausend Gulden!› Ich habe ihm geantwortet: ‹Gut Salomon, aber meine Tax' ist eigentlich zwanzig Gulden...› Und da hat ihn getroffen der Schlag.»

«HIRSCH, das ist keine Art! Sooft ich an deinem Haus vorbeikomme, stehst du am Fenster und küssest dich mit deiner Frau! Auch heute mittag wieder!»
«Du wirst lachen: Heute mittag war ich gar nicht zu Hause!»

DAMENGESPRÄCH: «Mein Mann hat eine Leidenschaft – püh! Ich sage Ihnen: ein Tiger!»
«Mein Mann ist auch ein Tiger!»
«Ihr Mann ist doch, nebbich, schon siebzig Jahre alt!»
«Na ja – er ist eben ein Könnixtiger!» *(= Könn-nix-Tiger.)*

«GESTERN habe ich deine Frau mit deinem Schwager, dem Leutnant, getroffen.»
«Ich habe keinen Schwager, der Leutnant ist!»
«Sie hat es aber gesagt!»
«Du bist naiv! Sie soll versuchen, *mir* so etwas zu sagen!»

DUFTREICH kommt von der Geschäftsreise unerwartet heim. Lange muß er an der Tür poltern und läuten, bis die Gattin endlich öffnet. Als erstes will er im Baderaum die Hände waschen. Die Gattin aber hält ihn zurück: «Schau, Isidor, ich hab' dir in der Küche ein frisches Handtuch bereitgelegt!»
Isidor wird böse: «Darf ich etwa mein Badezimmer nicht benützen?» Er reißt die Tür zum Badezimmer auf – und sieht sich einem wildfremden Herrn gegenüber.

«Seien Sie nicht böse», sagt der Herr höflich, «ich bin mit der Dame im obern Stock zärtlich liiert. Der Gatte ist unerwartet heimgekommen, ich konnte gerade noch aus dem Fenster in Ihren Baderaum hinunterklettern. Sie werden mir doch aus der Verlegenheit helfen und mich durch die Türe hinauslassen?»
Duftreich schmunzelt vergnügt und läßt den Herrn hinaus...
Es ist Mitternacht. Frau Duftreich schnarcht. Herr Duftreich liegt noch wach.
Plötzlich versetzt er seiner Frau eine fürchterliche Ohrfeige. Sie schrickt auf: «Bist du meschugge?! Was schlägst du mich?»
Darauf Duftreich: «Mir ist eben in den Sinn gekommen: Wir haben doch gar keinen zweiten Stock über uns!»

WASSERGERUCHS Gattin war im Kurort. Dort ist ihr etwas Schreckliches passiert: Der Badearzt ist ihr, nachdem er sie chloroformiert hat, zu nahe getreten. Die Freunde versuchen, Wassergeruch über das Unglück zu trösten, aber je mehr sie auf ihn einreden, desto ablehnender schüttelt er den Kopf.
«Da stimmt etwas nicht», erklärt er schließlich, «wozu hat er sie denn erst chloroformiert?!»

GRÜN, piekfein ausstaffiert, trifft seinen alten Schulkollegen Blau. Blau kommt aus dem Staunen nicht heraus: «Grün, wie hast du das nur angestellt, daß du geworden bist so reich?»
«Ganz einfach, ich hab aufgemacht ein Bordell. Ich geb dir die gute Ejze *(Rat)*, mach mir's nach!»
Ein Jahr später begegnen sie einander wieder. Blau ist fuchsteufelswild: «Du mit deinen dummen Ejzes bist schuld daran, daß ich Pleite gemacht habe!»
«Ja, wie hast du das denn angestellt?»
«Nun, ich habe mir gemietet ein altes feines Palais, hab mir engagiert eine erstklassige Jazzband für den Salon, und die Mädchen hab ich mir eigens aus Paris kommen lassen.»
«Ja, wenn du das so ungeschickt anpackst! Klein muß man anfangen: mit der Schwiegermutter, Frau und Tochter...»

«AH, guten Tag wie geht es Ihrer Frau Gemahlin?»
«Mir gesagt!» *(Positiv beschwörender Ausruf.)*
«Was heißt: ‹Mir gesagt›?»
«Sie hat alle acht Tage ein neues Mädchen!»

DER Chef studiert die Spesenabrechnung seines Reisenden:
Mittagessen   M 5.–
Taxi   M 2.–
Hotel   M 5.–
Man ist doch nicht aus Holz   M 10.–
Der Chef blättert weiter, und als er die Formel «Man ist doch nicht aus Holz» ausnahmslos jeden Tag wiederfindet, schreit er gereizt: «Was heißt: ‹Man ist nicht aus Holz?› Man ist doch schließlich auch nicht aus Eisen!»

NACHTS im Bett.
Jankl: «Sara, meine Aktien steigen!»
«Nichts zu wollen. Börse geschlossen.»
«Meine Aktien stehen fest!»
«Börse geschlossen! (Nach einer Pause:) Jankl, Börse geöffnet!»
«Zu spät. Aktien unter der Hand weggeschleudert.»

AUS der Kammer einer Chonte *(Hure)*,
Kam ein Chammer *(Esel)*, der nicht konnte.

KOHN packt die Koffer. «Wohin fährst du?» fragt ihn seine Rebekka.
«Nach Schweden. Ich hab gehört, dort ist Mangel an Männern: Man kann hundert schwedische Kronen pro Nacht verdienen!»
Da fängt Rebekka auch an zu packen. Kohn: «Und wohin fährst du?»
«Auch nach Schweden. Ich will doch sehen, wie du mit hundert Kronen einen ganzen Monat auskommen kannst!»

BLAU zu Grün: «Stell dir vor! Wie ich unerwartet aus der Sommerfrische heimkomm, liegt unser Kinderfräulein im Bett meiner Frau! Ich nehm leise Kissen und Decke und leg mich im Eßzimmer auf den Diwan. Was sagst du dazu?»
Grün: «Genauso hätt ich die Geschichte auch erzählt!»

KOHN hat reich geheiratet. Er zeigt seinem Freund seine Frau und erklärt flüsternd: «Das ist mein Kapital! Und das (er deutet mit dem Finger auf zwei Schikses *[Mädel]*, die von weitem herankommen) sind die Zinsen. Das Kapital rühr ich nicht an, mit den Zinsen leb ich!»

«ICH war am Weiß-Blau-Ball. Es war auch Tombola. Ich hab den zweiten Preis gewonnen. Ä Nacht mit der Rebbezen.»

«Ich bitt dich! Was war denn der erste Preis?»
«Zehn Zigaretten.»

FRAU Dreyfus erwartet in wenigen Wochen ein Kind. Sie sagt zu ihrem Mann: «Isidor, in meinem Zustand kann ich dir nicht erlauben, mir zu nahe zu kommen. Aber ich bin eine verständnisvolle Frau. Hier, nimm fünf Mark und geh in ein Bordell!»
Isidor, tief gerührt über die Fürsorge seiner Frau, nimmt die fünf Mark und eilt davon. Auf der Treppe begegnet ihm Frau Worms, die einen Stock tiefer wohnt.
«Wohin so eilig, Herr Dreyfus?
Dreyfus erzählt ihr, was für eine liebevolle Frau er hat.
«Aber Herr Dreyfus!» sagt Frau Worms. «Was wollen Sie zu den schlechten Weibern gehen! Kommen Sie lieber zu mir und geben Sie mir die fünf Mark! Ich bin eine gute Freundin Ihrer Frau und tu Ihnen beiden gern den Gefallen!»
Dreyfus ist einverstanden. Als er nach einer halben Stunde wieder heimkommt, fragt die Frau verwundert: «So schnell?»
Isidor erzählt ihr, was ihm begegnet ist.
«Und hast du ihr die fünf Mark wirklich gegeben?» fragt die Frau.
«Aber natürlich!»
«Pfui», sagt die Frau entrüstet, «das hätte ich nicht gedacht! Wenn Worms zu mir kommt, gibt er mir nie etwas!»

WIENER Ausspruch: «Eine Ehefrau ist wie ein Regenschirm: man nimmt sich *dann doch* einen Komfortabel» *(Kutsche)*.

MORITZ geht auf der Straße. Sara schaut beim Balkon herunter. Da ruft Moritz hinauf: «Sara, ist der Isaak zu Haus?»
«Nein».
«Soll ich heraufkommen?»
«Aber Moritz – ich bin doch ka Hur'!»
«Aber Sara – wer redt denn vom Zohln *(Zahlen)*!»

ZWEI Juden begegnen sich abends: «Wohin gehst du?»
«Ich geh in Clabb.» *(Englische Aussprache für Klub.)*
«So? Und ich geh in Paff.» *(Puff.)*

«ICH habe gar nicht gewußt, daß deine Tochter ein Kind hat.»
«Unsinn! Noch nie hat sie bekommen ein Kind!»

«Ich habe doch neulich selbst gesehen, wie sie ist gesessen im Park mit einem Kind an der Brust.»
«No und, warum soll sie nicht? Zeit hat sie, Milch hat sie.»

MOJSCHE Halbgewachs besteigt den Zug nach Lemberg. Im Abteil findet er seinen Freund Laib Merores sehr intensiv mit einer Dame beschäftigt: «Laib, was tust tu!»
«Ich fahr nach Lemberg.»
«Mitten durch die Leut?»

DER Wiener jüdische Anatomieprofessor Julius Tandler sprach in einer Vorlesung über die männliche Kraft und führte aus, daß in dieser Beziehung die Neger sehr leistungsfähig seien. Er erlaubte sich die etwas gewagte Randbemerkung: «Das wäre etwas für Sie, meine geschätzten Hörerinnen!»
Eine empörte Studentin verließ ostentativ den Hörsaal. Tandler rief ihr nach: «Aber Frau Kollegin, Sie brauchen sich nicht so zu beeilen – das nächste Schiff geht erst in vierzehn Tagen!»

DER Wiener Anatom Julius Tandler zu einer Studentin: «Frau Kollegin, welches Teil des menschlichen Körpers weitet sich im Erregungszustand um das Achtfache?»
Die Studentin errötet und stottert: «Der äh... das äh...»
Tandler: «Falsch, sondern die Pupille. Ihnen aber empfehle ich, mit nicht zu großen Erwartungen in die Ehe zu gehen!»

ZUM jüdischen Medizinprofessor Finger, Haut- und Geschlechtskrankheiten, kommt eine Stenotypistin. Fingers Diagnose:
«Ja, Fräulein, das ist eine Gonorrhöe.» –
Das Mädchen: «Das muß wohl davon kommen, daß ich mich heftig an einen Schreibtisch gestoßen habe.»
Finger: «Na, es wird wohl ein Sekretär gewesen sein.»

EINE Mutter kommt mit ihrer Tochter zu Professor Finger. Er untersucht. «Tut mir leid, gnädige Frau, es ist eine Syphilis.»
«Armes Kind! Das muß sie sich auf einem Klosett geholt haben!»
«Möglich, aber unbequem.»

EIN katholischer Priester kommt zu Finger mit einem bösartigen Ausschlag. Finger sagt: «Ja, Hochwürden, das ist eine Syphilis.»

Der Priester: «Wie kann das nur kommen? Ich bete nur, faste und kasteie mich.»
Finger: «Das mag im Himmel *Ausschlag*-gebend sein, aber nicht auf Erden.»

EIN anderer Priester meint, seine Syphilis käme davon, weil er Hasenbraten gegessen habe.
Finger schweigt, kuriert ihn aus und warnt: «Wenn Sie wieder Hasenbraten essen, rate ich zu ärztlich empfohlenen Schutzmitteln.»

POLIZEIKOMMISSAR: «Herr Sauerteig, es liegt eine Anzeige gegen Sie vor, Sie leben offenbar in einem Konkubinat.»
Sauerteig: «Konkubinat – war ist das?»
Polizeikommissar: «Das heißt, daß Sie mit einer fremden Frau genau leben wie mit der eigenen.»
Sauerteig, begeistert: «Unsinn – viel, viel besser!»

FRAU Blau trifft Herrn Direktor Grün am Opernring. Sie ist ganz aufgeregt: «Stellen Sie sich vor, Herr Direktor, vorhin in der Kärntnerstraße läuft mir eine Schar Kinder nach und schreit: Hur, Hur!»
Grün: «Beruhigen Sie sich, gnädige Frau. Schauen Sie mich an: ich bin schon 20 Jahre pensioniert, und die Leut sagen immer noch zu mir ‹Herr Direktor›.»

MANDELBAUM war mit seinem Prokuristen Pintschewer zusammen in Berlin, und da er mit seinen Geschäften zufrieden ist, macht er seinem Prokuristen den Vorschlag, vor der Heimfahrt in ein Freudenhaus zu gehen. Nach zwei Stunden treffen sich die beiden wieder unten im Hausflur, und Herr Mandelbaum sagt zu seinem Begleiter: «Ich weiß nicht, meine Frau kann es doch besser.»
Darauf der Prokurist, eifrig: «Viel, viel besser, Herr Mandelbaum!»

«WEISST du, was ein guter Wechsel und eine schlechte Frau gemeinsam haben? Sie gehen beide nie verloren.»
«Da ist aber ein Unterschied: Bei einem Wechsel weißt du immer, wer die Hand auf ihm hatte – aber bei einer Frau?»

«PAPI, erkläre mir, was das ist: Prosperity und Krise?»
«Prosperity – das ist Champagner, Privatauto und fremde Frauen. Krise – das ist U-Bahn, Coca-Cola und deine Mutter.»

HERR Hirschkuh hört auf der Geschäftsreise, daß sein Kompagnon Veilchenduft ihn mit seiner Frau betrüge. Das will ihm nicht in den Kopf hinein. Dann beschließt er aber doch, unerwartet heimzukommen, und findet wirklich seinen Kompagnon bei seiner Frau.
Er schüttelt lange ungläubig den Kopf und sagt schließlich: «Ich muß – aber du?»

ZUR Zeit der größten Wohnungsnot nach dem Ersten Weltkrieg schickt man den Wohnungskommissar in die Villa Mandelbaum, um zu eruieren, ob dort wirklich keine Räume abgegeben werden können. Kommerzienrat Mandelbaum führt den Beamten durch das Haus und kommentiert: «Dies ist mein Schlafraum, dies das Schlafgemach meiner Gemahlin, hier ist ihr Boudoir, und hier ihr Ankleideraum.»
«Du lieber Himmel!» ruft der Beamte, «können Sie sich denn nicht mit einem gemeinsamen Schlafzimmer und ohne Boudoir und Ankleideraum für die Gattin begnügen?»
«Einen Augenblick mal», entgegnet Mandelbaum, öffnet die Nebentüre und ruft: «Rosalie, komm mal heraus!»
Der Beamte nach einem Blick auf die Gattin: «Genehmigt!»

DIE Pessach-Agada, die Festlegende der jüdischen Osterfeiern, beginnt mit den Worten: «Was unterscheidet diese Nacht von allen übrigen Nächten?» Hebräisch lauten die beiden ersten Worte: «Ma nischtane.»
Wenn nun einer sein langjähriges Verhältnis doch noch heiratet, pflegen ihm die lieben Freunde gern die zwei Worte zu telegrafieren: «Ma nischtane...»

PAPIERKRAGEN hat sich in die charmante Gattin seines Partners Bialostozki verliebt – ihre Tugend ist jedoch unerschütterlich. Er offeriert ihr tausend Mark – diesmal kann sie nicht widerstehen. Morgen ist ihr Gatte verreist, dann mag der Kompagnon kommen... Am Morgen des Reisetages bittet Papierkragen seinen Kompagnon: «Leih mir tausend Mark! Nur für ein paar Stunden! Ich bringe sie noch heute deiner Frau zurück!»... Als Bialostozki nachts heimkehrt, ist seine erste Frage: «War Papierkragen da?»
Die Gattin, verlegen: «Ja.»
Bialostozki: «Hat er dir die tausend Mark gebracht?»
Die Frau, schneeweiß im Gesicht: «...Ja.»
Bialostozki, zufrieden: «Er hat es heute früh versprochen und Wort gehalten. Ein hochanständiger Mensch!»

DIE Frau kommt zum Rabbiner. Sie will sich scheiden lassen.
«Weshalb denn?» will der Rabbiner wissen.
«Ich habe den Verdacht», äußert sie finster, «der letzte Sohn ist nicht von ihm.»

DIE Geburt eines kräftigen Knaben zeigt hocherfreut an Moses Goldstein & Co.

DIE hübsche Wirtin macht dem Gast das Zimmer zurecht. Sie hat wegen Zahnweh ein Tuch um die Backe gebunden.
«Dagegen weiß ich ein gutes Mittel», sagt der Gast, und bevor sie sich wehren kann, hat er sie auf die Wange geküßt. Die Wirtin entflieht. Kurz darauf steht sie mit ihrem Mann zusammen wieder im Zimmer.
«Meine Frau hat mir erzählt», sagt der Wirt höflich, «Ihr habt so ein gutes Mittel gegen Schmerzen. Könnt Ihr vielleicht auch mir helfen? Ich habe Rheumatismus am Gesäß.»

ITZIGSON ist Faktotum in einem Nonnenkloster. Aber bald fliegt er hinaus. Weshalb? Nun: daß er trotz wiederholtem Tadel den Kruzifixus als Hutständer benützt hat, hätte man ihm vielleicht verziehen; daß er mit den hübscheren Nonnen schlief – darüber hätte man auch keine Worte verloren. Daß er aber die hochvornehme «Mater superior» dauernd als «Mutter Schapiro» angeredet hat – das hat ihm schließlich den Hals gebrochen.

LAZARSTEIN und Magnus haben eine gemeinsame Geliebte. Sie bekommt Zwillinge, die Recherche de la paternité ist ohnehin aussichtslos – also beschließen die beiden, die Alimente gemeinsam zu zahlen. Eines Tages stirbt einer der Sprößlinge. Da sagt Lazarstein weinend zu Magnus: «*Mein* armes Kind ist tot!»

IN Köln wurde allgemein davor gewarnt, sich an jüdische Mädchen heranzumachen. Wenn man sich nämlich – so meinten die Kölner – an ein christliches Mädchen heranmacht, dann ruft es «Jesus, Maria und Josef!», und da rührt sich niemand. Das jüdische Mädchen aber schreit «Mame!», und die kommt!

IN der Pfalz. Unter der Dorflinde sitzen am Abend die Frauen beieinander. Der alte Jude Aaron geht vorbei und sagt:
«Da kann mer eine kriege für fünf Pfennige!»

Seine Tochter ruft: «Vadder, ich bin a dabei!»
Er antwortet: «Wenn ich dich g'sehe hätt', hätt' ich ka fünf Pfennige gebotte!»

BRIEFWECHSEL.

«Mein Herr, eben erfahre ich, daß meine Frau mich mit Ihnen betrügt. Ich ersuche Sie, die Beziehung sofort zu beenden!»
«Mein Herr, in Beantwortung ihres *Zirkulars* informiere ich Sie, daß ich mich ganz nach Ihren Wünschen richten werde. Hochachtungsvoll...»

EIN Jude aus einem galizischen Städtchen war in Berlin. Nachher erzählt er: «Großartig war das Hotel! Nebem dem Bett habe ich sechs Knöpfe gehabt! Drückte man auf den ersten, dann kam das Zimmermädchen, a schmekedike Mojd *(ein entzückendes Mädchen)*, drückte man auf den zweiten, dann kam ein Kellner im Frack, drückte man auf den dritten, dann kam ein Mädchen für kleine Besorgungen, so um sechzehn Jahre herum, drückte man...»
Fragt einer der Zuhörer vorwurfsvoll: «Warum hast du nicht mitgebracht Knopf eins und drei!?»

HASSGEFÜHLE.

Blau entdeckt, daß ihn seine Frau mit Grün betrügt. Kurz entschlossen überredet er Frau Grün zur Revanche. Aber wie sich Frau Grün gerne ein zweites Mal revanchieren möchte, meint Blau: «Wissen Sie, Frau Grün, ich hab eigentlich gar keine Haßgefühle mehr.»

EINIGE Dämchen unterhalten sich im Bahncoupé.
Die erste: «Es geht mir schlecht!»
Die andere: «Such dir einen Freund, der dir tausend Francs im Monat zahlt!»
«Das ist mir eben nicht gelungen!»
«Dann such dir zwei Freunde, die je fünfhundert zahlen!»
«Das ist mir auch nicht gelungen.»
«Vielleicht geht es mit drei Freunden, die sich die Kosten teilen?»
Da mischt sich Bloch ein, der bisher schweigend zugehört hat: «Meine Damen, sobald Sie bei Monatsraten von fünfzig Francs stehen, mache ich mit!»

FRAU Wohlgeruch: «Isidor, schenk mir einen Pelz! Schon für 400 Kronen gibt es ganz ordentliche Jacken!»

«Das kann ich mir leider nicht leisten!»
Frau Wohlgeruch macht sich auffällig zurecht und verschwindet für einige Tage. Als sie zurückkehrt, hat sie 401 Kronen bei sich.
Ehemann neugierig: «Wer hat dir die eine Krone gegeben?»
Frau Wohlgeruch: «Jeder von ihnen.»

SCHWAB und Weiß sind Freunde. Schwab zu Weiß: «Es ist Zeit, daß du dich scheiden läßt! Ich hab deine Frau satt!»

JANKEL, ich bin doch dein bester Freund!»
«Ja, sicher, David!»
«Darum vertrau' ich dir an: Dein Weib betrügt uns alle beide!»

FRAU Weiß stirbt. Schwab schluchzt herzzerreißend. Weiß: «Weine nicht! Ich werde bald wieder heiraten!»

WEISS zu Schwab: «Man sagt, du seist am ganzen Körper behaart wie ein Affe!»
Schwab, wütend: «Dein Weib ist ein Tratschmaul!»

WEISS erwartet seine Frau nach der Rückkehr aus der Kur an der Bahn.
«Weiß, warst du mir auch treu?»
«Natürlich, Rosa, und du?»
«Natürlich. Genau wie du!»
Weiß, wütend: «Du wirst nie mehr allein zur Kur fahren!»

«MEINE Frau hat ein Kind bekommen.»
«Gratuliere! Wer ist der Vater?»
«Du Hund, du Schwein!»
«Wozu das Geschrei? Ich dachte, daß du es weißt!»

ITZIK hat eine Handelsreise angetreten. Seine Frau, von einer plötzlichen Unruhe erfaßt, telegrafiert ihm:
«Vergiß nicht, daß du verheiratet bist!»
Zwei Stunden später hält sie die Antwort in Händen:
«Telegramm zu spät angekommen!»

Variante:
TELEGRAMM der Gattin: «Gib kein Geld aus für das, was du zu Hause bei mir umsonst haben kannst!»

Antworttelegramm des Gatten: «Ich bedanke mich für deine Mezijess!»
(mezia = wörtl. Fund: preisgünstige Okkasion.)

COHN und Levy, Kompagnons, gehen pleite. Cohn jammert. Levy tröstet ihn: «Du hast es doch gut! Schau, ich steh ganz allein da, du hast wenigstens eine Frau, die großartig ist im Bett.»
Cohn gerät außer sich vor Entrüstung.
Levy, beruhigend: «Nu, ich wollt' dich trösten. Aber wennstes nicht hören willst – in Wirklichkeit is sie ganz mies im Bett.»

BLAU und Grün treffen sich nach langer Zeit.
«Wie geht's dir? Was machst du?»
«Danke, gut. Ich handle mit Schikses.» *(Schikse = despektierlicher Ausdruck für Christenmädel.)*
«Mit was für Schikses?»
«Mit mieße Schikses.»
«Wie kann man mit mieße Schikses handeln?!»
«Nu, mit die schönen handle ich nicht, denen geb ich, wos sie verlangen.»

DER Gatte, Vater von vier Kindern, äußert einen schrecklichen Verdacht: «Hör, Sara, mir scheint, der Dovidl ist nicht von mir!»
«Wie kannst du so etwas behaupten?» entrüstet sich die Frau, «*gerade der Dovidl ist von dir!*»

«HÖR, Lewy, du bist doch jung verheiratet – und nun treff ich dich hier im Puff?»
«Nu – soll ich aufwecken die Sara wegen zehn Mark!»

ZWEI Emigranten auf Stellensuche in London sehen ein Inserat, daß man einen Butler sucht, «should also serve at table». Sie beschließen, ihr Glück zu versuchen. Der erste geht hin, kommt zurück und meldet: «Fast hätte ich die Stelle bekommen. Zuerst hat die Dame gesagt, ich werde in einer Livree mit Kniehosen und Socken servieren. Deshalb verlangte Sie: ‹Let me see your legs!› – Ich habe das Hosenbein aufwärts geschoben, und sie war zufrieden. Dann sagte die Lady, ich werde bei Cocktailparties manchmal ein Tablett mit Erfrischungen über den Kopf der Gäste balancieren müssen. Sie verlangte deshalb: ‹Let me see the muscles of your arms!› – Ich habe den Oberarm frei gemacht, und sie war zufrieden. Sie sagte, daß sie es gern mit mir versuchen möchte, und verlangte abschließend: ‹Let me see your testimonials!›... Und da hab ich vielleicht a Fehler gemacht, denn sie hat mich hinausgeworfen.»

WEISS sollte geschäftlich wegfahren – er traut sich nicht, weil er befürchtet, daß seine Frau ihn dann mit Blau betrügen wird. Schließlich duldet die Sache keinen Aufschub – bevor er aber wegfährt, bringt er im ehelichen Schlafzimmer eine automatische Kamera an. Nach der Rückkehr entwickelt er sofort die Bilder – seine ärgsten Befürchtungen sind übertroffen. Wutschnaubend eilt er zu Blau: «Herr Blau, haben Se mer nix zu sagen?»
«Nicht daß ich wüßte.»
«Dann schaun Sie sich einmal *das* an!» Er zieht den Film aus der Tasche, rollt ihn auseinander und hält ihn gegen das Licht.
«Herr Blau, haben Se mer immer noch nix zu sagen?»
Blau deutet mit dem Finger auf einige Negative: «Von der – und von der – und von der mecht ich a Vergreeßerung!»

IN Wien. Grün und Blau und Levy sitzen im Café. Kommt eine sehr attraktive Dame herein.
Sagt Grün: «Ihre goldene Brosche, die hat sie von mir.»
Sagt Blau: «Schaut euch die Perlenkette an! Die hat sie von mir.»
Sagt Levy: «Nebochanten *(etwa: jämmerliche Kerle)*! Schaut euch die schwarzen Ringel unter ihren Augen an. Die hat sie von mir!»

JANKEL war in Paris. Als er nach Lemberg zurückkommt, fragen ihn die Freunde neugierig: «Wie war's? Wie sind die Pariserinnen? Sind sie so ähnlich wie unsere Lembergerinnen?»
«Wie könnt ihr nur vergleichen!» ruft Jankel empört aus. «Ich war mit einer Pariserin zusammen. Ich weiß Bescheid!»
«Erzähl schon!»
«Also: sie hatte ein Schultercape aus Goldstoff – so etwas findet ihr in ganz Lemberg nicht! Und als sie das Cape ablegte, hatte sie darunter eine Bluse aus rosenfarbenem Seidenflor – durchsichtig wie Glas! Und ihr Rock war bedeckt mit glitzernden Pailletten, daß einem beim Hinschauen die Augen weh taten... Dann legte sie den Rock ab, und sie trug Dessous mit Brüsseler Spitzen, lila mit Silberfäden... Und an den Strumpfbändern hatte sie eine Rosette aus Rubinen... Dann zog sie die Dessous und die Strumpfbänder aus...»
«Nu – und weiter?»
«Weiter? Weiter war es dann genau wie in Lemberg.»

KOHN ist mit seiner Frau in Paris. Abends wollen sie zusammen ins Moulin Rouge. Es dauert endlos, bis Frau Kohn mit dem Anziehen fertig ist. Kohn steigt inzwischen in die Hotelhalle hinunter und wartet. Wie er so dasitzt, sieht er eine Pariserin die Treppe herabrauschen – charmant, pikant, bezaubernd kostümiert. Die Augen gehen ihm über. Die Pariserin streift ganz nahe an Kohn vorbei und flüstert: «Tausend Francs!» Kohn macht flink eine Gegenofferte: «Fünfhundert!»
Die Pariserin zuckt die Achsel und rauscht hinaus...
Abends sitzt Kohn mit seiner Frau im Moulin Rouge. Das Programm hat schon angefangen. Da schiebt sich an ihm vorbei eine Dame auf den leeren Platz zu seiner Linken – es ist die charmante Person aus dem Hotelvestibül! Sie setzt sich, erkennt Kohn, reckt sich, um zu sehen, wer zu seiner Rechten sitzt, und flüstert ihm dann triumphierend zu: «Da siehst du nun selber, was du für deine schäbigen Fünfhundert eingehandelt hast!»

«GRÜN, heut abend gastiert bei uns die Opéra Comique. Ich habe für uns beide Karten!»
«Heute abend? Es geht leider nicht. Heute abend spielt Schapiro!»
Zwei Tage später: «Grün, heute abend gastiert bei uns die Mailänder Scala. Ich hab für uns beide Karten!»
«Schade! Es geht nicht. Heute abend spielt Schapiro!»
Zwei Wochen später: «Grün, diesmal wirst du mir keinen Korb geben! Es gastiert heute abend hier die Metropolitan, und für nachher hab ich die zwei schönsten Statistinnen eingeladen!»
«Wie schön! Aber es geht nicht! Heute abend spielt Schapiro!»
«Was, zum Kuckuck, ist das für ein Schapiro, den du der Opéra Comique, der Mailänder Scala, der Metropolitan und zwei hübschen Mädchen vorziehst?»
«Offen gestanden: Ich weiß es nicht. Ich habe keine Ahnung, wo er spielt und wie er spielt und was er spielt – ich weiß nur: *Wenn* Schapiro spielt, dann schlafe ich bei seiner Frau.»

Variante:
SCHMUL und Itzik treffen sich in London auf der Straße.
Fragt Schmul: «Sag, weißt du, wer Columbus ist?»
«Columbus? Nie etwas gehört von Columbus.»
«Du Schlemihl! Columbus ist der Mann, der Amerika entdeckt hat!»
«Fabelhaft! Woher weißt du das?»
«Weil ich dreimal in der Woche in die Abendschule gehe.»

«Großartige Idee!»
Zwei Wochen später treffen sie sich wieder.
Fragt Schmul: «Sag, weißt du, wer Gutenberg ist?»
«Gutenberg? Wohnt er in meinem Quartier?»
«Du Chammer *(Esel)*! Gutenberg ist der Mann, welcher den Buchdruck erfunden hat.»
«Interessant! Woher weißt du das?»
«Ich hab dir doch schon gesagt, dreimal in der Woche gehe ich in die Abendschule...»
Zwei Wochen später treffen sie sich abermals.
Diesmal fragt Itzik: «Sag, weißt du, wer Schapiro ist?»
«Nein. Nie von ihm gehört.»
«Schapiro ist der Mann, der dreimal in der Woche bei deiner Frau schläft, während du in der Abendschule bist.»

BLAU: «Meine Tochter hat einen sehr guten Posten. Sie kommt um zehn Uhr ins Büro, dann diktiert ihr der Chef eine Stunde, dann schreibt sie ein paar Briefe, und um ein Uhr ist sie fertig und verdient zwölf Pfund pro Woche.»
Grün: «Meine Tochter ist auch eine Chonte *(Hure)*, aber diktieren läßt sie sich nicht.»

DER alte Schlesinger kommt ins Bordell zu Madame Rosa und sagt zu ihr: «Ich möcht' zur Rita.»
Madame Rosa: «Ganz ausgeschlossen, Herr Schlesinger. Die Rita hat einen Trauerfall in ihrer Familie und ist heute für kein Vergnügen zu haben!»
Schlesinger: «Wer redt denn da schon von Vergnügen? Sagen S' der Rita, der alte Schlesinger is da, dann weiß sie schon, daß es is ka Vergnügen!»

NACH langer Zeit kommt der alte Blau wieder ins Bordell.
«Joi, der Herr Blau is wieder da!» ruft Madame Rosa entzückt, «aber jetzt weiß ich gar nimma Ihren Gusto! Soll's gelbe Haar haben oder rote oder schwarze?»
Blau, schwermütig: «Geduld soll's habn!»

MOJSCHE kommt aufgeregt ins Café und erzählt: «Stell dir vor! Wie ich nach Hause komme, da liegt der reiche Dessauer mit meiner Frau auf der Couch und vergnügt sich mit ihr!»

«Nu, und was haste gemacht?»
«Ich hab ihm sehr gut verkauft die Couch.»

EIN jüdischer Kaufmann aus der Provinz braucht einen neuen Verkäufer. Aus dem großen Angebot sucht er schließlich zwei heraus, die beide sehr tüchtig sein sollen. Aber beide haben sie einen großen Fehler. Der eine ist ein Ganew *(Dieb)*, der andere ein Schürzenjäger. Schließlich fragt er seine Frau um Rat.
«Natürlich nimmst du den Schürzenjäger», entscheidet sie, «ich leg' mich lieber zehnmal mit dem Verkäufer ins Bett, als daß ich mich ein einziges Mal von ihm beganwenen lass'.»

MORDECHAI ist zur Sommerfrische am Balatonsee. Er sieht im Wasser eine reizende Dame, geht auf sie zu und küßt sie.
Die Dame: «Sie unverschämter Don Juan! Das werden Sie mir bezahlen!»
Mordechai: «Aj waj! Bezahlen?! Ich dachte, ich habe es mit einer Dame zu tun!»

SCHAPIRO muß zum Einkauf nach Warschau und nimmt seine Frau mit. Abends im Nachtlokal tanzt sie mit einem schwarzen Gigolo, der ihr so gut gefällt, daß sie sich für Freitagabend, während ihr Gatte in der Synagoge beten wird, mit ihm im Hotel verabredet. Bald nach der Heimkehr fühlt sie sich schwanger. Um für alle Eventualitäten vorzubauen, bleibt sie mit ihrem Gatten vor einer Auslage stehen, in welcher eine nackte Negerfigur eine Tafel Schokolade in der Hand hält.
«Schau, Moritz», ruft sie aus, «wie herrlich dieser Schwarze gebaut ist!» Sie hört gar nicht auf, von ihm zu schwärmen – dann schreit sie plötzlich: «Aj waj! Ich hab' mich in den Neger ‹verguckt›! Warum hast du mich nicht schleunigst von der Auslage fortgezogen, du Idiot, wo ich doch schwanger bin!»
Sie beklagt sich auch bei allen Freundinnen, daß sie sich in den Neger «verguckt» habe, und tatsächlich bringt sie ein schwarzes Kind zur Welt. Alle Frauen des Städtchens kondolieren dem Ehemann, weil seine schwangere Frau sich verguckt habe.
Schapiro, mißtrauisch: «Wenn sie sich wirklich verguckt hat – wo bleibt dann die Tafel Schokolade?»

Mame-Loschen
(wörtlich Muttersprache. Soviel wie Jiddisch cf. Glossar.)

Aus dem Jiddischen Lexikon:

Beheme (Rindvieh) = Associé
Beroges (verkracht) = Familienleben
Chalomes (Träume) = Konferenz
Chammer (Esel) = Bräutigam
Charote (Reue) = Ehemann
Chaser (Sau) = Bahnhofkellner
Chuzpe (Impertinenz) = Lehrling
Dajes oder Daages (Sorgen) = Bilanz
Ganew (Dieb) = Teilhaber
Kaddisch (Totengebet) = Zeitungskritik
Kalle (Braut) = Übereilung
Klafte (Hündin, «böses Weib») = Schwiegermutter
Krire (Frost) = Zentralheizung
Menuwel (Ekel) = Tischdame
Minian (die für den Gemeindegottesdienst unerläßlichen *zehn Männer*) = Kabarettprogramm
Mischpoche (Familie, Klan) = beleidigt
Mizwe (religiöses Gebot, sec. Wohltat) = eheliche Pflicht
Nadan (Mitgift) = die Hälfte
Nebbich = Aktionär
Pleite = erster Verdienst
Ponim (Gesicht) = Nebensache (gemeint: bei Partie [= Heirat])
Schadchen (Heiratsvermittler) = Partiewarenhändler
Schekorim (Lügen) = Prospekte
Stuß (Unsinn, Quatsch) = Liebe
Schote (Dummkopf) = Konsul
Taam (Charme) = Flanellunterrock
Tinnef (Dreck) = Hochzeitsgeschenk
Toches (der Allerwerteste) = zweites Gesicht
Tommer doch (vielleicht doch) = Feuerzeug

Zahlreiche jiddische Ausdrücke sind in ihrer Nuance schwer übersetzbar.
EIN Ungar klagt einen Juden wegen Ehrbeleidigung ein. Der Jude hat ihm «Chuzpe» vorgeworfen. Der Richter kennt das Wort gar nicht und bittet den Juden, es zu erklären. Der Jude erklärt den Begriff für unübersetzbar. Endlich bequemt er sich, Chuzpe mit «Frechheit» zu übersetzen. «Allerdings», fügt er hinzu, «ist es keine gewöhnliche Frechheit, sondern Frechheit mit Gewure.»
Der Richter: «Und was ist Gewure?»
«Gewure – das ist Kraft.»
«Chuzpe ist also eine kräftige Frechheit?»
«Ja und nein. Gewure ist nicht einfach Kraft, sondern Kraft mit Ssechel.»
«Und was heißt Ssechel?»
«Ssechel – das ist Verstand.»
«Also ist Chuzpe eine kräftige, verstandesvolle Frechheit.»
«N-nein. Ssechel, Herr Richter, das ist nicht einfach Verstand. Es ist Verstand mit Taam.» *(Charme, Schliff.)*
«Schön – und was ist Taam?»
«Ja – sehen Sie, Herr Richter: Taam ist eben etwas, was man einem Goj nicht erklären kann.»

Amorez (am ha'arez) = ungebildeter Mensch; Schejgez (schekez, vgl. Glossar) = primitiver Bursche; Menuwel (menuwal) = Ekel; Tate (slaw.) = Vater; bekowet (von kawod, Ehre) = ehrbar, geachtet; Roschakol (rosch-hakahal) = Gemeindepräsident, gemeint ist immer: Präsident der jüd. Kultusgemeinde; mojchel sein (mochejl = verzichten, verzeihen) = verzeihen; asa = ein solcher.
EIN jüdischer Flegel hat den alten Rabbi öffentlich beleidigt. Der Bursche wird eingeklagt und verurteilt, eine Strafe zu zahlen und sich öffentlich zu entschuldigen. Dafür soll der Rabbiner seinerseits ihm ausdrücklich öffentlich verzeihen. «Ich kann aber kein Polnisch», gibt der Rabbiner zu verstehen, «sondern nur Deutsch.»
«Ich verstehe auch Deutsch», beruhigt ihn der Richter.
Darauf der Rabbi: «Asa Amorez, asa Schejgez, asa Menuwel! Nor fardem, wos sajn Tate is gewen der bekowete roschakol fun unser Schtetel, wel ich ihm sajn mojchel...»
«Das ist kein Deutsch!» protestiert der Richter.
Darauf der Rabbi: «*Er* will mich Deutsch lehren!»

Parech, wörtl. Kopfkrätze, übertragen «Auswurf», kommt von paroach = aufblühen (hier: Aufbrechen der Geschwüre).

EIN Jude hat einen andern als «Parech» beschimpft und steht nun vor dem weltlichen Richter.

«Was heißt ‹Parech›?» will der Richter wissen.

«Parech», erklärt der Angeklagte ausweichend, «das ist eine im Verborgenen blühende Blume.»

«Das ist keine Beleidigung», erklärt der Richter, und der Angeklagte wird freigesprochen.

Auf der Treppe tritt der Freigesprochene an den Kläger heran und flüstert ihm zu: «Moische, du warst e Parech, und bist e Parech, und bleibst e Parech! Aber nicht eso e Parech, wie der Richter denkt, sondern eso e Parech, wie du bist, und wie du weißt, daß du bist!»

EIN Wolga-Deutscher steht vor einem russischen Gericht, beschuldigt, ein paar Pferde gestohlen zu haben. Der Deutsche kann kein Russisch, und weit und breit ist kein Dolmetsch aufzutreiben. Da meldet sich ein Jude, er spreche Deutsch «fließend wie Wasser».

Der Richter befragt den Beschuldigten auf russisch, weshalb er die Pferde gestohlen habe.

Der Jude: «Reb Daitsch, der Oden frejgt ajch, farwoß ir hot gelakchent di ssussim.» *(Rabbi Deutsch, der Herr fragt Euch, weshalb Ihr die Pferde genommen habt.)*

Der Deutsche: «Ich vestehe nicht.»

Der Jude, aufgeregt: «Woß hejßt, ir ferschtejt nischt? Men frejgt ajch, farwoß ir hot gelakchent di ssussim!»

Der Deutsche: «Ich verstehe nicht.»

Darauf der Jude, auf russisch: «Herr Richter, er versteht auch kein Deutsch!»

KAISER Franz Joseph besucht einmal die galizische Stadt Tarnopol. Auf dem Hauptplatz sind alle jüdischen Honoratioren in mehreren Reihen hintereinander aufgestellt. Der Bürgermeister geht mit dem Kaiser die erste Reihe entlang und stellt ihm die Herren vor. Der Kaiser erblickt schon von weitem in der zweiten Reihe einen hochgewachsenen alten Juden mit langem, weißem Prophetenbart und silbernen Schläfenlocken; kurz: ein Patriarch aus dem Alten Testament. Als ihm dann der Bürgermeister den Vordermann (in der ersten Reihe) vorstellt, sagt der Kaiser leise zum Bürgermeister:

«Und wie heißt der Hintere?»

Worauf der Bürgermeister zusammenzuckt und ebenso leise antwortet: «Der Toches *(der Hintern)*, Majestät!»

FAMILIE Blau in Rzeszow ist so reich geworden, daß man sich leisten kann, Sohn und Tochter zur Erziehung in ein piekfeines Pensionat nach Genf zu schicken. Nach einem Jahr kommen die Eltern nach Genf zu Besuch. Sie machen zusammen eine Rundreise auf dem Genfersee.
«Ich flehe dich an, Papa», sagt das Töchterchen, «gebrauche keine Jargonausdrücke! Sonst sind wir tödlich blamiert!»
Wie sie auf dem See dahinfahren, ruft ein Fahrgast begeistert: «Seht, wie die Alpen glühen!»
Ein zweiter sagt: «Wie schön die Schwäne dahinsegeln!»
Da will auch Papa Blau nicht zurückstehen. «Schau dir an», schwärmt er, «wie die Sachverständigen den Schornstein umschweben!»
(Mejwín = der Sachverständige [Verwechslung mit Möwen]).

JIDDISCHES Sprichwort: «A Huhn, wos kräjt, un a Goj, wos schmusst jiddisch – sollen sejn Kapore far mir.» *(Ein Huhn, welches kräht, und ein Nichtjude, welcher jiddisch spricht – sollen für mich Kapara [Sühnopfer] sein. Gemeint ist: Mögen solche Abnormitäten an meiner Stelle von dem Verhängnis getroffen werden, das eigentlich mir bestimmt ist.)*

VOR dem Moltke-Denkmal in Berlin stehen zwei Kaftanjuden.
«Moische-Leben, wos is dos far a Offizier?»
Moische beginnt zu erklären: «Dos is nit gewen *(gewesen)* kein gewenlicher Offizier, nor *(nur, sondern)* a sejr a grojßer Baal-Milchome *(Feldherr)*, wos hot gewunnen alle...»
Hinter den Juden stehen zwei Gardeoffiziere. Einer äfft nach: «... a Baal-Milchome, wos hot gewunnen...»
Darauf der Jude: «Meine Herren, was machen Sie *mir* nach? Machen Sie *ihm* nach!»

«REBBELEBEN, ich will mich geten *(scheiden)* von meiner Sure! Sie ist frigid!»
«Kimm morgen!» befiehlt der Rebbe, «ich will klären!»
Am andern Tag: «Mojsche, du kennst dech nischt geten fyn dajn Wajb! Wen si is in der *fri git,* is si ojchet git in der Nacht!» *(Du kannst dich nicht scheiden von deinem Weib! Wenn sie ist in der Früh gut, ist sie auch gut in der Nacht.)*

«Schikse» (männlich «Schegez») ist ein nichtjüdisches Mädchen aus einfachem Milieu. «Toches» heißt der Allerwerteste.
EIN Rabbi wird gefragt, wann die guten alten Zeiten wieder zurückkeh-

ren werden. Er klärt lange und antwortet: «Die guten alten Zeiten werden wieder dasein, wenn man für Weekend wieder Schabbes sagen wird, für Girl: Schikse, und für Sex-Appeal: Toches.»

AM Anhalterbahnhof in Berlin fragt ein Ostjude den Bahnhofportier, auf einen abgehenden Zug weisend: «Wo gajt *(geht)* er?»
«Erfurt.»
«Ich seh, er furt *(fährt)*, ober wo *gajt* er?»

IN der alten Donaumonarchie kam es oft vor, daß christliche Offiziere, die lange in Galizien stationiert waren, Jiddisch erlernten und es sich, auch wenn sie anderswohin versetzt wurden, kaum mehr abgewöhnen konnten.
Ein altösterreichischer Offizier teilt mit:
Der Oberst eines galizischen Regiments läßt das Regiment vorbeidefilieren. Bei der Besprechung sagt er zu den versammelten Offizieren: «Meine Herren! Das soll ein Paradenmarsch gewesen sein? Ich sag Ihnen, das war eine Lewaje *(Begräbnisgeleit)*!»

Die entrüstete Frage «Was soll das heißen?» lautet jiddisch: «Wie hajsst!»
TOURISTEN stehen auf dem Berggipfel und bewundern die Rundsicht. Einer von ihnen nähert sich orientierungsbedürftig einem zweiten und fragt höflich: «Wie heißt...»
«Ja, mein Herr», bestätigt der Gefragte, «ich bin *auch* Jude!»

Jüdische Steigerung.
1. GROSS – größer – a Kleinigkeit!
Klein – kleiner – heißt a Größ!

2. DEUTSCH steigert man reich – reicher – am reichsten
Jiddisch: reich – auf mir gesagt! – a Ganew *(Gauner)*!

AM Telephon: «Hallo! Mit wemenem *(= wem einem)* bin ich farknippt?»

Jiddisch «hoch» kann auch heißen «laut».
DEUTSCHLAND, nach dem Zweiten Weltkrieg. Ein jüdischer Funktionär aus Osteuropa, der die illegale Einwanderung nach Palästina organisiert, meldet ein Ferngespräch an. Das Fräulein versteht sein Jiddisch nicht und bittet: «Sprechen Sie doch hochdeutsch!»
Der Funktionär schreit aus voller Kraft, jedoch weiterhin auf jiddisch.

Das Fräulein bittet zum zweitenmal: «Sprechen Sie doch *hoch*deutsch!»
Der Funktionär beteuert: «Noch hecher *(lauter)* kenn ech nischt!»

FRAGT einer einen Juden: «Was ist eigentlich der Unterschied zwischen Frechheit und Chuzpe?»
Der Jude erklärt: «Wenn ich nach Haus komm und treff meine Frau mit meinem Commis im Bett – das ist von den beiden eine Frechheit. Wenn ich dann meine Frau zur Rede stell und sie sagt darauf: ‹Du solltest dir an ihm ein Beispiel nehmen!› – das ist Chuzpe!»

NATIONALISTISCHE Deutschlehrer unterhalten sich über die Notwendigkeit, alle romanischen Fremd- und Lehnwörter aus der deutschen Sprache auszuschalten. «Konsequent durchführen läßt sich das nicht», meint einer. «Wie wollen Sie z. B. ‹Familie› ersetzen?»
«Sehr einfach», meint ein zweiter. «Da gibt es einen guten Ersatz: Mischpoche *(hebr. und jid. Familie, Klan)*.»

IN der jüdischen Schule. Der Lehrer: «Was heißt ‹bon›?»
«Git *(galizisch jiddisch = gut)*», antwortet Isidor.
«Moritz, verbessere das!» fordert der Lehrer auf.
«Gut», sagt Moritz.
«Git!» lobt der Lehrer.

DER Vater korrigiert seinen Jungen: «Me sagt nicht ‹me sugt›, me sugt ‹me sagt›!»

«KANNST du Deutsch?»
«Ech kenn.»
«Also paß auf: Was ist leichter, ein Ei zu zerklopfen oder zu zerbrechen?»
«Wos ist dos: ‹oderzuzer›?»

Die Juden des Ostens sprachen als einzige in ihrer slawischen Umgebung eine dem Deutschen ähnliche Sprache, das Jiddisch.
ZWEI Juden aus der Ukraine kommen nach Berlin. Sie hören mit Verwunderung, wie die Leute ringsum miteinander reden, und dann sagt der eine zum andern: «Her *(höre!)*, wie sej hobn ruiniert unser Sprach!»

Jiddisch wird das Wort «heute» als «haint» ausgesprochen.
PAPA Kornblum in Lemberg zu seiner Frau: «Da schau her, Täubele,

was hat es für einen Sinn, daß wir unsern Moische für teures Geld in Wien studieren lassen? Zwei Jahre sitzt er schon dort, ein Vermögen hat er mich gekostet – und jetzt noch schreibt er in seinem Brief ‹heunte› ohne ‹n›!»

DER arme Kohn ist sehr, sehr krank. Er setzt es sich – nebbich! – in den Kopf, daß eine Nonne ihn pflegen soll. Die «Mischpoche» *(Familie, Klan)* ist konsterniert. Aber zu einem Sterbenden muß man nett sein. Also wird beschlossen, daß eine entfernte Cousine sich als Nonne verkleiden soll. Sie legt eine Haube an und klopft an die Tür des Krankenzimmers. «Wer ist draußen?» fragt Kohn mit schwacher Stimme.
«Jach *(jiddisch: ich)*, die Nunn!» dröhnt es vor der Tür.

VARIANTE mit einem Zuhälter, der dem jüdischen Hotelgast täglich ein anderes Mädchen zuführt. Der hat schließlich genug. Nichts kann ihn mehr reizen. Höchstens – meint er scherzhaft – eine Nonne.
Am Abend klopft es an die Tür des Gastes, und als er fragt: «Wer da?», kräht eine verbrauchte Frauenstimme zurück: «Jach, die Nunn!»

ÖSTERREICH hat soeben Serbien den Krieg erklärt, und der Mob in Wien jubelt. Da schreit ein Jude: «Vivat Serbien!»
Er wird beinahe gelyncht und zur Polizei gebracht. Der Kommissar ist außer sich: «Wie konnten Sie nur ‹Vivat Serbien› schreien, Sie Unglücksmensch!»
«Herr Kommissar, man hat mich nicht ausreden lassen! Ich hab doch nur wollen sagen: ‹Wie wat *(= wird)* Serbien nebbich ausschauen nach dem Krieg?›!»

DER Lehrer fragt, wer «Dom» buchstabieren könne. Hans buchstabiert «Tom», Fritzchen «Dohm». Schließlich meldet sich Moritz: «‹Dom› buchstabiert sich D, O, M.» Der Lehrer ist sehr zufrieden und fragt ihn, ob er auch weiß, was ein Dom ist.
Moritz, selbstbewußt: «Und ob ich weiß!» und streckt seinen Daumen *(jiddisch = Doum oder Doumen)* in die Höhe.

BEI Satzübungen fragt der Lehrer: «Über was springt das Pferd?»
Moritz: «Über dem *(= deshalb)*, weil man es kitzelt.»

DER kleine Moritz wird von seinem Vater den Sommer über in ein Tiroler Dorf geschickt, damit er sich das Mauscheln *(Jiddisch oder mit jiddi-*

schem Akzent sprechen) abgewöhne. Nach einem Monat fährt der Vater ihn besuchen.
«Nun», fragt nachher die Mutter, «mauschelt er nicht mehr?»
Der Vater, deprimiert: «Jetzt mauschelt das ganze Dorf!»

Variante:
MIT Mühe ist es dem reichen Goldstein gelungen, seinen Sprößling in einem exklusiven Institut für Adelssöhne unterzubringen. Der Junge soll sich dort das Mauscheln abgewöhnen. Einmal kommt der Vater und fragt den Tiroler Portier nach dem Sohn.
Dieser antwortet: «Die Jingelach sennen, baruch Haschem, alle gesünd und spielen sech im Gorten.» *(Die Jüngelchen sind, gottlob, alle gesund und spielen sich im Garten.)*

IM Konzertsaal. Ein Herr zu seinem Nachbarn:
«Sind Sie musikalisch?»
«Nein», antwortet dieser, «ich bin Ruben Kalisch. Mojsche Kalisch sitzt oben im ersten Rang.»

AUFSATZSTUNDE in einer ungarischen Mittelschule. Thema: «Die Segnungen der Volksdemokratie». Moritzl begnügt sich mit dem einzigen Wort: «Nebich!»
Bestürzt läßt der Professor den Vater rufen und macht ihn auf die politische Gefährdung der ganzen Familie aufmerksam, sollte Moritzl mit seiner Meinung weiterhin nicht hinter dem Berg halten. Vater Isidor verspricht, den Knaben zur Räson zu bringen. –
«Was hast du geschrieben über die Volksdemokratie? Nebbich? Da hast du links und rechts ä Ohrfeige!»
«Ai wai geschrien, Tate, weshalb schlägst du mich?»
«Weil du geschrieben hast ‹nebbich› mit nur einem ‹b›!»

«IST ‹Backbord› auf der linken oder auf der rechten Seite?»
«Ein Backbort *(Backenbart)* ist immer auf beiden Seiten!»

FRAU Jaffé erwartet ihr erstes Kind. Man hat den Arzt zu früh geholt. Er spielt mit dem unruhigen Ehemann im Nebenzimmer Karten. Frau Jaffé jammert: «Ah, mon dieu!»
Der Gatte, nervös: «Gehn Sie doch zu ihr hinein!»
«Unsinn, es ist Zeit», meint der Arzt.
Sie spielen weiter. Frau Jaffé klagt: «Ach mein Gott!»

Der Gatte: «So kümmern Sie sich doch endlich um sie!»
Der Arzt rührt sich nicht. –
Plötzlich im Nebenzimmer: «Oj Mame!»
Jetzt wirft der Arzt die Karten hin und eilt hinein.

«WIE geht es Ihrer Frau Gemahlin?»
«Ach, was fragen Sie – ihr einziger Reiz ist ihr Hustenreiz.»
«So – der Charme ist also weg?»
«Ja, den Scharm *(jiddisch: Schirm)* hat sie auch in der Trambahn stehen lassen.»

«WO hast du den Scherm?»
«Was sagst du ‹Scherm›? Es heißt doch ‹Schirm›.»
«Schirm, Schurm, Schorm, Scharm – es bleibt doch immer ein Scherm!»

«SCHAU, was jene Dame für einen Charme hat!»
«Warum jüdelst du? Auf deutsch heißt es: Schirm.»

«CHANE, mein Schlafrock ist zu lang.»
«Warum sagst du ‹Schlafrock›? Es heißt ‹Schlofrock›!»
«Wieso ‹Schlofrock›? Schlof ich in ihm? Es heißt ‹Schlafrock›, weil er schlaft *(schleift)* mir hintennach.»

«WIE geht es? Und was treibt die Familie?»
«Die Mame ist in Kissingen.»
«In der Tat?»
«Uen der Tate *(= und der Vater)* ist zu Hause geblieben.»

ZWEI Juden stehen vor einer Bücherauslage. Im Schaufenster hängt ein Plakat mit der Aufschrift: «Neues Epos.»
‹Du, was heißt das: Neues Epos?›
‹Ich weiß nicht, laß mich klären... Ich hab's! Die Wörter stehen in verkehrter Reihenfolge, genau wie im Hebräischen. Es muß heißen ‹Eppes Neues›.»

JUDEN unter sich: «Frehlache Ostern!»
«Ich verstehe nicht: meinst du bitte ‹frehlach› *(fröhlich)* wie ‹listig› *(lustig)* oder ‹frelach› *(freilich)* wie ‹ja›?»
«Ich verstehe auch nicht: Meinst du ‹listig› wie ‹heiter› oder ‹listig› wie

‹schlau›? Und meinst du Oustern, das liebliche Fest, oder Ostern, die ‹Meeresungetüme›?»

«HABEN Sie Austern schon gegessen?»
«Warum soll ich Oustern nicht gegessen haben? Oustern *(Ostern)* ist doch kein Trauerfest, wo man fastet!»

«GESTERN ging ich mit meinem Moritzl im Tiergarten spazieren – kommt der deutsche Kaiser persönlich vorbei, und denk nur: Er erkundigt sich nach meinem Sohn!»
«Unmöglich!»
«Aber ja! Er hat sich zu seinem Adjutanten umgedreht und zu ihm wörtlich gesagt: ‹Wemenem gehert dos schmeckedike Jingl?›» *(Wem, wörtlich «wem-einem», gehört das entzückende Jüngelchen?)*

WIEN. Ein galizischer Jude zum Wachmann: «Bitte schön, wo zu *(= wo durch)* geh ich zum Stadtpark?»
Der Wachmann, verwundert: «Lieber Herr, das müssen Sie schon selber wissen, wozu Sie zum Stadtpark gehen.»

«GESTERN hat Jankel Schläg bekommen.»
«Wofor?»
«Vor alle Leut.»
«Blödsinn, ich meine: worüber?»
«Über den Toches» *(den Allerwertesten).*
«Du verstehst mich nicht. Ich frage: Was hat er getan?»
«Was er getan hat? Er hat ‹Gewalt› geschrien.»

«WO fahrt Ihr hin?»
«Nach Posen.»
«Über wos fahrt Ihr?»
«Über Rosch-ha-Schana» *(jüdisches Neujahr).*
«Blösinn! Ich meine: vorwos?»
«No – vorwos nicht?»

JOINE stellt beim Hochzeitsessen seiner Tochter fest, daß der Wein nicht ausreichen wird. Da entringt sich seiner Brust das Schiller-Zitat: «Der Wahn *(jiddisch: Wein)* ist kurz, die Reih *(Reu)* ist lang!»

DER Jeschiwe-Bocher brütet über Schillerschen Versen:

«Doch furchtbar wird die Himmelskraft,
Wenn sie der Fessel sich entrafft.»
Das Wort «Fessel» kennt er nicht. Er geht zum Melamed, und der erklärt: «‹Fessel›? Das ist ein kleines Faß.»

DER Jeschiwe-Bocher liest im «Wilhelm Tell»:
«Der See kann sich, der Landvogt nicht erbarmen.»
Lange kann er den Sinn nicht herausbekommen. Dann hat er plötzlich die Erleuchtung: Schiller hat die Wörter ungeschickt angeordnet, es muß heißen: «Seh! Der Landvogt kann sich nicht erbarmen!»

SCHLOJME schaukelt über einem Text und murmelt im Sington: «Zu Dionys – eppes a Nomen; dem Tyrannen – a beser Mejlach *(hebräisch = König)*; schlich – is sech geschlochen; Möros – noch a Nomen; den Dolch – a Chalef; im Gewande – in sein Malbesch...»
Sein Kollege, verwundert: «Schlojme, was machst du da?»
«Ech taitsch *(dolmetsche; wörtlich: ‹verdeutsche›)* mir den Schiller.»

EIN Mitglied des jüdischen Gemeindevorstandes in Leipzig, zufällig japanischer Generalkonsul «honoris causa», bedauerte bei einer Ansprache, daß so viele der osteuropäischen Juden in Leipzig noch immer nicht richtig Deutsch sprächen.
Darauf erwiderte ihm einer der Betroffenen: «Herr japonischer Generalkonsul, wenn Ihr wollt geredt japonisch asoj gut wie ich red Deutsch, wollt Ihr gewe'n stark zufrieden!»

EIN russischer Jude kommt nach Breslau, um wegen eines Gesichtsfurunkels den berühmten, aus Altösterreich stammenden Professor Johann Mikulicz-Radecki zu konsultieren. Da er nur Jiddisch kann, nimmt er einen Breslauer Verwandten als Dolmetscher mit.
Mikulicz, der aus Tschernowitz stammt, hat aber in seiner Kindkeit einige jiddische Ausdrücke aufgeschnappt, und als der Jude ins Sprechzimmer tritt, fragt ihn der Professor: «Na, was haste for e Schlemasel in Ponem *(Gesicht)*?» Der Jude dreht sich zu seinem Verwandten um und sagt: «Jankl, du kannst gehn, der Professor kann Daitsch!»

SALONGESPRÄCH: «Spielen Sie ein Instrument?»
«Jawohl, ich spiel' Fagott.»
«Meschugge! Sie müssen nicht spielen far Gott *(jiddisch far = für oder vor)*, Sie müssen spielen far die Leut!»

AUS einem geschäftlichen Briefwechsel: «...und habe ich ein Loch inmitten des Tuches entdeckt...»
Und die Antwort: «...und war ich bisher der Meinung, daß ein jeder Tuches *(Toches oder Tuches, jiddisch: Allerwertester)* in der Mitte ein Loch hat...»

RODA Roda *(sein wirklicher Name war Alexander Rosenfeld)* erzählte einmal: Ich hatte bei der Markomannia *(eine stark jüdisch durchsetzte Studentenverbindung)* zu tun, traf aber nur den Schammes *(gemeint: Couleurdiener)* nasebohrend am Buffet.
«Wo sind die Herren?»
«In Schul» *(= Synagoge)*.
«Was heißt das: es ist doch kein Jontef» *(Feiertag)*.
Darauf der Schammes: «Jahrzeit *(Trauergottesdienst für nahe Verwandte)* für Bismarck.»

DIALOG: «Ach rach. Rach ach!»
«Rach ach ach!» *(Böhmisches Jiddisch. Heute untergegangen: «Ich rauch. Rauch auch!» – «Rauch ich (halt) auch!»*

ZOLLBEAMTER: «Was haben Sie in der Pappschachtel da?»
«A Geier.»
«Zeigen Sie her!» – Es erweist sich, daß in der Schachtel ein goldenes Perpendikel drin ist. Der Zollbeamte ist empört: «Wie können Sie sagen, das sei ein Geier! Das ist doch Gold!»
Der Jude: «Aber natirlich is es a Geier *(jiddisch: Geher)*: geit hin – geit her!»

REFUGIÉ: Eine blöde Sprache, das Englische! Ein Ruw *(galizisch-jiddisch = Raw, Rabbi)* ist ein Dach *(roof)*, und eine Küh ist eine Schüssel *(key)*.

NEW YORK. Die alte Bobe *(Großmutter)* sitzt beim ebenfalls jüdischen Halsarzt.
Der Halsarzt: «Open your mouth and say ‹Oy›!»

IN einem koscheren Restaurant in New York, das hauptsächlich von Neueinwanderern aus dem Osten frequentiert wird, serviert ein Chinese, der perfekt Jiddisch spricht. Einmal kommt ein neuer Gast und wundert sich. Er winkt den Wirt heran und fragt: «Sagen Sie, wie ist es möglich, daß ein Chinese so gut Jiddisch kann!»

«Still!» flüstert der Wirt erschrocken. «Nicht so laut! Der Chinese arbeitet bei mir schon seit einem vollen Jahr gratis gegen Kost und Logis, weil er glaubt, daß er dabei Englisch lernt!»

«Efschar», hebräisch und jiddisch = vielleicht. Jiddisch wird mit hebräischen Buchstaben geschrieben. Die Buchstaben von «efschar»: Alef, pej, schin, rejsch.

EIN polnischer Kleinstadtjude schuldet seinem Warschauer Grossisten 1000 Zloty. Dieser mahnt ihn telephonisch: «Werdet Ihr endlich zahlen?»

Der Jude: «Efschar.»

«Was habt Ihr gesagt?» schreit der Grossist ins Telephon.

Der Jude: «Habt Ihr Mühe, zu verstehen? Ich werde es Euch buchstabieren: Alef wie ‹Ausgleich›, pej wie ‹Pleite›, schin wie ‹Schojte› *(Dummkopf)*, rejsch wie ‹rabbanan-Kaddisch› *(Totengebet)* nach dem Geld.»

IM Berliner «Romanischen Café» saßen jiddische und deutsch-jüdische Schriftsteller beisammen. Man führte eine hitzige Diskussion darüber, welche Sprache die schönste auf der Welt sei. Lyon Feuchtwanger war der Meinung die französische, Saul Tschernichowsky die russische.

Als Scholem Asch zu Worte kam, sagte er kurz und bündig: «Die schönste Sprache auf der Welt ist Jiddisch.»

«Warum gerade Jiddisch?» wundern sich die Kameraden von der Feder.

«Weil man jedes Wort versteht!»

Bis etwa zum Ersten Weltkrieg war es in einem ostjüdischen Städtl fast unmöglich, öffentlich gegen den Religionsbrauch zu verstoßen, also etwa am Sabbat vor den Augen anderer zu rauchen.

KLETZHÄNDLER ist aus einem solchen Städtl frisch in New York eingewandert. Am Sabbat erblickt er im Park einen Mann, der rauchend eine jiddische Zeitung liest *(Jiddisch wird mit hebräischen Buchstaben geschrieben)*. Hocherfreut ruft er aus: «Was für ein herrliches Land! Hier können sogar die Gojim Jiddisch lesen!»

VON den einst zahlreichen jiddischen Zeitungen in den USA existieren nur noch wenige. Der Redacteur der letzten jiddischen Zeitung an der Lower Eastside von New York, dem einstigen ostjüdischen Einwandererquartier, schaut zufällig aus dem Fenster, als gerade ein Trauerzug vorbeikommt, und ruft seinem einzigen Mitarbeiter zu:

«Herschl! Druck ein Exemplar weniger!»

Klein-Moritz

DER Religionslehrer möchte in Moritzchen religiöses Empfinden erwekken. Er geht mit ihm durch die Winterlandschaft und sagt gefühlvoll: «Schau, wie der liebe Gott den Teich so schön hat zufrieren lassen!»
Moritzchen: «Kunststück: im Winter!»

DER Lehrer will Moritz klarmachen, was ein Wunder ist:
«Stell dir vor, Moritz, einer fällt von der Spitze eines Turmes herunter und bleibt ganz heil: Was ist das?»
«Zufall.»
«Du verstehst mich nicht», sagt der Lehrer enttäuscht, «also stell dir vor, der Mann klettert nochmals hinauf, fällt wieder herunter – und ist wieder heil! Was ist das dann?»
«Glück!»
Lehrer: «Aber stell dir vor, er klettert ein drittes Mal hinauf, fällt wieder herab und ist wieder heil. Na, was ist das jetzt?»
«Gewohnheit!»

«DER liebe Gott», sagt der Religionslehrer, «ist gerecht. Wenn bei einem Menschen einer der fünf Sinne ausfällt, sorgt der liebe Gott dafür, daß die andern Sinne desto schärfer entwickelt sind. Ein Blinder zum Beispiel hat einen besonders feinen Tastsinn. Moritz, nenne mir weitere Beispiele!»
Moritzchen: «Bei meinem Onkel ist das eine Bein zu kurz, dafür ist sein zweites desto länger.»

«GOTT hat die Welt so herrlich erschaffen, Moritz: Was sollen die Geschöpfe deshalb tun?»
Moritz: «Sie sollen machen e Reklam davor, Herr Lehrer!»

MORITZL kommt aus der Religionsstunde heim.
«Was habt ihr gelernt?» fragt die Mutter.
«Über Moses», sagt Moritzl, «Moses hat mit seinen Generalen eine Konferenz im Hauptquartier abgehalten. Dann sind die Tanks mit

Lautsprechern herumgefahren und haben dem Volk verkündet, es müßten alle Autos um Mitternacht bereit sein zur Generalmobilmachung...»
«Aber Moritzl! Das stimmt doch alles nicht!»
«Ja, Mutter, aber so, wie der Lehrer es erzählt hat, ist es noch viel unwahrscheinlicher.»

DER neue Lehrer fragt alle Kinder nach Namen und Religion. Der kleine Sami sagt: «Römisch-katholisch.»
Sein Nachbar Eli wundert sich: «Warum, Sami, sagst du katholisch, wo du doch bist ein unsriger?»
Darauf Sami: «Was werd' ich protzen vor dem Goj?»

MORITZ besucht eine christliche Schule.
Erste Stunde: Wirtschaftsgeographie. Der Lehrer erklärt, daß aller Handel und Wandel nur möglich ist, weil das Jesuskind seine Hand schützend über die Menschen hält. Zweite Stunde: Religion. Der Lehrer erzählt die Weihnachtsgeschichte. Dritte Stunde: Geschichte. Der Lehrer erklärt, daß bei allem Tun der Menschen das Jesuskind mit dabei ist. Vierte Stunde: Zoologie.
Der Lehrer fragt: «Moritz, was ist das, es sitzt auf dem Baum, hat einen buschigen Schweif und knackt Nüsse?»
Moritz, mißtrauisch: «Ich hätt' ja gedacht, es ist das Eichhörnchen. Aber es wird wohl wieder das Jesuskind sein.»

Variante:
EINES Tages wird die Klasse vom Bischof visitiert.
Bischof: «Wer hat die Römer bei Cannae besiegt?»
Moritzchen: «Das war unser liebes kleines Jesulein.»
«Wie kommst du darauf?»
«Glauben Sie, ich kenn' den Laden hier nicht?»

DER Bischof besucht eine Schulklasse und fragt:
«Wen sollen wir am meisten auf der ganzen Welt lieben? Wer mir die Frage richtig beantwortet, der bekommt eine Mark.»
Hans: «Am meisten sollen wir die Eltern lieben.»
Bischof: «Brav, aber weiß jemand eine bessere Antwort?»
Christian: «Am meisten sollen wir den Herrn Lehrer lieben.»
Bischof: «Wer weiß noch etwas anderes?»
Mojsche: «Am meisten sollen wir Jesus Christus lieben.»

Bischof: «Da ist die Mark. Aber wie kommt es, mein Sohn, daß du als Jude das richtig beantwortet hast?»
Mojsche: «Nu, Exzellenz: für eine Mark!»

IN der Schule prahlen die Kinder mit dem Beruf ihres Papas. Der kleine Heinz, Sohn eines armen Schneiders, avanciert seinen Vater zum Konfektionär, der Bub vom Schuhmacher Maier macht aus seinem Vater einen Schuhfabrikanten.
Da meldet sich des Chasens *(Synagogenvorsänger)* kleiner Moritz: «Mein Vater ist Diseuse in der Kathedrale vom Rombach Street.»

DEUTSCHSTUNDE. Jedes Kind soll eine schöne Geschichte erzählen. Moritzl tritt vor, sagt «ausgeblieben» und setzt sich wieder.
Lehrer: «Das ist doch keine schöne Geschichte!»
Moritzl: «Doch, Herr Lehrer! Gestern hat unser Kinderfräulein meinem Vater zugeflüstert ‹ausgeblieben›, und da hat er gesagt: ‹Das ist eine schöne Geschichte!›»

ABENDGEBET. In der Volksschule suppliert für den erkrankten Lehrer der Katechet. Er will die Kinder auf die Pflicht aufmerksam machen, ein Abendgebet zu sprechen:
«Nun, Kleiner, was machst du vor dem Schlafengehen?»
«Ich putze mir die Zähne.»
«Gewiß, sehr brav, und was machst du, Hans?»
«Ich lese noch im Bett.»
So kommt der Katechet nicht zum Ziel, also versucht er es anders: «Du da, was machen denn deine Eltern vor dem Einschlafen?»
Da meldet sich der kleine Moritz zum Wort: «Sie wissen es, Pfarrerleben, und ich weiß es auch; aber sagen Sie: Ist das eine Frage für die erste Klasse?»

DEUTSCHUNTERRICHT. Der Lehrer erklärt: «‹Das Mädchen klopft› ist ein rein einfacher Satz. Wer von euch kann mir sagen, was das für ein Satz ist: ‹Das Mädchen klopft ans Fenster›?»
Moritz meldet sich: «Glauben Sie wirklich, Herr Lehrer, daß so ein Satz paßt für die erste Klasse?» *(In Großstädten machen sich leichte Mädchen durch Klopfen an ihr eigenes Fenster bemerkbar.)*

GRAMMATIKSTUNDE. Schüler Hans liest: «Das schöne Mädchen sitzt am Fenster, schaut hinaus und lächelt.»

Lehrer: «Wer kann den Satz ein bißchen kürzer fassen?»
Moritz: «Chonte» *(= Dirne)*.

LEHRER: «Moritz, wie vermehren sich die Linden?»
«Herr Lehrer, das *speziell* weiß ich nicht.»

LEHRER: «Moritzl, mach einen Satz mit ‹haben›!»
Moritzl: «Fräulein Else Weiß ist für jeden Mann zu haben.»
Der Lehrer: «Frecher Bengel! Hinaus mit dir!»
In der Pause kommt der Lehrer in den Gang und sieht, daß Moritzl Schokolade ißt.
Lehrer: «Wer hat dir die Schokolade gegeben?»
Moritzl: «Der Herr Schulvorsteher. Er hat mich gefragt, warum ich hier stehen muß, und ich soll ihm die Adresse von Fräulein Weiß geben!»

KLEIN Moritz zu Klein Jankel: «Du, ich weiß etwas Neues. Zwei und zwei macht vier.»
Klein Jankel: «Ich weiß mehr. Zwei mal zwei ist auch vier.»
Klein Moritz, nach langem Nachdenken: «Nun ja, aber da ist schon ein Dreh dabei.»

LEHRER: «Moritzl, wieviel ist die Hälfte von fünf?»
Moritzl, tieftraurig: «Aj waj! Er hat mich erwischt! Sag' ich zwei, wird es ihm zu wenig sein. Sag' ich drei, ist es ihm zu viel. Schläge bekomm' ich in jedem Fall!»

IN der Schule. Moritz kommt zu spät und trifft vor der Tür seinen Freund Abraham.
Moritz: «Warum stehst du vor der Tür?»
«Er hat mich gefragt, was ist drei mal drei.»
«Drei mal drei? – sind neun!»
«Geh nicht rein, ich hab ihm sogar dreizehn geboten, und er hat mich hinausgeworfen!»

MORITZL hat sich schlecht aufgeführt, und der Lehrer schickt ihn vor die Türe. Der Direktor kommt vorbei und fragt Moritzl, warum ihn der Lehrer hinausgejagt hat.
Die Antwort: «Weil er meschugge ist.»
«Aber was fällt dir ein?»

«Sie können es mir glauben. Mich, weil ich unanständig war, schickt er an die frische Luft. Und selber bleibt er drin in dem Gestank: Nu – ist er nicht meschugge?»

LEHRER zeigt auf den Globus: «Moritzl, such mir den Nordpol!»
Moritz: «Großartig! Peary hat ihn gesucht und nicht gefunden, Cook hat ihn nicht gefunden – ausgerechnet *ich* werd' ihn finden!»

LEHRER: «Moritz, nenne mir ein vierfüßiges Tier!»
Moritz: «Der Maikäfer.»
«Unsinn! Der hat doch sechs Füße!»
«Nu – man kann ihm zwei ausreißen!»

PROFESSOR: «Wie viele Infusorien sind in einem Wassertropfen gezählt worden?»
Moritz zuckt die Achseln.
Professor: «Ich habe euch gestern gesagt, es sind 2 500 000.»
«Abgesehen von Ihren Sorgen, Herr Professor – was fragen Sie, wenn Sie es eh schon wissen?»

LEHRER: «Moritz, wie viele Kamelsorten gibt es?»
«Zwei. Dromedare: mit einem Buckel. Kamele: mit zwei Buckeln.»
«Gibt es auch Kamele ohne Buckel?»
«Vermutlich schon. Das sind dann halt Mißgeburten.»

ASTRONOMIESTUNDE. Der Lehrer zeigt den Kindern die Sternkarte und fragt: «Moritz, weißt du, was dieser lange weißliche Schleierstreifen bedeutet?»
Moritz: «Das ist die Milchstraße.»
«Weißt du, was das ist, die Milchstraße?»
«Sterne.»
«Richtig. Wie viele?»
«Sehr viele. Millionen.»
Lehrer: «Woher weiß man das?»
Moritz: «Die Gojim haben sie gezählt.» *(Die Verachtung des rasch und abstrakt denkenden Menschen für unnütze konkrete Details.)*

LEHRER: «Moritzl, wer war die Pythia?»
Moritzl: «Die Pythia, Herr Lehrer, war e altertümliche Dame, was gesessen ist auf e Dreifuß und geredt hat lauter zweideutige Sachen.»

DER Lehrer: «Quid dicam de rebus gestis Pompei *(Was soll ich von den Taten des Pompejus berichten)* – Moritzl, übersetz den Satz!»
Moritz: «Was soll ich sagen über die getragenen Sachen des Pompejus – Herr Lehrer, mer handeln nicht damit!»

SCHULE. Der Geschichtsprofessor erzählt von der Gründung Roms und den sieben etruskischen Königen. Sami Weintraub schwätzt und paßt nicht auf. Der Professor, erbost zu Weintraub: «Sie da! Wieviel etruskische Könige gab es in Rom und wie heißen sie?»
Weintraub: «Sieben, und ich heiß Weintraub.»

MANDEL schickt seinen Sohn aufs Gymnasium. Nach dem ersten Semester hat der Bub drei Ungenügend im Zeugnis. «Jossel, wie kannst du das antun deinen Eltern?»
«Tate, unser Klassenvorstand ist ein wilder Antisemit!»
Mandel entschließt sich, Jossel taufen zu lassen. Aber im zweiten Semester hat Jossel fünf Ungenügend im Zeugnis. «Jossel, jetzt hast du abgeschworen den Glauben deiner Väter – und das ist das Ergebnis?»
«Tate, du weißt doch, wir Gojim taugen nicht fürs Studieren.»

Variante:
«TATE, du kannst dir nicht vorstellen, wie die Judenbuben sich vordrängen!»

LEHRER: «Moritz, beweise mir, daß die Erde rund ist!»
Moritz: «Herr Lehrer – ich habe es nie behauptet!»

LEHRER: «‹Und ein Jahr hat er's getragen,
Trägt's nicht länger mehr...›
Moritz, was meint der Dichter mit dem ‹es›?»
«Das Hemd, Herr Lehrer.»

LEHRER: «Moritz, warum bist du nicht gekämmt?»
Moritz: «Wieso, Herr Lehrer? Wenn ich wär' nicht gekemmt *(jiddisch = gekommen),* dann wär' ich doch nicht do!»

LEHRER: «Moritzl, warum hast du gestern gefehlt?»
«Jom Kippur *(strengster Fasttag).*»
«Ich weiß nicht, was das ist.»
«Wissen Sie, was Schabbes ist?»

«Ja.»
«Also: Schabbes ist ein Dreck gegen Jom Kippur!»

«MORITZL, wie weit seid ihr in der Schule gekommen im Rechnen?»
«Bis zum kleinen Einmaleins.»
«Was ist zwei mal zwei?»
«Sechs.»
«Falsch, vier.»
«Hab ich gewußt, Tateleben, aber hätt ich gesagt vier, hättste mir heruntergehandelt auf zwei.»

MORITZCHEN ist sitzengeblieben. Er übergibt zu Hause das Zeugnis mit den Worten: «Wenn mer nur alle gesund sind!»

MORITZL kommt aus der Prüfung nach Hause.
«Wie war's?» fragt der Vater.
Moritzl: «Großartig. Alle Professoren sind entzückt, verlangen Wiederholung.»

LEHRER: «Wer ist nach eurer Meinung schneller: eine Brieftaube oder ein Pferd?» – Moritz: «Zu Fuß: ein Pferd.»

DER Vater: «Moritzl, schau, was für einen schönen Stoff für einen Anzug ich mir gekauft habe... aber Moritzleben! Da schaust den Stoff auf der verkehrten Seite an!»
«Tateleben – bis ich einen Anzug daraus bekomme, wird der Stoff gewendet sein.»

LEHRER: «Moritz, wenn die Luftstrecke Berlin–Zürich siebenhundert Kilometer beträgt und eine Brieftaube in der Stunde hundert Kilometer fliegt: wie lange braucht sie?»
«Acht Stunden.»
«Es sind sieben Stunden! Wie kommst du auf acht, du Esel?»
«Nun – die Taube wird sich ausgeruht haben in Frankfurt ä Stündchen!»

MORITZ hat ein Lehrbuch vor sich aufgeschlagen und murmelt buchstabengetreu: «Le chat – die Katz, le château – das Schloß, le chien – der Hund, moi-même – ich selber...»
Der Nachbar, verwundert: «Moritzl, was treibst du da?»

«Ich?» sagt Moritzchen stolz, «Französisch.»
«Oi so!» sagt der Nachbar bewundernd.
«Sie können ja auch Französisch!» stellt Moritzl hoch erfreut fest, «oiso: der Vogel!»

BRUNO Cassirer hat ein wertvolles Bild erworben. Er führt seinen Neffen Klein Wotan vor das Bild. Der schweigt. Sagt Cassirer: «Nu?»
Klein Wotan, mit leichtem Achselzucken: «Wenn ich mer ieb!» *(D.h.: Wenn ich übe, bringe ich das auch zustande.)*

DER Lehrer hat den Schülern ans Herz gelegt, wenn sie in ihren späteren Jahren vor schwierigen Lebensfragen stehen, sollen sie sich fragen, was die großen Männer der Geschichte getan hätten, und sich danach verhalten.
«Wer weiß mir ein Beispiel?» fragt der Lehrer.
Moritz: «Sagen wir, ich hätt' geerbt von meinem Vater sein Geschäft, und es käm zu mir der Herschowitz, und er tät mir anbieten e Waggon Zwiebel. Werd ich mer fragen: ‹Wieviel mecht wohl haben gegeben dafür Karl der Große?›»

VOR dem Stephansdom in Wien.
«Tate, was ist das für ein Haus mit dem hohen Turm?»
«Mottele, das solltest du schon wissen: das ist eine Kirche.»
«Was ist eine Kirche?»
«Nun, die Gojim sagen, da wohnt der liebe Gott drinnen.»
«Aber Tate, der liebe Gott wohnt doch im Himmel!»
«Sollst recht haben: wohnen tut er im Himmel. Aber da drinnen hat er sein Geschäft.»

ONKEL: «Was würdest du als erstes tun, wenn ich dir tausend Mark schenken würde?»
Moritzl: «Ich würde sie zuerst nachzählen.»

MORITZ kommt zu spät in die Schule: «Herr Lehrer, es ist so ein Glatteis draußen, daß ich bei jedem Schritt vorwärts zwei zurückgerutscht bin.»
Lehrer, skeptisch: «Ja, wieso bist du dann da?»
«Ich hab mich umgedreht und bin heimwärts gegangen.»

LEHRER: «Kinder, bildet mir einen Satz, in welchem das Wort ‹Ergebenheit› vorkommt!»

Klein Sigi: «Mein Vater hat vor vier Wochen en Gaul kaaft for fünfhundert Mark. *Er gäb en hait* for die Hälfte.»

LEHRER: «Kinder, wer kann mir einen Satz mit Norwegen und Dänemark bilden?»
Klein Moritz: «Mai Vatter macht sei Geschäfte *nor wege dene Mark.*»

LEHRER: «Moritz, bilde einen Satz mit dem Wort ‹Furien›.»
Moritzl: «Furijen *(vorigen)* Montag hat Chaim Pleite angesagt.»

IN der Schule erklärt der Lehrer den Schülern den menschlichen Körper und sagt unter anderm: «Mit der Nase riecht man, mit den Füßen läuft man.»
Der kleine Sali: «Herr Lehrer, bei meinem Onkel ist es umgekehrt, bei ihm läuft die Naas, und die Füße riechen.»

MORITZ ist nicht zufrieden mit seinem ersten Schultag: «Alles Schwindel! An der Türe steht ‹1. Klasse›, und dabei sind die Sitze nicht einmal gepolstert, und am Kassenpult steht ein Bocher, der stellt dauernd unangenehme Fragen!» *(Bocher = hier nur im Sinne eines jüngeren Kerls.)*

MORITZ heult: «Der Lehrer hat mich gehauen!»
«Was hast du angestellt?» will der Vater streng wissen.
«Gar nichts! Der Lehrer hat gefragt, wer den ‹Faust› geschrieben hat. Ich habe gesagt, ich bin es nicht gewesen.»
Der Vater marschiert empört zum Lehrer.
«Stellen Sie sich vor», sagt der Lehrer zornig, «ich habe Ihren Buben gefragt, wer den Faust geschrieben habe, und da hat er die Frechheit, mir zu antworten, er wäre es nicht gewesen!»
«Herr Lehrer», sagt der Jude bittend, «mein Moritzl mag viele Fehler haben. Aber lügen – nein, das tut er nie! Wenn er sagt, er hat den Faust nicht geschrieben, dann hat er ihn nicht geschrieben. Na, und wenn sogar! Verzeihen Sie es ihm! Er ist ja noch ein Kind!»

MORITZL darf mit Papa nach Wien. Am Abend, auf der Kärntnerstraße, will Moritzl wissen: «Sag mal, wozu gehen die vielen Damen hier spazieren?»
«Wenn du es unbedingt wissen willst: Das sind Prostituierte.»
«So? Soviel Tausender möchte ich haben als Chonten *(Huren)* darunter sind!»

DER Lehrer erklärt den Kindern ein Pfahlbaudorf. Er schildert, wie die einzelnen Häuser auf Pfählen im Wasser stehen. Der kleine Sali denkt lange nach, dann fragt er: «Herr Lehrer, wie ist das gewesen im Pfahlbaudorf? Die Hausierer haben müssen können schwimmen?»

«MORITZL, dein Mund steht offen.»
«Ja, ich weiß, Herr Lehrer, ich habe ihn offengelassen.»

MORITZL hat eine kleine Schwester bekommen. Der Tate: «Stell dir vor, Moritzl, der Storch is gekommen und hat die Mame ins Bein gebissen!»
Moritzl: «Gott der Gerechte! Wo die Frau is hochschwanger!»

MORITZL: «Papa, wie bin ich auf die Welt gekommen?»
«Der Storch hat dich gebracht.»
«Und dich? Und den Großpapa?»
«Uns hat auch der Storch gebracht.»
Schulaufsatz Moritzls: «Nach beglaubigter Aussage meines Vaters hat in unserer Familie seit drei Generationen kein Geschlechtsverkehr stattgefunden.»

LEHRER: «Wir wollen einmal ein Beispiel aus dem Geldgeschäft nehmen. Moritz, tausend Franken à drei Prozent in sechs Monaten – wieviel macht das?»
Moritz: «Und das nennen Sie ein Geldgeschäft?»

DIE Schüler sollen Haustiere nennen.
Hans: «Pferdchen.» Anton: «Schweinchen.»
Lehrer: «Was soll dieser Unsinn! Es heißt ‹Pferd› und ‹Schwein›. Wozu das dumme ‹chen›?»
Moritz: «Und wenn Sie zerplatzen, Herr Lehrer: Kanin*chen*!»

LEHRER: «Moritz, wieviel macht acht und sieben?»
Moritz: «Eine Mark fuffzig.»

LEHRER: «Moritz, wenn ich bei deinem Vater dreihundert Rubel borge, und ich zahle ihm dafür neun Rubel jährlich: wieviel Prozent Zinsen sind das dann?»
«Zwölf Prozent.»
«Es sind drei Prozent. Lackel, du kannst nicht rechnen!»
«Rechnen kann ich, aber Sie kennen nicht meinen Vater!»

KLASSENAUFSATZ über das Thema «Die Katze». Moritzl schreibt: «Die Katz kommt vor in der Küche, und auch auf dem Dach, wie es trefft. Se kriegt vier Junge oder sechs, wie es trefft. Die Katz is bald e Katz und bald e Kater, wie es trefft.»

«MORITZ, bilde mir einen Satz mit ‹Egoismus›!»
«Was *ä Goj is, muß* schickern.» *(Schickern: saufen. Goj: hier Bauer.)*

LEHRER: «Kinder, wer von euch kann mir sagen, was das Wort ‹Hohngelächter› bedeutet?»
Moritzl: «Kikeriki!»
Lehrer: «Was soll das heißen?»
Moritzl: «Nu, so lacht der Hohn *(jiddisch = Hahn)*.»

LEHRER: «Moritz, bilde einen Satz mit Fagott!»
Moritz: «Fagott, Kaiser und Vaterland!»

DER Lehrer erklärt: «Diebstahl ist Raub fremden Eigentums... Moritz, du paßt nicht auf!»
«Doch, Herr Lehrer!»
«So?! Was bin ich, wenn ich dir eine Mark aus der Tasche stehle?»
«Ein Zauberkünstler, Herr Lehrer.»

LEHRER: «Der Große Kurfürst kämpfte am Rhein gegen die Franzosen. Da fielen ganz unvermutet die Schweden in die Mark ein und hausten dort fürchterlich... Moritz! Du paßt nicht auf! Wiederhole, was ich gesagt habe!»
«Eingefallen sind sie in die Mark und *hausiert* haben se ferchterlich!»

DER Lehrer erklärt die Kugelgestalt der Erde.
«Moritzl, wenn du beim Stephansdom gräbst, immer tiefer und tiefer – wohin kommst du dann?»
«Ins Irrenhaus, Herr Lehrer!»

LEHRER: «Moritzl, wenn ich in den einen Teller drei Eier lege und in den andern zwei – wieviel hab ich dann?»
«Unsinn, Herr Lehrer! Sie können doch keine Eier legen!»

«MORITZL, ist es wahr, daß du einen Zwillingsbruder hast?»
«Ja, leider! Ich bin bereits mit einer Konkurrenz zur Welt gekommen!»

MORITZL wechselt von der jüdischen in die staatliche Schule über. Sein Vater stellt ihn dem Lehrer vor und prahlt mit den Rechenkünsten seines Sprößlings.
Der Lehrer: «Das können wir gleich überprüfen! Moritz, wenn ich für eine Hose bei deinem Vater eindreiviertel Ellen Tuch zu einzweidrittel Taler kaufe – was muß ich dann bezahlen?»
Moritz, kopfschüttelnd: «So ein billiges Tuch ist doch zu schlecht für Sie, Herr Lehrer! Sie werden nehmen eines zu zwei Taler. Und für ein Beinkleid brauchen Sie mindestens drei Ellen bei Ihrer Größe – mit eindreiviertel Ellen kommen Sie niemals aus! Macht sechs Taler.»

LEHRER: «Moritzl, wenn dein Vater täglich drei Zigarren raucht, wieviel raucht er dann in der Woche?»
«Achtzehn.»
«Falsch. Es sind einundzwanzig. Du kannst nicht rechnen.»
«Ich kann schon rechnen, Herr Lehrer, aber Sie vergessen, daß mein Vater am Sabbat nicht rauchen darf.»

MORITZL ist mit seinen Eltern auf dem Land in Sommerfrische und sieht zum erstenmal in seinem Leben eine Henne, die laut gackernd ein Ei legt.
Moritzl, bewundernd: «Gott über die Welt! Macht die Henne e Reklame wegen ein' Ei!»

MORITZL wird ein Jahr – er spricht nicht. Er wird zwei, er wird drei – nichts, kein Wort. Die Eltern bemühen sich, ihm vorzusprechen. Moritzl schaut nur gelangweilt. Moritzl wird vier. Die Mame geht mit ihm zum Arzt. Der findet nichts. Moritzl wird fünf. Der Tate geht mit ihm zum berühmten Professor. Der findet noch weniger.
Da, eines Morgens beim Frühstück, gießt ihm die Mame den Kakao ein.
Moritzl trinkt und schreit: «Oi, heiß! Man verbrennt sich ja!»
Jubelt die Mame: «Moritzl spricht!»
«Soll ich nicht?» sagt der mit leichter Verwunderung in der Stimme.
«Aber Moritzl, du hast nicht gesprochen fünf Jahr!»
«Nu, ich hatte auch bis jetzt keine Beanstandungen.»

Bildung

EIN Jeschiwebocher liest und kommentiert Goethes «Erlkönig»: «‹Wer reitet so spät in Nacht und Wind? Das ist der Vater mit seinem Kind...›. ‹Wer reitet?›? – nu, der wos hot a Ferd. ‹In Nacht und Wind›? – Nu, as es wird spät, is es natürlich Nacht, und in der Nacht is oft windig. – ‹Das ist der Vater mit seinem Kind› – Nu, as es is der Vater, muß er hobn a Kind...»

Variante:
«...‹DAS ist der Vater mit seinem Kind› – Blöder Goj! Was fragst du, wenn du doch selber sagst, daß es is der Vater mit seinem Kind?»

FISCHJOUCH schreibt aus Italien an seine Braut: «...und bei der Gelegenheit habe ich mich neben der Statue des Ganymed fotografieren lassen. Der *ohne* Kleider ist der Ganymed.»

HERZBLATT vor der Aphrodite von Praxiteles: «Verrückte Person! Für eine lebensgroße Porträtplastik hat sie Geld – aber für ein Hemd nicht!»

Variante:
DER kleine Jossel vor dem Bild der Heiligen Familie: «Tate, weshalb ist das Kind so nackend und bloß?»
«Weil kein Geld da war für Windeln.»
«Und warum liegt das Kind auf Stroh?»
«Ich sag dir schon, weil kein Geld da war für ein Bett.»
«Typisch für die Goim! Kein Geld für Windeln und Bett – aber von Grünewald malen müssen sie sich lassen!»

«HERR Gerschfeld, wie gefällt Ihnen mein Raffael?»
«Prächtig... Aber der ist ja gar nicht mit ‹Raffael› signiert, sondern mit ‹Rebekka›!»
«Ich weiß. Mein Anwalt hat mir geraten, alles auf den Namen meiner Frau zu überschreiben.»

HERR und Frau Zauberspruch vor einer antiken Statue.
«Alabaster?» fragt Zauberspruch den Museumsdiener.
Die Frau: «Blamier dich nicht! Im Katalog steht: ‹Venus›.»

Goje oder Gojete: verächtliche Bezeichnung für eine Nichtjüdin.
RABINOWITSCH ist reich geworden und hat einen echten Goya – «Portrait einer jungen Frau» – erworben. Stolz führt er seine Gäste vor das Bild. Frau Rudermann studiert sorgfältig die Unterschrift auf dem Gemälde und meint dann indigniert: «Mußte es unbedingt eine Goje sein? Konnten Sie nicht ein nettes jüdisches Mädchen malen lassen?!»

Variante:
DER reiche Blau hat konvertiert und entfernt jetzt sorgfältig alles aus der Wohnung, was an Judentum erinnert: hebräische Gebetbücher, Gebetmäntel, Mesuses, Chanukkaleuchter etc. Dann deutet er im Wohnzimmer auf den echten Liebermann, der dort hängt, und sagt zu seinem Kammerdiener: «Jean! Der muß weg! Schaffen Sie statt dessen einen Goya her!»

PICASSO-AUSSTELLUNG in Paris. Der Meister selber ist bei der Vernissage zugegen. Jankel, in Paris schon längere Zeit ansässig, hat seinen frisch aus der polnischen Provinz zugezogenen Vetter Schmul in die Ausstellung mitgenommen.
«Warum malt er so merkwürdig?» will Schmul wissen.
Jankel fragt den Meister und erklärt Schmul: «Er sagt, er sieht es so!»
«Reb Picasso!» wendet sich Schmel tadelnd an den Maler, «ojb *(wörtl. ob = wenn)* Ihr seht nischt gut – far woß *(wozu)* molt Ihr?»

KARFUNKEL und Frau vor einem Bild von Picasso.
«Es ist ein Porträt», behauptet Karfunkel.
«Unsinn», meint die Frau, «das ist eine Landschaft!»
Sie können sich nicht einigen; also kaufen sie einen Katalog und schlagen nach – da steht «Mandelbaum an der Riviera».
«Siehst du», sagt Karfunkel frohlockend, «*doch* ein Porträt.»

NEW YORK. Halpern hat so gute Geschäfte gemacht, daß er jetzt eine zu hohe Steuerrechnung befürchtet. Da man aber in den USA Kulturausgaben vom Einkommen absetzen darf, begibt er sich in eine moderne Kunstgalerie.
«Sie haben Glück, Herr Halpern», sagt der Inhaber erfreut, «wir haben

gerade noch ein einziges Gemälde vom berühmten Abramski auf Lager!» – Und er führt Halpern vor eine riesige, schwarze Leinwand mit einem kleinen roten Klecks darauf.
Halpern schaut lange und meint schließlich: «Ich bin doch nicht blöd! Aber ich begreife absolut nicht, was das bedeuten soll!»
«Aber wieso verstehen Sie nicht», ereifert sich der Inhaber, «die schwarze Fläche – das ist das leere, öde, unheimliche, leblose All. Der rote Fleck symbolisiert unsern aufflammenden, von bluterfülltem Leben durchpulsten, menschlichen Kosmos...»
Das sieht Halpern ein. Er zahlt mit einem Check die verlangten 10000 Dollar und läßt sich das Gemälde heimschicken...
Das Jahr darauf hat er wieder sehr gut abgeschnitten, und also kommt er abermals in die Galerie. Der Inhaber begrüßt ihn mit einem Jubelschrei: «Sie sind ein wahrer Glückspilz, Herr Halpern! Gerade ist wieder ein neues Gemälde des großen Abramski bei uns eingetroffen!» – Und wieder führt er Halpern vor eine schwarzgestrichene Leinwand, diesmal sind aber zwei kleine gelbe Flecke darauf.
Halpern, inzwischen selber zum Experten aufgerückt, wirft einen kurzen Blick auf das Bild und sagt herablassend: «Ganz nett. Aber zu sehr vollgekleckert.»

IM Kunstpalais ist ein großmächtiges neues Gemälde ausgestellt mit dem Titel «Das Urteil des Paris».
Blau zu Grün: «Kennen Sie schon ‹Das Urteil des Paris›?»
Grün: «Urteil des Paris? Nie von ihm gehört. Wieviel Jahre hat er denn gekriegt?»

«MORITZL, du hast doch in der Schule Latein gelernt. Was bedeutet die Aufschrift an der Uhr vom Stephansdom: Mors certa, hora incerta?»
(Der Tod ist sicher, die Stunde unsicher).
Moritzl: «Todsicher: die Uhr geht schlecht.»

DER junge Papiergold hat in der Schule Lateinisch gelernt.
«Papa», sagt er, als sie gemeinsam dahingehen, «sic itur ad astra.» *(So geht es zu den Sternen.)*
Der alte Papiergold: «Wie haißt?»
Der Sohn: «Nu – wir gehen doch zu Sterns.»

MORITZL besucht die Lateinschule.
An einem Freitag abend, zu Beginn des Festmahls, als ihm die Mutter

eben ein Stück gesülzten Hecht auf den Teller gelegt hat, beginnt er plötzlich zu murmeln: «Panis – piscis – crinis – finis.»
«Moritzl», fragt der Vater verwundert, «was soll das heißen?»
Darauf Moritzl: «Nu – ganz einfach! Panis – das Abendessen, piscis – der Fisch, crinis – das Haar, das ich drin gefunden hab', finis – ich hör' auf zu essen.»

«WAS ist der Unterschied zwischen nominell und effektiv?»
«Das ist sehr einfach: Wenn einer *mich* Chammer *(Esel)* nennt, so ist das nur nominell, wenn er aber *dich* Chammer nennt, dann ist es effektiv.»

IN der Eisenbahn. «Gestatten Sie, mein Name ist Platz.»
«Platz? Sind Sie nicht verwandt mit dem berühmten Markus-Platz in Venedig?»
«Verwandt nicht, aber er is e gute Kundschaft von mir.»

KIRSCHKERN in Breslau hat den Sohn seines Pariser Geschäftsfreundes Maçon bei sich angestellt, nennt ihn aber, da er kein Französisch kann, dauernd «Makon».
Eines Tages sucht er nach ihm, findet ihn nicht und fragt seinen Buchhalter: «Wo ist denn der Makon?»
«Masson», korrigiert dieser, «er hat eine Cédille am c!»
Am andern Tag ist Maçon wieder da.
Kirschkern fragt ihn freundlich: «Nu, sind Sie wieder ganz gesund?»
«Ich war nicht krank», erklärt Maçon, «meine Mama aus Paris war da, und ich hab' sie ausgeführt.»
«Ausgeführt?» wundert sich Kirschkern, «wie konnten Sie herumlaufen mit Ihrer Cédille am Zeh!»

GINZBURG hat ein Musikcafé eröffnet und ein ausgezeichnetes Unterhaltungsorchester engagiert. Nur auf den Trompeter ist er böse, weil der hin und wieder pausiert. Zornig stellt er ihn zur Rede.
«Aber Herr Ginzburg», klärt ihn der Trompeter auf, «ich hab' doch an dieser Stelle ein ‹tacet›.»
Darauf Ginzburg, wütend: «Wenn Sie ham ein Tacet, dann bleiben Se gefälligst zu Haus und stecken Se mer nicht die andern Musiker an!»

KORNGELB, reich geworden, läßt seinem Sohn Klavierunterricht geben. Vom Nebenzimmer aus hört er zu.
Plötzlich kommt er außer sich vor Zorn ins Musikzimmer hereinge-

stürzt und schreit den Klavierlehrer an: «Ich hab' Sie engagiert, damit Sie mei Sohn das Klavierspielen beibringen – und Sie wagen es, mit ihm statt dessen Karten zu spielen?»
«Aber wie kommen Sie auf die Idee?» fragt der Klavierlehrer erstaunt.
«Ich hab' ganz deutlich gehört, wie Sie zu meinem Sohn gesagt haben: ‹Jetzt spielst du das As›!»

SPANDAUER Straße in Berlin. «Können Sie mir das Haus von Moses Mendelssohn zeigen?»
«Kenn ich nicht. Muß falliert haben.»

KOHN hat ein Wurstgeschäft eröffnet und nennt es «Zum Xerxes». Als Grund gibt er an: «Das war doch der Mann, was hat gehabt die größte Niederlage von Salamis.»

ITZIG kommt spätabends nach Hause. Fragt die Frau: «Wo warst du so lange?»
«Ich hab ein Plakat gelesen, Professor Hirschfeld hält einen Vortrag über Homosexualität, da bin ich hingegangen.»
«Nu, und was hat er erzählt?»
«Weißt du, verstanden hab ich kein einziges Wort. Nur eins kann ich dir sagen: der Toches *(Allerwerteste)* hat e große Zukunft!»

SALONGESPRÄCH:
«Was halten Sie von Renaissance der Romantik?»
«Meinen Sie geschäftlich – oder bloß eso?»

AUS dem Briefkasten einer Wiener Tageszeitung: «Sie haben Ihre Wette verloren: Melpomene ist *kein* jüdischer Feiertag.»

«SALO, ich will dir ein Rätsel aufgeben: Was ist das, die erste Hälfte des Wortes ist ein Vogel, die zweite ein Waffenrock, das Ganze ist ein österreichischer Dichter?»
Salo denkt lange nach und kriegt es nicht heraus.
«Grillpanzer», sagt der Freund triumphierend.
«Er heißt doch nicht Grillpanzer, sondern Grill*parzer*!»
«Nu, ist denn Grill ein Vogel?»

«CHAIM, kannst du mir erklären, was das ist: ein Reim?»
«Natürlich, Salo: es muß hinten gleich sein. Zum Beispiel:

Salo Frack –
Treff dich der Schlag!»
«Ist das alles? Das kann ich doch auch:
Chaim Blumentopf –
Treff dich der Schlag!»
«Aber Salo, das ist doch nicht gleich!»
«Muß es denn gleich sein? Von mir aus in vierzehn Tagen.»

«TATE, ich les' eben, Rilke soll als Dichter ganz schön verdienen.
Tate – ein Dichter: was ist das?»
«Ein Dichter, Kind, schreibt, was sich reimt.»
«Was bedeutet das: sich reimen?»
«Nu paß auf. Zum Beispiel:
Ich geh in Stall –
Und lass' a Prall.»
Moritzl, sehr angestrengt nachdenkend: «Nu gut – aber davon lebt er?»

SCHWOB und Gattin sitzen im Theater bei «Der Widerspenstigen Zähmung» und lauschen der Götzschen Ouvertüre.
«Was für schöne Musik!» flüstert Schwob hingerissen.
Die Gattin, nach einem heimlichen Blick auf den Programmzettel sachkundig: «Kunststück – Shakespeare!»

BRUCHBAND und Gattin im Theater bei der «Zauberflöte».
Bruchband: «Großartig, diese Musik von Lehár!»
Die Frau: «Blamier uns nicht. Das ist doch Mozart!»
«Nicht von Lehár?» fragt er verwundert. «Na, wart nur ab, es wird eines Tages auch noch von Lehár sein!»

«ICH war in der Oper.»
«Nu, war's schön?»
«Wie ich hingegangen bin, war's schön. Auf dem Heimweg hatten wir Regen.»
«Ich frag nicht nach dem Wetter. Ich frag: Was haben sie gegeben?»
«Die? Nix. Die sind gratis hineingekommen.»
«Aber verstehen Sie doch! Ich meine: In was waren Sie?»
«Im dunklen Anzug.»
«Ich frag nicht, was Sie anhatten, sondern: Auf was waren Sie?»
«Auf Fauteuil zehnte Reihe.»
«Himmel! Ich frage doch: Was hat man gespielt?»

«Ach so? ‹Tristan und Isolde›.»
«War's schön?»
«Nu – me lacht.»

«SIE waren in der Oper, Herr Rosinger? Was haben Sie gesehen?»
«Gesehen? Der Zifferer ist gesessen in einer Loge mit einer ganz jungen Schikse» *(christliches Mädchen)*.
«Unsinn! Ich meine: was haben Sie gehört?»
«Gehört? – Also – aber ganz im Vertrauen – der Bruchband soll in Konkurs gehen.»

Die Wörter für «schlagen» und für «sein» klingen in den slawischen Sprachen ähnlich (polnisch «bic» und «byc»), und dortige Juden wuchsen oft mit Jiddisch auf und beherrschten die Sprache ihrer slawischen Umgebung mangelhaft.
BRUCHBAND eilt am frühen Abend heimwärts. Ein Freund begegnet ihm und fragt: «Wo kommst du her?»
Bruchband: «Ich? Aus dem Theater.»
«Was gab man denn?»
«Eierkuchen.»
«Unsinn!»
«Warte – nicht Eierkuchen, sondern Omlett.»
«Wie ist das möglich?»
«Ich hab's: Hamlet!»
«Ach so! – Und, war es schön?»
«Sehr schön.»
«Ja – war es denn schon aus?»
«Ach wo! Es fing erst an!»
«Und warum bist du heimgegangen?»
«Es blieb nichts übrig, es wurde gefährlich. Es trat einer heraus und schrie: ‹Schlagen oder nicht schlagen?› *(Sein oder Nichtsein)* – und da dachte ich, wenn man schlagen wird, wen wird man zuallererst schlagen? Die Juden! Und darum bin ich gegangen.»

JOJNE Nelken sitzt im Theater bei «Maria Stuart». Es wird immer tragischer, und er weint bitter. Plötzlich sagt er zu sich selber: «Mein Gott, was treib ich da? Ich kenn sie nicht, sie kennt mich nicht – was reg ich mich so auf?»

SCHMUL war mit seiner Gattin im Theater bei «Faust». Auf dem Heimweg sagt er nachdenklich: «Ein unklares Stück. Das

Wichtigste wird nicht erklärt: Was hat das Mädel, die Gretel, mit dem Schmuck gemacht, den Faust ihr geschenkt hat?»

DER Komponist Meyerbeer hatte zwei armen Juden Karten zu einer seiner Opern geschenkt. Als sie sich bei ihm am andern Tage meldeten, fragte er, wie es ihnen gefallen hätte.
«Sehr scheen», sagte der eine, «nor die Musik harget eweg.» *(Ruiniert, wörtlich: mordet weg.)*

VATER zum Sohn: «Du willst schon wieder ins Theater? Du warst doch erst gestern bei Faust I. Teil.»
«Nun ja. Heute gehe ich zum II. Teil.»
«Solche Verschwendung! Was bist du gestern nach dem I. Teil weggelaufen!?»

SCHMUL vor dem Goethe-Denkmal: «No – wer ist er schon? Kein Feldherr, kein Kaiser ... bloß die ‹Räuber› hat er geschrieben!»
«Was für Stuß *(Unsinn)*! Die sind doch von Schiller!»
«No also: Nicht einmal die ‹Räuber› hat er geschrieben.»

«ES geht mir unausmalbar schlecht. Wie sagt doch Richard III. bei Shakespeare so schön: O Schmach und Gram, daß ich zur Welt, sie einzurichten kam!»
«Sie meinen Hamlet. Richard sagt: Ein Pferd, ein Pferd!»
«Aha. Auch sehr schön!»

GRÜNSPAN: «Was ist eigentlich ein Dichter?»
Wasserzug: «Nu – du kennst doch sicher auch welche. Etwa Goethe.»
Grünspan: «Nie gehört!»
Wasserzug: «Na – und Schiller?»
Grünspan: «Nein.»
Wasserzug: «Aber von Nathan dem Weisen von Ephraim Lessing wirst du doch schon gehört haben?»
Grünspan: «Wieso? Wer soll kennen alle Jiden?»

HERR Kohn vor dem Theaterplakat: «Was heißt ‹Richard Strauß›? Wenn Richard, dann Wagner, wenn Strauß, dann Johann ...»

HERR und Frau Blau kommen nach Wien und gehen ins Theater. Gespielt wird die Operette «Madame Pompadour». Das Stück hat schon

angefangen, als Frau Blau ihren Mann fragt: «Wer war Madame Pompadour?»
Herr Blau weiss es auch nicht. Er fragt den Herrn, der neben ihm sitzt. Der gibt zur Antwort: «Eine Rokoko-Kokotte.»
«Ich hatte Pech», flüstert Blau seiner Frau zu, «der Herr neben mir stottert.»

MEISL aus Tschernowitz ist in Geschäften nach Wien gekommen. Abends will er ins Burgtheater und fragt an der Kasse: «Nu – was spielen Sie heut?»
«Was Ihr wollt.»
«Guuut! Soll sein die Csárdásfürstin!»

MORITZ sitzt bei einem Ritterstück im Theater. Ein Knappe stürzt auf die Bühne und ruft: «Das Schlachtroß steigt!»
Moritz kommentiert: «Was for e ritterliche Rede! Heut sagt man: 's Pferdefleisch wird teurer!»

OPER. – «Jankl, warum bedroht dieser Herr im Frack die Dame auf der Bühne mit dem Stock?»
«Sch! Er bedroht sie nicht. Er ist der Dirigent.»
«Wenn er sie nicht bedroht – warum quiekt sie dann so?»

DER bekannte Bankier Nathan hatte sich in Habel umtaufen lassen. Er verbot seiner Dienerschaft strengstens, den Namen Nathan noch einmal zu nennen.
Eines Abends schickt er seinen Diener zur Litfaßsäule, nachzusehen, was am Abend im Schauspielhaus gegeben wird.
Der Diener kommt herauf und meldet: «Habel der Weise.»

KURORCHESTER.
«Wie schön spielt doch die Kapelle aus dem Judas Makkabäus von Händel!»
«Was fällt Ihnen ein! Das ist doch eine Quadrille von Offenbach!»
«Na ja, ich wußte doch, daß es etwas Jüdisches ist.»

VIOLINLEHRER: «Ihr Junge, Herr Kohn, spielt auf der Violine wie ein zweiter Sarasate!»
Der Vater, seufzend: «Mir wäre lieber, er spielte auf der Börse wie *sein Tate (Vater)!*»

ZUR Bismarckzeit gab es einen jüdischen Abgeordneten Lasker. Über ihn zirkulierte folgendes Epigramm:
Sieben Städte streiten wild um die Herkunft des Lasker:
Schrimm, Schroda, Bomst, Meseritz, Krotoschin, Krojanke, Filehne.

FREUDENGOLD, Fabrikant von Herrenkragen, feiert Jubiläum. Die Angestellten überreichen ihm ein Bukett, wünschen ihm Glück und beschließen die Ansprache frei nach Goethe:
«Es kann die Spur von seinen Herrenkragen
Nicht in Äonen untergehn!»

DAS «ächzende» Kind.
Der Vater: «Was lernst du da für die Schule, Moritzl? Den ‹Erlkönig›? Den kann ich noch ganz auswendig:
‹Den Vater grauset's, er reitet geschwind,
Er hält in den Armen das sechzehnte Kind...›»
«Tate, es steht mit ‹a›, das ‹achtzehnte Kind›!»
«Nu – wirst eine spätere Ausgabe erwischt haben.»

«PAPA, ich gehe heute in die Oper. Man gibt ‹Die Jüdin›.»
«Und dafür wirfst du das Geld aus dem Fenster? Geh zu deiner Mame hinein und schau sie an – und überleg dann selber, ob man für so etwas noch Geld ausgeben soll!»

SCHIMMELSTEIN hat einen Wohltätigkeitsbasar mit so enormen Spenden bedacht, daß die gräflichen Veranstalter nicht umhin können, ihn zu dem Fest einzuladen. Schimmelsteins Gattin, Flora, erscheint in teuerster Aufmachung – dennoch bleiben die beiden zu ihrem Kummer unbeachtet... Am andern Morgen liest Schimmelstein in der Zeitung unter «Gesellschaftsnachrichten»: «...den Glanzpunkt des Festes bildete die üppige Flora, deren tropischer Duft allgemeines Entzücken hervorrief...»
Da wendet er sich strahlend an seine Frau: «Spaß, mußt du dich parfümiert haben, Floraleben!»

FESTLICHES Diner. Der lyrische Dichter erscheint verspätet und überreicht der Hausfrau sein Bukett mit den poetischen Worten: «Gnädige Frau, verzeihen Sie mir die Verspätung! Hätte ich *Amors Flügel* – ich wäre schon längst hier gewesen.» Moritz findet das großartig. Einige Wochen darauf verspätet er sich ebenfalls in einer Gesellschaft. Er überreicht der Hausfrau das Bukett und sagt: «Gnädige Frau – wenn ich *am Orsch Flügel* hätte, wäre ich schon längst hiergewesen.»

ROSENBLÜTH, frisch geadelt, zu seiner unmanierlichen Gattin: «Was spuckst du ständig, Rosa? Glaubst du, weil wir seit gestern adlig sind, du bist schon eppes e Ahnfrau?» *(Verwechslung von Spucken und Spuken.)*

DIE Tochter des alten Lakriz hat sich mit Herrn Eisenberger verlobt. Der Bräutigam unterzeichnet seine Liebesbriefe romantisch: «Ton fidèle berger.» *(Dein treuer Schäfer.)*
Dem alten Lakriz fällt ein solcher Brief in die Hände, und er stellt seine Tochter zur Rede:
«Pfui! Erst verlobst du dich mit einem Eisenberger, und jetzt hast du ein Geschmus mit einem Fidelberger!»

DER westlich gebildete Sohn schwärmt für die Natur. Mit schwerer Mühe ist es ihm geglückt, den Papa zu einem Spaziergang auf den Stadthügel zu bewegen. Der Sohn, innig bewegt: «Sieh nur, Papa, wie schön es ist da unten!»
Papa: «Der Schlag soll dich treffen! Dazu schleppst du mich so hoch *hinauf,* damit ich sehen soll, wie schön es ist da *unten*?!»

TINKELES muß nach Paris, kann aber kein Wort Französisch. «Mach dir keine Sorgen», tröstet ein Freund, «du mußt dich ja nur bis zu deinem Vetter durchschlagen. Du fragst einen Passanten: ‹Pardon, Monsieur, où est la rue de Rivoli?› – Dann erklärt er es dir mit den Händen, und dann sagst du: ‹Merci, Monsieur, je sais maintenant, où est la rue de Rivoli.›»
Tinkeles lernt die Sätze auswendig – aber in Paris geraten ihm die Worte durcheinander, und er fragt: «Pardon, Monsieur, je sais où est la rue de Rivoli.» *(Verzeihung, Herr, ich weiß, wo die Rue de Rivoli ist.)*
Der «Franzose» schaut ihn an und sagt: «Nu, machen Sie Schabbes davon!» *(Jiddische Redensart mit der Bedeutung: Was hast du schon davon? Kannst du damit die Sabbatmahlzeiten bestreiten?)*

MOJSCHE und Itzik sind nach Paris emigriert. Sie haben beschlossen, nur noch französisch zu sprechen. Mojsche klopft an die Tür.
«Qui est?» fragt Itzik.
«Me», antwortete Mojsche.
«Te?» fragt Itzik nochmals.

«Je», bestätigt Mojsche.
«Nu, kimm aran!» antwortet Itzik.

Père Lachaise = berühmter Friedhof in Paris.
«DU warst in Paris? Hast du den Père Lachaise besucht?»
«Jawohl. Aber bloß zweimal herumgetanzt, gleich wieder weggegangen.»

«ICH hab beim Rennen Geld verloren.»
«Geschieht dir recht! Was hat ein erwachsener Jud zu rennen? Geh langsam!»

NEUGOLD zum Buchhändler: «Ich möchte Goethes Werke für meine neuerrichtete Bibliothek.»
Der Buchhändler: «Welche Ausgabe?»
Neugold: «Da haben Sie eigentlich recht, ich habe so schon genug Ausgaben momentan. Auf Wiedersehen.»

DER Wiener Cellist Ignaz Lasner komponierte ein Andante und betitelte es: «An ihr.» Man spottete, und einer erklärte ihm, daß der Titel der Grund des Spottes wäre.
Lasner war beleidigt: «Wenn man Hymnen ‹an Bismarck› richten darf – warum soll ich dann mein Andante nicht ‹an ihr› richten dürfen?!»

«ICH mecht ma von ihrem Herrn Sohn a Buch ausleihen: ‹Werthers Leiden›.»
«Wie haißt ‹werd' ers leiden›?! Werd ihm sein a Vergnügen!»

«DER Schlag soll dich treffen à la Paganini!»
«Wos haißt à la Paganini?»
«Nu: auf *ein* Seit!» *(= Saite)*

SCHLOJME Kohns Sohn aus Pinne hat in Breslau ein neues Geschäft eröffnet. Der Papa kommt unangemeldet und sagt stolz: «Du siehst, ich habe dich sofort gefunden, obwohl ich deine neue Anschrift nicht hatte.»
«Wie ist das möglich?» wundert sich der junge Kohn. «Breslau ist doch voll von Kohns!»
«Ja», sagt der Alte, «aber bei dir steht deutlich drauf: Mai Sohn Kohn» *(Maison Kohn)*.

EIN polnischer Dorfjude kommt nach Breslau und entziffert buchstabengetreu die Aufschriften an dem Modehaus Kohn: «Modes, Robes, Dentelles, Ruches, Peluches... Ich muß schon sagen: Namen haben seine Kompagnons!»

Variante:
«MODES, Robes, Dentelles und so weiter... Mit wos in aller Welt handelt der Jud?!»

ITZIG trifft in London seinen alten Freund Kohn.
«What are you doing here?» fragte er ihn.
Kohn, stolz: «I polish up my English.»
Itzig: «You'd better English up your Polish.»

Variante:
«WOZU? Dein Englisch ist polnisch genug.»

«NACH Sizilien wollen Sie, Herr Kronengold? Jetzt, im Juli? Aber dort sind doch jetzt vierzig Grad im Schatten.»
«Nu, muß ich denn punkt im Schatten gehn?»

«HIER ist ein Preisrätsel. Sag mal – wo ist das Capitol?»
«Das Kapitol *(= Kapital)*? Blöde Frage! In der Schweiz natürlich!»

«MORITZL, was habt ihr heute in der Schule gelernt?»
«Der Lehrer hat erzählt, daß Johannes Hus in Konstanz verbrannt worden ist.»
«Nu, das wundert mich nicht. Wie wir letztes Jahr auf der Sommerreise in Konstanz waren, haben wir *auch* e ganz schöne Hitz ausgestanden!»

«TATELEBEN, was ist das: Chorgesang?»
«Das weißt du nicht? Da singen sie en gros.»

«TATE, was versteht man unter ‹Concours hippique›?»
«Nu – was wird's sein? Wenn ein Pferdehändler Pleite macht.»

«IHR Fräulein Tochter, Herr Goldgelb, malt, singt, ist gewachsen wie Venus und so gebildet!»
Goldgelb, stolz: «Das ist noch gar nichts! Auf dem Rücken sollten Sie sie erst schwimmen sehen!»

HERR von Pöllnitz zu seinem jüdischen Faktotum:
«Mordechai, verschaffen Sie mir ein Paar hübscher Dackel. Hier haben Sie fünfzig Mark.»
Morchechai, zögernd: «Fünfzig Mark – und Sie sagten, daß es erstklassige Dackel sein müssen?»
Pöllnitz: «Da haben Sie zwanzig Mark mehr.»
Mordechai: «Glauben Sie, daß siebzig Mark genügen?»
Pöllnitz: «Ich gebe Ihnen achtzig. Aber nach meiner Meinung ist das zuviel. Jetzt gehen Sie endlich!»
Mordechai steckt das Geld ein und geht. Bei der Türe dreht er sich noch einmal um und fragt:
«Verzeihung, gnädiger Herr, was sind das: Dackel?»

Nachfolgende Geschichte hat sich in der alten Donaumonarchie wirklich zugetragen:
DER Sohn des ungarischen Kultusministers Czaky hatte sich erschossen. Das Oberhaupt der jüdischen Orthodoxie von Budapest schickte an alle jüdischen Kultusgemeinden der Provinz ein Telegramm: «Kondolieren Sie Czaky!»
Aus dem tief orthodoxen Huszt kam sofort ein Antworttelegramm: «Czakys Wahl sicher. Seien Sie beruhigt. Alles begeistert für Exzellenz!»
Der entsetzte Adressat, zum Glück nicht Czaky selbst, sondern der orthodoxe Oberrabbiner in Budapest, telegraphierte zurück: «Um Gottes willen! Nicht kandidieren! Kondolieren!»
Es kam die prompte Antwort: «Alles kondoliert begeistert! – Bitte telegraphieren Sie, was das ist: Kondolieren!»

AUF dem Grabstein steht: «Er war edel, hilfreich und gut.»
«Alles versteh' ich», sagt ein Jude zum zweiten, «aber was heißt ‹hilf›?»

EIN Herr, in Gesellschaft: «Ah, guten Tag, Frau Blau! Gestern traf ich Ihren Herrn Gemahl, den Konsul...»
«Was fällt Ihnen ein? Napoleon war Konsul. Mein Gatte ist Generalkonsul!»

HERR Pollak hat den Chauffeur Joseph mit nach Italien genommen und läßt sich bei Tisch von ihm bedienen.
«In Italien», erklärt er streng, «werden wir nur italienisch miteinander sprechen!»

Bei der Mahlzeit in Venedig dreht er sich zum Chauffeur um und sagt: «Giuseppe – a Gobel!» *(Gabel)*

DER reiche Pollak zum jungen, schüchternen Assessor:
«Reichen Sie *mich* bitte mal den Aschenbecher!»
Der Assessor, bescheiden: «Es heiß ‹mir›.»
Pollak: «Na und? Wenn ich zur Bank gehe und sage: ‹Geben Sie *mich* hunderttausend!›, bekomme ich sie sofort. Und nun gehen Sie einmal hin und sagen dasselbe mit ‹mir› – wir wollen sehen, was dabei herauskommt.»

GOLDSTEIN zu seiner Frau: «Tu mer den Gefallen, Elsa, wenn de siehst e Landschaft, dann sag ‹reizend!› oder ‹himmlisch!›, aber sag nicht immer ‹unbezahlbar!›»

HERINGSDORF.
«Schau, Cheskiel, die Abendröte! Wie e rosa Seidenkleid, was sich der Himmel angezogen hat! Und unten e Spitzenvolant von Brandung...»
«Nu, Sara, und der Posten Möwen da oben is Schund?»

«NU, was sagen Se zu meiner Ahnengalerie?»
«Hören Se mer auf! Wer wird sich schmücken mit *fremden Vätern*?»

AUFNAHMEPRÜFUNG an der Universität Warschau.
«Fräulein Helene, worum ging es im Trojanischen Krieg?...
Nun?... Um eine Dame! Wie hieß die Dame?... Aber sie hieß doch genau wie Sie!»
«Wie?! Rabinowiczówna?!»

TEITELBAUM, frisch aus Galizien nach Wien gekommen, fragt einen Freund: «Was bedeutet das A. G. nach dem Namen einer Firma?»
«Nu – was wird es schon heißen? ‹Aus Galizien› natürlich!»

Am Sabbat ist Rauchen verboten.
DER kleine Moritz fährt mit seinem Vater nach Italien und sieht den Vesuv.
«Tate, wos is dos für e Berg?»
«Dos ist der Vesuv.»
«Warum raucht er?»
«Nu, Schabbes *is* nicht, zu tun *hat* er nichts – raucht er!»

«NU, Herr Kommerzienrat, wie gefällt Ihnen diese neue getragene Melodie?»
«Was heißt neue getragene Melodie? Entweder neu oder getragen!»

«WAS hältst du von Shakespeare *(Scheks-Bier)*?»
«No, darüber hab ich keine Meinung. Ich trink nur Schwechater Bräu.»

«HERR Baron, aus dieser Handlung erkenn ich Ihren Seelenadel!»
«Wie hajßt Seelenadel!? Ich hab jetzt den richtigen!»

MUSEUMSBEAMTER: «Herr, hier dürfen Sie nicht sitzen! Das ist der Sessel Napoleons!»
Mojsche: «Nu – wenn er wird kommen, werd ich aufstehen.»

GRÜN und Blau im Louvre.
Der Führer: «Diese Büste ist zweitausend Jahre alt. Wahrscheinlich hat schon Sokrates vor ihr gestanden.»
Grün zu Blau: «Schau, schau! In Paris ist er auch schon gewesen!»

GRÜN zu Blau: «Wem bringst du die schönen Chrysanthemums?»
«Meiner Braut. Es sind aber Rosen.»
«Unsinn! Chrysanthemums!»
«Nein, Rosen.»
«Wenn ich dir aber sag!»
Blau schaut den Grün an: «Wie schreibt man Chrysanthemum?»
Darauf Grün: «Du hast recht! Es sind Rosen!»

JANKEL und Isaak haben in New York gute Geschäfte gemacht und wollen nun in dem teuren Luxusbad Miami Beach Erholung suchen. Den ganzen Tag spielen sie Karten, aber einmal schaut Jankel doch von den Karten auf und sein Blick fällt auf ein herrliches buntes Blumenbeet im Hotelpark:
«Isaak, was sind das eigentlich für Blumen?»
«Weiß ich? Bin ich denn in der Putzmacherbranche?»

Variante:
SCHLOIME und Mojsche sind zur Jagd geladen. Schloime hebt das Gewehr, schießt, fehlt.
«Schloime, auf was hast du geschossen, e Reh, e Hase, e Fuchs?»
«Was fragst du mich? Bin ich e Kürschner?»

Frau Pollak von Parnegg

Frau Pollak von Parnegg, die Gattin eines getauften und geadelten Wiener Industriellen, hat wirklich gelebt. Sie war eine populäre Figur. Man behauptet, ihre Söhne hätten alle Aussprüche, die man ihr unterschob, gesammelt und ihr unter dem Titel «Ausflüsse aus dem Muttermund» dargebracht. – Beim Einmarsch Hitlers in Wien stürzte sie sich aus dem Fenster.

FRAU Pollak von Parnegg, frisch geadelt und getauft, stellt anläßlich ihres ersten Soupers den Gästen ihre Kinder vor:
«Mojsche von Parnegg, Sara von Parnegg, Itzig von Parnegg...»
Sagt ein Gast: «Ganz schön. Aber sagen Sie: von Pollak ist keins?»

Variante:
DIE Söhne heißen «von Pollak», und der Minister fragt wohlwollend: «Und von wem sind die Töchter?»

FRAU Pollak von Parnegg hat Gesellschaft. Man reicht eine wunderschöne Schüssel herum, die ihr Tischnachbar sehr bewundert. Darauf Frau Pollak, sehr geschmeichelt: «Herr Graf, es ist auch *meine* Leibschüssel.»

FRAU Pollak: «Nein, Herr Baron, was einem doch die Kinder – sie sollen leben bis hundert Jahr! – für Freude machen! Ich sag Ihnen: Mein Haus ist schon das reinste Freudenhaus!»

MAN sucht überall nach Herrn Pollak von Parnegg, ruft im Büro, im Klub, bei Freunden an – er ist nirgends zu finden. Frau Pollak geht ins Schlafzimmer – da liegt er tot unter dem Bett. Sie läutet dem Stubenmädchen und sagt streng: «Sehen Sie, *so* räumen Sie auf!»

FRAU Pollak zeigt den Gästen ihr neuerbautes Palais.
«Dies hier», erklärt sie, «ist *meine* Zimmerflucht. Und hier» – und dabei öffnet sie die Türe zum ehelichen Schlafgemach – «hier beginnt die Flucht meines Gatten.»

«GNÄDIGE Frau, unten ist ein Herr, der auf den Perser reflektiert!»
Frau von Pollak, die den Teppich annonciert hat, im Augenblick aber nicht daran denkt: «Geschichten! Nehmen Sie einen Putzlumpen und wischen Sie es auf!»

FRAU Pollak geht mit einem prächtigen Rassehund spazieren. Ein Bekannter bewundert: «Was für ein herrlicher Hund! Er hat doch einen Stammbaum?»
Frau Pollak: «Nicht daß ich wüßte! Soviel ich merke, pißt er unter einem jeden Baum.»

EINES Tages ruft Frau Pollak von Parnegg ihren alten, schwerhörigen Buchhändler an: «Ich möchte die ‹Fackel› abonnieren.» *(Bekannte literarische Zeitschrift in Wien.)*
Der Buchhändler: «Ich höre schlecht. Wollen Frau Baronin bitte buchstabieren!»
Frau Pollak: «Also passen Sie auf! F – wie Ferd. A – Ampire. C – wie zem Beispiel. K – wie Krist. E – wie ebberhaupt. L – wie Lektrische.»

IN der Konversation fällt das Wort «a priori».
Frau Pollak: «Was heißt: a priori?»
Eine andere Dame: «Von vornherein.»
Frau Pollak: «Ah, ich versteh! Jetzt weiß ich endlich auch, was das heißt: a propos!»

GESELLSCHAFT bei Frau Pollak. Beim Mokka moniert eine Freundin: «Es ist alles so elegant bei dir. Aber gerade deshalb stört es um so mehr, daß du keine Zuckerzange hast. So mancher Herr geht zuerst aufs Klosett, und dann nimmt er den Zucker mit den Fingern! Das ist unmöglich!»
Bei der nächsten Abendgesellschaft fehlt die Zuckerzange noch immer. Die Freundin zur Hausfrau: «Meine Liebe, es ist immer noch keine Zuckerzange da?»
Frau Pollak: «Aber natürlich ist sie da! *Draußen* hängt sie!»

FRAU Pollak besucht mit ihrem Mann eine Bildergalerie:
«Du, Moritzleben, was stellt dieses Bild dar?»
«Stilleben.»
«Warum? Ma wird doch noch fragen dürfen!» *(Sie mißversteht die Antwort als: «Still, [mein] Leben!»)*

DIE beiden stehen vor einem zweiten Bild, das ein ruhendes Mädchen zeigt: «Moritzleben, was stellt dieses Bild dar?»
«Siesta!»
«Was heißt: sie eßt da! *(= siesta)* Sie schloft da!»

FRAU Pollak in Italien. Das Türschloß eines gewissen diskreten Raumes ist defekt, und sie kann nicht hinaus.
«O dio mio», schreit sie, «io sono eingerigoletto!»

FRAU Pollak im Pariser Restaurant. Der Kellner stellt ein Glas Wasser vor sie hin.
Frau Pollak: «Was ist das?»
Kellner: «Un verre d'eau.»
Frau Pollak kostet vorsichtig und meint dann zu ihrem Gatten: «Wenn ich nicht wüßte, daß das ein ‹verre d'eau› ist – ich würde wetten: es ist ein Glas Wasser!»

FRAU von Pollak ist mit ihrer Tochter nach Paris gereist. Die Tochter hat die Fahrt nicht gut vertragen und liegt halb ohnmächtig auf dem Sofa. Frau von Pollak läutet nach dem Stubenmädchen, welches mitleidig ausruft: «Toute malade!» *(Ganz krank! Böhmisch-deutsch: Tut ma lad = tut mir leid.)*
Frau von Pollak: «Daß Sie eine Böhmin sind, ist ja schön, daß meine Tochter Ihnen leid tut, auch. Aber sagen Sie mir lieber: Was heißt Oh dö Kolonje auf französisch?»

Das deutsche «u» ist im Jiddischen zu «ü» oder «i» abgewandelt.
FRAU Pollak im feinen Restaurant: «Garçon, bringen Sie mir die Men*u*karte!» *(Das «u» phonetisch genau ausgesprochen.)*
Die Tochter: «Man sagt nicht Men*u*, sondern Men*ü*!»
Frau Pollak: «Wegen dir werd' ach *(ich)* jüdeln!»

POLLAKS geben eine Einladung. Ein Gast wendet sich höflich an die Gastgeberin: «Kennen Sie Ibsen?»
Frau Pollak: «Wie macht man das?»

FRAU von Pollak: «Unsere Älteste heiratet den jungen von Salomon. Wir haben ihr eine Wohnung eingerichtet – das glauben Sie nicht! In einem totschickeren *(schiker = betrunken)* Haus mit lauter Marmor und Fahrstuhl mit echtem Liftgoj. Überall echte Perverser, auf dem Tisch achtarmige Kadaver, die Wände makkaronigetäfert, die Tischtücher reines Damaszenerlinnen, das Schlafzimmer im Stil Louis Quatorze dem Fünfzehnten, das Spielzimmer im Vampyrstil, das Speisezimmer à la Gebrider-Meyer, und auf der Steppdecke haben wir die verschlungenen Genitalien des Paares einsticken lassen.»

FRAU von Pollak hat in ihrer Villa fortschrittliche Beleuchtung eingerichtet. Sie führt die Gäste herum und sagt: «Sehen Sie? Überall elektrische Girandolen *(mit G gesprochen)*.»
Der Sohn: «Mama, man spricht *Sh*irandolen!»
Frau von Pollak: «Gut. Shirandolen. – Nur in der Toilette haben wir *Shas*licht.»

FRAU Pollak will mit ihrem Hund in die Oper hinein.
Der Portier: «Hunde dürfen nicht hinein.»
Frau von Pollak: «Aber da steht doch ausdrücklich Hindemith!» *(Jiddisch Hunde = Hint oder Hind)*

FRAU von Pollak: «Meiner Tochter geht es gut. Sie hat geheiratet einen Mann, was hat an der Kärntnerstraße ein riesiges Herreninfektionsgeschäft.»

FRAU von Pollak: «Apropos, Herr Professor, Sie sind doch Geograph? Bitte, sagen Sie mir, wie ich meine Reiseroute in Italien legen muß, daß ich über Flagranti komme. In Flagranti scheint immer so viel los zu sein, da muß ich unbedingt hin!»

FRAU von Pollak betrachtet einen Abguß von Danneckers berühmter «Ariadne auf Naxos», die auf einem Leoparden reitend dargestellt ist, und meint: «Die Ariadne gefällt mer gut, aber 's Naxos gefällt mer net.»

FRAU von Pollak: «Ich wußte gar nicht, daß Friedrich der Große ermordet wurde!»
«Aber gnädige Frau! Wie kommen Sie darauf?»
«Da! Lesen Sie selber! Hier steht: Friedrich der Große nach einem Stich von Adolf Menzel.»

«FRAU von Pollak, wie hat Ihnen gestern das Konzert gefallen?»
«Prächtig. Aber leider haben wir uns sehr verspätet. Als wir hereinkamen, spielte man bereits die 9. Simfonie.»

IN Wien hieß eine koschere Würstelei «Piowati», und eine koschere Konditorei gehörte einem Herrn «Tonello».
Kommerzienrat Braun fragt Herrn Pollak: «Sagen Sie mal, Ihre Gattin erzählt überall, Sie seien eifersüchtig wie Piowati. Was bedeutet das?»
Herr Pollak, nach kurzem Nachdenken: «Meine Frau meint wohl ‹eifersüchtig wie Othello›, und um sich ‹Othello› zu merken, denkt sie an ‹Tonello›, und Tonello verwechselt sie mit Piowati.»

MAN unterhält sich über den österreichischen Schriftsteller Lernet-Holenia. Frau Pollak: «Wie lernt man denn Holenia?»

Franz. «venu» = gekommen, «parvenu» = aufgekommen.
HERR und Frau Pollak kommen nach Paris, steigen in einem noblen Hotel ab und tragen sich ins Gästebuch ein: «Le Baron et la Baronne Pollak de Parnegg, parvenus de Vienne.»

FRAU von Pollak wird hinterbracht, die Leute lachten über sie, weil sie behauptet habe, der «Drescher» *(eine volkstümliche Wiener Musikkapelle)* sei ihr viel lieber als die Sixtinische Kapelle.
Frau von Pollak, beleidigt: «Da sehen Sie selber, was die Leute für dummes Zeug reden! Ich kann doch das schon darum nicht gesagt haben, weil ich die Sixtinische Kapelle noch nie gehört hab. Aber so sind die Leut – jeden Tag amputieren sie mir einen neuen Witz!»

FRAU von Pollak sitzt im Bahncoupé einem alten vornehmen Engländer gegenüber. Sie will zeigen, wie schön sie Englisch kann, und beginnt eine Unterhaltung: «Have you a father?»
«No madame.»
«Have you a mother?»
«No madame.»
«Oh», sagt Frau von Pollak anerkennend, «a selfmademan!»

FRAU Pollak zeigt den Gästen ihre Villa. Eines der Zimmer ist völlig ausgeräumt. In der Mitte steht einzig ein riesiger eiserner Käfig. Die Gäste wundern sich.
Frau Pollak: «Ja, wissen Sie, mein Mann ist auf einer Spanienreise und will einen echten Murillo von dort mitbringen.»

FRAU Pollak führt Frau Schlesinger stolz durch ihre Wohnung. Plötzlich huscht ein Tier an ihnen vorüber.

«Aj waj, haben Sie Ratten?»
«Aber nein, das ist unser Haustier, ein Iltis.»
«Und der Gestank?»
«An den wird er sich schon gewöhnen.»

GROSSES Abendessen bei Frau Pollak. Es gibt Wiener Schnitzel – sie sind ausgezeichnet. Schließlich bleibt ein einziges Schnitzel auf der Platte. Niemand wagt es zu nehmen. Plötzlich geht das Licht aus – und man hört einen durchdringenden Schrei.
Aber gleich wird es wieder hell – und was sieht man? Frau Pollak hat ihre Hand auf dem Schnitzel, und alle Gabeln stecken in der Hand.

FRAU Pollak sitzt im Café. Ein Bekannter kommt herein und sagt zu ihr: «Schwil *(= schwül)* ist draußen!»
Frau Pollak: «Sag ihm, er soll hereinkommen!»

FRAU Pollak, stolz: «Meine Tochter und mein Schwiegersohn haben uns eine Postkarte aus Venedig geschickt. Sie schwimmen dort in den Latrinen *(Lagunen)* umher.»

FRAU Pollak erzählt stolz: «Unser Schwiegersohn will seine Hochzeitsreise nach Ägypten machen. Er hat vor, bis zum zweiten Darmkatarrh *(Katarakt)* hinzufahren.»

FRAU Pollak: «Mein Sohn ist ein leidenschaftlicher Jäger. Jetzt ist er in Südamerika. Dort sitzt er am Anstandsort und schießt Irrigatoren.»

FRAU Pollak: «Mein Sohn ist Chemiker. Den ganzen Tag sitzt er im Labor und macht nix wie Exkremente.»

FRAU Pollak sitzt mit ihrer Freundin in der Oper, natürlich ganz vorn im Parkett. In der Pause sagt sie zu ihrer Nachbarin: «Haben Sie gesehen, daß meine Tochter auch da ist? Dort oben sitzt sie in der Prostitutionsloge, und ein bordellrotes Kleid hat sie an.»

FRAU Pollak schwärmt von dem Ring, den ihr der Gatte zum Geburtstag geschenkt hat:
«Also, Frau Blau, ich sage Ihnen, ein wunderbarer Ring: in der Mitte ein riesiger Rabbiner *(Rubin)* und ringsum ein Dutzend kleine Atheisten *(Amethysten)*.»

FRAU Blum: «Wissen Sie, wen ich gestern an der Kaiserallee habe in die Zwölfertram steigen sehen? Rembrandt!»
Frau Pollak: «Das ist reiner Blödsinn!»
Frau Blum, beleidigt: «Wieso ist das Blödsinn?»
Frau Pollak triumphierend: «Weil die Zwölfer gar nicht über die Kaiserallee fährt.»

MUSIKABEND bei Pollaks. Der Geigenvirtuose fragt, ob er dem verehrten Publikum die a-Moll- oder c-Moll-Beethovensonate zu Gehör bringen solle. Darauf entscheidet Frau Pollak:
«Erst spielen Sie a mol, und wenn es den Gästen gefällt, dann können Sie es meinetwegen auch zeh mol spielen.»

FÜR ihre nächste Soirée möchte Frau Pollak etwas Besonderes haben. Eine Freundin rät ihr zum Roséquartett. Nach der Soirée fragt sie, wie der Erfolg war. Darauf Frau Pollak:
«Komischer Mensch, der Roséquartett, ich habe ihn engagiert – und er hat sich gleich noch drei andere mitgebracht.»

Varianten:
1. FRAU Pollak: «Es kränkt mich, daß wir heute keine Musik haben werden. Ich hab' das teuerste Salonquartett bestellt – und was passiert? Es kommen nur vier Mann! Ich hab' sie rausgeschmissen.»

2. «WIE gefällt Ihnen das Quartett, Frau Pollak?»
«Ganz gut, nur etwas schwach besetzt!»

IN Köln geht Frau Pollak mit ihrer Tochter Regina auf den Jülichplatz, um sich ein echtes Kölnischwasser zu kaufen. Im Geschäft der Firma Carl Maria Farina verlangt sie:
«Bitte geben Sie mir e große Flasche Kelnerwasser.»
Der Verkäufer fragt: «Farina, gnädige Frau?»
«Nu – wann Se's unbedingt wissen wollen: far mei Tochter!» entgegnet Frau Pollak ärgerlich.

FÜHRUNG durch die Gemäldesammlung im Louvre. Von der «Mona Lisa» will und will der Führer sich nicht wegrühren. Dann endlich sagt er:
«Mettons-nous *en marche!*»
«Gut», sagt Frau Pollak erleichtert, «setz mer uns e bissel.»

DER Dekorateur: «Gnädige Frau, was für *Stil* wünschen Sie für das Wohnzimmer?»
Frau Pollak: «Polster*stühl* natürlich.»

FRAU Pollak, stolz, während sie Gäste durch ihre neuerworbene Ahnengalerie führt: «Voilà mes ânes!» (ânes = *französisch: Esel.*)

HERR Pollak ist herzkrank und weilt zur Kur in Bad Nauheim. Da stirbt eine seiner Nichten. Die Familie meint, man müßte ihn sehr schonend benachrichtigen. Diese heikle Aufgabe übernimmt selbstverständlich die zärtliche Gattin und telegraphiert: «Susi leicht erkrankt. Begräbnis Donnerstag.»

FRAU Pollak will einen Ball geben. Ihr Sohn Leo, ein glänzender Tänzer und Ballarrangeur, ohne den kein Ball richtig gelingt, studiert in Brünn an der Technischen Hochschule. Die Mutter bittet ihn telegraphisch, zu kommen. Er telegraphiert zurück: «Es geht nicht. Ich liege mit Angina im Bett.»
Prompte telegraphische Antwort der Mutter: «Gib ihr sofort zwanzig Kronen, schmeiß sie hinaus und komm!»

EMPFANG bei Frau Pollak, die sehr liebenswürdig die Gäste drängt, sich doch bedienen zu wollen.
Eine Freundin wehrt sanft ab: «Aber vielen Dank, ich habe doch schon zwei dieser vorzüglichen Kuchen genossen!»
Darauf Frau Pollak mit dem süßesten Lächeln: «Sie haben zwar schon sechs gegessen, aber es schadet nichts, bitte nehmen Sie doch, meine Liebste!»

HERR von Prochaska sitzt beim Diner neben Frau von Pollak und erzählt ihr: «Mein Name ist tschechisch, Frau Baronin, und heißt auf deutsch ‹Spaziergang›.»
Als die Gesellschaft den Tisch verläßt, um sich in den nächtlichen Park hinauszubegeben, faßt Frau von Pollak ihren Nachbarn kokett unter den Arm und sagt schelmisch: «Kommen Sie, Herr Kommerzienrat, machen wir zusammen einen kleinen Prochaska!»

BEI einem Diner im Hotel Panhans am Semmering kommt Frau Pollak neben den Statthalter von Niederösterreich, Baron Bleyleben, zu sitzen. Im Gespräch apostrophiert sie ihn dauernd mit «Herr von Bley». End-

lich wird die Sache dem Statthalter zu bunt, und er korrigiert: «Gnädigste, ich heiße aber von Bleyleben!»
Frau Pollak hebt ihr Lorgnon erstaunt zur Nase und fragt kokett: «Ja, sagen Sie, Herr Baron: sind wir denn schon so intim?» *(Bei intim-liebevoller Ansprache hängt man im Jiddischen dem Namen des Angeredeten das Wort «Leben» an. Cf. Glossar.)*

PREMIÈRE des «Parzifal» in der Wiener Hofoper. Pollaks sind natürlich dabei. Nach der Oper gehen sie mit Freunden ins Opernrestaurant soupieren. Herr Pollak bestellt die auserlesensten Leckerbissen. Frau Pollak heftet auf ihren Gatten einen liebkosenden Blick und haucht zärtlich: «Bist du aber ein Gurnemanz!» *(Verwechslung mit Gourmand.)*

FRAU von Pollak zu einer reichen Freundin: «Wie geht es Ihrem jüngsten Sohn?»
«Er ist Herrenreiter geworden.»
«Ach, machen Sie sich nichts draus! Die jungen Leute sind heute alle a bissel anormal!»

FRAU Pollack: «Jacques, daß du mir nicht noch einmal den Baron X einlädst! Der war das letztemal so impotent zu mir, daß ich mich noch nicht davon erholen kann!»

Variante:
«STELLEN Sie sich vor, Frau Pollak, mein Mann ist impotent geworden!»
«Ist das mehr als Kommerzienrat?»

FREUNDIN von Frau Pollak auf dem Hausball: «Ein eleganter Mann, der Legationsrat! Er tanzt mit einer gewissen Nonchalance!»
Frau Pollak: «Was fällt Ihnen ein! Das ist doch die Siddi Braun!»

BEI von Pollaks hat Kammersänger X von der Staatsoper gesungen, war aber leider heiser.
Frau von Pollak: «Jacques, bei dem lassen wir nix mehr singen!»

HERR von Pollak in der Oper, bei Carmen: «Eine Koloratur hat diese Gutheil Schröder!»
Frau von Pollak: «Du hast es nötig! Schau lieber auf ihren Gesang als auf ihre Wadeln!»

FRAU VON Pollak hat ihr herrliches Porzellan mit «von Pollak» signieren lassen.
Ein Gast: «Was fällt Ihnen ein? Das ist doch nicht üblich!»
Frau Pollak: «Was sich Rosenthal leisten kann, darf ich auch!»

FRAU Pollak: «Ich hab' die Einladung nicht annehmen können. Ich hab' abgesagt. Ganz kurz hab' ich geschrieben: P.F. – *B*in *V*erhindert.»

FRAU von Pollak kommt zu ihrer Freundin, die gerade dabei ist, sich schön anzuziehen, und fragt: «Wo willst du hin?»
«Zu Figaros Hochzeit.»
«Bei dem schlechten Wetter? Schick doch ein Telegramm!»

FRAU Pollak erblickt in der Auslage eines Juweliers ein Brillantendiadem und geht hinein, um nach dem Preis zu fragen.
Juwelier: «Fünfzigtausend Kronen.»
Frau Pollak: «Schade! Mein Mann hat mir zwar plein pissoir gegeben, aber das geht doch über mein Bidet.»

«FRAU von Pollak, was machen Sie am Derby-day?»
«Erstens heißt es nicht *der*, sondern *das* Bidet. Und zweitens geht Sie das einen Dreck an.»

FRAU von Pollak geht in der Kärntnerstraße in ein Geschäft mit modernen Kunstgegenständen.
«Gnädigste wünschen?»
«Ich möchte Bronzen.»
«Bitte hier, gnädige Frau, die Tür links!»

FRAU von Pollak hat in Venedig einen echten Tizian gekauft – aber Mussolini verbietet den Export nationaler Kulturwerte. Da hat Frau Pollak einen glänzenden Einfall: Sie läßt das Bild mit einem Porträt Mussolinis übermalen. Zu Hause in Wien will sie die Übermalung abwaschen lassen.
«Denken Sie nur!» klagt sie nachher ihrer Freundin. «Der Trottel von Restaurateur hat den echten Tizian mit abgewaschen!»
«Welch ein schrecklicher Schaden!»
«Nu – zum Glück war der Schaden nicht allzu groß: Es ist ein Bild von unserm seligen Kaiser Franz Joseph darunter zum Vorschein gekommen!»

FRAU Pollak hat im Salon einen schönen Stich hängen. Ein kunstliebender Besucher macht sie darauf aufmerksam, daß in einer Kunsthandlung am Graben ein Pendant dazu ausgestellt ist. Am andern Tag fährt Frau Pollak zur Kunsthandlung: «E guten Tag, bitte geben Sie mir das Pendant!»
«Wozu, verehrteste Frau Baronin?» fragt der Kunsthändler.
«Nu, verzeihen Se, was geht das denn Sie an?» entgegnete indigniert Frau Pollak.

FRAU Pollak führt die Gäste vor ein neu erworbenes Bild, auf welchem ein Wasservogel einsam umherschwimmt.
«Es hat uns zehntausend Schilling gekostet», verkündet sie, «es hat den Titel ‹Entlach allein›.» *(Endlich allein.)*
«Aber Frau Pollak», wendet eine Freundin ein, «das ist doch keine Ente, das ist eine Gans!» *(Die Endsilbe -lach im Jiddischen bezeichnet den Diminutiv Plural.)*
Frau Pollak, errötend: «Verzeihung, Sie haben recht, das Bild heißt ‹Gänslach allein›.»

HERR von Pollak hatte die Gewohnheit, sich mit der einen Hand an der Wand abzustützen, wenn er des Nachts mit der andern unter dem Bett nach dem Nachttopf angelte. So entstand an der Tapete allmählich ein Fleck, der Frau von Pollak mißfiel. Sie ließ den Tapezierer kommen, führte ihn ins Schlafzimmer und sprach dabei: «So, lieber Mann, ich will Ihnen den Fleck zeigen, auf den mein Mann nachts immer hingreift.»
Der alte Tapezierer, verlegen: «San's net bes', Gnädigste, oba schauns', i bin scho a ojda Mau! Bitt schen, schenkns' ma liaba a Zigarrl!»

DER Vortragende: «... und dann plötzlich...»
Frau Pollak von Parnegg, flüsternd zu ihrer Nachbarin: «Meint er ‹pletzlech› wie ‹bereits› oder ‹Pletzlech› wie ‹süße Kichelchen›?»

ES fällt das Wort «Brot».
Frau Pollak: «Meint er ‹Brout›, was man bricht täglich, oder ‹Brout›, was man tätschelt?»

FRAU Pollak von Parnegg sieht, wie ein Gast, der Rotwein aufs Tischtuch vergossen hat, schnell Salz darüber schüttet.
Kurz darauf gibt sie selber eine Einladung. Ein Gast stößt durch eine

ungeschickte Bewegung das Salzgefäß um. Frau Pollak, indem sie den Diener heranruft: «Johann, schütten Sie auf der Stelle Rotwein darüber!»

FREUNDIN zu Frau von Pollak: «Ich habe zu Hause an der Wand lauter Kokoschkas!»
Frau von Pollak: «Pfui! Warum lassen Sie den Kammerjäger nicht kommen?»

«TRISTAN»-AUFFÜHRUNG. Alles lauscht mit angehaltenem Atem der Stelle: «O sink hernieder, Nacht der Liebe!»
Da erschallt deutlich hörbar aus Frau von Pollaks Loge: «Auf die Weis ist nebbich der arme Sami um sei ganz Vermegen gekommen!»

BEI Frau von Pollak wird angerufen. Es meldet sich «Escomptegesellschaft».
«Wieso?» wundert sich Frau Pollak, «ich habe doch niemanden eingeladen!»

FRAU von Pollak kauft Dekorationsstoffe ein. Der Verkäufer: «Und wie wäre es mit dieser schön geblümelten Baumwolle für das Schlafzimmer?»
Frau von Pollak: «Danke. Den Kretin für das Schlafzimmer habe ich bereits.»

FRAU Pollak führt ihre Gäste durch die neu eingerichteten Räume ihrer Villa. Meint einer von ihnen: «Es ist ja alles großartig. Aber wozu brauchen Sie ein Kinderzimmer, wo doch Ihre Söhne und Töchter längst erwachsen sind?»
Frau Pollak: «Weil einer unserer Freunde letzthin einem andern zugeflüstert hat: ‹Sie hat ja alles, bloß keine Kinderstube.› Also habe ich uns gekauft e Kinderzimmer.»

FRAU Pollak kommt zum Hausarzt mit zerschlagener Nase. Dieser wundert sich: «Gnädige Frau, was ist Ihnen geschehen?»
Frau Pollak: «Nu, wie ich das letztemal bei Ihnen war und mich beklagt habe über ein Wimmerl auf der Nase, haben Sie geraten zu nehmen Toilettewasser. Das habe ich getan, und dabei ist mit der Deckel auf die Nase gefallen.»

Interkonfessionelles

Nach einem alten christlichen Volksglauben benützen die Juden zur Bereitung ihrer Pessach-Brote, der Mazzen, das Blut von rituell geschächteten christlichen Kindern. Pogrome begannen oft damit, daß die Leiche eines geschlachteten Kindes zur Zeit des Pessachfestes in ein jüdisches Haus geschmuggelt wurde.

IN einem ungarischen Städtchen geht das Gerücht um, man habe ein ermordetes Kind gefunden. Die entsetzten Juden beginnen, sich zur Flucht zu rüsten. Da kommt der Schammes und schreit aufgeregt vor Freude: «Juden! Gute Nachrichten! Das ermordete Kind ist eine Jüdin!»

PFARRER zum Rabbiner: «Ich will Ihnen eine hübsche Geschichte erzählen: Ein Jude wollte in den Himmel. Petrus wies ihn ab. Der Jude versteckte sich aber hinter der Türe, und als Petrus nicht achtgab, schlüpfte er hinein... Drin war er nun, und man konnte ihn auf keine Weise loswerden. Aber Petrus hatte einen großartigen Einfall: Er ließ vor der Himmelstüre draußen die Versteigerungstrommel schlagen – da rannte der Jude schnell hinaus, und Petrus schloß hinter ihm zu.»
Der Rabbiner: «Die Geschichte ist noch nicht fertig. Durch die Anwesenheit des Juden war der Himmel entweiht und mußte neu geweiht werden. Man suchte daher im ganzen Himmel nach einem Pfarrer – es war kein einziger zu finden!»

IN der Bahn sitzen ein Priester und ein Rabbiner. Sagt der Priester: «Nachts im Traum schaute ich ins jüdische Paradies. Ringsum Schmutz und Unrat und lauter ‹Lait›.»
Der Rabbiner: «Wie sich das trifft! Auch ich schaute nachts im Traum ins Paradies, aber ins christliche. Ein herrliches Reich, voll von Blumen, Düften und Sonnenschein – aber weit und breit kein Mensch!»

DREI Studenten frotzeln den Philosophen Moses Mendelssohn:
«Guten Tag, Vater Abraham!»
«Guten Tag, Vater Isaak!»
«Guten Tag, Vater Jakob!»

«Ich bin keiner der drei», erwidert Mendelssohn, «sondern Saul, welcher auszog, seines Vaters Esel zu suchen – und siehe, ich habe sie gefunden!»

Das Rasieren ist auf Grund einer Bibelstelle verboten.
LEVY, ein reicher Berliner Jude, bat Friedrich II., er möge der Berliner Judenschaft befehlen, ihm auch ohne Bart den Zutritt zur Synagoge zu gestatten. König Friedrich schrieb an den Rand der Bittschrift: «Der Jude Levy soll mich und den Bart ungeschoren lassen!»

Freitags Roman «Soll und Haben» hat einen antisemitischen Einschlag.
CHRIST: «Ihr wollt Gleichberechtigung, und dabei ist es euch verboten, am Sabbat zu schreiben, wie ich in Freitags ‹Soll und Haben› gelesen habe?»
Der Jude: «Jawohl. Aber besser wäre gewesen, es wäre Freitag verboten gewesen, zu schreiben.»

BEIM einstigen französischen Kolonialgericht in Berlin mußten alle Verhandlungen französisch niedergeschrieben werden, auch wenn eine Partei die Sprache nicht kannte. Ein Jude sollte ein französisches Protokoll unterschreiben, trotz seiner Weigerung. Schließlich ergreift er die Feder und schreibt einen ganzen Sermon in hebräischen Lettern darunter.
Der Richter: «Sie sollten doch nur Ihren Namen darunterschreiben! Das hier kann ja keiner lesen!»
Darauf der Jude: «Es ist chaldäisch. Wenn es egal ist, daß ich unterschreibe, was ich nicht verstehe, ist es auch egal, wenn ich etwas schreibe, was der Richter nicht versteht.»

«RABBI», fragt der Jeschiwe-Bocher, «eines kann ich nicht verstehen: als die Söhne Jakobs die Ehre ihrer geschändeten Schwester Dina an den Einwohnern von Sichem rächen wollten, veranlaßten sie vorher die Sichemiten, Juden zu werden und sich folglich beschneiden zu lassen. Dann überfielen sie die Sichemiten, als diese noch vom Wundfieber geschwächt waren...
Wozu taten sie das, Rabbi? Die Söhne Jakobs waren doch Helden und wären sicher auch so mit den Sichemiten fertig geworden.»
«Chammer, was verstehst du nicht? Wenn sie die Sichemiten überfallen hätten, solange diese Heiden waren, wären alle Einwohner des Landes den Bedrohten zu Hilfe gekommen. Durch die Beschneidung waren die

Sichemiten aber Juden geworden, und wenn man Juden mordet, kräht kein Hahn danach.»

UNTER den vielen Titeln, die der Kaiser von Österreich führte, war auch der eines «Königs von Jerusalem». Einmal kam Kaiser Franz Joseph anläßlich einer Inspektionsreise in das fast rein jüdische Städtchen Brody an der galizisch-russischen Grenze. Auf dem Marktplatz empfing ihn die gesamte Judenschaft von Brody.
Da sagte Franz Joseph zu seinem Adjudanten: «Jetzt weiß ich, daß ich den Titel ‹König von Jerusalem› zu Recht führe.»

DER ungarische Historiker und Domherr Wilhelm Fraknoi, Titularbischof von Arbe, war getaufter Jude. Vorher hatte er Frankl geheißen.
Von ihm erzählte man sich, daß er einmal auf einer Reise zusammen mit dem alten Grafen Apponyi im Gasthof einer ungarischen Provinzstadt abstieg und, der Landessitte gemäß, vom Wirt gefragt wurde, ob die Herren ‹Damenbedienung› wünschten.
«Nein, nein», sagte Fraknoi. «Wissen S', der kann nicht, und ich darf nicht.»

IN einer Garnisonsstadt wird ein neues Bordell ausgerechnet einem Nonnenkloster gegenüber eingeweiht. Die Nonnen sind sehr neugierig und passen genau auf, wer dort aus- und eingeht. Eines Tages sehen sie einen protestantischen Geistlichen hineingehen.
«Was kann man von einem Ketzer schon erwarten? Ein Schwein!» kommentieren sie empört.
Am andern Tag schleicht sich der Feldrabbiner hinein.
«Sie haben Jesus gekreuzigt», sagt eine Nonne streng, «das sind alles Dreckskerle, auch ihr geistliches Oberhaupt!»
Am dritten Tag schiebt sich ein katholischer Geistlicher drüben verstohlen in den Eingang. «Es muß eines der Mädchen dort im Sterben liegen», sagt eine der Nonnen fromm.

DER kleine Moritz ist zehn Jahre alt. Die Mame ist fortschrittlich und will vor der Wahl der passenden Schule den Jungen auf seine Berufsbefähigungen testen lassen.
Der Schulpsychologe: «Der Fall liegt einfach, da er typisch ist. Wir werden dem Jungen einen Tisch mit drei Gegenständen darauf zeigen: ein volles Weinglas, eine Geldbörse, eine Thora *(Pentateuch)*. Einen darf sich der Junge auswählen. Und je nach seiner Wahl werden wir seine

Neigung zum Bonviveur, zum Kaufmann oder Bankier oder auch zum Rabbiner erkennen.»

Der große Tag kommt. Mame und Tate sind gespannt, der Psychologe auch. Man erklärt Moritzl, daß er sich einen der drei Gegenstände aussuchen darf. Moritzl hört sich das schweigend an. Dann greift er wortlos nach dem Glas und trinkt es aus, hernach steckt er mit raschem, sicherem Griff die Geldbörse ein, ergreift die Thora und will sich aus dem Staub machen. Da schreit die Mame entsetzt: «Gott der Gerechte! Er wird katholischer Priester!»

SCHLOJME Levi sitzt im Zug Krakau–Tarnow und ißt marinierte Heringe. Die Köpfe legt er beiseite. Ihm gegenüber sitzt ein Pole. Sie kommen ins Gespräch, und der Pole will wissen: «Wie kommt es, daß ihr Juden so gescheit seid?»

«Das kommt vom Heringessen», erklärt Levi. «Besonders klug wird man vom Essen der Köpfe.»

Der Pole denkt nach. Dann bittet er: «Verkauf mir doch etwas von deinen Heringköpfen!»

Levi, gnädig: «Gut, aber sie kosten das Stück einen Zloty.»

Der Pole zahlt für fünf Köpfe fünf Zloty, würgt sie herunter, sitzt lange mißmutig da und meint schließlich: «Eine Gemeinheit von dir! Für fünf Zloty hätte ich doch an der nächsten Station fünf ganze Heringe kaufen können!»

«Ganz richtig!» bestätigt Schlojme, «du siehst: die Köpfe beginnen bereits bei dir zu wirken!»

DAS war noch zur Zeit, da Juden sich der katholischen Geistlichkeit zu Religionsdisputen stellen mußten. Der Bischof von Mainz verlangt, die Frankfurter Juden sollen einen zur Disputation senden. Alle haben Angst außer Moritzl. Er geht nach Mainz. Der Bischof zeigt ihm die geschlossene Faust mit ausgestrecktem Daumen; Moritzl zeigt die geschlossene Faust mit zwei ausgestreckten Fingern. – Der Bischof zeigt die flache Hand, Moritzl die geballte Faust. – Der Bischof streut aus einem Goldbecher Erbsen auf den Boden; Moritzl sammelt die Erbsen in den Becher hinein und nimmt ihn unter den Mantel.

Der Bischof entläßt Moritzl huldvoll und erklärt dem Kollegium: «Es muß wohl wahr sein, daß die Juden auserwählt sind, wenn schon ihre Kinder so weise sind! Ich habe ihm gezeigt: Ihr glaubt an einen Gott! Er hat mir gezeigt: Ihr glaubt an zwei, an Vater und Sohn. – Ich hab' ihm gezeigt: Ihr seid schutzlos auf Erden! Er hat mir gezeigt: Zusam-

mengeschlossen sind wir mächtig! – Ich hab' ihm gezeigt: Der Herr hat euch über die ganze Erde verstreut! Er hat mir gezeigt: Aber er wird uns einsammeln unter den Mantel seiner Gnade...»
Wie Moritzl heimkommt, fragt alles: «Wie war's?»
«Ganz einfach», sagt Moritzl, «er hat mir geboten eins; ich hab' ihm geboten zwei. – Er hat mir gezeigt: Ich geb' dir a Patsch!; ich hab' ihm gezeigt: Ich schlag' dir ein die Zähn'! – Dann hat er Erbsen aus dem Goldpokal ausgeschüttet. Die hab' ich eingesammelt und den Pokal unter den Mantel genommen. Draußen hab' ich die Erbsen weggeschüttet – und hier ist der Goldpokal!»

KATHOLIK, stolz zum Juden: «Unsere Priester wissen mehr als Euere Rabbis!»
Jude: «Sicher! Ihr erzählt ihnen ja alles in der Beichte!»

ZARISTISCHES Rußland. Der Dorfrabbiner hat einen mißratenen Sohn, für den sich eine Braut aus ordentlichem Hause nicht beschaffen läßt.
Schadchen: «Ich wüßte für ihn trotzdem eine großartige Partie. Das Mädchen ist schwerreich, schön und aus berühmter Familie.»
Der Rabbi, mißtrauisch: «Wer sollte das sein?»
«Prinzessin Olga, die Zarentochter.»
Der Rabbi ist entsetzt: «Bist du meschugge?! Eine Schikse *(verächtlicher Ausdruck für Christenmädel)*?!»
Der Schadchen beschwichtigt: «Rabbi, man muß die Sache von allen Seiten her betrachten. Das Mädchen kann zum Judentum konvertieren. Und bedenkt, wieviel Gutes Ihr mit dem Geld des Zaren für unser Volk tun könntet. Es gäbe auch keine Judenpogrome und Judengesetze mehr!»
Der Rabbi: «Ich will im Talmud nachschlagen, ob das geht.» Er zieht sich für eine Stunde zurück und erklärt freudig: «Es geht! Laß uns nun ein Gläschen Schnaps leeren und die Verlobungsurkunde aufsetzen.»
Der Schadchen: «Nicht jetzt! Ich muß zuerst nach Petersburg fahren.»
Rabbi, verwundert: «Wozu auf einmal?»
Schadchen: «Rebbe, einstweilen habe ich ja erst die halbe Schlacht gewonnen. Jetzt muß ich noch den Tate von Olga Nikolajewna fragen, ob er mit der Partie auch einverstanden ist.»

ITZIG liegt sterbend im Epidemiespital. Man fragt ihn, ob er geistlichen Zuspruch wünsche.
«Ja, a Bischof mecht ech ham!»

«Aber Sie sind doch Jude!»
«Soll vielleicht kommen mei guter alter Rebbe ins Epidemiespital?!»

IN einem galizischen Dorf hat sich der Sohn des jüdischen Schankwirts in ein Christenmädel verliebt und sich taufen lassen, um sie heiraten zu können. Der Schenker absolvierte das siebentägige Trauersitzen, wie nach einem Toten, dann sagte er zu seinem Weib: «Er ist ja doch unser Einziger. Wem sollen wir denn unser Hab und Gut verschreiben?!»
Kurz: man nahm den getauften Sohn und die christliche Schwiegertochter zu sich ins Haus.
Sonntag weckt die Mutter Itzik: «Ignazi! Steh auf!»
«Was ist?»
«Es läutet im Kloster...»
«Und deshalb weckst du mich?»
«Warst kein frommer Jude, sei wenigstens ein frommer Christ!»

VOR langen Zeiten, als ein Kalender noch eine rare Sache war, pflegten sich Dorfjuden nach verschiedenen Anzeichen zu orientieren, um zwischen Feiertagen und gewöhnlichen Wochentagen unterscheiden zu können. So hatte Mojsche, der Rendar, ein absolut sicheres Zeichen: wenn sein Kutscher Hawrila kein Fleisch aß, dann war es Freitag, und man mußte sich auf das Sabbatmahl vorbereiten. Da geschah es einmal, daß der Rendar mit Milchwaren ins Städtchen gefahren kommt. Er sieht: die Juden tragen ihre Sabbatmützen und seidenen Kapoten. Nach einer Weile umringt man seinen Wagen und schreit:
«Ach, du grober Kerl, du ungebildeter Flegel! Wie, schämst du dich nicht, den Sabbat in aller Öffentlichkeit zu entweihen?»
«Juden!» wundert sich Mojsche. «Ist denn heute Schabbes?»
«Sicherlich!»
«Oh!» macht der Rendar mit einem bitteren Lächeln. «Oh, hat sich mein Hawrila getäuscht! Hört nur, ihr Juden! Mein Kutscher Hawrila hat heut in der Früh zwei Gläschen Schnaps ausgetrunken und eine Fleischpastete dazu gegessen...»

Noch im Altertum wurde in einer Zeit schlimmster Judenverfolgungen in die Sabbatgebete eine Stelle eingefügt, Gott möge die Nichtjuden (es waren damals die Heiden) von der Welt verschwinden lassen. Bei ihrer starken Traditionsbindung haben die Juden die Stelle seither nicht wieder aus dem Text entfernt.
UNGARN vor dem Ersten Weltkrieg. Der Bezirkshauptmann, der die höhere Kreisbehörde vertritt, hat davon erfahren. Er läßt den Rabbiner

zu sich kommen und verlangt, daß die Verwünschung inskünftig nicht mehr vorgetragen werden darf.
Der Rabbi, wehmütig: «Die Stelle mißfällt mir auch. Aber Sie können uns das Gebet ruhig erlauben: Wir beten es schon über tausend Jahre, und es hat bis heute nichts genützt.»

MILITÄRISCHE Religionsunterschiede.
Was ist der Unterschied zwischen einer Nonne und einem Rabbiner?
Die Nonne is Ka-rabiner, und der Rabbiner is Ka-none.

POLNISCHER Gutsherr: «Leihen Sie mir zehntausend Rubel!»
Bankier Goldberg: «Auf welche Garantie?»
Der Gutsherr, stolz: «Das Ehrenwort eines Ehrenmannes.»
Goldberg: «Einverstanden. Bringen Sie ihn her!»

Variante:
POMERANZ kommt zum Grafen. Er will ihm die Ernte abkaufen. Sie werden einig über den Preis.
«Die Häfte der Summe», erklärte Pomeranz, «zahle ich sofort in bar; die zweite Hälfte gegen Ehrenwort in drei Tagen.»
Der Graf: «Ich soll dem Ehrenwort eines Juden vertrauen!?»
Pomeranz: «Aber Herr Graf, doch nicht meinem! Vor einem Jahr hat Ihr Herr Bruder bei mir 3000 Rubel gegen Ehrenwort für drei Tage entliehen – das habe ich noch heut und offeriere es Ihnen!»

DER Getreidemakler Jonas kommt auf den Gutshof des Grafen und sieht einen großen Hund, der vor dem Eingang liegt und sich nicht vom Platze rührt. Jonas bleibt stehen, denkt eine Weile nach, dann dreht er sich um und geht in der Richtung zur Chaussee davon.
«Warum lauft Ihr weg?» fragt ihn der Verwalter. «Unser Hund tut doch keinem etwas...»
«Ich will Euch das erklären», sagt Jonas. «Wenn der Hund mich nicht anbellt, so ist das ein Zeichen, daß er an jüdische Bärte und Schläfenlocken, das heißt also: an andere Makler, schon gewöhnt ist. Und wenn es so ist, dann sagt selber: Was für Geschäfte kann ich da mit Eurem Grafen noch machen?...»

EIN bekannter jüdischer Bankier in Wien pflegte der österreichischen Regierung größere Beträge zu leihen. Nun hatte er aber einen Sohn, welcher genau das Gegenteil vom Vater, dem Millionär, war. Er gehör-

te schon in der Schule zur unzufriedenen Jugend und wurde später Anarchist. Schließlich sperrte man ihn ins Gefängnis.
Als der Finanzminister sich wieder einmal an den jüdischen Bankier um eine Anleihe wandte, antwortete ihm dieser:
«Euer Exzellenz! Ihr habt bei mir den ganzen Kredit verspielt. Ich werde Euch nicht einen zerbrochenen Heller borgen...»
«Warum?»
«Nun, sagt schon selber! Kann ich denn mein Geld einer Regierung anvertrauen, welche Angst hat vor meinem Monjek?!»

KOHN kommt in das leere Bahncoupé, und da es heiß ist, zieht er Rock und Schuhe aus und legt die Füße auf die Bank gegenüber.
Ein eleganter Herr steigt zu. Auf der Stelle zieht sich Kohn wieder an und senkt die Füße artig auf den Fußboden herab.
Der vornehme Herr blättert in seinem Terminkalender, blickt auf und fragt: «Wissen Sie zufällig, auf welches Datum in diesem Jahr Jom Kippur fällt?»
«Esoi!» ruft Kohn erleichtert aus, und bevor er antwortet, zieht er sich wieder aus und hebt die Füße wieder auf die Bank gegenüber.

Am Rosch-haschana, dem jüdischen Neujahrstag, und am Jom Kippur, dem strengsten jüdischen Fasttag, wird nach uraltem Brauch der Schofar, das Widderhorn, in der Synagoge geblasen.
IN einer kleinen ungarischen Stadt hatte der Vorbeter seit fünfundzwanzig Jahren zugleich das ehrenvolle Amt des Schofarbläsers innegehabt. Nun war er alt und schwach geworden, und da es gar nicht so leicht ist, dem Schofar kräftige Töne zu entlocken, engagierte die Gemeinde einen jungen Schofarbläser. Das tat dem alten Vorbeter so weh, daß er zum Stuhlrichter ging und die Gemeinde verklagte. Der Richter – ein Goj – ließ den Gemeindepräsidenten kommen und warf ihm vor: «Herr Schwarz, wie konnten Sie den armen alten Rößler so kränken? Sie müssen ihm Genugtuung geben!»
Der Gemeindevorstand trat zusammen, und man beschloß einen Kompromiß: Rosch-haschana sollte der kräftige junge Mann blasen, bei Jom-Kippur-Ausgang dagegen der alte Rößler.
Da lief der alte Rößler wieder zum Richter: «Euer Wohlgeboren! Am Jom Kippur wird doch nur ein einziges Mal geblasen!»
«Sind Sie aber dumm!» sagte der Richter. «Wenn Sie den Schofar wieder in Händen haben, dann blasen Sie doch einfach drauflos, soviel Sie wollen!»

EIN schöner Sommermorgen. Ein Jude spaziert im Park, ein Hündchen läuft ihm nach. Da kommt ein Polizist und sagt streng: «Nehmt den Hund an die Leine! Sonst zahlt Ihr Strafe!»
Der Jude geht wortlos weiter.
Der Polizist wird böse: «Wenn Ihr nicht sofort den Hund an den Riemen nehmt, zahlt Ihr eine Geldbuße!»
Der Jude geht weiter.
Da zieht der Polizist sein Notizbuch hervor, schreibt etwas hinein und reicht das Blatt dem Juden: «Drei Zloty!»
Der Jude bleibt stehen: «Warum soll ich zahlen? Das ist doch nicht mein Hund!»
«So? Und warum läuft er Euch nach?»
«Ihr lauft mir ja auch nach und seid nicht mein Hund!»

IN Ungarn erzählt man sich:
Trifft man *einen* Ungarn, so ist er immer ein Adliger.
Trifft man *zwei* Ungarn, so ergeben sich drei politische Meinungen.
Drei Ungarn zu treffen ist jedoch unmöglich: einer von ihnen ist bestimmt ein Jude.

EIN riesiger alter Lindenbaum hält Licht und Sonne vom Arbeitszimmer des Grafen ab. Doch die Pietät verbietet es, den Baum fällen zu lassen, weil ihn der Urgroßvater des Grafen selber eingepflanzt hat. Ölfarb, Faktotum des Grafen, weiß Rat:
«Wenn Herr Graf aus dem Holz des Baumes einen Christus schnitzen und an der gleichen Stelle aufrichten lassen, ist es keine Sünde mehr.»
Der Rat wird befolgt. Die betende Menge wohnt barhäuptig der Einweihung des Kruzifixes bei. Auch Ölfarb steht da, den Hut auf dem Kopfe. Er winkt jovial dem Kruzifixus zu.
«Sind Sie des Teufels, Mann?» schreit der Graf.
«Wieso?» fragt Ölfarb verwundert. «Hab' ich doch jenen noch gekannt, wie er war e Lindenbaum.»

KLEIN Moritz spielt mit dem Pastorentöchterchen Klein Erna im Schmutz. Kommt Moritzls Mutter vorbei und sagt: «Du siehst aus wie ein Schwein! Komm hinauf unter die Dusche!»
Klein Erna marschiert mit, und da sie ebenfalls sehr schmutzig ist, wird sie gleich auch ausgezogen und unter die Dusche gestellt.
Moritzl schaut und sagt verwundert: «Daß zwischen Christen und Juden so viel Unterschied ist, hätte ich nicht gedacht!»

DER Rabbiner und der katholische Geistliche des Ortes hatten sich miteinander angefreundet. Einmal lud der Rabbiner den Geistlichen, einen sehr guten Weinkenner, zu einem Glas Wein ein und versicherte: «Sie werden sehen, der Wein ist nicht getauft!»
Der Geistliche kostete und bestätigte: «Getauft ist er nicht, aber verschnitten!» *(Anspielung auf die Beschneidung.)*

PFERDEMARKT in einem galizischen Städtchen. Ein ukrainischer Bauernbursche geht plötzlich auf einen Juden los und beginnt, ihn mit den Fäusten zu traktieren. Zufällig sieht es ein polnischer Gutsherr, reißt den Burschen vom Juden weg und fragt streng: «Warum tust du das?»
«Die Juden haben Christus gekreuzigt!» erklärt der Ukrainer.
«Aber das war doch vor 2000 Jahren!» sagt der Gutsherr.
«Mag sein», gibt der Bauer zu, «aber ich habe es erst heute gehört.»

MOJSCHE Levy wird in der juristischen Doktorprüfung über katholisches Kirchenrecht gefragt. «Welches sind die sieben Sakramente der katholischen Kirche?» will der Professor wissen.
«Die Ehe», sagt Levy nach langem Zögern.
Der Examinator will dem bekümmert schweigenden Kandidaten helfen und fragt: «Wie tritt man in die katholische Kirche ein?»
«Unbedeckten Hauptes», antwortet Levy erleichtert.

PARIS. Levy klagt über seinen Konkurrenten Dreyfus: «Der Lump! Und dabei hat er es erreicht, daß man ihm das Kreuz der Ehrenlegion verleiht! Und er ist noch nicht zufrieden damit, er will jetzt die Rosette...»
Dupont: «Was wollen Sie? So sind doch alle Juden. Jesus war bis heute der einzige, der nicht auch noch die Rosette wollte, nachdem er das Kreuz hatte.»

EIN polnischer Jude im Kaftan, mit langem Bart und mit Pejes *(Schläfenlocken)* beklagt sich bei seinem Freund: «Gestern fuhr ich in der Bahn mit zwei Offizieren, die hörten nicht auf, über die Juden zu schimpfen.»
«Nu – und was hast du gemacht?»
«Ich habe mich gehütet, zu verraten, daß ich Jude bin!»

WOHLTÄTIGKEITSBALL. Leutnant zu jüdischem Mädchen: «Bitte um ein Glas Sekt, schöne Rebekka!»
Das Mädchen: «Sie irren. Rebekka tränkte die Kamele mit Wasser, nicht mit Sekt.»

DER heilige Joseph hat zwar im Himmel eine Ehrenloge inne, aber als bescheidener Zimmermann fühlt er sich unter den vielen hochgebildeten Heiligen nicht sehr behaglich. Er hat sich daher ausbedungen, von Zeit zu Zeit nach Wien, Paris oder Budapest hinunterzusteigen und dort ein wenig einkehren zu dürfen. Als er einmal von einem solchen Ausflug erst nach Tagen und schwankend wiederkehrt, sagt Petrus streng zu ihm: «Wenn das noch einmal vorkommt, laß ich dich nicht herein!» Darauf Joseph, zornig: «Was, mich nicht hereinlassen!? Noch ein Wort, und ich zieh' meinen Adoptivsohn aus dem Geschäft, und dann seid ihr pleite!»

EIN berühmter Archäologe, beschäftigt mit Ausgrabungen in Jerusalem, telegrafiert an den Papst: «Abolish Easter, I found the body!»

PAPSTBESUCH in Jerusalem.
Der Bürgermeister überreichte S. H. ein uraltes Pergament. Trotz ihrer profunden Kenntnisse können es weder der Papst noch seine Begleiter entziffern. Sie fragen den Bürgermeister. Dieser sagt: «Es ist die noch offene Rechnung vom Letzten Abendmahl. Wollen E. H. bitte begleichen.»

Fromme Juden tragen ständig die Jarmulka, ein Käppchen, das jenem des katholischen Klerus gleicht.
BEIM Besuch in Jerusalem unterhielt sich der Papst mit israelischen Regierungsvertretern.
Am andern Tag erscheint ein Photo von der Szene in der Zeitung mit der Bildunterschrift: «Der Papst als einziger trägt eine Jarmulka.»

Sehr fromme Juden behalten die Jarmulka auch draußen, unter dem Hut, auf.
ZWEI Juden gehen durch eine fremde Stadt. Sagt der eine zum andern: «Schau, dort drüben, da steht auch ein Jude!»
«Woher weißt du das?»
«Nu – er trägt eine schwarze Jarmulka unterm Hut – wird er sein e Kardinal in Trauer!»

ZWEI arme alte Juden wandern frierend durch die Straßen. Um sich ein wenig aufzuwärmen, betreten sie eine katholische Kirche, in welcher eine Reihe «Bräute Christi» zu Nonnen geweiht werden. Dem Kustos fallen die zwei Figuren auf, die so gar nicht hier hereinpassen; er geht auf sie zu und fragt streng: «Was tun Sie hier?»

«Es ist schon in Ordnung», beschwichtigt einer der Juden, «wir sind von des Bräutigams Seite.»

WELTKONGRESS im Vatikan. Eleganteste und teuerste Autos kommen angefahren. Grün und Blau bewundern die Wagen. Sagt Grün zu Blau: «Siehst du, das ist ein Unternehmen! Angefangen haben sie mit einem Esel!»

KOHN war in Rom.
«Hast du den Papst gesehen?»
«Gesehen? Ich war eingeladen beim Papst!»
«Wirklich!? No, was ist das für ein Mensch, der Papst?»
«Der Papst – ein sehr feiner Mann! Aber sie!»

HERRENKONFEKTIONÄR Grün war in Rom. Ein Freund will wissen: «Nu, wie hat es dir gefallen?»
«Nicht besonders.»
«Hast du wenigstens den Papst gesehen?»
«Das schon.»
«Nu?»
«Ich schätze: Shortgröße 42.»

Seeler und Beckenbauer – berühmte Fußballstars.
ZU den Olympischen Spielen will der Papst eine Fußballmannschaft des Vatikans antreten lassen. Um sie aufzubessern, verpflichtet er Uwe Seeler, ernennt ihn kurzerhand zum Monsignore, und Seeler – pardon: Monsignore Seeler! – kann für den Vatikan spielen.
Nach Beendigung des Spiels erkundigt sich der vatikanische Nuntius: «Na, wie war's?»
«Verloren gegen die Israelis.»
«Aber wie konnte das passieren?! Bei uns hat doch immerhin Monsignore Seeler gespielt!»
«Ja, aber der Rabbiner Beckenbauer war halt noch besser.»

EIN katholischer und ein protestantischer Pfarrer und ein Rabbi unterhalten sich darüber, was jeder von ihnen mit den Spendengeldern macht.
Der Protestant: «Ich ziehe mit der Kreide eine Linie durch den Korridor und werfe das Geld hoch. Was links der Linie niederfällt, gehört Gott; was rechts niederfällt, behalte ich.»

Der Katholik: «Ich mache es ähnlich. Ich ziehe einen Kreis. Was in den Kreis hineinfällt, gehört Gott, alles außerhalb des Kreises behalte ich.»
Der Rabbi: «Ich habe auch so ein ähnliches System. Ich werfe das Geld zum Himmel empor. Was Gott davon erwischen kann, darf er behalten.»

WÄHREND der Prohibition in den USA kommen ein Rabbi und ein USA-Reverend im Flugzeug nebeneinander zu sitzen.
Stewardeß zum Rabbi: «Haben Sie Lust auf einen Cocktail?»
Der Rabbi: «Gern. Einen Manhattan.»
Stewardeß: «Und Sie, Reverend?»
Der Reverend, streng: «Ich würde eher einen Ehebruch begehen als einen scharfen Drink anrühren!»
Der Rabbi: «Miß! Falls ich die Wahl habe, ist mir das, was er will, auch lieber!»

WAS ist der Unterschied zwischen einem Israeliten und einem Juden?
Der Israelit ist der gute Mensch, der einem Geld borgt.
Der Jude ist der schlechte Mensch, der es zurückverlangt.

EIN Philosemit ist ein Antisemit, der die Juden gern hat.

AM gleichen Ort kaufen sich die drei Seelsorger zur gleichen Zeit ein Auto.
Der katholische Priester erscheint mit dem Weihwasserkessel und besprengt den Wagen, ehe er ihn in Gebrauch nimmt.
Der evangelische Pfarrer wartet den Sonntag ab, fährt das Auto an die offene Kirchentür heran, und als er den Segen über die Gemeinde spricht, bekommt der Wagen auch etwas mit ab.
Der Rabbi denkt lange nach, dann sägt er ein kleines Stück vom Auspuff weg. *(Anspielung auf die Beschneidung.)*

EIN Bischof und ein Rabbiner im vertraulichen Gespräch.
Der Bischof: «Sagen Sie mir ganz im Vertrauen: Haben Sie schon Schweinefleisch *(nach Mosaischem Gesetz verboten)* gekostet?»
Der Rabbiner gibt zu: «Ja, einmal habe ich es getan... Exzellenz, ganz im Vertrauen, haben Sie je mit einer Frau etwas gehabt?»
Der Bischof errötet und gibt zu: «Ja, einmal.»
Langes Schweigen. Dann sagt der Rabbiner schmunzelnd: «Hochwürden, Ihre Sünde schmeckt süßer als die meine!»

EIN Pfarrer: «Drei Sachen kann ich bei euch Juden nicht ausstehen: euer disziplinloses Herumlaufen in der Synagoge, euer lärmiges Gebet und eure unordentlichen Beerdigungen.»
Der Jude: «Was unsere Zwanglosigkeit in der Synagoge angeht: Wir fühlen uns in ihr halt zu Hause. Was das lautstarke Gebet angeht: Unser Gott ist alt und hört nicht mehr gut. Und was die Beerdigungen angeht, so sehe ich die christlichen auch lieber.»

EIN bayrischer Soldat, der als Zivilist sein Heimatdorf nie verlassen hatte, lag im Lazarett in Berlin. Als er gerade seinen Morgenkaffee trank, kam der Berliner Lazarettfeldwebel vorbei und fragte: «Is er jut?»
Darauf der Bayer: «Nein, katholisch, Herr Feldwebel!»

Die Konfektionsbranche Mitteleuropas lag vor der Hitlerzeit weitgehend in jüdischen Händen.
ERSTER Weltkrieg. Ein norddeutsch aussehender Soldat tritt an einen Mann seiner Kompanie heran und fragt: «Sind Sie auch ein Bar Jissroejl *(Sohn Israels)*?»
Der andere, verwundert: «Wie! Sind Sie denn auch Jude?»
Der Germane: «Nein, aber aus der Konfektionsbranche.»

ANTISEMIT: «Alles Unglück kommt nur von den Juden.»
Jude: «Nein, von den Bicyclisten.»
Antisemit: «Wieso von den Bicyclisten?»
Jude: «Wieso von den Juden?»

EIN jüdischer Viehhändler hatte frisch geheiratet. Er nahm seine Frau mit auf den Viehmarkt. Da flüstert ihm ein Bauer ins Ohr: «Hast du dir keine Schönere aussuchen können?»
Die Frau hatte es dennoch gehört und sagte zu ihrem Mann: «Komm schnell fort von hier. Das sind lauter Antisemiten!»

In kleinen jüdischen Gemeinden kann ein einziger Mann zugleich Religionslehrer, Vorbeter und ritueller Schächter sein.
EIN Jude mit solcher dreifachen Stellung war als Zeuge vor Gericht zitiert. Um ihn zu kränken, redete ihn der Richter dauernd mit «Herr Schächter» an.
Da sagte der Jude: «Mit meinem Beruf ist das so: Für die jüdische Gemeinde bin ich Vorbeter, für die Kinder Lehrer; Schächter bin ich bloß für das Rindvieh.»

KOLLEKTIVSCHULD. Die kleine Ilse: «Ich darf nicht mehr mit dir spielen, Moritzchen, die Mama sagt, ihr Juden habt Jesus gekreuzigt.»
Moritzchen, gekränkt: «Das haben wir ganz bestimmt nicht getan! Das müssen Kohns von nebenan gewesen sein.»

DIE protestantische Kirche einer amerikanischen Kleinstadt ist baufällig geworden und muß durch einen Neubau ersetzt werden. In ihrer Gedankenlosigkeit kommen die Kollektoren in den Laden von Reb Herschelmann. Dieser kratzt sich verlegen am Kopf. Die Leute sind alle seine Kunden – kann er es da wagen, sie abzuweisen? Anderseits – wie kann er als orthodoxer Jude für einen Kirchenbau spenden? Da hat er die Erleuchtung: «Ihr müßt doch zuvor die alte Kirche abreißen?»
«Ja, natürlich.»
«Das kostet sicher eine Menge Geld?»
«O ja, dreihundert Dollar!»
«Da habt ihr die dreihundert Dollar!»

ANTISEMITISMUS. Im Wiener Stadtpark sitzen zwei Juden und klagen über den Antisemitismus. Da kommt ein Vogel vorbeigeflogen und läßt etwas auf Itzigs Hut fallen.
«Siehst du», sagt darauf Itzig bitter, «was ich dir gesagt hab: für die Gojim *(Nichtjuden)* singen sie!»

«SIE waren kürzlich in Amerika drüben. Sind Sie auf dem Norddeutschen Lloyd hinübergefahren?»
«Nein, der ist mir zu antisemitisch: Ka Jüd erster Klasse, Ka Jüd zweiter Klasse – nor deutsche Leut!» *(Kajüte erster Klasse... Norddeutscher Lloyd.)*

BAHNBEAMTER zu Levy, der mit seinen Freunden in einen Waggon klettern will: «He Sie! Dieser Waggon ist für die Teilnehmer an einer Bischofskonferenz reserviert.»
Levy: «Woher wissen Sie, daß wir nicht Bischöfe sind?»

IM Nachtzug nach Berlin.
Leutnant der Gardehusaren: «Meine Vorfahren waren schon vor den Hohenzollern in der Mark Brandenburg.»
Itzig: «Nebbich, Herr Laitnantleben! Als Ihre Vorfahren noch auf den Baimen saßen, hatten meine schon Diabetes.» *(Diabetes gilt als späte Zivilisationskrankheit.)*

EIN Jude sitzt neben einem fremden Herrn im Varieté. Ein Vortragskünstler tritt auf. Der Jude dreht sich seinem Nachbarn zu und flüstert: «Einer von unsere Leut!»
Eine Sängerin tritt auf.
«Auch von unsere Leut», sagt der Jude.
Ein Tänzer kommt auf die Bühne.
«Auch von unsere Leut», erklärt der Jude.
«O Jesus!» stöhnt der Nachbar angewidert.
«Auch von unsere Leut», bestätigt der Jude.

EIN russischer Offizier öffnet ein Bahncoupé, findet es voll von Juden und sagt angewidert: «Ich würde tausend Rubel für einen Ort geben, wo es garantiert keine Juden gibt.»
«Ich weiß für Sie so einen Ort», ruft ihm jemand aus dem Coupé zu, «den christlichen Friedhof.»

CHASSID zu einem christlichen Geistlichen: «Wie kann ein vernünftiger Mensch an eine leibliche Auferstehung nach dem Tode glauben?»
Der Priester: «Du als Chassid glaubst doch auch, daß dein Rabbi zum Beispiel auf einem Taschentuch einen Fluß überqueren kann.»
Der Jude: «Nun ja, aber das ist doch wahr!»

RUBEN Lubliner hat im Heringsgeschäft seine letzten Groschen verloren. Nun trabt er weinend nach Hause. An einer Wegkreuzung stößt er auf ein Kruzifix. Da entlockt ihm die Schmerzensmiene des Gekreuzigten den mitleidigen Ausruf:
«Hast du auch mit Heringen gehandelt?!»

ZUM antisemitischen Bürgermeister einer kleinen polnischen Stadt kommt eine jüdische Delegation: «Der Weg zum jüdischen Friedhof ist in einem fürchterlichen Zustand. Wollen Euer Gnaden die Straße bitte reparieren lassen!»
«Wozu? Hier sterben doch nur selten Juden!»
«Wieso selten? Es gibt hier jede Woche mindestens zwei jüdische Beerdigungen!»
«Nun gut! Wenn ihr mir das schriftlich garantiert, bestätige ich sofort das Budget für die Straße!»

AUF der Plattform der Straßenbahn steht ein Offizier. Kohn und Levy können sich über seinen Dienstgrad nicht einig werden. Schließlich

fragt Kohn: «Verzeihen Sie, Herr Offizier, was sind Sie? Hauptmann oder Major?»
«Antisemit.»

EIN Christ ist in einem jüdischen Hause eingeladen. Der kleine Moritz hat den Gast hereingeführt. Er sieht, daß kein freier Stuhl mehr da ist, und ruft: «Tate, steht auf! Laß den Goj sitzen!»

1910. IN einem vornehmen Club wird die Gästeliste für eine Einladung zusammengestellt. Der Vorsitzende: «Und dann hätten wir da Fürst Löwenstein-Wertheim-Freudenberg.»
«Um Gottes willen!» schreit ein Clubmitglied entsetzt auf, «gleich vier Juden auf einmal!»

Variante:
EIN jüdischer Kommerzienrat und Fürst Löwenstein-Wertheim-Freudenberg bewerben sich um den Kauf des Gutes Drehnow. Schließlich erhält es der Fürst.
Kommerzienrat zu seiner Frau. «Nu is Drehnow doch gekommen an unsere Leut und dazu an ein Konsortium!»

IM Eisenbahncoupé. Kohn zieht sein Gegenüber, einen nichtjüdischen Herrn, ins Gespräch: «Da lese ich eben, es gibt 600 000 000 Chinesen!»
«Enorm! Und wieviel Juden gibt es eigentlich!»
«Etwa zwölf Millionen.»
Der Herr schaut Kohn an und meint: «*Relativ* sieht man wenig Chinesen.»

IN New York hat ein neu eingewanderter polnischer Jude eine Eisdiele eröffnet. An der Eingangstür befestigt er ein großes Schild: «Juden ist der Eintritt verboten.»
Natürlich gibt es in der jüdischen Gemeinde eine große Empörung. Eine Delegation begibt sich zu dem Eisfabrikanten und macht ihm Vorwürfe. Er hört sich alles geduldig an und fragt dann trocken: «Haben Sie denn mein Eis schon einmal probiert?»

ZEITWEISE schlug auch vor dem Ersten Weltkrieg der Antisemitismus in Deutschland hohe Wogen. In einer solchen Zeit schrieb einer auf die Wahlliste für einen neuen Rabbiner, die außen an einer Berliner Synagoge angeschlagen war, mit dickem Stift: «Wählt keinen Juden!»

RUMÄNISCHER Jude: «Hier in Deutschland habt ihr viele Antisemiten. In Österreich ist es etwas besser. Am besten ist es bei uns in Rumänien: da kann ein Jude schon Oberrabbiner werden!»

EIN Kirchenbau ist ausgeschrieben. Ein jüdischer Architekt legt einen Plan vor. Der Kirchenvorstand hat Bedenken:
«Sie sind ja nicht von unserm Glauben.»
«Einigermaßen schon», meint der Jude. «Daß Jesus predigte und Kranke heilte, das glaube ich auch. Daß er Tote auferweckte, das... das glaubt mein (christlicher) Bauzeichner. Daß Jesus litt und am Kreuze starb, glaube wiederum ich. Daß er auferstand, glaubt mein Zeichner. Daß seine Mutter Maria hieß, glaube ich ebenfalls. Daß sie ihn als Jungfrau gebar... ob mein Zeichner das glaubt, kann ich nicht sicher behaupten... (nach kurzem Nachdenken:) Die Firma glaubt's.»

EIN Jude betete: «Lieber Gott, laß mich in der Lotterie gewinnen, ich werde die Hälfte den Armen spenden.»
Er gewann nichts. Da ging er in die Kirche, spendete eine geweihte Kerze und versprach, die Hälfte eines eventuellen Gewinnes für kirchliche Zwecke zu spenden. Es half!
Da sagte der Jude: «Ich gebe zu, daß der christliche Gott mich besser behandelt hat. Aber der unsere ist klüger: Er wußte, daß ich lüge und nichts geben werde.»

CHRISTLICHER Nachbar zum Juden: «Mein Sohn hat soeben die Aufnahmeprüfung zum Gymnasium bestanden.»
«Wozu braucht ein Mensch Gymnasium?»
«Er kann nachher Priester werden und sogar Bischof oder Kardinal.»
«Pah.»
«Sogar Papst kann er werden... ich verstehe dich nicht, was willst du, soll er etwa Gott werden können?»
«Nu – ist auch schon geworden aner von insere Lajt!»

EINE alte Jüdin tritt aus der griechisch-orthodoxen Kirche.
Zweite Jüdin, verwundert: «Was hast du dort getan?»
«Meine Tochter ist sehr krank», erklärt sie, «nun lasse ich drin für sie beten. Was weiß man – vielleicht ist es auch ein Gott.»

WÄHREND der Fahrt über das Schwarze Meer stirbt ein Passagier an einer ansteckenden Krankheit. Der Kapitän befürchtet eine Panik, falls die andern es erfahren, daher befiehlt er zwei Matrosen, nachts die Leiche leise aus der Kajüte Nummer dreiundzwanzig herauszuholen und über Bord zu werfen.

Als er aber am Morgen nachsieht, ist die Leiche noch da. Er stellt die Männer zur Rede. Es erweist sich, daß sie dreiundzwanzig mit zweiunddreißig verwechselt haben.

«Da lag ein alter, bärtiger Jude», erklären sie, «der hat zwar fürchterlich geschrien und behauptet, daß er lebt. Aber glaub einer einem Juden! Sie lügen alle! Wir haben ihn fest in Tücher verpackt und über Bord geworfen.»

ZOLLVISITATION an der französisch-deutschen Grenze. Der Zollbeamte fördert aus dem Koffer Lembergers eine bauchige Flasche zutage: «Und was ist das?»
«Lourdeswasser, bloß Lourdeswasser.» *(Lourdes ist ein katholischer Wallfahrtsort mit einer wundertätigen Quelle.)*
Mißtrauisch öffnet der Zöllner die Flasche: sie enthält puren Kognak! Lemberger staunt: «Was, schon wieder ein Wunder!»

Im Wiener Kaffeehaus gibt es eine Unzahl von Bezeichnungen für Kaffeearten: Mélange, Schale Gold, Kapuziner usw.
RABBINER. An zwei benachbarten Tischen des alten Café Fenstergucker kamen vor dem Krieg ein Mönch aus dem nahen Kapuzinerkloster und ein Rabbiner zu sitzen.
Der Rabbiner bestellt, mit einem maliziösen Blick auf seinen Nachbarn, einen «kleinen Kapuziner».
Der Kellner zum Mönch: «Und Sie, Hochwürden?»
«Mir bringen Sie einen kleinen Rabbiner!»
«??»
«Nun, einfach dasselbe, nur mit ein bißchen weniger Haut.»
(Anspielung auf die Beschneidung.)

EIN Jude kommt aus dem Radioverwaltungsgebäude heraus.
«Was hast du dort getan?» fragt ein Bekannter.
«Mi-mi-mich um dd-ie Stelle eines A-a-a-nsagers beworben.»
«Und? Hast du sie bekommen?»
«Nein! D-das sind alles A-a-antisemiten!»

LEMBERGER hat die Kathedrale von Lourdes besichtigt. Als er herauskommt, schreit er: «Mein Gott! Jetzt kann ich wieder gehn!»

Alles stürzt herbei: «Ein Wunder?»
Lemberger: «Nein! Man hat mir mein Auto gestohlen!»

AM Automaten für Bahnsteigkarten steht, daß die Karte zehn Pfennig kostet. «Er wird es auch für die Hälfte tun», sagt sich ein Jude und wirft fünf Pfennig hinein. Es kommt keine Karte. Der Jude wirft die fehlenden fünf Pfennig noch hinzu – es hilft nichts.
Nun kommt ein Offizier, wirft zehn Pfennig hinein, und die Karte kommt heraus.
Da tritt der Jude an den Automaten heran und sagt vorwurfsvoll: «Ihm gibst du und mir nicht! Du Antisemit!»

EIN Leser aus Oberschlesien berichtet ein Jugenderlebnis:
Kirmes, oder, wie es dort hieß: «Ablaß» in einem kleinen oberschlesischen Dorf. Ein Jude verkauft Devotionalien und preist sie mit den Worten an: «Laite! Kaaft ajch ajern Jesus!»

SCHMUL steht, blau und steif gefroren, in Wind und Schnee, trampelt vor Kälte mit den Füßen und verkauft Weihnachtsbäume. Da formt sich ihm sein Leid zur Dichtung:
«Ach wie mies, ach wie mies! Was friert mich an die Fieß!
Wär Jeschu *(hebr. Jesus)* an Schawuot *(Pfingsten)* gebore,
Hätt ich mer net die Fieß verfrore!»

IN Israel gibt es eine Judenmission. Ein Missionar wollte einen Juden in Nazareth bekehren. Der aber meinte: «Hier gab es schon Nazarener, bevor der Messias kam, und es wird hier noch Juden geben, wenn der Messias kommen wird.»

EIN Pfarrer versucht einen Juden zu überzeugen, daß Jesus der wahre Messias ist. Der Jude bleibt unnachgiebig. Der Pfarrer meint schließlich freundlich: «Wir sind uns beide einig, daß der Messias am Jüngsten Tage dasein wird, wenn alle Toten wieder auferstehen. Für dich wird es dann eben ein bisher unbekannter Sohn Davids sein, für mich Jesus.»
Der Jude, nach kurzem Nachdenken: «Pfarrerleben ich schlage vor, daß wir dann doch zusammen auf ihn zugehen und ihn fragen, ob er schon einmal dagewesen ist.»

ZWEI Juden kommen zum See Genezareth und wollen auf die andere Seite übersetzen. Am Ufer steht ein christlicher Fischer, der bereit ist, sie

hinüberzurudern. Aber er will fünfzig Piaster dafür haben. Die Juden sind über den Preis entsetzt:
«Sind Sie verrückt geworden? Was für eine Teuerung!»
«Aber was wollen Sie, meine Herren», beschwichtigt der Fischer, «Sie sind doch hier an dem See, über welchen unser Herr Jesus zu Fuß gegangen ist!»
Einer der Juden: «Nu – kein Wunder! Bei den Preisen!»

IN der Donaumonarchie steht ein Jude vor Gericht: Er hat die Juwelen einer wundertätigen Madonnastatue gestohlen.
«Ich habe sie nicht gestohlen», verteidigt er sich, «sondern als ich sah, daß alle meine Gebete zu unserem Gott nichts nützten, bin ich in die Kirche gegangen. Da hat die Muttergottes sich mir zugeneigt und gesagt, daß meine Not sie rühre und daß ich ihre Juwelen nehmen dürfe.»
Das Gericht ist in Verlegenheit. Dem Juden den Diebstahl durchgehen lassen – das geht nicht. Die Möglichkeit des Wunders leugnen geht aber auch nicht. – Das Urteil (des wirklich geschehenen Falles) lautete dann schließlich so:
«Vor sechshundert Jahren ist das genau gleiche Wunder schon einmal geschehen. Es besteht also kein Grund, es diesmal anzuzweifeln. Erwiesen ist jetzt aber, daß die Madonna ihren Schmuck nur einmal in sechshundert Jahren verschenkt. Ein zweites Mal soll sich der Jude hüten!»

Der Kurort Ischl war bei den Wiener Juden sehr beliebt.
KAISER Franz Joseph I. zu seinem Minister: «Nach Jom Kippur müssen wir drei Gesuche erledigen.»
«Majestät geruhten zu sagen: Jom Kippur?»
«Ja. Sitzen Sie einmal drei Wochen in Ischl!»

«MERKWÜRDIG, daß Richard Wagner Antisemit gewesen sein soll. Dabei haben seine Hauptgestalten jüdische Namen.»
«Wieso denn?»
«Nun ja: Siegfried und Sachs.»
(Zu Zeiten forcierter Assimilation nannten sich die Juden gern nach germanischen Helden Siegfried, Sigmund usw. «Sachs» dagegen ist ein häufiger jüdischer Nachname.)

ZWEI deutsche Mädchen schwärmen von Liebesglück. Die eine: «Ach, wann endlich wird mein Siegfried kommen?!»
Die andere, befremdet: «Ilse, *muß* es denn ein Jude sein?!»

SCHLOJME hat auf einer Auktion einen Papagei erstanden. Kaum hat er den Käfig zu Hause hingestellt, da schreit der Papagei: «Nieder mit den Juden!»
Schlojme, bitter: «Der hat's nötig! Bei der Nase!»

AUF der Friedenskonferenz nach dem Ersten Weltkrieg meinte der damalige Präsident Polens, Paderewski: «Wenn man den Polen nicht alle ihre Forderungen erfüllen wird, werden sie vor Wut alle Juden im Lande schlachten.»
Worauf Louis Marshal entgegnete: «Und wenn man den Polen alle Forderungen erfüllen wird, werden sie sich vor Freude betrinken und erst recht alle Juden schlachten.»

LEVY geht mit seinem Freund Kohn über die Straße.
«Dreckiger Saujud!» schreit ein Bursche. Levy dreht sich sofort um und gibt dem Kerl fünf Franc.
«Bist du verrückt geworden?» fragt Kohn bitter.
Levy erklärt: «Wir sind beide schwächlich. Aber der Dummkopf wird jetzt glauben, daß man dafür immer fünf Franc bekommt; er wird es immer neu versuchen, bis er an den geraten wird, der ihm dafür Arme und Beine entzweibricht.»

WEINREB und Kalkstein gehen ins Kino. Man zeigt einen historischen Schinken über das Leben Cäsars. Die Römer werfen gefangene Gallier in der Arena rottenweise den Löwen vor.
Weinreb wird unruhig: «So e Antisemitismus, arme Jüden den Löwen zum Fressen vorzuwerfen!»
Kalkstein: «Gib a Ruh! Das sennen nicht Galizier, sondern Gallier!»
Weinreb beruhigt sich.
Nach kurzer Zeit wird er wieder unruhig.
Kalkstein: «Nu, was hast du schon wieder?»
Weinreb: «Der Löwe dort frißt nicht.»

EIN Jude will beim Rabbi Rat holen. Drei Stunden lang schwätzt er auf den unglücklichen Rabbi ein.
Dann fragt er: «Rabbi, was soll ich tun?»
«Du sollst dich taufen lassen», rät der Rabbi.
Der Jude ist beleidigt: «Rabbi! Was soll das?!»
Der Rabbi: «Dann wirst du in Zukunft dem Pfarrer den Kopf verdrehen und nicht mir!»

IN Lemberg erzählt man sich folgende Geschichte: Ein katholischer und ein evangelischer Geistlicher sind zusammen mit einem Rabbiner beim Papst zur Audienz zugelassen.
Der Papst spricht zum Katholiken: «Sie, als Angehöriger unserer Kirche, dürfen mir die Hand küssen.»
Dann wendet sich der Papst an den evangelischen Pfarrer: «Trotz allem sind Sie schließlich Christ. Ich erlaube Ihnen, meinen Fuß zu küssen.»
Hierauf wendet sich der Papst zum Rabbiner und sagt: «Ihnen, dem Angehörigen des auserwählten Volkes...»
Dieser, zurückweichend: «Ich kann es mir schon denken. Ich geh'!»

Von der Zeit her, da es den Tempel in Jerusalem gab, ist das ganze Volk Israel in die erblichen Titel Kohen (Priester), Levy (Hilfsbeamter beim Tempeldienst) und Israel (gewöhnliches Volk) eingeteilt. Bei der Liturgie, beim Vortragen des «Wochenabschnitts», ist es üblich, einen Kohen aufzurufen, der für diese Ehre mit einer Spende dankt. Der Kohen braucht keineswegs auch im Zivilleben Kohen zu heißen.
BARON Sparrwitz schaut aus Neugierde in die Synagoge hinein, da hört er, wie der Schammes ruft: «Kohen – zwanzig Mark!»
Baron Sparrwitz, ohne zu zögern: «Hundert Mark!»
Der Schammes: «Aber Herr Baron wissen doch gar nicht, worum es geht!»
Der Baron: «Das ist nicht nötig. Ich weiß: wenn Kohen bietet zwanzig, dann ist es wert hundert!»

DER kleine Jankl, im Getto aufgewachsen, sieht zum erstenmal eine Fronleichnamsprozession. Er schaut auf den Weihrauchfäßchen schwingenden Ministranten, seine Augen werden größer und größer, und plötzlich schreit er laut: «Fräulein, Fräulein, Ihr Handtaschel brennt!»

LADY Docker in New York hat Gäste eingeladen – im letzten Moment sagen etliche Herren ab, so daß sie zu viele Damen hat. In ihrer Verzweiflung ruft sie den Kommandanten der nahen Militärflugschule an und bittet: «Schicken Sie mir vier fesche junge Offiziere! Aber bitte keine Juden!»
Am Abend stehen vier stramme Neger in Fliegeruniform vor der entgeisterten Lady. «Das muß ein Irrtum sein!» sagt sie empört.
«Ausgeschlossen!» versichert einer der Neger. «Unser Kommandant, Levy Pinchas, hat sich noch nie geirrt!»

Unter Gojimnaches (Gojim = Nichtjuden; nachat = Vergnügen) versteht der Jude primitive, geistlose Freuden.
KAISER Wilhelm II. zu Bankier Oppenheimer: «Sagen Sie mal, Oppenheimer, was ist das eigentlich: Gojimnaches?»
«Das kann ich Kaiserlicher Majestät nur an einem Beispiel erklären: Es ist eine Parade angesagt, und Kaiserliche Majestät sollen höchstpersönlich erscheinen. Am frühen Morgen steht das ganze Regiment Habtacht und Tausende von Neugierigen haben sich eingefunden. Links und rechts fallen Soldaten und Zuschauer vor Erschöpfung und Hitze in Ohnmacht. Endlich erscheint Euer Majestät. Alle schreien ‹Hurra›!... Wissen Majestät, was das ist?»
«Patriotismus natürlich!»
«Nein. Gojimnaches.»

Kapore, Plural «Kapores» = «Sühneopfer». Übertragen heißt «af Kapores» etwa: «für die Katz»! In der Steigerung: «Af zehntausend kapores!»
«Kapores» in der Urbedeutung sind z. B. die Hühner, die man vor Jom Kippur mit einem ähnlichen Ritual schlachtet, wie man einst den Sündenbock in die Wüste schickte.
ZUR englischen Mandatszeit in Palästina steht ein Jude vor Gericht, der nur Jiddisch kann. Der englische Richter bedient sich eines Dolmetschers, der aber nur den Wortsinn übersetzt und nicht die Fragemelodie. Es ergibt sich folgende Unterhaltung:
Richter: «Sie haben einen Sack Hafer gestohlen?»
Jude, erstaunt: «Ich hob geganwet *(gestohlen)* Hober?!»
Dolmetscher *(wir übertragen den englischen Text ins Deutsche):* «Ich habe Hafer gestohlen.»
Der Richter: «Wozu brauchen Sie Hafer?»
Der Jude: «Ich hob geganwet Hober?! Ich darf *(brauche)* Hober?! Ich darf dem Hober af zehntousend kapores!»
Der Dolmetscher: «Ich habe den Hafer gestohlen. Ich brauche den Hafer. Ich brauche ihn für zehntausend Hühner für die Sühnezeremonie.»

FELDWEBEL: «Einjähriger Müller! Wo waren Sie beim Kirchgang? Ich hatte Sie doch eingeteilt zu den Protestanten!»
«Verzeihung, Herr Feldwebel. Ich bin Dissident.»
«Was sind Sie? Dissident sind Sie? Ich will Ihnen mal was sagen: Ein ganz gewöhnlicher Freimaurer sind Sie! Wenn Sie mir nicht sofort eine anständige Religion nennen, stecke ich Sie das nächste Mal bei die Juden!»

EINEM Hauptmann in Preußen wurden die vier neuen Einjährigen vorgeführt, alle vier in Zivil Kaufleute und Juden. Der Hauptmann: «Sehr jut, meine Herren Einjehrijen, merken Sie sich: Ick bin ein sehr humaner Vorjesetzter. Bloß drei Dinge kann ick nicht leiden. Erstens keinen Einjehrijen. Zweitens keinen Koofmich. Und drittens keinen Juden.»

IN Preußen wurden die jüdischen Einjährigen nicht zu Reserveoffizieren befördert, in Bayern dagegen gab es ein Trainbataillon, in welchem auch Juden befördert wurden. Im Januar 1910 erschien in* München folgender Garnisonsbefehl:
«Am 27. Januar, dem Geburtstag Seiner Majestät des Kaisers, findet für die Herren Offiziere ein Festgottesdienst statt:
A. Für die katholischen Herren im Dom.
B. Für die evangelischen Herren in der Frauenkirche.
C. Für die Herren vom Train in der Synagoge.»

Variante:
DER Fremdenführer in Karlsbad führt Gäste herum und erklärt:
«Das hier ist die Klosterkirche für die Katholiken. Dort links ist eine Kirche für die Evangelisten. In der Seitenstraße hinten ist die Kirche für die Protestanten. Und das da ist die Synagoge für die Kurgäste.»

Die kurze kommunistische Periode in Ungarn nach dem Ersten Weltkrieg war von einem antisemitischen «Weißen Terror» gefolgt.
GERADE in dieser Zeit kommt Kohn mit seiner Frau nach Budapest. Doch die Hotels weigern sich, einem Manne namens «Kohn» ein Zimmer abzugeben. Spätabends läuft er noch obdachlos durch die Straßen. Da trifft er seinen Freund Grün und klagt ihm sein Leid.
«Du mußt ä guten gojschen Namen angeben», rät Grün.
Aber spät in der Nacht trifft Grün wieder auf Kohns in der Straße:
«Habt Ihr nicht ä gojschen Namen gesagt?»
«Doch, einen sehr guten sogar. Und stell dir vor: Sie haben uns sofort die Treppe hinuntergeworfen!»
«Wie ist das möglich? Was habt Ihr denn gesagt?»
«Csernoch Janos *(der Name des Fürstbischofs von Ungarn)* und Frau aus Esztergom.»

DER Schulinspektor besucht die Schule und fragt einen Schüler, weshalb die Globusachse schief stehe. Der Schüler antwortet, er hätte es nicht getan. Der Inspektor fordert den Lehrer auf, die Sache zu erklären.

Der Lehrer wird rot und stottert: «Herr Inspektor, es ist wirklich so, wir haben den Globus schon so aus dem Laden bekommen.»
Der Inspektor erzählt den Vorfall dem Direktor.
Der Direktor, wütend und mit drohender Stimme: «Habe ich dem Lehrer nicht schon tausendmal gesagt, er soll das Schulmaterial nicht beim Juden einkaufen!»

DER Bauer war in der Stadt. Er hat in verschiedenen jüdischen Geschäften und auch in einem Genossenschaftsladen eingekauft. Zu Hause erzählt er nun seine Erlebnisse: «Und ich sag' euch, es ist doch wahr: Alle Juden sind Schwindler. Wie ich mit meinen Einkäufen fertig bin, merke ich, daß ich den Schirm irgendwo habe stehenlassen. Ich gehe zurück in das erste, das zweite, das dritte jüdische Geschäft – nirgends will man meinen Schirm gesehen haben. Dann komme ich in den Genossenschaftsladen, und die rufen mir schon von weitem zu: ‹Sie haben Ihren Schirm bei uns vergessen!› Seht ihr – *das* sind ehrliche Leute!»

DER protestantische Pfarrer kommt in den Himmel. Gleich am Tor übergibt ihm Petrus einen Volkswagen: «Weil du so brav und treu warst.» Aber es geht nicht lang, da begegnet er seinem katholischen Kollegen. Der fährt in einem chromglitzernden Ford!
Der Pastor: «Warum kann der das? Ist der mehr als ich?»
«Nun ja, du weißt ja, das Zölibat, die großen Opfer, das muß auch belohnt werden.»
Jetzt trifft er den Rabbi. In einem Rolls-Royce!
«Also der, der hat kein Zölibat und nichts, und ich wünsche jetzt eine Erklärung, warum...»
Sankt Petrus legt den Finger auf den Mund: «Bscht! Ein Verwandter vom Chef!»

IN einem gottverlassenen Nest in Galizien haben sich der Rebbe und der katholische Priester als einzige Intellektuelle weit und breit intim angefreundet. Der Rebbe ist neugierig auf die Beichtpraxis. Nach langem Zögern ist der Pfarrer bereit, den Rebbe in die dunkle Nische mitzunehmen und lauschen zu lassen.
Es kommt eine Frau: «Heiliger Vater, ich habe schwer gesündigt. Ich habe meinen Mann einmal betrogen.»
«Ja, meine Tochter, das ist eine große Sünde. Ich werde Gott bitten, dir zu verzeihen. Zur Buße sollst du ein Vaterunser sagen und zehn Gulden für den heiligen Antonius geben.»

Es kommt wieder eine Frau. Sie hat ihren Mann zweimal betrogen. Der Pfarrer befiehlt: «Du wirst zwei Vaterunser sagen und dem heiligen Antonius zwanzig Gulden spenden.»
Plötzlich greift sich der Pfarrer an den Leib und jammert: «Mir ist nicht gut. Ich komme gleich wieder.» – Der Rebbe bleibt still sitzen.
Wieder kommt eine Frau: «Heiliger Vater, ich habe gesündigt, ich habe meinen Mann einmal betrogen.»
Der Rebbe beweist, daß er großartig «begriffen» hat: «Meine liebe Tochter, das ist eine schwere Sünde. Ich werde den lieben Gott bitten, daß er dir vergibt. Zur Buße wirst du drei Vaterunser sagen, dem heiligen Antonius dreißig Gulden spenden, und du darfst deinen Mann noch zweimal betrügen.»

MAIER will nach Irland auswandern. Sein Freund, der schon in Dublin ist, berichtet ihm, daß man in dem katholischen Irland seinen Lebensunterhalt am besten damit verdient, daß man Kruzifixe verkauft. Er selber ist bereits Vertreter einer Kruzifix-Fabrik, und er gibt dem Freund den Namen der Firma: McDermont, McDermont & McDermont...
Bei seiner Ankunft in Dublin ruft Maier die Firma an: «I would like a job to sell cruzifixas.»
Die Antwort: «*Mit* or *mit*out Christ?»

Sukkot = Laubhüttenfest.
EIN christlicher Engländer besucht an Sukkot eine Londoner Synagoge und berichtet nachher: «Ich habe gesehen, wie die Juden eine Art Derwischtanz aufführen, einen Palmzweig schütteln und dabei schreien: ‹Oh no, I don't know, how should I know!›» *(Ono hoschio no etc.: Bitte, hilf uns etc.)*

EIN deutscher Christ verliebt sich in ein jüdisches Mädchen und ist sogar bereit, Jude zu werden. Nach der damit verbundenen kleinen Operation *(Circumcision)* bietet ihm der Rabbi ein Glas Kognak an. Der Proselyt erbittet ein zweites, dann ein drittes Glas, dann packt er die Flasche und trinkt sie leer.
Schüttelt der Rabbi den Kopf: «Ist das noch germanische Saufsucht oder schon jüdische Chuzpe?»

POLIN im Zug zum Herrn gegenüber: «Zidku *(Jüdchen)*, wieviel Uhr ist es?»

Der Angeredete zieht eine Doppeldeckeluhr aus der Westentasche, hält sie verschlossen der Polin unter die Nase und steckt sie wieder ein.
Die Polin: «So kann ich doch nicht sehen, wie spät es ist. Warum machen Sie den Deckel nicht auf?»
Der Jude: «Wenn Sie durch meine Hosen und Unterhosen hindurch sehen können, daß ich Jude bin *(Anspielung auf die Circumcision)*, können Sie auch durch den Deckel hindurch das Zifferblatt ablesen.»

EIN christliches Dienstmädchen will bei Juden eine Haushaltstelle annehmen. Nun hat sie einmal etwas von rituellem Haushalt läuten gehört, aber das Wort will und will ihr nicht einfallen. Plötzlich kommt es ihr wieder in den Sinn: «Gnädige Frau, führen Sie einen sexuellen Haushalt?»

IN Amsterdam geht ein Nichtjude an Simchat-Tora *(Freudenfest, an dem die jüdischen Männer mit der Tora-Rolle im Arm die Empore im Bethaus umtanzen)* in eine Synagoge und erzählt nachher entrüstet: «Ich habe mit eigenen Augen gesehen, wie Männer mit Männern tanzen!»

SINTERKLAAS *(Sankt Nikolaus)*, ausstaffiert mit Mitra, Krummstab und Wattebart, schenkt den Kindern in Holland am 5. Dezember Pfeffernüsse. Das Fest hat kaum religiösen Anstrich und wird daher auch von frommen Juden mitgefeiert.
Madame Kohn wartet mit den Kinderchen auf Sinterklaas. Sie haben schon alle Sinterklaasliedchen heruntergesungen. Der Onkel, der als Sinterklaas kommen soll, läßt auf sich warten.
Die Mutter zum Vater: «Wo bleibt nur Sinterklaas?»
Der Vater: «Er kommt gleich, ist schon im Zimmer nebenan, oort Minche *(betet das Nachmittagsgebet)*.»

KURZ vor Weihnachten. Vor dem Warenhaus Selfridges in London steht «Father Christmas» mit langem – und sogar echtem! – weißem Bart und rotem Mantel und fragt alle Kinder, ob sie brav waren und was sie sich zu Weihnachten wünschen. Freddy will einen Teddybären, die kleine Joan eine Puppenstube.
Es kommt ein kleiner Knabe vorbei. «Wie heißest du?» fragt Father Christmas.
«Dowid.»
«Warst du brav! Ja? Schön! Dann darfst du dir etwas zu Weihnachten wünschen! Was möchtest du? Nichts?! Wieso nichts?»

«Weil jetzt Chanukka *(jüdischer Feiertag, an welchem Kinder beschenkt werden)* ist, da habe ich schon Geschenke bekommen.»
«Maseltow *(viel Glück)*!» sagt «Father Christmas» gerührt, «hazloche und broche *(Glück und Segen)*!»

Parech = wörtl. Kopfkrätze. Übertragen widerliches Individuum, Auswurf.
DIE Familie Kohn, jetzt Konoff, hat sich taufen lassen. Alle sind stolz auf ihre schönen neuen Vornamen. Der kleine Ahronek heißt jetzt altslawisch Boschedar.
Gäste kommen. Die Mama fragt den Jüngsten: «Nun, Liebling, wie heißt du jetzt?»
Der Junge schweigt mürrisch. Die Mama: «Nu, sag den lieben Gästen! Mach der Mama die Freud'! Wie heißt Mamas Liebling?»
Wieder mürrisches Schweigen. Die Mama: «Nu? Wie ruft dich die Nania *(Kinderfrau)*, wenn ihr im Park spazierengeht?»
Sagt der Kleine: «Kimm aher, du Parech!»

ZWEI Juden treffen sich auf der Straße.
«Was gibt es Neues?»
«Ich heirate.»
«Wen?»
«Du kennst sie nicht.»
«Ich kenne alle jüdischen Mädchen unserer Gemeinde!»
«Es ist aber keine Jüdin.»
«Willst du wirklich eine Schikse *(Christenmädel)* heiraten?!»
«Nun schau: wenn ich eine Jüdin nehme, wird sie sofort einen Nerz, einen Jaguar und eine Ferienreise in den teuersten Kurort wollen.»
«Und die Schikse etwa nicht?»
«Sicher, aber wer kümmert sich darum, was eine Schikse will?»

BLAU junior, aus der Konfektionsfirma Blau & Co., verliebt sich in eine Schikse *(Christenmädel)* und will sie heiraten. Der Vater ist außer sich – aber es hilft nichts. Das Mädchen bekehrt sich zum Judentum, die Hochzeit findet statt, und die beiden fahren auf die Hochzeitsreise.
Am ersten Sonnabend nach der Rückkehr des jungen Paares sitzt Blau senior ungeduldig im Bureau und wartet auf seinen Sohn, um wichtige Post zu erledigen. Er wartet eine Stunde, zwei Stunden. Schließlich ruft der Vater an: «Nu – wie lange soll ich noch auf dich warten?»
«Die Frau läßt mich heute nicht ins Geschäft gehen, sie sagt: ‹Schabbes *(Sabbat)* ist Schabbes!›»

Darauf der alte Blau, empört: «Siehst du! Ich hab' dir doch gesagt, du sollst keine Schikse heiraten!»

EIN junger Christ hat sich in Kohns Tochter verliebt.
«Einem Goj gebe ich meine Tochter nicht!» sagt der Vater.
Der junge Mann unterzieht sich der Beschneidung, studiert ein volles Jahr an der Jeschiwa den Talmud und meldet sich wieder.
«Ich gebe Ihnen meine Tochter dennoch nicht», erklärt der Vater.
«Mein Gott», jammert der Jüngling, «was soll ich jetzt tun?»
«Sehr einfach», rät Kohn, «tun Sie dasselbe wie alle jungen Juden: Heiraten Sie eine Schikse *(Christenmädel)*!»

KOHN, frisch getauft, macht über die Juden abfällige Bemerkungen. Sagt ein christlicher Bekannter: «Ihr *Ante*semitismus war mir bekannt. Ihr *Anti*semitismus ist mir neu!»

EIN Frischgetaufter kommt in den dämmrigen Kirchenraum, setzt sich in die erste Reihe und schläft während der Predigt ein. Der Pfarrer ärgert sich, und um ihn zu wecken, fängt er an sehr laut zu sprechen.
Der Jude schrickt aus dem Schlaf auf und schreit plötzlich: «Wa-Jaawor Adonai al Panaw Wa-Jikra...» *(Text der sog. Slichotgebete. Der Jude nimmt an, es wäre Nacht, und nachts schreit man nur bei den Slichotgebeten.)*

Zelem, wörtl. «Gestalt», wird im Jiddischen nur für «Kruzifixus» gebraucht. – «Schma Jissroejl» (= Höre, Israel!) sind die Anfangsworte eines Gebetes, die der Jude in Notsituationen spontan ausstößt. Der Inhalt des Gebetes: Bekenntnis zur Einzigkeit Gottes (Dtn 6,4).
EINE Jüdin hat sich taufen lassen und trägt seither an der Halskette ein auffallendes goldenes Kreuz. Einmal sitzt sie im Tram und greift stolz nach ihrem Kreuz – es ist fort?
«Schma Jissroejl!» schreit sie entsetzt auf. «Wo ist der Zelem?»

RECHTSANWALT Hinrichsen trabt am Sonntagvormittag zum Frühschoppen. Unterwegs begegnet er seinem frisch getauften Kollegen Winterfels, der zur Kirche schreitet.
«Für mich», sagt Hinrichsen bedauernd, «hat halt dergleichen seit Jahrzehnten den Reiz der Neuheit verloren.»

BLUMENFELD will sich am Sonntag taufen lassen. Am Schabbes vorher bestellt er sich im koschern Restaurant noch einmal alle seine Leib-

gerichte: Bohnensuppe, gefüllten Fisch, Gans mit Grütze, Schalet. Als Blumenfeld andächtig ißt, tritt der Wirt an ihn heran und fragt: «Nu, wie schmeckt's?»
«Großartig!» murmelt Blumenfeld mit vollem Mund.
Darauf der Restaurateur mit mildem Vorwurf: «Und von so einer Religion wollen Sie abfallen?»

EIN uradliger Offizier eines Berliner Regiments hatte sich durch Heirat mit der Tochter eines jüdischen Bankiers finanziell saniert. Mit seiner kleinen Frau stand er sich vorzüglich. Zu deren Vater aber sagte er eines Tages grimmig: «Weißte, ich hab ja nix dagegen, daß de du zu mir sagst und ‹lieber Schwiegersohn›. Wennde aber noch 'n einziges Mal zu mir sagst ‹Quitzowleben›, dann trete ich dein' Kammerdiener vor den Bauch, daß er denkt, er ist mein Bursche.»

DIE jüdische Bankierstochter hat den mittellosen Grafen geheiratet. Die Mutter, stolz: «Ihr könnt euch gar nicht ausmalen, wie sehr der Graf unsere Esther liebt! Was er ihr von den Augen abliest, müssen wir ihr kaufen!»

DR. EIERGELB steht unmittelbar vor der Taufe. Er fragt einen christlichen Kollegen: «Was zieht man da eigentlich an?»
Der Kollege kratzt sich am Kopf und meint schließlich:
«Ja, wie soll ich das wissen? *Wir* tragen die Windeln.»

PROFESSOR Hönigstein ließ sich taufen und änderte seinen Namen in das arischer klingende «Kenikstein». Aber alle redeten ihn weiter mit «Hönigstein» an, und einer meinte:
«Es ist eben viel leichter, einen Juden in einen Christen zu verwandeln als ein ‹ö› in ein ‹e› und ein ‹g› in ein ‹k›.»

DER Berliner Philosophieprofessor Lazarussohn ließ sich taufen und änderte seinen Namen in «Lasson». Da meinte ein christlicher Kollege:
«Kaum will einer von ihnen den Unbeschnittenen markieren, so beschneidet er seinen Namen.»

DER Wiener Anwalt Fennigstein läßt sich protestantisch taufen. Allgemein große Verwunderung, denn in der alten Donaumonarchie genossen Protestanten nicht viel mehr Ansehen als Juden. Fennigstein erklärt: «Unter den Katholiken gibt es schon viel zu viele Juden.»

KOHN nennt sich nach der Taufe John.
Hierzu meint ein Berliner Bekannter: «Seiner Nase kann kein Jot helfen!»

MANDELKERN läßt sich in Wien zum lutherischen Glauben bekehren, obwohl hier Katholiken überall den Vorrang haben, und erklärt: «Wenn ich direkt Katholik werde, fragt mich hernach jeder: ‹Was waren Sie zuvor?› – Und dann muß ich sagen: ‹Jude.› Wenn ich mich aber *jetzt* katholisch taufen lasse, und es fragt mich einer, was ich vorher war, kann ich ihm antworten: ‹Lutheraner›!»

ROSENZWEIG trifft seinen frisch getauften Freund Cohn.
Rosenzweig: «Warum so finster? Hast du Sorgen?»
Cohn: «Gewiß, ich muß doch jetzt meinen Namen ändern. Aber wie? Nenne ich mich Collen, Koren, Kern, Kovatsch? Jeder Mensch wird dann sofort wissen, daß ich früher Cohn geheißen habe. Das macht mir Sorge.»
Rosenzweig: «Nenne dich Levy! Dann wird kein Mensch auf die Idee kommen, daß du früher Cohn geheißen hast.» *(Das ist, ganz abgesehen von dem hier anvisierten Witzzusammenhang, auch insofern richtig, als die Namen «Cohn» und «Levy» nur von den Nachkommen der betreffenden priesterlichen Klasse getragen werden und unaustauschbar sind.)*

«MENASSE Jontef hat sich taufen lassen!»
«Echt jüdisch!»

«DENKEN Sie nicht daran, sich taufen zu lassen?»
«Nein, das ist mir zu jüdisch.»

KOMMERZIENRAT Hildheimer ist nach Rom gefahren, um sich dort zum Katholizismus zu bekehren. Er kommt aber ungetauft zurück. Drei Kardinäle – so wurde erzählt – hatten sich Tag und Nacht bemüht und an ihm herumgetauft – es war aber alles vergeblich!

Im zaristischen Rußland konnten Juden weder militärische noch akademische Karriere machen.
ETLICHE arrivierte Täuflinge unterhalten sich über die Gründe ihrer Konversion. Es sind Karriere- und Heiratsgründe.
Zuletzt erklärt einer: «Ich, meine Herrschaften, habe mich aus Überzeugung getauft.»

Darauf die andern, einstimmig: «Das kannst du jenen erzählen, den Gojim!»

Variante:
EIN Professor erklärt:
«Und ich habe mich aus Überzeugung taufen lassen.»
«Das kannst du wem andern erzählen!» meinen die andern.
«Und doch ist es so», beharrt der Professor, «es war nämlich von jung auf meine Überzeugung, daß es für mich besser ist, Professor in Petersburg zu sein als Melamed *(Kleinkinderlehrer für Hebräisch)* in Kasrilewka.»

DAS Neue Testament:
«Mein Sohn is geworden e Christ.»
«Und was hast du getan?»
«Ich habe mich beim lieben Gott beklagt.»
«Was hat er dir gesagt?»
«Das sei ihm mit seinem Sohn auch passiert. Ich solle dasselbe tun wie er.»
«Und was hat er getan?»
«Er sagt, er hat sofort ein Neues Testament gemacht.»

Varianten:
1. «MEIN Sohn hat sich taufen lassen!»
«Ausgerechnet *mir* müssen Sie das erzählen?! Mein Sohn hat sich auch taufen lassen!»
Sie beschließen beide, zum Rabbi zu gehen, und sie erzählen ihm, daß sich ihre Söhne haben taufen lassen.
Darauf der Rabbi, tief traurig: «Ausgerechnet *mir* müssen Sie das erzählen? Mein Sohn hat sich auch taufen lassen.»
Lifschitz und Ginzberg klären und entscheiden dann: «Da muß etwas geschehen! Wo bleibt unser heiliger Glaube? Wir werden uns beim HERRN beklagen!»
Der Rabbi stimmt ihnen zu, hebt die Hände zum Himmel empor und ruft: «HERR, schau auf uns! Unsere Söhne haben sich taufen lassen!»
Da ertönt von oben eine traurige Stimme: «Und ausgerechnet *mir* müßt ihr das erzählen!?»

2. SCHAPIROS Sohn hat sich taufen lassen. Der Rabbiner macht dem alten Schapiro Vorwürfe: «Wenn eines Tages der liebe Gott Sie fragen

wird. ‹Wie konntest du zulassen, daß dein Sohn sich tauft!› – Was werden Sie ihm dann antworten?»
«Nu – ich werde antworten: Und *Ihr* Herr Sohn?»

EIN jüdischer Versicherungsagent will sich taufen lassen. Eine volle Stunde bleibt er beim Priester. Dann tritt er schweißbedeckt aus der Türe. «Nun, hat er dich getauft?» wollen die Freunde wissen.
Der Agent: «Nein, aber ich habe ihn versichert.»

OPPENHEIM läßt sich plötzlich taufen. Alle wundern sich.
«Ja, was sollte ich tun?» entschuldigt sich Oppenheim, «mein intimster Freund hat sich taufen lassen, und nun will er nicht mehr mit Juden verkehren.»

EINE jüdische Dame irrt in einem Amtsgebäude umher.
«Wo kann man hier austreten?» fragt sie schließlich einen Beamten. Dieser zeigt stumm auf eine Tür in der Ecke. Die Dame entziffert die Aufschrift an der Tür und sagt errötend: «Nicht das meine ich! Sondern: wo kann ich hier, nachdem ich nun getauft bin, aus der jüdischen Gemeinde austreten?»

NACHFOLGENDE Geschichte ist in Berlin wirklich passiert. Christliche Assistentin zu jüdischem Professor: «Sind Sie katholisch, Herr Professor?»
«Nein, ich bin Jude. Wußten Sie das nicht?»
«Ja, schon. Aber ich dachte: Alle Juden sind katholisch.»

EIN jüdisch aussehender Assessor mit Monokel und schnarrender Leutnantsaussprache hat sich im Badeort mit einem buckligen Professor angefreundet. Bevor er abreist, sagt er: «Herr Professor, Ihnen vertraue ich es an: ich bin jüdischer Herkunft.»
Professor: «Vertrauen gegen Vertrauen: ich bin bucklig.»

ARONSON, frisch getauft, trifft den Rabbiner. Es ist ihm peinlich. «Es ist nur Formsach», entschuldigt er sich, «aber innerlich, da bin ich geblieben e Jud.»
Der Rabbiner betrachtet ihn über die Brille und sagt verwundert: «Na, und äußerlich?»

LEVY erwägt die Taufe. Der Priester, den er deswegen aufsucht, examiniert ihn ein wenig: «Nun nennen Sie mir gute Werke!»

«Nu, Rosenthal, AEG, Hirsch Kupfer, Orenstein Koppel...»
«Ach was! Ich meine: gute *christliche* Werke!»
«Linde, Siemens.»

Der Begriff «Goj», Nichtjude, enthält die Nuance von roh, primitiv, kulturlos. Im übertragenen Sinn kann er auch auf Juden angewendet werden.
WAS ist der Unterschied zwischen einem Christen und einem Goj?
Christ kann man werden, als Goj muß man geboren sein.

DER alte Pfandleiher Mojsche war Christ geworden.
Nun liegt er im Sterben und erhält die Letzte Ölung. Nach Erteilung der Absolution hält ihm der Priester das Kruzifix zum Küssen hin. Da murmelt Mojsche kraftlos: «Drei Franc sechzig. Mehr kann ich dafür nicht geben.»

EIN jüdischer Anarchist, im zaristischen Rußland zum Tode verurteilt, will vor der Hinrichtung getauft werden.
«Hat der drohende Tod Sie dem wahren Glauben in die Arme getrieben?» fragt der griechisch-orthodoxe Priester.
Der Delinquent: «Nein. Ich fand nur: wenn schon hängen, dann lieber als Goj.»

EINE polnisch-jüdische Familie will nach Paris auswandern. Der Familienvater fährt voraus, um eine Existenz aufzubauen. Er ist schon ein halbes Jahr fort – man hört nichts von ihm.
«Am Ende hat er sich taufen lassen», klagt die Frau.
Der Schwager tröstet: «Man muß nicht immer das Schlimmste annehmen! Vielleicht ist er nur in der Seine ertrunken!»

EIN frisch getaufter und geadelter Jude hat Palais und Personal eines Herzogs übernommen und fragt den Diener:
«Wann mußten Sie meinen Vorgänger wecken?»
Der Diener: «Exakt um sieben, gnädiger Herr.»
Der Täufling, erhaben: «*Mich* wecken Sie um dreiviertel sieben!»

EIN Geistlicher wollte einen Juden bekehren und malte ihm die Schrecknisse des Fegefeuers aus, falls er Jude bliebe.
«Das ist in der Tat entsetzlich», fand der zermürbte Jude, «aber was können Sie gegen einen solchen Dauerbrand mit Ihren paar Tropfen Wasser für mich ausrichten?»

DR. DR. Theodor Kohn, getaufter Jude, dann Priester, wurde wegen seiner Gelehrsamkeit Domherr des Domkapitels in Olmütz, das noch das Wahlrecht auf den erzbischöflichen Stuhl besaß. Zur Erzbischofswahl wurde jedesmal ein kaiserlicher Kommissar delegiert. Zur Zeit, als Graf Taaffe österreichischer Ministerpräsident war, starb der Erzbischof, und Kapitelwahlen wurden angesetzt. Die Domherren waren in der großen Mehrzahl Mitglieder des österreichischen Hochadels. Da keiner der Herren seine Stimme dem allfälligen Konkurrenten gönnte und alle überzeugt waren, daß Kohn keinerlei Chancen habe, gaben sie ihm alle ihre Stimme. Zur ungeheuren Überraschung aller ging Kohn als einstimmig gewählter Erzbischof aus dem Wahlgang hervor.
Der kaiserliche Kommissar telegraphierte das Ergebnis dem Ministerpräsidenten. Graf Taaffe sitzt gerade bei der Parlamentssitzung, als man ihm das Telegramm reicht. Er öffnet, liest: «Dr. Theodor Kohn zum Erzbischof von Olmütz gewählt», läßt das Blatt fallen, faßt sich an den Kopf und stöhnt: «Um Gottes Himmels willen, ist er denn wenigstens getauft?»

ERZBISCHOF Kohn hat einen Chorknaben um Meßwein geschickt. Als der Knabe lange wegbleibt, wendet sich der Erzbischof zum Ministranten, der ebenfalls getaufter Jude ist, und fragt: «Wo bleibt der Goj so lange?»

ZWEI jüdische Freunde erwägen die Taufe und gehen zum Priester. Sie müssen aber im Vorraum sehr lange warten. Da sagt der eine zum andern: «Wer weiß, wann er uns einläßt. Gehn wir inzwischen in die Schul *(Synagoge)* zum Minchagebet *(Nachmittags-Gottesdienst).*»

DER bekannte Rabbiner Chajes galt in seiner Jugend als Freidenker. Als er sich bei dem streng orthodoxen Lemberger Rabbiner um den Titel eines Rabbiners bewarb und dieser zögerte, warnte dessen Sohn: «Mach ihn schnell zum Rabbiner, sonst kann er bei seinen Kenntnissen auf der Stelle Geistlicher werden!»

Vor dem Ersten Weltkrieg konnte man sich in manchen Staaten nur religiös trauen lassen. Konfessionelle Mischehen waren daher ausgeschlossen.
EINE jüdische Studentin kommt zu einem katholischen Priester, der selber getaufter Jude ist, und bittet: «Hochwürden, ich möchte nächsten Monat einen Katholiken heiraten. Ihr Amtsbruder meint aber, er müsse mich volle drei Monate auf die Taufe vorbereiten!»

Der Pfarrer: «Sonst brauchen wir allerdings für die Vorbereitung zur Taufe drei Monate, aber Sie mit Ihrem jüdische Köpfchen schaffen das spielend in ein paar Wochen.»

EIN Bankier hat einen getauften Juden engagiert und sagt nach ein paar Tagen verärgert: «Ich dachte, ich erwische da einen jüdischen Kopp mit christlichen Manieren, statt dessen ist es ein gojscher Kopp mit jüdischen Manieren.» *(gojsch hier = primitiv, ungeschliffen.)*

DER Angestellte hat sich taufen lassen. Am Tag darauf legt er seinem Chef ein Konzept vor, das nicht Kopf noch Fuß hat, worauf der Chef ärgerlich ausruft: «Erst vierundzwanzig Stunden ein Goj – und schon ein Chammer *(Esel)*!»

EIN Frankfurter Bankier hat sich taufen lassen, und nun überlegt er in seinem Privatkontor, wie er diese Neuigkeit seinen Angestellten beibringen soll.
Plötzlich hat er eine Erleuchtung. Er reißt die Türe zum Gemeinschaftskontor auf und schreit hinein: «Gute Morge, ihr Judde!»

BLAU und Grün gehen an einer Kirche vorbei und überlegen, ob es nicht für das Geschäft günstiger sei, sich taufen zu lassen. Blau zögert noch, aber Grün faßt sich ein Herz, und mit einer größeren Spende für die Kirchenkasse bringt er es fertig, die Kirche eine halbe Stunde später getauft zu verlassen. Blau hat draußen gewartet und fragt neugierig: «Na, hat man dich angetröpfelt mit Weihwasser?»
Blau, streng: «Kusch, Saujud!»

DIE Methodistenkirche einer amerikanischen Stadt hat für ihr hunderttausendstes Mitglied eine Prämie von zehntausend Dollar ausgesetzt. Kohn gelingt es, den Pfarrer gegen eine Provision von zehn Prozent zu überreden, es so einzurichten, daß er das hunderttausendste Mitglied wird. Kaum zu Hause, bestürmt ihn seine Frau um einen neuen Pelzmantel, sein Sohn um ein Darlehen und seine Tochter um ein Auto. Als auch noch die jüdische Köchin eine Bitte vorbringt, ruft er ärgerlich: «Kaum kommt ein Goj zu Geld, kommen die Juden und ziehen es ihm aus der Tasche!»

FRAU Kovatsch, vor der Taufe Frau Kohn, als sich erweist, daß der nette katholische Bewerber ihrer Tochter ein Sohn des alten Levy ist: «Wie schön! Genauso habe ich mir den Schwiegersohn gewünscht: einen netten Christen aus bechowedter *(ehrbar)* jüdischer Familie!»

FEIWEL hat kürzlich zum Katholizismus konvertiert – nun sitzt er an einem Freitag im Restaurant und ißt Braten. Zufällig betritt der Priester, der ihn getauft hat, das Restaurant, sieht ihn sündigen und sagt streng: «Wie können Sie es wagen, am Freitag Fleisch zu essen?»
Feiwel: «Das ist kein Fleisch, das ist Fisch.»
Der Priester: «Was für eine Frechheit! Bin ich blind?»
Feiwel: «Und doch ist es Fisch! Ich habe es genauso gemacht wie Sie, Hochwürden. So wie Sie zu mir dreimal gesagt haben: ‹Du warst Jude, jetzt bist du Christ!›, so habe ich zum Braten gesagt: ‹Du warst Fleisch, jetzt bist du Fisch!›»
Der Priester, zornig: «Aber zum Kuckuck: Ist es denn Fisch?!»
Feiwel, achselzuckend: «Und ich, bin ich jetzt Christ?»

MITTELLOSER Klient zum frischgetauften Anwalt: «Nun weiß ich gar nicht, soll ich noch an Ihr weiches jüdisches Herz appellieren oder bereits an Ihre christliche Nächstenliebe?»

SCHNORRER beim neugetauften Kommerzienrat: «Die Glaubensgenossen wollen am armen Juden nix mehr geben. Bin ich gekommen in a christliches Haus zu fromme Christen.»

«HERR Rektor, von allen Anwärtern auf die Stellung eines Mathematiklehrers an unserm Institut scheint mir dieser hier am qualifiziertesten.»
«Ist aber ein Jud.»
«Was fällt Ihnen ein! Er ist getauft!»
«Ein gewässerter Hering bleibt immer ein Hering.»

EIN jüdischer Richter ist zum Christentum übergetreten. Als er im Talar das Gericht betritt, flüstert ein jüdischer Anwalt dem zweiten zu: «Da kommt der Jud-ex!» *(Judex: lat. Richter.)*
Der zweite Anwalt: «Ja, aber er darf die alte Uniform weiter tragen.»

EIN Jude ist zur lutherischen Kirche übergetreten.
«Wie möchten Sie jetzt heißen?» fragt der Pfarrer.
«Martin Luther.»
Der Pfarrer, unangenehm berührt: «Muß es ausgerechnet der Name unseres erhabenen Religionsschöpfers sein?»

Jude: «Ich heiße Markus Levy, und auf die Art brauche ich mein Wäschemonogramm nicht zu ändern.»

«FRÄULEIN Herz ist eine großartige Schauspielerin! Und dabei noch so jung! Erst dreiundzwanzig Jahre!»
«Unsinn, sie ist bestimmt älter.»
«Ich habe aber ihren Taufschein gesehen!»
«Wenn's darauf ankäme, wäre ich jetzt drei Jahre alt.»

PRIESTER zum kürzlich getauften Juden: «Mein Sohn, hast du auch das Judentum ganz von dir abgestreift?»
«Vater, ich bekenne mich in zwei Punkten schuldig: Ich esse nach wie vor gern koscheren Schalent und Gänsebraten, und ich fürchte mich immer noch vor Hunden.»

EIN Dozent, als Jude in seiner Karriere behindert, konvertiert.
Ein Freund, vorwurfsvoll: «Warum hast du das getan?»
«Ich hatte», seufzt der Dozent, «acht schwerwiegende Gründe: ein Weib und sieben Kinder!»

«HABEN Sie schon gehört? Kohn hat sich taufen lassen!»
«Ja, ich weiß. Er hat sein Judentum ver*goi*det!»

AN drei Orten wird Wasser unnütz vergossen: ins Meer, in den Wein und bei der Taufe auf den Juden.

MOSES Rosenbaum, lange von der katholischen Mission bearbeitet, konvertiert schließlich auf dem Sterbebett.
Befriedigt erhebt sich der Padre: «Nun, mein Sohn, kannst du beruhigt die große Reise antreten.»
Antwortet Moses: «Nu, nu – wenn am End doch alles Schwindel ist – was wer'n lachen meine Leut'!»

IM Robert-Koch-Institut beklagte sich ein getaufter jüdischer Professor bei einem jüdischen Kollegen, der Vorsitzende habe die Taktlosigkeit besessen, bei einer besonders lebhaften Debatte dazwischenzurufen: «Hier geht es ja zu wie in einer Judenschul!»
Darauf der andere: «Herr Kollege, es ist ja sehr schön, daß Sie so für Ihre *früheren* Glaubensgenossen eintreten. Aber da ich die Synagogen in den jüdischen Dörfern Kongreßpolens und Galiziens kenne, kann ich

nur bestätigen: für manche Zustände gibt es keine adäquatere Bezeichnung als ‹es gehe zu wie in einer Judenschul›.»

FLECKELES hat frisch konvertiert. Gleich bei der ersten Beichte stiehlt er dem Pfarrer die Uhr und beichtet:
«Ich habe eine Uhr gestohlen. Es bedrückt mich. Darf ich die Uhr Ihnen übergeben, Hochwürden?»
Pfarrer: «Was fällt Ihnen ein! Ich nehme sie nicht. Geben Sie sie dem Eigentümer zurück.»
Fleckeles: «Das habe ich eben versucht. Er will sie nicht.»
Pfarrer: «Dann brauchen Sie sich nicht weiter bedrückt zu fühlen und können die Uhr mit gutem Gewissen behalten.»

KOHN, frisch getauft, legt seine erste Beichte ab. Natürlich hat er in erster Linie gegen das sechste Gebot gesündigt. Der Pfarrer will wissen, wie oft Kohn gesündigt habe.
Hierauf Kohn: «Pfarrerleben! Ich bin hergekommen, um mich zu beknirschen, und nicht um mich zu berühmen.»

BLAU und Grün, beide frisch getauft, beschließen, die Beichte abzulegen. Als erster ist Grün an der Reihe, und beim sechsten Gebot stellt der Pfarrer die Frage, mit wem er gesündigt habe. Grün weigert sich, Namen zu nennen. Der Pfarrer will ihm helfen: «War es die Milli vom Bäcker?»
«Aber nein, Pfarrerleben!»

«Oder die Mali vom Fleischhauer?»
«Bestimmt nicht, Pfarrerleben!»
«Dann vielleicht die Gretl, die Tochter des Tischlers?»
«Wo denken Sie hin, Pfarrerleben!»
Da sich Grün beharrlich weigert, Namen zu nennen, verläßt er den Beichtstuhl unverrichteter Dinge. Blau ist schon neugierig: «Nun, bist du losgeworden deine Sünden?»
«Nein. Aber drei piekfeine Adressen habe ich bekommen.»

HERR Weinstein und seine Familie sind frisch getauft. Trotzdem bewirbt sich Schmul Goldgewicht um die Hand der Tochter Rifka. Dem alten Weinstein paßt das nicht: «Mein lieber Goldgewicht, das geht nicht! Erstens, Se sind e Jid – und wir sind Gojim. Und zweitens Se sind e Schnorrer und haben kein Geld – und das ist bei uns Jiden immer die Hauptsache.»

NACHMANSON liebäugelt mit dem Gedanken an die Taufe. Von einer Reise nach Rom zurückgekehrt, äußert er sich sehr abfällig über den Lebenswandel der Kardinäle. Aber wenige Wochen später ist er katholisch getauft!
Ein Bekannter: «Wo bleibt da die Logik nach allem, was Sie über die Kardinäle behaupten?»
Nachmanson: «Ja, eben! Ich habe mir überlegt: eine Religion, die *das* aushält, ist bestimmt die beste.»

VON zwei jüdischen Compagnons läßt sich der eine taufen und kommt ins Kontor mit einem goldenen Kreuz um den Hals. Der andere grinst hämisch. «Das ist keine Art!» rügt der Kreuzträger, «habe *ich* je über *deinen* Glauben gespottet?»

«ICH will mich taufen lassen.»
«Pfui, dein Vater wird sich im Grab umdrehen.»
«Mein Bruder läßt sich nächste Woche auch taufen. Dann liegt Papa wieder auf dem Rücken.»

DIE kleine Ilse Kohn unter dem Weihnachtsbaum:
«Mama, feiern die Christen auch Weihnachten?»

«FEIERN Sie Weihnachten?»
«Ach nein! Meine Frau und ich, wir sind schon zu alt dazu. Und die Kinder, die sind schon getauft.»

KOHN: «Guten Tag, Herr Petersen! Ich geh einen Weihnachtsbaum kaufen. Werden Sie auch einen anzünden?»
«Nein, wieso? Bin ich denn ein Jud?»

«PAPI, wie alt muß man sein, um Jude zu werden?»
«Aber Schatzi, das hat doch nichts mit dem Alter zu tun!»
«Doch Papi, schau: ich bin noch ganz klein, und ich bin christlich. Du und Mami seid schon etwas älter und seid auch noch Christen. Aber Großpapa – der ist *schon* Jude!»

DER Sohn eines frommen jüdischen Advokaten hat sich taufen lassen. Die christlichen Kollegen spotten darüber.
Darauf der Advokat: «Im Grunde bin ich froh. Mein Sohn ist nebbich viel zu dumm, um als Jude existieren zu können.»

Eine Zeitlang bekamen im alten Österreich frisch zum Katholizismus Bekehrte eine kleine Geldprämie von der Kirche.
DER alte Kaplanowitsch, ein armer Teufel, läßt sich plötzlich taufen. Es hagelt von allen Seiten Vorwürfe.

«Kann mir vielleicht einer von euch sagen», erwidert Kaplanowitsch erbittert, «wo ich sonst das Geld für die Mazze *(ungesäuertes Osterbrot)* hergenommen hätte?»

Einige Zeit hindurch hatte die Kirche jede Konversion mit einer kleinen Geldsumme belohnt. Als es aber klarwurde, daß manche Juden aus finanzieller Not von Ort zu Ort zogen, sich überall neu taufen und belohnen ließen, stellte die Kirche die Zahlungen ein.
«WIR sind wirklich ein von allen Seiten geschlagenes Volk», meinte daraufhin ein Schnorrer, der bisher von solchen Konversionen gelebt hatte, «einen einzigen leichten Verdienst gab es noch für uns – und auch den nimmt man uns weg!»

VON einem armen Juden, der auf Gemeindekosten lebte, erfuhr man, daß er sich heimlich hatte taufen lassen. Man machte ihm Vorwürfe, weil er weiterhin Unterstützung von der jüdischen Gemeinde bezogen hatte.

Darauf der Schnorrer, der sich nur der Taufprämie wegen hatte taufen lassen: «Die Juden sind mit Moses durch das ganze Rote Meere gezogen – sie blieben dennoch Juden und kamen ins Gelobte Land. Und bei mir macht ihr wegen der paar Wassertropfen solche Geschichten!»

WARUM geht es einem Meschummad *(Täufling)* gut, einem Ger *(Proselyt vom christlichen zum jüdischen Glauben)* dagegen schlecht?
Weil ein Meschummad einen jüdischen Kopf und ein gojsches Schicksal hat. Ein Ger dagegen hat einen gojschen Kopf und ein jüdisches Schicksal.

IN Spanien. Die Zeit der Zwangstaufen ist vorüber, und es ist nicht mehr gefährlich, sich zum Judentum zu bekennen. Ein Herr betritt die Kirche mit der wundertätigen Madonna.
Der Sakristan erklärt: «Wenn ein Jude vor diese Madonnenstatue hintritt, beginnt sie zu weinen.»
Der Fremde: «Unsinn! Ich bin Jude!»
Der Sakristan, vorsichtig um sich blickend: «Erzählen Sie es niemandem weiter: Ich bin auch Jude.»

Der nachfolgende Witz illustriert die Schwierigkeit, einen fremden Kult zu verstehen. — Wenn katholische Priester an den Altar herantreten, entblößen sie ihr Haupt.

KOHN überlegt, ob er sich taufen lassen soll. «Geh in die Kirche und sieh es dir an!» rät der Freund. «Ich wart derweil auf dich im Caféhaus.» Nach einer Stunde kommt Kohn ins Café und schnaubt zornig: «Ich werd nicht katholisch! Das ist alles Betrug! Stell dir vor: Es waren viele Leut' da, und vorn auf der Bühne standen ein großer Goj *(der Priester)* und einer kleiner Goj *(Ministrant)*, so eine Art Schammes. Da geht der große Goj hin und versteckt seine Jarmulka *(Mützchen, das fromme Juden den ganzen Tag über tragen)*. Und nun beginnt ein großes Gesejres *(Gejammer)*: Habt ihr nicht gesehen mein Hütele? Die Leut' antworten im Chor: Wir haben nicht gesehen dein Hütele. Und dann geht er und sucht das Hütele. Er nimmt das große Buch und stellt's weg — aber da ist nicht dahinter das Hütele. Dann macht er auf ein Kastel und schaut hinein — aber da ist auch nicht sein Hütele! Dann kniet er am Boden und sucht unterm Tisch - aber kann nicht finden seine Jarmulka. Schließlich geht der kleine Goj mit dem Klingelbeutel unter die Leut' und sammelt ein Geld, damit er kann kaufen eine neue Jarmulka. Und wie er hat das Geld — da ist auch das Hütele auf einmal wieder da... glaubst du, ein einziger von den Gläubigen hat zurückbekommen sein Geld!?»

EIN Missionar entpuppt sich als getaufter Rabbi. Ein frommer Jude macht ihm bitterste Vorwürfe.
«Ich habe meine Überzeugung nicht gewechselt», meint der Missionar. «Früher, als ich noch Rabbiner war, habe ich gepredigt, der Messias werde kommen. Heute predige ich, er ist schon gekommen. Ich war seit jeher überzeugt, daß er weder gekommen ist noch kommen wird.»

EIN österreichischer Politiker, getaufter Jude, meinte einmal: «In meinem Wörterbuch kommt das Wort Furcht nicht vor!»
Darauf der andere, lächelnd: «Herr Staatssekretär, schlagen Sie doch einmal unter M bei Moire *(jid. Furcht)* nach!»

ALS vor dem Ersten Weltkrieg die Wiener Juden sich in Massen taufen ließen und es als besonders vornehm galt, die Taufe in der Votivkirche vorzunehmen, sagten die Wiener: «Dem Kirchendiener der Votivkirche steigt schon die Schammesröte *(Schammes = Synagogendiener)* ins Gesicht!»

IN Berlin gibt es ein bekanntes Warenhaus mit dem Namen «Kaufhaus des Westens». Zu der Zeit, als massenhaft Juden zum protestantischen Glauben übertraten, nannte man, analog hierzu, eine berühmte protestantische Kirche in Berlin das «Taufhaus des Westens».

DIE durch ihren unfreiwilligen Humor berühmte Frau Pollak hieß nach ihre Taufe Pollak von Parnegg. Ein anderer, ebenfalls geadelter Zweig der Familie hieß nach der Taufe «Pollak von Rudin».
Vor der Musterungskommission erscheint ein eleganter, schnittiger junger Mann, Reitstiefel, Sporen, Monokel und so weiter, klappt die Haken zusammen und stellt sich vor: «Von Parnegg.»
Hinter ihm ein womöglich noch eleganterer junger Herr: «Ich heiße von Rudin.»
Kommt der nächste, ebenso elegant wie die zwei andern. Knappe Verbeugung: «Auch Pollak.»

BRESLAUER, sehr «aufgeklärt» und «assimiliert», feiert mit seinen Kindern und Kindeskindern zusammen Weihnachten unter dem brennenden Kerzenbaum.
Da wird er ans Telephon gerufen. Entrüstet schreit er hinein: «Herr Katz! Ich feier' grad mit meiner Familie Weihnachten – und da kommen Se mir mit Geschäften!? Und wenn Se mer 10, ja sogar 12% bieten – ich sag' nein!... Was haben Se gesagt? 14%? Gemacht!»

JOSSEL: «Ich will keinerlei Geschäfte mit Motl dem Krämer machen! Man sagt, daß seine Tochter sich mit einem christlichen Burschen herumschleppt...»
«Er hat doch gar keine Tochter!»
«Was macht das für einen Unterschied? Ich kann kein Vertrauen zu einem Menschen haben, von dem die Leute denken können, daß, wenn er eine Tochter hätte, sie imstande wäre, sich mit einem christlichen Burschen herumzutreiben...»

«Schma Jissro'ejl»: Anfangsworte des jüdischen Glaubensbekenntnisses, als spontaner Schreckensausruf gebräuchlich.
USA. Eine Ostjüdin sitzt unter falschem Namen in einem Kurhotel, wo Juden nicht zugelassen sind. Beim Nachmittagstee, den sie mit mehreren Südstaaten-Ladies zusammen einnimmt, bittet eine von ihnen um das Buttergefäß, das ihr ungeschickt gereicht wird, so daß die Butter der Ostjüdin auf den Schoß fällt.

«Schma Jissro'ejl!» schreit sie – und fährt zuckersüß fort: «...was immer das bedeuten mag.»

LEWINGER hat sich taufen lassen. Eines schönen Morgens bleibt ihm die Uhr stehen. Er geht auf die Straße hinunter und fragt den ersten besten Passanten: «Verzeihung, wie spät ist es?»
«Zehn Uhr», antwortet der Fremde.
«Schma Jissro'ejl!» ruft Lewinger entsetzt aus, «ich hab' die Messe versäumt!»

«Gojischer Kopp»: feste jiddische Redensart für geistige Schwerfälligkeit, Vergeßlichkeit, Denkschwäche. – Dawenen: beten. – Beim Morgengebet zieht der Jude Talles und Tefillen an.
HERR und Frau Schächter haben sich taufen lassen. Eines schönen Morgens kommt Frau Schächter ins Schlafzimmer und findet ihren Mann in Talles und Tefillen vor, wie er, in inniger Ekstase, den Körper vor- und rückwärtsschaukelnd, dawent. «Um Himmels willen, David», schreit sie empört auf, «was treibst du da?!»
David hält mit dem Schaukeln erschrocken inne, faßt sich an den Kopf und stöhnt: «Oj, mein gojischer Kopp!»

CHICAGO. Über einer Ladentür hängt eine Tafel: «Kohn & O'Toole». Ein katholischer Priester betritt den Laden und wird von einem alten Juden mit Kaftan und Pejes *(Schläfenlocken der Orthodoxen)* empfangen.
Der Priester: «Ich bin angenehm überrascht über die guten Beziehungen zwischen Ihnen und unsern Leuten!»
Der Jude: «Ich habe für Sie eine noch weit größere Überraschung bereit, Pater – *ich* bin O'Toole.»

USA. Kamnitzer reist in Bindfaden. In Louisiana gerät er an einen antisemitischen Händler, welcher höhnt: «Von Ihnen kaufe ich genau soviel Bindfaden als von Ihrer Nasenspitze bis zu Ihrer Penisspitze reicht.»
Kurz darauf erhält der Kaufmann eine Riesensendung Bindfaden mit dem Begleitbrief: «Tausend Dank für den großartigen Auftrag! Meine Penisspitze ist in Kiew *(Anspielung auf Circumcision)*.»

USA. Ein zuvor orthodoxer Jude konvertiert zum Protestantismus und darf am nächsten Sonntag die Predigt halten.
Er beginnt mit den Worten: «Meine Herren Gojim!»

SÜDSTAATEN der USA. Rabinowitsch ist in die Erziehungskommission gewählt worden. Er plädiert für gemischtrassige Schulen, die es dort bisher nicht gibt. Ein christliches Kommissionsmitglied: «Herr Rabinowitsch, haben Sie Töchter?»
«Ja.»
«Und Sie würden sie wirklich mit Negern in die Schule gehen lassen?»
«Ja.»
«Würden Sie sie auch mit einem Neger heiraten lassen?»
«Was das betrifft – auch mit keinem von Euch *weißen* Gojim!»

USA. Der Spendenkassierer der jüdischen Gemeinde kommt zu Patrick O'Connor: «Wir erwarten von Ihnen, gemäß Ihrem Einkommen, 500 Dollar.»
«Ausgeschlossen. Ich bin doch gar kein Jude!»
«Uns unterlaufen solche Irrtümer eigentlich nie. Sind Sie wirklich kein Jude?»
«Wie soll ich Ihnen das nur beweisen? Sie sehen doch das Kruzifix hier an der Wand! Meine Mutter dirigiert in einem katholischen Mädchenpensionat den religiösen Gesangschor, meine Frau organisiert dort die Weihnachtsspiele. Und mein seliger Vater – alaw haschalom *(Friede über ihn! Feste Formel für Verstorbene)* – liegt auf dem katholischen Friedhof begraben.»

USA. Pomeranz, der noch selber aus Osteuropa eingewandert ist, will einem vornehmen Athletikklub beitreten, wird aber als Jude abgewiesen. Er läßt sich taufen, akzentfreies Amerikanisch beibringen und ändert seinen Namen in Kevin McLean. Dann ersucht er abermals um Aufnahme in den Klub.
Er wird vorgeladen: «Ihr Name?»
«Kevin McLean.»
«Ihre Religion!»
Pomeranz, stolz: «Natürlich die gojische!»

Nach jüdischem Ritualgesetz muß man vor dem Essen die Hände waschen und einen Segensspruch sprechen.
DREI Konvertiten gehen zusammen ins Restaurant. Bevor der Kellner mit der Suppe kommt, entschuldig sich der eine und geht hinaus.
Sagt der zweite zum dritten: «Da schau her! Jetzt ist er schon sechs Wochen getauft, und noch immer geht er sich die Hände vor dem Essen waschen! Der Saujud!»

Medizin und Hygiene

ZWEI Herren im Eisenbahnabteil. Sie kommen ins Gespräch und stellen sich vor: «Müller. Chirurg.»
«Kohn. Beschneider der Kultusgemeinde von Pluzk.»
Der Chirurg ironisch: «Ah, ein Kollege!»
Kohn, abwehrend: «Aber nein! Ich bin doch ein Spezialist!»

«DOKTORLEBEN, ich hör' nicht mehr gut. Ich hör' nicht einmal mehr meinen eigenen Prall!»
Der Doktor schreibt ein Rezept: «Hier, nehmen Sie davon dreimal täglich zehn Tropfen.»
«Werd ich davon besser hören?»
«Das nicht. Aber lauter prallen.»

«DOKTORLEBEN, hab ich einen Kack! Wenn Se hineinbeißen, brechen Se sich die Zähne!»
«Sie Mojsche, benehmen Sie sich und reden Sie anständig! – Nehmen Sie das hier ein!»
Am nächsten Tag trifft der Mojsche den Arzt in der Schul' *(Synagoge)* und erzählt ihm strahlend: «Doktorleben, mein Kack – Se kennten gorgeln damit!»

EIN Jude in Lodz bittet den berühmten Wiener Internisten Professor Nothnagel telegraphisch, gegen ein entsprechend fürstliches Honorar zu einer Konsultation nach Lodz zu kommen: seine Frau sei gefährlich erkrankt. In Lodz erwartet der Jude den Professor am Bahnhof. Er trägt Trauerkleidung und erklärt: «Meine arme Frau ist leider inzwischen gestorben. Sie sollen aber dennoch nicht zu Schaden kommen, Herr Professor. Heute ist Freitagabend, und da würde ich Sie bitten, in unsere Synagoge zu kommen. Ich habe bereits viele kranke Männer und Frauen von Ihrer Anwesenheit avisiert, diese werden sich von Ihnen gern untersuchen lassen, und Sie werden ohne Zweifel das Ihnen für die Konsultation bei meiner Frau zugesagte Honorar mühelos zusammenbekommen.»

Gesagt, getan. Der Andrang ist enorm. Nothnagel kommt spielend auf seine Rechnung.

Am andern Tage begleitet der Jude den Professor zur Bahn und gesteht: «Ich konnte mir eine Konsultation bei Ihnen natürlich niemals leisten, sehr verehrter Herr Professor. Deswegen befand sich meine Frau gestern unter den Juden, die Sie untersucht haben, so daß ich billiger davongekommen bin.»

ARME Ostjuden in Berlin pflegten ihre Existenzgrundlage dadurch etwas zu verbessern, daß sie sich als «Schlepper» betätigten. Reiche Verwandte aus ihrem Heimatort, die zu einem Besuch nach Berlin kamen, wurden von ihnen im Empfang genommen. Unterkunft, Geschäftsbesuche, Konsultationen bei medizinischen Kapazitäten – alles wude arrangiert, wobei überall Provisionen ausgemacht wurden.

Eines Tages bringt so ein Schlepper seine Tante zu dem bekannten Internisten Professor Senator.

Senator: «Worüber haben Sie zu klagen?»
Tante: «Es kollakozert sich in meinem Bauch.»
Senator: «Wie bitte?» Tante: «Es kollakozert sich so in meinem Bauch.»
Der Professor macht ein hilfloses Gesicht und sieht den Schlepper fragend an. Der Schlepper greift vermittelnd ein, denn auch das Dolmetschern gehört zu seinem Beruf: «Entschuldigen Sie bitte, wenn ich mich hier einschalte. Der Herr Professor wird den Ausdruck nicht verstehen. Meine Tante meint: es burlet sich.»

EINE jüdische Dame kommt zum christlichen Professor.
Professor: «Seit wann leiden Sie an dem Übel?»
Dame: «Seit Tischa-Beaw.» *(Ein Fasttag im Monat August.)*
Professor: «Was ist das: Tischa-Beaw?»
Dame: «Das ist das Datum der Zerstörung des Tempels von Jerusalem vor zweitausend Jahren.»
Professor: «Und da kommen Sie jetzt zu mir? Gegen ein Übel, das zweitausend Jahre alt ist, kann ich nicht helfen.»

KURHAUS Bad Gastein. Lebhafte politische Unterhaltung zwischen drei Herren.
«Ich bin Antisemit. Und Sie!»
«Ich bin Semit.»
«Aha. Und Sie?»
«Ich bin mied.»

«Ich hab' nicht gefragt, was Sie sind, sondern wie Sie *gesinnt* sind.»
«Auch eine Frage! Wenn ich wär' *gesünd,* wär' ich nicht in Bad Gastein!»

1918. FRONTGEBIET in Galizien. Ruhr und Cholera wüten. Mitten in der Nacht klopfen zwei Krankenträger an die Türe des Hotelzimmers von Herrn Bromberger: «Der Hotelwirt schickt uns. Er fürchtet die Ansteckungsgefahr. Sie müssen krank sein. Sie waren heute nacht zwölfmal auf der Toilette.»
Bromberger: «Ja, aber elfmal war sie besetzt.»

«ICH bin unterwegs erkrankt, habe in der Stadt zwei Monate liegen müssen, es hat mich tausend Rubel gekostet!»
«Schade! Wärst du bei uns im Städtchen erkrankt: Hier hättest du für dieses Geld zwei Jahre lang krank liegen können!»

DER alte Katzenstein läßt sich vom Arzt untersuchen.
«Das ist alles nicht schlimm», sagt der Arzt, «mit Ihrem Leiden können Sie achtzig Jahre alt werden!»
Katzenstein, erschrocken: «Herr Doktor, was wollen Sie von mir? Ich bin doch schon fünfundachtzig!»

ROITSCHWANZ kommt vom Augenarzt und erzählt: «Der Doktor sagt, ich hab' was an der Iris.»
«Was ist das: Iris?» will der Freund wissen.
«Ach», sagt Roitschwanz mutlos, «ich weiß nicht einmal, was *mir* is, da soll ich wissen, was *ir* is!»

GOLDKUGEL läßt sich von einem Arzt in der nächsten Großstadt untersuchen. Der Arzt verlangt eine Urinprobe, und Goldkugel bringt eine ganze Weinflasche voll.
«Noch mehr konnten Sie nicht anschleppen?» fragt der Arzt ärgerlich.
Goldkugel steckt den Vorwurf schweigend ein.
Am andern Tag telegraphiert er freudig das Resultat der Urinanalyse an seine Familie: «Wir sind *alle zusammen* gesund, Sara, die Kinder, das Dienstmädchen und sogar der Pudel!»

Variante:
DER Arzt stellt fest: «Diabetes.»
Darauf Goldkugel, erbleichend: «Doktorleben, es war der Urin von

meiner ganzen Familie. Jetzt muß ich mitbringen ein Dutzend Flaschen, daß wir sehen können, wer hat Diabetes!»

JOJNE bringt eine Urinprobe zum Chemiker.
Der Chemiker: «Das kostet einen Rubel.»
Jojne: «So viel? Es ist doch nur die Arbeit! Das Material liefere ich ja selber!»

«WIR Juden sind nebbich von allen Seiten geschlagen: Hat ein Goj Durst – trinkt er ein paar Seidel Bier. Hat aber ein Jude Durst – dann läßt er sich untersuchen auf Zucker.»

SIMCHE hat Kopfweh und will zum Arzt. Sein Freund tadelt: «Wegen Kopfweh geht man nicht zum Arzt!»
Aber Simche erklärt: «Der Arzt muß auch leben.»
Simche bekommt vom Arzt ein Rezept und marschiert damit zur Apotheke. «Sei kein Narr», sagt der Freund, «das Kopfweh wird auch so vorübergehen!»
«Still», sagt Simche streng, «der Apotheker muß auch leben!»
Simche schüttet die Medizin in den Straßengraben.
Der Freund, entsetzt: «Himmel! Die teure Medizin!»
Darauf Simche: «Ich muß doch auch leben!»

ALS der alte Moritz Plaut starb, seufzte ein alter Herr an der Börse: «Wenn ein Mann wie Moritz Plaut mit sechsundachtzig sterben kann, ist niemand seines Lebens sicher.»

DER alte Börsianer Salinger ist erkrankt. Die Freunde trösten ihn, er werde sich bestimmt erholen und neunzig werden.
«Ach», meint Salinger deprimiert, «warum soll Gott mich nehmen mit neunzig, wenn er kann mich haben mit achtzig?»

DER Börsenmakler Wormser liegt mit Fieber im Bett. Seine Gattin rapportiert dem Arzt: «Die ganze Nacht hindurch hat er zwischen achtunddreißig und neununddreißig gehabt.»
Wormser, mit schwacher Stimme: «Bei vierzig – verkaufen.»

EIN Jude klagt beim Arzt über einen unangenehmen Reizhusten. Der Arzt verschreibt ihm: «Dreimal täglich ein Glas voll Hunyadi Janos *(bekanntes Abführmittel).*»

Nach zwei Tagen ist der Jude wieder beim Arzt.
«Nun», fragt der Arzt, «husten Sie noch?»
Der Jude: «Herr Doktor – *trau'* ich mich denn?»

JÜDIN beim Professor: «Ich habe keinen Appetit.»
Der Professor verschreibt ein Mittel. Nach einigen Tagen erscheint die Jüdin erneut zu einer Konsultation.
«Hat es geholfen?» fragt der Professor.
«Nein», seufzt die Jüdin, «aber wie ich gesehen habe, daß der Appetit nicht kommt, da habe ich eben ohne Appetit gegessen.»

«HERR Doktor, geben Sie mir etwas für meinen Appetit!»
«Sie sehen gesund aus. Aber wir werden die Gründe Ihrer Appetitlosigkeit schon herauskriegen.»
«Herr Doktor: Appetit habe ich mehr als genug. Ich bitte um etwas *für* meinen Appetit!»

BENZION Feldsalat ist vom Professor untersucht worden und legt nun drei Rubel auf den Tisch. Der Professor sagt: «Bei mir kostet eine Untersuchung zehn Rubel.»
«Entschuldigen Sie, bitte», verteidigt sich Feldsalat, «man hat mir gesagt: fünf.»

DER Professor hat die Gewohnheit, für die erste Konsultation fünf Rubel zu berechnen, für die nachfolgenden drei Rubel.
Sonnenstrahl möchte gern zwei Rubel einsparen, und als er beim Professor eintritt, ruft er lustig: «Guten Tag, Herr Professor, da bin ich mal wieder!»
Der Professor untersucht ihn und erklärt: «Der Befund ist unverändert. Sie können das gleiche Mittel weiternehmen.»

AWROM hat sich vom berühmtesten Medizinprofessor von Lemberg untersuchen lassen.
Professor: «Das macht 100 Kronen.»
Awrom: «Habe ich nicht.»
«Zahlen Sie halt die Hälfte.»
«Habe ich auch nicht.»
«Also schön: geben Sie 10 Kronen und scheren Sie sich zum Teufel.»
«Geht auch nicht. Ich habe nur 2 Kronen in der Tasche. Sie können sie nehmen oder es lassen.»

Professor, ganz wild: «Wieso kommen Sie dann zum teuersten Spezialisten von Lemberg?»
Awrom: «Für meine Gesundheit ist mir nichts zu teuer.»

BEIM Arzt. «Frau Kaganowitsch, Sie sind krank.»
«Ich möchte aber gern noch eine zweite Meinung hören.»
«Bitte sehr: Sie sind auch grundhäßlich!»

DIE liebevollen Erben umstehen den kranken Erbonkel. Einer von ihnen befragt den Arzt, der ihn untersucht hat, und verkündet betrübt den andern: «Solange es ist *kein* Wasser in den Füßen, ist *keine* Hoffnung.»

DER Patient liegt auf dem Narkosetisch. Der Professor orientiert die Studenten: «Er heißt Jontefson, ist vierzig Jahre alt, die Eltern sollen leben und gesund sein.»
Der Patient *(der die Aussage über seine Eltern nicht als Information, sondern als frommen Wunsch versteht)* setzt sich gerührt auf und sagt: «Und Ihre Eltern auch, Herr Professor, und Sie und Ihre Kinderchen ebenfalls, sie sollen alle leben und gesund sein!»

EIN Jude soll operiert werden. Er liegt auf dem Operationstisch mit der Narkosemaske vor dem Gesicht. Der Narkotiseur befiehlt ihm: «Nun, zählen Sie schön ruhig!»
Der Jude zählt: «...achtundneunzig, neunundneunzig, e Schilling.»

EIN Jude verlangt in der Apotheke ein Abführmittel. Er will es sofort einnehmen. Der Apotheker erkundigt sich, wie weit entfernt der Kunde wohnt, und dosiert das Mittel entsprechend.
Als der Jude wieder einmal vorbeikommt, fragt der Apotheker: «Nun, hat das Mittel richtig gewirkt?»
«Zwei Meter zu kurz!»

DER Arzt: «Hat mein Abführmittel gewirkt?»
Patient: «Jawohl – zweimal.»
Arzt: «Nur zweimal?»
Patient: «Ja. Das erstemal von Mittag bis Mitternacht und das zweitemal von Mitternacht bis Mittag.»

AUS dem Notizbuch des Feldschers: «Es gibt nur zwei absolut sichere Mittel gegen Gelbfieber. Beide helfen nicht.»

DIE Mutter des Begründers vom Bankhause Rothschild wurde sehr alt. Als sie einmal den Arzt konsultierte, meinte dieser: «Ja, ich kann Sie leider nicht jünger machen.»
Da meinte die alte Dame: «Ich will ja nur älter werden.»

DER Kurpfuscher ist schwer erkrankt. Der Arzt des Ortes läßt daraufhin alle Streitigkeiten mit dem bisherigen Konkurrenten vergessen und begraben sein und eilt zu ihm. Er sitzt am Bettrand des Kranken und greift nach seinem Puls.
«Herr Doktor», flüstert der Kurpfuscher kraftlos, «zwischen uns beiden – wozu der Schwindel? Für unsere Patienten – natürlich! Aber wir beide wissen doch ganz genau, daß so etwas wie ein ‹Puls› nie existiert hat und ein Märchen ist.»

LIEPE, der Färber, liegt mit hohem Fieber da. Der Feldscher greift nach seinem Puls und erklärt: «Scharlach.»
«Unsinn», protestiert Liepe. «Erstens bin ich siebzig Jahre alt, und zweitens hatte ich schon als Kind Scharlach.»
Feldscher: «Und Ihre rotgefleckten Hände?»
«Das ist Farbe. Ich bin doch Färber!»
«Ihr Glück! Sonst wäre es bestimmt Scharlach gewesen.»

DER Arzt: «Na, Herr Mandelstamm, es geht ja wieder mächtig aufwärts mit Ihnen! Sie haben zwar noch ein klein wenig Wasser in den Füßen, aber da mach ich mir nichts draus!»
Mandelstamm: «Herr Doktor, wenn *Sie* werden haben Wasser in die Füß', mach' *ich* mir auch nichts draus.»

IN einer kleinen, armen Gemeinde kommt der Rabbi mit Zahnweh zum Feldscher. Dieser reißt ihm den Zahn aus und sagt: «Ich berechne Ihnen nichts. Bald kommen die Feiertage – betrachten Sie das als mein Festgeschenk.»
Rabbi: «Gut. Aber erzählen Sie es niemand! Sonst wird mir die Gemeinde, statt mir für die Feiertage Geld zu schicken, den Rest der Zähne ausreißen wollen.»

KOHN kommt aus der Ordination seines Arztes und trifft bei der Türe seinen stotternden Freund. Der fragt:
«Wa-wa-was f-fehlt di-i-r denn?»
«Prostataentzündung.»

«Wa-was iist dddenn ddas?»
«Nu: ich pisse so, wie du redest.»

EIN Jude aus einem galizischen Nest kommt nach Wien und will an einer Ecke seine Notdurft verrichten. Ein Polizist macht ihm klar, daß das in Wien verboten ist. Der Jude irrt verzweifelt in den Straßen herum – da erblickt er das Schild eines jüdischen Arztes und eilt zu ihm in die Praxis hinein.
«Herr Doktor», ruft er aufgeregt, «ich kann nicht pissen!»
Der Arzt bringt ein Gefäß und meint: «Wir wollen eine Probe machen... aber Sie können doch ohne weiteres!»
«Ja», sagt der Jude, «wenn man mich läßt!»

ALTER Jude: «Herr Doktor, ich kann nicht pissen.»
Der jüdische Arzt: «Wie alt sind Sie?»
Patient: «Neunzig Jahre.»
Arzt: «Und da kommen Sie zu mir? Wenn Sie neunzig Jahre alt sind, dann haben Sie genug gepißt.»

PATIENT beim jüdischen Arzt klagt über Husten.
Arzt: «Wie alt sind Sie?»
Patient: «Siebzig.»
«Und haben Sie mit Dreißig gehustet?»
«Nein!»
«Und mit Fünfzig?»
«Nein!»
«Na, wann wollen Sie denn husten, wenn nicht jetzt?»

EIN alter Jude kommt zum jüdischen Arzt und will anfangen zu erklären, da ruft der Arzt nervös: «Ich habe keine Zeit für Unterhaltungen, ziehen Sie sich rasch aus.»
Der Jude: «Aber Herr Doktor...»
Der Arzt schreiend: «Schweigen Sie, ziehen Sie sich aus!»
Der eingeschüchterte Jude zieht sich aus. Der Arzt untersucht ihn und meint schließlich verwundert: «Was wollen Sie bei mir? Sie sind doch ganz gesund!» Der Jude beglückt über die Redeerlaubnis: «Herr Doktor, ich komme wegen der Steuern für die jüdische Gemeinde.»

PINTSCHEWER zum Arzt: «Wenn ich den Körper schräg vorbeuge und dann drehe und zugleich den einen Arm von oben und den zweiten von

unten her gegen den Rücken winde, dann tut mir der ganze Körper furchtbar weh.»
Der Arzt: «Und wozu diese ausgefallene Gymnastik?»
Pintschewer, verwundert: «Ja – wie soll ich sonst nach Ihrer Meinung einen Mantel anziehen?»

ZWEI Juden mit schweren Fußverstauchungen im Lazarett. Der eine brüllt bei jeder Untersuchung, der andere läßt sie stoisch über sich ergehen.
«Du bist ein Held», sagt der Brüller bewundernd.
«Nein», sagt der andere, «ich bin nur klüger als du: ich zeige dem Arzt jeweils den gesunden Fuß.»

JUDE beim Optiker: «Ich brauche eine Brille.»
Optiker: «Kurzsichtig oder weitsichtig?»
Jude: «Durchsichtig.»

JUDE beim Augenarzt: «Seit einiger Zeit sehe ich schlecht.»
Der Arzt greift nach seiner Buchstabentabelle, doch es erweist sich, daß der Jude nur Hebräisch lesen kann. Der Arzt, zufällig selber Jude, bringt ein hebräisches Gebetbuch. Der Jude liest mühelos. Der Arzt tritt langsam mit dem Buch Schritt für Schritt zurück – er ist schon drei Meter vom Juden entfernt, und der schnurrt den Text immer noch ohne jede Anstrengung herunter.
Der Arzt: «Aber hören Sie! Sie sehen doch unerhört gut!»
«Was hat das», fragt der Jude, «mit dem Sehen zu tun? Welcher Jude kennt die Gebete nicht auswendig!?»

DER Arzt zur Mutter des fiebernden Kindes:
«Hat die Kleine nachts phantasiert?»
Die Mutter: «Ja – aber nur ganz dünn!»

EIN alter Jude klagt beim Ohrenarzt: «Ich kann auf dem linken Ohr nicht mehr hören.»
Der Arzt untersucht ihn und stellt fest: «Da kann man leider nichts machen. Das ist das Alter.»
Der Jude: «Ist denn das linke Ohr älter als das rechte?»

ARZT: «Haben Sie Schüttelfrost gehabt?»
«Schüttelfrost? Ich versteh' die Frage nicht.»

«Ich meine: Haben Ihre Zähne geklappert?»
«Ich weiß nicht, sie haben im Nachtkastl gelegen. Mir scheint, e bissele geklappert habn sie.»

SCHMULOWITSCH beim Arzt: «Herr Doktor, was soll ich tun? Meine Leber macht mir Beschwerden, meine Beine tun mir weh, mein Puls ist ganz unregelmäßig, mein Magen verträgt nichts – und *ich selber* fühle mich auch nicht gesund.»

DER jüdische Primarius am Krankenbett des Patienten: «Ihr Blutdruck ist gestiegen, der Puls ist unregelmäßig, der Nystagmus verstärkt, die Bulbi verfärbt... *(sehr laut und dezidiert)*: Sie haben ein Ei gegessen!»
Der Patient, kleinlaut: «J-ja, Herr Professor!»
«Mein lieber Freund, wenn Sie meine Anweisungen nicht befolgen, kann ich Sie nicht gesund machen!»
Im Gang sagt der Assistent zum Primarius: «Herr Dozent, ich bin sprachlos! Wie konnten Sie das nur herausbekommen?»
«Kunststück! Eidotter hatte er am Hemd!»

«HERR Doktor, ich habe solche Leibschmerzen.»
«Leiden Sie an Blähungen?»
«Was heißt ‹leiden›?! Mein einziges Vergnügen!»

ANWALT zum Konzipienten: «Leiden Sie auch so an Blähungen?»
Konzipient: «Nur an Ihren!»

DER Schnorrer Gelles kommt zum Arzt. Dieser verschreibt ihm eine Medizin, und da ihm der arme Teufel leid tut, behandelt er ihn nicht nur gratis, sondern schenkt ihm obendrein 20 Kronen. Nach einigen Monaten trifft der Arzt den Gelles und fragt, wie es ihm geht.
Meint Gelles: «Es geht mir unberufen besser! Sie waren so gütig und haben mir geschenkt 20 Kronen, da hab ich mir können leisten, zu einem teuren, anständigen Arzt zu gehen.»

DER alte Feigenblüh konsultiert den Arzt. Der Arzt rät: «Wenig rauchen, wenig trinken und, Herr Feigenblüh, wenig lieben!»
Feigenblüh droht lächelnd mit dem Finger: «Sie Schmeichler!»

IM Sankt-Joseph-Hospital in New York erwacht ein christlicher Patient nach der Operation aus der Narkose, kommt allmählich zum Bewußt-

sein und ruft die Krankenschwester heran: «Schwester, was bedeutet das? Ich bin doch wegen einer Brustoperation hergekommen – und nun habe ich einen zweiten Verband noch viel weiter unten?»
«Oh», sagt die Schwester, «das ist eine faszinierende Geschichte! Als unser Abteilungsarzt Ihre Brust geöffnet hatte, stellte er unerwartete Komplikationen fest, denen er sich nicht gewachsen fühlte. Zum Glück war gerade der berühmte Chirurg Dr. Kohn erreichbar, und zum Glück erklärte er sich auch bereit, die Operation an Ihnen weiterzuführen. Er operierte in unserm Amphitheater, und alle Ärzte, Assistenten, Schwestern und sogar Putzfrauen kamen angerannt, um zuzuschauen, was er mit seinen Zauberfingern vollbrachte. Es war traumhaft! Alles saß so still da, wie in der Kirche. Und dann, als er geendet hatte, geschah das Ungewohnte: Alles brach in Jubel und Applaus aus! Es war der reinste Tumult. Dr. Kohn verneigte sich nach allen Seiten, und dann, als Dreingabe, hat er sie beschnitten!»

ARZT: «Ihre Grippe ist jetzt ausgeheilt. Sie schulden mir zehn Franc.»
«Ich dachte, ich bekomme die Behandlung gratis?»
«Warum denn?»
«Ich habe doch die Grippe an das ganze Städtchen vermittelt!»

«JOSSEL, ich habe eine Stecknadel verschluckt!»
«Darum schreist du so? Als ob es sich um einen Diamanten handle! Da hast du eine andere!»

«PRAESENTE medico nihil nocet» *(in Anwesenheit des Arztes schadet nichts)* übersetzt Moritz: «Präsente schaden dem Arzt nicht.»

«WARUM hältst du die Backe?»
«Zahnweh. Schon vier Nächte kann ich nicht schlafen!»
«Wenn es mein Zahn wäre, würde ich ihn sofort ziehen lassen!»
«Wenn es *dein* Zahn wäre, würde ich ihn auch sofort ziehen lassen!»

BEIM Zahnarzt: «Herr Doktor. Drei hohle Zähne! Sie müssen gezogen werden! Aber ganz ohne Anästhesie und Geschichten!»
«Bravo! Setzen Sie sich in den Drehstuhl!»
«Wieso ich? Meine Frau! Sie wartet im Vorzimmer!»

BLUMENFELD hat Zahnweh. Der Zahnarzt: «Mit Anästhesie kostet es doppelt soviel.»

Blumenfeld läßt sich die Anästhesie machen und verschwindet... Am Abend erzählt der Zahnarzt im Café: «Komisch! Zu mir kam heute ein Herr Blumenfeld, ließ sich eine Anästhesie machen – und dann ist er verschwunden!»
Sagt der Kollege: «Zu mir kam heute ein Jude mit gleichem Namen und ließ sich einen Zahn ohne Anästhesie extrahieren!»

IN einer Provinzstadt hat ein junger Arzt eine Praxis aufgemacht und will sich populär machen.
Ein katholischer Geistlicher kommt zu ihm und wird gratis behandelt. Zum Dank schickt er ihm einige Flaschen guten Wein.
Der protestantische Pfarrer schickt als Dank für die Gratisbehandlung ein fettes Ferkel.
Zuletzt kommt der Rabbiner. Auch ihn behandelt der Arzt gratis. Der begeisterte Rabbiner schickt ihm – einen zweiten Rabbiner!

DER fromme Rabbi ist schwer erkrankt.
«Wir müssen zu Gott hoffen, daß alles gut wird!» meint der Arzt ausweichend.
«Zu Gott hoffen», sagt der Rabbi, «kann ich besser als Sie. Sagen Sie mir lieber, was ich von *Ihnen* erhoffen kann!»

DER Rabbi sagt beim Abschied zu seinem Schüler: «Du sollst im Leben viele Sorgen haben!»
«Rabbi! Wie könnt Ihr mir so etwas wünschen!»
«Wenn man viele Sorgen hat, ist man gewöhnlich gesund. Der Kranke kennt nur *eine* Sorge: Wieder gesund zu werden!»

EIN Jude wohnte in Berlin im gleichen Haus wie der Medizinprofessor Wechselmann. Einmal schnitt er sich nachts bei einem Hausball in den Finger und weckte sofort den Professor.
Dieser schaut den Finger an und sagt: «Sie müssen schleunigst in der Nachtapotheke ein antiseptisches Pflaster besorgen!»
Der Jude wird weiß wie die Wand: «Besteht solche Gefahr?»
Der Professor: «Das nicht. Aber wenn Sie bis morgen früh warten, schließt sich die Wunde inzwischen von selbst!»

Variante:
DOKTOR Reichenstein, der bekannte Lemberger Internist, wird mitten in der Nacht aus dem Schlaf geweckt.

Das Telephon klingelt. Was ist denn so Wichtiges geschehen? Ein Fabrikant ist offenbar sehr krank geworden.
Der Arzt geht zum «gefährlich» Erkrankten, untersucht ihn und sagt dann mit ernster Miene: «Ich rate Euch, sogleich nach dem Notar zu schicken!»
Kalter Schweiß bedeckt den Reichen: «Doktor-Leben! Steht es mit mir schon so schlecht?»
«Nein», antwortet der Arzt. «Eigentlich fehlt Euch gar nichts. Ich will aber nicht der einzige Narr sein, den man Euch zuliebe mitten in der Nacht aufgeweckt hat!»

Die meisten psychoanalytischen Ärzte und Patienten in den USA sind Juden. Man nennt daher die Psychoanalyse in New York ironisch «Jewish Science».
HAUS eines erfolgreichen Psychoanalyten in New York.
Man tritt ein und sieht zwei Wegweiser: Männer – Frauen. Man wählt und geht weiter.
Es kommen wieder zwei Wegweiser: Mutter geliebt – Mutter gehaßt. Man denkt: Mutter geliebt und geht weiter.
Wieder zwei Wegweiser: Vater geliebt – Vater gehaßt. Man überlegt: Vater gehaßt und geht weiter.
Es kommen zwei Türen mit den Aufschriften: Einkommen über 10 000 Dollar – Einkommen unter 10 000 Dollar. Man denkt: Unter 10 000 und öffnet die Tür – und steht wieder auf der Straße.

DER Psychoanalyt: «Herr Goldstein, müssen Sie denn alle Fragen mit Gegenfragen beantworten?»

DER Psychoanalyt: «Missis Ginsberg, betrachten Sie es so: Sie haben zwei Persönlichkeiten in sich, eine koschere und eine trefene.»

DAS Telefon beim Psychoanalyten klingelt: «Ist dort Doktor Finkelstein, der Verrücktendoktor?»
«Jawohl.»
«Was kostet bei Ihnen eine Konsultation. Ich brauche eine.»
«Fünfzig Dollar.»
«Fünfzig Dollar? So verrückt bin ich noch nicht!»

DER alte Krautsalat hat angefangen, mit sich selber zu reden. Die Söhne sind beunruhigt und bringen den Arzt.
Krautsalat, erbittert: «Zum erstenmal in meinem Leben unterhalte ich

mich mit einem vernünftigen Menschen – und da will man mir einreden, ich sei verrückt!»

«HERR Doktor, mit mir ist etwas nicht in Ordnung: ich rede seit einiger Zeit dauernd zu mir selber.»
Der Arzt: «Ich auch. Das ist nicht weiter schlimm.»
Der Patient: «Ja – aber Sie ahnen nicht, was für ein Nudnik *(langweiliger Schwätzer)* ich bin!»

KOHN zu seinem Freund: «Mein Moritzl ist ein Bettnässer; und das Schlimmste: es bekümmert ihn.»
Der Freund: «Das ist heut gar keine Affäre. Du gehst mit ihm zu einem Psychiater.»
Ein paar Wochen später: «Nu – hat der Psychiater kuriert dein Moritzl?»
«Ja.»
«No – wunderbar! Also macht er nicht mehr ins Bett?»
«O doch. Aber er macht sich nichts mehr daraus.»

BEIM Psychoanalyten: «Doktorleben, ich habe das Gefühl, daß mir überall am Körper Schlangen heraufkriechen.»
Der Psychoanalyt, entsetzt: «Kommen Sie mir nicht zu nah!»

PARTYGESPRÄCH. «Herr Doktor, als Fachmann für Psychoanalyse werden Sie die Frage, die wir diskutieren, sicher beantworten können. Was meinen Sie: Wenn van Gogh psychoanalysiert worden wäre – hätte er sich dann sein Ohr nicht abgeschnitten?»
«Oh doch! Aber er hätte gewußt, warum.»

GOLDSAND: «Herr Doktor, es ist nicht auszuhalten! Ich träume dauernd von Blut und dicken Fleischklumpen!»
«Das sind bedenkliche Symptome! Aber keine Angst, wir werden der Sache schon beikommen. Zunächst Ihre Personalien. Was sind Sie von Beruf?»
«Metzger.»

KOHN: «Doktor, ich habe ein Problem. Ich liebe mein Pferd.»
«Das ist nichts Ungewöhnliches. Die meisten Leute, die ein Tier halten, lieben es und sorgen zärtlich für sein Wohl.»
«Doktor, ich meine es nicht so. Es geht hier um Sex...»

«Ah, ich verstehe... Ist es ein Hengst oder eine Stute?»
Kohn, entrüstet: «Eine Stute natürlich! Doktor, halten Sie mich für pervers!?»

NEW YORK. «Frau Ginsberg, wie geht es Ihrem Sohn?»
«Er hat nebbich einen Ödipuskomplex.»
«Ach was! Edipus – Schmedipus! Hauptsache, er liebt die Mame!»

DIE Mutter: «Schau, wie mein Moritzl mich liebt! Er schreibt mir, daß er jeden Tag zum Psychoanalyten geht und eine volle Stunde damit verbringt, von mir zu reden!»

NEW YORK. Die Großmutter fängt an, ein bißchen merkwürdig zu werden. Die Familie beschließt daher, sie zum Psychoanalyten zu schicken. Die Großmutter kann nur Jiddisch, und man macht einen jiddisch sprechenden Psychoanalyten ausfindig. Dieser möchte sich ein Bild vom Geisteszustand der Großmutter machen, deutet auf einen Löffel und fragt: «Wos is dos?»
«Dos is a Lefel», sagt die Großmutter.
«Un wos is dos?» fragt der Arzt und hält eine Gabel hoch.
«Dos is a Gobel», sagt die Großmutter.
Der Arzt hält jetzt einen Salzstreuer hoch: «Un wos is dos?»
«Dos», erklärt die Großmutter, «is a Phallic symbol!!»

EIN Geschäftsmann hat einen Nervenzusammenbruch und geht zum Psychoanalyten.
Dieser befiehlt: «Legen Sie sich auf die Couch und reden Sie, was Ihnen durch den Kopf geht!»
Der Kaufmann schweigt.
Der Psychiater warnt: «Ich mache Sie aufmerksam, daß jede Minute einen Dollar kostet!»
Der Kaufmann schweigt weiter, zahlt nach einer Stunde sechzig Dollar und geht heim.
Dasselbe wiederholt sich bei der zweiten Sitzung.
Bei der dritten Sitzung öffnet der Patient endlich den Mund: «Darf ich Sie etwas fragen, Herr Doktor? Wäre vielleicht eine finanzielle Beteiligung an Ihrem Geschäft möglich?»

BEIM Psychoanalyten
Patient, ganz aufgeregt: «Ich hatte diese Nacht einen merkwürdigen

Traum. Ich sah meine Mutter, aber sie hatte nicht ihr eigenes Gesicht, sonders Ihres, Herr Doktor! Ich lag die ganze Nacht wach. Dann trank ich eine Cola und kam zu Ihnen um eine Deutung.»
Der Psychoanalyt, nach langem Schweigen: «Cola – soll das ein Frühstück sein?»

WAS ist ein Psychoanalyt?
Ein jüdischer Doktor, der kein Blut verträgt.

Über den Realitätswert der Hygienewitze bitte nachlesen Seite 33.

FRÄULEIN an der Kasse der Badeanstalt: «Wenn Sie zwölf Karten auf einmal nehmen, haben Sie Ermäßigung.»
Kloppstein, melancholisch: «Weiß ich, ob ich werde leben noch zwölf Jahr?»

«ICH nehme jedes Jahr ein Bad – ob ich es nötig habe oder nicht!»

VATER und Sohn gehen zusammen ins Türkische Bad.
«Pfui, hast du aber schmutzige Füße!» meint der Vater.
«Aber Tate, deine Füße sind doch noch viel schmutziger!»
«Wie kannst du das vergleichen», tadelt der Vater empört, «ich bin dreißig Jahre älter als du!»

DER alte Zifferblatt steigt sinnierend in den Badezuber und murmelt: «Wie so ein Jahr vergeht!»

WIENER Spezialist für Fußkrankheiten:
«Die Füße hätten Sie sich aber wirklich waschen können!»
Herr Süßfleck aus Rumänien: «Das hat mir unser Hausarzt auch schon geraten, aber ich dachte, bevor ich so was tue, frage ich doch lieber erst eine Kapazität in Wien.»

SARA kommt vom Arzt: «Ich soll zur Kur nach Wiesbaden.»
Sagt der Mann: «Du hast ihn sicher schlecht verstanden. Er meint, du sollst *die Fieß baden!*»

AUF der Kurpromenade: «Herr Lewinson, haben Sie heute ein Bad genommen?»
Lewinson, befremdet: «Wieso, fehlt eins?»

NUDNIAK zum Hotelportier: «Geben Sie mir ein Zimmer.»
Portier: «Mit fließendem Wasser?»
Nudniak: «Wieso? Bin ich eine Forelle?»

ITZIG betritt in weiblicher Begleitung ein Stundenhotel.
«Ihr Name, bitte?» fragt der Portier.
«Schreiben Sie: Herr Fisch und Gemahlin.»
«Wollen Sie ein Zimmer mit Bad?»
«Unsinn: das ist doch nur ein *angenommener* Name!»

LÖWENSTEINS Dienstmädchen ist krank. Frau Esther muß alle Hausarbeit allein machen. Zu allem Unglück geht der Ofen aus, und sie muß ihn selber von Ruß und Asche säubern.
Wehklagend zeigt sie ihrem Mann die Hände: «Da schau her, Salo! Händ' kriegt man wie Füß'!»

EIN Leutnant von der k. u. k. Armee und ein Jude fahren in der polnischen Eisenbahn. Nach einer Weile fragt der Jude: «Herr Laitnantleben, was verwenden Sie für ein hervorragendes Parfüm?»
Der Leutnant: «Fin de siècle!»
Nach längerem Schweigen fragt der Leutnant den Juden:
«Sagen Sie, wieso stinken Sie so penetrant?»
Der Jude: «Auch fün die Seckln!» *(jiddisch: von den Socken.)*

DAS Bähnchen rollt durch die galizische Ebene. Im Waggon herrscht hochsommerliche Hitze. Hirschtalg, der aus der Bezirksstadt zurückkommt, entledigt sich seiner beengenden Stiefel.
«Die Füß' sind mir eingeschlafen!» entschuldigt er sich bei seinem Gegenüber.
Darauf der andere, verwundert: «Eingeschlafen? So, wie sie riechen – müssen sie schon sehr lange tot sein!»

AN einem Frühlingstag im Café.
«Herr Rebstock, ich frage Sie, was wird sein im Sommer...»
«Was wird schon sein», unterbricht ihn der Rebstock, «die Familie wird gehen aufs Land und die Preise werden um einiges steigen.»
«Aber nein, ich frage Sie, was wird sein im Sommer...»
Wieder unterbricht ihn Rebstock: «Was soll sonst noch sein? Das Budapester Orpheum wird geben ein neues Programm, und der Lausitzer wird pleite gehen.»

«Lassen Sie mich ausreden! Ich meine: was wird sein im Sommer, wenn Ihre Schweißfüße jetzt schon so stinken?»

DER ungarische Humorist Karinthy *(Halbjude)* hat die Überquerung des Roten Meeres durch die Juden so erklärt:
«Das Rote Meer hat sich lieber entzwei gespalten, anstatt die Füße der Juden als erstes waschen zu müssen. So kamen die Juden mit trockenen Füßen in Budapest an.»

ZUM Zollamt kommt ein Jude mit einem kleinwinzigen Päcklein und beteuert dem Zöllner: «Lauter Wäsch'.»

LEHRER: «Herr Blau, keiner der Schüler will neben Ihrem Moritz sitzen. Moritz muß sich unbedingt besser waschen.»
Blau: «Was geht Sie das an? Ich schicke Ihnen meinen Sohn, damit er etwas bei Ihnen lernen soll, und nicht, damit Sie an ihm herumriechen. Er ist keine Rose.»

BLAU betritt eine Delikatessenhandlung. Tatsächlich, der Kunde vor ihm ist Grün, den er seit Jahren nicht gesehen hat!
«Gott der Gerechte, Grün – bist du's?»
«Aber ich bitt' dich! Der *Käse* natürlich...»

AM Hochzeitsmorgen. Chaim Rot löst in der Badeanstalt ein Billett für ein Wannenbad. Das Fräulein: «Sie müssen aber warten. Alle Kabinen sind besetzt.»
Rot, verwundert: «Heiratet denn alle Welt heute?»

(Galizisch Jiddisch wird das deutsche «U» als «I» gesprochen.)
EIN Galizier, frisch nach Berlin eingewandert, unterhält sich mit einem Glaubensgenossen, der schon länger dort wohnt.
Der Galizier: «Mein Brider ist listig.»
Der andere: «Meinen Sie ‹listig› im Sinne von ‹verschmitzt›?»
Der Galizier: «Nein, dreckig ist er nicht.»

«SCHWOB, überkommt dich nie die Lust, zu baden?»
«Doch. Aber ich kann meine Gelüste beherrschen.»

IM Strandbad: «Schmul, gehen wir ins Wasser?»
«Wozu? Gepißt habe ich schon, und schwimmen kann ich nicht.»

SCHMUL pißt ungeniert ins Schwimmbad. Der Bademeister ist außer sich. Drauf Schmul: «Mich schimpfen Sie aus, wo ich der einzige Aufrichtige hier bin!»

LAIWUSCH entziffert am Seeufer eine Tafelaufschrift: «Das Baden ist an dieser Stelle bei fünf Mark Buße verboten» und meint empört: «Fürs Baden nur fünf Mark Buße – viel zu wenig!»

BLAU: «*So* willst du zum Wohltätigkeitsball, Sara? Das geht nicht! Entweder du ziehst dir das Dekolleté höher hinauf, oder du wäschst dich tiefer hinunter!»

RICHTER: «Sind Sie vorbestraft?»
Schmucklersky: «Ja. Ich habe vor fünf Jahren an einer verbotenen Stelle gebadet.»
«Und seither?»
«Seither habe ich nie mehr gebadet.»

KOHN zum Dienstmädchen: «Anna, wenn der Lewy kommt und will sein Geld von mir haben – dann sagen Sie ihm, ich sitz in der Badewanne und kann ihn nicht empfangen.»
Lewy kommt, und das Mädchen führt ihn zu Kohn herein...
Als Lewy gegangen ist, fragt Kohn vorwurfsvoll: «Warum haben Sie ihm nicht gesagt, ich bin in der Badewanne?»
«Ich habs ihm gesagt, aber er hat geantwortet, das ist nicht wahr, im Oktober badet man nicht mehr.»

GEFÄNGNIS. «Herr Blau, Sie müssen baden!»
«Ungern.»
«Es ist Vorschrift... Pfui! Wann haben Sie das letzte Mal gebadet?»
«Wie hajßt! Ich war doch noch nie im Gefängnis!»

IM Hotel. «He, Sie! Stehn Sie auf! Es ist Mittag!»
«Ich bin nicht hungrig!»
«Ich brauch aber das Leintuch zum Tischdecken!»

SITZT e Jid im Zug von Lemberg nach Tarnopol und schläft. Neben ihm sitzt ein Goj und ißt Quargel, und hernach hält er dem im Schlafe röchelnden Jid das Quargelpapier unter die Nase.
Darauf der Jid: «Sara, mein Goldchen, deck dich zu!»

BLOCH kommt zu Lewy und sieht, wie dieser durch die Spalte in der Badezimmertür späht. «Lewy, was machst du da?»
«Pst! Ich schaue meiner Frau beim Baden zu!»
«Hast du sie in den zwanzig Jahren nie nackt gesehen!?»
«Ja. Aber, daß sie badet, hab ich noch nicht gesehen!»

«WIE heißen Läuse auf Jiddisch?»
«Kinim *(hebräisches Wort)*.»
«Und in Einzahl?»
«Läuse in Einzahl gibt es bei uns nicht!»

ABSTEIGE in Berditschew. Dame kommt von der Toilette und beklagt sich beim Wirt: «Ekelhaft! Die ganze Toilette sitzt voll Fliegen!»
Der Wirt: «Empfehle, sie zwischen zwölf und zwei Uhr aufzusuchen, da sind alle Fliegen in der Küche.»

JOËL hat in Wien beim Portal der Oper hingespuckt und zehn Schilling Strafe dafür bezahlen müssen. Er zahlt und fragt den Polizisten: «Sagen Sie mal, wie könnte ich die Generalvertretung von diesem Geschäft für Berditschew erhalten?»

«ICH kann erraten, was du gestern zu Mittag gegessen hast!»
«So etwas kann man nicht erraten!»
«Ich kann es doch. Du hast (auf den Bart des andern starrend) Nudeln und Sauerkraut gegessen.»
«Ha-ha! Das ist falsch! Das war vorgestern!»

«WAS ist Levy für ein Mensch?»
«Der? Ein gesinnungsloser Lump! Er wechselt seine Überzeugung wie seine Wäsche *alle Quartal*!»

«HABEN Sie Familie?»
«Nein, ich bin Junggeselle.»
«Haben Sie Brüder, Vettern?»
«Nein.»
«Vielleicht einen Zimmerkameraden?»
«Auch nicht.»
«Dann weiß ich nicht.»
«Was wissen Sie nicht?»
«Wer Ihre Hemden trägt, wenn sie noch sauber sind!»

DER reiche Vetter hat zwei arme Verwandte eingeladen und stellt die Bedingung: «Ihr müßt aber vorher die Wäsche wechseln.»
Die beiden versprechen es. – Wie sie hinmarschieren, sagt der eine nachdenklich: «Was hat er davon, daß wir beide die Hemden miteinander gewechselt haben?»

DER alte Melamed kommt in die Stadt, um seinen reich gewordenen früheren Schüler zu besuchen. Dieser will dem alten Mann eine Freude bereiten und ihn ins Theater mitnehmen.
«Aber Sie müssen mir versprechen», verlangt er, «daß Sie ganz bestimmt vorher die Socken wechseln.»
Am Abend im Theater verbreitet sich unter den Zuschauern rund um den Melamed starke Unruhe.
«Haben Sie wirklich die Socken gewechselt, wie ich es Ihnen angeraten habe?» fragt der Schüler vorwurfsvoll.
Der Melamed ist gekränkt: «Ich habe gewußt, daß Sie mir nicht glauben werden. Darum habe ich die alten Socken in der Brusttasche zum Beweis mitgenommen – da, sehen Sie!»

FLITTERGOLD, nachdenklich: «Man wäscht sich doch manchmal die Händ – warum wäscht man sich niemals die Füß?»

DER Sohn, seit Jahren in Berlin ansässig, besucht seine alten Eltern in Pinczew. Am Morgen schaut der Vater dem jungen Manne interessiert bei der Toilette zu: «Was machst du da? Was ist das?»
«Das ist eine Zahnbürste. Ich putze mir die Zähne.»
Vater, schmerzlich berührt: «Weißt du, Itzig, ich an deiner Stelle würde mich schon gleich taufen lassen!»

Variante:
«SAG, Itzig, bist du überhaupt noch beschnitten!?»

«MOSESLEBEN, du riechst sauer. Du mußt gehen baden.»
Moses geht schweren Herzens und kommt noch schwereren Herzens wieder: «Nie wieder, Sara! Hab' ich verloren beim Baden meine Weste!»
Ein Jahr vergeht.
«Mosesleben, du riechst sauer! Du mußt gehen baden!»
Er geht wirklich und kommt strahlend wieder: «Sara, ich habe sie wieder, die Weste! Ich hab' sie gezogen 's letztemal unters Hemd.»

EIN armer Ostjude kommt zu seinem reich gewordenen Bruder in Berlin, als sich gerade vornehme Gäste im Hause befinden. Nach einigem Zögern erlaubt der reiche Bruder dem armen, in den Salon hereinzukommen, macht ihn aber streng darauf aufmerksam, daß er sich nicht kratzen dürfe. Der arme Bruder verspricht es. Anfangs hört er mit großem Interesse dem Gespräch der adligen Gäste zu, das sich zumeist um Versetzungen im Offizierskreis dreht. Allmählich aber beginnt es ihn grausam zu jucken. Er windet den Körper nach allen Seiten – aber schon trifft ihn der Zornesblick seines Bruders.

Da mischt er sich plötzlich ins Gespräch und sagt vornehm: «Mein Vetter ist General. Letzthin kam er in voller Uniform zu mir zu Besuch. Er hatte Tressen da (kratzt sich auf linker Schulter), Tressen da (rechte Schulter), goldene Knöpp hier (kratzt sich am linken Unterarm), goldene Knöpp da (kratzt am rechten Unterarm) und den ganzen Kopp voll von Dajges» *(Sorgen)*, und kratzt sich über den ganzen Kopf.

JANKEL fährt mit einem fremden Herrn im Schlafcoupé. Am Morgen schreit er: «Mein Weib hat vergessen, mir mein Waschzeug einzupakken!»

Der fremde Herr, ein ungewöhnlich gutmütiger Mensch, leiht Jankel nacheinander Seife, Waschlappen, Kamm, Rasierzeug... «Nu, und die Zahnbürste?» fragt Jankel.

«Das Zahnpulver», sagt der Fremde höflich, «gebe ich Ihnen ja gern. Aber die Zahnbürste ist halt ein so persönlicher Gegenstand.»

Darauf Jankel: «Gewalt geschrien! Schon wieder e Antisemit!»

JUDE aus Tarnopol zum Hotelportier in Wien: «Stellen Sie sich vor, als ich das letztemal von hier wieder heimkam, sind drei Wanzen aus meiner Reisetasche herausspaziert!»

Der Portier: «Spaß, werden sich die Wanzen gefreut haben, als sie sich wieder zu Hause sahen!»

ANTIQUAR zum Levy: «Dieser Sessel stammt noch aus der Zeit Ludwigs I. und ist voll von historischen Reminiszenzen.»

Moritzl zu Levy: «Tate, da kriecht grad eine davon!»

Für das Nachfolgende muß man wissen, daß Juden bei Totentrauer sieben Tage auf einem niederen Schemel oder auf dem Boden sitzen und daß viele körperliche Hantierungen am Sabbat verboten sind.

«SAG, Mojsche, warum sind die Wanzen schwarz?»

«Warum verstehst du nicht? Sie trauern.»
«Um wen?»
«Um ihre erschlagenen Eltern.»
«Wenn sie trauern – warum hüpfen sie dann herum und sitzen nicht Schiwe? *(So nennt man das rituelle Trauersitzen.)*
«Weil sie in Lebensgefahr sind. Du weißt doch, daß Gefahr jedes rituelle Gebot aufhebt.»
«Aha. Aber warum sitzen sie dann nicht wenigstens am Schabbes *(Sabbat)* Schiwe? Am Schabbes ist das Töten verboten, da sind sie ja nicht in Gefahr?»
«Schafskopf – hast du vergessen, daß das Trauersitzen am Schabbes und an den Feiertagen unterbrochen wird?»

«REBBE, darf ich einen Floh am Schabbes töten?»
«Einen Floh? Ja.»
«Und eine Laus?»
«Laus? Unter keinen Umständen.»
«Wo bleibt da die Logik?»
«Warum verstehst du nicht? Laut Toragesetz darf man am Sabbat nur solche Arbeit verrichten, die sich unter keinen Umständen aufschieben läßt. Der Floh hüpft dir davon, da kannst du nicht warten. Aber die Laus – die bleibt dir doch!»

DER Wirt: «Haben Sie gut geschlafen?»
Der Gast: «Ja, großartig. Aber die armen Wanzen haben nebbich kein Auge zugetan die ganze Nacht!»

DER Wirt zeigt dem Gast sein Zimmer. Der Gast, entsetzt: «Schauen Sie nur, da marschieren Wanzen auf der Wand!»
Der Wirt: «Sollen etwa Bären auf der Wand marschieren?»

DER neue Gast betritt das Gasthaus, und der Wirt zieht das Gästebuch hervor, um ihn einzutragen. Da läuft eine Wanze über die frisch aufgeschlagene Seite des Buches. Der Gast, sehr interessiert: «Ich habe ja schon vieles erlebt. Aber daß eine Wanze die Zimmernummer eines Gastes ausfindig machen will, noch bevor er das Zimmer betreten hat, das habe ich noch nie gesehen!»

WIRT: «Wie habt Ihr geschlafen?»
Gast: «Schrecklich! Auf dem Bett war eine tote Wanze!»

Wirt: «Wenn sie tot war, konnte sie Euch ja nichts antun?!»
Gast, erbittert: «Ja, aber das Leichengeleit hättet Ihr sehen müssen, das ihre lebenden Verwandten ihr gaben!»

ROSENSTOCKS Haus fängt mitten in der Nacht an zu brennen. Mit knapper Not kann er sich hinausretten. Seine ganze Habe verbrennt. Eingehüllt in das Bett-Tuch, blickt er in tiefer Genugtuung auf das brennende Haus: «Eine Nekome *(Rache, Befriedigung)* hab ich an den Wanzen!»

EIN russischer Jude aus der finstersten Provinz sitzt im Bahncoupé, wühlt in seinem wilden Bart und fördert jeden Augenblick einen Parasiten an den Tag.
Zweiter Fahrgast, voll Ekel: «Wieso greift Ihr nie daneben?»
Der Jude: «Pah, wenn ich daneben greife, chapp *(packe)* ich auch eine.»

«FREIWEL, was kratzest du dich dauernd? Hast du Flöhe?»
Freiwel, schwer beleidigt: «Flöhe? Hältst du mich für einen Hund? Ich habe Läuse!»

ITZIG hat beim Lumpenhändler eine alte Hose gekauft – am andern Tag bringt er sie zurück: «Meine Frau will die Hosen nicht im Hause dulden. Sie sind voll von Ungeziefer.»
Der Althändler, verwundert: «Und was hat Eure Frau in der Hose drin erwartet? Etwa Zapichit und Dwasch?»
(Manna schmeckte nach der Bibel wie Zapichit mit Dwasch. «Dwasch» heißt Honig. «Zapichit» ist vermutlich eine Art Gewürzkuchen.)

SCHAPLINER will seine alte Hose verkaufen.
«Pfui», sagt der Händler, «so ein stinkender Fetzen!»
«Aber ich bitte Sie», erwidert Schapliner vorwurfsvoll, «diese Hose stammt noch vom Pharao persönlich!»
Der Händler: «Was für ein Unsinn!»
Schapliner: «Überzeugen Sie sich selber! Greifen Sie mit der Hand hinein – Sie werden sehen, die dritte Plage ist heute noch drin!» *(Die dritte ägyptische Plage bestand aus Ungeziefer.)*

FRAU, die dem Hausierer ein Insektenpulver abgekauft hat:
«Seid Ihr auch sicher, daß es wirkt?»
«Ganz bestimmt!»
«Wie wendet man es an?»

«Wenn Ihr eine Wanze seht, müßt Ihr sie schnell mit dem Pulver bestreuen, und sie wird sterben.»
«Unsinn! Wenn ich die Wanze schon so nahe vor mir habe, kann ich sie auch mit der Hand erschlagen!»
«Wenn Ihr das vorzieht, könnt Ihr es auch so machen.»

IN der Drogerie:
«Ich möchte ein Pulver gegen Flöhe.»
«Wieviel?»
«Was weiß ich! Wie Sterne! Millionen!»

DER Vater aus dem Dorf ist zum Sohn nach Warschau zu Besuch gekommen. Auf einem belebten Warschauer Platz bleibt der Papa stehen und beginnt sich heftig zu kratzen.
«Papa», mahnt der Sohn geniert, «das darfst du in Warschau nicht machen. Wir sind hier nicht in Masepewka!»
«Quatsch», sagt der alte Herr, «meinst du, ich werde, sooft es mich juckt, nach Masepewka fahren?»

EIN Jude aus Masepewka ist nach New York ausgewandert. Er schaut beim Bau eines Wolkenkratzers zu und fragt besorgt. «Lieber Himmel, wo werden sie für so viele Stockwerke all die Wanzen hernehmen!»

«BITTE, geben Sie mir für zehn Pfennig Schlafpulver!»
«Ohne Rezept geht das nicht.»
«Seit wann wird Insektenpulver nur gegen Rezept verkauft?!»
«Wieso Insektenpulver? Sie sagten doch Schlafpulver!»
«Nu – wie soll ich ohne Insektenpulver schlafen?»

ZOOLOGISCHE Philosophie:
Eisik kann nicht einschlafen, weil ihn ein Floh plagt. «Floh», sagt er streng, «entweder du bist gesund: was tust du dann im Bett? Oder du bist krank: was hüpfst du dann?»

DER Melamed fragt den Buben ab. Das hebräische Wort für «Federn» kann der Bub aber nicht ins Deutsche übersetzen.
Der Melamed will nachhelfen.
«Hast du zu Hause ein Bett?» fragt er.
«Natürlich», sagt der Junge.
«Ist Bettzeug drin?» will der Melamed wissen.

«Selbstverständlich», entgegnet der Junge.
«Na», meint der Melamed, «und jetzt wirst du mir wohl sagen können, was in dem Bettzeug drin ist.»
«Wanzen!» sagt der Junge in freudiger Erleuchtung.

«WO kann man einen größeren Posten Ungeziefer bekommen?»
«Pfui! Auch eine Ware! Wozu brauchst du das?»
«Ich ziehe aus. Und im Vertrag steht, ich muß dem Hauswirt die Wohnung genau in dem Zustand übergeben, wie ich sie übernommen habe. Es darf nichts fehlen.»

DER Rabbi träumt, er finde am Sabbat vormittag, nach dem Gottesdienst, auf der Straße eine Goldmünze. Am Sabbat darf man kein Geld anrühren. Aber ein Goldstück liegen lassen, wäre doch gar zu schade... Nun, ein scharfsinniger Talmudgelehrter findet immer einen Ausweg: Er bedeckt die Münze mit seinem Kot, um sie dann spät in der Nacht, nach Sabbatausgang, auszugraben...
Als er aufwacht, hat er sein Bett beschmutzt. Traurig seufzt er: «Nicht grundlos steht im Talmud geschrieben: ‹In jedem Traum is e halber emmess *(Wahrheit)*.›»

DEM Salo Viertel hat man eine Heiratspartie in einem kleinen Dorf vorgeschlagen. Er fährt hin «auf Beschau», und da es in dem Dorf kein Hotel gibt, wird er zum Übernachten vom Brautvater eingeladen. Von einem Gastzimmer ist in dem bescheidenen Haus natürlich keine Rede. Man stellt ein provisorisches Schlaflager in der Küche auf, und da diese direkt ins Freie hinausgeht, wird sie für die Nacht fest abgeschlossen.
Nachts wird Salo von heftigem Bauchgrimmen befallen – aber man hat vergessen, ihm ein Nachtgeschirr hinzustellen. In seiner Verzweiflung nimmt er den Topf mit Zwetschgenmus vom Regal, benützt ihn, um sich zu erleichtern, und bindet nachher fein sauber das Pergament wieder darüber. Am andern Morgen reist er schamvoll ab und meldet sich nicht wieder...
Wochen später treffen sich präsumptiver Brautvater und Chossen *(Bräutigam)* auf einem Jahrmarkt. Fragt der Dörfler: «Was ist los, junger Mann, warum hast du nicht mehr von dir hören lassen? War dir vielleicht der Naden *(Mitgift)* zu klein? Darüber ließe sich doch reden, ich könnte noch etwas zulegen...»
«Nein, Vetter», bekennt der Chossen, «das war es nicht. Ich habe mich bloss so sehr geschämt..» Und erzählt ihm sein Mißgeschick.

«Gesund und sark sollst du sein», sagt der Dörfler strahlend vor Dankbarkeit, «du hast meinen Familienfrieden gerettet! Seit Wochen streite ich mich mit meiner Jüdene *(übliche Bezeichnung der Ehefrau)*: Sie sagt, es ist Konfitüre, was sie mir aufs Brot streicht, und ich sage, es ist Dreck...»

MORITZL trifft auf dem Schulweg einen Kameraden.
Der Kamerad: «Sag Moritzl, seit wann tragst du eigentlich die Nos'n so hoch?»
Moritzl: «Seit mir mei Mame aus'n Bod'n von Großtate *(Großvater)* seiner alt'n Hojsn ä neie West'n gemacht hat.»

KOHN und Stern suchen am Bahnhof zwei nebeneinanderliegende Toiletten auf. Kohn leidet an Blähungen.
«Waj, war das e mieser Ton!» protestiert Stern.
Fragt Kohn: «Wollnse für drei Kreuzer den Caruso hören?»

SMORGOŃ, Litauen, zu einer Zeit, da es überhaupt noch keine Taxi und – in Landstädtchen! – nicht einmal Pferdedroschken gab.
Leibusch hat spät abends seinen reichen Verwandten aus der Hauptstadt abgeholt. Er läßt ihn genau in der Mitte des Gäßchens gehen und ruft alle Augenblicke schallend: «Man kommt! Man kommt!»
Der Verwandte: «Scht! Es ist mitten in der Nacht! Du wirst wecken die Leut'! Kannst du nicht still sein?»
Leibusch: «Nein! Aus den Fenstern können doch die Leut' uns ganz naß machen mit den Nozniken *(Nachttöpfen)*!»

ZWEI Juden vom Land vor dem Friseurschaufenster in der Stadt. Da steht geschrieben «Maniküre». Einer geht hinein.
«Na?»
«Sie hawe mr die Fingernägel geschnitten.»
Beim Weitergehen lesen sie «Pediküre». Diesmal spielt der zweite Versuchskarnickel.
«Na?»
«Sie hawe mr die Fußnägel geschnitten.»
Sie kommen zum Theater. Da steht «Walküre». Sagt einer zum zweiten: «Du, da gehn mr nit hinein! Wer weiß, was sie uns noch abschneiden!»

Berühmte Juden

VOR bald zweitausend Jahren sagte Rabbi Jehoschua Ben Chananja: «Wo ich stehe, ist der Mittelpunkt der Welt.»
«Wie willst du das beweisen?» fragte einer.
«Miß nach!» forderte Chananja auf.

DER Philosoph Moses Mendelssohn hatte in Berlin die Wohnerlaubnis nur auf Grund der Tatsache, daß er als Buchhalter im Geschäft eines anderen Juden tätig war.
«Eine Schande», meinte ein Bekannter, «daß ein Mann wie Sie für einen Kerl wie jenen arbeiten muß!»
«Es ist schon in Ordnung so», meinte Mendelssohn, «wäre *ich* der Chef, so könnte ich ihn als Buchhalter nicht brauchen.»

BERLIN. Ein Offizier, der genau wußte, wer Moses Mendelssohn war, hielt ihn auf der Straße an und fragte ironisch: «Womit handelt Ihr? Ich möchte Euch gern etwas abkaufen!»
«Womit ich handle», entgegnete Mendelssohn, «könnt Ihr ohnehin nicht brauchen. Ich handle mit Verstand.»

PFARRER Teller wollte Moses Mendelssohn zur Taufe überreden. Sie wechselten miteinander folgende Versbriefe, die auf der Doppelbedeutung des hebräischen Wortes «haamin» = glauben und kreditieren basieren, die es ursprünglich auch im Deutschen und Lateinischen gab:
Teller: «An Gott, den Vater, glaubt Ihr schon,
So glaubt doch auch an seinen Sohn.
Ihr pflegt doch sonst bei Vaters Leben
Dem Sohne gern Kredit zu geben.»
Mendelssohn: «Wie könnten wir Kredit ihm geben,
Der Vater wird ja ewig leben!»

SAPHIR, nachdem er in München die Carlsstraße, das damalige «Schwabing», besucht hatte. «Die Carlsstraße ist das Dichterviertel. Dort wohnen alle Viertelsdichter. Sie haben ohne Ausnahme keine Einnahme.»

DER Wiener Humorist Moritz Saphir drückt in einer engen Gasse ein paar schnatternde Damen beiseite, um vorbeizukönnen.
Eine Dame, entrüstet: «Unverschämter Kerl, was treibt er da?»
Saphir: «Gänse.»

SAPHIR definierte einmal den Ursprung des jüdischen Witzes wie folgt: «Die Juden haben zum Witz gegriffen, weil das jener Waffendienst ist, bei dem sie es mit der Zeit zum Offizier bringen können, bevor ein Armeebefehl den Taufschein und nicht das Verdienst in Betracht zieht.»

SAPHIR war Hausbesitzer. Ein Offizier wollte aus einem der Häuser Saphirs vor dem Kündigungstermin ausziehen.
Saphir: «Wenn Sie die Kündigung in einem einzigen Wort ausdrücken können, bin ich einverstanden.»
Darauf schrieb der Offizier: «Judicium!» *(Jud, i zieh um!)*
Saphir schrieb zurück: «Officium!» *(O Vieh, zieh um!)*

SAPHIR: «Nur dreierlei Menschen schlafen nachts unerschütterlich: die Kinder, die Toten, die Nachtwächter.»

SAPHIRS lockerer Lebenswandel war berüchtigt. Ein katholischer Priester sagte: «Deinesgleichen wird noch eine zweite Sintflut über uns bringen!»
Saphir: «Unsinn! Hat denn die erste geholfen?»

SAPHIR hatte sich den Ärmel aufgerissen, so daß die weiße Wattierung herausquoll.
«Da schaut die *Weiß*heit heraus!» sagte ihm einer spöttisch.
«Und die Dummheit hinein», entgegnete Saphir.

IM Englischen Garten in München begegnen sich der auf seine lyrische Begabung stolze König Ludwig I. und der als Geizhals verschriene Saphir. Sagt die leutselige Majestät: «Ei, sieh da! Der Herr Saphir hat sich einen neuen Hut zugelegt! Filz, Filz! Nicht wahr?» Der Angeredete nickt eifrig und ergänzt: «Wasserdichter, Majestät. Wasserdichter!»

SAPHIR war zwar sehr reich, stellte sich aber immer arm. – In München machte er sich so unmöglich, daß er ausgewiesen wurde. Am Tage der Abreise begegnete er zufällig noch einmal dem König Ludwig II., welcher höhnisch zu ihm sagte:

«Nun, Saphir, man hat zu reisen!»
Saphir: «Majestät, man hat nischt *(kein Geld)* zu reisen!»

AUF einer Gesellschaft hatte der reiche Baron Rothschild Saphir versprochen, ihm hundert Gulden zu leihen.
Am andern Tag meldete sich Saphir in Rothschilds Kontor.
«Ah – Sie kommen um Ihr Geld», sagte Rothschild.
«Nein, *Sie* kommen darum», antwortete Saphir.

DER Komponist Meyerbeer fragte Saphir, welche seiner – Meyerbeers – Opern ihm am besten gefiele.
«Die Hugenotten», erklärte Saphir, ohne zu zögern, «da schlagen die Christen sich gegenseitig tot, und ein Jude *(nämlich der Komponist Meyerbeer)* macht Musik dazu.»

BEIM Komponisten Meyerbeer hatte ein junges Mädchen vorgetanzt und vorgesungen. Nach der Probevorführung meinte dieser: «Für eine Tänzerin singen Sie ganz ordentlich, und für eine Sängerin tanzen Sie passabel.»

ZU einer jungen Klavierspielerin sagte Meyerbeer: «So ein wohlerzogenes Mädchen – und gar kein Takt!»

HEINES Onkel Salomon war ein reicher Bankier. Heinrich Heine erklärte das so:
«Meine Mutter las immer gern Gedichte – so bekam sie einen Dichter als Sohn. Seine – Salomons – Mutter las gern Räubergeschichten, daher wurde ihr Sohn Bankier.»

SALOMON Heine, ein Onkel Heinrich Heines, Musenfeind, urteilte über die Tätigkeit seines Neffen: «Hätte der Junge was gelernt, so brauchte er nicht zu schreiben Bücher.»
Heinrich Heine seinerseits meinte über seinen Onkel: «Das Beste an ihm ist, daß er meinen Namen trägt.»

DER Bruder von Meyerbeer schrieb Dramen. Heine, sonst ein gefürchteter Kritiker, war diesmal voller Lob.
Einer fragte: «Wie kommen Sie dazu, diesen Mist zu loben?»
«Diesmal kann ich ruhig loben», meinte Heine, «es wird mir ohnehin niemand glauben.»

EIN Bekannter auf einer Pariser Gesellschaft sagte, auf Baron Rothschild weisend, zu Heine: «Schauen Sie bloß, wie die Leute dort das Goldene Kalb umtanzen!»
Heine: «Sie irren, Sie unterschätzen sein Alter.»

DER Komponist Halevy wollte durch Heine in die Pariser Gesellschaft eingeführt werden. Heine: «Glaub mir, du willst die Gesellschaft nur kennenlernen, weil du sie nicht kennst.»

CHRIST zu Heine: «Sie stammen aus dem Volke, dem auch Jesus entstammt. Ich an Ihrer Stelle wäre stolz darauf.»
Heine: «Ich auch – wenn nur Jesus ihm entstammte.»

HEINE: «Ich vermache meine ganze Habe meiner Frau Mathilde unter der Bedingung, daß sie wieder heiratet.»
Der Freund: «Was hat das für einen Sinn?»
Heine: «Ich will, daß wenigstens *ein* Mensch auf der ganzen Welt meinen Hinschied von Herzen bedauert.»

HEINES Frau Mathilde betete an seinem Sterbebett, Gott möge ihm alle Sünden verzeihen.
«Er wird verzeihen», meinte Heine, «es ist sein Metier.»

DER erste Baron Rothschild in Frankfurt erteilte prinzipiell keine geschäftlichen Auskünfte. Einmal drängte der Buchhalter: «Unsere allerbesten Kunden wollen Auskunft über die neue Firma N. Herr Baron sollten eine Ausnahme machen!»
«Na, gut!» sagte Rothschild und schrieb: «Die Firmeninhaber sollen ganz junge Leute sein. Dies ganz ohne mein Obligo.»

ROTHSCHILD ist sehr beschäftigt. Ein Besucher kommt.
Rothschild, ohne aufzublicken: «Nehmen Sie einen Stuhl!»
Nach einigen Minuten sagt der ungeduldige Besucher: «Ich bin der Fürst von Thurn *und* Taxis.»
Rothschild: «Nehmen Sie *zwei* Stühle!»

1848 DRANG ein Revoluzzer beim Frankfurter Rotschild ein und sagte drohend: «Herr Baron! Wir sind jetzt alle gleich! Wir müssen teilen!»
«Teilen?» sagte Rothschild. «Gut. Schaunse, ich hab achtzehn Millionen Thaler. Wir sind achtzehn Millionen Deutsche. Macht pro Kopf

einen Thaler. Da habense Ihren Thaler, und nu machense, daß Se rauskommen!»

DIE alte Baronin Rothschild in Frankfurt hatte eine achtzehnjährige Gesellschafterin, die ihr französische Romane vorlesen mußte. Einmal, mitten in der Lektüre, stockte das junge Mädchen, begann zu stottern und bekam einen feuerroten Kopf.
Drauf sagte die Baronin: «Iwwerhibbele Se 's, Marieche, awer lechese e Zeddelche enoi!»

DAS war noch in Wien, vor 1914. Der Staat will eine große Anleihe bei Baron Rothschild aufnehmen, und Baron Rothschild steigt eben die Treppe im Schloß Schönbrunn hinauf, wo er den Vertrag unterzeichnen soll. Auf der Treppe schließt sich ihm der Polizeiminister an und sagt vertraulich:
«Herr Baron, warnen Sie doch Ihren Sohn Moritz! Er treibt sich in sozialistischen Zirkeln herum. Wir werden nicht mehr lange untätig zuschauen können!»
Oben sitzt der Baron Rothschild vor dem Vertrag. Man hat ihm die goldene Feder gereicht, aber er rührt sich nicht.
«Herr Baron unterzeichnen nicht?»
«Nein. Wie kann ich Zutrauen haben zu einer Monarchie, welche Angst hat vor meinem Moritzl.»

KÖNIGIN Viktoria fragte ihren Premierminister Disraeli nach dem genauen Unterschied zwischen Unfall und Unglück.
Disraeli definierte: «Wenn zum Beispiel Gladstone *(sein politischer Gegner)* ins Meer fällt – das ist ein Unfall. Wenn ihn aber einer herauszieht – das ist ein Unglück!»

WILHELM I. in Preußen kam auf einer Reise durch Breslau mit dem dortigen Rabbiner Tiktin ins Gespräch.
Wilhelm I.: «Sie sind mir von früher her in angenehmer Erinnerung. Wie geht es Ihnen?»
Tiktin: «Nu, wie soll es gehen, Majestät? *Me lebt!*»

ZUM alten Kroll-Engel, dem Direktor eines bekannten Berliner Vergnügungsetablissements, sagte Wilhelm I. leutselig: «Herr Kroll, Ihre Haare sind noch ganz schwarz!»
Darauf Kroll: «Majestät, sie sind ge*forb*en!»

ÜBER Gerson von Bleichröder, den Finanzberater König Wilhelms I., erzählte man sich in Berlin: «Die Gesellschaft von Berlin teilt sich in zwei Kategorien: die einen gehen zu Bleichröder – und machen sich über ihn lustig. Die andern gehen nicht hin – und machen sich ebenfalls über ihn lustig.»

1872 WURDEN dem damaligen deutschen Thronfolger bei seiner Besuchsreise die jüdischen Honoratioren von Breslau vorgestellt: Benno Guttentag, Moses Guttentag, Josua Guttentag... Da drehte sich der Thronfolger zu seinem Adjutanten um und flüsterte, frei nach Goethe:
«Nichts ist schwerer zu ertragen
Als eine Reihe von Guttentagen.»

IN einer andern schlesischen Stadt ließen sich die jüdischen Honoratioren beim Kronprinzen entschuldigen: «Sie könnten leider nicht kommen, sie hätten Schabbes.»
Als sie ihm den Tag darauf ihre Aufwartung machen wollten, ließ ihnen der verärgerte Kronprinz ausrichten: «Heute kann *ich* nicht, heute habe *ich* Schabbes!»

DER berühmte Berliner Schauspieler Dessoir hatte vor der Taufe Dessauer geheißen.
Auf einer Reise im Lokalbähnchen traf er einen Bekannten, der ihn dauernd ‹Herr Dessauer› anredete.
Der Schauspieler, streng: «Ich heiße Dessoir!»
An einer Station stieg Dessoir aus, um eine bestimmte Lokalität aufzusuchen.
Der Jugendfreund schreit aus Leibeskräften: «Herr Dessoir, Herr Dessoir! Das *Pissauer* ist ums Eck!»

DESSOIR vor seinem Auftritt: «Jesus! Mein Bart klebt nicht.»
Sein christlicher Kollege Döring: «Bei der kurzen Bekanntschaft dürften Sie schon *Herr* Jesus sagen!»

ZUM Bankier Goldberger kam ein hoher deutscher Adliger, der Geld brauchte, mit dem Witz herein:
«Guten Tag, Herr *Geldbo*rger!»
Darauf Goldberger: «Wenn Hoheit nichts zu versetzen haben als Buchstaben, wird aus unserm Geschäft nichts werden.»

DES Kantianers Salomon Maimon Familie regte sich über seinen Unglauben auf.
Als Maimon einmal nach Holland kam, führte ihn ein Verwandter in die Synagoge, zeigte ihm den Schofar *(Widderhorn)*, bei dessen Tönen seinerzeit der Bann gegen den ebenfalls ungläubigen Philosophen Spinoza hier ausgesprochen worden war und sagte bedeutungsschwer: «Weißt du, was das ist?»
Darauf Maimon: «Ja, ein Ochsenhorn.»

EIN jüdischer Bankier aus Deutschland pflegte zu sagen:
Jede Gefälligkeit rächt sich.

ZU dem berühmten Wiener Schauspieler Sonnenthal setzte sich im Caféhaus ein fremder aufdringlicher Kerl und bestellte beim Kellner: «B-b-bringen S-sie mi-mir Café!»
Hierauf Sonnenthal: «Mi-mi-mir a-auch.»
Der Fremde, entrüstet: «S-sie sind Sonnenthal, S-sie stott-tern doch g-g-gar nicht!»
«Doch», sagte Sonnenthal, «in Wirklichkeit stottere ich auch, auf der Bühne simuliere ich bloß!»

EIN bekannter jüdischer Pianist gab in einem gräflichen Hause in Wien ein Konzert.
Als der Applaus verklungen war, trat der Hausherr leutselig an den Pianisten heran und sagte:
«Ich habe schon Rubinstein gehört...» Der Pianist verbeugte sich geschmeichelt. Der Graf fuhr fort: «Ich habe auch Serkin gehört...» Der Pianist verbeugte sich noch tiefer. Der Graf beendete seinen Satz: «... geschwitzt wie *Sie* hat keiner!»

DER Sprachphilosoph Lazarus Geiger aß nur koscher.
«Bitte, be*dienen* Sie sich», sagte zu ihm bei einer Einladung die Dame des Hauses, indem Sie ihm eine leckere Schüssel mit Krabben *(nach mosaischem Gesetz verboten)* zuschob.
«Nein, ich be*herrsche* mich», antwortet Geiger.

GEIGER aß mit einem katholischen Priester.
«Wann werden Sie endlich das alte Vorurteil aufgeben und anfangen, nicht rituell zu essen?» fragte der Priester.
«Auf Ihrer Hochzeit, Hochwürden», entgegnete Geiger.

IMBER, der Komponist der jüdischen Nationalhymne, war ein Quartalssäufer. Sein Trinken blieb nicht ohne gesundheitliche Folgen. Er suchte daher den Arzt auf, welcher meinte:
«Sie müssen das Trinken und Rauchen aufgeben.»
Imber stand auf und ging zur Türe.
«Halt», rief der Arzt, «Sie haben noch nicht bezahlt!»
«Wofür?» fragte Imber, «ich nehme Ihren Rat nicht an!»

Die Rabbiner des Ostens trugen die spätmittelalterliche Tracht der dortigen Juden: langen Kaftan und pelzumrandete Samtmütze.
IN Zólkiew, wo der berühmte Rabbiner Chajes amtierte, hielt einst ein westlich kostümierter Kollege eine Gastpredigt.
Nach dem Vortrag erklärte Chajes: «Der Glanzpunkt Ihrer Predigt war unbestreitbar Ihr Zylinder.»

BEVOR Herman Adler als Rabbiner nach London berufen wurde, war er bei einer unbedeutenden Gemeinde in Deutschland tätig. Beim Abschied sagte einer der Herren poetisch: «Ihnen, dem Adler, gebührt ein größeres Nest!»
«Was fällt Ihnen ein», wehrte Adler ab, «ein größeres Nest als dieses kann es doch überhaupt nicht geben!»

EIN Rebbe aus dem zaristischen Rußland fuhr durch Deutschland. In einer Residenzstadt holte ihn der dortige Rabbiner am Bahnhof ab und stellte sich vor:
«Ich bin der großherzogliche Oberrabbiner Doktor Itzki.»
«Meglach», entgegnete der Rebbe. *(Dieses wohlwollende «möglich» will besagen, daß der Rebbe durchaus nicht die unfreundliche Absicht hat, an der prächtigen Titelkette des Kollegen zu zweifeln.)*

DER Philosoph und Arzt Markus Herz hörte, ein früherer Patient sei dazu übergegangen, sich anhand von medizinischer Fachliteratur selber zu behandeln.
«Er wird noch an einem Druckfehler sterben», meinte Herz.

NACH der Lektüre eines sehr unorthodoxen Aufsatzes des Philosophen Achad-Haam über Moses meinte ein Rabbiner:
«Bis jetzt wußte niemand, wo das Grab von Moses ist. Jetzt endlich wissen wir es: Achad-Haam hat ihn im Schriftstellerklub von Odessa begraben.»

DER Dichter L. A. Frankel verdiente sich seinen Unterhalt als Sekretär an einer jüdischen Kultusgemeinde.
Einmal starb ein Angestellter dieser Gemeinde. Ein übereifriger Bewerber um die vakante Stelle bat Frankel um Protektion, noch bevor der Verstorbene beerdigt worden war:
«Bringen Sie mich doch an seine (des Verstorbenen) Stelle!»
«Gern», sagte Frankel, «aber ich weiß nicht, ob ich einen so schweren Kerl wie Sie in den Sarg hineinheben kann.»

DIE Freunde eines ungarisch-adligen Dichters hatten diesem zu einem Jubiläum das eingebüßte elterliche Gut zurückgekauft.
Da sagte der jüdische Dichter Joseph Kiß zu seinen Freunden:
«Bei meinem Jubiläum kommt ihr billiger davon. Ich habe von meinen Eltern den Bettelstab geerbt – den hab' ich noch.»

KRITIKER zum jüdischen Tragöden Jacob P. Adler: «Ich kenne einen, der bereit wäre, eine Million zu zahlen, wenn er Sie sehen dürfte. Und er meint es ernst!»
Adler, geschmeichelt: «Tatsächlich?»
Kritiker: «Ja, er ist nämlich blind.»

PROF. Dr. Moritz Wlassak, der berühmte Romanist und Rechtslehrer der Universität Wien, war berüchtigt durch seine Strenge bei den Examen und durch seinen Witz.
Wlassak gibt einem Prüfungskandidaten einen Text aus den Digesten zu übersetzen. Der Ulpianus-Text enthält die Zitierung des römischen Juristen Labeo: «Labeo ait...» Der Kandidat übersetzt aber: «Ich falle, sagt er...» (*«Ich falle» würde lat. heißen: labo, nicht labeo.*)
Worauf ihn Wlassak unterbricht: «*Sie* fallen, sage ich!»

EINST kommt zum Examen bei Wlassak ein jüdischer Student namens Jerusalem (vermutlich ein Verwandter des Wiener Philosophen Wilhelm Jerusalem). Vor der Tür des Prüfungsraumes warten die neugierigen Kollegen Jerusalems. Wlassak tritt schließlich mit dem Kandidaten zur Tür heraus, wirft einen Blick auf die Wartenden und ruft aus: «Weine, Israel, Jerusalem ist gefallen!»

DER Schriftsteller Ludwig Fulda: «Um in Berlin als Dramatiker Erfolg zu haben, muß man tot sein oder pervers oder Ausländer. Am besten ist man ein toter perverser Ausländer.»

ZU einem jungen Komponisten, der einstweilen in Karlsbad bescheiden in Untermiete wohnte, sagte ein Freund:
«Schau, da ist dein Fenster. Nach deinem Tode wird hier eine Tafel hängen mit der Aufschrift...»
«Aber geh!» unterbrach der Komponist, vor Freude errötend.
«Unterbrich mich nicht! Es nutzt ja doch nix», sagte der Freund, «da wird also stehen: ‹Zimmer zu vermieten›.»

DER Cellist Heinrich Grünfeld wird in Gesellschaft von einer Dame gefragt: «Ist Adolf Busch *(bekannter Geigenvirtuose)* Jude?»
Hierauf Grünfeld: «Alle Violinvirtuosen sind Juden, nur Adolf Busch ist der einzige *Goj*ger.»

DER Geiger Jascha Heifetz eroberte schon als Knabe das New Yorker Publikum.
Bei einem seiner Konzerte saßen in der Carnegie-Hall in einer Loge der bereits berühmte Geiger Mischa Elman und der Pianist Leopold Godowski.
Als der Beifall sich gar nicht legen wollte, sagte Elman: «Es ist furchtbar heiß hier.»
«Ja», bestätigte Godowski, «aber nur für Geiger.»

INS Zimmer des Komponisten Moritz Moszkowski trat ein Kollege mit den Worten: «Puh, was für ein Dreckwetter!»
Hierauf Moszkowski: «A propos Dreck: was haben Sie Neues komponiert?»

BEGEGNUNG in Karlsbad. Der Historiker Grätz zum Literarhistoriker Karpeles: «Was treiben Sie?»
«Ich schreibe ab und zu.»
«Ich weiß: mehr ab als zu.»

ZU dem jiddischen Schriftsteller Eisik Meier Dick kam ein junger Jude mit einem Manuskript und fragte um Rat.
«Es ist schwer», sagte Dick, «ein jiddischer Dichter zu sein. Du mußt zunächst vierzig Jahre von Haus zu Haus und von Stadt zu Stadt wandern und deine Manuskripte anbieten.»
«Und dann?» fragte der Anfänger neugierig.
«Dann?» entgegnete Dick, «dann wirst du allmählich wissen, was es heißt, ein jiddischer Schriftsteller zu sein.»

DER berühmte jiddische Schriftsteller und Dramaturg Alter Kazisna hatte im Warschauer «Bund» gratis vorgelesen. Am Ende des Abends dankte der Vorsitzende und rief laut aus:
«Es lebe der Kamerad Alter Kazisna!»
Da fragte Kazisna still: «Wovon?»

ES war die Rede davon, daß der hebräische und jiddische Dichter Chajim Nachman Bialik den Nobelpreis für Literatur bekommen sollte – er erhielt ihn aber dann doch nicht. Da meinte er: «Im Grunde ein Glück! Jetzt werden mich sogar meine Feinde hymnisch loben und beklagen, was für ein Unrecht mir geschehen sei. Hätte ich den Preis bekommen, dann hätten sogar meine größten Bewunderer gesagt: ‹Was ist denn schon an ihm so Besonderes daran?›»

ARTHUR Schnitzler kam von einer Schriftstellerversammlung. Ein Freund wollte wissen, wie es dort war.
Schnitzler: «Wenn nicht *ich* dort gewesen wäre, hätte ich mich sehr gelangweilt.»

SCHNITZLER bittet Hofmannsthal um zwei Sitze zu den Salzburger Festspielen und vergißt es.
Hofmannsthal telegraphiert aus Salzburg: «Sitze besorgt Hotel Elisabeth Hofmannsthal.»
Schnitzler telegraphiert zurück: «Warum sitzest besorgt Hotel Elisabeth? Schnitzler.»

ARTHUR Schnitzler: «Wissenschaft ist, was ein Jude von einem andern abschreibt.»

TRISTAN Bernard: «Im Paradies hat man das bessere Klima – aber in der Hölle sicher die bessere Gesellschaft.»

BEIM Dirigieren einer Oper von Richard Strauß nahm Leo Blech an den Noten einige Abänderungen vor. Richard Strauß rief empört: «Wer hat das komponiert: Sie oder ich?»
Leo Blech: «Gott sei Dank: Sie!»

ALS Hitler an die Macht gekommen war, meinte Liebermann zur politischen Lage: «Ich kann ja gar nicht so viel essen, wie ich kotzen möchte!»

WALTHER Rathenau führt bei seinem Vetter Max Liebermann einen Offizier ein und stellt ihn mit seinem Titel vor.
Als der Offizier hierauf bittet, Liebermanns Bilder besichtigen zu dürfen, antwortet Liebermann: «Nanu, det interessiert Sie? Aber Sie haben doch 'nen janz anständigen Beruf!»

BEI einer Gesellschaft verzog sich Max Liebermann in ein menschenleeres Zimmer. Mittlerweile war auch der Pianist und Komponist Eugen d'Albert mit seiner vierten Frau (er heiratete später noch weitere drei Mal!) gekommen.
Der Hausherr stöberte Liebermann in seiner Ecke auf und fragt ihn: «Wollen Sie nicht die junge Frau von Eugen d'Albert kennenlernen?»
Darauf Liebermann: «Nee, die überspring' ick mal!»

EIN junger Maler hatte einen Orden bekommen und zeigte ihn stolz und freudig dem großen Liebermann.
Liebermann, unbeeindruckt: «Passen Se uff! Jetzt kommen noch viel mehr! Wo ein Hund hinpißt, da pissen *alle* hin!»

EIN Kunsthändler war sich nicht klar, ob eine Skizze Liebermanns mit Kohle oder Fettstift gezeichnet war und fragte: «Womit ist die Zeichnung gemacht?»
Darauf Liebermann: «Mit Talent.»

1932 IN Berlin. Neben dem Haus Max Liebermanns im Alten Westen Berlins befand sich eine Villa, in der eine SA-Führerschule untergebracht war. Eines Tages sah ein SA-Mann über die Gartenmauer hinweg Liebermann beim Malen zu. Schließlich sagte der SA-Mann: «Für einen Juden malen Sie eigentlich ganz ordentlich, Herr Professor.»
Darauf Liebermann: «Für einen SA-Mann haben Sie eigentlich eine ganze Menge Kunstverstand.»

LIEBERMANN, sehr bedrückt zum Bankier Carl Fürstenberg: «Wissen Sie schon, wer heute gestorben ist?»
Darauf Fürstenberg: «Mir ist jeder recht.»

IM Jahre 1930 spazieren Liebermann und Fürstenberg, beide über achtzig Jahre alt, im Berliner Tiergarten. Ein hübsches Mädchen geht vorbei. Beide sehen sich nach ihr um, und Liebermann seufzt: «Siebzig müßte man sein, Fürstenberg!»

EINE Dame, die sich von dem berühmten Berliner Impressionisten Max Liebermann porträtieren ließ, fragte besorgt, ob das Porträt auch wirklich ähnlich sein werde.
«Ich male Sie ähnlicher, als Sie sind!» versprach Liebermann.

EINER Dame, die ihm zu viel dreinredete, sagte Liebermann: «Noch *ein* Wort, und ich male Sie genau, wie Sie sind.»

ALS eine Dame klagte, er habe ihren Mund zu groß gemalt, tröstete Liebermann: «Ihr Mund ist so schön, der kann gar nicht groß genug gemalt werden!»

DIE Maler Lesser Uri und Liebermann waren eine Zeitlang befreundet. Dann verkrachten sie sich. Und eines Tages wurde Liebermann hinterbracht, Uri prahle, in Wirklichkeit sei er der Urheber einiger von Liebermann signierter Arbeiten.
Darauf Liebermann: «Solange er nur behauptet, er habe *meine* Bilder gemalt, stört mich das nicht. Wenn er aber eines Tages behaupten sollte, ich hätte *seine* Bilder gemalt, werde ich ihn sofort einklagen.»

EINER beklagt sich bei Liebermann, der teure van Gogh, der über seinem Bett hänge, habe sich als Fälschung erwiesen!
Liebermann tröstet: «Was liegt dran, wen Sie *über* dem Bett haben. Die Hauptsache ist doch, wen Sie *im* Bett haben.»

EIN Professor der Medizin ließ sich von Liebermann porträtieren. Er wollte nur zweimal Modell sitzen und meinte: «Von meinen Patienten verlange ich auch nicht, daß sie mehr als zweimal für eine Diagnose zu mir kommen.»
«Das ist etwas anderes», sagte Liebermann. «Wenn *Sie* etwas versauen, so deckt det der jrüne Rasen. Aber wenn *ick* etwas versaue, denn hängt det an der Wand.»

LIEBERMANN wurde gefragt: «Weshalb setzen die Maler immer ihre Unterschrift rechts unten auf das Bild?»
Liebermann erklärte: «Det is, damit die Kunstkenner es sich merken und das Bild nicht verkehrt herum aufhängen.»

NACH der Machtergreifung Hitlers mußte dem sonst durch seine Schlagfertigkeit berühmten Berliner impressionistischen Maler Max Lieber-

mann mitgeteilt werden, daß er nicht länger der Präsident der «Preußischen Akademie der Bildenden Künste» sein könne. Einem Beamten fiel die peinliche Aufgabe zu, den Maler womöglich zur «freiwilligen» Abdankung zu bewegen. Er suchte Liebermann auf und begann davon zu sprechen, daß die Zeiten sich geändert hätten.
Liebermann schwieg.
Außerdem – meinte der Beamte – brauche die neue Zeit neue Menschen.
Liebermann schwieg.
Und auch in der Akademie seien gewisse Veränderungen unvermeidlich.
Liebermann schwieg.
Dem Beamten wurde die Sache immer peinlicher, er begann zu stottern und verstummte schließlich ganz. Die beiden saßen sich schweigend gegenüber.
Nach einer Weile sagte Liebermann: «So – jetzt haben Sie sich lange genug geschämt. Jetzt können Sie gehn.»

DER Berliner Bankier Carl Fürstenberg war bekannt durch seinen boshaften Witz.
Bei der Durchsicht seiner Bücher stößt Fürstenberg auf ein ungewöhnlich hohes Debet-Saldo.
«Was bedeutet das?» fragt er streng seinen Prokuristen.
«Das ist schon in Ordnung», beschwichtigt dieser, «dieser Kunde ist mit der Tochter des schwedischen Financiers Wallenberg verheiratet.»
Fürstenberg bleibt ablehnend: «Wenn sie *ihm* als Unterlage genügt, ist das seine Sache. *Mir* genügt sie nicht!»

AM Berliner Börsensaal prangen zwei große neue Gemälde: links eine bekleidete, rechts eine unbekleidete Göttin.
Fürstenberg: «Wie sinnig! Links die verschleierte Bilanz, rechts die nackte Pleite!»

IN Fürstenbergs Privatcomptoir stürzt ein aufgeregter Angestellter herein und klagt: «Herr Fürstenberg, Ihr Prokurist hat mich angeschrien, ich soll zum Teufel gehen!»
Fürstenberg, beleidigt: «Und da kommen Sie zu mir?!»

FRAU Fürstenberg liebte es, literarische Tees zu veranstalten. Einmal las ein berühmter Dichter aus seinen Werken vor.

Ein verspäteter Gast tritt mit knarrenden Stiefeln herein.
Fürstenberg, der an der Tür sitzt, flüstert ihm zu: «Leise, leise, sie schlafen schon alle!»

FÜRSTENBERG hat seinen Sohn als Compagnon ins Geschäft aufgenommen. Man fragte ihn:
«Wird das gut gehen, Vater und Sohn in demselben Geschäft?»
Fürstenberg: «Sicher! Wir teilen uns die Arbeit: Mein Sohn verweigert alle Kredite unter 10000 und ich alle über 10000.»

FÜRSTENBERG erhielt die Anfrage des Finanzamtes: «Wir vermissen die Einnahmen aus spekulativen Objekten.»
Darauf Fürstenberg: «Ick vermisse diese Einnahmen ooch.»

ALS die Dresdener Bank – ein «arisches» Unternehmen – gegründet wurde, fragte man Bankier Fürstenberg nach seiner Ansicht. Er meinte: «E christlich Bank? Kommt mer vor wie e jüdische Armee.»

ZUM Bankier Fürstenberg kommt ein Abgesandter des Kaisers: ob Majestät ihm nicht einen Titel oder Orden verleihen könnte. Fürstenberg lehnt ab. Auf das Drängen des Abgesandten schließlich: «Ich hätte schon einen Wunsch. Aber den wird Majestät mir wohl nicht erfüllen können. Ich würde gerne zum Konsistorialrat ernannt werden.»

AN der Berliner Börse erblickt einer Fürstenberg, rennt ihm nach und schreit: «Herr Fürstenberg, Herr Fürstenberg!»
Fürstenberg schreitet weiter, ohne sich umzublicken. Endlich hat der andere ihn eingeholt und sagt, noch ganz außer Atem:
«Ihr Gehör ist schlecht.»
Darauf Fürstenberg: «Nein, Ihr Ruf ist schlecht.»

VON der Frau eines Finanzministers, die tief, aber vergeblich dekolletiert auf einem Ball erschien, meinte Fürstenberg:
«Sie erinnert mich an ihren Mann. Der kommt auch immer zu mir mit seinem ungedeckten Defizit.»

ZUR Gründung seiner Bank wünschte sich Fürstenberg von allen seinen Verwandten Photos. Er klebt sie in ein schön gebundenes Album und rief den Portier herauf.
«Wuttke», befahl er, «sehen Sie diese Bilder genau an!»

«Warum denn, Herr Fürstenberg?»
«Damit Sie genau wissen, wann Sie fliegen! Wenn Sie nämlich einen aus diesem Album zu mir rauf lassen, fliegen Sie!»

FÜRSTENBERG war bei einem frisch geadelten Bankier zum Diner eingeladen. Nach dem sehr reichlichen Essen sah er sich gezwungen, sich für einen Augenblick an einen «stillen Ort» zurückzuziehen. Er vergaß, den Riegel vorzuschieben. Wer beschreibt seinen Schrecken, als sich plötzlich die Tür öffnet und die Dame des Hauses an der Schwelle steht. Ein Schrei aus ihrem Mund und die Tür fliegt wieder zu... Nachher bittet Fürstenberg den Herrn des Hauses für einen Augenblick auf die Seite und beichtet ihm zerknirscht sein Mißgeschick. Dieser tröstet ihn:
«Lassen Sie sich deshalb keine grauen Haare wachsen!»
«Tu' ich auch nicht», versichert Fürstenberg, «mich quält nur eins. Ich bin ein gewöhnlicher Bürgersmann und in der Adelsetikette nicht so bewandert. Sagen Sie bitte: Ist es in Ihren Kreisen üblich, in solchen Fällen einen Gegenbesuch zu machen?»

VOR 1918 war es üblich, Angestellte nur mir ihrem Nachnamen, also einfach «Meyer», «Schulze» und so weiter zu rufen. Nach der Revolution kamen nun die Angestellten des Bankiers Fürstenberg zu ihm und erklärten, von jetzt habe er sie mit «Herr Meyer», «Herr Schulze» anzureden.
«Sehr gerne, meine Herren», entgegnete Fürstenberg, «aber *mich* bitte ich Sie in Zukunft nur noch mit ‹Fürstenberg› anzureden, ein Unterschied muß ja schließlich sein.»

GEGEN Ende der zwanziger Jahre, als es wieder einmal zu einem Krach an der Effektenbörse gekommen war, verläßt Fürstenberg mit einem Bekannten zusammen das Börsengebäude.
Der Bekannte: «Wenn das so weitergeht, Fürstenberg, dann werden wir noch alle schnorren gehen.»
Fürstenberg: «Das glaube ich auch. Ich frage mich nur: bei wem?»

FÜRSTENBERG auf die Frage eines Bekannten, wie eigentlich Walther Rathenau sei: «Ich sah letzthin im Schaufenster einer Kunsthandlung herrliche Radierungen und dachte, wenn das schon in der Auslage so ist, was für vorzügliche Sachen müssen sie erst drin haben. Ich ging hinein – und was soll ich sagen: Alles Tinnef *(Dreck)*! Da haben Sie Walther Rathenau.»

FÜRSTENBERG schaut in Köln aus dem Fenster seines Schlafcoupés. Da erblickt ihn vom Bahnsteig aus der Bankier Louis Hagen und bittet: «Ach, lieber Herr Fürstenberg, ich muß auch nach Berlin, habe aber keinen Schlafwagenplatz mehr bekommen. Bitte, lassen Sie mir doch das freie Bett in Ihrem Coupé!»
Darauf Fürstenberg: «Rundweg abschlagen möchte ich Ihnen das nicht. Ich werd' mir die Sache mal beschlafen.»

GROSSE Gesellschaft bei Fürstenbergs. Ein Herr tritt auf Fürstenberg zu und sagt bedauernd: «Ich möchte mich von Ihnen verabschieden. Leider muß ich schon gehen.»
Darauf Fürstenberg, seufzend: «Was nützt mich *einer*!»

DER Vater Rathenau wollte ein mit Fürstenberg verabredetes Treffen um vier Wochen verschieben.
Fürstenberg ärgerlich: «Da kann *ich* nicht! Da habe ich eine Beerdigung.»

AUF der Börse trat jemand an Fürstenberg mit der Frage heran: «Bitte, wo ist hier die Toilette?»
Hierauf Fürstenberg: «Hier gibt's keine Toiletten. Hier bescheißt einer den andern.»

AUF dem Bahnsteig geht ein Bekannter auf Fürstenberg zu und fragt: «Wohin fahren Sie?»
«Nach Frankfurt.»
«Ich auch. Da können wir ja zusammen fahren!»
«Wenn ich Sie sehe, fahre ich *immer* zusammen.»

EIN reicher getaufter Berliner Geschäftsmann zeigte dem alten Bankier Fürstenberg seine neu eingerichtete Villa und erläuterte: «Das Eßzimmer ist reines Louis XV., mein Arbeitsraum Biedermeier, das Wohnzimmer Dürer-Epoche...»
Fürstenberg wollte eine weitere Türe öffnen, der Hausherr hielt ihn zurück: «Das ist nur das Schlafzimmer meines Papas.»
«Ich verstehe», sagte Fürstenberg, «vorchristliche Epoche.»

FÜRSTENBERG: «Ausnahmslos alle Aktionäre sind dumm und frech. Dumm – weil sie fremden Leuten ihr Geld anvertrauen. Frech – weil sie für diese Dummheit auch noch Zinsen haben wollen.»

FÜRSTENBERG: «Der Reingewinn ist derjenige Teil des Gesamtgewinns, den der Vorstand beim besten Willen nicht mehr vor den Aktionären verstecken kann.»

SCHOTTLÄNDER, der bekannte Gutsbesitzer und Bankier von Breslau, hatte eine Herde Vieh gekauft. Er wollte sie abends auf den letzten Zug nach Breslau verladen, der hatte aber keine Viehwaggons. Da telegraphierte Schottländer an seine Frau: «Muß in Strehlen übernachten. Zug nimmt kein Rindvieh mit.»

SCHOTTLÄNDER hat den Militärbehörden Pferdedecken geliefert. Der Militärbeauftragte wirft ihm vor, die Decken seien zu kurz. Schottländer indem er sich eine Decke um den Leib drapiert:
«Schauen Sie, Exzellenz! Um und um kann ich die Decke nehmen! Und gibt es ein größeres Pferd als mich?»

SCHOTTLÄNDER zum neu eingetretenen Lehrling, sehr freundlich: «Zuerst werden Sie Marken kleben, die Kontorräume auskehren, Briefe kopieren. Dann kommen Sie zur Buchhaltung. Nur zur Kasse dürfen Sie noch nicht. Sie sind zu jung. Für die Kasse braucht es einen erfahrenen Menschen. (Lebhafter:) Was heißt an die Kasse? Das ist doch eine Vertrauensstellung! (Zornig:) Erstens kenn' ich Sie gar nicht. Zweitens gehört ein grüner Junge nicht an die Kasse. (Schreiend:) Heißt eine Frechheit von einem Menschen! Machen Sie gleich, daß Sie 'rauskommen!»

EINEM Dichter, der am Lessing-Theater in Berlin eine neue Tragödie eingereicht hatte, gab der Direktor Oskar Blumenthal das Manuskript mit den Worten zurück: «Man soll vom Nebenmenschen nicht immer das Schlechteste annehmen.»

DER humoristische Schriftsteller Julius Stettenheim, befragt, ob ein neu erschienenes Berliner Wochenblatt gehe, meinte: «Warum soll es nicht gehen? Es hält es ja keiner!»

MAX Reinhardt, der barocken Pomp auf der Bühne und im Privatleben liebte, gab in seinem Salzburger Schloß Leopoldskron großen Empfang. Zwischen Dienern, die Fackeln halten, empfängt Reinhardt die Gäste auf der Freitreppe. Sein Freund Liebstöckl fährt vor, steigt aus, stutzt: «Wos is, Max? Kurzschluß?»

EIN witziger jüdischer Journalist, mit der großen Invasion aus Wien in die Reichshauptstadt geschwemmt, wurde von den Berliner Kollegen nicht allzu freundlich empfangen. Sie sagten ihm nach, er habe, am Eingang zum «Romanischen Café» *(seinerzeit beliebtes Berliner Literatencafé)*, von einem Kriegsverletzten um ein Almosen angesprochen, mit abweisender Miene weitergehend geknurrt: «Presse!»

DERSELBE Journalist befand sich mit einem Kollegen auf einer Dienstfahrt nach Amerika. Kurz nach Antritt der Reise fragte er ihn: «Kennen Sie sich hier aus? Ich muß mal eben...»
Der Angesprochene: «Gehen Sie den Gang entlang, bis Sie an eine Tür kommen mit der Aufschrift ‹For Gentlemen›. Sie können aber *trotzdem* 'reingehen!»

LIEBSTÖCKL war zur Zeit des Regisseurs Max Reinhardt ein berühmter Wiener Theaterkritiker. Obwohl Nichtjude, pflegte er gern zu mauscheln *(mit jiddischem Anklang sprechen)*.
Einmal sagte zu ihm ein jüdischer Kollege: «Liebstöckl, Se san doch kaner von unsere Lait: Warum jiddeln Sie?»
Liebstöckl: «Jach kenn, Sie missen!» *(Ich kann, Sie müssen)*

LIEBSTÖCKL ist mit einer Sängerin liiert, die in München gastiert. Noch nachts, nach der Aufführung, schickt sie ihm ein endloses Telegramm, daß seine Majestät huldvoll geruht habe, sie in der Hofloge zu empfangen etc. etc. Liebstöckl, unsanft aus dem Schlaf gerissen, telegraphiert zurück: «Meine Dajes *(Sorgen)*! Liebstöckl.»

EIN mittelmäßiger Schauspieler pflegte zu erzählen, daß er früher einmal mit dem berühmten Regisseur Max Reinhardt in einer Wiener Bank zusammen gearbeitet habe. Er selber bekam achtzig Kronen im Monat, und Reinhardt bloß sechzig.
Beide zog es zum Theater. Da aber Reinhardt weniger verdiente, entschloß er sich früher, die Bank zu verlassen, und er ging gleich zum Theater. Und er, der Kamerad des Regisseurs, tat das erst sechs Monate später.
«Und jene sechs Monate», pflegte er mit einem Seufzer zu endigen, «habe ich niemals mehr einholen können!»

DER Prager Komiker Max Pallenberg, beim Anblick eines norddeutschen Gallertepuddings: «Wackel net! I rühr di eh net an!»

SAMI Blau hat eine Operation an der Aorta hinter sich und befindet sich bereits auf dem Weg der Besserung.
«Na, wie geht es?» fragt ihn der berühmte jüdische Chirurg Dr. Hartschmalz, der ihn operiert hat.
«Gott hat geholfen», sagt Sami fromm.
«Nein, *ich* habe Ihnen geholfen», entgegnet der Chirurg, «Gott ist ein Internist.»

IM 6. Ulanenregiment im Ersten Weltkrieg war Dr. Samuel Goldhirsch Regimentsarzt. Seine Diagnosen waren berühmt, seine Therapie noch berühmter.
Ein Ulan klagt über Magenkrämpfe.
Dr. Goldhirsch: «Machen Sie nasse Umschläge!»
Der Ulan: «Warme oder kalte?»
Dr. Goldhirsch: «Die warmen werden kalt, die kalten warm – es ist huppste wie springste, verstanden?»

EIN bekannter jüdisch-amerikanischer Boxer sitzt mit seinem Manager im Zug nach Kalifornien. Da steckt ein riesiger Kerl den Kopf ins Coupé und brüllt: «Ist hier ein Jude?»
Der Boxer vermutet eine antisemitische Pöbelei und will aufspringen. Der Manager hält ihn zurück.
Nach wenigen Minuten ist der Kerl wieder bei der Tür und brüllt dieselben Worte. Jetzt ist der Boxer nicht mehr zu halten, springt auf und schreit: «Jawohl, ich bin einer!»
Darauf der Hüne, begeistert: «Gott sei Dank! Wir stellen nämlich im Nebenwagen einen Minian *(Gemeindegottesdienst mit mindestens zehn Männern)* zusammen, und einer fehlt uns noch!»

EIN zionistischer Führer wurde in Amerika interviewt, wie ihm die amerikanischen Juden gefielen.
«Ich habe den Eindruck», erklärte er, «daß Christoph Kolumbus der einzige amerikanische Jude war, der seine Karriere nicht mit Schuheputzen und Zeitungsaustragen begonnen hat.» *(Kolumbus stammte von «Marannen», das heißt von Zwangstäuflingen aus der Zeit der spanischen Inquisition.)*

DER sehr energische Kabarett-Direktor Robitschek hatte einmal einen Sketch geschrieben. Dieser wurde vom Conférencier Grünbaum folgendermaßen eingeleitet:

«Jetzt kommt ein Sketch. Der Sketch ist von Direktor Robitschek. Sag ich, der Sketch ist gut, dann sagen Sie: ‹Ja, weil der Grünbaum sonst entlassen wird›.
Sag ich, der Sketch ist schlecht – so werde ich entlassen.
Ich sage nicht, der Sketch ist gut. Ich sage nicht, der Sketch ist schlecht.
Ich sage: der Sketch ist von Robitschek.»

DER jüdische Conférencier Kurt Robitschek führte eine Sängerin aus französischem Adel, Irène de Noiret, mit den Worten ein: «Sie ist wirklich aus ganz altem Adel, und ich stelle mir immer vor, daß ihre Vorfahren vielleicht in der gleichen Gegend auf Ritterburgen hausten, in der damals meine Vorfahren mit alten Rüstungen gehandelt haben.»

PROFESSOR Chaim Weizmann, berühmter Chemiker und erster Staatspräsident von Israel, sagte zum amerikanischen Präsidenten Truman: «Sie haben es leichter als ich. Sie sind Präsident über 150 Millionen Amerikaner, ich aber über eine Million Präsidenten.»

BEI der Überfahrt nach Amerika hatte sich Weizmann mit Albert Einstein über dessen Relativitätstheorie unterhalten. Nachher versicherte er seinen Freunden: «Ich hatte absolut den Eindruck, daß Einstein seine Theorie versteht.»

ZUM Staatspräsidenten Weizmann kam eine Abordnung des Theaters Habima aus Tel Aviv, um sich über die katastrophale Finanzlage der Bühne zu beklagen.
Weizmann: «Was soll ich denn tun? Ich kann euch höchstens mit einem mitleidigen Ächzen beistehen – aber das brauche ich momentan für mich selbst!»

DER israelische General Dayan hatte im Krieg ein Auge verloren und trug seither eine schwarze Augenbinde.
Dayan hat mit seinem Jeep die für Militärfahrzeuge zugelassene Höchstgeschwindigkeit überschritten und wird von der Militärpolizei gestoppt.
Dayan: «Können Sie mir vielleicht sagen, wie man mit einem einzigen Auge zugleich den Straßenverkehr und das Tachometer beobachten kann?»

Hitlerzeit

GLEICH zu Beginn der Nazi-Ära, als Juden in Deutschland noch leben konnten, läutete der christliche Ausläufer einer Mazzebäckerei *(Mazze = ungesäuertes Osterbrot der Juden)* artig an der Türe eines Kunden und meldete freundlich:
«Heil Hitler, Herr Kohn, ich bringe Ihre Mazzen.»

ZU Beginn der Hitler-Ära fährt Blumenthal nach Berlin. Als er zurückkommt, erzählt er: «Ich habe Goebbels gesehen. Er sieht aus wie Apoll...»
«Bist du wahnsinnig? Dieser mickrige Krüppel!»
«Laß mich doch ausreden! Er sieht aus wie *a pol*nischer Jüd.»

NAZIDEUTSCHLAND. Der Einmarsch der deutschen Armeen in Polen hat noch nicht stattgefunden, der Erfolg ist noch unsicher.
Göring: «Sollte alles schiefgehen, dann setze ich mich in mein privates Flugzeug und fliehe nach Italien.»
Hitler: «Ich berufe mich darauf, daß ich Ausländer bin, und fordere die Immunität des Ausländers.»
Goebbels: «Ich fahre nach Warschau und tauche als polnischer Jude unter.»

1933 SITZEN zwei Juden im Wirtshaus. Eine größere Gruppe von SA-Leuten tritt herein. Da sagt der eine Jude zum zweiten mit einem vorsichtigen Blick auf die Gruppe und mit einem leisen Seufzer: «Quel embarras de richesse!» *(«Richesse» hier scherzhaft im Sinne von «Risches» = Antisemitismus. Vgl. Glossar.)*

Sichrono (weiblich sichrona) le 'olam: Möge sein (ihr) Andenken ewig währen! Feste Formel über Verstorbene.
1933. BRIEF aus Berlin, der die Zensur anstandslos passierte:
«Lieber Vetter Schlojme,
es geht uns glänzend. Alles, was die amerikanischen Zeitungen über die Mißhandlungen von Juden schreiben, ist reine Greuelpropaganda. Wir

möchten nirgends anderswo leben – außer vielleicht bei Tante Sara – sichrona le 'olam!»

ROSENSTEIN fährt Eisenbahn. Im Abteil sitzen etliche SA-Leute, die ihn ärgern wollen, indem sie dauernd ‹Heil Hitler› schreien. Beim Aussteigen dreht sich Rosenstein noch einmal höflich zu den SA-Leuten um und sagt: «Meine Herren, Sie haben sich geirrt. Ich bin nicht der Hitler.»

NACH den «Nürnberger Gesetzen» der Nazizeit durften Juden keine «arischen» Hausmädchen beschäftigen, die weniger als fünfundvierzig Jahre alt waren.
Kohn hat beim Arbeitsamt um ein Hausmädchen angesucht. Als ihn der Beamte auf das neue Gesetz aufmerksam macht, sagt Kohn: «Vielleicht können Sie mir statt dessen zwei Stück à dreiundzwanzig Jahre bewilligen?»

NAZIDEUTSCHLAND. Das Flugzeug Berlin–Hamburg stürzt ab. Fleckeles als Überlebender klettert aus den Trümmern.
«Schrecklich!» sagt er erschüttert. «Die Luft fängt an, so unsicher zu sein wie die Straße!»

NAZIDEUTSCHLAND. Katz kommt schwer bandagiert aus dem Gestapogebäude heraus.
Ein Passant bleibt erschrocken stehen: «Was in aller Welt ist mit Ihnen geschehn?»
Katz: «Nichts. Ich bin nur ein Märchen der Greuelpropaganda.»

NACH 1933. Ein Jude sieht einen Bettler mit einer Tafel auf der Brust: «Vollständig blind. Nehme nichts von Juden.»
Der Jude, nervös: «Nehmen Sie die Tafel ab und ich gebe Ihnen fünf Mark!»
Der blinde «Nazi»: «Auf Ihre Ejzes *(Ratschläge)* hab ich gewartet! Wollen Sie mich lehren, wie man bei diesen Banditen bettelt!»

IN der Nazizeit sitzen zwei Juden in ihrem Berliner Stammcafé. Plötzlich sagt der eine schwermütig: «Moses ist doch ein ganz großes Rindvieh gewesen!»
«Um Himmels willen! Wie sprichst du von unserm großen Propheten! Er hat uns doch aus Ägypten herausgeführt!»

«Eben deshalb! Hätt' er uns nicht 'rausgeführt, so hätt' ich jetzt einen englischen Paß.»

IM Hitlerreich. Als Juden noch die Reichsbahn benützen durften, saß der alte Meisl einmal allein im Abteil. Sein Blick fällt auf ein Propagandaplakat «Ein Deutscher lügt nicht!» Meisl liest halblaut: «Ein Deutscher lügt nicht!» und meint nachdenklich: «Mieses Perzent für achtzig Millionen!»

1933. IN einem deutschen Amtsgebäude meldet sich ein Jude mit der Bitte, seinen Namen ändern zu dürfen. Der Beamte: «Im allgemeinen lassen wir uns darauf nicht ein. Aber Sie werden wohl starke Gründe haben. Wie heißen Sie denn?»
«Adolf Stinkfuß.»
«Ja – da muß man schon Verständnis haben. Und wie möchten Sie heißen?»
«Moritz Stinkfuß.»

DEUTSCHLAND 1933. Jeiteles hat sich respektlos über den Führer geäußert und muß zur Strafe drei Tage lang mit einem Plakat «Juden hinaus, Arier an ihre Stelle» durch die Straßen gehen und sich dann wieder melden. Man versucht, ihn zu kontrollieren, sieht ihn aber nirgends. Als er sich nach drei Tagen meldet, brüllt der Nazibonze: «Du Judenschwein! Du bist ja gar nicht mit dem Plakat herumgelaufen!»
«Ich habe es aber doch getan!» beteuert der Jude.
«Wo bist du denn herumgelaufen?»
«Auf dem jüdischen Friedhof.»

1933. BEI der großen Berliner Sportpalastversammlung, in der Hitler seine Programmrede hält, sitzt ganz weit vorn ein alter bärtiger Jude, der dauernd sein Haupt wiegt. Nach Schluß der Versammlung läßt Hitler ihn zu sich bringen und fragt: «Erstens, wie sind Sie überhaupt hereingelassen worden, und zweitens, warum haben Sie dauernd den Kopf gewiegt?»
Der Jude: «Was die erste Frage angeht, so habe ich einfach gesagt, daß ich bin der Großvater von Goebbels. Da hat man mich gleich an einen Ehrenplatz geführt.
Und warum ich den Kopf gewiegt habe? – Sehen Sie, Herr Reichskanzler: zum Andenken an die Befreiung vom ägyptischen Joch essen wir Mazzes, zum Andenken an die Errettung vor dem persischen Minister

Haman essen wir zu Purim die Hamantaschen *(süßes Gebäck mit Füllung)*... Und da hab ich überlegt, welche Mehlspeise es wohl nach Ihnen geben wird.»

Variante:
NACH dem Einmarsch der Hitlerarmeen in Polen kommt ein verzweifelter Chassid zu seinem Rabbi und fragt: «Rabbi, Ihr wißt doch alles. Sagt – wann endlich wird Hitler sterben?»
«Das genaue Datum», sprach der Rabbi, «weiß ich nicht. Aber eines weiß ich bestimmt: es wird ein Feiertag sein.»

IN Pyritz an der Knatter, Mecklenburg, traf am 30. Januar 1933 vom Propagandaministerium Berlin ein Telegramm ein mit dem Befehl, am Judenboykott teilzunehmen.
Aus Pyritz traf die Antwort ein: «Sofort Juden herschicken, sonst Boykott unmöglich.»

NACH Beginn des Hitler-Regimes bemühten sich die alteingesessenen Juden in Berlin, ihren Besitz in kostbaren Antiquitäten anzulegen. Ein Kunsthändler besucht seinen besten Kunden, einen reichen Bankier, öffnet behutsam einen mitgebrachten Ebenholzkasten und sagt: «Herr Pfeffer, ich habe Ihnen etwas ganz Schönes mitgebracht: eine Totenmaske von Franz Liszt.»
Der Bankier betrachtet die Totenmaske lange und fragt dann: «Haben Sie so etwas nicht in Hitler?»

KURZ nach Ausbruch des Hitler-Regimes saß ein Jude im Freien auf einer Bank und las die «Jüdische Rundschau». Ein zweiter Jude setzte sich zu ihm, entfaltete ein Exemplar des «Völkischen Beobachters» *(Nazi-Zeitung)* und erklärte:
«Ich lese den ‹Beobachter› zur Beruhigung. Die ‹Jüdische Rundschau› regt mich auf: Pogrome in Ungarn und Polen, Judenverfolgungen in Rumänien, Terror in Palästina *(damals unter englischer Mandatsverwaltung)*... Aber aus dem ‹Völkischen Beobachter› erfahre ich, daß wir Juden die reichsten und mächtigsten Leute der ganzen Welt sind und sogar die Herren von ganz Rußland und Amerika.»

1933 GEHEN zwei Juden abends in Berlin durch die Straßen. Sie sehen sich um und bemerken hinter sich zwei SA-Leute.
Sagt der eine zum zweiten: «Komm, laß uns schneller gehen.»

Sagt der zweite: «Die werden uns doch nichts tun!»
Sagt der erste: «Wer weiß? Die sind zu zweit, und wir sind allein.»

GENERAL von Ludendorff hält in einem Münchner Kaffeehaus eine antisemitische Hetzrede: «Die Juden und nur die Juden waren schuld an Deutschlands Niederlage!»
Da tritt ein jüdisch aussehender Herr auf Ludendorff zu und sagt höflich: «Ich wußte gar nicht, Herr Generalfeldmarschall, daß Sie Jude sind!»

DEUTSCHE Schule zu Beginn der Nazizeit.
«Wie lautet dein Vorname, Hinrichs?»
«Baldwin.»
«Und deiner, Hartwig?»
«Knut.»
«Und dein Vorname, Rosenzweig?»
«Sie werden lachen, Herr Lehrer: Adolf.»

GESCHICHTSSTUNDE. – «Hinrichs, sag mir: Warum hat Deutschland den Krieg verloren?»
«Weil Juden in der deutschen Armee waren. Feiglinge. Liefen weg aus dem Feuer – darum hat Deutschland den Krieg verloren.»
«Gut. Hartwig, gib mir noch weitere Gründe.»
«Juden saßen in der Intendantur. Diebe. Sie haben alle Lebensmittel gestohlen. Darum hat Deutschland den Krieg verloren.»
«Sehr gut. Rosenzweig! Sag mir noch weitere Gründe!»
Rosenzweig steht langsam auf und sagt schüchtern: «Juden haben im Generalstab gesessen...»
Der Lehrer schreit: «Du Rotzbub! Du Judenbalg! Im deutschen Generalstab haben nie Juden gesessen!»
Schüler Rosenzweig, weinend: «Bitt schön, Herr Lehrer! Hab ich denn, Chaß wechalila *(Gott bewahre)*, gesagt, im *deutschen* Generalstab haben Juden gesessen? Im französischen Generalstab haben Juden gesessen. Darum hat Deutschland den Krieg verloren.»

IN einer Schulklasse im Hitler-Deutschland, in der noch einige jüdische Schüler sind, findet der Lehrer auf dem Pult des kleinen Moritz ein kleines Notizbuch. Auf der ersten Seite links steht drin: «Gott erhalte Adolf Hitler.» Auf der nächsten Seite wieder links: «Gott erhalte Hermann Göring.» Der Lehrer blättert weiter. Da steht, wieder links: «Gott erhalte Dr. Josef Goebbels.» Da sagt der Lehrer: «Kinder, hört, was euer Mitschüler Moritz geschrieben hat!» Er liest vor, blättert immer weiter, liest: «Gott erhalte Ernst Röhm!» Da stockt seine Rede. Denn auf der rechten Seite steht: «...hat er erhalten am...»

1933. DER Lehrer: «Was weißt du von den alten Germanen, Moritzchen?»
Moritzchen: «Nur das Allerbeste, Herr Lehrer.»

1933. LEHRER: «Moritz, von welcher Rasse sind die Juden?»
«Semiten.»
«Gut. Und die Deutschen?»
«Antisemiten.»

1933. DER Lehrer: «Wir üben jetzt Fliegeralarm. Ich zähle auf drei – dann verschwindet alles unter die Bänke! Eins – zwei – drei!» Alles verkriecht sich, Klein Moritz bleibt ruhig sitzen.
«Moritz! Hast du nicht gehört? Es ist Fliegeralarm!»
«Nu – Herr Lehrer! Haben Sie nie etwas gehört von einem Helden?»

1933. DER Lehrer: «Was würdet ihr tun, Kinder, wenn ihr plötzlich sehr, sehr viel Geld bekämet?»
Hänschen will Zuckerstengel kaufen, Christian will Karussell fahren.
Moritzl: «Ich würde es unter den Armen verteilen.»
Der Lehrer, gerührt: «Wie schön! Erzähl uns genau, wie du das machen würdest!»
Moritzl: «Die eine Hälfte unter den rechten Arm, die andere Hälfte unter den linken Arm, und fort über die Grenze!»

1933. LEHRER: «Moritz, wie stellst du dir das Dritte Reich vor?»
Moritzchen: «Genauso, wie es ist, Herr Lehrer.»

1933 IN Deutschland. In der Grammatikstunde wird die Steigerung durchgenommen. Der Lehrer wünscht ein Beispiel.
Baldwin: «Das Vaterland ist mir lieb und wert.»
Lehrer: «Gut, Knut, wie geht es weiter?»
Knut: «Der Führer ist mir lieber und werter.»
Lehrer: «Gut. Kannst du das Beispiel zu Ende bringen?»
Moritz: «Aber natürlich, Herr Lehrer! Der ‹Völkische Beobachter› ist mir am allerliebsten am Allerwertesten.»

ZU Anfang des «Tausendjährigen Reiches». Eines Tages ist wieder mal überall geflaggt, wie das damals oft vorkam. Fragt der Lehrer die Erstkläßler:
«Kinder, sagt mir mal, warum flaggen heute die Leute?»
Keiner weiß es. Sagt der Lehrer:
«Was? Hier ist der Sohn des Gauleiters, des Kreisleiters und anderer hoher Leute unseres Führers – und keiner weiß was?!»
Da meldet sich Sami Kohn.
«Na, seht mal, Kinder», sagt der Lehrer, «schämt euch! Nur der Kohn weiß es! Also, Sami, warum flaggen heute die Leute?»
«Warum se flaggen! Weil se missen, Herr Lehrer!»

RELIGIONSUNTERRICHT bei den ABC-Schützen. Der Pfarrer fragt, wer der erste Mensch sei. Fritzchen meint: «Adolf Hitler!»
Nein, meint der Pfarrer, der Gedanke sei nicht schlecht, aber es stimme doch nicht.
Es werden Hermann, Josef genannt und abgelehnt.
Meldet sich Moritzl, er durfte damals noch: «Pfarrerleben, wenn es vielleicht ein Nichtarier sein dürfte – also eventuell wüßt' ich da einen!»

NAZIZEIT. Zwei Juden treffen sich auf der Straße.
«Herr Kohn, ich hab' Ihnen zwei Nachrichten, eine gute und eine schlechte.»
«Zuerst bitte die gute!»
«Hitler ist tot.»
«Großartig! Und jetzt die zweite, schlechte?»
«Die erste stimmt nicht.»

KURZ vor Ausbruch der Nazizeit sitzt ein SA-Mann im Zug einem Juden gegenüber, zieht zwei Zeitungen hervor und erklärt: «Den ‹Völkischen Beobachter› hier – den habe ich zur Belehrung. Und die ‹Frankfurter› – die habe ich zur Entleerung.»
Darauf der Jude: «Wird nicht lange dauern, und Ihr Toches *(Allerwertester)* wird klüger sein als Ihr Kopp.»

Die Juden in Deutschland waren bis zum Ausbruch der Hitler-Ära oft begeisterte deutsche Nationalisten und Militaristen.
AUS einem nationalsozialistischen Konzentrationslager nahe der holländischen Grenze gelingt es zwei Juden, zu entfliehen. Die aufgeregten holländischen Grenzwächter begehen sogar eine Grenzverletzung, um

die beiden vor ihren Verfolgern, die bereits auf Motorrädern heranrattern, zu erretten.

Die Flüchtlinge werden von den triumphierenden holländischen Soldaten verpflegt, getröstet und dann, bei der Wachablösung, mit ins Land hinein genommen.

Als sie mit der holländischen Truppe landeinwärts gehen, wendet sich der eine zum zweiten und flüstert wehmütig:

«Und das nennen die Holländer marschieren! Wenn man das mit *unserer* SA vergleicht!»

ERICH Remarque, «arischer» Verfasser eines pazifistischen Buches über den Ersten Weltkrieg, mußte in der Hitlerzeit auswandern. Gefragt, ob er nicht Heimweh empfinde, entgegnete er: «Wieso? Bin ich ein Jude?»

BEIM Auswanderungsbüro in Berlin treffen sich kurz nach Hitlers Machtergreifung zwei Juden.
«Moische», fragt der eine, «wohin willst du auswandern?»
«Nach Schanghai.»
«Was! So weit?»
«Weit, von wo?»

1938. ZWEI Juden. «Wohin fahrt Ihr?»
«Weit weg!»
«Richtig! Sicher sind wir Juden nur, wo wir nicht sind!»
«Darum fahre ich hin!»

AUF der Paßabteilung in Berlin im Jahre 1938.
Herr Kohn wünscht einen Paß. «Wohin wollen Sie reisen?» fragt der Beamte.
«Ich weiß nicht.»
«Sie müssen ein Reiseziel angeben.»
Herr Kohn zuckt die Achseln. Der Beamte ist gutmütig und zeigt auf den Globus. «Suchen Sie sich ein Land aus und schreiben Sie es aufs Gesuch!»
Herr Kohn dreht den Globus einige Male langsam rund herum. Dann fragt er: «Nichts Besseres können Sie mir nicht anbieten?»

DER Hohenzollernprinz August Wilhelm wurde von seinen Freunden Auwi genannt. Als er der SA beitrat, meinten sie: «Gut, daß du nicht Leopold Wilhelm heißt! Sonst müßten wir dich Lewi nennen!»

BERLIN 1933. Der ägyptische Gesandte ist seines semitischen Aussehens wegen angepöbelt worden. Er legitimiert sich, und die Nazis, die ihn angerempelt haben, entschuldigen sich. Einer von ihnen sagt: «Wissense, die Juden müssen ausgerottet werden!»
Darauf der Ägypter, resigniert: «Machen Sie sich keine Illusionen! Das haben wir schon vor viertausend Jahren versucht!»

KURZ nach Ausbruch der Naziherrschaft. Jüdischer Journalist zu einem Kollegen: «Weißt du mir nicht ein gutes *Goi*donym?»

«KOHN, was ist der Unterschied zwischen Hitler und einem Leberkranken?»
«Nu?»
«Der eine ist leberleidend, der andere leider lebend.»

AUS der Hitlerzeit. Ein Jude zum zweiten: «Du, was ist das, multiple Sklerose?»
«Uninteressant – hat er doch nicht!»

HITLERZEIT. Parteigenosse Müller erblickt auf der Straße seinen Bekannten Kohn und sagt neckend: «Heil Hitler!»
Kohn: «Bin ich Psychiater?»

1933. ZWEI Juden am Kurfürstendamm von Berlin:
«Schade, daß der Firer, der Hitler, uns nicht mitmachen läßt! Wir wären ihm gefolgt!»
«Was heißt gefolgt?! Wir hätten ihn gefirt!»

NAZIZEIT. Mitten in der Nacht weckt die Frau ihren Mann:
«Jossele, mir ist gar nicht gut!»
«Schlaf weiter!» beruhigt der Mann. «Wem ist es heute schon gut?»

AARON zu Herschl 1935: «Rate, was ist das? Ohne ‹i› *hat* es jeder, und mit ‹i› will es jeder *sein*.»
??
«Arisch.»

HALBJUDEN waren in der Nazizeit fast wie Juden verfolgt. «Ein-Achtels-Juden» dagegen galten als «Arier». Man erzählte sich daher: Wer ist die verhaßteste Frau der deutschen Familie?

Die jüdische Mutter. Sie verdirbt den Ahnenpaß!
Und wer ist die beliebteste Frau der deutschen Familie? Die jüdische Urgroßmutter. Sie hat Geld und Intelligenz in die Familie gebracht, und sie schadet dem Ahnenpaß nicht mehr!

IM Dritten Reich.
«Sigi, du trägst einen Schnurrbart?»
«Nu, ich mache in Spekulation.»
«Wieso?»
«Ich bin gegangen zu die Zigeuner. Da ist die Chance noch etwas besser.»

NAZIDEUTSCHLAND. Ein Schweizer besucht einen jüdischen Freund:
«Wie kommst du dir vor unter den Nazis?»
Der Jude: «Wie ein Bandwurm: Ich schlängle mich durch die braunen Massen und warte, daß ich abgeführt werde.»

NAZIDEUTSCHLAND: «Kohn, hast du schon gehört? Wendriner hat sich gestern aufgehängt!»
«Nu – wenn er sich verbessern kann!»

SS-KOMMANDANT zum Juden: «Wenn du errätst, welches meiner beiden Augen aus Glas ist, lass' ich dich laufen.»
Der Jude: «Das linke.»
Der SS-Kommandant: «Das ist richtig! Wie hast du das so schnell erkennen können?»
Der Jude: «Es hat mich so menschlich angeschaut.»

BERLIN, Hitlerzeit. In Deutschland gibt es noch Juden, aber die Verfolgungen haben bereits angefangen.
Im Tiergarten spazieren zwei kleine jüdische Mädchen. Sie schauen den eleganten Reitern zu. Da scheut plötzlich ein Pferd, wirft den Reiter ab, und galoppiert wild davon.
«Schnell, laß uns weglaufen!» sagt das eine Mädchen ängstlich.
«Ach was», beruhigt das zweite Mädchen, «bleib nur! Das Pferd weiß ja nicht, daß wir jüdisch sind!»

ZU Beginn der Hitlerzeit. Ein Jude in Berlin kauft jeden Morgen am Kiosk den «Völkischen Beobachter», wirft einen kurzen Blick auf die erste Seite und schmeißt dann die Zeitung weg.

«Warum tun Sie das, warum lesen Sie nicht die Zeitung?» fragt der Kioskbesitzer.
Der Jude: «Ich suche nur eine Todesanzeige.»
«Aber die stehen doch auf der letzten Seite!»
«Die Todesanzeige, die ich suche, wird sich auf der ersten Seite befinden.»

HITLERJAHRE. Rothschild sitzt noch in Frankfurt. Sein Hund wird überfahren und niemand wagt, dem Baron die traurige Nachricht zu überbringen. Ein Hausierer kommt vorbei, hört die Geschichte und sagt: «Das werd ich schon machen!»
Er läßt sich bei Rothschild melden und kommt bald wieder heraus – mit einem fürstlichen Trinkgeld! Die Umstehenden greifen sich an den Kopf: «Mensch, wie hast du das nur gemacht?»
Hausierer: «Ich hab gesagt: Heil Hitler! Der Hund ist tot!»

NAZIDEUTSCHLAND. Zoologischer Garten, Raubtierfütterung. Eine Menschenmenge bestaunt den Wärter, der im Tigerkäfig der Riesenkatze Fleischstücke vorwirft. Plötzlich ein Aufschrei: der Tiger macht einen Satz und fällt den Wärter an! Alles strebt auseinander, nur einer stürzt sich in den Käfig, schlägt mit einer Stange den Tiger auf die Nase, und es gelingt ihm, den Wärter fast unverletzt herauszuretten. Die Menge ist begeistert. Der Mann wird auf die Schultern gehoben. Reporter stürzen herbei und fordern Namen und Anschrift des Helden. Er windet sich, will nicht mit der Sprache heraus. Zuletzt gesteht er: «Ich bin Jude.»
Schlagzeile in der nächsten Morgenzeitung: «Tückischer Judenlümmel schlägt wehrlosen Tiger.»

Variante:
GALIZISCHER Jude wehrt mit einem Stocke die wütenden Bisse eines Wolfshundes ab. Schlagzeile in der Zeitung: «Bösartiger Galizier beißt deutschen Schäfer.»

BERLIN 1941. Ein Jude wird zwecks Registrierung zum Polizeibureau bestellt und muß im Vorraum warten, wo auf einer Landkarte an der Wand mit verschiedenfarbigen Fähnchen und Schnüren die Frontlinien abgesteckt sind. Er wendet sich an den Beamten im Vorraum und bittet: «Darf ich etwas fragen?»
«Bitte sehr.»

«Was bedeutet Blau?»
«Das ist Frankreich, der Erbfeind, samt seinen Kolonien.»
«Und Grün?»
«Das perfide England samt seinen Kolonien.»
«Und Rot?»
«Das ist das bolschewistische Rußland, das wir besiegen werden.»
Lange Pause. Dann: «Kennt der Führer diese Karte?»

BERLIN. Wilmersdorfer Straße. Zeit: Kristallnacht. Man wirft aus einem Stockwerk die Möbel auf die Straße. Kohn steht vor dem Haus, sieht zu und lacht furchtbar.
Ein Uniformierter erkennt ihn als Juden und schreit ihn an:
«Das ist eine Judenwohnung!»
Kohn: «Ja, das ist meine Wohnung.»
«Warum lachst du dann?!»
«Nu», sagt Kohn, «ich wohne doch möbliert!»

KURZ nachdem die Nazis in Wien einmarschiert sind, geht Graf Bobby in der Kärntnerstraße am Kleidergeschaft Neumann vorüber und sieht voller Entsetzen, daß die Auslagescheiben mit Zetteln überklebt sind, auf welchen mit großen Lettern aufgedruckt steht: «Jüdisches Geschäft.»
Da Herr Neumann ein alter Bekannter von Graf Bobby ist, stürzt dieser ins Geschäft und fragt: «Sagen Sie, Herr Neumann, halten Sie das in der heutigen Lage für angezeigt!?»

INNSBRUCKER Hauptbahnhof 1939. SS-Leute schleppen einige Juden zum Zug. Am Bahnhof stehen zwei richtige Tiroler mit Joppe und Lederhose. Wendet sich der eine an seinen Nachbarn:
«Dö san doch saudumm, dö Juden! Sollten sich a Lederhosen und a Joppen anziehen wie unseraner, und koa Mensch tät wissen, daß sie Juden san.»
Der andere: «Wemenem *(jid. ‹wem-einem›)* sogen Sie dos!»

IN Wien wurden nach dem «Anschluß» an Nazideutschland die Juden gezwungen, Schmierparolen von Hauswänden und Denkmälern abzuwaschen.
Ein Nazi zu einem Juden: «Jud, komm her! Da hast du eine Bürste und einen Kübel Wasser! Arbeiten!»
Jude: «Ich bin Araber!»

Der Nazi, plötzlich höflich: «Zeigen Sie Ihren Paß!» Nach einem kurzen Blick in das Dokument schreit er aber zornig: «Araber! A Jud bist! Sofort reiben, du Lügner!»
Jude: «Ich ein Lügner?! Ich hab' doch ausdrücklich gesagt: Ich bin a Raber *(galizisch-jiddisch = Reiber)*, ich hab' schon gestern gerabt.»

Variante:
DER Conférencier Grünbaum muß Trottoirs reinigen. Er fragt den Aufsicht führenden SA-Mann: «Herr Laitnant, reib ich gut?»
«Ich bin kein Leutnant.»
«Herr Hauptmann, reib ich gut?»
«Ich bin kein Hauptmann.»
«Herr *Reiber*hauptmann, reib ich gut?»

IN Wien, nach dem Anschluß. Im Straßengedränge tritt ein uniformierter SA-Mann einen Passanten auf den Fuß, dieser reagiert mit einem Faustschlag.
Ein zweiter Passant, Jude, versetzt hierauf dem SA-Mann ebenfalls eine Ohrfeige. Auflauf, Polizei.
Wachmann zum Passanten: «Was gibt Ihnen das Recht, einen SA-Mann zu ohrfeigen?»
«Ich bitte um Entschuldigung, der Schmerz war so schrecklich, es war eine ungewollte Reaktion.»
«Nun gut, aber wie kommen Sie, Jude, als Unbeteiligter dazu, den SA-Mann zu schlagen?»
«Nu – ich hab' gesehen, man pätscht *(haut)* die Nazi, da dachte ich mir, man darf schon wieder.»

WIEN, Nazizeit. Nachts in einer einsamen Gasse schwankt ein betrunkener, riesiger Goj auf den schüchtern dahinschreitenden Naftali zu und murmelt: «Sie – Sie sind – a Jud!»
Naftali, erschrocken: «Und Sie? Sie sind total besoffen.»
Der Betrunkene: «Ja, ja – aber das vergeht bis morgen früh.»

BLAU trifft in Ischl auf einer Caféhausterrasse seinen Freund Grün.
«Ich wohne im ‹Roten Ochsen›», berichtet Grün.
«Aber ich bitt' dich», sagt Blau, «der Besitzer ist doch ein bekannter Nazi!»
Grün eilt ins Hotel und kündigt. «Aber Herr Grün!» sagt der Wirt, «waren Sie nicht zufrieden?»

«Zufrieden war ich schon», gibt Grün zu. «Aber man hat mir erzählt, daß Sie ein Nazi sind.»
Wirt, entrüstet: «Was! I, in der Sommersaison a Nazi?!»

IN der Zeit, als es zwar schon die Nazis, aber doch noch ein freies Polen gab, fuhren zwei Herren in Polen im Zug. Fixierte der eine Herr den andern scharf und sagte plötzlich: «Entschuldigen Sie, sind Sie nicht SS- Sturmbannführer Klaus-Günter Ziggewitz?»
Schaute der andere Herr langsam auf und fragte gutteral: «Ob ech wer ob ech bin?» *(Ob ich wer bin?)*

IN der Hitlerzeit fährt ein Jude aus Senta *(Stadt in Nordjugoslawien, früher Südungarn, wo es nur fanatisch fromme, orthodoxe Juden gab)* nach Berlin. In Kaftan und Fellmütze, der traditionellen Tracht der frommen Ostjuden, steigt er am Anhalter Bahnhof aus. Er wird bespöttelt. Da ruft er indigniert aus: «Wos is? Hobt ihr noch kanen Jügoslawen gesehen?»

Die Ostasiatischen Juden sehen mongolisch aus.
1938. KOHN ist bis China entflohen. Er kommt nach Kai-Faong-Fu, fünfhundert Meilen südlich von Pei-Ping. Dort gibt es einheimische Juden, und Sabbat geht Kohn in die Synagoge. Der Rosch-ha-Kahal *(Gemeindevorstand)* fragt neugierig:
«Sind Sie Jude?»
«Ja.»
«Komisch! Sie sehen nicht so aus!»

FOLGENDES geschah wirklich:
Nach ihrer Machtübernahme betreuten die Nazis im Ausland lebende deutsche Bürger durch die «Auslandsorganisation der NSDAP»: sie schickte in alle größeren deutschen Kolonien im Ausland an nationalen Festtagen Propagandaredner. Zu solchen Veranstaltungen hatten die «Volksdeutschen» *(Auslandsdeutsche ohne deutschen Paß)* keinen Zutritt.
1938 kam ein solcher Redner, begeisterter Fotoamateur, nach Czernowitz. Zwei Volksdeutsche wurden ihm als Begleiter durch Czernowitz mitgegeben. Sie sagten ihm, es gebe hier einen jüdischen Schuster namens Schapse Hitler! Der Redner wollte das Firmenschild filmen, und da gerade jüdische Ostern waren, kamen auch orthodoxe Juden in ihrer Festtracht *(Kaftan und Straimel, d.h. Mützen aus Samt mit Pelzrand)* mit auf das Bild. Er machte dann weitere malerische Aufnahmen von Juden in der koscheren Weinhalle Rosenblatt, wo er Bronfen *(Branntwein)* koste-

te. Dann luden ihn seine Begleiter in ein koscheres Restaurant ein, wo der Nazi mit Genuß ein Sabbatmahl verzehrte: Gefüllten Fisch und Mazzes *(Osterbrot)* dazu, hernach wieder ein großes Glas Bronfen und koscheren Pessachwein.
Es schmeckte ihm so, daß er das Menü noch weiterer Koscherrestaurants durchprobierte, immer mit sehr viel Bronfen dazu. Die Warnung der Begleiter wegen des hochprozentigen Schnapses schlug er in den Wind. Und als es endlich Zeit war für den Vortrag, hatte er eine starke Schlagseite.
Die beiden luden ihn in einen Fiaker, fuhren ihn zum Deutschen Konsulat, lehnten ihn dort an die Haustür und verschwanden...
Am nächsten Morgen fragte der deutsche Konsul verärgert die Gastbetreuer: «Was haben Sie gestern mit dem armen Reichsredner angestellt? Er kam, mehr als fröhlich, zur Versammlung und sagte: ‹Ich bin blau. Daran ist aber nur Schapse Hitler, der Bronfen, der Schabbesfisch und der Pessachwein schuld!›»

HITLERKRIEG. Rationierung in einem besetzten Land. Schon 6 Uhr früh steht in Frost und Schnee eine lange Schlange vor dem Bäckerladen.
Um 8 kommt der Bäcker und sagt: «Brot gibt es später, aber nicht für Juden.» Die Juden gehen nach Hause. Die andern warten weiter.
Um 10 Uhr kommt der Bäcker wieder heraus und sagt: «Brot gibt es später, aber nur für Parteimitglieder.»
Wieder geht ein Teil der Leute fort.
Um 12 Uhr kommt der Bäcker wieder heraus: «Brot gibt es nur für ganz alte verdiente Parteileute.»
Diesmal bleiben nur noch ein paar wenige stehen.
Um 16 Uhr kommt der Bäcker heraus, hält einen parteipolitischen Vortrag und erklärt, daß es leider auch ohne Brot gehen muß.
Beim Heimgehen sagt ein Parteimitglied zum andern: «Die verdammten Juden haben es immer besser als unsereins! Schon seit der Früh sitzen sie zu Hause im Warmen.»

NACH dem Einmarsch der Nazis in Polen wurde in Lodz der «Freiheitsplatz» in «Adolf-Hitler-*Platz*» umbenannt. Sooft der Tramführer den Namen des Platzes ausrief, pflegten die Juden leise zu antworten: «Möchte es doch so sein, Herr der Welt!»

OKTOBER 1939. Die Deutschen haben bereits über Polen gesiegt. In dem kleinen polnischen Städtchen sind Polen und Juden enteignet worden.

Deutsche aus Ost und West strömen ein und übernehmen die Geschäfte. Auch die Apotheke. Von einem Ghetto ahnt man aber noch nichts.
Die Juden, mit dem gelben Stern an Brust und Rücken gekennzeichnet, gehen noch ihrer Arbeit nach.
Zu ihnen gehört auch der Fuhrmann Lubinski, der den Personen- und Warenverkehr vom Städtchen zum Bahnhof vermittelt. So manche Kiste mit Medikamenten hat er dem nun kommissarischen Apotheker vom Bahnhof abgeholt.
Da wird ihm eines seiner Pferde krank. Die Medizin pflegt er sich selber zu mixen: er kuriert Pferde nicht schlechter als ein Tierarzt. Es fehlen ihm aber die dazu nötigen Bestandteile. Er bittet den Apotheker, ihm das Nötige zu geben.
Der Apotheker zögert: «Sie wissen doch, Lubinski, daß es verboten ist, Medikamente an Juden auszugeben!»
Darauf Lubinski: «Herr Apotheker, is mei Ferd a Jid?»

PRAG 1940. Die Befehle zum Abtransport ins KZ Theresienstadt wurden nachts von Boten der jüdischen Kultusgemeinde persönlich den betroffenen Familien zugestellt.
Eine jüdische Familie sitzt noch spät abends beisammen. Plötzlich heftiges Klopfen. Der Familienvater, entsetzt: «Wer ist da?»
Draußen abermals heftiges Poltern: «Gestapo! Aufmachen!»
Der Vater: «Mir fällt ein Stein vom Herzen! Ich dachte schon, es wär jemand von der Kultusgemeinde...»

In Theresienstadt, in der Tschechoslowakei, hatten die Nazis ein Judenghetto eingerichtet, in welchem es verhältnismäßig human zuging. Das Lager wurde daher auch gern ausländischen Delegationen gezeigt.
EIN Jude ist frisch in Theresienstadt eingeliefert worden und wundert sich über irgend etwas. Ein älterer Lagerinsasse klärt ihn auf: «Was denken Sie wohl, wo Sie sind?»
Der Neuling: «Im KZ, verschärft durch jüdische Selbstverwaltung.»

IM KZ Theresienstadt, wo bitter gehungert wurde, zirkulierte ein Zettel mit folgendem Text:
«Warnung vor einem Heiratsschwindler!
Es treibt sich jetzt ein älterer Mann im Lager herum und versucht, Frauen zur Eheschließung zu bewegen mit der Angabe, er sei Koch in der Kaserne B I. Es wird vor dem Mann gewarnt: Er ist nur ehemaliger österreichischer Hofrat und jetzt in einer Kanzlei beschäftigt!»

DIESE Geschichte hat sich zu Beginn des Zweiten Weltkrieges in einem Londoner Assentierungsbüro wirklich zugetragen.
Ein jüdischer Flüchtling aus Hitler-Deutschland meldete sich freiwillig zum Kriegsdienst.
Der englische Oberst: «Wie heißen Sie?»
Der Jude: «Wilhelm Adolf Deutsch.»
Der Oberst: «Übertreiben Sie nicht doch ein wenig?»

GEGEN Ende des Zweiten Weltkrieges wurden die Maßnahmen gegen die Juden in Ungarn immer schärfer. Schließlich begannen Konfiskationen des jüdischen Besitzes.
Kohn brütet über dem Fragebogen: «Haben Sie Häuser, Terrains, Weinberge? Haben Sie Minen, und wo liegen sie?»
Kohn schreibt auf den Bogen: «Ich habe keine *Mienen,* und ich liege im Bett.»

1938 IN New York. Einwanderungsbeamter zu deutschem Juden: «Was taten Sie, und wo waren Sie, ehe Sie Deutschland verließen.»
«In einem Konzentrationslager.»
«Wie bitte?»
Der Jude überlegt kurz und übersetzt dann: «Camp of concentration.»
«Was ist das genau?»
«Nun – die Nazis sorgen für die Konzentration und die Juden für das Kampieren.»

PINKUS hat es geschafft. Er ist aus Hitler-Deutschland entkommen und spaziert durch die Straßen in New York.
Aufatmend sieht er sich um. Keine Bänke, auf denen «Nur für Arier» draufsteht. Keine Ämter, an deren Türen zu lesen ist: «Eingang nur für Juden». Frohen Herzens betritt er ein Obstgeschäft, um ein Kilo Orangen zu kaufen.
«For juice?» fragt das Fräulein.
Darauf Pinkus, entsetzt: «Was, hier auch?!» *(Verwechslung von «juice» = Saft mit «Jews» = Juden.)*

KOHN besucht in New York seinen alten Freund Lewy, der ebenfalls aus Deutschland emigriert ist. Plötzlich prallt er zurück: «Lewy, bist du meschugge, aufzuhängen ein Bild von Hitler!»
Meint Lewy wehmütig: «Das ist *for* das Heimweh!» *(«for» jiddisch 1. «dafür» und 2. «davor» im Sinne von «dagegen».)*

EIN Amerikaner, an einem milden Märztag zu einem Emigranten: «Spring in the air!» *(Frühling in der Luft!)*
Der Emigrant *(der für «spring» die deutsche Bedeutung einsetzt)*, melancholisch: «Why should I?» *(Warum sollte ich?)*

Variante:
«SPRING in the air.»
«Spring yourself!»

HITLERZEIT. Mit Mühe und Not ist es Mandelstamm gelungen, nach England auszuwandern. Das Flugzeug landet in Croydon, Mandelstamm tritt an den Ausgang und schaut auf den strömenden Regen. Resigniert hebt er die Hände und seufzt: «Und für *das* Klima braucht mer ä teuren Permit!»

1938. NEW YORK. «Du bist so traurig, Lewy. Hast du vielleicht auch Mischpoche *(Sippe)* in Deutschland?»
Lewy: «Nein. Ich hab sie schon hier!»

ZWEI jüdische Emigranten treffen sich am oberen Amazonas und tauschen Berufserfahrungen aus.
«Ich fang' Schlangen. Ich sammle das Gift und bring' es dann zur Flußmündung. Dann fahr' ich wieder hierher. Me lebt.»
«Ich zapf' die Gummibäum' an. Hab' ich genug, bring' ich zur Mündung und komm' wieder hier herauf. Me lebt.»
«Was aber ist geworden aus dem Nafziger?»
«Der ist geworden e Abenteurer.»
«???»
«Der ist zurück nach Deutschland!»

ZWEI jüdische Emigranten aus Wien bereden, was in zehn Jahren sein wird.
«Ich werd' wieder in Wien sein. Ich werd' mit meiner Rebecca im Prater gehen. Es wird ein alter Mann kommen in schlechten Kleidern. Ich werde stolz an ihm vorbeigehen und sagen: ‹Schau hin, Rebecca, da geht er, der Hitler!›»
«Ich habe gewußt, du bist ein Feigling! Ich werd' auch wieder in Wien sein. Ich werd' im Café sitzen und eine Zeitung lesen. Ich werd' sie gelesen haben und beiseite legen. Ich werd' eine andere Zeitung nehmen. Es wird ein Herr kommen und sehr höflich fragen: ‹Verzeihung, mein

Herr. Ist diese Zeitung frei?› Da werd' ich kaum aufschauen und nur sagen: ‹Für Sie nicht, Herr Hitler!›»

ZWEI emigrieren. Die Gemeinde dort wird sie unterstützen und fragt nach dem Beruf. Der erste ist Arzt. Da er die örtliche Approbation nicht hat, gibt man ihm wenigstens einen Posten als Pfleger im israelitischen Krankenhaus.
Der zweite sagt, er sei Kantor. Einem ehemaligen Kultusbeamten will man keine profane Arbeit zumuten. Er bekommt eine kleine Pension. Dann aber meint man, er könne seinen Dank durch gelegentliche Kantorleistung in der Synagoge abstatten.
Da läuft der «Kantor» verzweifelt zum Arzt: «Wai, was nun? Ich kann doch gar nicht singen!»
«Du stellst dich auf, schreist einen einzigen Ton und fällst um. Das andere laß mich machen!»
So geschieht es. Der Arzt rudert durch die Menge: «Laßt mich, ich bin Arzt!» Er fühlt, horcht, richtet sich auf:
«Leben wird er, ihr Jüden! Singen? Nie mehr!!»

NOCH einer ist emigriert. Er will sicher sein vor jeder Arbeit und erklärt daher: «Ich bin lahm!»
Sein Freund: «Bist du meschugge? Wenn du nicht dastehen willst als ein unehrlicher Mensch, wirst du dein ganzes Leben lahm sein!»
«Ach wo! Wenn es mir nicht mehr wird gefallen, geh' ich nach Lourdes!» *(Katholischer Wallfahrtsort)*

DREI Emigranten treffen sich in New York. Sagt der erste: «Ihr werdet es mir nicht glauben. Aber zu Hause in Berlin war ich der größte Konfektionär der ganzen Stadt.»
Sagt der zweite: «Ihr werdet es mir nicht glauben. Aber zu Hause in Wien saß ich in einem Adelspalais.»
Der dritte hat einen Zwergpinscher auf dem Schoß sitzen und sagt: «Was mich selber angeht – ich war zu Hause genauso ein Nebochant *(armer Teufel)* wie jetzt. Aber mein Pinscher – Ihr werdet es nicht glauben! –, mein Pinscher war zu Hause ein Bernhardiner.»

1946. VIELE jüdische Emigranten sind in der englischen Armee und Zivilverwaltung. In Cafés in Paris steht angeschrieben:
«Unsere Herren *englischen* Gäste werden ersucht, nicht so laut Deutsch zu sprechen.»

TEITELBAUM.
Wien 1946. An der Opernkreuzung unterhalten sich ein englischer und ein amerikanischer Offizier. Ein französischer Major geht vorbei. Darauf der Engländer zum Amerikaner: «Joi, der Teitelbaum ist auch wieder in Wien!»

DER Zweite Weltkrieg ist beendet. In einem Wiener Café verlangt ein Jude den «Völkischen Beobachter» *(nationalsozialistische Zeitung)*. Der Kellner sagt ihm, daß es ihn nicht mehr gibt. Das wiederholt sich täglich. Schließlich fragt der Kellner: «Warum fragen Sie täglich neu nach ihm, wo ich Ihnen doch täglich neu sage, daß es ihn nicht mehr gibt?»
«Eben: um zu hören, daß es ihn nicht mehr gibt.»

ENTNAZIFIZIERUNG.
Der Beamte bemüht sich, den einfachen Parteigenossen Müller zu entnazifizieren: «Waren Sie unter Hitler eingesperrt? Haben Sie zur Widerstandsbewegung gehört? Hatten Sie unter Hitler zu leiden?»
«Nein», gesteht Müller, «es ist mir sogar sehr gut gegangen. Ich hatte immer genug zu essen und hatte sogar im Keller eine Menge sehr guten Wein versteckt.»
Der Beamte: «Ausgezeichnet! Fräulein, schreiben Sie: das einfache Parteimitglied Müller hielt während der ganzen Hitlerzeit in seinem Keller einen gewissen ‹Oppenheimer› *(bekannter deutscher Wein)* versteckt.»

ZWEI Ex-Nazis treffen sich auf der Straße.
«Wie geht es dir?»
«Ach, ich habe als alter Nazi meine Stellung verloren. Und du?»
«Mir geht es glänzend!»
«Wie machst du das?»
«Ich halte im Keller einen reichen Juden versteckt.»
«Was: jetzt? Achtzehn Jahre nach dem Krieg!»
«Ja, aber ich hab's ihm noch nicht gesagt.»

DEUTSCHLAND 1948. Beauftragte eines Bauamtes begutachten einen Neubau. Sagt der Amtmann zum Architekten: «Wo sind denn die Toiletten vorgesehen?»
Architekt: «Brauchen wir nicht, sozialer Wohnungsbau: Unten wohnen Flüchtlinge, die rennen wegen jedem Schiß aufs Amt. In der Mitte wohnen Ex-Nazis, die haben ausgeschissen. Und oben wohnen Juden, die bescheißen sowieso jeden.»

1946. PFARRER im Kindergottesdienst: «Warum entkam Jona aus dem Bauch des Fisches?»
Fritzchen, nach kurzem Nachdenken: «Herr Pfarrer, die Juden lassen sie heute alle wieder laufen.»

ZWANZIG Jahre nach Ende der Nazizeit beschmierten in einigen deutschen Städten Rowdies Synagogenwände mit Hakenkreuzen und antisemitischen Aussprüchen. Die Schmierer wurden empfindlich bestraft. Damals kam folgender Witz auf:
Was ist Mut?
Wenn einer nachts mit einem Pinsel um eine Synagoge herumstreicht, und in fünf Meter Entfernung geht ein Polizist.
Und was ist Übermut?
Wenn der Betreffende auf den Polizisten zugeht und fragt: «Wird Jude mit oder ohne h geschrieben?»

KÖLN 1946. Tünnes und Schäl sitzen im Gefängnis.
«Warum sitzest du?» fragt Schäl.
«Weil ich geschrieben habe: Juden raus!»
«Wo hast du das hingeschrieben?»
«An die Synagoge. Und du? Warum sitzest du?»
«Weil ich geschrieben habe: Juden rein!»
«Wo hast du es hingeschrieben?»
«An den Gaskessel.»

Die Judenmorde der Nazizeit haben zur Folge, daß die Justiz der Bundesrepublik Deutschland antisemitische Vergehen streng bestraft.
AUF einer Bundesstraße schleicht ein Mercedes 220 SE Cabriolet. Ein Volkswagen versucht zu überholen. Jedesmal, wenn er dazu ansetzt, tippt der Mercedesfahrer auf das Gaspedal und zieht ab. Das geht so etwa zehnmal. Schließlich, an einer Kreuzung, gelingt es dem Volkswagen, vorbeizuziehen. Der Volkswagen hält. Der Fahrer steigt aus und stoppt den Mercedes. Er geht auf den Mercedesfahrer zu und fragt:
«Gestatten Sie bitte eine Frage. Sind Sie Jude?»
«Nein.»
«Komm raus, du Schwein!»

BUNDESREPUBLIK 1946.
Was ist der Unterschied zwischen einem Saupreiß und einem Saujud?
Saupreiß darf man sagen.

1946. LONDON, im Swiss Cottage *(das ist das Londoner Viertel, wo am meisten deutsch-jüdische Emigranten beieinander wohnen).*
«And where are you born, Frau Hirsch?»
«In Berlin. But, of course, in the British Zone!»

DREI Juden treffen sich in einem Café zu Tel Aviv und sprechen über Wiedergutmachung. *(Unter «Wiedergutmachung» sind hier die Zahlungen der Deutschen Bundesrepublik an den Staat Israel und an Juden gemeint, die durch das Hitlerreich geschädigt wurden.)*
Der erste sagt: «Ich bin 1938 noch herausgekommen, ich habe Glück gehabt. Die Wiedergutmachung habe ich angemeldet, nicht alles bekommen, aber ist nicht schlecht, was ich bekommen habe.»
Der zweite sagt: «Ich bin schon 1933 herausgekommen, habe auch Wiedergutmachung angemeldet, aber was habe ich schon bekommen? Bissel Ausbildungsschaden, ist nicht viel, aber etwas.»
Der dritte sagt: «Ich bin 1928 ausgewandert, das ist überhaupt nicht wieder gutzumachen.»

WIEDERGUTMACHUNG.
Was ist das Gegenteil von Arisierung?
Wieder*jud*machung.

ADOLF Eichmann, der Organisator der Judenvernichtung, ist vom israelischen Gericht zum Tode verurteilt worden. Da stellt er den Antrag, zum mosaischen Glauben übertreten zu dürfen. Nach langem Zureden rückt er mit der Begründung heraus: «Dann gibt's einen Juden weniger!»

1955. KOHN, Rückkehrer nach Deutschland, packt hastig seinen Koffer.
«Sie wollen verreisen, Herr Kohn?» fragt der Hauswirt.
«Ja. Für immer. Es geht wieder los gegen die Juden.»
«Aber was reden Sie für Unsinn.»
«Doch. Bestimmt. Eben hat mir einer auf der Straße erzählt, man will die Radfahrer und die Juden ausrotten.»
«Wieso die Radfahrer?»
«Sehen Sie! Ich habe Ihnen ja gesagt, es geht wieder los gegen die Juden!»

Messianismus und Zionismus

Zionismus: geistige und politische Bewegung zur Rückkehr nach Palästina.

«CHAIM, der Rebbe meint, der Messias wird bald kommen!»
«Gott behüte! Da wird doch meine ganze Verwandtschaft seit der Erschaffung der Welt auferstehen – und sie werden alle zusammen herkommen und bei mir wohnen wollen!»

«DIE Leute reden alle davon, der Messias werde bald kommen. Weißt du, Rifke, ich freue mich gar nicht darüber. Da werden wir doch alles im Stich lassen und nach Israel ziehen müssen. Jetzt, wo wir endlich so ein hübsches Haus haben!»
«Sei ruhig, Moische! Gott hat uns vor Haman *(persischer Minister, der die Juden ausrotten wollte)* und vor dem Pharao errettet – er wird uns auch vor dem Messias bewahren!»

EIN Rabbi war Gast bei einem Gutspächter.
Zum Abschied wünscht er ihm herzlich, er möge das Kommen des Messias erleben.
«Um Gottes willen», sagt der Gutspächter, «dann werde ich doch alles zurücklassen und nach Israel ziehen müssen!»
Der Rabbi: «Man spricht aber davon, daß sich pogromlustige Kosaken in der Nähe zusammenrotten!»
Der bekümmerte Pächter: «Ja, das ist wahr... Aber könnte man es nicht so einrichten, daß die Kosaken mit dem Messias zusammen nach Israel ziehen und wir Juden dableiben?»

EIN armer Jude klopft mitten in der Nacht ans Fenster des reichen Nachbarn. «Seid Ihr verrückt, mich nachts aufzuschrecken?» schreit dieser.
Darauf der andere: «Mir ist etwas Dringendes eingefallen. Man sagt doch: Wenn der Messias kommt, ziehen die Sünder über eine Brücke aus Eisen – und sie bricht ein, und die Gerechten gehen über eine aus Papier – und sie hält stand...
Da wollte ich Euch sagen: Nach meiner Meinung ist es dennoch sicherer, über die Eisenbrücke zu gehen!»

Während der Sedermahlzeit beim Pessachfest betritt nach einem alten Glauben der Prophet Elias die jüdischen Häuser. Man öffnet daher für ihn die Türe.
DIE Magd soll die Türe öffnen. Ihr Schürzenband verhakt sich an der Klinke, da errötet die Magd und sagt tadelnd: «Reb Elias! Das paßt sich nicht für Euch!»

Nach einer alten Auffassung wird der Messias beim Sabbat-Ausgang erscheinen. Bei Sabbat-Ausgang schwebt er vorbei.
EINE alte pfälzische Jüdin öffnet am Sabbatabend ihr Fenster, eine Eule fliegt vorbei, da sagt die Jüdin: «Nu, Herr Messias, warum so fedderisch?»

ARMER Schneider: «Ich hoffe, daß bald der Messias kommt. Dann werden alle Toten auferstehen und Kleider brauchen!»
«Aber dann werden doch alle Schneider mit auferstehen!»
«Keine Angst! Sie kennen ja nicht die neue Mode!»

ZWEI Juden unterhalten sich darüber, wie es sein wird, wenn Messias kommen wird.
«Heute sind wir die Verfolgten», sagt der eine. «Hernach wird alles genau umgekehrt sein.»
Sie kommen an Straßenarbeitern vorbei und schauen zu. Sagt der zweite: «Wenn also Messias kommen wird, werden wir die Straße aufreißen, und jene werden zuschauen.»

HOCHZEIT. Fröhlicher Tumult. Alles ist schon angetrunken. Der Hausherr stellt besorgt fest, daß der Wein nicht ausreichen wird.
Ein Gast springt auf und ruft ekstatisch: «Ich bringe den Messias!»
«Bringt's ihn morgen!» bittet der angestrengte Hausherr. «Laßt mich heut nur erüber über die Chassene *(Hochzeit)*!»

AUF zwei Dinge wartet der Jude täglich: auf die Post und auf den Messias.

Nach einer alten mystischen Vorstellung wird dem Kommen des Messias eine besonders verderbte Periode vorangehen. Die Welt wird «kulo chajaw», vollkommen schuldig, sein.
AUF den Doppelsinn des Wortes «chajaw» *(schuldig oder verschuldet)* anspielend, pflegten die Viehhändler vom Elsaß von einem Bankrotteur zu sagen: «Er wird uns den Messias bringen, denn er ist ‹kulo chajaw›.»

Die Jeschiwot (Talmudhochschulen) sind auch in Israel auf private Mittel angewiesen, die in der Diaspora gesammelt werden.
WANN wird die Gola *(Erlösung)* kommen?
Wenn man in Israel für ausländische Jeschiwot sammeln wird.

TREPTINER meinte: «Alle Merkmale der messianischen Zeit sind heute da: die Armut, die Not, die Verderbtheit, die Herrschaft der Dreisten – nur der Esel fehlt, auf dem der Messias einreiten soll, denn alle Esel sind inzwischen zu zionistischen Führern avanciert.»

DER getaufte Sohn ist gestorben. Die Familie möchte ihn dennoch auf dem jüdischen Friedhof begraben lassen. Aber der Rabbi fordert für den Platz tausend Gulden!
«Pfui! Was für eine Räuberei!» klagt der erbitterte Vater.
Der Rabbi: «Im Gegenteil, es ist billig. Bedenkt doch: Wenn der Messias kommt, auferstehen alle Juden und brechen nach Jerusalem auf – er als einziger bleibt auf dem Friedhof und hat ihn dann ewig für sich ganz allein!»

«KAUFEN Sie einen Grabstein aus Marmor! Der hält sich unverändert sechshundert Jahre!»
«Bin ich verrückt, mich auf so eine unfruchtbare Kapitalanlage einzulassen, wo wir doch den Messias jeden Tag erwarten!?»

DIE Frau kommt heim und sagt zum Mann: «Der Messias ist gekommen!»
«Unsinn!»
«Aber ja! Du kennst doch den christlichen Metzger? Ein anständiger Mann, der noch nie gelogen hat, nicht wahr? Und siehst du: *Er* hat es gesagt!»

VON einem berühmten Wunderrabbi erzählt man sich, daß er allnächtlich eine Wache am Dorfrand aufzustellen pflegte, die ihm das eventuelle Eintreffen des Messias sofort melden sollte.
Ein Fremder trifft spät nachts in dem Dorf ein und sieht einen armen, abgerissenen Juden, vor Kälte bibbernd, am Straßenrand sitzen. Verwundert fragt er: «Was tun Sie hier?»
«Ich bin angestellt, das Kommen des Messias zu melden.»
«Viel kann Ihnen das kaum einbringen.»
«Nein. Aber es ist ein sicherer Job fürs ganze Leben.»

EIN Jude mußte aus seiner bisherigen Heimat flüchten. Nun betritt er in Israel das Land und seufzt:
«Zweitausend Jahre haben wir umsonst um Rückkehr gebetet – und ausgerechnet mich muß es nun treffen!»

ZU dem reichen Brodski in Rußland kam eine zionistische Delegation mit der Bitte um finanzielle Mithilfe.
«Soll ich meine Fabriken und Liegenschaften hier in Rußland etwa verkaufen und nach Palästina ziehen?» fragte Brodski.
«Wer verlangt das von Ihnen?» gab ein Delegierter zurück. «Hat Sie schon jemand gezwungen, in einem der Krankenhäuser zu liegen, die Sie für arme Juden gebaut haben?»

EIN Berliner Jude meinte nachdenklich: «Mit dem Zionismus ist das so eine Sache: ich kann mir eine jüdische Massensiedlung einfach nicht vorstellen... aber schließlich, wenn es in Heringsdorf *(seinerzeit beliebter Badeort der Berliner)* geht – warum soll es dann nicht auch in Palästina gehen?»

IM Mittelmeer begegnen sich zwei Dampfer. Der eine kommt aus Israel, der zweite fährt hin. Auf beiden Dampfern stehen auf dem Verdeck Juden, Einwanderer nach Israel auf dem einen, Rückwanderer auf dem andern. Als die Passagiere beider Schiffe auf Sichtweite an der Reling lehnen, machen sie sich gegenseitig das Idiotzeichen, indem sie sich mit dem Finger an die Stirn tippen.

«ZIONISMUS», meinte seinerzeit ein jüdischer Berliner Rechtsanwalt, «ist eine schöne Sache. Was mich persönlich betrifft, so möchte ich, sobald der jüdische Staat besteht, Konsul in Berlin werden.»

«SCHLOIME, ich habe nachgedacht, wer der klügste Mensch der Welt sein muß. Ich habe so überlegt: Das klügste Volk, das wirst du zugeben, sind die Juden. Und die klügsten unter allen Juden sind die russischen, daran zweifelt doch niemand. Die allerklügsten unter den russischen Juden sind die Zionisten – das ist auch klar. Die klügsten von den Zionisten sitzen im Zentralkomitee – wie sollte es anders sein? Und den klügsten Mann aus dem Zentralkomitee machen sie zu ihrem Präsidenten, nicht wahr?...
Und nun: dieser ist ein Esel, wie man ihn auf der ganzen Welt nicht wiederfindet!»

WIEVIEL Zionisten braucht es, um eine Glühlampe auszuwechseln? Vier. Einen, der die jüdische Nation zur Spende der Glühbirne aufruft, einen zweiten, der die Spende einkassiert, einen dritten, der die Glühbirne einschraubt, und einen vierten, welcher proklamiert, daß hinter der Aktion die ganze jüdische Nation stehe.

WAS ist Zionismus?
Wenn ein Jude einen zweiten beauftragt, bei einem dritten Geld zu sammeln, damit man einen vierten nach Palästina schicken kann.

«HERR Doktor, was haben Sie gegen den Zionismus?»
«Prinzipiell nichts. Nur ein paar einzelne Einwände: Erstens, warum wollt ihr ausgerechnet nach Palästina? Im Norden Sumpf, im Süden Wüste. Habt ihr kein besseres Land finden können? Zweitens, warum wollt ihr unbedingt eine tote Sprache wie Hebräisch dort sprechen? Und drittens, weshalb habt ihr euch ausgerechnet die Juden ausgesucht? Es gibt sympathischere Nationen.»

GESPRÄCH auf dem Kurfürstendamm von Berlin zwischen einem Zionisten und einer jüdischen jungen Dame.
Der Zionist: «Hier in Deutschland werden Sie trotz Ihrer Schönheit und Bildung von den Nichtjuden verachtet. In Palästina aber werden Sie sich gleichberechtigt fühlen.»
Das Fräulein: «Aber was ist der Unterschied? Ich werde ja auch dort nur jüdischen Verkehr haben.»

AM Pier von New York redet ein alter, zerlumpter Jude auf den Kapitän eines nach Israel fahrenden Schiffes ein: «Herr Kapitän, haben Sie ein Mitleid mit einem sterbenden Juden! Nehmen Sie mich um Gotteslohn mit nach Israel, damit ich begraben sein kann im Lande meiner Väter!»
Der Kapitän erbarmt sich und nimmt ihn mit. Aber bei der Ausfahrt aus Haifa steht derselbe Mann wieder am Pier und fleht, der Kapitän möchte ihn doch wieder nach New York zurückbringen.
«Wissen Sie», erklärt er, «mein Leiden hat sich gebessert. In Israel sterben – ja. Aber leben?!»

BIBELQUIZ des Radio Jerusalem. Der Sprecher verkündet: «Erster Preis: eine Woche Aufenthalt in Israel. Zweiter Preis: ein Monat Aufenthalt in Israel. Trostpreis: ein Jahr Aufenthalt in Israel.»

Jüdisches aus Israel

Juden dürfen für milch- und fleischhaltige Speisen nicht die gleichen Küchen- und Tischgeräte benützen. Und zu Pessach, den jüdischen Ostern, an welchem zur Erinnerung an die ungesäuerten Brote der Juden beim Auszug aus Ägypten kein gesäuertes Brot gegessen wird, muß das ganze Geschirr ausgewechselt und abermals in «milchiges» und «fleischiges» eingeteilt werden. Außerdem ist den Juden der Genuß von Schweinefleisch verboten.
EIN Jude will in Israel einwandern. Den eigenen Hausrat darf man zollfrei mitbringen. Der «Hausrat» des Juden umfaßt unter anderm fünf Kühlschränke.
Der Zollbeamte erklärt: «Ich kann nur einen davon als Hausrat durchgehen lassen.»
«Wieso», entrüstet sich der Jude, «ich kann doch nicht Milchiges und Fleischiges in den gleichen Schrank stopfen!»
«Also meinetwegen! Wenn Sie gar so fromm sind! Bleiben aber immer noch drei Kühlschränke zu verzollen.»
«So, und was ist mit Pessach?»
«Da hätten wir vier. Immer noch nicht fünf.»
«Na – und auf ein Stück Schweinefleisch hat man doch auch manchmal Lust! Soll ich das vielleicht mit den koscheren *(zum Genuß erlaubten)* Sachen zusammen aufbewahren?»

AN manchen Bahnhöfen und Hafengebäuden sind für die Ankommenden Schilder und Spruchbänder aufgehängt mit der Aufschrift: «Willkommen in...!»
Im Hafen von Tel Aviv steht: «Auf Ihnen hama gewartet!»

TENNEBAUM aus Berlin, kriegsdekoriert im Ersten Weltkrieg, ist in der Nazizeit nach Palästina geflohen und dort gestorben.
Seine Witwe legt ihm die Kriegsdekorationen ins Grab und weint: «Wie traurig, daß mein armer Hans in *fremder* Erde liegen wird!»

EIN Einwanderer, Doktor der Volkswirtschaft, teilt folgendes Erlebnis aus seiner Anfangszeit in Israel mit:

Orangenpflücken. Der Aufseher schaut ihm interessiert zu und fragt dann: «Sie sennen *(= sind)* a Doktor?»
«Ja.»
«Aber Chirurg sennen Se nischt.»
«Nein. Warum?»
«Weil: schneiden kennen Se überhaupt nischt.»

EIN Jude will aus der ČSSR nach Israel auswandern. Im Koffer hat er ein gerahmtes Bild. Der Zöllner stellt fest, daß es ein Porträt von Lenin ist und sagt gerührt: «In Ordnung!»
Hinter der Grenze vertauscht der Jude das Leninbild gegen eines von Theodor Herzl *(Begründer des politischen Zionismus).*
Beim Zollamt von Israel kratzt der Beamte ein wenig an dem in den israelischen Nationalfarben Blau und Weiß gestrichenen Rahmen und sagt streng: «Gauner, das ist ja pures Gold!»

ZU Beginn der Nazizeit pendelt Kohn dauernd zwischen Europa und Israel hin und her. Als er zum drittenmal in Israel landet, fragt man ihn, was das für einen Sinn hat. Kohn erklärt:
«Da ist es nicht gut, und drüben ist es erst recht nicht gut, überall Zores *(Sorgen).* Ruhe hat man nur auf dem Schiff.»

Assimilierte Juden benannten ihre Kinder gern nach deutschen Helden.
KURZ nach Ausbruch der Hitler-Ära spielen Klein-Wotan und Klein-Siegfried am Strand von Tel Aviv.
Schaut Klein-Siegfried: «Was ist, Wotan, nicht beschnitten?»
Klein-Wotan: «Mer wissen noch nicht, ob mer bleiben.»

ARABISCH-ISRAELISCHER Krieg. Bombenangriff auf Tel Aviv. Mojsche, im Keller, klärt: «Wenn die Engländer uns schon schenken ein Land, was ihnen nicht gehört: warum nicht lieber die Schweiz?»

ZUR Zeit, da Palästina englisches Mandatsgebiet war, konnten Juden nur mit großen Schwierigkeiten Einreisevisa erhalten. – Damals entstand die Scherzfrage:
Warum wurde Moses nicht ins Land Israel hineingelassen?
Weil er kein Visum hatte.

WÄHREND der englischen Mandatszeit stehen zwei Juden nachts Wache gegen die feindlichen Araber.

«Jossl», flüstert der eine, «kannst du mir sagen, warum die Ureinwohner seinerzeit den Patriarchen Abraham und seine Sippe ruhig im Lande siedeln ließen, während die Araber uns heute bekämpfen?»
«Das ist sehr einfach», flüstert Jossl zurück. «Abraham verließ sich auf die Verheißung Gottes, und nicht auf das Völkerbundsmandat.»

VOR der Klagemauer in Jerusalem klagt ein alter Rebbe: «Herr, laß mich sein bei meine Leut!»
Nebenstehender: «Rebbe, was klagste? Du bist doch bei deine Leut!»
Der Rebbe sieht ihn groß an: «Bist du meschugge? Meine Leut sind alle in Hollywood!»

WIE kommt man in Israel zu einem kleinen Vermögen?
Indem man mit einem großen einwandert.

EIN jüdischer Tourist trifft in Israel einen früheren Bekannten aus Europa und fragt: «Wie lange bleiben Sie hier?»
Der andere seufzt: «Lebenslänglich.»

WAS ist Zionismus?
Eine Krankheit, von der man nur in Israel geheilt wird.

SCHLECHT lebt sich am besten in Israel.

EIN amerikanischer Jude in Israel bewundert das Frédéric-Mann-Auditorium: «Haus von Dichter Thomas Mann?»
Israeli: «Nein.»
«Nein? Haus von Dichter Heinrich Mann?»
«Nein. Frédéric Mann.»
«Was hat er geschrieben?»
«Checks hat er geschrieben.»

RADIO Jerusalem. Der Ansager meldet: «Wir unterbrechen jetzt für kurze Zeit die Sendung. Vier Mann von uns werden für den Minian *(Gemeindegottesdienst mit mindestens zehn Männern)* in der Schul *(Synagoge)* nebenan benötigt.»

RADIOANSAGER in Israel: «Wir senden täglich um zehn, kann sein um Viertel elf, aber alleräußerst um elf auf Welle 320 (geflüstert:) für *Sie* 350!»

ITZIK kommt nach Israel. Sein Freund Sam, der schon länger dort lebt, holt ihn am Hafen ab.
«Sam, wie groß ist Israel?»
«Wie groß? Nu, 400 km lang, 100 km breit, 175 cm hoch.»
«Wieso 175 cm hoch?»
«Nu, ich messe 188 cm, und es steht mir bis hier!»

DIE Israelis sind von den demokratischen Einrichtungen der Schweiz tief beeindruckt und haben daher beschlossen, ihren israelischen Staat möglichst ähnlich einzurichten. Zwei Kantone gibt es bereits in Israel: im Negew, wo es besonders heiß ist, den «Kanton Schwitz» *(= Schwyz)*. Und die Wiener Immigranten leben im «Kanton Iwrit» *(= kan Ton iwrit = kein Ton Hebräisch)*.

DIE israelische Währung soll nach einem neuen Erlaß stabilisiert werden. Sie wird nicht mehr in Pfunden bestehen, die zu sehr an die unbeliebte englische Mandatsregierung erinnern, sondern in Isidor *(Analogie zu Louisdor)*. Ein Isidor hat hundert Rachmones *(Erbarmen)*. Ein Rachmones hat hundert Nebbich *(vgl. Glossar)*. Ein Nebbich hat hundert Krächz *(von Krächzen)*.

BEN Gurion, das Regierungsoberhaupt von Israel, will in Hemdsärmeln in die Knesset *(Parlament)* gehen. Einer meint: «Das verletzt die Würde der Knesset! Ziehen Sie doch die Jacke an!»
Ben Gurion: «Nein, ich habe Churchills Erlaubnis. Als ich nämlich in London war, wollte mir Churchill das Unterhaus zeigen, und ich wollte in Hemdsärmeln mit ihm gehen. Da sagte er: ‹So etwas geht hier nicht. Das können Sie bei sich in der Knesset machen.›»

UNTERHALTUNG mit einem israelischen Gartenfachmann.
Ich: «In meinem Garten gedeiht Flox, Solidago, Lupine – nur Rittersporn geht mir immer wieder ein. Was kann man da tun?»
Gärtner: «Sie sagen also, Flox, Solidago, Lupine gedeihen?»
«Ja.»
Er klärt lange und meint dann: «Wenn das alles bei Ihnen gedeiht – wozu brauchen Sie dann auch noch Rittersporn!»

WER ist der tüchtigste Kaumann der Welt?
Ben Gurion. Die Linksparteien behaupten, er habe das Land an Amerika verkauft; die Rechtsparteien werfen ihm vor, er habe das Land an

Rußland verkauft; wenn einer die gleiche Ware zweimal verkaufen kann, dann ist er der größte Kaufmann der Welt.

KOHN, überzeugter Zionist, hat schon zu Hause in Europa Hebräisch gelernt. In Israel begegnet er seinem einstigen Schulfreund Levy und spricht ihn sogleich hebräisch an. Darauf Levy:
«*Das* mußt du dir hier abgewöhnen!»

DIE israelische Marine sucht Lotsen für den Dienst an der klippenreichen Küste. Es meldet sich ein Jude.
«Kennen Sie alle Riffe hier an der Küste?» fragt der Kapitän.
«Jedes einzelne!» versichert der Jude...
Es dauert keine Viertelstunde – ein Krach, und das Schiff ist auf ein Riff aufgefahren.
«Das war das erste», meldet der «Lotse».

EIN zionistischer Propagandaredner wird gratis nach Israel eingeladen. Er telegraphiert nach Amerika: «Großartig! Alle Propaganda-Bluffs, die ich verkündet habe, sind restlos wahr!»

ISRAEL. Ein alter Hausierer wird vom Polizisten ohne Lizenz ertappt. Der Polizist drückt ein Auge zu – aber als der Hausierer rückfällig wird, sagt der Polizist: «Ich muß Euch verhaften!»
Der Hausierer: «Gewalt! Sind wir im zaristischen Rußland?»
Der Polizist: «Seit der Staatsgründung habe ich noch niemanden verhaftet. Wenn ich so weitermache, verliere ich die Stellung, und ich habe Weib und Kind! Ihr müßt mit mir gehn!»
Der Hausierer: «Gewalt! Was heißt Gewalt?! Zehnmal ärger als Gewalt! Ich habe keine Wahl als mitzugehen! Ist das fair?!»

TEL AVIV. «Jankl, hast du gelesen? Wir haben jetzt hunderttausend Einwohner!»
«Das wundert mich gar nicht. Du hättest sehen sollen, was heute für ein Gedränge im Bus war!»

KOHN ist in Israel eingewandert und wird nach seinen beruflichen Absichten und Einsatzmöglichkeiten gefragt.
Er erklärt: «Ich mecht werden Ministerpräsident.»
«San Se meschugge?»
«Gehört das zu de Qualifikationen?»

ISRAEL. Die Mutter füttert den vierjährigen Esra.
Er schreit: «Was stopfst du mich so voll? Bin ich ein Bus?»

IN Tel Aviv gab es seinerzeit einen Verkehrspolizisten, auf einem Schimmel reitend, in schicken Reithosen, Stiefeln und Sporen und mit einem imposanten Schnurrbart. Vor allem auf Touristen machte er einen gewaltigen Eindruck. Ein frisch Immigrierter bleibt lange Zeit bewundernd vor dem Verkehrspolizisten stehen und fragt dann einen Passanten: «Sugsche *(sag mal)*, der Goj ist oichet a Jid?»

Die hebräische Schrift läuft von rechts nach links.
BEIM Grammophonhändler in Jerusalem: «Und vergessen Sie nicht: die hebräische Platte muß rückwärts abgespielt werden!»

Die Kinder in Israel sprechen Hebräisch. Die Eltern sind oft erst als Erwachsene ins Land gekommen und verständigen sich leichter in ihrer früheren Muttersprache. Seit den Nazijahren genieren sich aber viele, Deutsch zu sprechen.
KINDER in einer Schule in Tel Aviv unterhalten sich über gewisse Geheimnisse der Erwachsenen. «Ich weiß jetzt, wie Kinder entstehen», erklärt Ruthchen. «Gestern Nacht habe ich genau aufgepaßt, was Mama und Papa tun, wenn sie allein sind.»
«Nun? Was tun sie?»
«Erst gehen sie in ihr Zimmer.»
«Und dann?»
«Dann ziehen sie sich aus und legen sich ins Bett.»
«Und dann?»
«Dann löschen sie das Licht.»
«Nu! Und dann?»
«Dann reden sie deutsch miteinander.»

AUF einer Bank im Park von Tel Aviv sitzt eine Großmutter mit ihrem Enkelkind. Der Bub spricht Hebräisch, die Großmutter antwortet jiddisch. Ein Danebensitzender fragt verwundert:
«Warum sprechen Sie Jiddisch und nicht Hebräisch mit dem Kind?»
«Warum?» entgegnet die Großmutter. «Weil er wissen soll, daß er is a Jid.»

Um 1900 herum gab es in zionistischen Kreisen noch Diskussionen, ob man in Palästina Hebräisch oder Jiddisch sprechen solle. Heute sprechen nur ältere Einwanderer in Israel zum Teil noch Jiddisch.

ZWEI israelische Knaben. «Weißt du, Jankele, was das ist: sterben?»
«Ja. Das ist so. Zuerst werden Menschen geboren, dann gehn sie in die Schule, heiraten, werden Väter und Mütter, zuletzt werden sie Großeltern, fangen an, Jiddisch zu reden, und sterben...»

EINE gewesene Marktjüdin emigriert nach Israel und verkauft in Tel Aviv Äpfel. Sie sitzt neben ihrem Korb und animiert die Kunden mit einem Singsang:
«Äpfel zu veräußern, zu vereseln...» (im Urtext entstelltes Hebräisch).
Ein galizischer Jude bleibt stehen und fragt:
«Was stolpert Ihr da mit der Zunge? Warum sagt Ihr nicht einfach jiddisch, daß Ihr habt Äpfel verkauft?»
«Vetter», antwortet die Jüdin mit einem Seufzer, «was soll man tun? Man ist doch im Exil!»

IN Israel sitzt ein Jude unter einem fremden Pomeranzenbaum und erquickt sich an den frischen, saftigen Früchten...
Der Besitzer des Gartens erwischt ihn beim Diebstahl und schilt ihn mit wüsten Flüchen in der heiligen Sprache, wobei er die Zehn Gebote zitiert...
Der Dieb hört ihm zu, lächelt und sagt gerührt: «Oh, wie herrlich, oh, wie fein ist unser Heiliges Land! Man sitzt im Schatten eines Baumes, ißt frische Pomeranzen und lernt dabei ein Kapitel aus dem Pentateuch!»

IM Autobus von Tel Aviv steht über dem Ausgang nicht, wie in andern Ländern, «Es ist gefährlich, abzuspringen», sondern: «Spring nur! Du wirst schon sehn!»

ATCHINSON zu Ben Gurion: «Bei uns in Amerika verdient ein Arbeiter hundert Dollar und verbraucht etwa fünfzig.»
Ben Gurion: «Was macht er mit dem Rest?»
Atchinson: «Das geht uns nichts an. Wir sind eine Demokratie.»
Ben Gurion: «Bei uns verdient ein Arbeiter etwa den Gegenwert von fünfzig Dollar, und er verbraucht hundert.»
Atchinson: «Woher nimmt er den Rest?»
Ben Gurion: «Das geht uns nichts an. Wir sind eine Demokratie.»

WAS ist der Unterschied zwischen dem Präsidenten Amerikas, Eisenhower, und dem israelischen Präsidenten Ben Zwi?

Eisenhower kann seinen Dulles *(damaliger Außenminister; das Wort wird amerikanisch «Dalles» gesprochen, was jiddisch = Armut ist)* jederzeit loswerden, Ben Zwi den seinen niemals.

SCHRAMMELN. Sami Blau, nach Tel Aviv emigriert, hat die blendende Idee, dort einen original Wiener Heurigen aufzumachen. Am Eröffnungstag ist das Lokal voll bis auf den letzten Platz. Da kommen noch vier Herren mit kleinen Koffern. «Bedaure, meine Herren», erklärt der Portier, «ich kann Sie nicht hineinlassen.»
«Sie müssen: mir sennen *(jiddisch: wir sind)* die Schrammeln.» *(Schrammeln = volkstümliche Wiener Gartenmusik für Quartett.)*

EIN Schiff aus Israel legt im Hafen von Lissabon an. Die Seeleute gehen an Land und kommen mit Matrosen anderer Nationen ins Gespräch. Ein Portugiese fragt höflich und bewundernd:
«Wir haben viel über Euer Land gehört. Das habt Ihr wirklich großartig gemacht! Die Wüste bewässert, die Sümpfe in Felder verwandelt, die Araber abgewehrt... Aber man sagt auch, daß Ihr enorme Schwierigkeiten mit den Juden habt. Stimmt das?»

VIELE neue Einwanderer vor allem aus orientalischen Ländern haben zuvor eine soziale und hygienische Betreuung nie gekannt. Sie mißbrauchen mit viel Genuß interessante Institutionen von der Art der Krankenkasse. Ein arbeitsloser jemenitischer Jude kommt jeden Tag ins Spital und randaliert. Als er einmal einen Tag weggeblieben ist, fragt der Arzt: «Wo warst du gestern?»
«Gestern war ich krank», erklärt der Jemenite.

EIN amerikanischer Jude will als Tourist nach Palästina. Sein Freund berät ihn, was er sich alles ansehen soll:
«Und dann mußt du unbedingt zum Kotel-ha-ma'arawi *(wörtl. Westmauer = Klagemauer)*. Dort weinen die Juden.»
Der Amerikaner kommt nach Jerusalem. Er hat aber vergessen, wie die Mauer heißt. Er hält einen Chauffeur an und befiehlt: «Fahr mich dorthin, wo die Juden weinen!»
Sie fahren. Und beim Steueramt bleibt der Chauffeur stehen.

AM Kiosk eines Sodawasserverkäufers in Tel Aviv hängt ein Schild: «Wenn Sie auch leben können, ohne mein Sodawasser zu trinken, trinken Sie es trotzdem, damit auch ich leben kann!»

DAS Leben in Israel ist nicht leicht. –
Ein Jude schaut sich nach dem Tode den Himmel an – eine Art Synagoge, sehr langweilig. Er betritt die Hölle – da geht es lustig und fröhlich zu. Natürlich entscheidet er sich für die Hölle. Kaum aber hat er sie betreten – da kommt ein gehörnter Teufel auf ihn zu und will ihn aufspießen.
«Halt!» schreit der entsetzte Jude: «Vorher hat es doch hier ganz anders ausgesehen!»
Der Teufel: «Kunststück! Vorher warst du hier als Tourist.»

ISRAEL. Lager für Neueinwanderer: Die Lehrerin diktiert einfache hebräische Sätze, wobei sie die Satzzeichen mitdiktiert. Sie sagt: «Ani ole chadasch *(ich bin ein Neueinwanderer)* – nekuda *(Punkt)*. – Alai la'asor l'hakim et ham'dina *(Ich soll helfen, das Land aufzubauen)*... Mosche! Übersetzten Sie, was Sie geschrieben haben!» Mosche übersetzt: «Ich bin ein Neueinwanderer. *Punkt (im Sinne von: ausgerechnet!)* ich soll helfen, das Land aufzubauen!»

DER Neffe ist nach Israel ausgewandert und Landwirt geworden. Der Onkel besucht ihn und will in der Wirtschaft mithelfen.
Eines Tages erklärt er, er will die Kuh melken. Er nimmt den Kessel, geht in den Stall – und kommt nicht mehr zurück. Schließlich geht man nachschauen. Da sitzt der Onkel auf einem Klappsesselchen neben der Kuh, hat den Milchkessel unter die Euter gestellt und sagt zur Kuh: «Nu? Nu? Nu?»

HITLERZEIT. Einigen Juden ist es gelungen, nach Palästina zu entkommen. Sie sitzen müßig am Strand, die kleinen Kinder sind unbekleidet. Kommen zwei kleine Mädchen daher. Moritzl schaut und wundert sich.
«Weißt du», erklärt Dovidl, «das werden Flüchtlinge sein, die *alles* verloren haben.»

GLEICH nach dem Zweiten Weltkrieg wanderten die überlebenden Juden Jugoslawiens großteils nach Israel aus. Einer kam erst ein Jahr später nach.
Die früheren Freunde fragen ihn aus: «Wie war es?»
«Ich konnte mich nicht beklagen.»
«Warum bist du dann hergekommen?»
«Eben – weil ich mich nicht beklagen konnte» *(= durfte)*.

«WIE geht es Sandberg?»
«Der ist in Italien und baut den Sozialismus auf.»
«Und was macht der Lippschitzer?»
«Der hat einen herrlichen Posten in England; er baut dort den Sozialismus auf.»
«Und was hört man von Diamant?»
«Der ist in Israel...»
«...und baut den Sozialismus auf, ich weiß.»
«Bist du meschugge, doch nicht im eigenen Land!»

Viele Einwanderer ändern in Israel ihre Namen.
EIN analphabetischer Marokkaner, der bisher immer mit dem Abdruck des Zeigefingers signierte, signiert plötzlich mit dem Mittelfinger.
«Warum nehmt Ihr jetzt den Mittelfinger?»
«Ich habe meinen Namen geändert.»

EIN polnischer Rebbe ist in Israel eingewandert. Sein ehemaliger Gabbe *(Synagogenvorstand, vgl. Glossar)*, der schon einige Zeit vor ihm dort eingetroffen ist, holt ihn vom Schiff ab und zeigt ihm Tel Aviv. Sie kommen an den Badestrand. Da liegen Hunderte von spärlich bekleideten jungen Mädchen in der prallen Sonne.
«Was machen sie?» fragt der Rebbe interessiert.
«Sie lassen sich braten», erklärt der Gabbe.
Rebbe, verwundert: «Und ungebraten schmecken sie schlecht?»

JERUSALEM. Der Polizist schreibt einen Automobilisten auf und sagt: «Und das nächste Mal, Herr Goldstein, nennen Sie mich nicht ‹Schammes›!» *(Synagogendiener.)*

EINE amerikanische Jüdin, brillantenbehangen, besucht einen Kibbuz *(landwirtschaftliche Kollektivsiedlung)*.
Der Leiter des Kibbuz: «Was kosten Ihre Ohrringe?»
«Zehntausend Dollar.»
Der Leiter macht im Kopf einen Überschlag und sagt: «Ob Sie es glauben oder nicht, Madame, Sie haben an Ihren Ohren einen Zuchtbullen und fünf Milchkühe hängen!»

JERUSALEM. Empfang zu Ehren des Diplomatischen Korps. Ein israelischer Offizier erscheint mit einem faszinierenden Paradesäbel. Alles umringt ihn: «Wo hast du das Paradestück her?»

Der Offizier: «Ich war früher Requisitenmeister bei der Habima *(berühmteste hebräische Bühne)* und habe noch Zugang zum Fundus.»

JERUSALEM. Ein christlicher Besucher bittet einen Juden: «Nimm mich mit zu einem jüdischen Gottesdienst!»
Nachher meint er: «Es hat mir gefallen. Aber warum gab es immer ein unwilliges Gemurmel, sooft der Name Moses fiel? Er war doch Euer größter Prophet!»
Sagt der Jude: «Wir sind inzwischen zu der Meinung gekommen, daß er uns damals schlecht geführt hat: statt zum guten Erdöl zu den billigen Orangen!»

In Israel gibt es streng orthodoxe Juden. Die meisten jedoch verletzen gleichgültig die Religionsgebote.
EIN nichtjüdischer Chauffeur ist nach Israel ausgewandert. Er gehört der christlichen Sekte der Sabbatianer an, und folglich weigert er sich, am Sabbat zu fahren.
Plötzlich aber sieht man ihn dennoch am Sabbat herumfahren!
«Was ist los?» fragt man neugierig.
«Ich bin jetzt zum Judentum übergetreten», sagt der Chauffeur.

EIN frommer Jude kommt nach Tel Aviv. Wie er am Sabbat im Hotel beim Frühstück sitzt, sieht er zwei Juden rauchen! *(Am Sabbat verboten.)*
Der Jude ist entsetzt. «Hast du das gesehen?» fragt er den Wirt.
«Wir nehmen solche Bagatellen hier in Israel nicht so ernst», erklärt der Wirt. «Rauchen am Sabbat ist nicht Sünde, sondern Vergnügen.»
Der Jude blickt aus dem Fenster und sieht etliche Juden ein Auto besteigen. *(Fahren ist am Sabbat verboten.)*
«Pfui!» sagt er entrüstet zum Wirt. «Am Sabbat!»
«Was ist dabei?» fragt der Wirt, «die Leute haben eine Vergnügungstour vor. Vergnügen ist keine Sünde! Sie werden ja nicht ins Geschäft fahren.»
Der Jude braucht von dem Schock Erholung und bestellt Arrak. Er will dem starken Getränk Wasser beimischen. Da schreit der Wirt entsetzt: «Halt! Der schöne Arrak! Das wäre doch eine Sünde!»
«Gott sei Dank», seufzt der Jude, «wenigstens *eine* Sünde kennen sie in Tel Aviv doch!»

Der israelische General Mosche Dajan hat im Krieg ein Auge verloren und trägt seither eine schwarze Binde.

JANKEL und Sore in Tel Aviv waren im Varieté. Es wurde ein Striptease geboten, und Moische schaut sich fast die Augen aus, während die Tänzerin ihre schwarzseidenen Dessous Stück für Stück elegant beiseite wirft...
Am Heimweg schwärmt er von dem schönen Abend. Sore findet hingegen, es sei doch die reine Verschwendung gewesen, das gleiche Vergnügen könnte sie ihm zu Hause gratis bieten. Am nächsten Tag kauft sie schwarze Seidenwäsche, und am Abend, als sie schon ganz ausgezogen ist, drapiert sie kokett einen BH über eine Seite der Brust und fragt: «Nu Jankel, an was erinnert dich das?»
Jankel schaut einen Moment zerstreut auf und sagt dann: «An Mosche Dajan.»

DER Besitzer eines Pardess, einer Orangenplantage, sieht auf einem seiner Bäume einen bärtigen Juden sitzen und Orangen essen.
Er ruft streng hinauf: «In der Bibel steht: Du sollst nicht stehlen!»
Der Jude auf dem Baum: «Wie schön ist es doch in Israel! Man sitzt auf einem Baum, ißt Orangen und hört dazu noch Bibelworte!»

Zeitweise waren manche Lebensmittel in Israel knapp.
BEIM Nahrungsbüro in Tel Aviv steht eine lange Schlange und wartet auf die Rationen. Plötzlich hat einer es satt. Er geht weg und sagt: «Ich gehe zum Ernährungsminister und erschieße ihn!»
Nach einer halben Stunde ist er zurück und sagt verzweifelt: «Dort steht eine noch größere Schlange!»

EIN Mann aus Arizona sieht im Museum von Jerusalem, wie die Leute die Jesaia-Rolle vom Toten Meer umdrängen und fragt einen israelischen Führer: «Was bedeutet das?»
«Jesaia-Rolle.»
«Ein großer Schütze, nehme ich an?»
Der Führer schaut ihn an und erklärt:
«Diese Rolle enthält das Abrüstungsprogramm unseres größten Experten. Das Programm zirkulierte, und ein Haufen Leute hat es aufnotiert, besonders den Teil mit den Schwertern, die in Pflugscharen umgewandelt werden. Leider wurden Jesaias Propositionen nie angenommen. Die Amerikaner sagten, er begünstige die Russen, weil er sagte, der Himmel gehöre Gott und nicht den Menschen, d.h. er sei gegen den ‹Openskies-Plan›. Die Russen denunzierten ihn als Imperialisten, verdächtigten ihn des Zionismus.

So war alles, was er tun konnte, seine Ideen aufnotieren und in einer Höhle am Toten Meer verbergen. Und einer fand die Rolle und brachte sie her – und da ist sie!»

Viele Israel-Witze kreisen um Kontraste und Konflikte zwischen den verschiedenen Einwanderergruppen. Die ganz alteingesessenen (Atikim, Einzahl Atik), zum Teil Abkömmlinge der zionistischen Intelligenz aus Rußland, gelten als geschäftsuntüchtige Idealisten. Polnische und litauische Juden werden im Witz als gerissen dargestellt. Rumänen gelten als Schwindler und Langfinger. Der meiste Spott trifft die deutschen Juden, die sogenannten Jeckes. «Jecke» kommt nicht von der westlichen Jacke im Gegensatz zum ostjüdischen Kaftan, wie man oft behauptet, sondern aus der Bibelstelle: «Die Worte Agurs, des Sohnes Jakes... und Menschenverstand besitze ich keinen» usw. Um einen Dummkopf zu kennzeichnen, sagt der Ostjude einfach: «Mischle lamed» (d.h. Sprüche Sal., 30). Am Jecke verspottet man deutschnationale Gesinnung, fehlenden Talmudschliff, mangelnde Hebräischkenntnisse, Geschäftsuntüchtigkeit.

«WAS ist der Unterschied zwischen einem Jecke und einer Jungfrau?»
«Jecke bleibt Jecke.»

«WARUM lacht Ihr Ostjuden über uns Jeckes?» fragt der aus Deutschland stammende Finanzminister Rosen den in Polen geborenen Ministerpräsidenten Ben Gurion.
«Ich werde es Dir erklären», verspricht Ben Gurion, geht mit Rosen zusammen in den Laden eines Jecke und verlangt eine Schachtel Zündhölzer. Ben Gurion öffnet die Schachtel und weist sie zurück: «Ich möchte eine, wo die Streichhölzer andersherum liegen.»
Der Jecke öffnet einige Schachteln und sagt: «Sie liegen alle so.»
Die beiden betreten den Laden eines Galiziers, verlangen wieder Streichhölzer und beanstanden die falsche Lage. Der Galizier dreht die Schachtel unter dem Tisch um und erklärt: «Bitte sehr! Aber sie kostet fünf Prutot mehr, es ist eine Sonderanfertigung!»
«Begreifst du jetzt?» fragt Ben Gurion.
Darauf Rosen: «Aber das war doch nur Zufall, daß der Galizier solche Schachteln auf Lager hatte!»

IN der israelischen Stadt Nahariya wohnen viele deutsche Juden. Als der Teilungsplan des Landes seinerzeit diskutiert wurde, sprach man von der Möglichkeit, daß Nahariya zum arabischen Teil geschlagen werden könnte. Da fuhr der *(jüdische)* Bürgermeister hitzig dazwischen: «Ob so oder so – Nahariya bleibt deutsch!»

IN der gefährlichen Zeit leisten die Männer Nahariyas nächtlichen Wachtdienst. Mit den paar vorhandenen Gewehren ziehen sie zur libanesischen Grenze, um drohende Angriffe abzuwehren. Herr Y, ein alter Jecke, führt eine solche Patrouille. Plötzlich hört man ein verdächtiges Geräusch.
«Wer da!» schreit Herr Y auf deutsch. Von drüben schallt eine hebräische Antwort zurück. Herr Y schreit wild zurück: «Sofort deutsch reden! Sonst schieße ich!»

EIN frisch eingewanderter Jecke hat noch keine Wohnung und schläft in einem ausrangierten Waggon. Nachts geht er im Hemd bibbernd und rauchend vor dem Waggon auf und ab.
Ein Leidensgenosse: «Was ist los?»
«Ich konnte nicht schlafen und wollte rauchen.»
«Wozu seid Ihr herausgekrochen?»
«Im Wagen steht ‹Nichtraucher›.»

WOHNUNGSNOT in Israel. Etliche deutsche Juden logieren in einem ausrangierten Waggon auf einem unbenützten Nebengleis. Eines Nachts schieben drei von ihnen, bibbernd vor Kälte, im Nachthemd, den Waggon auf den Schienen hin und her.
Ein Ostjude schaut ihnen lange verwundert zu und fragt dann: «Was treibt ihr da?»
«Einer von uns will auf die Toilette», erklären sie, «und auf dem Waggon steht eine Aufschrift ‹Toilette nur während der Fahrt benützen›.»

FRAU X, aus Deutschland, jetzt in Nahariya, fährt in der turbulenten Zeit im Autobus. Der Autobus wird angegriffen. Schüsse. Der Chauffeur schreit hebräisch: «Legt euch alle auf den Boden!»
Von hinten erschallt die empörte Stimme von Frau X: «Hier schießt man – und er hat keine anderen Sorgen als Iwrit *(hebräisch)* zu sprechen.»

Der nachfolgende Witz beruht auf der Verwechslung von hebräisch scheket = Ruhe, mit jiddisch schekez oder schegez, männliche Form von schikse = primitiver, nichtjüdischer Bursche.
DER Autobus fährt über eine Straße nahe der Grenze, wo schon oft Überfälle durch bewaffnete Araber vorgekommen sind. Die Passagiere unterhalten sich laut und sorglos. Da ruft der Fahrer streng seinem Nebenmann zu: «Scheket!»

Worauf dieser, tief gekränkt: «Ich gebe ja zu, daß ich ein deutscher Jude bin – aber *das* denn doch nicht!»

AN einem Erfrischungsstand trinken ein Jecke und ein rumänischer Jude je ein Glas Limonade. Der Rumäne legt die abgezählten fünf Piaster hin, die das Glas kostet; der Jecke zahlt mit einem Pfundschein. Der Verkäufer legt das Herausgeld irrtümlich dem Rumänen hin. Der Jekke, ein korrekter Herr, mischt sich nicht in fremde Angelegenheiten. Der Rumäne steckt das Geld ein und geht... Nun verlangt der Jecke das Wechselgeld, das ihm gebührt. Der Verkäufer merkt seinen Irrtum, rennt dem Rumänen nach und beginnt ihn zu beschimpfen: «Sie Lump, Sie Räuber!»
Der Rumäne, beleidigt: «Ich soll wissen, wieviel bei Ihnen ein Glas Limonade kostet!»

AM Jom Kippur, dem Fast- und Bußtag, kommt ein rumänischer Jude zu einem Jecken – was sieht er? Der Jecke sitzt beim Essen! Der Rumäne ist entsetzt: «Am Jom Kippur!!»
Der Jecke: «Nun, was ist? Schau, das ganze Jahr hindurch stehle, lüge und schwindle ich nie. Was soll ich also Buße tun und fasten?»
Der Rumäne rennt außer sich vor Vergnügen auf die Straße und erzählt allen: «Stellt euch vor, so ein blöder Jecke! Das ganze Jahr hindurch stiehlt und lügt und schwindelt er nicht – bloß, damit er am Jom Kippur zu Mittag essen darf!»

EIN Jecke will auf dem Markt eine magere Kuh verkaufen. Er verlangt nur hundert Pfund – niemand beißt an. Ein polnischer Jude tritt mitleidig an ihn heran und sagt: «Du packst das falsch an. Laß mich es machen!... Hallo! Leute! Erstklassige Kuh! Bester Futterverwerter! Geringfügige Ansprüche! Höchster Milchertrag! *Nur* vierhundert Pfund!»
Käufer umdrängen den polnischen Juden. Da schiebt der Jecke alle aufgeregt beiseite und schreit: «Seid Ihr verrückt! So eine großartige Kuh kann ich doch für vierhundert Pfund nicht hergeben! Ich behalte sie!»

RUMÄNISCHES Restaurant in Tel Aviv. Ein Gast kommt, hängt seinen Mantel hin, setzt sich zum Tisch und verlangt gekochtes Rindfleisch. Der Kellner geht hinaus und kommt mit dem Bescheid: «Leider nicht mehr vorhanden.» Der Gast bestellt ein Schnitzel. Der Kellner geht wieder hinaus und meldet abermals: «Leider nicht mehr vorhanden.»

Der Gast bestellt noch dies und das – nichts ist da. Da sagt der Gast wütend: «Bringen Sie mir meinen Mantel!»
Der Kellner geht hinaus, kommt herein und meldet: «Leider auch nicht mehr vorhanden.»

DIE kleine Hafenstadt Akkon in Israel heißt wegen der vielen Rumänen dort «Akkorest» *(Anklang an Bukarest)*, und die Schneider machen dort die Anzüge mit zugenähten Taschen.

KONJUGATION in Tel Aviv:
Drei Juden stehen vor der Auslage eines Uhrengeschäftes.
Der Atik *(Alteingesessener)*, verträumt: «So eine Uhr *werde* ich einmal haben.»
Der Pole: «So eine Uhr *habe* ich längst.»
Der Rumäne: «So eine Uhr hast du *gehabt*.»

FREUNDE, frisch eingewandert, sitzen im Café in Tel Aviv. Einer erzählt, was für eine schrecklich schwere Arbeit er im Hafen gefunden hat: «Zentnerschwere Kisten muß ich heben und riesige volle Säcke schleppen!»
«Nebbich! Seit wann machst du das?»
«Morgen soll ich anfangen.»

EIN junger Israeli hört von weitem auf einer Baustelle ein psalmodierendes Geräusch. Neugierig tritt er näher. Da steht eine Reihe halbnackter, rotgebrannter Männer, sie reichen sich Ziegelsteine zu und murmeln:
«Bitte schön, Herr Doktor!» – «Dankeschön, Herr Staatsanwalt!» – «Bitte schön, Herr Professor!» – «Dankeschön, Herr Justizrat!»
Es waren frisch eingewanderte deutsche Juden.

Die Eingewanderten in Israel sprechen oft mangelhaft hebräisch im Gegensatz zu ihren Kindern, die schon im Lande geboren sind.
«HERR Deutsch, sprechen Sie Iwrit?» *(Iwrit = hebräisch.)*
«Unsinn! Bin ich ein Kind?»

Die israelische Jugend gilt als ruppig.
«HERR Deutsch, haben Sie schon ein wenig Iwrit gelernt?»
«Ein paar Worte schon: Schalom *(Frieden, Grußformel)*, Bewakascha *(bitte)* und Toda *(danke)*.»
«Aber Ihr Sohn, der spricht bestimmt perfekt Iwrit?»

«Natürlich, er spricht geläufig. Aber just die drei Worte, die ich kenne, die kennt er nicht.»

Litauische Juden gelten als besonders lebenstüchtig.
NEUE Einwanderer in Israel stürzen sich zunächst auf jeden Job. Einmal steht in der Zeitung ein Inserat: «Amme gesucht. Persönliche Vorstellung dann und dann.» Zur angegebenen Zeit schellt es an der Tür. Ein bärtiger Litwak steht da und erklärt, er sei auf das Inserat hin gekommen.
Die Hausfrau, entsetzt: «Sie wollen eine Amme sein?!»
Der Litwak: «Nu – warum nicht? *Einmal* zeigt man mir eine Sache – und schon kann ich sie.»

UNTER frischen Einwanderern:
«Was ist der Beruf deines Freundes?»
«Er ist Schiffs-Mumche.» *(Mumche = Sachverständiger.)*
«Was in aller Welt heißt das?»
«Er hat sich auf dem Schiff ausgedacht, worin er Mumche ist.»

EINIGE Einwanderer aus einem «Entwicklungsland» bekommen ein hübsches Häuschen zugewiesen. Sie werden von den Nachbarn eingeladen zu einem modernen Picknick im Garten. Die Hausfrau grilliert Würstchen am offenen Grill.
«Merkwürdig», sinniert der alte eingeladene Großvater, «früher war das Klo draußen und wir aßen im Haus. Jetzt ist es umgekehrt.»

AUS dem Zirkus in Tel Aviv ist ein Löwe ausgebrochen. Sieben Tage bleibt er spurlos wie vom Erdboden verschluckt – dann wird er mühelos im Verwaltungsgebäude der Histadrut *(Gewerkschaftsverwaltung)* aufgefunden. Er hatte nämlich einen großen Fehler begangen: sechs Tage lang hatte er täglich einen Beamten der Histadrut gefressen – das war nicht weiter aufgefallen. Am siebten Tage jedoch fraß er den kleinen Jemenitenjungen, der das heiße Kaffeewasser von Büro zu Büro zu tragen pflegte. Und das fiel auf!

DAS Flugzeug nach Lod in Israel macht Zwischenlandung in Rom. Ein großer, blonder, blauäugiger Norweger steigt ein und setzt sich neben eine New Yorker Jüdin. Sie schaut ihn immer wieder an und kann sich schließlich nicht mehr beherrschen: «Entschuldigen Sie, Herr, sind Sie Jude?»

«Nein.»
«Aber wozu wollen Sie dann nach Israel? Sie müssen Jude sein.»
«Lady, ich sage Ihnen doch, ich bin keiner.»
«In diesem Fall verstehe ich nicht, was Sie in diesem Flugzeug zu suchen haben. Am Ende sind Sie dennoch...»
Um endlich seine Ruhe zu haben, sagt der Norweger wild: «Also schön, ich bin Jude.»
Die New Yorker Jüdin schaut ihn wieder an und sagt: «Wissen Sie, Sie sehen gar nicht aus wie ein Jude!»

TEL AVIV. Itzik kommt vom Markt, unter jedem Arm eine riesige Wassermelone. Ein Fremder tritt auf ihn zu und fragt: «Können Sie mir sagen, wo die Maimonidesstraße ist?»
Itzik: «Halten Sie bitte einen Augenblick die beiden Melonen!» – Dann, die Arme weit ausbreitend: «Weiß ich?!»

Der Name der israelischen Staatschefin Golda Meir wird Me-ir und nicht Meier gesprochen.
ZWEI Wiener im Gespräch. Der eine erwähnt in irgendeinem Zusammenhang Golda Me-ir.
Darauf der andere: «Was soll das heißen ‹Me-ir›? Sie heißt doch ganz einfach Meier.»
«Nein, sie heißt Me-ir.»
«Me-ir – so ein Blödsinn! Meier heißt sie!»
«Aber nein, sie heißt ganz bestimmt Me-ir.»
«No – dann müßte man ja auch Kre-isky sagen!»

RIBOJNE schel Ojlem *(der Herr der Welt)* hat gehört, daß auf Erden nicht alles stimme. Er schickt also einen Engel als Kundschafter. Der berichtet: «In Rußland bauen sie atomic missiles. In den USA errichtet man das kontinentale Defence-system. In Ägypten baut man Unterstände und packt Sandsäcke vor die Fenster. Aber in Israel sitzen die Leute im Café, trinken Cognac, feiern Barmizwe *(entspricht der christlichen Konfirmationsfeier und wird neuerdings in Israel nach amerikanischem Vorbild mit unglaublichem Pomp aufgezogen)*, streiten um die Frage, wer Jude sei und ob man am Schabbes *(Sabbat)* Television hören dürfe oder nicht, und sie tun überhaupt so, als ob es keinen Krieg gäbe oder geben werde.»
Sagt ER: «Ojwojwoj! Sie verlossen sich wieder amol ojf mir!»

Israelischer Militärjux

Über den Realitätswert der israelischen Militärscherze vgl. S.35f.

ASSENTIERUNG in Tel Aviv. Schmul gelingt es, dem Stabsarzt weiszumachen, daß er fast vollständig blind ist. Als untauglich freigestellt, eilt er schnurstracks ins Kino. Wie groß ist sein Schreck, als er neben sich just den Stabsarzt sitzen sieht. Aber schnell gefaßt, wendet er sich an ihn mit der Frage: «Fräulein, bin ich hier richtig im Autobus nach Rechavia?»

GOLDBERG kommt nach Israel und meldet sich freiwillig zum Militär. Er kommt zu den Fliegern. Kaum hat er sich ein bißchen daran gewöhnt, im Aeroplan zu sitzen, da befiehlt man ihm, mit dem Fallschirm abzuspringen. Er sagt «widuj» *(das Sündenbekenntnis vor dem Tode)* – und springt.
Dann läuft er zum Offizier und meldet: «Schreibt auf, daß ich zweimal gesprungen bin.»
«Goldberg! Ihr habt es doch nur einmal getan!»
«Nein. Zweimal. Zum ersten Mal und zum letzten Mal.»

SOLDAT Herrschel Mandelbaum geht grußlos an einem hohen israelischen Offizier vorbei.
Der Offizier stellt ihn zur Rede: «Wie heißen Sie?»
«Herrschel Mandelbaum.»
«Kompanie?»
«Nein, Mandelbaum und Söhne!»
«Warum haben Sie mich nicht gegrüßt?»
«Von wem denn, Herr Oberst?»
«Haben Sie meine Achselsterne nicht gesehen?»
«Bin ich a Sterngucker?»
«Wissen Sie, was Ihnen jetzt blüht?»
«Bin ich a Prophet?»

«WIE heißt ‹Unterleutnant› in der israelischen Armee?»
«Chem.»

«Und ‹Leutnant›?»
«Chochem.» *(hebräisch = der Kluge.)*
«Und ‹Oberleutnant›?»
«Oberchochem.»
«Und ‹General›?»
«Seine Pajestät.» *(von Pajes = Schläfenlocken der orthodoxen Juden.)*
Und wenn Israel eine Monarchie wird, dann wird der Kronprinz ein *Kohn*prinz sein.

TEL AVIV. Ein Major kommt daher. Rekrut Mojsche, den der Major aus dem Zivilleben kennt, will grußlos vorbeigehen.
Der Major, konsterniert: «Mojsche, brojges *(verzankt)*?»

MINISTERRAT in Jerusalem. Der Finanzminister erläutert die schlechte Zahlungsbilanz. Darauf der Handelsminister: «Ich beantrage, wir erklären Krieg an die USA. Wir schicken ein Kanonenboot nach New York und beschießen die Stadt.»
Kriegsminister: «Dann kommt die sechste Flotte, und wir haben den Krieg verloren.»
Handelsminister: «Dann besetzen uns die Amerikaner, wir bekommen einen Marshallplan wie die Deutschen, und es geht uns genausogut wie Deutschland.»
Kriegsminister: «Sehr schön. Aber was geschieht, wenn wir, nebbich, den Krieg gewinnen?»

REKRUTENAUSHEBUNG in Tel Aviv. Kohn steht im Adamskostüm da.
Der Arzt: «Umdrehen! Tiefe Rumpfbeuge! Tauglich.»
Kohn: «Das hätten Sie mir auch sagen können ins Gesicht!»

MANÖVER in Israel. Eine Flußbrücke trägt (für die Manöver) ein Schild: «Die Brücke ist gesprengt.»
Der Hauptmann sieht von seinem Hügel aus durch das Fernrohr empört, wie eine Gruppe Infanteristen seelenruhig dennoch über die Brücke marschiert. Zornig fährt der Hauptmann mit seinem Jeep heran und will die Soldaten tüchtig anschnauzen. Da sieht er zu seiner Verblüffung, daß sie ein Transparent tragen mit der Aufschrift: «Wir schwimmen.»

DIE neugebildete israelische Armee führt Manöver durch. Soldat Levy sieht einen Mann der feindlichen Truppe vorbeirasen. Levy legt mit

dem ungeladenen Gewehr auf den «Feind» an und schreit dazu: «Ra-ta-ta-ta!»
Der Feind rennt weiter.
Levy schreit zornig: «Wieso fällst du nicht? Ich habe dich doch soeben erschossen!»
«Was heißt erschossen!» entgegnet der Feind verächtlich, «ich bin doch ein Tank!»

WÄHREND der Manöver in Israel wird eine Patrouille ausgeschickt. Sie kommt sehr rasch zurück.
«Geben Sie uns doch», bittet sie den Offizier, «zwei Gendarmen mit. Dort ist ein dunkler Wald, der ist uns zu gefährlich.»

EINE andere israelische Patrouille hat festzustellen, ob eine bestimmte Brücke für die Truppe passierbar ist, und kommt mit dem überraschenden Bescheid zurück: «Brücke passierbar für Artillerie und Tanks, nicht passierbar für Infanterie.»
Der Offizier, wütend: «Was für ein Unsinn!»
Patrouille: «Auf der Brücke sitzt ein riesiger böser Hund!»

ÜBUNGSPLATZ der israelischen Armee. Der Leutnant murmelt ein Kommando.
Der Feldwebel: «Lauter, Herr Leutnant!»
Der junge Leutnant: «Wozu? Wird sich schon herumsprechen!»

IN Israel, Armeebefehl: «Es ist verboten, den Herren Offizieren Ejzes *(Ratschläge)* zu geben!»

SCHARMÜTZEL an der jordanischen Grenze. Mojsche, ein alter Jude, geht mit zwei Tonkrügen frischem Wasser zwischen den israelischen Soldaten umher und ruft aus: «Zwanzig Prutot der Krug!»
Da reißt ihm eine Kugel einen der Krüge weg. Sofort ruft Mojsche: «Vierzig Prutot der Krug!»

Variante:
KRIEG in Israel. Im israelischen Schützengraben geht Joine mit seinem Bauchladen umher und ruft: «Schnürsenkel, Hosenknöpfe, Kämme – alles spottbillig!»
Da schlägt eine Granate ein. Mühsam erhebt sich Joine und beginnt auszurufen: «Jod, Heftpflaster, Mullbinden!»

AUF dem Grabmal des Unbekannten Soldaten in Tel Aviv steht: Hier ruht der unbekannte Soldat David Raubitschek, Futtergetreide en gros und en detail.
Ein fremder Diplomat fragt überrascht einen einheimischen Staatsmann, wie denn dies möglich sei.
Darauf dieser: «Ja, als Geschäftsmann hat ihn jeder gekannt, aber als Soldat war er ganz unbekannt.»

EIN hoher ausländischer Offizier besucht eine israelische Panzertruppe und läßt sich von Kohn, einem Panzerfahrer, die Details erklären. Er weist fragend auf den Hebel der Gangschaltung. Kohn legt einen Gang ein und erklärt:
«Das ist der erste Rückwärtsgang.»
Offizier: «Wieso erster Rückwärtsgang?»
Kohn: «Nun, wenn der Feind schießt. Das hier ist der zweite Rückwärtsgang.»
«Ja, wozu soll...»
«Wenn der Feind heftig angreift. Dies ist der dritte Rückwärtsgang...»
«Aber...»
«Wenn der Feind aus allen Rohren donnert. Und das ist der Vorwärtsgang.»
«Nun, und wozu brauchen Sie noch einen Vorwärtsgang?»
«Sehen Se, es könnt' ja auch mal der Feind von hinten angreifen!»

FAMILIE Borges ist in Israel eingewandert. Der Sohn muß ins Militär einrücken. Schon nach wenigen Wochen erzählt Frau Borges freudestrahlend abends ihrem heimkommenden Gatten: «Stell dir vor! Unser Sami is geworden Ritter in Nazareth! Man hat es mir telefonisch mitgeteilt!»
«Was redest du für'n Stuß!» protestiert der Gatte. Nach einigem Herumtelefonieren kommt er zur Frau herein und meldet: «Scheen hast du dich geirrt! Man hat dir telefoniert: ‹Er liegt mit einem Tripper im Lazarett›!»

«Tief in der Erde liegen» bedeutet jiddisch «im tiefsten Elend sein».
DIE Juden von Israel haben keine Angst vor der Atombombe. Sie wissen, sie können von ihr nicht getroffen werden.
Warum?
Weil die Atombomben nur bis zwanzig Meter unter die Erde hinabgehen.

JÜDISCH-ARABISCHER Krieg. Itzik ist einem Spähtrupp zugeteilt. Bei einer Artilleriestellung hört er die Entfernungsangaben: 1000 – 1100 – 1200...
Itzik rast zurück: «Hurra! Der Krieg ist aus! Sie versteigern schon die Geschütze!»

ISRAELISCH-ARABISCHER Krieg. Belagerung von Jerusalem. Die Juden hatten Mühe, Waffen unter der englischen Mandatsherrschaft zu beschaffen. Dennoch haben sie sogar Maschinengewehre. Eines davon wird postiert, auf eine arabische Stellung gerichtet – und nun muß sich zeigen, ob es funktioniert.
Der Schütze will abdrücken – da hält ihn sein Nebenmann nervös zurück und bittet: «Verlaß dich nicht auf Wunder! Sag erst Tehillim (Psalmen)!»
Der formal ähnliche Witz «Tehillim stopft!» (S. 80) parodiert die magische Gebetsauffassung, dieser dagegen die Wirklichkeitsfremdheit des Galutjuden, für den die Gebetswirkung das Normale, das normale Funktionieren eines realen Gegenstandes jedoch ein Wunder ist.

ZWEI Juden wollen zur israelischen Kriegsmarine. Der Assentierungsbeamte fragt: «Können Sie schwimmen?»
Wendet sich der eine zum andern: «Was hab ich dir gesagt? Schiffe haben sie auch keine!»

JÜDISCHE Marine. Erster Maat zum Kapitän: «Herr Kapitän, Sturm zieht auf, die Barometer fallen...»
Der Kapitän, aus den Gedanken auffahrend: «Was? Fallen? Schnell, alles abstoßen, auf der Stelle verkaufen!»

MOISCHE und Jankel sind zur israelischen Armee eingezogen worden und unter die Fallschirmspringer geraten. Sie sollen ihren ersten Übungssprung machen. Der Sergeant erklärt: «Es ist alles ganz einfach. Ihr springt aus dem Flugzeug, zählt bis zwanzig und drückt auf den Knopf hier rechts am Geschirr. Dann öffnet sich der Fallschirm. Sollte er sich dennoch nicht öffnen – und das geschieht vielleicht einmal in hunderttausend Fällen –, dann zählt ihr noch einmal bis zwanzig und drückt hier auf den linken Knopf, und dann öffnet er sich ganz gewiß. Unten warten dann auch schon die Autos, die euch zum Camp zurückbringen.»
Moische und Jankel springen, zählen bis zwanzig und drücken auf den

rechten Knopf – die Fallschirme bleiben zu. Sie zählen wieder bis zwanzig, drücken auf den linken Knopf – die Fallschirme öffnen sich nicht. Da sagt Moische zu Jankel: «Typisch jüdische Organisation. Du wirst sehen, wenn wir unten ankommen, sind die Autos auch nicht da.»

Variante:
GRÜN und Blau sind mit dem Fallschirm abgesprungen – der Schirm von Blau öffnet sich nicht. Blau schreit zu Grün hinauf: «Hilfe! Mein Schirm geht nicht auf!»
Grün: «Mach dir nix draus! Is ja nur Manöver!»

ISRAELISCHE Militärflugbasis. Chaim Lewin hat eben gemeldet: «Hier D.C. 0021. Mein linker Motor funktioniert nicht.»
Die Radarstelle instruiert: «Überschalten Sie zum rechten Motor!»
Nach ein paar Minuten: «Lewin von Flugzeug D.C. 0021. Weitere Schwierigkeiten. Verliere rapid an Höhe... in Wirbelsturm geraten!»
Der Radarinstruktor: «Lewin, sagen Sie mir nach: Jitgadal Wejitkadasch Schmej Raba...» *(Anfangsworte des Totengebetes.)*

Variante:
EXAMEN in der israelischen Offiziersschule.
Man stellt Berisch die Frage:
«Was würdet Ihr tun, wenn Ihr von Feinden umringt wäret? Vor Euch ein Fluß, hinter Euch ein felsiger Berg, links und rechts von Euch feindliche Truppen... Was für ein Kommando würdet Ihr Euren Soldaten geben?»
Berisch nimmt Achtungstellung an und sagt mit donnernder Stimme: «Achtung! Rezitiert Psalmen!» *(Juden rezitieren Psalmen in schweren und aussichtslosen Situationen.)*

MOISCHE hat Urlaub und erzählt: «Ich war zuvor nur ein einziges Mal mit Fallschirm abgesprungen und hatte Angst. Der Offizier brüllte Kommandos, wies mit dem Finger auf die offene Flugzeugtür hin. Mehr tot als lebendig trat ich ins Leere – da erst wurde mir klar, daß ich den Fallschirm nicht richtig umgeschnallt hatte. Und tatsächlich – er ging nicht auf! Und schon lag ich am Boden – lebendig... Ich tastete mich ab: Nicht ein Kratzer! Alles heil!»
«Maseltow! *(Glückwunsch!)* Es müssen Euch Flügel gewachsen sein beim Absprung!»
«Wieso Flügel? Das Flugzeug war doch noch nicht aufgestiegen.»

EIN amerikanischer Jude fliegt im Krieg gegen die Araber für Israel und wird nahe eines Kibbuz *(Kollektivsiedlung)* nachts abgeschossen. Was aber, wenn die Kibbuznikim *(Siedler)* ihn für einen Araber halten im Dunkeln?! Hebräisch kann er ja nicht!... Da hat er eine Erleuchtung: Er rennt auf den Kibbuz zu und schreit aus Leibeskräften: «Gefillte Fisch! Gefillte Fisch!» *(Eine Sabbat-Spezialität.)*

MOISCHE verlangt Urlaub: «Mein Weib ist in Erwartung!»
Sein Kamerad begleitet ihn zum Autobus und sagt: «Leb wohl! Alles Gute! Wann soll denn das freudige Ereignis eintreten!»
Sagt Moische: «Sch! Nicht so laut! Ich weiß es nicht genau. Ich nehme an: neun Monate nach meiner Rückkehr.»

PRAGER jüdischer Arzt in Israel an der Front. Es wird ihm genau erklärt, wie er sich verhalten soll, wenn er etwas Verdächtiges hört. – Nachts steht er auf Wache. Da hört er ein Geräusch. Verschlafen fährt er hoch und ruft:
«Hallo! Wer da? Hier Doktor Lederer.»

IN einem Kibbuz *(Kollektivsiedlung)* nahe der israelischen Grenze werden hundert Piaster ausgelobt für jeden gefangenen Araber. Kommt auch der alte Mojsche und will ein Gewehr haben. Man sagt ihm, es gäbe junge Männer, die könnten kämpfen. Aber er geht erst, als man ihm eine alte Flinte in die Hand gedrückt hat.
Abends kommt er, treibt hundert gefangene Araber vor sich her und kassiert zehntausend Piaster!
Die Mischpoche *(Familie, Verwandtschaft)* umdrängt ihn: «Was wirst du machen mit dem vielen Geld?»
Mojsche: «Nu, Ihr redet eso. Aber keiner fragt, was se haben gekostet im Einkauf!»

BARUCH hat ein leichtes Maschinengewehr erbeutet und bekommt vierzehn Tage Urlaub. Zu Hause bewundern alle seine Tapferkeit. Darauf Baruch: «Was heißt tapfer? Da war ein Araber, der auch Urlaub hat wollen, haben wir die Maschinengewehre getauscht!»

ISRAEL. Mai 1967. Grün und Blau rücken ein. Sagt Blau: «Die Araber haben erklärt, sie wollen uns zurückschicken dorthin, wo wir herkommen.»
Darauf Grün: «A Grund, daß uns wird helfen die ganze Welt!»

AN einer abgelegenen Militärstation in Israel ist eine hübsche neue Krankenpflegerin eingetroffen.
Der Sergeant sieht eine lange Schlange vor der Tür der Pflegerin und fragt erschrocken: «Ist eine Epidemie ausgebrochen?»
«Jawohl», sagt ein Soldat. «Eine schwere!»
«Wie ist das gekommen?» fragt der Sergeant.
Der Soldat: «Haben Sie die neue Pflegerin noch nicht gesehn?»
«Nein.»
«Ihr Glück! Sonst stünden Sie auch in der Schlange!»

OFFIZIER: «Soldaten! Wir wissen, daß der Feind genau gleichstark ist wie wir. Nehme ein jeder einen aufs Korn!»
Ein Soldat: «Ich werde spielend mit zweien fertig!»
Zweiter Soldat: «In diesem Falle kann ich heimgehen?»

EINE Dame in Tel Aviv bei Beginn des Sechstagekrieges: «In höchstens einem Monat ist der Krieg aus.»
«Wie können Sie das wissen?»
«Man hat meinen Sohn eingezogen. Und länger als einen Monat hat er noch keinen Job ausgehalten!»

WARNUNG an die Soldaten: «Schreibt nicht zu oft an Euer Mädchen! Es könnte sich in den Briefträger verlieben!»

Der rasche Sieg Israels über die Araber im Juni 1967 hat eine neue Art von Israelwitzen gezeugt: bramarbasierend und selbstsicher, entsprungen der typischen Haltung des miles gloriosus, der Gascogner Kadetten, der Portugiesen zur Zeit des Camoes.

DIE Generale Dayan und Rabin langweilen sich. Dayan schlägt vor, einfach Krieg zu machen. Darauf Rabin: «Schön und gut. Aber was machen wir am Nachmittag?»

WIE heißt Mosche Dayan seit seinem Sinaisieg? Dschingis*kohn.*

VERTEIDIGUNGSMINISTER Mosche Dayan sucht den amerikanischen Präsidenten Johnson auf, um mit ihm über Waffenlieferungen zu verhandeln. Johnson meint:
«Aber Ihr Israelis könntet auch etwas für uns Amerikaner tun! Zum Beispiel ein paar Bataillone nach Vietnam schicken!»
Sagt Dayan: «Warum? Wollt's Ihr China erobern?»

KOSSYGIN droht Johnson mit der Atombombe. Darauf Johnson: «Vergiß nicht, daß Israel mit uns verbündet ist!»

EIN israelischer Soldat besieht (1948) eine Büste Napoleons und sagt: «Ich *habe* Akko erobert!» *(Napoleon war es nicht gelungen.)*

KURZ nach dem erfolgreichen Sechstagekrieg der Israelis gegen die Araber trifft Präsident Nixon mit der israelischen Staatschefin Golda Meir zusammen. Im Gespräch fragt Nixon vorsichtig an, ob es möglich wäre, zwei israelische Generale im Austausch gegen zwei amerikanische Generale zu erhalten.
«Warum nicht?» meinte Golda Meir, «an wen dachten Sie?»
«Ich dachte», erwiderte Nixon, «an General Dajan und General Rabin.»
«Einverstanden», sagte Golda Meir, «ich hätte dafür gern General Motors und General Electrics.»

Den nachfolgenden Witz versteht man nur aus der seelischen Situation der Israelis nach dem Sechstageskrieg im Juni 1967. Israel hatte gegen die gewaltige arabische Übermacht erst losgeschlagen, nachdem alle arabischen Armeen an den Grenzen Israels aufmarschiert waren und erklärt hatten, sie würden Staat und Volk Israel vernichten. Israel handelte aus eindeutiger Notwehr, mußte aber dennoch erleben, daß nicht nur die Oststaaten, sondern auch das bisher befreundete Frankreich diese Notwehr in «Aggression» umlogen.

EIN Israeli, ein Engländer und ein Amerikaner gehen in Afrika zusammen auf Großwildjagd. Sie wagen sich in bisher unentdeckte Gebiete und fallen einer Gruppe von Menschenfressern in die Hand. Der Häuptling, ein höflicher Mann, gibt den Gefangenen zu verstehen, sie dürften noch einen Wunsch äußern, bevor man sie schlachte. Der Israeli wünscht zur allgemeinen Verwunderung, der Häuptling möge ihn in den Hintern treten. Dieser tut ihm gern den Gefallen und versetzt ihm einen kräftigen Fußtritt. Der Israeli segelt durch die Luft, stürzt zu Boden, dreht sich dem Häuptling wieder zu, zieht aus der inneren Rocktasche einen Revolver, schießt die Menschenfresser nieder und befreit seine Gefährten.
«Warum hast du nicht direkt geschossen, wenn du doch den Revolver hattest?» fragen diese verdutzt.
Darauf der Israeli: «Hernach hätte es wieder geheißen, ich sei der Angreifer!»

Unübertroffen

LEVY kommt Freitagnachmittag in ein Assekuranzbureau, um eine Lebensversicherung abzuschließen.
Der Beamte: «Sie sind doch schon ziemlich alt für so etwas?»
«Achtzig Jahre.»
«Und da wollen Sie eine Lebensversicherung abschließen?! Na, jetzt schließen wir ja gleich. Kommen Sie morgen wieder!»
«Morgen kann ich nicht: Schabbes!»
«Dann kommen Sie am Montag.»
«Geht auch nicht. Am Montag hat mein Vater Geburtstag.»
«Himmel! Sie haben noch einen Vater? Wie alt ist er?»
«Hundert Jahre.»
«Was!! Gratuliere! Also kommen Sie halt Dienstag.»
«Geht auch nicht. Da heiratet mein Großvater.»
«Großvater haben Sie auch!? Wie alt ist denn der?»
«Hundertzwanzig Jahre.»
«Und will noch heiraten?!»
«Was heißt will! Er muß!!»

IN einem überfüllten riesigen Festsaal stoßen zwei Juden aufeinander. Fragt der Herr Wolf den Herrn Simon: «Haben Sie nicht den kleinen Kron gesehen? Er hat die Kragenweite achtunddreißig.»

«JANKL, paß auf! Wenn du nimmst e Zwei und noch e Zwei, dann hast du vier.»
Jankl klärt und nickt.
Darauf der Erste: «Wenn du aber nimmst e Eins und e Drei, dann hast du wieder vier.»
Jankl klärt und meint: «Ja, aber es is e Dreh dabei!»

AUF dem Ozeandampfer. «Paß auf: Unser Schiff ist hundert Meter lang und fünfzig breit. Rate: Wie alt ist folglich der Kapitän?»
«Gib mir eine Stunde Zeit zum Klären!»
Nach einer Stunde: «Er ist genau fünfzig.»

«Wie hast du das ausgerechnet?»
«Ausgerechnet? Ich hab ihn gefragt!»

REISENDER, hereintretend: «Verzeihen Sie, mein Name ist Pulverbestandteil.»
Der Firmenchef: «Ich verzeihe es Ihnen.»

TELEPHONGESPRÄCH: «Hallo! Wer dort?»
«Eisik Knobelkranz.»
«Glaub' ich nicht!»
«Wie haißt!?»
«Ich riech' ka Knobel!»

ITZIK rennt an Jankl vorbei.
Jankl: «Itzik, hast du einen Augenblick Zeit?»
Itzik, stehenbleibend: «Ja, was ist?»
Jankl: «Wenn du Zeit hast – was rennst du dann?»

SURREALISTISCHE Mathematik.
Wien. Theaterflaute. Soeben sind die acht Personen, aus denen das Publikum des Nachmittags bestand, weggegangen. Zur Abendvorstellung erscheinen ganze drei Zuschauer. Da sagt der Kassierer zum Direktor, der neben ihm am Billettverschlage steht:
«Wenn jetzt und es kommen noch fünf – dann is keiner mehr drin.»

EIN Satz, in welchem «mühsam» siebenmal vorkommt:
Mir ist *mies am* Montag, mir ist *mies am* Dienstag usw.

WAS ist die Hauptsache am Dreieck?
Das *Ei,* denn sonst bleibt «Dreck».

WAS ist «Pensch»?
Das Mittelstück von «Lampenschirm».

UND was ist «Tesch»?
A Druckfehler und soll heißen «Tisch.»

WAS ist ein Konversationslexikon?
Vorne e Kohn und hinten e Kohn, und in der Mitte e langes Gesejres *(Gejammer, Gerede).*

WELCHES deutsche Substantiv läßt sich konjugieren?
Seeschlacht! – ich seh schlacht, du sehst schlacht, er seht schlacht...

WAS ist der Unterschied zwischen einem Bankdirektor und einer Kuh?
Gar keiner. Beide machen se in de Wiesen *(Devisen)*.

WER ist die kränkste Frau der Welt?
Frau Bloch. Sie hat ein L im Boch *(jiddisch Bauch)* und ein B vor dem Loch.

EIN Satz mit Konstantinopel: Kohn *stand in Opeln* bei den Soldaten.

EIN Satz mit Ischl, Aussee, Meran, Winterthur, Karlsbad: «Was sagen Sie, wie ich *ausseh*! Sieht man *mer an,* daß ich hob gemacht e *Wintertour* nach *Karlsbad?*»

WELCHES sind die anständigsten Tiere?
Die Gänse. Sie haben den Römern das Kapit*o*l gerettet und haben verlangt kane Prozente!

WAS ist Syntax? Syntags sind alle Geschäfte zu!

WAS macht die Knackwurst genießbar? Das n.

WAS ist weiß, und man läuft darauf? Karlsbader Salz.

WAS ist ein Perpetuum mobile?
Ein Jude, der einem Schotten nachläuft, der ihm 10 Cents schuldet.

«KENNEN Sie Jellinek?»
«Nein.»
«Kennen Sie Großmann?»
«Nein, dann schon eher Jellinek!»

IN den zwanziger Jahren in Berlin.
Wie kommt man am schnellsten von «Unter den Linden» zum Halleschen Tor?
Man ruft laut: «Herr Kohn!» Dann dreht sich der ganze Kurfürstendamm um. Wenn sich der Kurfürstendamm aber umgedreht hat, ist man am Halleschen Tor.

IN Nürnberg gab es früher ein Warenhaus des Kommerzienrates Ernst Gerngroß. Zum siebzigsten Geburtstag erhob ihn sein König in den Ritterstand, und er nannte sich nun bei jeder Gelegenheit nachdrücklich Ernst Ritter von Gerngroß. Bis dahin ist die Geschichte authentisch. Den Rest weiß man nur vom Hörensagen: Im Himmel ging Gerngroß eines schönen Morgens auf der Milchstraße spazieren. Auf einer Bank saß ein freundlicher alter Herr. Gerngroß setzte sich zu ihm, und man plauderte über dies und das. Schließlich fand Gerngroß, es wäre an der Zeit, sich vorzustellen, und mit einer leichten Verbeugung sagte er: «Gestatten, Ernst Ritter von Gerngroß.»
Der freundliche alte Herr verbeugte sich leicht und sagte: «Gott der Gerechte!»

EIN reicher Kleinstadtjude erblickt in der Auslage eines Juweliers der Kreisstadt zwei juwelenverzierte Anhänger, die ihm gefallen: einen Schmetterling und ein Kruzifix. Er gibt sich keine Rechenschaft über den religiösen Sinn der kleinen, goldgeschmiedeten Figur am Kreuze, und da ihm bis zur Abfahrt seines Zuges nur wenig Zeit bleibt, will er das übliche Markten radikal abkürzen und fragt: «Unter was *(gemeint ist: unterhalb von welchem alleräußersten Preis)* geben Sie nicht heraus den Flatterer, den schönen, und was darf *(jiddisch = soll)* kosten der Turner, was liegt daneben?»

«HERR Kommerzienrat, Ihr Herr Sohn studiert in Wien? Was wird er sein, wenn er fertig ist?»
«Ich fürchte: ein alter Jude.»

KUPFERDRAHT trifft Freitagabend in Przemysl bei Verwandten ein und wird eingeladen. Auf dem Tisch steht gefüllter Fisch. Die Verwandten fragen den Gast aus: «Was macht Muhme Perl?»
«Gestorben», erklärt Kupferdraht, und während die Weiber in Geheul ausbrechen und die Männer trübsinnig den Kopf wiegen, nimmt er sich ein riesiges Mittelstück von dem Fisch.
Mittlerweile bringt man eine gefüllte Gans mit Knödeln herein. Die Damen des Hauses haben sich beruhigt und wollen nun wissen: «Was macht Vetter Josse?»
«Ertrunken», meldet Kupferdraht kühl, die Damen beginnen wieder zu weinen, die ganze Gans wandert auf Kupferdrahts Teller.
Man bringt einen knusprigen Apfelstrudel herein.
«Was macht Josses Schwiegermutter?» forschen die Damen.

«An Altersschwäche gestorben», sagt Kupferdraht und greift nach dem Strudel.
Diesmal stößt er auf Widerspruch. Ein anderer Gast mischt sich ein: «Sie irren! Ich habe die Dame gestern auf der Kurpromenade von Karlsbad gesund und munter gesehen.»
«Mag sein», gibt Kupferdraht gleichmütig zu. «Solange ich esse, sind alle für mich tot.»

DER arme Verwandte aus der Provinz ist zu Tisch geladen. Plötzlich greift er geistesabwesend in die Gulaschschüssel und bestreicht sich mit der Sauce die Pejes *(Schläfenlocken der Orthodoxen)*.
Die Hausfrau, entgeistert: «Was machen Sie da?!»
Der Verwandte, erschrocken: «Verzeiht, ich dachte, es ist Spinat!»

JANKEL will einen frankierten Brief am Schalter abgeben.
«He, Sie», ruft ihm der Beamte nach, «der Brief ist zu schwer, da muß noch eine Marke drauf!»
«Glauben Sie im Ernst, daß davon der Brief leichter wird?»

TELEGRAMM des glücklichen Gatten an die Eltern der Frau: «Rebekka glücklich entbunden Sohn.»
Bei der nächsten Gelegenheit wirft der Schwiegervater dem Schwiegersohn vor: «Wie kann man nur so leichtsinnig für überflüssige Worte im Telegramm Geld hinauswerfen! Schau selber: du schreibst ‹Rebekka› – wer denn sonst? Wirst du etwa telegraphieren, wenn ein wildfremdes Weib Kinder bekommt? Und dann ‹glücklich› – seit wann telegraphiert man, wenn eine Geburt nicht gut abläuft? Und nun gar ‹entbunden› – hattest du Angst, ich werde glauben, der Storch habe das Kind gebracht? Und schließlich ‹Sohn› – bei Töchtern ist die Freude nie so groß, daß man telegraphiert, also hätten wir das bestimmt auch erraten!»

PROBEVORFÜHRUNG im Zirkus. Der Artist stellt einen Papagei auf den Kopf eines Hundes, und der Papagei rezitiert eine Ode.
Der Zirkusdirektor, begeistert: «Ich engagiere Sie zu hundert Gulden pro Abend!»
Der Artist, bescheiden: «Fünfzig genügen.»
Direktor: «Warum verzichten Sie auf die Hälfte?!»
Artist: «Weil: Es ist ein Trick dabei. In Wirklichkeit deklamiert nicht der Papagei – der Hund ist Bauchredner.»

Variante:
DER Direktor sagt: «Ich kann die Nummer nicht nehmen. Der Papagei sieht zu jüdisch aus.»

INS Café kommt einer, ergreift ein leeres Glas und ißt es auf, spaziert dann die Wand hinauf, die Decke entlang, die andere Wand wieder hinab und geht schweigend hinaus.
Ein Gast kann sich darüber gar nicht beruhigen.
Ein anderer Gast: «Ach, den kenn ich schon! Der macht das immer so! Kommt und geht ohne Gruß!»

BEIM Schneider. «Ich heirate. Macht mir einen schönen Anzug, damit die Leute nicht über mich lachen!»
Schneider: «Keine Angst! Über meine Arbeit hat noch keiner gelacht. Alle weinen!»

IM Zirkus tritt ein Liliputaner auf.
Kohn, aufgeregt: «Itzig, schau her, wie klein der ist!»
Itzig: «Päh, ich hab' schon einen größeren Zwerg gesehen!»

ZIRKUS in Tel Aviv. Ein Artist türmt Tische und Stühle aufeinander, ganz oben balanciert er im Kopfstand auf einem Besenstiel und spielt dazu Geige.
Sagt Baruch leise zu seiner Frau: «Haifetz *(berühmter russisch-jüdischer Violinist)* ist er keiner!»

VARIETÉ in Wien. Der berühmte Rastelli jongliert mit den Händen fünf Bälle, mit einem Fuß einen Ring, und gleichzeitig balanciert er auf der Nasenspitze einer Billardstange mit einer Kugel obenauf. Henrichson, begeistert: «Fabelhaft!»
Kohn, wegwerfend: «Pah, das hat er aus Bicher!»

Dieser Witz entstand während der Kommunistenhetze in Amerika.
SCHMUL kommt mit einer großen Schachtel ins Café. «Was trägst du da?» fragt sein Freund.
«Willst du es sehen?» fragt Schmul und packt bereitwillig aus. In der Schachtel sind weiße Mäuse, die spielen alle Instrumente. Ein Gast schaut fasziniert zu und fragt: «Kann man das kaufen?»
«Für 1000 Franken können Sie es haben», erklärt Schmul.
Der Herr zahlt eilig und zieht mit der Schachtel glückselig ab.

«Du bist ein Schlemihl!» sagt der Freund. «Mit diesem Orchester wäre ich an deiner Stelle nach Amerika gefahren und hätte jeden Abend 1000 Franken damit verdient!»
«Das ist leicht gesagt», entgegnet Schmul, «aber zwei der Geigenspieler sind Kommunisten und können nicht nach Amerika!»

«MIT meinem Hund hab' ich einen Zustand in meinem Geschäft! Erst hatte ich einen Kommis namens Katz: da hat der Hund den Katz gebissen. Ich habe schließlich den Katz entlassen. Der neue Kommis heißt Eckstein – und nun ist es noch viel schlimmer!»

GESPRÄCH in der Bahn. «Gestatten, Eckstein.»
«Wozu sagen Sie mir das? Bin ich ein Hund?»

Das rabbinische Schrifttum kennt die Seelenwanderung.
DER arme Hausierer erzählt seiner Frau: «Auf dem Gutshof ging ein Stier auf mich los. Zum Glück hat ihn ein Rudel schmutziger Köter vertrieben.»
Die Frau, tiefgerührt: «Diese Köter – das können in Wirklichkeit nur unsere seligen Vorfahren gewesen sein!»

DER Förster: «Sie kommen sicher zum Schuß, Herr Kommerzienrat, wenn Sie sich auf diesen Wechsel hier stellen.»
Kommerzienrat Pinkus, zähneklappernd: «Hoffentlich ist der Wechsel nicht zu langfristig!»

EIN galizischer Jude hat seinem Brünner Grossisten geschrieben. Da Straße und Nummer stimmen, kommt der Brief an, obwohl der Jude statt an «Wallach & Co.» an «Schimmel & Co.» adressiert hat. Die Firma macht ihn in ihrer Antwort auf den Fehler aufmerksam.
«Ich habe gewußt», schreibt der Jude zurück, «daß Sie ein Pferd *(im Jiddischen soviel wie Esel)* sind. Aber ich wußte nicht, *was* für ein Pferd Sie sind!»

«ICH krieche bei der Hitz' von früh bis spät herum wie eine tote Fliege.»

DAVID Bloch kommt aus dem Bergkurort heim und erzählt entzückt: «So ein liebes Seilbähnchen hatten wir neben dem Hotel! Beim Hinabfahren hat es immer gemacht: Dovidl – Dovidl – Dovidl, und beim Hinauffahren: Bloch – Bloch – Bloch!»

«MEIN Sohn, merk dir: Was selten ist, ist teuer. Ein gutes Pferd ist selten, also ist es teuer.»
«Tate *(Papa)*, ein gutes Pferd, das billig ist, ist doch *noch* seltener!»

BLAU und Weiß haben sich zerstritten. Blau sieht von der Straße Weiß am Fenster und ruft hinauf: «Weiß, wenn ich so scheen wär' wie Sie, steckat *(steckte)* ich lieber mein Toches *(Allerwertester)* zum Fenster hinaus!»
Weiß: «Hab ich getan – haben alle Lait gesagt: hab die Ehre, Herr Blau!»

AUF dem Bahnsteig schreit ein Jude: «Rubinstein, Rubinstein!» Ein zweiter Jude steckt den Kopf aus dem Coupéfenster. Der auf dem Perron haut ihm eine Ohrfeige und geht weg.
Alle lachen, am meisten der Gehauene. Einer fragt erstaunt: «Wir lachen über *dich*. Aber worüber lachst *du*?»
Darauf dieser: «Haha! Ich bin doch gar nicht Rubinstein!»

NACHTS auf der Straße gibt ein Jude einem zweiten eine Ohrfeige, stutzt und sagt: «Verzeiht! Ich dachte Ihr seid Jankl!»
Der zweite, stöhnend: «Und wenn Jankl – müßt Ihr dann so besinnungslos schlagen?!»
Der Erste, bitter: «Nehmt's Euch nur nicht an für Jankl!»

«HALLO, Ornstein!»
«Ich heiße doch gar nicht Ornstein!»
«Herr des Himmels! Wie kann sich ein Mensch nur so verändern! Die Figur ist verwandelt, die Haarfarbe, die Nase auch – und Ornstein heißen Sie auch nicht mehr!»

«HALLO, Chaim!» ruft ein Jude freundlich und klopft dem Mann, der auf der Straße vor ihm hergeht, auf die Schulter.
Der Angeredete, erschrocken: «Weh mir, woher kennt Ihr mich? Ich heiße doch gar nicht Chaim.»

EIN Jude, einen andern auf der Straße anhaltend: «Als ich Euch von ferne sah, glaubte ich gleich zu erkennen, daß Ihr es seid. Dann, als Ihr näher kamt, schien mir, Ihr seid nicht Ihr, sondern Euer Zwillingsbruder. Nachher merkte ich, daß Ihr es doch seid. Aber jetzt, da ich Euch nahe gegenüberstehe, sehe ich: Ihr seid weder Ihr noch Euer Bruder.»

ROTH klagt den Kahn ein, weil dieser ihn mit Ohrfeigen bedroht hat.
Richter: «Haben Sie Zeugen?»
Roth: «Wozu? Ich hab ihm auch so geglaubt!»

«GESTERN war Mendel bei mir. Er wollte mich ohrfeigen.»
«Woher weißt du, daß er das wollte?»
«Nu – wenn er nicht gewollt hätte, hätte er es ja nicht getan.»

«WETTEN, daß ich jenen Herrn dort in den Hintern trete, während er sich den Schuh zubindet?»
«Er wird dich ohrfeigen.»
«Nein. Ich werde ihm nämlich sagen: Pardon! Ich dachte, Sie sind Lewy!»
Er macht es. Der andere dreht sich um und haut ihm eine Watsche.
«Na, warum haben Sie nicht gesagt: ‹Ich dachte, Sie sind Lewy›?»
«Weil es wirklich Lewy war.»

DER alte Austerlitz ist stocktaub. Er trifft seinen Freund Elkan. Dieser fragt: «Wie geht es?»
Austerlitz: «Ich hab Fisch gekauft.»
«Du bist taub! Ich frage: Wie geht es der Frau und den Kindern?»
«Ich habe sie geputzt, zerschnitten, eingesalzen...»
Elkan verliert die Geduld und schreit: «Leck mich am A...!»
«Das ist die billigste Mahlzeit!» versichert Austerlitz.

BLAU und Grün, von alpinem Ehrgeiz gepackt, besteigen die Eiger-Nordwand. Sie kommen zweihundert Meter hoch, stürzen ab, das Seil verfängt sich an einem Felsvorsprung, und sie bleiben hängen. Kommt der Hubschrauber des Rettungsdienstes, und der Pilot schreit ihnen zu: «Hier ist das Rote Kreuz, Bergrettungsdienst!»
Schreien beide: «Mir ham schon gespendet!»

DIE Leute in der Bahn langweilen sich.
«Wir wollen Rätsel raten», schlägt einer vor. «Was ist das: es fängt mit ‹a› an, ist schwarz, und jeder hat es?»
Die Leute wissen es nicht.
«Das ist ‹a› Poor Stiefel.»
Die Leute lachen.
«Was ist das», fährt der Rätselmeister fort. «Es fängt mit ‹z› an, ist auch schwarz und *nicht* jeder hat es?»

Man weiß es wieder nicht.
«Das sind *zwei* Poor Stiefel... Und was ist das: Es ist rot, hängt am Baum und...»
«Hahaha!» schreit einer dazwischen. «Jetzt wissen wir doch schon: Es sind drei Paar Stiefel!»

EIN kleingewachsener Jude kommt jeden Tag in den Zigarrenladen, um sich dort an der Gasflamme seine Zigarre anzuzünden.
Dem Ladeninhaber reißt die Geduld. Er fragt gereizt: «Wer sind Sie eigentlich?» – Darauf der Jude, verwundert:
«Sie kennen mich nicht? Ich bin doch der kleine Jude, der jeden Tag kommt, seine Zigarre anzuzünden!»

«SCHLOIME, rat, was das ist: es hängt an der Wand, ist grün und pfeift.»
«Nu – sag schon!»
«Ein Hering.»
«Unsinn! Der hängt doch nicht an der Wand!»
«Kannst ihn hinhängen.»
«Und grün ist er auch nicht!»
«Kannst ihn anstreichen.»
«Und er pfeift doch nicht!»
«Nu – pfeift er halt nicht.»

EIN Sportschwimmer hat bei Calais den Ärmelkanal durchquert. Als er an Land steigt, umringen ihn jubelnde Massen.
Ein Jude tritt interessiert auf den Schwimmer zu und fragt: «Wußten Sie nicht, daß hier ein Dampfer verkehrt?»

«STELL dir vor, gestern geh ich zu Kohn. Ich komm zu seiner Tür, mach auf – ist zu! Ich läute – ist keine Klingel da! Nu, bin ich gar nicht hingegangen!»

EINEM alten Juden im Bahncoupé entfährt ein unanständiger Ton. Die Dame gegenüber: «Unerhört! So etwas ist mir noch nie passiert!»
Der Jude: «So, Ihnen ist das passiert? Ich hab gemeint, es ist *mir* passiert! Ich hab keinen Kopf mehr!»

ZWEI Juden streiten auf der Straße. Schreit der eine: «Deine Schwester ist eine Chonte!» *(Dirne)*
Der zweite schweigt.

Ein dritter hält es nicht aus und mischt sich ein: «Was lassen Sie Ihre Schwester so beschimpfen!»
Der zweite: «Ich hab ja gar keine Schwester!»
Der dritte zum ersten: «Er hat ja gar keine Schwester!»
«Gut», sagt dieser. «Ich weiß es. Und er weiß es. Und Sie wissen es jetzt auch. Aber wie viele haben es gehört, die es *nicht* wissen!»

Jiddisch ist «Pferd» ein Schimpfwort wie «Esel».
EIN alter Jude besucht seinen in Wien ansässigen Sohn. Der alte Herr hat noch nie eine Trambahn gesehen, wundert sich, daß sie von allein fährt, und fragt den Sohn:
«Sag mal, wo in aller Welt sind hier die Pferde?»
Darauf der Sohn: «Die sitzen im Wagen.»

EIN Jude kauft in der Drogerie Mottenkugeln. Nach einer Stunde ist er wieder da und verlangt noch ein Kilo Mottenkugeln. Nach ein paar Stunden will er schon wieder zwei Kilo Mottenkugeln haben.
Der Drogist: «Wozu brauchen Sie so viele Mottenkugeln?»
«No – was glauben Sie – bis man so ein Vieh trifft!»

«HERR Post-Restante-Beamter, ist ein Brief für mich da?»
«Wie heißen Sie?»
«Was geht Sie das an?»
«Wie kann ich Ihnen sonst Ihren Brief geben?»
«Aha. Ich heiße Schabbeskugel *(eine auflaufartige Süßspeise)*.»
«Nein. Es ist kein Brief für Sie da.»
«Ä Kunststück! Ich heiße ja auch gar nicht Schabbeskugel.»

WAS ist der Unterschied zwischen Baron Rothschild, Kaiser Wilhelm II. und Zar Nikolaus II.?
Rothschild hatte einen reichen Taten (Vater), Wilhelm einen tatenreichen Taten und der Zar einen attentatenreichen Taten.

KONJUGATION. Auftretende Personen: Chef, Chefin, zwei Lehrlinge. Chef und Chefin treten gerade herein, als einer der Lehrlinge Pralinen nascht.
Der Chef, konsterniert: «Was machst du da?»
Erster Lehrling: «Ich nemm mir ä Bonbon.»
Chef: «Du nemmst dir ä Bonbon?»
Chefin: «Er nemmt sich ä Bonbon!»

Zweiter Lehrling: «Mir nemmen uns immer ä Bonbon.»
Chef: «Ihr nemmt euch immer ä Bonbon?!»
Chefin: «Sie nemmen sich immer ä Bonbon!!»

KOHN gibt an der Post ein Telegramm an seinen Geschäftsfreund Grün auf: «Akzeptiere Ihre Offerte. Hochachtungsvoll Kohn.»
Der Schalterbeamte gibt den freundlichen Rat: «‹Hochachtungsvoll› könnten Sie eigentlich weglassen.»
Kohn, erstaunt: «Nanu, woher kennen Sie den Grün?»

FRAU Rosenzweig erhält von ihrem Gatten ein Telegramm: «Eintreffe 17.30 – Westbahnhof – mitbringe Klapperschlange.»
Die Frau ist pünktlich beim Zug, der Mann steigt aus, Begrüßung, die Frau mustert das Gepäck: «Wo ist die Klapperschlange?»
«Ach was, Klapperschlange! Es waren noch zwei Worte frei – ich werd doch der Post nix schenken!»

«PAPA, auf dem Jahrmarkt habe ich ein Kalb mit zwei Köpfen und sechs Beinen gesehen!»
«Das ist noch gar nix! Ich habe einen Buchhalter – der hat gar keinen Kopf und X-Beine.»

EIN Gast kommt ins Restaurant und trägt eine Spargelstange hinterm Ohr. Der Ober ist sprachlos, wagt aber nichts zu sagen. Von da an kommt der Gast täglich – immer mit der Spargelstange am Ohr. Schließlich nimmt sich der Ober vor: Wenn er heut wieder kommt – dann frag ich ihn!
Der Gast kommt wieder. Heute aber hat er eine Petersilienstange hinterm Ohr stecken.
Der Ober: «Entschuldigen Sie, mein Herr, darf ich fragen: warum tragen Sie eine Petersilienstange am Ohr?»
«Ja – wissen Sie: heute habe ich keinen Spargel bekommen.»

ELSASS. Isaak zu Jacques: «Wetten wir zehn Francs, wer länger tauchen kann?»
«Einverstanden.»
Sie tauchen – und die Polizei sucht bis heute ihre beiden Leichen.

ISAAK schreit aus dem Wasser: «Hilfe! Hilfe! Ich hab keinen Grund!»
Jacques: «Wenn du keinen Grund hast – was schreist du dann?»

DIE Elsässer Juden fühlten sich in Gegenwart ihrer talmudisch geschulten Glaubensgenossen aus dem Osten oft unbehaglich und behaupteten daher:
«Was ist der Unterschied zwischen dem lieben Gott und einem polnischen Juden?»
«Gott weiß alles. Der polnische Jude weiß alles besser.»

JOSSEL schreit aus dem Wasser: «Hilfe!»
Schmul: «Was schreist du so?»
«Ich kann nicht schwimmen!»
«Ich kann auch nicht schwimmen – nu? Schrei ich deshalb!»

«DU sollst im Café gesagt haben, ich sei ein Chammer *(Esel)*. Ist das wahr?»
«Wahr ist es. Aber ich habe es nicht gesagt.»

SUPERLATIVE
1. Drei Juden unterhalten sich. «Einmal brannte das Hotel ab, in welchem ich schlief. Ich mußte im bloßen Hemd hinausrennen. Aber ich sagte mir: Mein Sohn ist Konfektionär...»
Der zweite: «Einmal hab ich meine Uhr fallen lassen. Aber ich sagte mir: Mein Sohn ist Uhrmacher...»
Der dritte: «Einmal hab ich mich sehr erschrocken. Aber ich sagte mir, mein Sohn ist Wäschefabrikant...»

2. DREI Pariser jüdische Bankiers. «Sonnabend Mittag schließe ich die Bank, nehme das Radio – und zwei Minuten später höre ich ein Konzert in London.»
Der zweite: «Ich schließe auch mittags, besteige mein Flugzeug, und zehn Minuten später bin ich an der Côte d'Azur.»
Der dritte: «Ich schließe auch mittags, geh zu meiner Mätresse, der Frau eines Diplomaten – und zehn Minuten später hat er Hörner in Indochina.»

EIN junger jüdischer Vater hält sein brüllendes Kind im Arm und sagt immerzu: «Ruhig, Moritz! Ruhig, Moritz!»
Ein Fremder schaut zu und meint: «Eine Geduld haben Sie mit Ihrem Moritz! Allerhand!»
Antwortet jener: «Was heißt ‹mei Moritz›? Der Moritz – das bin doch *ich*! Der da, das ist der Sami!»

«WAS schenkst du Rifke Mandelzweig zur Hochzeit?»
«Ein Kaffeeservice für sechs Personen. Und du?»
«Ich? Ein Teesieb für achtundvierzig Personen.»

EPHRAIM Flaschenzug kommt zum erstenmal in die Hauptstadt und möchte abends in die Oper.
«Zwanzig Mark», sagt das Fräulein an der Kasse.
Flaschenzug prallt entsetzt zurück.
«Nun ja», sagt das Fräulein, «wenn Sie zur Patti *(seinerzeit berühmte Sängerin)* wollen, so kostet das eben zwanzig Mark.»
«Aber reden Sie keinen Unsinn», wehrt Flaschenzug errötend ab, «ich will sie doch bloß *hören*!»

FARBENLEHRE.
Moritzl geht mit seinem Vater im Wald spazieren. Er sieht eine Pflanze mit Beeren und fragt: «Papa, was ist das?»
«Das sind Blaubeeren.»
«Aber Papa – sie sind doch ganz rot!»
«Dummer Junge, natürlich! Weil sie noch grün sind!»

DER Großvater schaut seinem Enkel beim Schreiben zu und sagt: «Ich habe mich immer gewundert, wie schön Linkshänder schreiben!»
«Aber Großvater, ich bin doch gar kein Linkshänder!»
«Ja, eben!»

ZUM Schluß eines Wohltätigkeitskonzertes versteigert die ebenso reizende wie berühmte Sängerin einen Kuß. Der Vorsitzende des Vereins geht mit Vergnügen auf den Scherz ein, besteigt das Podium und beginnt: «50 Mark für einen Kuß, 70 Mark zum ersten, zum zweiten...»
Da ruft die dicke Frau Goldblum schallend dazwischen: «Ech geb drei Küß for zwanzig Mark!»

GRÜN hat für den Sommer ein Landhaus gemietet. Blau setzt ihm so lange zu, bis er endlich eingeladen wird. Grün beschreibt ihm genau, wie er von der Bahnstation hinkommt: «Du gehst südwärts, dann ist es das erste Landhaus mit roten Fensterläden links von der Straße. Die Gartentür kannst du mit dem Fuß aufstoßen, und an der Haustür klingeln kannst du mit dem Ellbogen.»
«Warum kann ich dazu nicht die Hände nehmen?»
«Die hast du doch beide voll von dem, was du mitbringst.»

SCHMUL war in Wien Augenzeuge bei einem tödlichen Unfall und gibt jetzt auf der Polizei zu Protokoll: «Und wie ich geh durch die Wollzeilgaß', seh ich auf einmal, wie es fallt erunter e alte Jüdin ausm dritten Stock, und in der Hand halt sie e Siderl *(Gebetbüchlein)* mit e ledern Rücken.»

EIN Jude kommt etwas angeheitert spät nachts nach Hause, steigt in seine Wohnung im fünften Stock, beugt sich ein wenig aus dem Fenster, um sich zu erfrischen – und fällt hinab. Wunderbarerweise trägt er keine schweren Verletzungen davon.
Die Ärzte im Krankenhaus umstehen ihn neugierig und wollen wissen:
«Was hatten Sie bei dem Sturz für Gefühle?»
«Gefühle?» fragt der Jude. «Eigentlich gar keine. Bloß, als ich beim dritten Stock vorbeifiel, dachte ich mir: Bei Abeles noch Licht? So spät! Was geht da vor?»

GEHT ein Mann am Bahnhof auf und ab, unter dessen Ärmeln keine Hände hervorgucken. Fragt eine Frau mitleidig:
«Vom Krieg? Sie Ärmster!»
«Nein, vom Trödeljuden.»

«WIE war das Velozipedrennen? Gab es mehr Bicycles oder Tricycles?»
«Am meisten Itzikls.»

SCHMUL kommt zum Advokat: «Ich möcht' den Jankel einklagen. Er hat mich Rhinozeros genannt.»
«Gut. Wo ist das gewesen?»
«Im Café Spiegelhaus.»
«Wann?»
«Voriges Jahr.»
«Mensch! Und da kommen Sie heute daher?»
«Nu ja. Gestern war ich im Tiergarten und hab' zum erstenmal ein Rhinozeros gesehen.»

SAMMI, reich geworden, galoppiert stolz auf seinem Reitpferd die Promenade entlang. Das Pferd bäumt sich und wirft ihn ab. Itzik tritt an ihn heran:
«Du willst e Reiter sein – und fällst in den Dreck?»
«Chammer *(Esel)*!» entgegnet Sammi entrüstet. «Soll ich vielleicht in der Luft hängenbleiben?»

MOJSCHE Pomeranz setzt sich verkehrt herum auf seinen Klepper. Sein Freund Karpfenkopp ruft ihm zu: «Mojsche! Bist du meschugge? Was sitzest du verkehrt auf dem Pferd?»
Pomeranz: «Sei still! Es muß ja nicht jeder wissen, in welche Richtung ich will.»

SCHMUL will einen Hund kaufen und geht in die Tierhandlung. Er besichtigt verschiedene Hunde. Vor einer riesigen Dogge bleibt er interessiert stehen.
«300 Zloty», sagt der Tierhändler.
Schmul zeigt auf einen hübschen Dobermann.
«500 Zloty», sagt der Verkäufer.
Schmul erblickt einen Foxterrier. Der kostet 1000 Zloty.
Schmul betrachtet fasziniert einen winzigen Zwergrattler.
«2000 Zloty», erklärt der Verkäufer.
«Sagen Sie», fragt Schmul neugierig, «und was kostet bei Ihnen gar kein Hund?»

ITZIK kauft einen Papagei und schickt ihn nach Hause. Mittags kommt er heim und fragt: «Wo ist der Papagei?»
«Wos für e Papagei?» fragt die Frau.
«Nu, der Vogel, den ich gekauft hab.»
«Den hab ich zum Schochet *(Schächter)* geschickt, und er hat ihn geschächtet.»
«Großer Gott! Der Vogel kann doch reden!»
«Nu, warum hat er nix gesagt?»

«ICH war in Indien.»
«Geschäftlich?»
«Nein. Tiger jagen.»
«Hast du viele geschossen?»
«Keinen.»
«Das ist aber wenig!»
«Nu – für Tiger!»

«ICH war in Spanien und hab gratis einen Stierkampf angesehen!»
«Wie hast du das gemacht, Isidor?»
«Da war eine Tür, wo die Leute gesagt haben beim Hineingehen: Picador, Matador, Toreador... Hab ich gesagt «Isidor» und haben se mich reingelassen.»

GRÜN und Blau sind nach Spanien emigriert und können keinen Peso verdienen. Eines Tages aber geht Blau zum Stierkampf und kommt heraus, die Taschen voll Geld.
Er berichtet: «Ich schau, wo man kann kommen hinein, ohne zu zahlen. Ich verirr mich, mach auf e Tür – auf einmal bin ich in der Arena! Wie die Spanier sehen mich armen Juden, lassen sie los den Stier. Ich renn – auf einmal ein Geschrei: Is der Stier ausgerutscht und hat sich gebrochen das Genick. Haben se mich als Sieger gefeiert und mir den Preis gegeben.»
«Blau, du bist ein Held! Ich hätt mich angem...!»
«Nu – und was denkst du, worauf der Stier is ausgerutscht?»

DER Sultan beschließt, zu erproben, welche Religion am meisten Mut verleiht. Er lädt die Vertreter aller Religionen zu einem Mahl und läßt plötzlich im Nebenraum eine Kanone abfeuern.
Alle rennen davon – nur einer bleibt sitzen: Chaim Gurkenkern, der Vertreter der Juden.
«Allah ist groß», sagt der Sultan, «gerade euch sagen sie Feigheit nach. Mein Sohn, wünsche dir, was du willst!»
«Ach, Herr Sultan, schenke Se mer e naie Hos'!»

AUF der Schiffsreise überfällt den Moritz eine Übelkeit. «Bitte komm mit mir an Deck», bittet er seinen Freund Ignaz. «Ich muß mich erbrechen.»
Ignaz nimmt ihn unter den Arm und spaziert mit ihm eine gute Weile auf dem Deck hin und her.
Endlich wird er ungeduldig und fragt: «Also wirst du erbrechen oder nicht?»
«Mir scheint, ich werde nicht mehr erbrechen, ich habe umdisponiert.»
«Wieso denn umdisponiert?»
«Ich habe mich besch...»

EIN Gast bestellt beim Kellner Apfelkuchen. Dann überlegt er es sich, schickt den Apfelkuchen zurück und bestellt statt dessen ein Glas Kognak, trinkt aus, steht auf und will gehen.
Kellner: «He, Sie haben den Kognak nicht bezahlt!»
Gast: «Ich habe Ihnen doch statt dessen den Apfelkuchen zurückgegeben.»
Kellner: «Den haben Sie ja auch nicht bezahlt!»
Gast: «Nu – hab' ich ihn denn gegessen?»

KOHN kommt zum Maskenverleiher und will ein billiges Kostüm. Ein Domino für 10 Kronen ist ihm zu teuer, desgleichen ein falscher Bart mit Brille für 3 Kronen. Da wird der Verleiher ungeduldig: «Wissen Sie was, Herr Kohn, kaufen Sie sich ein Präservativ und gehen Sie als Goi!» *(Anspielung auf die Beschneidung.)*

EIN jüdischer Opernsänger gastiert in Norddeutschland. Im Stadtpark spricht er ein hübsches Mädchen an. Das Mädchen ist ablehnend. Er versucht Eindruck zu machen.
«Ich bin der berühmte Opernsänger X!»
«Habe nie den Namen gehört», sagt das Mädchen.
«Ja, haben Sie meinen Gurnemanz noch nicht gesehen?» fragt X gekränkt.
Darauf das Mädchen mit hochrotem Kopf:
«Mein Herr, noch ein Wort, und ich rufe die Sittenpolizei!»

SIE annoncieren bei Ihrem Grundstück einen Garten. Ist das ein Garten? Zehn Fuß lang und fünf Fuß breit!»
«Nu, die Läng' und Breit' ist nicht besonders. Aber er hat doch eine sehr schöne Höhe!»

«HAST du den Salomon Gerschfeld gekannt? Als er vor zwanzig Jahren hier wegfuhr, hatte er nur eine zerrissene Hose. Heute hat er eine Million.»
«Um Gottes willen, was fängt der Unglückliche mit einer Million zerrissener Hosen an?»

«KAUFEN Sie das Pferd! Es läuft pausenlos zehn Meilen!»
«Für mich unbrauchbar! Ich wohne nur drei Meilen von hier.»

ABENDS sucht Naftali auf der Hauptpromenade bei der einzigen Laterne des Städtchens etwas am Boden.
«Was hast du verloren?» wollen die Passanten wissen.
«Einen Gulden, er muß mir aus der Tasche gerutscht sein.»
Die Passanten helfen suchen, finden nichts und fragen: «Bist du sicher, daß du den Gulden hier verloren hast?»
«Ach wo! Verloren habe ich ihn bei der Schul *(Synagoge)*.»
«Ja – warum suchst du dann hier?!»
«Hier ist es doch sauber und hell! Das würde euch so passen, daß ich dort im Dunkeln im Dreck herumkrieche!»

Bei Erscheinen des Neumonds sprechen die Juden ein bestimmtes Gebet.
EIN Jude tritt aus der Synagoge auf die Straße, um zu sehen, ob es schon Zeit ist für das Gebet. Er kann aber an dem bewölkten Himmel den Mond nicht finden und fragt einen zweiten Juden:
«Wieso ist der Neumond nirgends da?»
Zweiter Jude: «Ich weiß nicht. Ich bin hier fremd.»

BLUM zeigt seinen Freunden die Räume seiner neuen Villa. Er öffnet die Portieren zum Parterresaal und kommentiert: «Hier können, Gott behüte, achtzig Personen speisen.»

KOHN erzählt:
«...und dann hat er den Brief aufgerissen und laut geweint! Ein Mann, was ein Engrosgeschäft hat!»

EINE Jüdin weint bitterlich. Sie hat seit sechs Monaten von ihrem Vater keine Nachricht mehr erhalten.
«Deswegen weinst du?» fragt die Freundin verwundert, «was sind schon sechs Monate! Mein Vater ist bereits zwanzig Jahre tot, und ich habe schon zwanzig Jahre keine Nachrichten von ihm – na, weine ich etwa deswegen?»

«WARUM sind eure Brotlaibe soviel kleiner als bei uns?»
«Vermutlich nehmt ihr mehr Teig zu euren Broten.»

ZWEI Juden im Bahncoupé.
Der eine stellt sich vor: «Mein Name ist Regenbogen.»
Der andere, nachdenklich: «Warten Sie, Regenbogen, Regenbogen... der Name kommt mir bekannt vor... Richtig: Sind Sie nicht ein kleiner Dicker mit einem roten Spitzbart?»

FREMDER, einen Juden in Warschau auf der Straße anhaltend: «Ich möchte zum Juwelier Rosenzweig in der Bialostoker Straße. Könnt Ihr mir sagen, wie ich da hinkomme?»
Der Warschauer: «Wieso Rosenzweig? Einen Juwelier Rosenzweig gibt es nicht hier in Warschau, sondern in Odessa: Bei uns gibt es nur einen Juwelier Rosenbaum. Aber der wohnt nicht in der Bialostoker Straße. Also passen Sie auf: Sie nehmen die Trambahn Nummer zehn und fahren bis zur Endstation, dann gehen Sie nordwärts geradeaus, bis Sie zu einer kleinen griechisch-orthodoxen Kirche kommen, dort biegen Sie

links ein und gehen noch zwanzig Minuten geradeaus, dann kommen Sie in eine kleine Sackgasse ohne Namen, da wohnt im dritten Hause links ein blinder Korbflechter, bei dem wohnt Rosenbaum nicht, aber im Stock darüber, bei dem lahmen Schneider, da hat er vor zwei Jahren in Untermiete gewohnt – ob er jedoch heute noch dort wohnt, weiß ich nicht.»

«HERR Kohn, wo ist Ihr schöner Spazierstock mit dem Goldgriff geblieben?»
«Hier, in meiner Hand!»
«Aber dieser Stock hat ja gar keinen Griff!»
«Er war zu lang. Ich mußte ihn abschneiden.»
«Aber, Herr Kohn! Warum haben Sie den Stock nicht unten abgeschnitten?»
«Wieso unten? Unten paßte er doch!»

«MEYER braucht mich morgen in Breslau und Kohn in Berlin – bin ich e Vogel, daß ich sein kann an zwei Orten zu gleicher Zeit?»

HIRSCH-BÄR fährt von Sinkowitz geschäftlich nach Krakau.
«Nu, was hast du ausgerichtet?» fragt sein Weib nach seiner Rückkehr.
«Geschäftlich nichts», gibt Hirsch-Bär zu, «aber ich habe ganz Krakau hereingelegt! Ich habe allen erzählt, daß ich Wolf-Löw heiße. Und was meinst du? Sie haben es alle geglaubt!»

EIN Jude betritt das alte Café Imperator in Berlin und findet nur noch ganz dicht beim Buffet einen freien Platz. Mit Verwunderung hört er, wie die Kellner bestellen: «Ein Schok, ein Mok.»
Schließlich fragt er einen Kellner, was denn das bedeute.
«Ganz einfach: es sind Abkürzungen für Schokolade und Mokka.»
Der Jude denkt ein Weilchen nach und bestellt dann: «Bringen Sie mir ein Kak und ein Pisch.» *(Kakao und Pischinger)*

JANKELE und seine Frau sitzen im Kino. Es ist dunkel. Beide haben zum Nachtessen zuviel Pflaumenkompott gegessen und spüren Magengrimmen. Sie wollen beide rasch hinaus. Sie schieben sich aus der Reihe, und dabei gibt Jankele der Dame, die den äußersten Platz innehat, einen kräftigen Tritt auf den Fuß.
Als sie zurückkommen, flüstert Jankele zu der Dame auf dem Ecksitz: «Habe ich Sie vorhin nicht auf den Fuß getreten?»

«Ja!» flötet die Dame, welche glaubt, er wolle sich entschuldigen. Da wendet sich Jankele an seine Frau: «Komm, Sara, in dieser Reihe sind wir gesessen!»

BLAU kommt ins Kino. «Grad aus!» sagt der Platzanweiser.
«Was heißt ‹grad aus›!» begehrt Blau auf. «Wenn es grad aus is – was verkaufen Se mir dann e Billett!»

SCHLOJME kommt zum erstenmal nach Wien. Er betritt das Warenhaus Gerngroß.
Der Portier fragt: «Sie wünschen?»
«Einen Schirm.»
«Ersten Stock!»
«Wie heißt erst 'n Stock! Wenn ich will e Schirm, will ich nicht erst 'n Stock kaufen!»

EIN Jude bleibt auf der Straße plötzlich stehen, starrt auf das Straßenpflaster und sagt enttäuscht: «Der Schlag soll den treffen, der so spuckt wie ein Fünfkronenstück!»

«GOLDSCHLÄGER! Habense gehört! Mazzes, zu zwei Zloty das Kilo!»
«Wo??»
«Nirgends. Aber wie billig!»

GRÜN ist zum Essen eingeladen und fragt die Hausfrau: «Gnädigste, lieben Sie Rätsel?»
«Ja?»
«Also was ist der Unterschied zwischen einem Suppentopf und einem Nachttopf?»
«Ich weiß es nicht.»
«Dann esse ich keine Suppe bei Ihnen!»

FRAU Rosenzweig ist sehr ängstlich. Jeden Abend kontrolliert sie mehrmals alle Fenster und Türschlösser und sucht unter allen Betten und Schränken nach, ob kein Einbrecher da ist. Eines Nachts hört sie ein Geräusch. Sie weckt ihren Mann, er soll nachschauen. Rosenzweig geht ins Nebenzimmer – und sieht einen Mann, der mit dem Silbergeschirr zum Fenster hinaus will.
«Halt!» ruft Rosenzweig. «Laufen Sie nicht weg! Meine Frau wartet auf Sie schon fünfzehn Jahre!»

OSTGALIZIEN. Eine Kutsche bleibt stehen vor der Dorfschenke, einige angeheiterte Gutsbesitzer steigen heraus, und einer ruft dem Wirt, einem alten Juden, zu: «Bring eine Flasche Wein! Aber alt muß er sein, das Beste vom Besten!»
Der Jude steigt in den Keller hinunter und bringt eine Flasche: schmutzig, verstaubt, mit Spinnweb überzogen. Er macht sie behutsam auf – brrr! Heraus fliegt eine lebendige Fliege. Der Jude scheucht sie mit einer Handbewegung fort und sagt streng: «Poszla won, ty starucha!» *(Geh weg, du Alte!)*

NEW YORK. Die Firma Cohn & Cie sucht durch ein Inserat in der New York Times eine neue Tipse. Es melden sich drei Mädchen, und Sam Cohn testet eine nach der andern.
«Nun?» fragt sein Partner. «Was ist dabei herausgekommen?»
«Sie sind alle drei großartig», sagt Sam. «Ich habe das erste Mädchen gefragt, wieviel eins und eins ist. Sie hat geantwortet: elf. Ein flinkes Mädchen! Wie schnell sie die Besonderheit einer Situation herauserkennen kann! – Dann habe ich die zweite gefragt, was eins und eins ist. Sie hat geantwortet: Lassen Sie mich einen Augenblick nachdenken! – Du mußt zugeben: eine wirklich umsichtige Person. Sie wird nichts überstürzen. Zu so einer kann man volles Vertrauen haben. – Zuletzt habe ich die dritte gefragt, was eins und eins ist – und *so* schnell (er schnallt mit dem Finger) gibt sie zur Antwort: zwei! – Einfach perfekt! Es muß großartig sein, mit so einem Mädchen zusammenzuarbeiten...»
«Ja, ich sehe... Und welche hast du engagiert?»
«Auch eine Frage! Natürlich die mit dem steifsten Busen!»

USA. Der Besitzer des Saloon von Terubstone ist zugleich Friedensrichter. Bücher hat er keine, schon gar keine Gesetzbücher, nur einen Katalog vom Versandhaus der Kreisstadt.
Ein Kuhknabe wird ihm vorgeführt, wegen irgendeiner Kleinigkeit. Der Peace-Justice schweigt, schlägt sinnend den Katalog auf und verkündet:
«4 Dollar 88 Cents.»
Der Angeklagte fährt empört auf, aber der Reisende der Firma Sam Palinker, der gerade da ist, hält ihn fest: «Sei froh, daß er hat aufgemacht bei Kinderwäsche und nicht bei Klaviere!»

Ph. D.: Englische Abkürzung für Dr. phil.
EIN Phudnik ist ein Nudnik *(fader Kerl, Langeweiler)* mit einem Ph. D.

KOHN war in Mexiko. Er erzählt: «Stell dir vor, was mir passiert ist! Ich komm in ein Dorf, steige aus dem Auto – und im Nu bin ich umzingelt von Indianern! Rechts Indianer, links Indianer, von vorn Indianer, im Rücken Indianer...»
«Schma Jissroejl *(Höre Israel! Anfangsworte eines Gebetes, die in der Not instinktiv ausgerufen werden)*! Was hast du gemacht!?»
«Ich hab ihnen einen Teppich abgekauft.»

NEW YORK. Ginsberg: «Ich glaube nicht, daß es noch echte Indianer gibt. Auf Coney Island *(Rummelplatz bei New York)* – nun ja, da kann man nur Nachahmungen erwarten. Das habe ich gleich begriffen. Da waren zwei Indianer. Einer sagte: ‹Hast du mir etwas Tabak für meine Friedenspfeife?› – Da antwortete der zweite in unverfälschtem Brownsville-Akzent *(Stadtteil mit vielen ostjüdischen Immigranten)*: ‹Efscher *(vielleicht)* rauchst du deinen eigenen?›
Dann hab ich's im Mittleren Westen versucht. Dort gab es Indianer als Attraktion. Aber als sie in ihr Kriegshorn bliesen, habe ich deutlich die Rosch-ha-Schana-*(Neujahr-)*Melodie des Schofar *(kultisch gebrauchtes Widderhorn)* herausgehört: Tekia! Schewarim! Truah! *(Diese Worte werden beim Schofarblasen ausgerufen.)*
Zuletzt hab ich's im fernen Westen versucht. Da saß ein Mohikanerhäuptling reglos im Zelt – sehr eindrucksvoll!... Aber aus der hintern Hosentasche guckte eine jiddische Zeitung hervor!»

FEINBERGS in New York sind sehr reich geworden und in ein herrliches Villenquartier hinausgezogen. Frau Feinberg ist berühmt für ihre reizenden Cocktailparties. Besonders ihre Kaviarbrötchen genießen große Beliebtheit.
Einmal gibt Frau Feinberg eine Cocktailparty an einem Sonntag. Da tritt der Butler auf sie zu und flüstert ihr zu, daß die Kaviarvorräte gleich erschöpft sein werden, am Sonntag ist aber nirgends in der Nähe ein Delikatessgeschäft offen. Frau Feinberg denkt einen Augenblick nach und flüstert dann zurück: «Gehen Sie in den obern Stock in Herrn Feinbergs Jagdzimmer, entleeren sie den Vogelschrot aus allen geladenen Flinten und mischen Sie ihn unter den Kaviar. Und dann hoffen wir halt das Beste...»
Der Butler bringt die neuen Platten mit Kaviarbrötchen herein, und sie finden genauso regen Zuspruch wie die vorhergehenden.
Dann aber nimmt eine der Damen Frau Feinberg beiseite und gesteht verlegen: «Als ich vorhin in den Nebenraum ging, um mir die Nase zu

pudern, wollte ich mir zugleich die Schuhe besser zuschnallen – und da entfuhr mir ein Wind.»
«Macht nichts», tröstet Frau Feinberg, «vergessen Sie es!»
«Ich weiß», sagt die Dame, «daß *das* nichts macht – aber ich erschoß dabei Ihre Katze!»

Die Bar-Mizwa-Feier entspricht etwa der Konfirmation. In Amerika werden solche Feiern mit unsinnigem Pomp aufgezogen.
MILLIONÄR Ginsberg aus Brooklyn beschließt seinen Gästen zur Bar-Mizwa-Feier seines Sohnes etwas Einmaliges zu bieten. Er mietet zwei Flugzeuge, um mit den Gästen nach Afrika zu fliegen, und bestellt beim dortigen Stammeshäuptling ein Bar-Mizwa-Dinner für zweihundert Personen.
Die Gesellschaft geht mit Elefanten und Treibern in den Urwald auf die Jagd und kommt am Abend hungrig zurück. Sie warten und warten – schließlich fragt Ginsberg den Häuptling: «Nu, was ist? Wann kommt das Dinner?»
Darauf der Häuptling: «Ich bedaure, aber es sind noch drei andere Bar-Mizwes, die *früher* bestellt wurden!»

EIN Réfugié kommt an den Schalter der Londoner Untergrundbahn und verlangt: «To Picadilly.»
Der Beamte gibt ihm zwei (two) Tickets.
«No», schreit der Réfugié, «for Picadilly.»
Der Beamte gibt ihm vier (four) Tickets.
«Nein, Picadilly!» fleht der Jude verzweifelt auf deutsch.
Der Beamte gibt ihm neun (nine) Tickets.

IN das Kontor eines Frankfurter Handelsherrn stürzt der aufgeregte Kommis: «Herr Hirsch, mer krieche e Gewitter!»
Der Handelsherr, abweisend: «Was heißt ‹mer›? Gehörese mit zur Firma?»
«Also gut, kriechese's Gewitter allai!»

«ICH sag Ihnen, was ich für Ärger hab mit die Antisemiten! Also:
Am Montag früh war auf der Schwelle von mei Geschäft ä Haufen. Ich hab mir gedacht – hältst lieber 's Maul drüber! Am Dienstag wieder so ä Haufen. Ich hab mir wieder gesagt – schluckst es herunter! Am Mittwoch wieder. Da war ich schon bös und hab mir gedroht: Da wird sich die Polizei hereinlegen müssen! Aber am Donnerstag, wie da wieder so

ä Haufen auf der Schwelle lag, hab ich die Geduld verloren und hab gewußt: Das wird e Fressen für'n Staatsanwalt!»

ZWEI Juden sitzen im Caféhaus. Einer von ihnen ist blind.
«Willst Du ein Glas Milch?» fragt der Sehende.
«Beschreib mir doch einmal die Milch!» bittet der Blinde.
«Milch? Das ist eine weiße Flüssigkeit.»
«Schön. Und was ist ‹weiß›?»
«Nu – weiß ist zum Beispiel ein Schwan.»
«Aha. Und was ist ein Schwan?»
«Ein Schwan? Das ist ein Vogel mit einem langen krummen Hals.»
«Schön. Aber was ist ‹krumm›?»
«Krumm? Ich will mal meinen Arm krummbiegen, und Du wirst ihn abgreifen. Dann wirst Du wissen, was krumm heißt.»
Der Blinde tastet sorgfältig den gekrümmten Arm des andern ab und sagt verklärt: «So, endlich weiß ich, wie Milch ist!»

DIESER Witz findet eine interessante Fortsetzung in der Emigration:
Itzig ist nach Australien emigriert. Gleich beim Schiffshafen begegnet er Schmul, der mit einem früheren Schiff angekommen ist.
«Ein interessantes Land hier», erzählt Schmul. «Stell Dir vor, hier sind die Schwäne nicht weiß, sondern schwarz.»
Itzig ist konsterrniert: «Und wie erzählt Ihr hier den Witz von dem Blinden und der Milch?»

«BLAU, ich schütt Dich an mit ä Krug Wasser – und Du wirst nicht naß.»
«Unsinn, das gibt es nicht.»
«Wetten wir fünf Kronen?»
«Gut!»
Grün nimmt einen Krug Wasser und beschüttet Blau von oben bis unten. Blau schreit: «Hör auf! Wir ham doch gewettet, ich bleibe trokken?!»
«Nu – habe ich die Wette verloren.»

GALIZIEN. Zwei Juden im Bahncoupé.
«Verzeihen Sie. Können Sie mir sagen, wie spät es ist?»
«Gerne. Es ist neun Uhr zwanzig.»
Nach einer Weile: «Verzeihen Sie, mein Herr, seien Sie bitte so nett, mir zu sagen, wie spät wir es jetzt haben.»

«Ja... Zehn vor zehn.»
Wieder nach einer Weile: «Bitte tausendmal um Entschuldigung, daß ich Sie wieder störe; dürfte ich vielleicht fragen, wie spät es jetzt ist?»
«Hm... Hören Sie mal, haben Sie denn keine Uhr?»
«Nein. Ich habe nie eine Uhr gehabt.»
«Und wenn Sie wissen möchten, wie spät es ist?»
«Ganz einfach. Wie Sie sehen. Ich frage.»
«Nun gut. Aber wie machen Sie es zu Hause?»
«Ich wohne gegenüber dem Rathaus. Da gibt es eine Turmuhr, und ich kann sie durch das Fenster sehen.»
«Gut. Am Tag. Aber nachts?»
«Nachts? Wissen Sie, ich habe auf meinem Nachttisch eine Trompete liegen. Wenn ich wissen will, wie spät es ist, blase ich ein paar laute Töne.»
«Ich verstehe nicht, was das helfen soll.»
«Ganz einfach. Dann kommt jeweils die ganze Nachbarschaft zu mir gelaufen und sagt: ‹Bitte, Herr Lindenzweig, ist das möglich? Um zwei Uhr fünfundzwanzig blasen Sie Trompete?!›»

ZWEI Juden sitzen sich in Galizien im Bahnabteil gegenüber. An jeder Station öffnet der eine das Fenster und streut etwas weißes Pulver auf den Bahnsteig. Der zweite klärt lange, kann aber keine Lösung finden. Endlich rafft er sich auf: «Ist gestattet aufzuwerfen die Frage: ‹Was ist jenes Pulver?›»
«Das ist Strieselech.»
«Danke.» Und er klärt, wieder ohne Lösung. Nach einigen Stationen: «Ist gestattet aufzuwerfen die Frage: ‹Wofür ist Strieselech?›»
«Strieselech ist nicht *für*, Strieselech ist *gegen*.»
Abermaliges Klären, wieder ohne Ergebnis. «Ist gestattet aufzuwerfen die Frage: ‹Wogegen ist Strieselech?›»
«Strieselech ist gegen weiße Elefanten.»
«Aber hier in Galizien gibt es doch keine weiße Elefanten!»
«Ist ja auch kein echtes Strieselech!»

«HERR Pereles, nehmen wir an, Sie sind in der Wüste und ein Löwe fällt Sie an. Was würden Sie tun?»
«Sehr einfach – mein Gewehr nehmen und ihn erschießen.»
«Aber was, wenn Sie kein Gewehr hätten?»
«Dann würde ich die Pistole ziehen.»
«Und wenn Sie auch keine Pistole hätten?»

«Dann würde ich ihn mit dem Taschenmesser erdolchen.»
«Wenn Sie aber nicht einmal ein Taschenmesser hätten?»
«Dann – dann würde ich meinen Pelz schnell ausziehen und dem Löwen in den Rachen stopfen.»
«Ich bitt' Sie – in der Wüste bei der Hitze haben Sie doch keinen Pelz!»
Pereles, erbittert: «Also zu wem halten Sie eigentlich, zu mir oder zu der Bestie?»

KERZENSCHEIN: «Naftali, du bist doch ein gebildeter Mensch. Kannst du mir erklären, was das ist: Sodomie?»
«Gern. Das ist Sex mit Tieren. Zum Beispiel mit einem Schaf.»
«Interessant.»
«Oder mit einem Maultier.»
«Toll!»
«Oder mit einem Huhn.»
«Mit einem Huhn?! Pfui!»

USA. Lewandowski, alt und reich geworden, will sich vom Geschäft zurückziehen und den Tag des Rückzugs ganz groß feiern. Er beauftragt seinen Laufboten: «Verschaff mir je eine Prise Maryjuana und Cocain und außerdem drei Callgirls: eine magere Blonde, eine dicke Schwarze, und eine Eurasierin aus Peking mit Liliensprossen *(nach altchinesischer Sitte durch Einschnüren von klein auf verkrüppelte Füße)* und blauen Augen.»
Nach drei Stunden ist der Laufbursche wieder da und meldet:
«Ich konnte alles mühelos auftreiben, außer der Eurasierin aus Peking mit Liliensprossen und blauen Augen.»
Lewandowski, nach kurzem Nachdenken: «In diesem Falle storniere ich den ganzen Auftrag. Bring mir statt dessen einen Kaffee mit einem Powidlkrapfen!»

Philosophie und Wissenschaft

EINSTEINS Relativitätstheorie.
1. «Ich lese eben, Einstein ist nach Japan eingeladen. Warum ist er so berühmt? Was bedeutet seine Relativitätstheorie?»
«Das bedeutet, daß dasselbe, je nach Umständen, Verschiedenes bedeutet. Wenn du z. B. im Hemd auf dem heißen Ofen sitzt, scheint dir eine Minute wie eine Stunde. Wenn aber ein Mädel im Hemd auf deinen Knien sitzt, scheint dir eine Stunde wie eine Minute.»
«Und für diesen Quatsch ist Einstein nach Japan eingeladen?»

Variante:
«UND mit die zwei Sachen reist er?! Parnosse *(Lebensunterhalt)* wird er keine davon haben!»

2. «ICH will dir ein Beispiel geben. Wenn du mich am A... leckst, dann hast *du* eine Nase am A... und *ich* eine Nase am A...
Aber für mich ist es *relativ* angenehmer.»

3. «ICH werde dir erklären, was Einstein meint.
Von Lodz bis Warschau und von Warschau bis Lodz – das ist genau dasselbe, da kann Einstein nichts machen.
Aber von Pessach *(Ostern)* bis Purim *(Fasnacht)* ist es elf Monate, und von Purim bis Pessach ist es *ein* Monat. Verstehst du?»

4. KOHN erklärt seiner Frau die Relativitätstheorie: «Wenn du nur ein einziges Haar auf dem Kopf hast, so ist das zu wenig. Wenn ich aber nur ein einziges Haar von dir in der Suppe finde – dann ist es zuviel!»

5. EINSTEINISCHE Relativitätstheorie, von Einstein auf sich selber angewendet:
«Werde ich recht behalten, dann werden die Deutschen sagen, ich sei Deutscher, und die Franzosen, ich sei Weltbürger.
Werde ich unrecht behalten, dann werden die Franzosen behaupten, ich sei Deutscher, und die Deutschen, ich sei Jude.»

6. THEOLOGISCHE Relativitätstheorie.
Geht ein Mädel zu einem Rabbi, so ist der Rabbi ein Rabbi und das Mädel ein Mädel.
Geht der Rabbi zu einem Mädel, so ist der Rabbi kein Rabbi und das Mädel kein Mädel *(Mädchen im Sinne von Jungfrau).*

HAT der Jude einen Hund – so ist der Jude kein Jude, oder der Hund kein Hund.

«JANKEL, was rennst du vor dem Hund davon? Du weißt doch: Hunde, die bellen, beißen nicht!»
Jankel: «Ja, *ich* weiß. Aber weiß ich, ob es der *Hund* weiß?»

Variante:
EIN Mann lebt im Wahn, er sei eine Maus. Nach längerem Aufenthalt im Irrenhaus wird er als geheilt entlassen. Unter der Anstaltstüre zögert er.
Der Primarius: «Warum gehen Sie nicht?»
«Sehen Sie denn nicht, Herr Doktor: Dort lauert eine Katze!»
Der Chefarzt, begütigend: «Aber lieber Freund, Sie wissen doch jetzt, daß Sie keine Maus sind!»
«Gewiß, Herr Doktor, *Sie* wissen es, und *ich* weiß es auch. Aber ob es die *Katze* weiß?!»

ZUCKERSPEIS, sehr stolz: «Ich habe meinem Hund alle Fremdsprachen beigebracht. Paß mal auf! (Zum Hund:) Chéri, ça va bien? – How do you do, darling? – Caro...»
«Aber geh! Der Hund versteht doch kein Wort!»
«Wie willst du das beweisen?»

«WARUM wedelt der Hund mit dem Schwanz?»
«Weil der Hund stärker ist als der Schwanz. Sonst würde der Schwanz mit dem Hund wedeln.»

FREI nach Schopenhauer.
In ein galizisches Städtchen kommt ein Ingenieur und bestellt beim jüdischen Schneider eine Hose. Der liefert sie nicht und der Ingenieur fährt wieder ab.
Nach sieben Jahren kommt der Ingenieur wieder – da bringt der Schneider die Hose!

Ingenieur: «Gott hat in sieben Tagen die ganze Welt erschaffen – und Ihr braucht für eine Hose sieben Jahre?!»
Schneider, zärtlich über die Hose streichelnd: «Ja, aber seht Euch an die Welt, und seht Euch an *die* Hose!»

SCHUSTER: «Gott hat die Welt schlecht eingerichtet!»
«Könntest du sie besser machen?»
«*Etwas* kann ich sicher besser machen als Er.»
«Nämlich?»
«Einen Stiefel.»

FREI nach Hegel.
Ein Dorfjude sieht zum erstenmal eine Giraffe, staunt lange und erklärt dann: «Das *kann* nicht sein!»

DIE Weltgerechtigkeit.
Ein kleiner Bub entziffert auf dem Friedhof die blumigen Grabinschriften und fragt seinen Vater:
«Tate, stirbt ein Ganew *(Gauner)* nie?»

Definitionen
1. WAS heißt «konsequent»?
Heute so und *morgen* so.
Was heißt «inkonsequent»?
Heute *so* und morgen *so*.

2. BOUILLON.
«Frau Wirtin, der Barschtsch *(säuerliche Suppe aus gegorenen roten Rüben)* ist nicht sauer genug!»
Wirtin, gekränkt: «Das ist kein Barschtsch, das ist Bouillon!»
Der Gast: «Wenn es ist Bouillon, dann ist es sauer genug!»

VARIANTE mit Mohnnudeln und Sauerkraut.

3. «DAS Leben kommt mir vor wie eine Kettenbrück!»
«Wieso: Kettenbrück?»
«Weiß ich?»

4. DAS Leben gleicht einem Kinderhemd (Variation: Hühnerleiter): es ist kurz und beschissen.

5. WAS ist Chuzpe? *(Frechheit)*
Wenn einer Vater und Mutter erschlägt und dann im Schlußwort des Angeklagten im Mordprozeß mildernde Umstände erbittet, weil er elternlose Waise ist. Das ist Chuzpe.

6. NOCH einmal: Was ist Chuzpe?
Wenn ein Schammes eine Vorsteherdrüse hat. *(Der Schammes, Synagogendiener, ist der allerunterste Funktionär in der Synagoge.)*

7. NOCH einmal Chuzpe.
Diamant hat sich taufen lassen und kennt keine alten Freunde und überhaupt nichts Jüdisches mehr. Der Jaiteles stellt ihn: «E Chuzpe *(Frechheit)*, wie du dich benimmst!»
Diamant: «Was heißt das, Chuzpe?»
Jaiteles: «E Chuzpe is, wenn *du* fragst, was e Chuzpe is!»

8. EIN Hermelin ist eine Art weißes Füchslein mit lauter schwarzen Schwänzlein.

9. EIN Löwe ist eine Art Bär mit einem Büschele am Schwänzele.

ETHIK
«Tate, was heißt Ethik?»
«Ich will dir geben ein Beispiel: Da kommt in mein Geschäft ein Kunde, kauft eine Ware um sechzig Schillinge und zahlt mit einem Hunderter. Wie ich hinschaue, hat er vergessen das Wechselgeld. Siehst du, jetzt beginnt die Ethik: Soll ich mir behalten das Geld – oder soll ich es teilen mit meinem Compagnon?»

KAPITALVERBRECHEN
Der Sohn des Bankiers Redlich fragt seinen Vater, was ein Kapitalverbrechen ist.
Der alte Redlich: «Wenn dir dein Geld nicht wenigstens zehn Prozent Zinsen bringt, dann begehst du ein Verbrechen an deinem Kapital. Das ist ein Kapitalverbrechen.»

MASSENPSYCHOSE:
Ein heißer Sommertag in einem galizischen Städtchen. Jankl schaut aus dem Fenster, sieht einen Bekannten und ruft zum Spaß: «Schmul, weißt du schon? Auf dem Markt tanzt ein Lachs!»

Schmul dreht sich sofort um und läuft zum Markt. Unterwegs erzählt er die Neuigkeit allen Leuten, und bald wälzt sich das ganze Städtchen dem Marktplatz zu.

Jankl beobachtet die Massenbewegung mit wachsendem Staunen, ergreift er seinen Hut und sagt zu seinem Weib: «Ich geh auch zum Markt – tommer *(vielleicht)* tanzt wirklich ein Lachs!»

SCHMUL meditiert über den Psalmen: «Der Mensch ist aus Staub und wird zu Staub» – und darüber jammern die Leute? Wenn du wärst aus Silber und wirst zu Staub, verlierste 100%. *So* bleibste doch auf pari!»

Variante:
EIN Chassid singt «Der Mensch ist aus Staub und wird zu Staub» und tanzt dazu.
Ein Freund: «Was gibt es da zu tanzen?»
Chassid: «Wenn der Mensch wäre aus Gold und würde zu Dreck – das wäre zum Weinen. Aber so: Am Anfang Dreck und am Ende Dreck und in der Mitte ein wenig Schnaps – wie soll man da nicht tanzen?»

Die jüdische Mystik negiert die wirkliche Welt, genau wie der deutsche Idealismus Fichtes.
EIN Chassid hat eine überzeugende Rede über den «Bitejl ha-Jesch» *(Verneinung der Realität)* gehört. «Nichts existiert!» murmelt er.
Er kommt nach Hause und sucht im Finstern nach den Zündhölzern. Dabei stößt er sich empfindlich am Ofen. Er reibt sich das Schienbein und konkludiert: «Der Ofen existiert aber doch!»

TALMUDPSYCHOLOGIE.
Christ: «Warum antwortet ein Jude auf eine Frage immer mit einer Gegenfrage?»
Jude: «Warum soll ein Jude *nicht* antworten auf eine Frage mit einer Gegenfrage?»

«DIE Börse», meinte der alte Oppenheimer, «ist wie eine Lawine: einmal herunter und einmal herauf.»

ASSOZIATION:
«...und dann bin ich jenem Kerl begegnet, dem... wie heißt er bloß... na, wie kann einem ein so einfacher Name nur entfallen – äh – er heißt – so ähnlich wie Napoleon... Richtig: Rosenblum!»

DER junge Gurwitsch studiert in Tschernowitz. Während der Ferien kommt er zu seinen Eltern nach Kolomea.
«Was studierst du eigentlich?» fragt der alte Gurwitsch.
Der Sohn: «Philosophie. Und zwar momentan die Sophistik.»
«Was ist denn das?» wundert sich der Alte.
«Nu», erklärt der Junge, «ich kann dir zum Beispiel beweisen, daß du gar nicht hier in Kolomea bist, sondern anderswo.»
«Na, beweis mal!»
«Also paß auf: Biste in Lemberg oder anderswo?»
«Natürlich anderswo.»
«Na also», triumphiert der Junge, «wenn de bist anderswo, dann biste nicht in Kolomea!»
Der Alte denkt eine Weile nach. Dann versetzt er dem Studenten plötzlich eine Ohrfeige.
«Aj waj!» schreit der Student, «was schlägst du mich?»
«Ich dich schlagen?» fragt der Alte zurück, «was redest du da! Ich bin doch gar nicht hier!»

RELIGIONSPHILOSOPHIE.
«Es geht mir bitter... Nun, Gott wird helfen... *(plötzlich beunruhigt:)* Aber gibt es überhaupt einen Gott?! *(wieder beruhigt:)* Mein Vetter Bielschofski sagt *Ja*!»

Variante:
WITWER vor dem Bild seiner verstorbenen Frau: «Da bist du, Teuerste! Nie mehr werden wir uns sehn – es sei denn im Jenseits... *(beunruhigt:)* Gibt es denn ein Jenseits? *(wieder beruhigt:)* Mein Vetter Bielschofski sagt *Nein*!»

«MEIN Sohn, Gott ist allgegenwärtig!»
«So? Und was macht Gott am Schabbes in der Trambahn?»
(Fahren ist am Sabbat verboten.)

«FAHR mit Gott, mein Sohn!»
«Aber Vater! Wird Gott fahren vierter Klasse?!»

DER alte Schlojme: «Wißt ihr, Kinder, hier im Diesseits geht es uns schlechter als den Gojim *(Nichtjuden)*. Dafür wird es uns im Jenseits besser gehen... das heißt: Gelacht hätt ich, wenn es uns im Jenseits auch schlechter ginge!»

Variante:
«GELACHT hätt ich, wenn es das Jenseits gar nicht gäbe!»

«SCHRECKLICH ist das Leben: Am Abend legt man sich gesund ins Bett, und am Morgen steht man auf – und ist tot!»

DER Mensch ist wie ein Schuster: er lebt, hat Kummer, arbeitet – und stirbt.

DAS Leben ist wie ein Schatten an der Wand: wirfst du um die Wand – gleich ist er weg, der Schatten!

«REBBE, lebt der Mensch von außen nach innen oder von innen nach außen?»
«Wenn du so fragst, muß ich antworten: Ja!»

NATURKUNDE.
«Ich lese, die Erde dreht sich und die Sonne steht. Wie konnte dann Josua die Sonne anhalten, wenn sie ohnehin stillsteht?»
«Damals stand sie noch nicht! Er hat sie angehalten und vergessen, den Befehl aufzuheben. Seither steht sie.»

«REBBE, warum ist es heiß im Sommer und kalt im Winter?»
Nun: Im Winter heizt man. Dann strömt die Wärme aus den Häusern und erwärmt die Luft. Bis zum Sommer ist es warm.»
«Aha! Und warum ist es kalt im Winter?»
«Weil man im Sommer *nicht* heizt.»

SCHAMMES: «Geben Sie mir etwas mehr Lohn! Ich arbeite fünfundzwanzig Stunden im Tag!»
Kultusvorsteher: «Unsinn! Der Tag hat nur vierundzwanzig Stunden!»
Schammes: «Es ist dennoch wahr! Fragen Sie nur die Jeschiwe-Studenten! Die werden Ihnen bestätigen, daß ich immer schon eine Stunde *vor* Tag mit der Arbeit anfange!»

«REBBE, wie entsteht Regen?»
«Die Wolken sind eine Art Riesenschwämme. Wenn sie bei Wind zusammenstoßen, wird das Wasser aus ihnen herausgepreßt.»
«Rebbe, welchen Beweis habt Ihr für Eure Theorie?»
«Du siehst doch: Es regnet!»

«WISST ihr, was die verläßlichste Wettervoraussage ist? Ein Handtuch auf einer Stange.
Ist das Handtuch kalt und naß – dann kommt Schnee.
Ist es warm und naß – dann haben wir Regen.
Ist es vereist – dann kommt Frost.
Flattert es umher – dann haben wir Sturm...
Und ist es überhaupt nicht mehr auf der Stange – dann ist es ein Zeichen, daß man es gestohlen hat.»

KLEIN-REBEKKA im Museum: «Mame, warum haben die Engel Mazzes *(rundes, flaches Osterbrot)* am Kopp?»

«MEIN Vetter Srul schreibt aus Amerika, er fabriziere Hosenträger. Ich kann das nicht verstehen.»
«Was ist daran so schwer zu verstehen?»
«Nun schau: bei uns trägt man die Hosenträger, damit die Hose nicht hinunterrutscht. Aber wozu braucht man in Amerika, auf der andern Seite der Erde, Hosenträger, wo man doch mit dem Kopf nach unten geht?»
«Warum verstehst du nicht? Bei uns ist die Gefahr, daß uns die Hosen zu Boden rutschen; in Amerika ist umgekehrt die Gefahr, daß *wir* aus den Hosen herausrutschen.»

«VERSTEHST du, Mojsche, wieso die Eisenbahn fahren kann? Niemand stößt sie, niemand zieht sie...»
«Es ist so: Auf dem Perron steht ein Goj *(Christ niederer Stände)* und klingelt wie verrückt. Er trägt eine Art Räubermütze. Dann kommt ein zweiter Goj heraus, winkt mit einer Art roter Weiberschürze wild herum und hebt die Hand. In diesem Augenblick entsteht unter den Leuten auf dem Perron – Juden und Christen – eine Panik. Alle rennen unter schrecklichem Geschrei auf die Bahn los – und da erschrickt die Bahn ebenfalls und rennt davon...»

DER Schüler zum Melamed: «Rebbe, ich kann absolut nicht begreifen: wie funktioniert ein Telegraph?»
Der Melamed: «Sehr einfach. Du mußt dir anstelle des Drahtes einen riesenlangen Dackel vorstellen. Trittst du den Dackel hinten – dann heult er vorne.»
«Aha. Und drahtlose Telegraphie?»
«Dasselbe – ohne den Dackel.»

Soziologie

DER altösterreichische jüdische Abgeordnete Dr. Josef Bloch meinte einmal: «Es ist ein Glück, daß die Antisemiten uns Verleumdungen andichten! Zum Beispiel Meineid gegen Christen, oder Blut bei der Bereitung von Mazze. Wehe, wenn sie unsere wirklichen Fehler entdecken würden, die wir inmitten unserer Wirtsvölker im Laufe der Jahrtausende erworben haben!»

EIN litauischer Jude teilt folgende jüdische Selbstanalyse mit, die wir in Jiddisch wiedergeben:
Jiden senen *(= sind)* a gut Folk, inteligent un *(= und)* kulturell, fähig un genial – ober *(= aber)* sehr paskudne *(ekelhaft, widerlich).*

Nach einem alten christlichen Aberglauben benützen die Juden zur Bereitung ihrer Mazzen – ungesäuerte Osterbrote – das Blut geschächteter christlicher Kinder.
EINES Tages kam eine Delegation von Geistlichen zum Zaren, um die russischen Juden des Ritualmordes zu beschuldigen.
«Unsinn», sagte der Zar. «Ich kenne meine Juden! Wenn das wahr wäre, hätte längst ein Jude den zweiten denunziert!»

WARUM leben die Juden auf der ganzen Erde verstreut?
Damit sie sich gegenseitig besser aus dem Weg gehen können.

EIN Jude hatte unter seinen Kindern einen blinden Sohn. Vor seinem Tode vermachte er alles seinen gesunden Kindern. Man machte ihm deshalb Vorwürfe. «Den Blinden», erklärte der Jude, «werden die Juden irgendwie ernähren – aber die andern müssen doch, Gott behüte, als Gesunde unter den Juden existieren!»

IM Talmud steht geschrieben: Auf *drei Sachen* steht die Welt.
Daraus haben die Juden gemacht: Auf *Drehsachen* steht die Welt.

WELCHES Licht haben die Juden erfunden?
Das elektrische.

Wieso?
Nu: mit e Dreh fängt es an, und mit e Dreh hört es auf.

AUF drei Sachen steht die Welt: auf Geld, auf Geld und auf Geld.

«ER hat *auch* Mazzes *(ungesäuertes Osterbrot)* gegessen», ist bei den Juden Südungarns gleichbedeutend mit «Unterschätz ihn nicht! Er hat, wie du, den geistigen Schliff am Talmud gewonnen!»

In Tirol gibt es kaum Juden.
STATT «Meine Geschäfte gehen schlecht» sagt man daher: «Sie gehen wie Mazzes in Innsbruck.»

«ICH bin stolz, daß ich bin e Jüd! Wär ich nicht stolz, wär ich doch e Jüd, bin ich lieber gleich stolz!»

«SIE tragen den Rockaufhänger draußen wie einer aus Meseritz; und Sie lassen die Hosen über den Absätzen nachschleifen wie einer aus Pinne: wo sind Sie her?»
«Ich bin aus Meseritz und wohne jetzt in Pinne.»

ZWEI Juden treffen sich auf der Straße. Der eine: «Wie geht es dir?»
«Abi men is gesund!» *(Wenn man nur gesund ist!)*
«Oj, bistu e kapzen!» *(Ach, bist du ein armer Teufel!)*

«MAN erzählt, du hast letzthin Pätsch bekommen in Hoschischuk mitten auf dem Marktplatz?»
«Pa – Hoschischuk: auch eine Stadt!»

DER Sohn des Schammes *(Synagogendiener)* von Pinne ist Schauspieler bei einer Wanderbühne geworden. Als er in Pinne gastiert, geht der Vater ins Theater.
Der Sohn deklamiert: «Auch ich bin in Arkadien geboren!»
Der Schammes, bitter: «Nischt Emmes! *(Nicht wahr!)* In Pinne is er geboren!»

Variante:
DIE Schauspielerin stammt aus Pinne, und als sie deklamiert: «Oh, Mutter! Wo bist du?», ruft ein Zuschauer: «Sie sitzt auf dem Markt und verkauft Zibele *(Zwiebel)*!»

DREI unterhalten sich in Polen in der Bahn.
«Woher seid Ihr?»
«Aus Krotoschin.»
«Seid Ihr da viele Jüden?»
«Nu, so siebentausend.»
«Habt Ihr auch Gojim?»
«Vielleicht dreihundert, was man so braucht als Straßenkehrer und Feuerwehrleut.»
Der zweite ist aus Inowrazlaw. Dort ist es ähnlich.
«Und woher seid Ihr?»
«Aus New York. E große Stadt.»
«Seid Ihr da viele Jüden?»
«Nu, so zwei Millionen.»
«Gottes Wunder! Habt Ihr auch Gojim?»
«So fünf Millionen.»
«Gott der Gerechte. Was e Verschwendung! Zu was braucht Ihr so viele Feuerwehrleut!!»

DER Rabbi von Trembowla fährt von Tarnopol nach Trembowla. Ihm gegenüber sitzt ein junger Mann. Der Rabbi sinniert: «Heut ist Freitag. Bis mer ankommen, is 7 Uhr, kann er machen keine Geschäfte, muß er fahren aus Familiengründen. Ich kenn doch alle Leut in Trembowla, muß er sein einer der is ausgewandert schon früher. Ich habs: Da is gewesen der Mojsche Pischer, der is gegangen nach Berlin, dort hat er sich genennt Moses Wasserstrahl. Dann soll er sein gegangen nach Paris und man hat nix mehr gehört von ihm.» Wendet er sich an den jungen Mann: «Entschuldigen Se, sennen Se der Herr Delafontaine?»
«Ja, der bin ich. Wieso, kennen Sie mich denn?»
«Wie heißt kennen? Ich hab Se berechnet!»

AUF der Bahnfahrt nach Przemysl. In einem Abteil sitzen sich zwei Juden gegenüber, ein älterer Herr und ein junger Mann, der sich verzweifelt bemüht, ein Gespräch in Gang zu bringen. Schließlich verfällt der junge Mann auf den alten Trick und sagt zu seinem Gegenüber: «Verzeihung, der Herr, könnten Sie mir vielleicht sagen, wie spät es ist?»
Der Herr antwortet nicht. – Sie fahren Station um Station. Vergebens versucht der junge Mann, mit seinem Gegenüber ins Gespräch zu kommen. Schließlich nähert man sich schon den Vororten von Przemysl. Der junge Mann faßt sich nochmals ein Herz und sagt mit vorwurfsvoller Stimme:

«Verzeihung, mein Herr, jetzt habe ich Sie höflich gefragt, was die Uhr ist. Und Sie gaben und gaben mir keine Antwort.»
Der Ältere wendet sich ihm zu und sagt: «Lieber Mann, ich will Ihnen sagen, was gewesen wäre, wenn ich Ihnen gesagt hätte, was die Uhr ist. Sie hätten mich gefragt, was die Uhr ist. Ich hätte Ihnen gesagt, wir haben neun Uhr. Sie hätten mir gesagt, was ich für eine schöne Uhr habe. Ich hätte Ihnen gesagt: Ja, die Uhr ist ein wertvolles Stück. Sie hätten gesagt, wenn man eine so wertvolle Uhr hat, muß man auch machen gute Geschäfte. Ich hätte gesagt, ja, ich mache gute Geschäfte. Sie hätten mich gefragt, was für Geschäfte ich mache. Ich hätte Ihnen gesagt, ich mache in Kleber und Heu. Dann hätten Sie mich gefragt, wo ich wohne. Ich hätte Ihnen gesagt: in Przemysl. Sie hätten mich gefragt, ob ich habe ein schönes Haus. Ich habe ein schönes Haus. Sie hätten mich gefragt, ob ich habe Familie. Ich habe eine Tochter. Sie hätten gefragt, ob die Tochter schön ist. Ich hätte gesagt, sie ist schön. Dann wären Sie gekommen und hätten einen Besuch gemacht. Ich hätte Ihnen gesagt, Sie können mich immer besuchen kommen. Dann hätten Sie bei mir angehalten um die Hand meiner Tochter Ester... Jetzt frage ich Sie: Wozu brauche ich in meiner Familie e Parech *(hier: hergelaufenes Individuum)*, was nicht emal an Uhr hat?»

AM Poste-Restante-Schalter: «Ist kein Brief für mich da? Mein Name ist Levy.»
Der Beamte: «Das sieht man.»

DER Theaterdirektor:
«Sie scheinen begabt. Ich will es mit Ihnen probieren. Wie war doch Ihr Name?»
«Schmul Bruchband.»
«Na, hören Sie – wenn man so heißt, dann muß man einen Künstlernamen annehmen!»
«Aber Herr Direktor, das ist schon mein Künstlername!»

EIN Herr in der Bahn stellt sich seinem vis-à-vis vor: «Ich heiße Ungern-Sternberg» *(bekanntes Adelsgeschlecht)*.
Kohn: «Das glaube ich, daß Sie ungern Sternberg heißen!»

Variante:
«ICH heiße Ungern-Sternberg.»
«Meinen Sie, ich heiße gerne Kohn?»

zu Conried, dem Leiter der New-Yorker Metropolitan-Oper, kam der bekannte Sänger Rosen. Conried fragte ironisch:
«Wo haben Sie das ‹Feld› an ihrem Namen gelassen?»
Rosen: «Dort, wo Sie Ihr ‹Ried› hergenommen haben.»

«GESTATTEN, ich heiße Mauskopf.»
«Ich heiße nur Maus.»
«Nein, bitte, umgekehrt: ich heiße *nur* Maus*kopf*.»

«GESTATTEN, Krohn.»
«Angenehm. Asch. Auch a Jüd?»
«Nein, ich bin Kathole!»
«Nu, wissen möchte ich, Herr Krohn, woher habense das R?»
«Ihnen gesagt, Herr Asch, aus Ihrem Namen!»

Vor allem in der Donaumonarchie machten sich die Beamten der Namensämter gern den Spaß, mittellosen Juden lächerliche Namen anzuhängen. Reiche Juden konnten sich mit Bestechung wehren.
NAFTALI, der bisher einen wohlklingenden Beinamen geführt hat, kommt deprimiert vom Namensamt nach Hause.
«Wie heißen wir jetzt?» fragt die Frau neugierig.
«Schweißloch.»
«Gewalt! Konntest du dir nichts Anständigeres aussuchen?»
«Was heißt ‹aussuchen› bei dieser Räuberbande! Schon für das ‹w› allein habe ich fünfzig Gulden extra bezahlt.»

Wenn Juden ihre Namen «avisierten», behielten sie oft eine gewisse Klang- oder Buchstabenähnlichkeit mit dem frühern Namen bei.
IN der Eisenbahn. Vier Herren stellen sich einander vor:
«Ich heiße Krohn.»
«Ich heiße Kertesz.»
«Ich heiße Kovatsch.»
Der vierte: «Ich heiße *auch* Kohn.»

GEDALIE ist aus Kasrilewka nach Kiew ausgewandert und reich geworden. Ein Jugendfreund besucht ihn, und Gedalie erzählt ihm: «Es geht mir gut. Morgens stehe ich um zehn Uhr auf, frühstücke, arbeite ein bißchen und lege mich auf die Veranda. Dann kommt meine Tochter Tatjana aus dem Tennisklub, wir essen zu Mittag und ich lege mich wieder auf die Veranda...»

Der Jude kommt heim und erzählt: «Reich ist er geworden! Und vornehm! Er heißt auch nicht mehr Gedalie Graupenkorn, sondern Grigori Grigetschkori, seine Tochter Täubchen nennt sich jetzt Tatjana... und seine Frau Rebekka, die heißt jetzt gar Veranda!»

ANFANG des zwanzigsten Jahrhunderts war in Ungarn eine starke patriotisch-nationalisierende Tendenz. In der siebenbürgischen Stadt Dès ließ sich der neue Obergespan, Baron Bánfi, die jüdischen Honoratioren vorstellen. Sie hießen Rosenzweig, Seligman, Moskowitsch usw. Hierauf hielt Baron Bánfi eine feierliche Rede: «Meine Herren, es ist nicht schön, daß Sie lauter fremd klingende Namen tragen. Bis nächsten Mittwoch bitte ich um Ihre Vorschläge, welche ungarischen Namen Sie in Zukunft tragen wollen.»
Die jüdischen Herren überlegten. Dann kam die Delegation zum Obergespan und meldete: «Herr Baron, aus Respekt vor Euer Gnaden hervorragende patriotische Persönlichkeit hat die ganze Kille *(Gemeinde)* beschossen, ihre Namen auf Bânfi abzuändern.»

PANSEMITISMUS. Man hat ermittelt, daß der französische Schriftsteller Daudet trotz der antisemitischen Tendenzen seines Sohnes selber Jude war: sein Name bedeutet «Kleiner Dovid».
Auch Ovid war Jude, ein Namensvetter von Daudet nämlich. Er hieß in Wirklichkeit Dovid.
Für die jüdische Herkunft von Quintus Horatius Flaccus gibt es sogar einen doppelten Beweis. Erstens den Namen: er heißt eigentlich Horaz Fleckeles. Zweitens steht bei ihm wörtlich: dicat frater Megillae = der Bruder soll die Megille lesen. *(Megilla, hebr. = Rolle. Gemeint ist immer die Pergamentrolle, aus der die Estergeschichte an Purim vorgelesen wird.)*

IN Wien behauptet man, der Name «Wiener», den so viele Juden tragen, habe sich aus dem Namen «Pollak» heraus entwickelt, und zwar in folgenden Etappen:
Pollak – Pollatschek – Platschek *(poln. placzyc = Weinen)* – Weiner – Wiener.

JANKEL Schmulowitsch aus Tarnopol ist in Wien reich geworden und möchte jetzt einen echten deutschen Namen. Nach langem Hin- und Herreden beim Standesamt wählt er «Julius Schmid».
«Ich hab mich umnennen lassen», erzählt er seinem Compagnon.
«Nu – und wie heißt du jetzt?»

«Ich hab jetzt einen echten deutschen Namen – wart einmal, ich hab' ihn vergessen... Ich weiß wieder: ‹Schmulius Jid›!»

DIE Kategorien der Juden: Wilde Juden (Wolf, Bär, Löw, Fuchs). Teure Juden (Diamant, Rubin, Saphir). Harte Juden (Gold, Silber, Eisen, Kupfer). Elementare Juden (Wassermann, Erdemann, Feuermann, Luft). Süße Juden (Honig, Zuckermann). Naturjuden (Kornfeld, Birnbaum, Grünfeld). Duftende Juden (Rosenzweig, Veilchenfeld). Bunte Juden (Grün, Blau, Schwarz, Weiß).

JAKOB Freudenhaus ist mit seinem Namen unzufrieden und reicht ein Gesuch um Namensänderung ein. Das Gesuch wird abgewiesen. Da erfährt er, daß in Italien solche Gesuche gegen eine bestimmte Gebühr bewilligt werden. Dort habe unlängst der jüdische Komponist Ruben Löwenpferd die Erlaubnis erhalten, seinen Namen in Ruggiero Leoncavallo zu ändern. Er fährt also nach Italien, stellt das Gesuch, zahlt die Gebühr und erhält nach vierzehn Tagen eine günstige Erledigung: Man bewilligt ihm die Änderung seines Namens Jakob Freudenhaus in – Giacomo Bordello.

KOHN und Abeles sitzen im Café und seufzen beide unglücklich.
«Warum sind Sie so traurig?» fragt Kohn.
Abeles: «Ich denke nach über das Leben.»
«Und was haben Sie ausgedacht?»
«Ja, sehen Sie, was ist das Leben? Sie sitzen da mit mir im Café. In ein paar Jahren sterben Sie, man wird Sie begraben am Friedhof, Gras wird wachsen aus Ihnen, eine Kuh wird kommen, wird fressen das Gras, wird verdauen das Gras, wird entleeren das Verdaute, und da werde ich kommen und sehen den Rest und werde sagen:
‹Da, der Herr Kohn, der hat sich aber verändert!›»
Nach einer Weile seufzt Herr Kohn. – «Warum sind Sie so traurig, Herr Kohn?» fragt Abeles.
«Ich denke auch nach über das Leben.»
«Und was haben Sie ausgedacht?»
«Na, sehen Sie, was ist das Leben? Sie sitzen da mit mir im Café, Herr Abeles. In ein paar Jahren sterben Sie, man wird Sie begraben am Friedhof, Gras wird wachsen aus Ihnen, eine Kuh wird kommen, wird fressen das Gras, wird verdauen das Gras, wird entleeren das Verdaute, und da werde ich kommen und sagen: Da, der Herr Abeles, gar nicht verändert hat er sich, immer noch so ein Dreck, wie er immer war!»

EINER kommt in eine fremde Stadt, um einen gewissen Jankl Oppenheim zu besuchen. Er trifft einen alten Juden mit einem langen Bart und in einem guten Mantel.
«Könnt Ihr mir sagen, wo wohnt e Jankl Oppenheim?»
Der Alte streicht den Bart: «Jankl Oppenheim? Nein. Ich kenn ihm nicht.» Beide gehen weiter. Dreht sich der Alte um und ruft: «Meint Ihr *Reb* Jankl Oppenheim? Ja, natürlich, *Reb* Oppenheim! Der bin ich!»
(Reb ist Ehrentitel nicht nur für approbierte Rabbis, sondern für jeden gebildeten und angesehenen Juden.)

FREMDER Jude auf der Straße zu einem Einheimischen: «Entschuldigt, könnt Ihr mir sagen, wo Reb Eisik wohnt?»
«Eisik – kenn' ich nicht.»
«Das ist doch nicht möglich! Es ist ein so auffallend schiefer Mensch mit einer Fistelstimme.»
«Eisik – schief – Fistelstimme... kenn' ich nicht.»
«Aber er ist doch hier geboren! Ihr müßt ihn kennen! Er trägt eine verdreckte Kapotte und ist triefäugig.»
«Eisik – schief – Fistelstimme – verdreckt – triefäugig... kenn' ich nicht.»
«Aber das kann doch nicht sein. Er wohnt bestimmt hier! Man nennt ihn ‹der Parech› *(Kopfkrätze; übertragen: Auswurf).*»
Der Passant, aufstrahlend: «Ah, jetzt weiß ich, Eisik-Parech meint Ihr! Natürlich kenn ich ihn! Ein feiner Jude, ein *schöner* Jude!» *(«Schön» im Sinne von «gebildet», «aus gutem Hause».)*

CHEF zum neuen Lehrling: «Wo sind Sie her?»
Lehrling: «Aus Neustadt bei Pinne.»
Chef: «Gott über die Welt: nicht einmal aus Pinne!»

AUS einem Reisebericht: «...und dann kamen wir in die dreckigen Gäßlein, wo sich das Judentum am reinsten erhalten hat.»

EIN Neger sitzt in der Trambahn in New Orleans und liest eine jiddische Zeitung. Da klopft ihm ein weißer Jude auf die Schulter und fragt sacht: «Neger allein (zu sein) ist Ihnen nicht genug?»

Am Sabbat sind sehr viele körperliche Hantierungen, sogar das Abpflücken einer Blume, verboten.
FRAU Kommerzienrat Veilchenblum blickt von der Veranda in den

Garten, sieht ihr kleines Töchterchen Blumen ausraufen und sagt mit mildem Vorwurf: «*Thusnelda*: Schabbes!»

AN der Riviera. Cohn hat einen Cognac getrunken und ruft: «Garçon, zahlen!»
Der Kellner: «Vingt francs.»
Cohn: «Mezïe!» *(wörtlich Fund; übertragen «billige Occasion!» – Hier ironisch gemeint)*. Der Kellner lächelt.
Cohn: «Garçon, warum lachen Sie?»
Kellner: «C'est drôle, tous les *Allemands* appellent notre Cognac Mezïe!»

DER Unterschied zwischen einer Kuh und einem Juden:
Die Kuh wird zuerst hinausgetrieben *(auf die Weide nämlich)* und dann gemolken. Der Jude wird zuerst gemolken *(das heißt geplündert)* und dann hinausgetrieben.

KOHN und Levy sitzen im Wiener Caféhaus und lesen Zeitungen.
Sagt Kohn: «Schau – der Ätna ist ausgebrochen!»
Levy: «Wer ist der Ätna?»
Kohn: «Das ist ein Vulkan in Italien, der Feuer speit.»
Levy, nachdenklich: «Ist das für uns Juden gut oder schlecht?»

ZU Lakriz kommt ein Mann in den Laden, legt einen Schilling hin und sagt: «Das haben Sie mir heute früh zuviel herausgegeben.»
Lakriz, tief betroffen: «*Wieviel* muß ich ihm zuviel herausgegeben haben, daß er bringt mir zurück einen ganzen Schilling!»

ZWEI Juden in einer Wahlversammlung. Der sozialistische Redner verkündet: «Daß ich das, was ich verspreche, treulich halte, gelobe und schwöre ich!»
David zu Veit: «Wos hot er gesagt?»
Veit: «Daß er des, was er verspricht, treulich hält, globt er schwerlich!»

«TATE, was ist Kapital, und was ist Arbeit?»
«Wenn ich mir beim reichen Silberstein hundert Rubel leihe, so ist das Kapital. Wenn aber Silberstein versucht, sie von mir wieder zurückzubekommen, dann ist es Arbeit.»

WENN man gebt, nemm, wenn man nemmt, schrei!

LEBENSWEISHEIT: Lieber reich, wenn man nur gesund ist. Was hat der Arme von seiner Krankheit?»

DREI Juden plaudern in der Synagoge. Ein vierter, vornehm gekleideter jüdischer Herr tritt herein und grüßt freundlich.
Der erste Jude: «Er grüßt mich! Er schuldet mir Geld.»
Der zweite: «Er grüßt mich! Ich schulde ihm Geld!»
Der dritte Jude: «Er grüßt ohne Zweifel mich! Weder schuldet er mir etwas, noch schulde ich ihm etwas. Warum also sollte er mich nicht grüßen?»

«LEVY, was hast du für prächtige Socken an?»
Levy, stolz: «Reinseidene!»
«Püh! Hat dein Tate auch schon getragen, aber allerdings auf dem Buckel.» *(Gemeint ist: als Hausierer.)*

DER alte Kohn schickt seinen Sohn nach Paris, damit er dort feine Manieren lerne. Nach der Rückkehr, während er der versammelten Familie von Paris erzählt, muß der Vater niesen. Der Sohn schweigt. Der Vater niest wieder. Der Sohn schweigt. Der Vater niest sehr laut und nachdrücklich ein drittes Mal. Als der Sohn wieder nicht reagiert, sagt der Vater vorwurfsvoll: «Du warst in Paris, um Manieren zu lernen – und jetzt sagst du nicht einmal ‹Gott helf!›, wenn ich niese?»
Der Sohn: «In Paris kannst du zerspringen, sagt man auch nichts.»

EIWEISS war zum erstenmal bei einem Rennen. Er setzte auf einen Outsider, dem niemand Chancen gab – und gewann. Der Toto zahlte 641:10.
Blaß stand Pinkus daneben und bat: «Verrat mir, Sally, wer hat dir den Tip gegeben?!»
Eiweiß: «Nu – ich hab gesehn: Stall Rosenfeld: Rahel. Da habe ich mir gesagt: das is e jüdisches Pferd, das wird sich schon vordrängen!»

MAX ist Kommerzienrat geworden. Herr Nowak, verwundert: «Schau, ich hab gar nicht gewußt, daß Max auch ein Jud ist!»

COMMIS zum Chef: «Ich möcht Ihre Tochter heiraten.»
Chef: «Heißt eine Chuzpe *(Frechheit)*! Hinaus!»
«Aber als Associé vom reichen Bloch bekäm ich sie?»
«Natürlich. Aber das ist ja Unsinn!»

Der Commis geht zum Bloch: «Ich möcht werden Ihr Associé.»
Bloch: «Heißt eine Chuzpe! Hinaus!»
«Aber als Schwiegersohn von meinem Chef täten Sie mich nehmen?»
«Natürlich. Aber das ist ja Unsinn!»
Drei Monate später ist der Commis beides.

FRAU Grün war zur Kur in Baden-Baden. In der Bahn, auf der Rückfahrt, renommiert sie dauernd mit dieser Reise.
«Und wohin werden Sie in die Ferien fahren?» fragt sie hochnäsig ihr Gegenüber, einen bärtigen Kaftanjuden.
«Nach Berditschew-Berditschew», sagt er stolz.

IN der titelsüchtigen Gesellschaft Wiens zirkulierte früher das Witzwort, Direktor sei ein jüdischer Vorname. Es gab massenhaft Direktoren, und wer etwas auf sich hielt, mußte schon etwas Besseres zu bieten haben.
Kohn ist Stammgast in einem Wiener Kaffeehaus. Gut, er ist momentan ruiniert, aber der höfliche Ober ignoriert das und spricht ihn seither immer mit «Herr Direktor» an: «Mein Kompliment, Herr Direktor!», «Wünschen Herr Direktor einen kleinen Braunen?» – «Ein Glas Wasser für den Herrn Direktor!» usw. Kohn nimmt diese Freundlichkeit gelassen zur Kenntnis.
Eines Tages jedoch betritt er sein Stammcafé in aufgeräumter Stimmung. Als ihn der Ober, wie üblich, unter Verbeugungen mit «Habe die Ehre, Herr Direktor!» begrüßt, winkt er ihn kurz beiseite und erklärt nebenhin: «Se kennen wieder ‹Herr Kohn› zu mir sagen, Franz: ich hab scho wieder e Geschäft!»

DAS ist Wien! Grün kommt zum erstenmal nach Wien und bittet Blau um Auskunft über Silberstein.
«Lassen Sie die Finger von ihm!» warnt Blau. «E Ganef *(Dieb, Gauner)*, e Lump, e Zuchthäusler!»
Als Grün am gleichen Abend Blaus Stammcafé betritt, sieht er ihn vertraulich mit Silberstein dasitzen. Er ruft ihn beiseite:
«Heute früh warnen Sie mich, er is e Ganef, e Lump, e Zuchthäusler – und jetzt sitzen Sie bei ihm?»
«Das ist Wien!» erklärt Blau stolz.

«SIND Sie aus Tarnopol? Kennen Sie Schmul Goldhacker? Können Sie mir etwas über ihn sagen?»
«Aber ja! Wir sind hier allein. Da kann ich offen sein.

Zunächst: Da war die miese Geschichte mit ihm und der Kellnerin. Sie kostet seinen Vater ein Vermögen! Und es ist nicht das einzige Mädchen, nicht die einzige Sorge.
Dann: Der Vater hat versucht, ihn ins Geschäft zu nehmen – aber er hatte lange Finger.
Und vor ein paar Wochen hat man beim Kartenspiel fünf Asse auf ihm gefunden...»
«Moment mal: Woher wissen Sie das alles so genau?»
«Ich bin sein intimster Freund seit der Kindheit.»

LEBENSHILFE.
Mendel geht spätabends über die Flußbrücke spazieren, als sich gerade einer über das Geländer hinabstürzen will. Er hält ihn fest und fleht: «Tun Sie es nicht! Ihre Probleme kann ich nicht lösen. Aber ich müßte Ihnen nachspringen, und ich bin ein schlechter Schwimmer, ich könnte am Ende mit Ihnen zusammen ertrinken! Und dabei habe ich Weib und Kinder. Gehen Sie lieber heim und hängen Sie sich dort auf!»

WIR befinden uns in der Ukraine – die Gegend ist für Juden unsicher. Mojsches Familie hat Angst um ihn, denn er muß auf seinen Reisen oft die Wälder durchqueren. Schließlich gibt er dem Drängen der Familie nach und kauft sich einen Revolver.
«Da wäre der Revolver», seufzt er, «aber wer soll schießen?»

BLITZABLEITER spielt mit seinem Freund Schach im Café. Der Freund erweist sich als brillanter Spieler, und Blitzableiter sieht sich im Nu geschlagen. Da sagt er mit leisem Vorwurf: «*So* spielen Sie das mit einem guten Bekannten?»

Das Wort «Poretz» bedeutet im Jiddischen nichtjüdischer Gutsbesitzer, sekundär elegant und westlich gekleideter Herr.
EINE Mutter geht mit ihrem Jüngelchen spazieren – mitten auf der Hauptstraße faßt sich das Bübchen an den Bauch.
«Setz dich einfach in die Ecke!» sagt die Mutter.
Das Bübchen tut es, fährt aber plötzlich hoch: «Da kommt e Poretz!»
Die Mutter schaut den Herrn scharf an und sagt: «Mach weiter, Jankele! Es ist nur e jüdischer Poretz!»

Mischpoche.
1. «TATE *(Vater),* sag einmal, ich hab' da gelesen ein komisches Wort:

Mischpoche *(Familie, Klan, Sippe)*. Ist das vielleicht was zum Essen?»
«Nein, zum Kotzen.»

2. «WEISST du, warum Moses mit den Juden vierzig Jahre durch die Wüste gezogen ist?
Weil er sich schämte, mit der Mischpoche auf der Straße zu gehen!»

3. DER Mensch hat eine Wahlverwandtschaft, eine Qualverwandtschaft, eine Prahlverwandtschaft und eine Zahlverwandtschaft. *(«Zahl» von zahlen, nicht von «die Zahl».)*

4. JÜDISCHER Fluch und Segen: «Reich sollst du sein, als der Einzige aus der ganzen Mischpoche!»

5. KARL Kraus: «Die Bezeichnung ‹Familien*bande*› hat einen Beigeschmack von Wahrheit.»

6. «WIE geht es?»
«Ausgezeichnet.»
«Wieso ausgezeichnet? Hast du denn gar keine Mischpoche?»

WORAUS besteht ein alter Jud? Aus fünfundzwanzig Prozent Mojre *(Furcht)*, fünfundzwanzig Prozent Dawke *(Widerspruchsgeist)*, fünfundzwanzig Prozent Chuzpe *(Frechheit)* drei Prozent Zucker – und die restlichen zweiundzwanzig Prozent sind undefinierbar.

GRÜN, Blau und Kohn kommen ins koschere Restaurant. Es ist nur noch eine einzige Portion Gansel da. Sie beschließen, derjenige soll sie bekommen, der die größe Lüge erzählt.
Kohn fängt an: «Es war amal in Tarnopol ein Kavalier...»
Schreien die zwei andern: «Du hast das Gansel gewonnen!»

AN der Technischen Hochschule in Prag hält der Mathematik-Professor Prüfungen ab und fragt den Czernowitzer Studenten Naftali Menuchin:
«Sagen Sie mir, Herr Kandidat, was ist eine Konstante?»
«Woos? Herr Professor wissen nicht, wos eine Konstante ist?!»

KAISER Franz Joseph hat dem großen ungarisch-jüdischen Bankdirektor Lànczi den Adelstitel verliehen. Leo Lànczi erscheint in der nagelneuen

Uniform der ungarischen Adligen in der Hofburg. Irrtümlich hat er den zierlichen Säbel, der zu der Uniform hinzugehört, auf die rechte Seite geschnallt. Da tritt im Wartezimmer der Adjutant des Kaisers auf ihn zu und sagt höflich: «Herr Präsident, der Säbel wird auf der *Soll*-Seite getragen.» (*«Soll» aus der Buchhaltung.*)

LEVY hat lange gezögert, Deutschland zu verlassen. Schließlich kommt er mittellos in London an. Da sieht er einen eleganten Herrn aus einer großartigen Villa herauskommen, ein livrierter Chauffeur reißt die Türe des Cadillacs auf, der Herr will einsteigen... Aber ist das nicht sein Berliner Freund Breslauer?
Rasch geht Levy auf den Herrn zu: «Breslauer, du?!»
«Jawohl. Ich.»
«Und die Villa – gehört sie dir?»
«Jawohl. Mir.»
«Und der Cadillac? Der Chauffeur?»
«Jawohl. Gehört alles mir.»
«Da bist du doch glücklich!»
Seufzt Breslauer tief: «Glücklich? Kann denn ein Engländer glücklich sein nach dem Verlust von Indien?»

WOZU braucht ein Jude Füße? Zur Brith *(Beschneidung)* bringt man ihn, zur Chupe *(Traubaldachin)* führt man ihn, zur Schikse *(hier: christliches Verhältnis)* kriecht er, ins Kewer *(Grab)* trägt man ihn – wozu also braucht er Füße?
Um zu machen Pleite. *(Pleite heißt hebr. wörtlich: Flucht.)*

UND wozu braucht e Goj e Kopp? Tefillin *(Gebetsriemen)* legen tut er nicht, Pejes *(die Schläfenlocken der orthodoxen Juden)* trägt er nicht, e Ssechel *(Verstand)* hat er nicht – nu, wozu dann der Kopp?

Ergänzende Variante:
«JA, so sagst du! Ich aber hab' einen Hutladen. Wem hätt' ich meine Hüte verkauft, wenn die Gojim keine Köpp hätten?»

Bei Ostjuden – auch jenen der USA – gilt teurer Pelzmantel der Ehefrau als Statussymbol.
EINE Negerin in USA hat sich einen Persianermantel gekauft. Ihre Freundinnen bewundern sie darin, aber sie selbst hat Zweifel: «Schau ich darin nicht zu jüdisch aus?»

AMERIKA. Die Bobe *(Großmutter)* erzählt ein Märchen: «Und so, liebe Kinder, heiratete unsere Prinzessin einen netten jüdischen Boy, und sie lebten glücklich miteinander.»

USA. Drei Jüdinnen reden über das Einkommen ihrer Söhne.
«Mein Sohn hat eine Textilfabrik und verdient 100000 Dollar im Jahr.»
«Mein Sohn hat ein Geschäft mit zwanzig Filialen und verdient 200000 Dollar im Jahr.»
Die dritte, bescheiden: «Mein Sohn verdient nur 5000 Dollar im Jahr.»
«Was ist er denn?» fragen die zwei.
«Rabbiner.»
Wie aus einem Munde rufen die beiden andern: «Ist das ein Beruf für ein jüdisches Kind?»

Die Bnay Brith sind die jüdischen Freimaurer.
AMERIKA. Marsflug. Jankl steigt aus der Rakete und stößt auf eine Tafel: «Site of Future Home of Congregation Bnay Mars.»

Die meist aus sehr armen Verhältnissen stammenden jüdischen Einwanderer in Amerika sind für ihre Kinder auf hohe Karrieren bedacht.
EINE neue Serie amerikanisch-jüdischer Witze beginnt daher mit den Worten «Wenn der Messias kommen wird»... und fährt dann z.B. weiter: Dann werden die Eltern eines unbegabten Knaben sagen: «Wo steht geschrieben, daß du ein Doktor werden mußt? Wenn du ein braver Klempner wirst, sind wir auch zufrieden.»

USA. Telephongespräch. «Mama, ich habe mich verlobt!»
«Endlich, Sara! Du bist doch bald vierzig. Ich hatte schon Angst, du würdest sitzenbleiben!»
«Er ist aber nicht von unserm Glauben.»
«Ein Goj? Nu – in Gottes Namen. Hauptsache, du hast überhaupt einen Mann gefunden.»

«Er ist auch nicht von unserer Hautfarbe.»
«Ein Schwarzer? Na ja. Wenn ihr nur glücklich seid zusammen!»
«Mama – er hat auch keinen Beruf und will nicht arbeiten.»
«Nun – schließlich hast du einen guten Job. Mann und Frau müssen sich gegenseitig helfen.»
«Er hat auch kein Geld für eine Wohnung.»
«Das macht gar nichts. Ihr könnt zu uns ziehen. Du und dein Mann

könnt das Elternschlafzimmer haben, Papa wird im Wohnzimmer auf der Couch schlafen.»
«Und du, Mama?»
«Um mich brauchst du dich nicht zu sorgen. So wie ich das Telephon auflege, trifft mich der Schlag und ich bin tot.»

Für die nachfolgenden zwei Witze muß man wissen, daß viele weltberühmte Virtuosen russische Juden sind, weshalb sich mittellose russisch-jüdische Auswanderer in Amerika manchmal einbilden, mit etwas Anstrengung könnten ihre Kinder als Virtuosen Weltruhm erlangen. Auch der völlig unmusikalische Odessaer Dichter Isaak Babel erzählt in seinen Jugenderinnerungen, wie seine Eltern ihn mit Musikunterricht plagten. –

Carnegie Hall: größte Konzerthalle von New York.
IN New York geht eine arme Jüdin mit einem Knäbchen daher, das eine alte, ramponierte Violine trägt. Ein Passant fragt sie:
«Verzeihung, wie kommt man zur Carnegie Hall?»
«Wie man zur Carnegie Hall kommt?» antwortet die Jüdin, «Sie müssen üben, mein Herr, Sie müssen üben!»

DIE Jüdin geht mit dem Bübchen selber zur Carnegie Hall und fragt bei der Kasse: «Was kostet ein Billett für das Konzert von Jascha Haifetz?»
«Von 5 Dollar an aufwärts», sagt der Herr an der Kasse.
«Siehst du!» schreit sie zu dem Bübchen. «Wirst du nun üben!»

DAS Geld. «Rebbe, es ist unbegreiflich! Kommst du zu einem Armen – er ist freundlich, er hilft, wenn er kann.
Kommst du zu einem Reichen – er sieht dich nicht einmal an! Was ist das nur mit dem Geld?»
«Ich will es dir erklären. Tritt ans Fenster: Was siehst du?»
«Ich sehe eine Frau mit einem Kind an der Hand. Ich sehe einen Wagen, er fährt zum Markt.»
«Gut. Und jetzt tritt hier zum Spiegel. Was siehst du?»
«Nu, Rebbe, was werd' ich sehen? Nebbich mich selber.»
«Siehst du, so ist es. Das Fenster ist aus Glas, und der Spiegel ist aus Glas. Kaum legst du ein bißchen Silber dahinter – schon siehst du nur noch dich selber!»

EIN Medizinalrat aus Wien erzählt aus seinen Erinnerungen: «Das war im Ersten Weltkrieg, im Jahre 1916 in Galizien. Ich war Assistenzarzt

in der Reserve und ging abends, da ich dienstfrei war, in dem kleinen Städtchen spazieren. Bei einer Brücke traf ich einen alten jüdischen Landsturmmann, der dort Wachtdienst hatte. Er leistete die Ehrenbezeugung, ich dankte, und es kam zu folgendem Gepräch: «Was sind Sie in Ihrem Zivilberuf?»
«A Jid, Herr Assistenzarzt.»
«Aber das ist doch kein Beruf?»
«In Galizien schon!»

BIENSTOCK hat seinem Konkurrenten Goldschlag gegenüber ein neues Geschäft eröffnet. Da kommt zu ihm ein Engel und sagt: «Du hast heute deinen Glückstag. Ich kann dir einen beliebigen Wunsch erfüllen!»
«Im Ernst? Auch eine Million?»
«Auch das Vielfache.»
«Auch in Dollars?»
«Auch in Dollars.»
«Effektiv? Auch in Gold?»
«Auch in Gold... Aber da ist eine Bedingung dabei: Dein Konkurrent Goldschlag bekommt jeweils das Doppelte davon.»
«Aj waj! Verlang ich also eine Million, dann bekommt mein größter Ssojne *(Feind)* zwei?» – Lange denkt er nach. Dann hat er die Erleuchtung:
«Ich wünsch mir, blind zu sein auf *einem* Auge...»

EIN Jude kommt zu seinem Freund und sieht auf dessen Schreibtisch ein dickes Manuskript. Neugierig fragt er: «Was ist das?»
«Das is mein neuestes Werk.»
«Was? So e großes Buch?»
«Das is noch gor nix. Das is erst der erste Band. Das ganze Werk wird sechs dicke Bände umfassen.»
«Großer Gott! Und wie wird der Titel heißen?»
«Der Titel wird heißen: ‹Wos Jiden sennen *(sind)* imstand›.»

Der Jude und sein Witz

MOSCHKO sitzt in der Bahn und fährt sich dauernd mit der Hand übers Gesicht, als ob er eine Fliege verscheuche.
«Was machen Sie da?» fragt sein Visavis verwundert.
«Ich erzähle mir Witze», erklärt Moschko, «und sooft ich merke, daß ich den Witz schon kenne, winke ich mir ab.»

«MOJSCHE, wos lachstu asoj?»
«Ej, gornischt! Ich hob mir derzelt a Witz.»

JÜDISCHE Handelsreisende sitzen in der Bahn. Sie haben sich bereits alle Witze erzählt, die sie kennen. Es braucht nur einer von ihnen den Mund zu öffnen, damit die andern sofort schreien: «Den kennen wir schon!»
Da haben sie eine Idee: sie notieren und numerieren alle ihnen bekannten Witze auf ein Blatt. Von Zeit zu Zeit ruft einer dem andern eine Nummer zu – und jetzt lachen sie wieder.

Varianten:
1. EIN neuer Reisender steigt zu. Lange hört er der Zahlenschlacht zu. Schließlich läßt er sich das Spiel erklären. Die Sache gefällt ihm, er inspiziert die Witzliste und ruft lustig: «Siebenundzwanzig!» – Niemand lacht.
«Das ist doch ein guter Witz!» sagt er.
«Das schon», geben die andern zu, «aber *erzählen* muß man ihn halt können!»

2. DER Fremde sagt: «Ich möchte doch wissen, warum Ihr bei Nummer zwanzig besonders laut gelacht habt?»
Der andere: «Das war ein Witz, den wir alle noch nicht kannten.»

ROT will dem Schwarz während der Bahnfahrt Witze erzählen. Er beginnt: «Zwei Handelsreisende...»
Schwarz winkt ab: «Das kenn' ich schon.»

Roth versucht weiter: «Zwei Offiziere im Kasino...»
«Das kenn' ich auch.»
Roth, wütend, brüllt unbeherrscht: «Ihre Frau betrügt Sie!»
«Kenn' ich auch», meint Schwarz gleichmütig.
«Sie Dummkopf!» schreit Roth, «das ist doch kein Witz! Ihre Frau betrügt Sie mit dem dicken Blau!»
«Den dicken Blau – den kenn' ich auch.»

CHEFREDAKTEUR Hlavac von der «Tribuna» in Prag hielt sich für einen vollendeten Experten für jüdische Witze. Sooft Polaček ihm einen neuen Witz erzählen wollte, schrie Hlavac schon nach drei Worten: «Den kenn' ich schon!»
Einmal aber sagte Polaček: «Diesen Witz kennen Sie sicher noch nicht: Drei Juden gehn durch den finstern Wald...»
«Schluß!» schreit Hlavac, «das ist kein jüdischer Witz! Erstens gehen Juden nie durch den finstern Wald, zweitens sind es niemals drei, sondern immer nur zwei, und drittens nicht im Wald, sondern immer im Zug oder Café!»

Von Drujanow, dem bekannten israelischen Witzfolkloristen, schreibt man mir aus Israel folgende Geschichte, die ich wörtlich genau wiedergebe:
DRUJANOW hot amul getroffen in der gaß Bialikn; sugt er ihm: «Ich hob far dir a giten Witz – oj, nor ich hob ihm fargeßn!»
Sugt ihm Bialik: «Ojb a fargessenem, hob ich a bessern.»
(Drujanow trifft einmal in der Gasse Bialik; sagt er zu ihm: «Ich hab' für dich einen guten Witz – oh, nur: ich habe ihn vergessen!» Sagt ihm Bialik: «Wenn es sich um einen vergessenen handelt, hab' ich einen bessern!»)

EIN Jude erzählt in der Bahn jüdische Witze. Ein Christ, der dabei ist, bittet: «Erzählen Sie doch einmal einen nichtjüdischen Witz!»
«Gut», sagt der Jude, denkt nach und fängt an: «Beim Nordpol stößt ein Eskimo auf ein reizendes Eskimomädchen und sagt: ‹Saraleben, auf dem Weg zum Bet-Hamidrasch *(Lernhaus)* ...›.»

«ICH weiß einen großartigen Witz! Zwei Juden...»
«Bitte mal ausnahmsweise nicht von Juden!»
«Na gut. also paß auf: Der Sohn des Indianers ‹Große Wolke› steht vor der Barmizwe-Feier *(entspricht der Konfirmation)*. Der Vater nimmt ihn auf Kriegspfad mit und sagt: ‹Mein Junge, du weißt, daß du nur Barmizwe werden kannst, wenn du zuvor deinen ersten Feind erschlagen

hast. Hier hast du einen Tomahawk. Schlag zu!› – ‹Ich kann nicht›, entgegnet der Sohn. – ‹Warum nicht?› fragt ‹Große Wolke› zornig. – Darauf der Sohn, streng: ‹Du hast übersehen, Papa, daß dies ein milchiger Tomahawk ist!›» *(Juden dürfen «milchige» und «fleischige» Speisen nicht mit den gleichen Eßgeräten berühren.)*

EIN jüdischer Commis erzählt in der Bahn pausenlos jüdische Witze. Er fängt wieder an «Kohn geht..».
Ein Mitreisender stöhnt: «Bitte einmal *nicht* von Kohn!»
Der Commis: «Gut. Die Frau von Kohn bekommt ein Kind...»
«Ich habe doch gebeten: *nicht* von Kohn!»
«Ja, eben!»

ALTER Jude: «Ich habe Ihnen einen großartigen Witz erzählt – und sie bleiben vollkommen ernst?»
«Ja. Im Cheder *(Kleinkinderschule für Hebräisch)* hat mir der Melamed *(Lehrer)* beigebracht, wenn alte Leute reden, muß man respektvoll und ernst zuhören.»

DER Parnes *(Präsident der Kultusgemeinde)* erzählt einen Witz. Alle lachen, der Schammes bleibt ernst.
«Kennen Sie den Witz schon?» fragt der Parnes.
«Nein», antwortet der Schammes, «aber ich kündige demnächst meine Stelle.»

SCHMUL, der arme Hausierer, erzählt seinem Freund: «Stell dir vor, ich bin in der gräflichen Kalesche hierhergekommen! Ich war mit meinem schweren Packen auf dem Weg in Staub und Hitze – da kam der Herr Graf gefahren. Als er mich sah, hielt er an und sagte:
‹Schmul, ich lass' dich mitfahren, unter der Bedingung, daß du mir pausenlos Witze erzählst! Sonst mußt du aussteigen.›
Da hab' ich ihm erzählt:
Es war Winter, scharfer Frost. Da stand ein großer Vogel mit langem Schnabel und langem Schwanz auf einem dickvereisten See. Da machte der Vogel e Huck und e Ruck und e Hin und e Her und e große Gewure *(Kraftanstrengung)* und kam mit dem Schnabel endlich hinein in das Eis. Dann machte er wieder e Huck und e Ruck und e Hin und e Her und e große Gewure und kam mit dem Schnabel heraus aus dem Eis und mit dem Schwanz hinein in das Eis... Dann machte er wieder e Huck und e Ruck und e Hin und e Her und e große Gewure und kam

mit dem Schwanz heraus aus dem Eis und mit dem Schnabel hinein in das Eis. Dann machte...»
«Um Gottes willen, hör schon auf! Und mit dem Stuß hast du den Grafen die ganze Fahrt über unterhalten!»
«Warum nicht? E Chillik e Goj!» *(Chillik: Unterschied. Gemeint: Für einen Goj macht es keinen Unterschied, was man ihm erzählt. Er versteht ohnehin nichts.)*

«WARUM hat Kain Abel erschlagen?»
«Weil Abel ihm alte jüdische Witze erzählt hat.»

WORIN ähneln sich ein orthodoxer Jude und ein alter Witz? Beide haben einen Bart.

SIE hatten sich dreißig Jahre nicht gesehen, Ludwig Kohn und sein *halb*-jüdischer Freund Karl Schuster. Gleich nach der Begrüßung fängt Kohn an: «Du, ich weiß ein paar schöne Judenwitze!»
Sagt der Karl: «Hör mir auf mit Judenwitzen! Erstens fehlt mir zum Reden die rechte *Hand*, ich hab sie in Rußland verloren. Und zweitens krieg ich auch so die Pointe immer nur *halb* hin.»

JÜDISCHE Witze beim Militär
Auf jüdische Witze reagieren die verschiedenen militärischen Gattungen und Grade unterschiedlich:
Der Infanterieoffizier lacht dreimal: zuerst, wenn man ihm den Witz erzählt, dann, wenn man ihn erklärt, und zuletzt, wenn er ihn begriffen hat.
Der Kavallerieoffizier lacht nur zweimal: wenn man den Witz erzählt und wenn man ihn erklärt. Begreifen wird er ihn nie.
Der Stabsoffizier lacht nur einmal: Wenn man den Witz erzählt. Erklären läßt er sich nichts, und verstehen wird er ihn ohnehin nicht.
Der Sanitätsoffizier lacht überhaupt nicht, denn er ist Jude und kennt alle Witze selber.

DER Essayist und Witzsammler Alexander Moszkowski schrieb:
E jüdischer Witz
Mit e jüdisch Akzent:
Was e Goi nicht versteht
Und e Jüd immer schon kennt.

ANHANG

Glossar

Die Witze des Buches entstammen verschiedensten Gegenden und Quellen, enthalten folglich jiddische (zum Teil hebräische) Ausdrücke in verschiedener Aussprache. Genaueres über die Wandlung der hebräischen und deutschen Aussprache im Jiddischen, dazu ein umfassendes jiddisches Glossar und Anekdoten in originalem Jiddisch findet der Leser in: S. Landmann, *Jiddisch, Abenteuer einer Sprache*. Im nachfolgenden Glossar sind nur einige für das Verständnis jüdischer Witze wichtige Ausdrücke erklärt.

Die semitischen Wörter sind nicht nach den Regeln der Fachwissenschaft, sondern rein phonetisch in lateinische Schrift transkribiert.

Viele Ausdrücke sind schon in den Witzen selber wiederholt übersetzt. Das Glossar bietet zugleich einen kurzen kulturhistorischen Kommentar.

Abkürzungen:

h. oder H. = hebräisch
a. oder A. = aramäisch
j. oder J. = jiddisch
Pl. oder pl. = Plural
Sing. oder sing. = Singular
AT = Altes Testament

Die Betonung ist durch einen Akzent bezeichnet.

Afikomán, a., j. afikójmen, griechisches Fremdwort, Nachtisch. In der Haggada das Stück Mazze, das als Abschluß der Sedermahlzeit genossen wird.

Am ha-Arez, j. amórez, wörtl. Landvolk. Nachbiblisch und auch im J. der religiös Ungebildete.

Antisemitismus, nicht Ablehnung der Semiten schlechthin, sondern nur der Juden. Das Wort wurde von W. Marr 1879 geprägt.

Apikorás, h., j. Apikójres (Epikureer), Abtrünniger, Ungläubiger, Ketzer.

aramäisch, eine dem H. nahe verwandte Sprache des Vordern Orients; von den Juden seit ihrem babylonischen Exil auch im Lande Israel gesprochen. Teile des nachbiblischen Schrifttums sind in A. geschrieben. Jesus hat a. gepredigt.

aschkenasisch. Aschkenas ist ein unbekanntes Volk in der biblischen Völkertafel. Seit der rabbinischen Literatur des Mittelalters = Deutschland. Aschkenasische Juden = deutsche und aus Deutschland nach dem Osten weitergewanderte Juden. Die j. Sprache wird nur von diesen Juden gesprochen. Vgl. Sefardisch.

Assimilation, Angleichung der Juden an ihre Umwelt, verbunden mit teilweiser oder völliger Preisgabe der eigenen Tradition.

Báal-ha-Bájit, h., j. Balabóß, j. Pl. Balebátim, Hausherr.

Báal-Schém, h., wörtl. «Herr des (göttlichen) Namens». Bezeichnung für göttlich inspirierte Wundertäter im allgemeinen, für Israel-ben-Elieser, den Begründer des Chassidismus, im besondern.

657

Bachúr, h., j. *Bócher*, Jüngling, Junggeselle. Oft gleichbedeutend mit Jeschíwe-Bócher, Student der Talmudhochschule.

Bar, a. = h. Ben, Sohn.

Bárches oder *Bérches*, j. (vom altdeutschen Namen der Göttin Berchta, der die Bräute ihre Zöpfe und später Zopfbrote darbrachten. Das Haaropfer wurde von den Juden Osteuropas übernommen), Zopfbrot, über dem bei Sabbatbeginn der Segen gesprochen wird.

Bar-Mizwá, j. Bar-Mízwe, wörtl. Gebotspflichtiger. Mit dem vollendeten 13. Lebensjahr übernimmt der jüdische Knabe alle religiösen und kultisch-rituellen Pflichten der Erwachsenen.

Bar-Mizwa-Feier: ungefähr Konfirmation.

Bart. Fromme Ostjuden trugen immer einen Bart. Verboten ist aber aufgrund einer bestimmten Bibelstelle nur die Benützung des Rasiermessers, nicht das Entfernen der Gesichtshaare als solches.

barúch, h., j. bóruch, gelobt, gesegnet. Sowohl als Vor- wie als Nachname gebräuchlich. «Barúch ha-Schém» h., wörtl. gelobt sei der Name, ungefähr = gottlob, Gott sei Dank. Brachá = Segen.

Batlán, h., j. Bálen, Nichtstuer, auch despektierliche Bezeichnung für Männer, die sich trotz Armut nur um religiöses Studium statt um Broterwerb kümmern.

bechówedt oder *bekówedt*, j. (v. h. Kawól = Ehre), ehrbar, solid.

Behemó, pl. Behemot, h., j. Behéjme, pl. Behéjmeß, Vieh. Auch Schimpfausdruck.

Ben, h., Sohn.

Berachá, *Brachá*, h., j. Bróche, Segen, Segensgebet.

Beschneidung, h. Milá, auch Brít-(= Bund)Milá, j. Briß-Míle. Grundgebot des Judentums. Wird an den Knaben am achten Tage nach der Geburt vollzogen.

Bét-ha-Midrásch, h. (Bet = Haus; Midrásch = Schriftforschung oder -deutung), j. Bejß-Médresch. Talmudisches Lern- und Bethaus.

Bócher, vgl. Bachúr.

Böser Trieb, h. Jézer ha-rà, j. Jéjzer-hó-ro. Der Urgegensatz von Gut und Böse ist keine biblische Vorstellung, von Persien her aber früh bei jüdischen Sekten und ins nachbiblische Schrifttum eingedrungen. Im Talmud auch in personifizierter Form, als Satan.

Brit oder *Berít.* Bund. S. Beschneidung.

Bund. 1. h. brit, bezeichnet das religiöse Verhältnis zwischen Gott und Israel. 2. «Bund» = Name einer jüdisch-sozialistischen, antizionistischen und antireligiösen Arbeiterbewegung im Osten seit der Jahrhundertwende bis zur Sowjetisierung.

Chajím, h., Leben. Le-Chájim, wörtl. «Zum Leben!», ein Trinkspruch wie «Prost!» – Der häufige ostjüdische Vorname Chájim soll nicht von h. Chajim = Leben, sondern vom spanischen Jaime (gesprochen: Chaime) kommen. Jedoch spricht der spaniolische Doppelname Chajim-Vidal, also mit deutlicher Anspielung auf «Leben», gegen diese Deutung

Chaméz, h., j. Chómez, Gesäuertes. An den Pessachtagen (siehe Pessach) dürfen keinerlei mit Sauerteig bereitete Speisen genossen werden, weil die Juden vor dem Auszug aus Ägypten, an den die Pessachfeiern erinnern, keine Zeit hatten, ihr Brot zu säuern. Verboten und als Chomez bezeichnet sind aber an Pessach noch viele andere Lebensmittel, die leicht in Gärung übergehen.

Chanukká, h., j. Chánike, wörtl. Einweihung. Ein Lichtfest zur Weihnachtszeit zur Erinnerung an die neue Einweihung des unter seleukidischer Herrschaft geschändeten Tempels.

Chasán, h., j. Chásen, Vorbeter und Kantor in der Synagoge.

Chámmer, j., von h. Chamór, Esel. Beliebtes Schimpfwort.

Chássene, j., von h. Chatuná, Hochzeit.

Chassíd, pl. Chassidím; j. Chóssid, pl. Chssidim: Name der Anhänger der chassidischen Bewegung. Sie scharen sich um charismatisch gewählte religiöse Führer. Später wird die Führerrolle erblich und verliert ihren einstigen Sinn. Ursprüngliche Bedeutung des Chassidismus: anstelle der komplizierten talmudischen Gelehrsamkeit fordert er unmittelbare, freudige Hingabe an Gott und seinen Willen. Intensiver Wunderglauben.

Chassidismus, von h. chassíd, fromm. Volkstümlich-mystische Bewegung, im 18. Jahrhundert in der Ukraine entstanden. Vgl. Chassíd.

Chéder, h. und j. Zimmer. Elementarschule für Knaben von ihrem 3., spätestens 5. Jahr an, wo sie direkt aus der Bibel H. lernen.

Chewléj-Maschíach, h. u. j. Messiaswehen. Nach dem Talmud und der jüd. Mystik werden dem Kommen des Messias verruchte Zeiten vorangehen.

Chewrá kaddischá, a., j. Chéwre kadísche, «Heiliger Verband», meist ehrenamtliche Vereinigung zwecks Liebesdiensten an Kranken und Besorgung des Rituals für Tote.

Chochmá, h., j. Chóchme, Weisheit, Klugheit. Auch ironisch Denktrick.

Chónte, j. (von h. chanó = lagern?), Dirne. Nur in Mitteleuropa gebräuchlicher Ausdruck.

Chóssen, j., von h. Chatán, Bräutigam.

Chuppá, h., j. Chúppe, wörtl. Bedeckung. Baldachin, Trauhimmel, unter welchen Braut und Bräutigam zusammengegeben werden. Die Chuppa ist über 4 Stangen gespannt, die von 4 Jünglingen getragen werden.

Chúzpe, j., von h. Chuzpá, Frechheit.

Cohén, h., j. Kojn, Priester. Die bis heute erbliche Aufteilung des jüdischen Volkes in Cohaním (pl. von Cohen), Leviten (sing. Levi) und Israel stammt aus der Zeit, da der Tempel in Jerusalem noch stand. Die Priester genossen bestimmte Vorrechte und Vorteile, hatten dafür gewisse kultische Pflichten zu erfüllen. Die Leviten leisteten beim Tempeldienst Beihilfe. «Israel» war das restliche Volk, das mit dem Tempelkult nichts zu tun hatte. Der Cohen hat auch heute noch Sonderaufgaben beim Gottesdienst und darf z. B. keine Leichen berühren und keine geschiedene Frau heiraten. – Die Familiennamen Cohn, Kahn, Kagan, Kogan, Katz (= Kohen zédek, gerechter Priester) und so weiter gehen alle auf Cohen zurück.

dáiges oder *dájes,* j., h. daagót, Sorgen.

daitschen oder *taatschen* = verdeutschen, gleichbedeutend mit «verständlich machen», ins J. übersetzen. Man kann demnach einen deutschen Text «daitschen», indem man ihn aus dem Deutschen ins J. überträgt!

Dálles v. h. Dalút = Armut.

dáwenen, j. beten. Die Herleitung des Wortes ist unsicher. Vorgeschlagen wird 1. von h. dal = Seite; also umblättern. 2. von h. dáawón = Leid. 3. von engl. dawn. 4. von einem persischen Wort.

Din, h. und j., (religiöses) Gesetz.

éfscher, j., h. efschár, vielleicht.

Elohím, h., wörtl. «die Gewaltigen», Gottesname in der Bibel.

Emanzipation, röm.-rechtl. Begriff, Entlassung aus der väterlichen Gewalt. In bezug auf Juden: die bürgerliche Gleichberechtigung in den Ländern der Diaspora. In Europa nach der Französischen Revolution im Laufe des 19. Jahrhunderts überall, außer im zaristischen Rußland. Sie wurde aber im Laufe des 20. Jahrhunderts zunächst im östlichen Mitteleuropa und ab 1933 im Dritten Reich und in den vom Dritten Reich besetzten Gebieten wieder aufgehoben.

Érew, h. und j., Abend. In Zusammensetzung mit Festtagen (z. B. Érew-Schábbes): Rüsttag.

Erúw, h., j. Ejrew, Vereinigung. Künstliche und fiktive Zusammenfassung ganzer Stadtgebiete zu einem angeblich einheitlichen Besitztum. Eine Maßnahme, die die Erfüllung der sehr strengen Sabbatgebote erleichtert: auf diese Weise wird z. B. das Tragen von Gegenständen, das am Sabbat sonst nur im eigenen Haus erlaubt ist, in der ganzen Stadt ermöglicht.

Estér, j. Éster, jüdische Gemahlin der persischen Königs Ahasweros (= Xerxes). Sie rettet auf Veranlassung ihres Vetters Mordechái die persischen Juden vor der Vernichtung durch den bösen Minister Hamán. Purím (s. d.), die jüdische Fasnacht, wird zur Erinnerung daran gefeiert.

Éjze, j., von h. Ejzá = Ratschlag.

fleischig, Gegensatz zu milchig. Nach rituellem Speisegebot dürfen Fleisch und Milch oder deren Produkte weder vermengt noch mit den gleichen Küchen- und Eßgeräten berührt, noch gleichzeitig oder kurz nacheinander genossen werden.

Gabbái, h., j. Gábbe, wörtl. Einnehmer, Verwalter von Wohltätigkeitskassen, heute nur Synagogenvorstand.

Gálach oder *Gálech*, j. (von h. galách = der Rasierte oder Geschorene). Ursprünglich nur der katholische Priester mit der Tonsur, später alle christlichen Geistlichen.

Galút, h., j. Góluß, Verbannung, Deportation. Diaspora oder Exil der Juden.

Gaón, pl. Gaoním, j. Gon, wörtl. Stolz, Erhabenheit, Genialität, Exzellenz. Offizieller Titel bestimmter Gelehrter der nachtalmudischen Epoche. In der Neuzeit unverbindlicher Ehrentitel für besonders verehrte östliche nichtchassidische Rabbis.

Ganáw, h., j. Gánew, Dieb, Gauner.

gánwenen, stehlen.

Gemará, h., j. Gemóre, wörtl. Lehre. Gleichbedeutend mit Talmud.

Gemilút-chéssed, h., j. gmíluß-chéssed, Wohltat, zinsfreies Darlehen.

Ger, h., j., Proselyt, der zum Judentum übergetreten ist.

Geséjre, j., h. Gesejrá, Verhängnis, böser Erlaß. Im Jargon Geséjres (pl.) = Gejammer.

Ghétto oder *Gétto*, von h. get = Abtrennung, Trennung, Scheidung. Italienisch = Judenviertel. Anfangs freiwillige Absonderung, später in manchen Ländern erzwungen.

Gnosis, griech., wörtl. Erkenntnis. Mystisch-philosophische Glaubensform der Spätantike, deren Vorstellungen zwar sowohl vom Judentum wie vom Christentum bekämpft wurden, dennoch aber zum Teil Einlaß in die jüdische und christliche Mystik fanden.

Goj, pl. Gojím, j. Gójim, wörtl. Volk. Im nachbiblischen Schrifttum nur noch für nichtjüdische Völker (ähnlich dem griechischen «barbaroi»). Im J. ist «Goj» meist nicht Volk, sondern Einzelperson, und zwar 1. Nichtjude, 2. Nichtjude niederer Stände, vor allem slawischer Bauer, 3. religiös ungebildeter Jude mit schwerfälligem Verstand. – Weibliche Form: Góje oder Gójete.

Góluß vgl. Galút.

Haggadá, auch Agadá, h., wörtl. Sage. Haggada = die volkstümliche Pessacherzählung, die an den beiden ersten Pessachabenden am Familientisch vorgelesen wird. Vgl. Pessach.

Hamán, j. Hómen, persischer Minister unter Xerxes (Ahasweros), der die Juden vernichten wollte. Vgl. Ester und Purim.

hárgenen, j., von h. haróg, morden, töten. Vergangenheit: er hot hárget.

Haskalá, h., j. Haskóle, wörtl. Erkenntnis. Aufklärungsbewegung der Ostjuden zu Beginn des 19. Jahrhunderts.

Hebräisch, Sprache der Bibel, die, etwas vereinfacht und mit modernen technischen Bezeichnungen ergänzt, heute in Israel wieder gesprochen wird. Semitisches Idiom. Nicht zu verwechseln mit Jiddisch (s. d.).

Hohelied, das, h. Schir-ha-Schirím = Lied der Lieder. Sammlung von Liebesliedern im AT, als deren Verfasser König Salomo gilt.

Inquisition, Untersuchung auf Ketzerei. Werkzeug der christlichen Religionspolitik, um Rückfälle ins Heidentum zu bekämpfen. Später, vor allem in Spanien, hauptsächlich gegen Juden und Mohammedaner gerichtet. Führte zur totalen Vernichtung der spanisch-jüdischen Gemeinden.

Itzig, j., h. Jizchák, deutsch Isaak. Der ostjüdische Vorname Eisik jedoch kommt nicht von Isaak, sondern von deutsch «eisern».

Jarmúlka, slaw., Käppchen. Bei Gebet und Beschäftigung mit religiösen Schriften bedekken fromme Juden ihr Haupt. Anstelle des lästigen Hutes nimmt man hierfür gern die leichte «Jármulke». Fromme Ostjuden trugen oft die Jármulke den ganzen Tag, sogar unter dem Hut.

Jeschiwá, h., j. Jeschíwe, wörtl. der Sitz, das Sitzen. Seit dem Altertum Bezeichnung für Talmudhochschulen. Jeschíwe-Bócher, wörtl. Jeschiwa-Jüngling = Student an der Jeschiwa.

Jézer ha-rá, h., j. jéjzer hó-ro, vgl. Böser Trieb.

Jiddisch, seit dem Spätmittelalter die Sprache der Juden in Deutschland und Osteuropa. Volks- und Kultursprache mit reicher Literatur. Wortschatz weitgehend mittelalterliches Deutsch, harmonisch ergänzt mit hebräischen und slawischen Elementen.

Jóm Kippúr oder Jóm ha-kippurím, h., j. jom-kípper, Tag der Sühne. Strenger Buß- und Fasttag im Herbst, kurz nach dem jüdischen Neujahr.

Judenmission, Versuch der Missionierung der Juden durch beide christlichen Konfessionen, früher systematisch betrieben.

Kabbalá, h., wörtl. das Empfangen, die Überlieferung. Seit dem 13. Jahrhundert Bezeichnung für die jüdische Mystik. Der Begriff will besagen, daß die mystischen – von der Bibel zum Teil stark abweichenden – Einsichten ebenso auf Offenbarung beruhen wie das mosaische Gesetz. Der Sohar, das Hauptwerk der «Kabbala», erschien im 13. Jahrhundert in Spanien, ist aramäisch, in Dialogform verfaßt und wurde von seinem Verfasser als eine alte, aufgefundene Schrift ausgegeben, die auf die ersten Talmudgelehrten zurückgehe. In der Tat enthält der Sohar zum Teil sehr alte mystische Vorstellungen aus dem gesamten spätantiken Raum und aus dem Orient.

Kadísch, a., j. Kádisch, Gebet männlicher Nachkommen für verstorbene nahe Verwandte.

Kahál vgl. Kehillá.

Kalá, h., j. Kálle, Braut, Schwiegertochter.

Kálle vgl. Kalá.

Kantor, Synagogenvorsänger, heute = «Chasan», der aber ursprünglich nur Aufseher und allenfalls Vorbeter war, nicht Vorsänger.

Kappará, pl. Kapparót, j. Kapóreß, stellvertretendes Sühneopfer. Ein alter Brauch, der am Vortag des «Jom Kippur» von manchen Juden mit einem geschächteten Huhn vollzogen wird. Übertragen: «Ich brauche das auf Kaporeß» = «Ich brauche das für die Katz».

Kásche, j., von h. Kuschiá = Frage und kaschè = schwer. Fachausdruck für abzuklärendes Problem in der talmudischen Diskussion.

Kaschér, h., j. kóscher, wörtl. tauglich, erlaubt. Kascher sind alle Speisen, die nach dem Ritualgesetz erlaubt sind. Gegensatz dazu: Trefa; trefe, s. d.

Kehillá und Kahál, h., j. Kille und Kol, Versammlung, Gemeinde, Publikum. Im J. nur Kultusgemeinde.

Kiddúsch, h., j. Kídesch, wörtl. Heiligung. Gemeint ist das Gebet des Hausherrn am Freitagabend, verbunden mit dem Weinsegen.

Kiná, pl. Kinót, h., j. Kíne, Kíneß, Klagelied, Elegie. Die älteste Elegie ist die Klage Davids über den Tod von Jonathan. Die Kinot haben in die Liturgie Eingang gefunden.

Kohn vgl. Cohen.

Kugel, j., eine süße Sabbatspeise. Nicht von deutsch «die Kugel», sondern von h. k'ugál = «gleichsam rund», daher nicht *die* Kugel, sondern *der* Kugel.

Lamdán, h., j. Lamdn, wörtl. Lerner. Ein Mann, der sich intensiv mit dem religiösen Schrifttum abgibt.

Laschón, h., j. Loschn, Zunge, Sprache. Laschón-Kódesch, h., j. Loschn-Kojdesch = Sprache der Heiligen = Hebräisch. Mame-Loschn, auch Mame-Lóschen, wörtl. Muttersprache = Jiddisch.

Lechajim, vgl. Chajim.

Levi und Leviten, vgl. Cohen.

Leviathan, Meeresungeheuer, zum erstenmal bei Hiob erwähnt. Im nachbiblischen Schrifttum gibt es die Vorstellung, daß das Fleisch des Leviathans den Gerechten im Himmel als Speise vorgesetzt wird.

Lewóne, j., h. Lewaná, Mond. «Mechádesch» oder «mekádesch sein» die Lewone = das Segensgebet über den Neumond sprechen. Mekadésch, h., = heiligen, mechadésch, h., von chadasch = neu.

Lokschn, j. Nudeln. Lehnwort aus der Turksprache der südrussischen Chasaren, die im 8. Jahrhundert zum Judentum übertraten und von ihren Handelsreisen nach China die Nudeln kannten und nach Europa brachten.

Lózelach, j. (von h. lazón = Spott), Scherze, Witze, Späße.

Magíd, h., j. Mágid, Prediger. Fast nur im Sinne von Wanderprediger.

Makkabäer, Familie des Juda Makkabi, eines jüdischen Helden, der zur Zeit der Seleukidenherrschaft den geschändeten Tempel neu einweihte (167 v. Chr.). Vgl. Chanukka.

Máme-lóschen, exakter: Máme-Loschn. Vgl. Laschón.

Mamsér, h., j. Mámser, Mischling. Heute nur noch illegaler Sohn.

Maránnen oder *Marránen,* spanisch = Schweine. Im 16. Jahrhundert Benennung der Juden in Spanien, die nur aus Angst vor der Inquisition das Christentum annahmen. Gruppen von Marannen sind nach Jahrzehnten und sogar nach Jahrhunderten wieder zum Judentum zurückgekehrt.

Maschgíach, h. und j., Aufseher. Kontrolleur für Koschervorschriften in rituellen Restaurants oder der Studienleiter in Jeschiwot.

Maschíach, h., Messias. Wörtlich Gesalbter, also = Christos. Er wird von den Juden am Ende aller Tage erwartet, und sein Kommen bringt vollkommenen Frieden und sündenfreien Zustand.

Máseltow, j., h. Masál-tów, Gut Glück! Gratulationsformel.

mauscheln = Jiddisch oder Jargon, d.h. mit Jiddisch versetztes Deutsch, reden. Von h. Maschál, deutsch-jiddisch maúschel, = Beispiel, also Beispiele erzählen, plaudern. Das Wort «mauscheln» ist aber im J. Osteuropas nicht gebräuchlich.

Mázze, j., von h. Mazzá, ungesäuertes, flaches Péssachbrot. Vgl. Péssach.

Megílle, j., h. Megillá, wörtl. Rolle, also genau entsprechend dem griech. Biblos. Gemeint ist im J. nur die Megillát-Estér, j. Megílles-Ester, die Pergamentrolle, aus der an Purim (vgl. das) vorgelesen wird.

Melámed, j., h. Melaméd, wörtl. Lehrer. Elementarlehrer für H.

Menúwel, j. (h. menuwál = niederträchtig), Ekel, Scheusal.

meschúge, j., h. meschugá, verrückt.

Meschúmed, j., h. Meschumád (wörtl. der Vernichtete), Täufling.

Messias, vgl. Maschíach.

Midrásch, h., j. Médresch, wörtl. Lehre. Gemeint sind damit die homiletischen und poetischen Teile des Talmuds und der späteren rabbinischen Schriften.

mieß, j. (von h. miúß = Ekel), häßlich, abstoßend.

Míkwe, j., von h. Mikwé, wörtl. Ansammlung. Ansammlung von Quellwasser im rituellen Tauchbad, das den Frauen und Männern zu ganz bestimmten, jedoch verschiedenen Gelegenheiten vorgeschrieben ist.

Milá, vgl. Beschneidung.

Minchá, h., j. Mínche, wörtl. Geschenk, Speiseopfer. Heute nur noch – Nachmittagsgebet.

Minián, h., j. Mínjen, wörtl. Zahl. Die Mindestzahl der zehn männlichen Beter im Alter von über 13 Jahren, die für den Gemeindegottesdienst unerläßlich sind.

Mischna, vgl. Talmud.

Misrách, h., j. Mísrach, Osten. Die Ostrichtung ist geheiligt, weil Jerusalem im Osten liegt. Bei bestimmten Gebeten und kultischen Handlungen wendet man sich nach Osten. An der Ostwand in der Synagoge sind die Ehrenplätze.

Mischpóche, j., h. Mischpachá, Familie, Klan.

Mitnagéd, pl. Mitnagdím, h., j. Mißnáged, Mißnágdim, wörtl. Gegner. In Osteuropa nur die Gegner des Chassidismus.

Mizwá, h., j. Mízwe, Gebot. Die religiösen Gebote, die auf den Pentateuch (Tora) oder den Talmud zurückgehen. Vgl. Bar-Mizwa.

Mordechai, vgl. Ester.

Nadán oder *Náden,* h. nedán, Mitgift.

Namen. 1. Familiennamen der Juden. Sie wurden erst gegen Anfang des 19. Jahrhunderts endgültig festgelegt. Zum Teil sind sie ähnlich entstanden wie die der Nichtjuden, also Groß, Grün, Müller, Schwab usw. Zum Teil (Cohn, Levi, Rabbinowitz usw.) deuten sie auf religiöse Traditionen hin. Zum Teil sind sie – vor allem in der Donaumonarchie – von den namengebenden Beamten absichtlich lächerlich gewählt worden. – *2. Vornamen.* Neben vielen biblischen Vornamen, die aber in der eingedeutschten und jiddischen Aussprache manchmal ganz verwandelt klingen, waren vor allem im Osten sehr viele deutsch-mittelalterliche Vornamen üblich (Bär, Hirsch, Taube, Schöndel, Liebe usw.) und vereinzelte Namen aus dem spätantiken Kultuskreis, so merkwürdigerweise Feiwusch (= Phöbus). In neuerer Zeit bekundeten Juden in Mitteleuropa ihren Willen zur Assimilation (s. d.) nicht selten durch Wahl von altgermanischen Heldennamen.

nébbich oder *nébach:* abwehrend-beschwörender Mitleidsausruf, von Mittelhochdeutsch «der nebige» = der Reitknecht, der zu Fuß neben seinem reitenden Herrn traben mußte.

Nekóme, j., h. Nekamá, Rache, Genugtuung.

Newelá, h., j. Newéle, Aas, Kadaver.

Núdnik, öder Kerl. Von nudny, polnisch = langweilig.

Párech, j., von h. paróach (wörtl. «aufblühen») = Ausbrechen von Geschwüren, Kopfkrätze. Übertragen: Auswurf, übles Individuum.

Párneß, j., a. Parnéjß, Pfleger, Gemeindevorsteher.

Parnósse, j., h. Parnassá, Einkommen. Vgl. Párneß.

Passúk, h., j. Póssek, Bibelvers, Bibelstelle, Paragraph.

Péger, h. und j. = Leiche, Aas.

Péjeß, j., h. Peót, wörtl. Ecken. Die Schläfenlocken der orthodoxen Juden.

Pentateuch = Tora (h. Lehre) = 5 Bücher Mose.

Perücke oder «Scheitel». In der Bibel betreten nur Dirnen mit entblößtem Haupt die Straße. Im Mittelalter kam aber bei den aschkenasischen (vgl. das) Jüdinnen zusätzlich die Sitte auf, bei der Heirat das Haupthaar nicht nur zu bedecken, sondern auch abzuscheren. Die Frauen trugen dann ein verziertes Tuch, eine Haube oder, später, eine Perücke. Obwohl die Sitte europäisch-heidnischen Ursprungs ist, wird sie von orthodoxen Frauen streng befolgt.

Péssach, h., bei Luther «Passah», wörtl. Vorübergehen. Erinnerungsfest der Juden an den Auszug aus Ägypten, vor welchem der Todesengel, der die Erstgeborenen mordete, an den jüdischen Häusern «vorbeigegangen» war. Das Fest dauert acht Tage, während welcher zur Erinnerung an das ungesäuerte Brot der eilig aus Ägypten aufgebrochenen Juden nur die ungesäuerte «Mazza» gegessen werden darf. Vgl. Haggada und Sedertafel.

Pleite, j., von h. Pletá = Flucht, Zuflucht. Im J. nur im Sinn von Bankrott.

Pogróm, der russ., Verwüstung. Gemeint sind Plünderungen und Massaker an den Juden, von der zaristischen Regierung meist bewußt geplant und organisiert, sooft die politische Unzufriedenheit des Volkes in andere Bahnen gelenkt werden sollte. Indes gab es im ukrainischen Raum auch nichtorganisierte Pogrome.

Priester = Cohen (vgl. das).

Proselyt, vgl. Ger.

Psalmen, h. Tehillím, j. Tíllim, = Lobgesänge, Psalmen. Religiöse Lieder, Hymnen und

Gebete, die dann für die jüdische und christliche Liturgie grundlegend wurden. Fromme Juden pflegen in Notlagen «Tehillim zu sagen», d. h. Psalmen zu rezitieren.

Punktation. Die h. Quadratschrift der Bibel ist eine Silbenschrift, die ursprünglich nur den konsonantischen Anlaut der Silben festhält. Später wurden die Vokale als kleine Hilfszeichen eingefügt. Aber auch heute noch werden Zeitungen, Briefe und Bücher sowohl im H. wie auch im J. (das in h. Lettern wiedergegeben wird) ohne Punktation, also als eine Art Stenogramm, geschrieben. Später entstand eine gotische Variante der Quadratschrift: die Raschischrift.

Purím, j. Púrim, wörtl. Lose. Erinnerungsfest an die Errettung der Juden vor der Vernichtung durch den persischen Minister Haman. Fällt in den Februar oder März und entspricht der Fasnacht. Vgl. Ester.

Rabbi, Rabbiner, Rebbe usw., vgl. Raw.

Raw, h., ursprüngl. gewaltig, mächtig; großer Herr, Meister. Seit der frühen Talmudepoche Ehrentitel für führende religiöse Gelehrte.

Rabbi = mein Raw, j. Rébbe, Anrede. Im Deutschen jedoch kennen wir die Form *«der* Rabbi» nicht nur als Anrede. Auch im J. kann man sagen *«der* Rebbe».

Rabbiner – verdeutschte Form, nie auf den chassidischen Wunderrabbi, den Zaddik, angewendet.

Die Ostjuden pflegten alle geistig-religiösen Führer, die Kinder sogar den Melamed, als «Rebbe» anzureden. Die Silbe «Reb», einem Namen vorangesetzt (also «Reb Rosenbaum») ist dagegen nur eine unverbindliche, ehrende Anrede für angesehene Mitbürger.

Der Witz greift sämtliche Abarten von Rabbis und Rabbinern an:
1. den talmudgelehrten Rebbe, weil er vor lauter Gelehrsamkeit und Vielwissen das Wesentliche aus den Augen verliert;
2. den Zaddik (Wunderrabbi), weil er nur innig fromm, nicht aber gebildet ist; und über seine Anhänger, die Chassiden, spottet der Witz, weil sie ihrem Rabbi Wundertaten andichten;
3. den westlich-liberalen Reformrabbiner, weil er weder die Talmudkenntnisse des traditionell-orthodoxen Rebbe noch die Frömmigkeit des chassidischen Führers besitzt, und weil er zusammen mit dem Zeremonialgesetz auch die Zehn Gebote über Bord geworfen hat.

Raschi, vgl. Namenregister

Raschischrift. Entstand später als die Quadratschrift (vgl. das unter «Punktation»). Große Teile des nachbiblischen Schrifttums sind in Raschischrift niedergelegt.

Reformjudentum. Ein Zweig des religiös liberalen Judentums, der die Angleichung des Gottesdienstes an den christlichen Kultus am weitesten vorangetrieben hat.

Rischeß, j., h. Risch'út, wörtl. Bosheit, Schlechtigkeit = Antisemitismus.

Ritus, lat., Religionsgebrauch. Rituell leben = alle Zeremonialgesetze exakt befolgen.

rituell, vgl. Ritus.

Rósch-ha-Schaná, h., j. Roscheschóne, wörtl. «Kopf des Jahres», jüdisches Neujahrsfest, fällt in den Herbst und wird sehr ernst mit Gebeten begangen.

Sabbat, h. Schabbát, j. Schábbes, von h. schabót = ruhen. Siebter Tag der Woche, Ruhetag mit strengen Vorschriften über die Vermeidung von Arbeit.

sach oder *sich* = sich. Im J. wird oft die personale Form «dich», «euch» usw. durch das reflexive «sich» ersetzt.

Schabbes, vgl. Sabbat.

schächten, von h. schachót. Vgl. Schechitá.

Schálet oder Tschólent, ein Eintopfgericht, das mit Hilfe von viel Fett über Nacht von Freitag auf Sabbat im schwach geheizten Ofen gar gekocht wird. So verschaffen sich Juden, die aus Frömmigkeit am Sabbat kein Feuer anzünden (gilt als Arbeit und ist folglich verboten), für den Sabbat dennoch eine warme Mahlzeit. Das Wort kommt von altfranz. chauld = warm.

Schámmes, j., h. Schammásch. Diener, heute nur noch Synagogendiener.

Schawuót, h., j. Schwú'eß, wörtl. Wochen, entspricht zeitlich dem Pfingstfest. Datum der Sinai-Offenbarung und zugleich Erntefest.

Schechitá, h., j. Schchíte = Schächtung; Schochét, h., j. Schójchet = Schächter. Die rituellen Schächtgesetze sind sehr kompliziert und mit einer präzisen Fleischkontrolle verbunden, so daß der Schächter ein religiös gebildeter Mann sein muß.

Schégez, j., h. Schékez, männl. Form zu Schikse (vgl. das).

Scheitel, vgl. Perücke.

Schíkse, j., von Schékez, h. wörtl. Reptil, Abscheu, im J. Schegez = grober, primitiver Bursch. Schikse = nichtjüdisches Mädchen der niederen Stände, auch Magd oder Dirne.

Schiwá, h., j. «Schíwe-Sitzen» − 7 Tage zum Zeichen der Trauer über den Tod eines nahen Verwandten barfuß oder nur in Strümpfen auf einem niedern Schemel sitzen.

Schóchet, j., h. Schochét, vgl. Schechita.

Schofár, h., j. Schójfer, Horn, Posaune. Das Widderhorn, das in der Synagoge am Rosch-ha-Schana und am Jom Kippur geblasen wird.

Schul, eigentlich Schule. Lehr- und Bethaus, Synagoge.

Schulchán Arúch, h., wörtl. «Bereiteter Tisch», ein Kompendium des Ritualgesetzes aus dem 16. und 17. Jahrhundert.

Schweinefleisch. Nach mosaischem Gesetz gilt das Schwein − neben vielen andern Tieren − als «unrein», der Genuß von Schweinefleisch ist daher untersagt.

Séder, h., wörtl. Ordnung. Gemeint ist aber meist der Sedertisch, d. h die nach ganz bestimmten rituellen Vorschriften geordnete Tafel bei den häuslichen Mahlzeiten an den ersten beiden Pessachabenden (vgl. Pessach).

Seelenwanderung. Eine nichtbiblische Vorstellung, die aus der Gnosis der Spätantike in die kabbalistische Mystik und von da aus in den Volksglauben der Ostjuden Eingang gefunden hat.

Sefarád, Sefardím. Sefarad ist ein unbekanntes Exilland, das in der Bibel (Obadja 20) erwähnt und später mit Spanien gleichgesetzt wird. Sefardische Juden = spanisch-portugiesische Juden. Der Großteil von ihnen kam mit den Arabern zusammen nach Spanien. Sie sprechen H. in der sogenannten sefardischen Aussprache, d. h. in der ursprünglichen semitischen Form, die auch heute wieder in Israel üblich ist. Bei den Aschkenasen (s. d.) ist die Aussprache des H. entsemitisiert und den europäischen Sprachen angeglichen. Auch im Ritus unterscheiden sich beide Gruppen erheblich. J. wird nur von aschkenasischen Juden gesprochen.

Semiten, semitisch. Der Begriff wird oft irrtümlich als Rassebezeichnung benützt, er meint aber nur eine Sprachgruppe. Hebräisch, Aramäisch, Arabisch sind semitische Sprachen.

Simchát-Torá, h., j. Símches-Tójre, wörtl. Freude der Tora (= Pentateuch). Jede Woche wird am Sabbat ein bestimmter Abschnitt aus der Tora gelesen. Wenn der Jahreszyklus im Herbst, am letzten Tage von Sukkot (vgl. das), beendet ist, wird das Fest «Simchat-Tora» mit ausgelassenen Freudentänzen der Männer in der Synagoge gefeiert.

Slichót, h., j. Slícheß, pl. von Sichá = Vergebung. Die Bußgebete, die an Fasttagen und vor den hohen Feiertagen im Herbst in der Synagoge vor Tagesanbruch verrichtet werden.

Slichót-Tage, j. «Slicheßtage», Bußtage vor den höchsten Feiertagen im Herbst. An ihnen werden Bußgebete und zur Bußestimmung passende Poesien gesprochen.

Speisegesetze. Das jüdische Ritualgesetz verbietet den Genuß vom Fleisch bestimmter Tiere, schreibt ferner für Säugetiere eine bestimmte Art der Schächtung vor, gebietet exakte Kontrolle der Innereien der Tiere, verbietet außerdem die Vermengung von Fleisch- und Milchspeisen und untersagt während der acht Pessachtage den Genuß von gesäuertem Brot. Der Genuß von Wein war in der Spätantike den Juden in nichtjüdischer Gesellschaft nur untersagt, weil man fürchtete, sie könnten dann das Trankopfer an die Götzen mitmachen. Sehr fromme Juden halten sich aber heute noch daran.

Stuß, j. (sprich Schtuß), h. schtut, Dummheit.
Sukkót, h., j. Súkkeß, pl. von Sukká = Hütte. Laubhüttenfest im späten Herbst. Die Mahlzeiten werden während der acht Sukkottage in leichtgebauten Laubhütten eingenommen. Eine Erinnerung an die Zeltexistenz der nomadisierenden Vorfahren.
Sulamít, Name (weibliche Form von Salomo), Gestalt aus dem Hohenlied.
Synagoge, griech., zunächst = Gemeinde, dann = Versammlungsort für die Gemeinde, Bethaus.
Táchleß reden, zielbewußt reden. Tachlít, h. Ziel, Zweck.
Talmúd, h., j. Tálmud, wörtl. Belehrung, Lehre. Bezeichnung eines Kompendiums von Ergänzungen verschiedenster Art zum mosaischen Gesetz, die zunächst mündlich überliefert, seit der Zerstörung Jerusalems 70 n. Chr. jedoch schriftlich niedergelegt und bis 500 n. Chr. abgeschlossen waren. Die allerersten Ergänzungen zum mosaischen Gesetz in der nachbiblischen Zeit sind unter dem Namen Mischná zusammengefaßt. Es gibt einen Babylonischen und einen Jerusalemer Talmud. Beide bauen auf der Mischna auf. Der Talmud ist weitgehend aus Debatten der Gelehrten hervorgegangen, die er in der exakten ursprünglichen Form festhält. Er setzt sich zusammen aus Interpretationen der Bibel, deren Gesetze und Vorschriften er der veränderten Gegenwart anzupassen sucht, und aus volkstümlichen Sagen und Erzählungen. Der Rabbiner des Ostens hatte immer auch Talmudgelehrter zu sein, der nach dem talmudischen kasuistischen Gesetz Recht sprechen konnte. Der Tamud – ohne die Mischna – heißt auch Gemará, j. Gemójre (= Vollendung, Abschluß).
Talmúd-Torá-Schule. Ungefähr Mittelstufe, sie wurde von den Knaben etwa vom 9. bis 13. Jahre besucht, und zwar vor allem von mittellosen Knaben, da sie von der Gemeinde finanziert war. Die niederste Stufe war der Cheder, die höchste die Jeschiwa (vgl. Talmud und Tora).
Tánes, Tájnes, j., h. taanót (sing. taaná): Einwendungen.
Tanz. Fromme Ostjuden kannten Tanz im wesentlichen nur als Tanz der religiös erregten Männer, vor allem der Chassiden. Tanzten ausnahmsweise bei Hochzeiten dennoch beide Geschlechter miteinander, so vermieden sie die Berührung der Hände, indem sie sich gegenseitig nur die Zipfel eines Taschentuches reichten.
Taschlích, h., j. táschlich, wörtl. «Du wirst werfen». Der Brauch, am Neujahrsfest bei einem fließenden Gewässer zu beten und die Sünden des ganzen Jahres symbolisch ins Wasser zu werfen.
Táte, von polnisch táta = Papa.
Tefillín (von Tefillá, h., Gebet), j. tfiln, Gebetsriemen, die an gewöhnlichen Wochentagen von Männern beim Morgengebet angelegt («gelegt») werden. Zu den Tefillin gehört eine Kapsel, die, auf Pergament geschrieben, bestimmte Toraabschnitte enthält.
Tehillím, j. tillim, vgl. Psalmen.
Tempel, meist nur der Tempel in Jerusalem gemeint. Er wurde nach der Zerstreuung der Juden durch die Synagoge abgelöst. Liberale jüdische Gemeinden nennen ihre Synagogen mitunter «Tempel».
Tenách, Buchstabenwort: T = Torá (Pentateuch), N = Newiím (Propheten), K = Ketuwím, (wörtl. Schriften: Hagiographen).
Terefá, h., j. tréjfe oder tréfe. Wörtl. «Gerissenes». Der Genuß des von Raubtieren gerissenen Wildes war verboten. Sekundär bezeichnet man alle rituell verbotenen Speisen als «trefe».
Terúz, h., j. Térez, kasuistische Entgegnung auf eine Frage; sec. Vorwand, spitzfindige Ausrede.
Teschuwá, h., j. t'schúwe, Umkehr, Reue.
Tínnef, von h. Tinúf = Schmutz, Dreck.
Tischá-be-Aw, h., j. Tísche-bow, wörtl. der 9. (Tag) im (Monat) Aw. Strenger Fast- und Trauertag im August wegen der Zerstörung des Tempels.

Tócheß, j., von h. tachát = hinten. Das Gesäß.

Todesengel. H. Mal'ách ha-máwet, j. málach-hamóweß. Eine nachbiblische Vorstellung. Der Todesengel tötet mit dem Schwert.

tómmer, j., vielleicht. Abgeleitet von h. tomár = Du wirst sagen.

Torá, h., j. Tójre, wörtl. Lehre = Pentateuch, 5 Bücher Mose. Übertragen: religiöses Schrifttum.

Trauerriten, vgl. Schiwa.

trefe, vgl. Terefa.

Tschólent, vgl. Schalet.

Vorabend, Rüsttag. Fast alle jüdischen Feiertage (auch der Sabbat) beginnen am Vorabend und hören beim Erscheinen der Sterne am Feiertag selber auf.

Wein, vgl. Speisegesetze.

Wunderrabbi, vgl. Raw und Zaddik.

Zaddík, h., j. Zádik oder Zádek, Gerechter, Heiliger. Bezeichnung für den chassidischen Wunderrabbi.

Zeremonialgesetz, ein vom jüdischen Philosophen Moses Mendelssohn (1729–86) geschaffener Sammelausdruck für Kultus, Ritus und Brauch der Juden.

Personenverzeichnis

Ausschließlich Personen jüdischer Herkunft

Asch, Schalom, 1881–1957. J. schreibender Romancier und Dramatiker aus Polen.
Bialik, Chaim Nachmann, 1873–1934, neuhebr. Dichter.
Bergson, Henri, 1859–1941. Französischer Philosoph.
Bernard, Tristan, 1866–1947. Französischer Dramatiker.
Buber, Martin, 1878–1965. Darstellung und Interpretation des Chassidismus.
Chajes, Zwi, 1805–1855. Gelehrter und Rabbiner in Zólkiew (Ostpolen).
Dessoir, Ludwig, ursprünglich Dessauer, 1810–1874. Schauspieler in Berlin.
Drujanow, A., geb. 1870 in Polen. Historiker und Verfasser einer exakt kommentierten Sammlung jüdischer Witze in H.
Einstein, Albert, 1874–1955. Begründer der Relativitätstheorie.
Freud, Sigmund, 1856–1939. Begründer der «Psychoanalyse».
Frug, Samuel, 1860–1916. Dichtete in J. und Russisch.
Gedalia. Statthalter Judas nach der Zerstörung Jerusalems 586 v. Chr. An seine Ermordung erinnert ein Fasttag im jüdischen Kalender.
Geiger, Lazarus, 1829–1870. Sprachphilosoph in Deutschland.
Heine, Heinrich, 1797–1856. Deutscher Dichter, getauft, in Paris gestorben.
Herzl, Theodor, 1860–1904. Begründer des politischen Zionismus.
Isserles, Mose, 16. Jahrhundert in Krakau. Verfasser von Glossen zum Schulchan-Aruch.
Kempner, Friederike, 1836–1904 in Schlesien. Schrieb unfreiwillig komische Gedichte.
Liebermann, Max, 1847–1935. Berlin. Bekanntester Impressionist Deutschlands.
Maimonides. Vgl. Mose ben Maimon.
Marx, Karl, 1818–1883, Begr. d. hist. Materialismus u. wissensch. Sozialismus.
Mendelssohn, Moses, 1729–1786. Freund von Lessing, Philosoph der Aufklärung, Initiant der jüdisch-liberalen Religiosität.
Meyerbeer, Giacomo, 1791–1864, Berlin/Paris. Opernkomponist.
Mose ben Maimon, auch Maimonides genannt, 1135 (Córdoba) bis 1204 (Tiberias in Palästina). Bedeutendster jüdischer mittelalterlich-religiöser Philosoph, Begründer des Aristotelismus auch für die christliche Scholastik.
Mose Ibn Esra, 1060–1139. Bibelexeget, Philosoph und Dichter in Spanien.
Moszkowski, Alexander, 1851–1934, Polen/Berlin. Verfasser einer bekannten jüd. Witzsammlung mit beigefügtem Essay über die Philosophie des jüd. Witzes.
Olsvanger, Immanuel, geb. 1888. Verfasser einer j. geschriebenen Witzsammlung.
Perez, Isaak, 1852–1915. Neuromantisch-chassidischer j. Dichter in Polen.
Rambam, h. Akronym für Rabbi Mose ben Maimon, vgl. Mose ben Maimon.
Raschi = Salomo ben Isaak, 1040–1104, Troyes/Worms. Exeget von Bibel und Talmud.
Rawnizki, J. Ch., 1859–1930, Jiddischer Schriftsteller und Folklorist.
Rothschild, Privatbankiergeschlecht aus Frankfurt, seit der napoleonischen Zeit berühmt.
Saphir, Moritz-Gottlieb, 1795–1858. Journalist und bekannter Witzbold in Wien.
Schalom Alechem, 1859–1916, j.-humoristischer Dichter aus der Ukraine.
Schnitzler, Arthur, 1862–1931. Wien. Dramatiker und Novellist.
Sonnenthal, Adolf v., 1834–1909. Berühmter geadelter Schauspieler am Burgtheater Wien.
Weizmann, Chaim, 1874–1952. Erster Präsident des neuen israelischen Staates.

Liste der Spender von Witzen und Anekdoten

Bei Auswanderern aus Mittel- und Osteuropa ist das Land der Herkunft, sofern bekannt, in Klammern angegeben.

J.D. Abramski, Schriftsteller (Ukraine), Jerusalem – F. Adler, Limassol, Zypern – Dr. M.M. Adler, Hull, England – F. Altnöder, Mödling, Österreich – Dr.phil. Jean Améry (Wien), Brüssel – Dr. Alfred Aeppli (Deutschland), St. Paul, USA – F.J. Arendt, Haney, Kanada – Oberregierungsrat a.D. Dr. David B. Ascher (Berlin), Haifa, Israel – Wolfgang Bach, Lange/Hessen – Dr. F.C. Bachem, Meersburg am Bodensee – Oberregierungsrat i.R. Max Bachmann, München – Heinz Badt, Basel – Baksa-Sos Laszlone, Budapest – Heinz G. Ballauf, Bad Nauheim – Stud. Adalbert Banzhaff, Lörrach – Albert Bär, Bern – Istvan von Barczay, Kondo, Ungarn – Prof. Dr. Frederic Bargebuhr (Hamburg), Iowa, USA – Kornél Barna (Ungarn), Lehrbeauftragter der Universität Heidelberg – Christian Bauer, Berlin – Dr. Hans Bauermeister, Immenstadt, BRD – Heinz Baumeister, Dortmund – Peter Beck, Düsseldorf – Heino von der Becke, Bad Godesberg – Stud.phil. Werner Becker, München – Univ.-Doz. Dr Wilhelm Bensch – Prof. Dr. Franz Joseph Beranek (ČSSR), Gießen – Heinrich Berger, Den Haag – Paul Berger, Berlin – N. Bergman-Allweil (Deutschland), Tivon, Israel – Gerhard Berkemeier, Lage-Mussen BRD – Alexander Berkes (Ungarn) Düsseldorf – Dr.phil. Jos. Bernfeld (Czernowitz), Paris – Paula Bernhardt (Deutschland), Israel – Dr. A. Bernhauser, Wien – Edmund Bickel, München – Walter Bierbaum, Viechtach/Bayern – Ing. Lambert Binder, Wien – Wolfgang Binder, Hamburg – Wilhelm Bittner, Treuchtlingen/Mittelfranken – J. Blaauw, Dordrecht, Holland – Ludwig Blau, Wien – Irmgard Blum, Heilbronn – Direktor Ernst Bolik, Hannover – Dr.phil. Julia Borbely, Budapest – Otto Borchers, Bonn – Clementine Börner (Deutschland), Stockholm – Ing. Hans Bortsch, Erlangen – Dr.med. Wolfgang Böttger, Nürnberg – Hans Jürgen Brandt, Stuttgart – Dr. Adolf Braun, Wien – W. Breitkopf, Berlin – Architekt Hans Ludwig Brin, Kopenhagen – Hans Dieter Buchwald, staatl. Hochschule, Braunschweig – Carl Bühler, Göttingen/Wttg. – Wladimir Bukowski, München – Hans Bulcke, Lenzkirch/Baden – Dr.med. Michaele Burian (Wien), Bad Hersfeld – Arnold Buschmann, Ingolstadt – Jancu Chitzes (Rumänien), Genf – Cand.Ing. Dieter Claus, Berlin – Hildegard Closset, Dortmund – Arthur Cohn, Bad Harzburg – Wolfgang Colden, Düsseldorf – Dr. Heinz Colm, Mailand – Wolfgang Cordan (Berlin), Mexiko – Dr.phil. h.c. W.R. Cordi, Winterthur, Schweiz – Dr. Hans Cramer, Leverkusen – P.D. Bruno Deus, Denzlingen, BRD – Wendelin Dietzenschmidt, Freiburg Br. – Dr.phil. Hans Ditten, Berlin, DDR – Dr. Hans Dittrich, Sürth bei Köln – Otto Dölle, Escola Alem., Benguela, Angola – Alfred Dresel (Berlin), Oxchott, England – Dr. Detlev Dupal, Wien – Hadi Eckert, Sokodé (Togo) – Jizchak Efratt, israelischer Botschafter a.D., Cholon, Israel – Dr.iur. Robert Eibel, Zürich – Max Einhorn, Amsterdam – Georg Eisenkolb, Wien – Günther Elbin, Pfalzdorf/Niederrhein – Fritz Elble, Konstanz am Bodensee – Paul Ernst, Marburg – Marcella Faber (Sudetenland), Stuttgart – Dr.med. Hermann Fabry, Bochum – Walter Fackler, Ludwigsburg – Dipl.-Ing. Walter Fehre, Wörschach, Österreich – Dr. Ludwig Feist, Bad Godesberg – H.A. Feldmann, Klapmuts, Südafrika – Erwin Felkel, Florenz – Dr.phil. Kuno Fiedler, Purasca, Tessin – Prof. Dr. Franz Fischer, Tübingen – Marcel Fischer (Sudetenland), Stuttgart – Gudrun Fleischer, Eßlingen – Dr. Rudolf Flury, Redakteur, St. Gallen – Wilhelm Foag, Wehringen, BRD – Josef Foissner, Wien – René Foitl, Paris – Lisl Franceschelli, Jamaica – Nelly Frank, Genf – Architekt J. Fresco, Curaçao – Rosemarie Freidig-Cosmann, Dübendorf, Schweiz – Baruch Freudenfall (Podolien), Ajeleth-Haschachar, Israel – Enrique Alfredo Fuchs, Buenos Aires – Helene Fuchs, Heidelberg –

Dr. med. F. Funk, Kirrberg/Saarland – Prof. Dr. H. Gachot, Schirmeck-Belmont, Frankreich – Dr. iur. Lilli Galli-Erlanger, Luzern – Anders Garay (Ungarn), Stockholm – Georg R. Gaertner, Trier – Leo Gehrt, Krefeld – Irene Gerz, Hongkong – Dr. Gerhard Geyer, Wien – Dipl.-Phys. Mebus Geyh, Laatzen, BRD – Prof. Dr. med. H. A. Gins, Berlin – Arthur Glaser, Bankier (Berlin), Watford, England – Hubert Glatz, Villach, Österreich – Prof. Dr. Ladoslav Glesingen, Zagreb – Maxi Gobiet (Brünn), Wien – Dipl.-Ing. Hans Götz, Wien – Dr. med. Hermann Graebener, Bruchsal, BRD – Karl W. Graebener, Karlsruhe – Jetty Grafe (Wien), London – Ludvik Gregor, Prag – Momtschilo Grtschitsch, Wolfsburg – Iwan Guggenheim, Essen – Eduardo Guglielmetti, Zürich – Dekan Wilhelm Gümbel, Nagold – F. E. Grumpert, London – Dr. med. Alexander Gutfeld, Bückeburg – Adolf Häberlin, St. Moritz – Prof. Paula Häberlin, Basel – Dipl.-Ing. A. G. Hackl, Wien – Klaus Hagen, RA, München – Dr. Albert Hahn, München – Michael Hallo, Nürnberg – Dr. Alfred Halward, São Paulo, Brasilien – Dr. Robert Hampel, Wien – Peter Hansen, Bremen – D. N. Hare, Jekuda, Israel – Joachim Hasper à Sperda, Oberleutnant a. D., Heilbronn – Stadtrat Heinz Heckel (Tschernowitz), Hof a. d. Saale/Bayern – Adrian Heeb, Basel – Erwin Heidemann, Berlin – Dr. med. P. E. Heine, Sauerlach/Bayern – D. Heinrich, Süßenbach, BRD – G. Heinrichs, Hohenbostel-Deister, BRD – Gerichtsref. A. W. Heinzerling, Weinheim, BRD – von Hellermann, General a. D., München – F. A. Hengen, Rülzheim/Pfalz – Alfred Hennig, Berlin – Urschel Henschel, Oberhessen-Osterfeld – Josef Hermann, Ising/Obb. – Masko Hermann, Osijak, Jugoslawien – Prof. Dr. ing. Jobst Herrmann, Oberkochen, BRD – Prof. Dr. P. Hexner, Pennsylvania, USA – Hartwig Heymann, Albany-Berkeley, Col. – Hermann Hieber, Braunau bei Bad Wildungen – Eva Hilgendorf, Berlin – Alfons Hiller, Ulm – Prof. Dr. phil. et. med. Hildegard Hiltmann, Freiburg/Br. – Prof. Dr. H. Hinderks (Hamburg), Belfast – Prof. Dr. Otto Hintner, München – Dr. phil. Alexander Höchberg (Frankfurt), Basel – Armin Hofstetter, München – Adolf Honeker, Tübingen – Stud. phil. Helga Hopp, Berlin – Christian Huber, Bottmingen, Schweiz – Prof. Dr. chem. Walter R. Heumann, Montreal – Dr. phil. Arthur Hübscher, Frankfurt/Main – lic. iur. Konrad Hummler, St. Gallen – Gideon Husserl (Hamburg), Alumot, Israel – Prof. Dr. phil. Ph. F. Ingold, Zürich – Fred Jackson, Keston, England – Anne Jaeckel, Solingen – Marianne Jaray (Wien), London – Ludwig F. Jauner, Wien – Wolfgang Jeremias, Kapellmeister, Kassel – Gerhard Jeske, Hamburg – Lottie Joseph, San Franzisko – Dr. med. dent. Otto Jung, Alzey/Rhein – Abraham Kadima, Bamat-Gan, Israel – Dr. phil. Hildegard Kahlert, Hamburg – Izchak Kali, Moschaw Beth Meir, Israel – Dr. phil. Christine Kainz, Wien – Fr. Fritz Karger, Basel – Pfarrer Harry Karnowsky, Crailsheim – Walter Karsch, Herausgeber des Tagesspiegels, Berlin – Kalle Kasemaa, Tallin (Estland) – Eduard Kasparides, München – Legationsrat i. R Emil Keil, Haag am Hausruck, Österreich – Dipl.-Ing. Otto Kellermann, Sonthofen/Allgäu – Oberschulrat a. D. Heinrich Kerkhoff, Hamm/Westfalen – A. Kern, Jaffa, Israel – Assessor Hanns Werner Kern, Köln-Riehl – Ing. Rudolf Kinzel, Bamberg – Dipl.-Ing. B. Klaften, München – Dr. Benno Klein, Murnau/Oberbayern – Kurt Klöppel, Tübingen – Chefredakteur Prof. Horst Knapp, Wien – Hans Wilhelm Kogler, Wiesbaden – Bernhard Kohl, Leverkusen – Albrecht Köhler, München – Oberstudiendirektor Harry Köpnik, Bad Schwartau, BRD – Josef Koppmair, Bildhauer, München – Rüdiger Kornut, Kiel – Dr. Helene Marie Krapp, Zell ü. A., BRD – Dow Kraus, Neot Mordechai, Israel – Gerhard Krause (Danzig), Hamburg – Prof. Dr. Karl Krejci-Graf (Galizien), Frankfurt/ Main – Dr. phil. G. Kretschmer, Dornburg, DDR – Tilde Kriesi-Nascher, Bischofszell – Kurt Krolop, Germ. Institut, Halle-Wittenberg, DDR – Ing. Wolfgang Krüger, Erlangen – Dr. med. Franz Kuhn, Ichenhausen/Wttg. – Dr. Charlotte Kühner (Deutschland), Berg, Schweiz – Birgit Gabriele Künzig-Hohl, Wetzikon, Schweiz – Max Ladstätter, Florenz – Else Lakomy (ČSSR), Neustadt/Wttg. – Dr. iur. Valentin N. J. Landmann, St. Gallen, Zürich – Ing. Basilio Lanyi (Ungarn) Bueonos Aires – Dr. med. Günter Lasch, Bad Godesberg – Cand. med. Manfred Lasser, Leoben, Steiermark – Chefredakteur Robert Lehmann, Köln – Karin Leonhardt, Paris – Awraham Levin, München – Wolfgang Liebeneiner, Bad Mergentheim/Wttg. – Reg.-Rat Josef Lindinger (Tschernowitz), Wien – Dr. med. Helge Lindinger, Wien – Paul Johannes Lindner, Köln – Cand. phil. Joachim Linke, Hamburg – Dipl.-Ing. Georg Linzboth, Bratislava – Rose Lipschitz (Budapest), London – Staatsanwalt Ernst Löllke, Hamburg – Dr. Manfred Lorenz, Effretikon, Schweiz – Rechtsanwalt W. H. Lotze, Soest/Westf. – Dr. Löwenfeld, Rolandia, Brasilien – Cand. iur. Jürgen Lücht, Mainz – Stud. phil. Hartmut Lück, München – Pfarrer Ernst Ludwig, Rüdersdorf bei Berlin – Dr. med. Wolfgang Lühning, Lemgo, BRD – Dr. med. Georg Lüth, Hamburg – Dr. Heinrich von Lüttwitz, Wuppertal – Hubert Macioszek, Köln-Ostheim – Dr. Wolfgang Mädje, Oldenburg – Richard Mannheim (Berlin), London – Jean-Paul Marchand, Institut de Physique, Genf – René Markowski, Rotenfels/Baden – Dr. Alfred Martin, Weißbach/Marzoll – Walter L. Maschke, Hamburg – Minna Masur, Tel Aviv, Israel – Oberforstmeister a. D. Karl Matzek (Galizien), Ulm – Erich Mayer-Schneider (Düsseldorf), St. Gallen – Dr. med. Ingeborg Meidinger, Erlangen – Prof. Erwin Meinhard, Wien – Anton O. Meining, Freiburg-Littenweiler – Dr. Karl Melnizki, Zahnarzt, Graz – Paul Mettler, St. Gallen – Hellmuth Meyer, Ostfilden, BRD – Pater Ivo Meyer, SJ, Schrirampur, Indien – Erich Michael (Schlesien), Cadolzburg b. Nürnberg – Erwin Mickler, Pfarrer, (Schlesien) Bietigheim, BRD – Ing. Pablo Minezer (Budapest), Malaga – Dr. Karl M. Mistele, Bamberg – Meinrad Mittelberger, Pfarrer, Bregenz – Drs. Katharina und Momme Mommsen, Berlin – Dr. Martin Müllerott, München – Graf E. A. zu Münster, Reutlingen – Prof. Dr. med. dent. F. Robert Munz, London – Elisabeth Nadler, Hersel über Bonn – Prof. Dr. Georg Nador (Budapest), Heidelberg – Emil Nebenhäuser, München – Dr. med. H. Neumann, Malans, Schweiz – Hans Nöldechen, Rheidt/Rhein – Dipl.-Kaufm. Karl L. Oberleiter, Nürtingen, BRD – Cand. theol. Christian Oehring, Mainz – Hans von Olschanski, Schwäbisch-Gmünd – Dr. med. Alfred Ost, Bleidenstadt, BRD – Bedrich Oesterreicher, Prag – Will Oesterreicher, Würzburg – Dr. Seew Osterweil, Physician, Israel – Michael Passweg (Israel), Köln – Dr. Dr. Rudolf Pechel, Lenk, Schweiz – C. V. Peck (Ungarn), Schweden – (Ed. A. Pfeiffer-Ringenkuhl, Taufkirchen bei München – Dr. Karl Pfoser, Wien – Dr. Piekniczek, Wien – Sasa Pietrasova, Prag – Otto Pietsch, Segeste über Alfeld – Rudolf Potyra, Neustadt, BRD – Dr. iur. Gustav Prelitsch (Tschernowitz), Weiz, Österreich – B. Press, Berlin – Dr. Hans Priker, Rechtsanwalt, Irdning/Steiermark – Prof. Dr. med. M. Plessner, Jerusalem – Oberstleutnant a. D. F. W. Plodowski; Setterich, BRD – Dolkart Plumhoff, Allensbach, BRD – Dr. phil. Helmut Praschek, Berlin – Dr. Erich Prokopowitsch, Wien – Ing. Michael Puszet (Polen), Lugano – Karl Raschke, Hamburg – Johann Rathmacher, Worms – Dr. med. Walter Rechmann, Emskirchen – Stud. phil. Ilse Reckert, Freiburg/Br. – Arnim Reinert, Aschaffenburg – J. Richter, Hannover – Rudolf Richter, Bad Orb, BRD – Dipl.-Volkswirt Albrecht Riemann, Erlangen – Dr. Dr. Edith Ringwald (Mainz), Basel – Marius Rintzler (Rumänien), Düsseldorf – Werner Rittenberg, Illerstein/ Bayern – Dr. iur. Georg Rona (Wien), Dänemark – Prof. Dr. med. Gerhard Rose, Oberkirchen, BRD – Ludwig Rosenberg, Ramat-Gan, Israel – Kurt Rosenwald (Deutschland), Washington, USA – Dr. N. von Roesgen, Mainz – Jochen Rottke, Bremen – Dr. E. W. Sachs, Zuidlaan, Holland – Horacy Safrin, Schriftsteller (Lwow), Lodz – Josef Salzgeber, St. Gallen – Prof. Dr. chem. Louis Sattler, New York – Prof. Dr. Jakob von Sawicki, Warschau – Cand. phil. Anna Schafer, Audorf/Westf. – Oswald Schafft, Prien/Chiemsee – Else B. Schapira, München – Alfred Schaer, St. Gallen – Fritz Schäuffele, Schweiz. Fernsehen, Bern – Leopold, Prinz zu Schaumburg-Lippe (ČSSR), München – Majda Schaupp, Ljubliana (Jugoslawien) – Bürgermeister Karl Schemel, Bickenbach, BRD – Franz Xaver Scherer, Rittmeister a. D., Seewalchen, Österreich – Hans Scherrer, Reklameschriftsteller, Köln – W. D. Schipper, Hilversum – Karl Schiwy, Arolsen, BRD – Helmut Schluroff, Nieder Roden/Hessen – Prof. Dr. Carlo Schmid, Bonn – Jakob Schmid, Burg, Schweiz – Mathilde Schmid, Gutenbrunn, Österreich – Dipl.-chem. Gerhard L. Schmidt, Victoria, Australien – Dipl. Politologe Giselher Schmidt, Beuel, BRD – Richard Schmidt, Bad Godesberg – Dr. Walter Schmidt, Weißkirchen, Österreich – Direktor Johannes Schmoll, Düsseldorf – Manfred Schnapke, Koblenz – Wolfgang Schnatz, Bischofsheim, BRD – Monika Schnedl, Wien – Prof. Dr. iur. et phil. Harry C. Schnur (Berlin), St. Gallen – Dr. med. E. Schöler, Chefarzt i. R. (Danzig), Paderborn – Eduard G. Schott, Seattle, USA – A. Schreiber, Schönaich, BRD – Heinz Schönwetter, Wiesbaden – Dipl. rer. pol. K. H. Schreiber, Den Haag – Dr. Paul Schüler, Mainz – Prof. Dr. J. H. Schultz, Berlin – Cand. iur. Peter Schultze-Krafft, Heidelberg – Dr. Heinz Schwab, São Paulo, Brasilien – Dr. med. K. F. Schwebel, Solingen – Gerda von Schwerin, Bad Boll, BRD – Werner Seewi (Israel), Düsseldorf – Dr. iur., Dr. phil. Hans Selfen, Bratislava – Rechtsanwalt Holm, G. Seltmann, München – J. Semenko (Ukraine), München – Prof. Dr. H. Sieber, Muri, Schweiz – Paul Sieghart, London – Dipl.-Ing. Otto Siegl, Rostock – Dr. iur. Dieter Sigrist, Hüntwangen, Schweiz – Walter Silbermann, Montevideo – Dr. iur. Gyula Simon, Budapest – Dr. Eugen Slavik, Zilina, (ČSSR) – Leo Smart, Watford, England – Prof. Dr. Günter Snatzke (Österreich), Bonn – Ing. Paul Solti, Frastanz, Österreich – Dipl.-Ing. Hans Sommer (ČSSR), Genf – A. Spiegelglas, Zürich – Dr. Elis, Spielmann, Wien – Dietrich W. Stepp, Wien – George S. Stokowski (Baltikum), Dornstadt, BRD – Cand. med. Heiner Stolbrink, Köln – Theaterdirektor Franz Stoss, Wien – L. Strauss, Lengnau – J. Suter, Bellinzona, Schweiz – Sigmund W. v. Szremowicz, Bremen – Lotte Takach (Wien), Venedig – J. Tamás (Ungarn), Schönenwerd, Schweiz – Dr. Karl Taube, Leverkusen/Rhein – Harro Täubel, Eberbach am Neckar – Prof. Dr. Jakob Taubes, Berlin – Paul Taussig, Frankfurt/M. – Medizinalrat Dr. H. Temple, Wien – Sophie Temple, Wien – Hans Thanner, Linz, Österreich – Prof. Susanne Thieme, Germersheim/Rhein – Ing. Herbert Tischler, Wien – Galbory S. L. von Torda und Kalbor, Husarenrittmeister a. D. (Debrecen), München – Dr. phil. Wilhelm Treichlinger (Wien), Zürich – Dr. Pavle Treue, Zagreb, Jugoslawien – W. Treuherz, Rochedale, England – Brigitte Tsingioti, Waldkirch, BRD – Dr. Kurt Turnovsky, Wien – Redakteur Paul Uccusic, Wien – Mrs. C. Ullmann, London – Marcel Ullmann, London – Max Ulmer, Olomouc, ČSSR – Museumsdirektor E. Ungar (Galizien), Israel – Max Vandrey, Redacteur, Kellinghusen, BRD – Vladimir Vaneček, Marienbad – Andrea Vasella, Fribourg – Dipl.-Ing. Otto Verny, Zilina, ČSSR – Käte Vogel, Dorfen, BRD – Ungarischer Generalkonsul a. D. Harald E. Voigt, Falkenstein/Taunus – Dr. iur. Lion Wagenaar, Jerusalem – Dipl.-Ing. Kurt Wagner, Kulmbach/Bayern – Maria Wagner, Wien – Dr. Fritz Waldstein, Wien – Rafael Warschawski (Jerusalem), München – Adolf Wassertrüdinger, Wien – Dr. Rolf Weber, Wuppertal – Aladar von Weigerth, Baden-Baden – Bronja Weiherthal, Essen – Pfarrer Erhart Weiss, Zwickau, DDR – Dr. med. Natalie Weisselberg (Polen), Offenbach – Helke Wendl, Weiden am See, Österreich – Karl Ernst Wentzel-Vockrodt, Steinhagen/Westfalen – Dipl.-Kaufm. Wilhelm Werth, BRD – Piotr Widymski, poln. Geschäftsträger in Djakarta – Stud. med. Peter Wieczorek, Amelsbüren, BRD – Anneliese Wiener, Berlin – Fritz Wieshöfer, Trossingen/Wttg. – Dr. Winkelmann, Darmstadt – Ludwig Winter, Hanau – Dr. Gerd Wolandt, Würzburg – Dipl.-Ing. Felix Wolf, Darmstadt – Dr. iur. Peter Wolf, Wien – Doz. Dr. med. Eduard Wondrak, Olmütz – Dr. R. Zauner, Linz – Dr. rer. pol. Dr. phil. h. c. Heinrich Zillich, Starnberg – Redakteur Jürgen Zimmermann, Basel – Dr. Zinkeisen, Wehrheim, BRD – Ernst Zuberbühler, Herisau, Schweiz – David M. Zwanziger (Galizien), San Diego, Kalifornien – Gösta Cornelius Zwilling, Wien

Einige Witze sind den Rezensionen von Prof. Dr. Otto Forst de Battaglia und Sigismund von Radecki entnommen.